RECUERDOS
DE MONTAÑAS LEJANAS

Traducción del francés de Robert Juan-Cantavella

Orhan Pamuk

RECUERDOS DE MONTAÑAS LEJANAS

CUADERNOS ILUSTRADOS

RANDOM HOUSE

Advertencia al lector

Esta obra se compone de una selección de páginas de los cuadernos de Orhan Pamuk –escogidas por el propio autor–, realizados entre 2009 y 2022 (cuando el autor completó varios en el mismo año, están señalados con la anotación A, B o C). La transcripción y la traducción respetan estrictamente el formato de los textos manuscritos, por lo que se ha decidido mantener el sentido de lectura de los cuadernos originales, así como las opciones tipográficas del escritor.

À Aslı

cada palabra palabra
una a una cada
las xs cada
gotas en el océano
gotas llueve una a una
las palabras la lluvia la lluvia de palabras

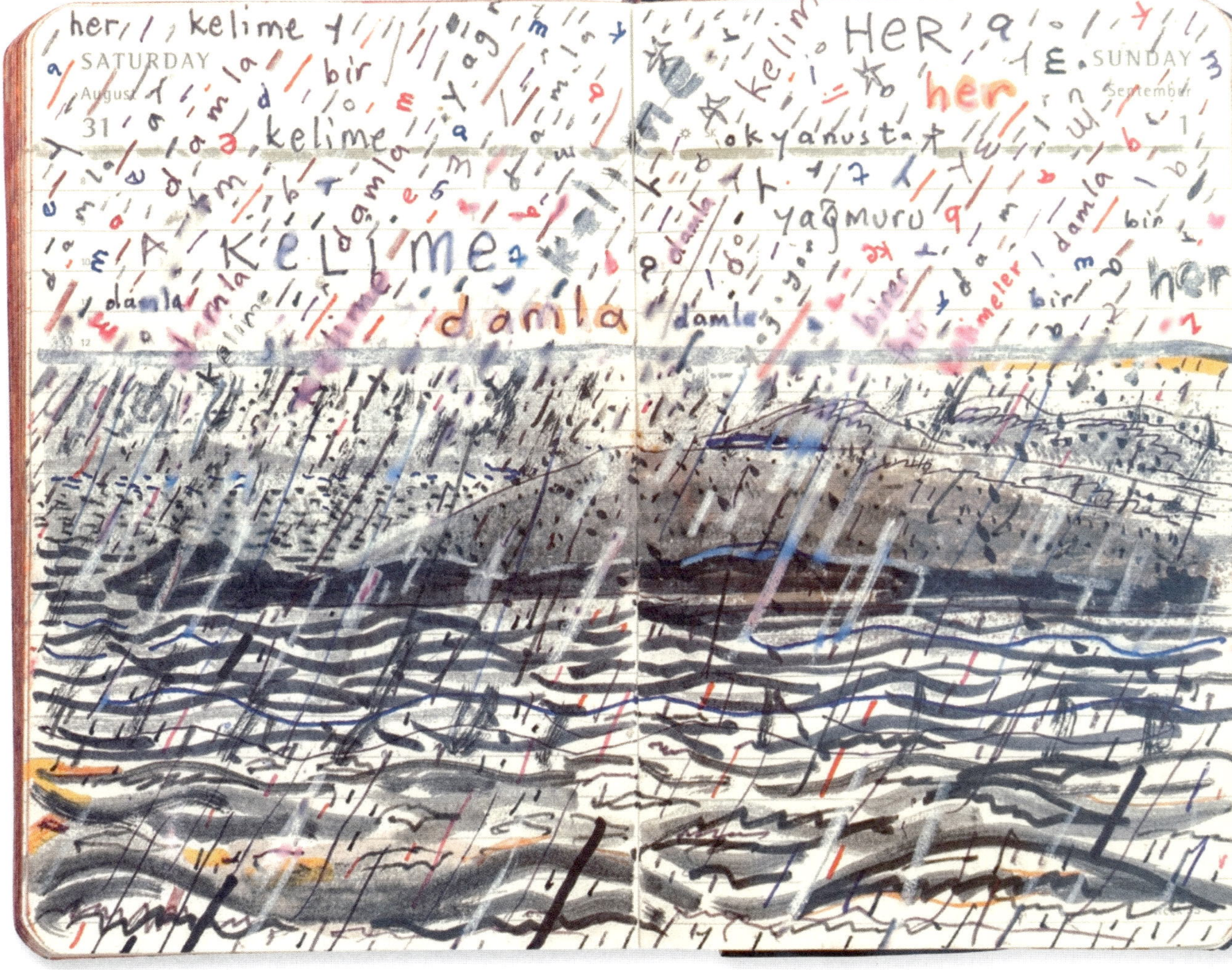
her kelime
SATURDAY
August
31
bir
kelime
damla
KELİME
damla
HER
SUNDAY
September
1
her
okyanusta
yağmuru
damla
bir
her

Despertado en pánico, por culpa del mismo sueño de siempre... Aslı[1] me consuela en la noche. En la cama, en esta hermosa mañana, le cuento lo que recuerdo: las montañas escarpadas, la pendiente, el nido de un pájaro enorme, mi deseo de ver cómo el SENTIDO se eleva hacia el cielo, ¡sobre mi tumba reciente! Aslı me escucha atentamente.
Esta vez las palabras llovían del cielo,
le he dicho en tono serio.

SOL NEGRO
oscuro sol
de la melancolía y del la pena

las montañas a lo *lejos*

Aslı muy hermosa y muy tierna

A través de la ventana, la isla de Sedef[2] no dejaba de crecer
Las palabras y las imágenes
EL SOL MAR
NACÍA Y YO TENÍA

¿Por qué siempre tienes que fotografiar los barcos que pasan?
¿Por qué dibujas sin descanso el mismo paisaje? Y siempre las mismas respuestas...

HAY QUE VER Y LEER EL PAISAJE COMO UN SUEÑO

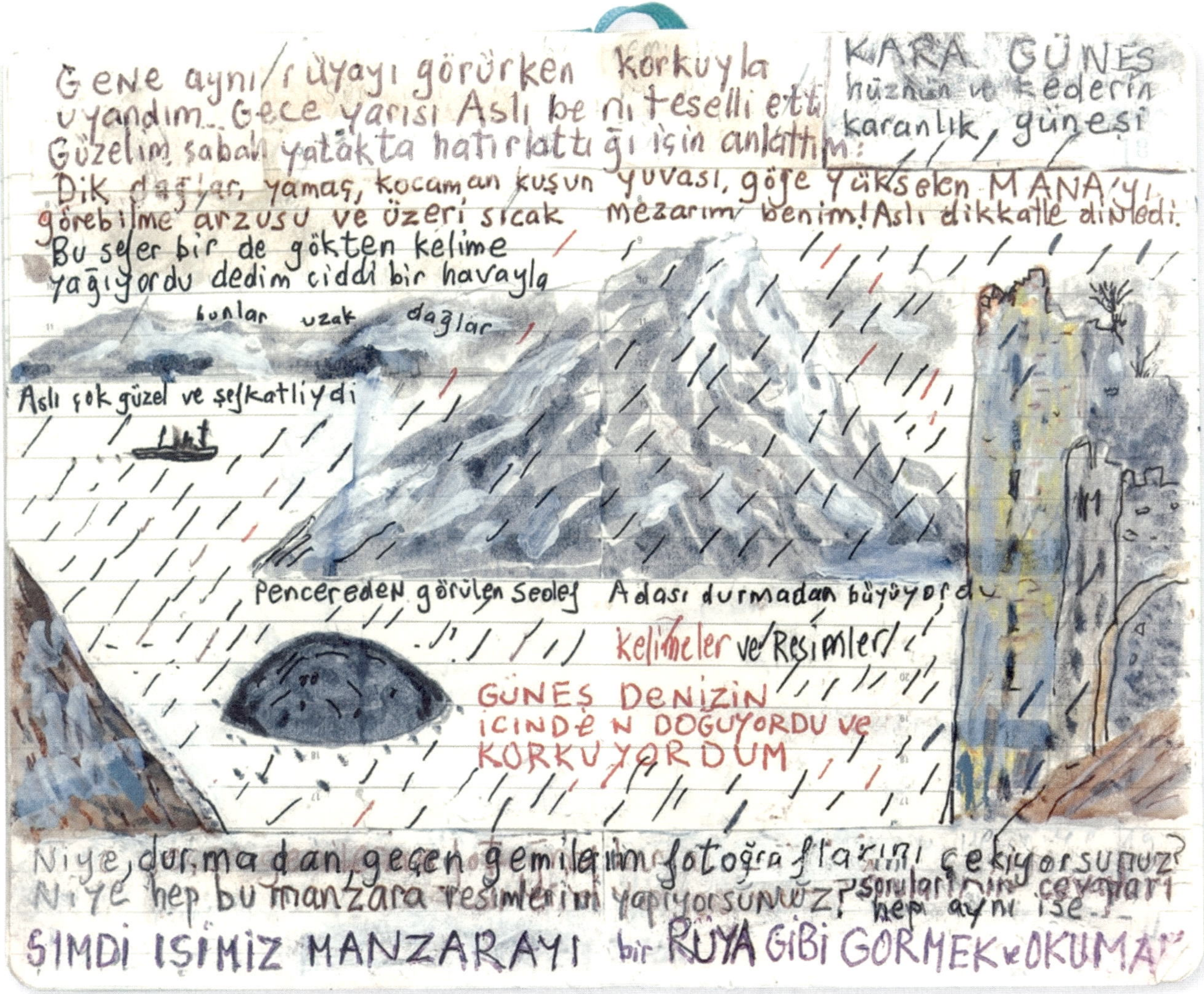
KARA GÜNEŞ
hüznün ve kederin
karanlık, güneşi
Gene aynı rüyayı görürken korkuyla
uyandım. Gece yarısı Aslı beni teselli etti
Güzelim sabah yatakta hatırlattığı için anlattım:
Dik dağlar, yamaç, kocaman kuşun yuvası, göğe yükselen MANA'yı
görebilme arzusu ve üzeri sıcak mezarım benim! Aslı dikkatle dinledi.
Bu sefer bir de gökten kelime
yağıyordu dedim ciddi bir havayla
bunlar uzak dağlar
Aslı çok güzel ve şefkatliydi
Pencereden görülen Sedef Adası durmadan büyüyordu
kelimeler ve Resimler
GÜNEŞ DENİZİN
İÇİNDEN DOĞUYORDU ve
KORKUYORDUM
Niye durmadan geçen gemilerin fotoğraflarını çekiyorsunuz?
Niye hep bu manzara resimlerini yapıyorsunuz? sorularının cevapları
hep aynı ise...
ŞİMDİ İŞİMİZ MANZARAYI bir RÜYA GİBİ GÖRMEK ve OKUMAK

cambiando
de sitio
muy lejos
Las Palabras
No una sola sino
más lejos pero
no en otro tiempo
una vez más
en realidad nunca
la hormiga que vi por
primera vez aún hasta aquí
en toda su extensión... finalmente
DESPUÉS TENGO FRÍO POR LAS NOCHES
Un día tal vez mañana tal vez
ERES TÚ A QUIEN VI PRIMERO
TÚ SOBRE QUIEN ESCRIBO ESTA VEZ
DE REPENTE ANTES DE MÍ OTRA VEZ
DESDE HACE MUCHO TIEMPO YO LA NOCHE NO VIENE

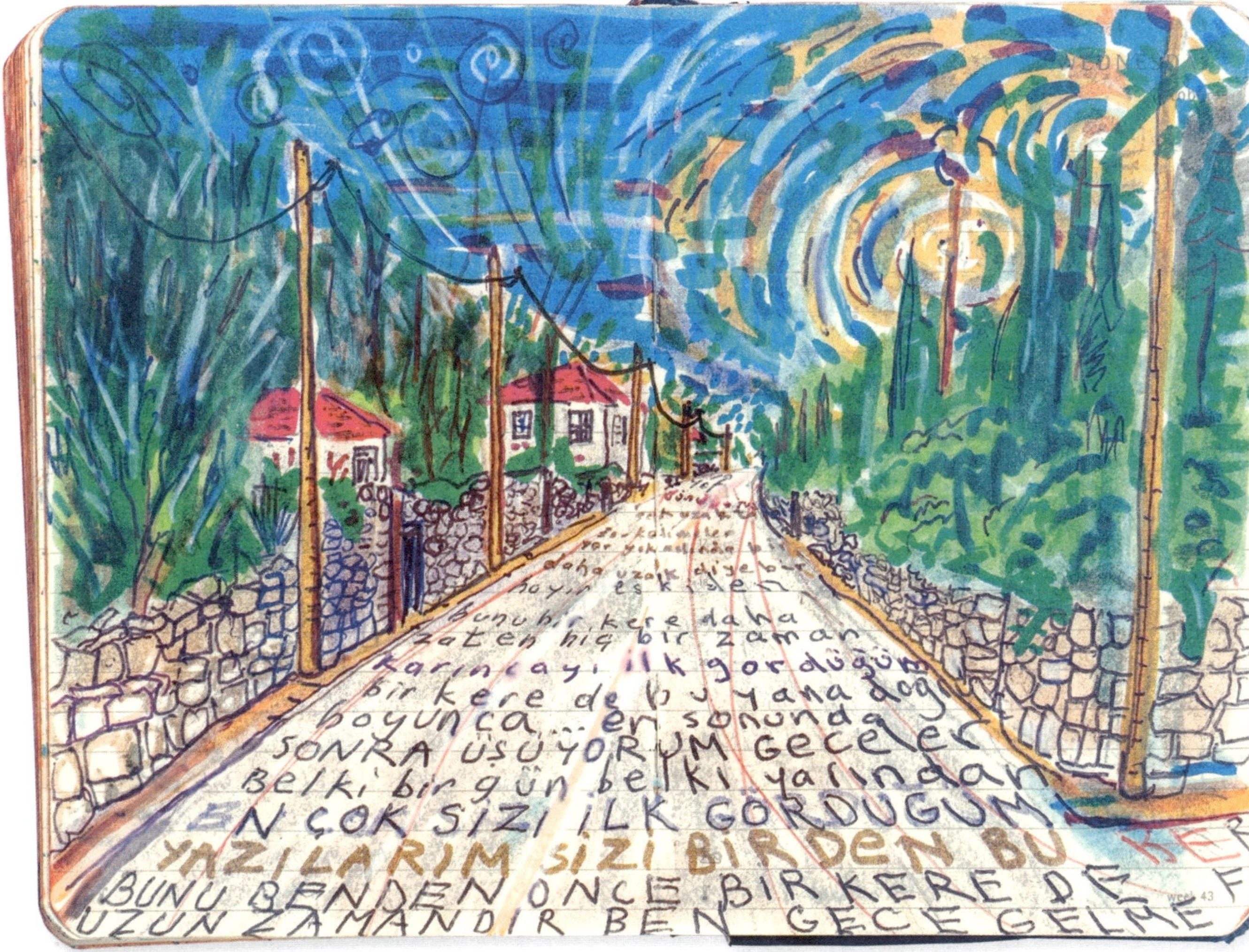
Bunu bir kere daha
zaten hiç bir zaman
Karıncayı ilk gördüğüm
bir kere de bu yana doğ
boyunca ... en sonunda
SONRA ÜŞÜYORUM GECELER
Belki birgün belki
BEN ÇOK SİZİ İLK GÖRDÜĞÜM
YAZILARIM SİZİ BİRDEN BU KER
BUNU BENDEN ÖNCE BİR KERE DE
UZUN ZAMANDIR BEN GECE GELME

olivas olivas

gaviotas

yo estaba muy enfadado por infeliz
el horizonte rosa por el sol poniente

la bombona de gas vacía, cuando estaba haciendo
huevos con tomate pero al menos pude cocinar el huevo
Cosechamos tomates en el jardín, como ladrones
las gaviotas, ruidos de motor, belleza del nadar.

He trabajado bien todo el día.
Por la noche, he caminado hasta la casa que le alquilé
a Nizam el año pasado.

nadando soy profundo

Mucha desesperación en el incansable
deseo de escribir, montañas

Por la noche, he mirado las acuarelas
de Anselm Kiefer.
aquí olas y delfines

profundidad de la vida en Büyükada[3]

olivas

He soñado que escribía en mi despacho de 8 h
de la mañana a 8 h de la noche. Pero entre 14 y 18 h
no he logrado trabajar correctamente. Al final, trabajo mal
porque me cabreo por trabajar mal.
cansado de la soledad si estuviera solo con mi novela
sería feliz me castigo a mí mismo visita del director
del Museo del Diseño de Londres.

Cuando me sumerjo en la novela y olvido todo lo
demás, cuando me convierto en Mevlut,[4] me siento bien.
Me levanto en plena noche para escribir, silencio
de la noche.

A veces salgo del despacho para fotografiar los barcos, los
veleros que cruzan entre Sedef y Büyükada.

visita
cansancio de los e-mails del gato

Miedo de que un barco me arrolle mientras nado
en el mar, riqueza de los animales, qué belleza
vivir en verano. Gaviotas en el silencio
las cornejas graznando.

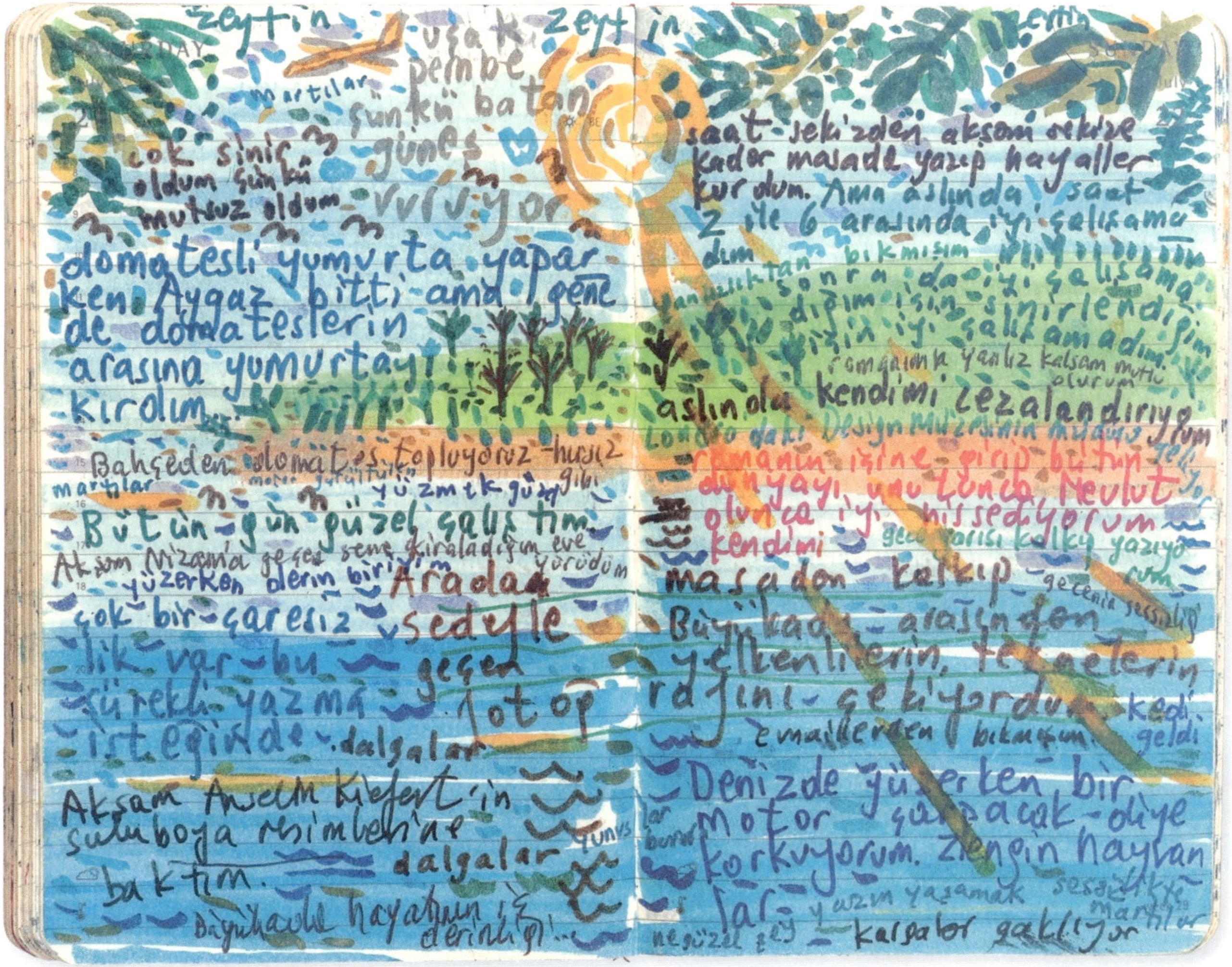
zeytin
uçak
zeytin
pembe
martılar
günkü batan
güneş
vuruyor
çok sinir oldum çünkü
mutsuz oldum
domatesli yumurta yapar
ken Aygaz bitti ama gene
de domateslerin
arasına yumurtayı
kırdım...
Bahçeden domates topluyoruz
martılar
yüzmek güzel
Bütün gün güzel çalıştım.
yüzerken
Aradan
çok bir çaresiz
sesiyle
lik var bu
geçen
sürekli yazma
istegiında
dalgalar
Akşam
suluboya resimlerine
dalgalar
baktım.
derinliği
saat sekizden akşam sekize
kadar masada yazıp hayaller
kurdum. Ama aslında saat
2 ile 6 arasında iyi çalışama
dım
sonra da iyi çalışama
kendimi cezalandırıyo
rum
romanın içine girip bütün
dünyayı unutunca Mevlut
olunca iyi hissediyorum
kendimi
masadan kalkıp
yelkenlilerin
emaillerden bıkmışım.
kedi geldi
Denizde yüzerken bir
motor
korkuyorum.
lar
martılar
karşalar çakılıyor

Por la mañana, en el embarcadero, bureca tomate huevo en la terraza, Café de la Municipalidad. Me gusta contemplar el muelle de Büyükada, la gente que va a trabajar. En Estambul, en mi casa, he repasado con Yücel Bey, de YKY,[5] las páginas de los cuadernos –páginas ilustradas, estos cuadernos– que Nathalie eligió para Gallimard. De un total de 400 dobles páginas debo quedarme con unas 150-200. A veces, mientras elijo los textos y los dibujos... pienso que será un libro muy bonito. También me sucede que me reencuentro con lo que escribí, y entonces me pregunto si esta publicación es una buena idea.

No publiques cosas demasiado personales, dice A.

las montañas a lo lejos

¡escribe sobre el paisaje!

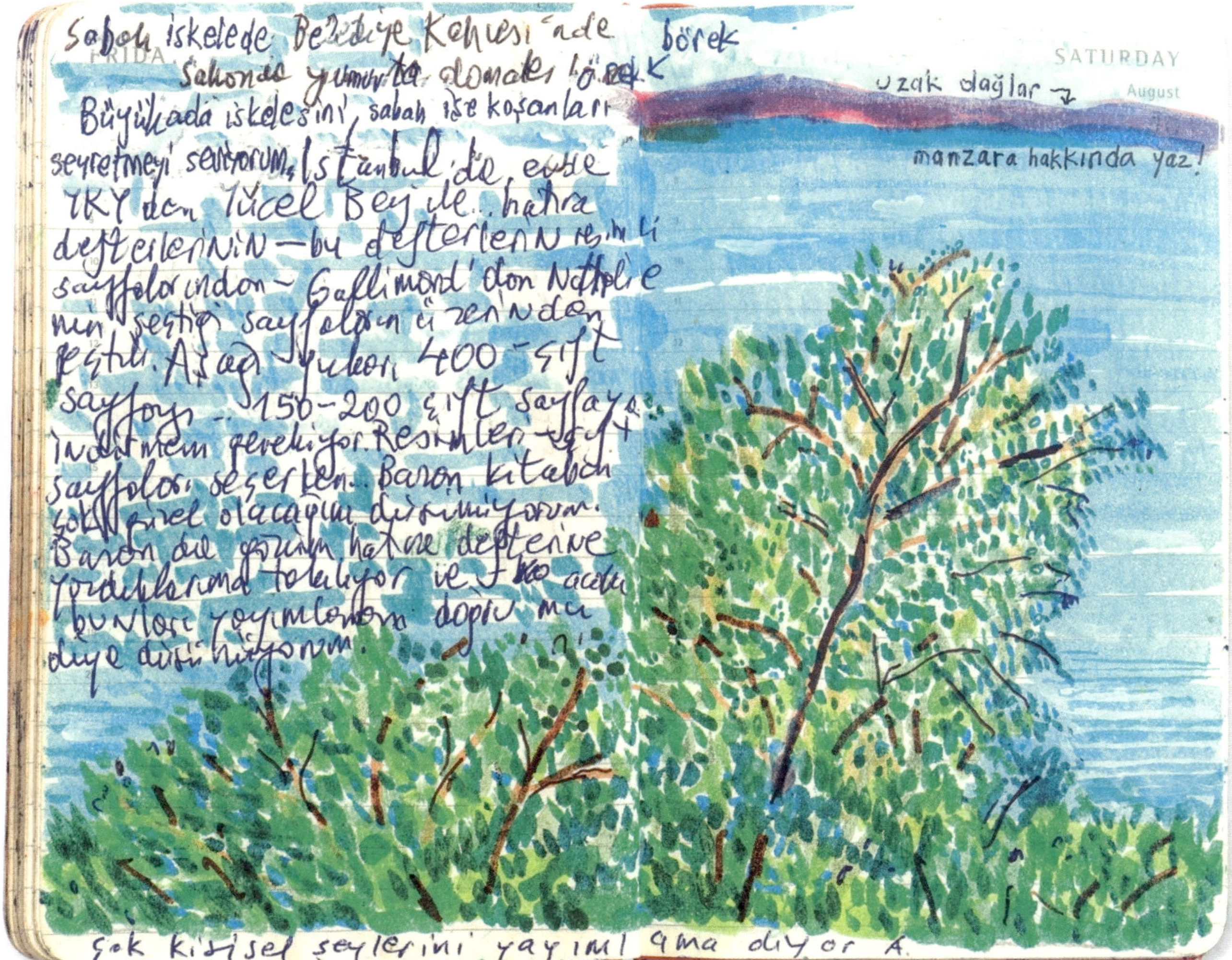
Sabah iskelede Belediye Kahvesi'nde börek
Sahanda yumurta domatesli börek
Büyükada iskelesini, sabah işe koşanları
seyretmeyi seviyorum. İstanbul'da, evde
YKY'den Yücel Bey ile... hatıra
defterlerimin — bu defterlerin resimli
sayfalarından — Gallimard'dan Nathalie
nin seçtiği sayfaların üzerinden
geçtik. Aşağı yukarı 400 çift
sayfayı... 150-200 çift sayfaya
indirmem gerekiyor. Resimleri + çift
sayfaları seçerken... Baron kitabın
çok güzel olacağını düşünmüyorum.
Baron'un geçmiş hatıra defterine
yorumlarımı tutuyor ve ... acaba
bunları yayımlamam doğru mu
diye düşünüyorum.
SATURDAY
August
uzak dağlar
manzara hakkında yaz!
çok kişisel şeylerini yayımlama diyor A.

Historias de Minguer[6]

Los niños que salvan la isla de la hambruna pescando bagres son los héroes secretos de *Las noches de la peste*.

Aquí debajo, en las dos páginas, vemos a los niños de Minguer pescando truchas de color bronce en un lugar llamado Kaputaş, donde desemboca el torrente de Minguer. Yücel Bey y yo, en la biblioteca de YKY, hemos hecho fotocopias de las páginas ilustradas de mis cuadernos para poder seleccionar tranquilamente las que acabarán formando parte de *Recuerdos de montañas lejanas*. Preparo un libro a partir de diez años de cuadernos de notas: páginas ilustradas de mis Moleskine. Va para largo.

bagre verde

red

Hoy, páginas de la novela, de una sola vez. Todos los derviches importantes de los conventos evacuados son aislados/puestos en cuarentena en la prisión/fortaleza. Hace dos años que todos los jueves voy a dibujar al estudio de Inci Eviner.[7] Dibujo paisajes (carruajes, edificios mediterráneos vacíos, estaciones de tren, árboles inmortales y soldados agotados) a partir de viejas fotos 1900. La idea de los niños pescadores se me ocurrió mirando una de esas fotos. Enseguida los dibujo. Los vuelvo a dibujar. Impresión de verme transportado a mis propios recuerdos de infancia. Luego incluyo a los niños pescadores en *Las noches de la peste*...

red

bagre verde

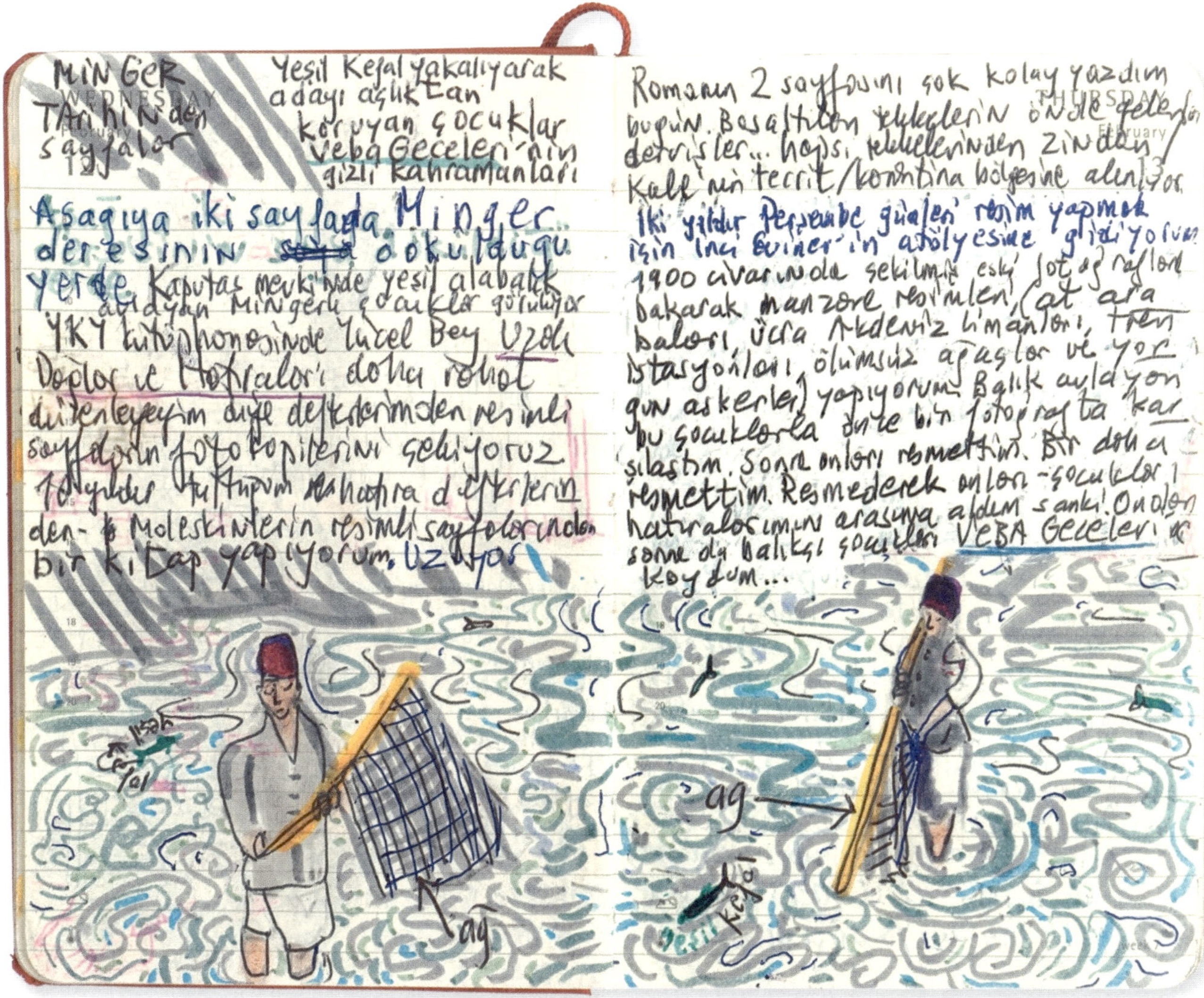
MINGER TARİHİNden sayfalar

Yeşil Kefal yakalıyarak adayı açlıktan koruyan çocuklar Veba Geceleri'nin gizli kahramanları

Aşağıya iki sayfada Minger deresinin ~~denize~~ döküldüğü yerde Kaputaş mevkiinde yeşil alabalık avlayan Mingerli çocuklar görülüyor

YKY kütüphanesinde Yücel Bey Uzun Defter ve Hatıraları daha rahat düzenleyeyim diye defterlerimden resimli sayfaların fotokopilerini çekiyoruz. 10 yıldır tuttuğum hatıra defterlerinden - Moleskinlerin resimli sayfalarından bir kitap yapıyorum. Uzuyor

Romanın 2 sayfasını çok kolay yazdım bugün. Besaltilen tekkelerin önde gelen dervişler... hepsi tekkelerinden Zindan Kale'nin tecrit/karantina bölgesine alınıyor.

İki yıldır Perşembe günleri resim yapmak için İnci Eviner'in atölyesine gidiyorum. 1900 civarında çekilmiş eski fotoğraflara bakarak manzara resimleri, çat ara baloni, ücra Akdeniz limanları, tren istasyonları, ölümsüz ağaçlar ve yorgun askerleri yapıyorum. Balık avlayan bu çocuklarla önce bir fotoğrafta karşılaştım. Sonra onları resmettim. Bir daha resmettim. Resmederek onları - çocukları - hatıralarımın arasına aldım sanki. Onları sonra da balıkçı çocukları Veba Geceleri'ne koydum...

Las montañas de Creta son más bajas que las de Minguer

Pero podría ser Minguer, me digo.

EN LA CARRETERA DE JANIÁ[8]

Nuestro anfitrión en Creta —para escribir *Las noches de la peste*, ambientada en Minguer—, el profesor de historia bizantina MANOLIS, no puede acompañarnos todos los días en nuestras visitas. Una tarde, Aslı y yo tomamos el bus a JANIÁ en la estación de autobuses de Rétino. Nuestro amigo MANOLIS nos lleva en coche. Nos sentamos detrás del conductor.

Pero estaba un poco demasiado alto para tomar fotos. Con las ganas que yo tenía. Aslı sonríe ante mi decepción. «Pero ¿qué fotos? Eres pintor. Saca tu cuaderno y dibuja lo que ves», con mirada malvada. ¿Seré capaz de bosquejar el paisaje que desfila a toda velocidad al otro lado del parabrisas del bus, camino a Janiá? Me gustan este tipo de retos de otros tiempos. Sí, el ASIENTO DELANTERO es muy importante para mí. Para ver el mundo, sentarse DELANTE EN EL COCHE es extremadamente importante. Así es como empecé a pintar en este cuaderno, del natural, como un pintor de instantáneas. Diez bocetos hasta Janiá, presionando la línea con el lápiz. Luego, al recordar que estaba preparando un libro con las páginas ilustradas de estos cuadernos, he escrito en los espacios en blanco de la imagen.

LA MONTAÑA
BLANCA
DE MINGUER

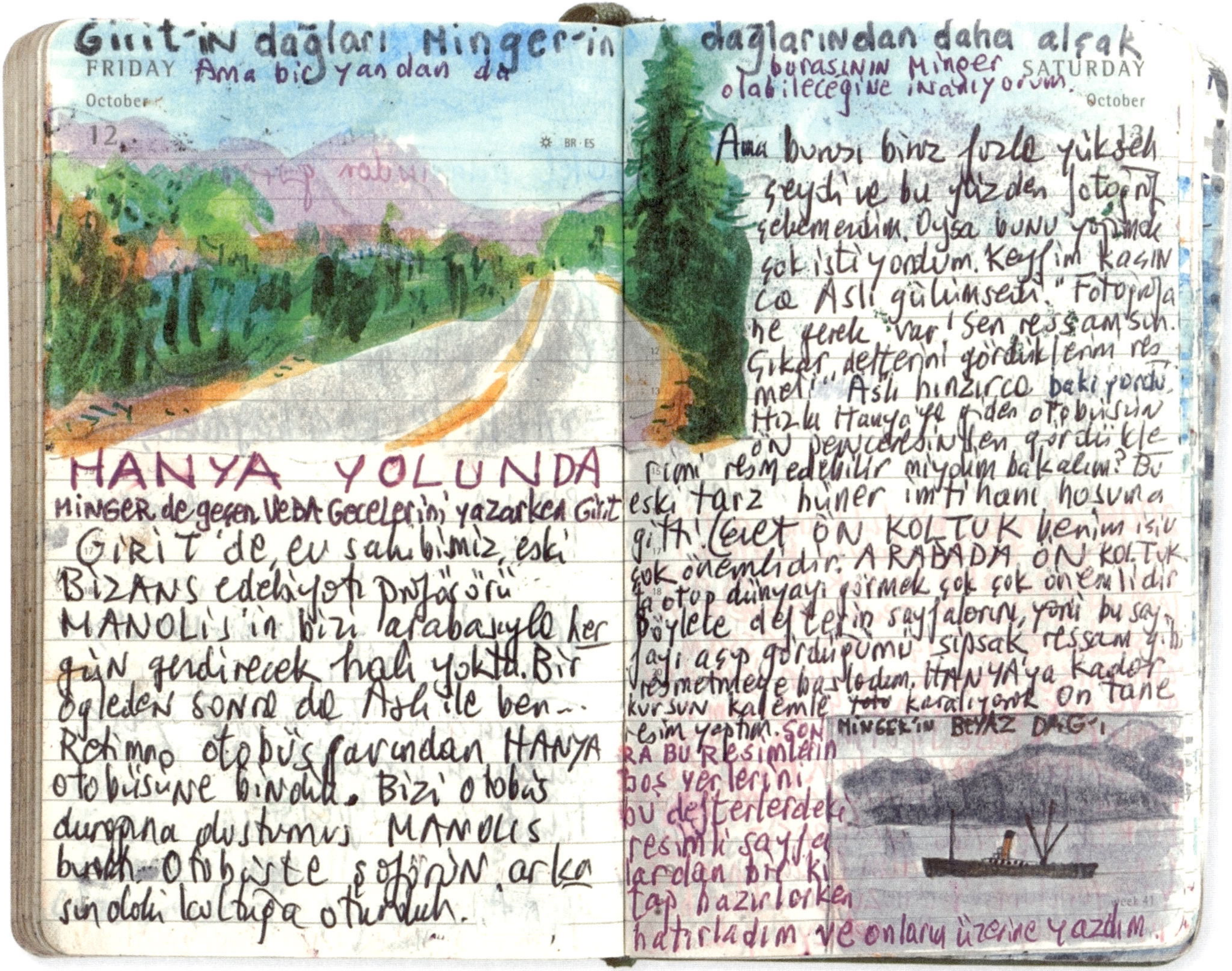
Girit'in dağları Minger'in dağlarından daha alçak
FRIDAY
Ama bir yandan da burasının Minger olabileceğine inanıyorum.
SATURDAY
October 12
October 13
HANYA YOLUNDA
MINGER'de geçen VEDA Gecelerini yazarken Girit
GIRIT'de, ev sahibimiz, eski BIZANS edebiyatı profesörü MANOLIS'in bizi arabasıyla her gün gezdirecek hali yoktu. Bir öğleden sonra da Aslı ile ben Retimno otobüs garından HANYA otobüsüne bindik. Bizi otobüs durağına ulaştırmış MANOLIS burada. Otobüste şoförün arkasındaki koltuğa oturduk.
Ama burası biraz fazla yüksek geçti ve bu yüzden fotoğraf çekemedim. Oysa bunu yapmak çok istiyordum. Keyfim kaçınca Aslı gülümsedi. "Fotoğrafa ne gerek var! Sen ressamsın. Çıkar defterini gördüklerini resmet." Aslı hınzırca bakıyordu. Hızla Hanya'ya giden otobüsün ön penceresinden gördüklerimi resmedebilir miyim bakalım? Bu eski tarz hüner imtihanı hoşuma gitti. (evet ÖN KOLTUK benim için çok önemlidir. ARABADA ÖN KOLTUKta otobüs dünyayı görmek çok çok önemlidir) Böylece defterin sayfalarını, yani bu sayfayı açıp gördüğümü sipsak ressam gibi resmetmeye başladım. HANYA'ya kadar kurşun kalemle foto karalıyarak on tane resim yaptım. Sonra bu resimlerin boş yerlerini bu defterlerdeki resimli sayfalardan bir kitap hazırlarken hatırladım ve onların üzerine yazdım.
MINGER'in BEYAZ DAĞI

Preparar una EXPOSICIÓN-ANTOLOGÍA SOBRE LAS IMÁGENES QUE HE MANCHADO CON TEXTO... mostrando ejemplos sacados de todas las culturas del mundo. ENTRE TODOS LOS EJEMPLOS... encontrar los mejores llevará tiempo.

Nido de águila en la ladera

Tengo que escribir sobre el placer que siento al escribir por encima de un dibujo. Esto es lo que hay que decir: entre los 7 y los 22 años pensé que iba a ser pintor. A los 22, murió el pintor que había en mí y empecé a escribir novelas. En 2008, entré en una tienda y salí con dos enormes bolsas llenas de lápices y pinceles; luego, entre el placer y el temor, empecé a dibujar en pequeños cuadernos. No, el pintor que había en mí no estaba muerto. Pero tenía miedo, era muy tímido. Dibujaba en cuadernos para que nadie viera mis obras. Hasta me sentía un poco culpable: era la prueba de que las palabras no bastaban. ¿Por qué escribir, entonces? Esas vacilaciones no me detuvieron. Le tomé el gusto a dibujar, y sigo bosquejando todo cuanto veo.

Empecé estos cuadernos en 2009. No solo para anotar mis días, mis pensamientos. También, de vez en cuando, para dibujar. Me concedí una página al día. Escribía y dibujaba muy pequeñito para que el día cupiese en la página. Pero los hechos, las palabras, los dibujos desbordaban la página. En 2012 empecé a escribir y dibujar más, hasta completar dos cuadernos al año.

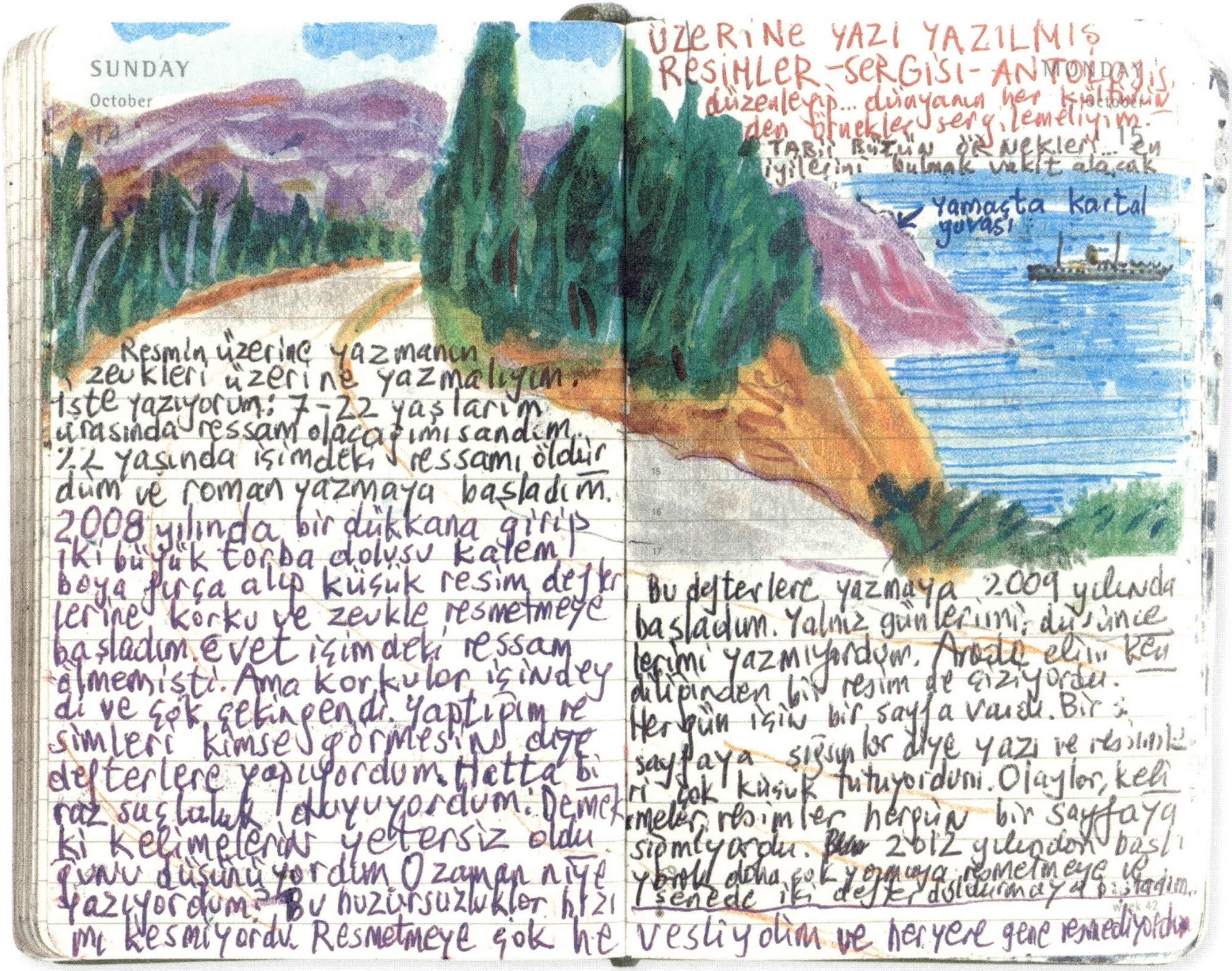

ÜZERİNE YAZI YAZILMIŞ RESİMLER -SERGİSİ- ANTOLOJİSİ düzenleyip... dünyanın her kültürün den örnekler sergilemeliyim. TABİİ BÜTÜN ÖRNEKLERİ... EN İYİLERİNİ BULMAK VAKİT ALACAK

SUNDAY
October
14

MONDAY
October
15

Yamaçta kartal yuvası

Resmin üzerine yazmanın zevkleri üzerine yazmalıyım. İşte yazıyorum: 7-22 yaşlarım arasında ressam olacağımı sandım. 22 yaşında içimdeki ressamı öldür düm ve roman yazmaya başladım. 2008 yılında bir dükkana girip iki büyük torba dolusu kalem boya fırça alıp küçük resim defter lerine korku ve zevkle resmetmeye başladım. Evet içimdeki ressam ölmemişti. Ama korkular içindey di ve çok çekingendi. Yaptığım re simleri kimse görmesin diye defterlere yapıyordum. Hatta bi raz suçluluk duyuyordum. Demek ki kelimelerin yetersiz oldu ğunu düşünüyordum. O zaman niye yazıyordum? Bu huzursuzluklar hızı mı kesmiyordu. Resmetmeye çok he

Bu defterlere yazmaya 2009 yılında başladım. Yalnız günlerimi, düşünce lerimi yazmıyordum. Arada elim kendiliğinden bir resim de çiziyordu. Her gün için bir sayfa vardı. Bir sayfaya sığsınlar diye yazı ve resimleri çok küçük tutuyordum. Olaylar, keli meler, resimler hergün bir sayfaya sığmıyordu. 2012 yılından başlayarak daha çok yazmaya resmetmeye ve senede iki defter doldurmaya başladım... vesliyordum ve heryere gene resmediyordum

A partir de 2012, completar dos cuadernos al año me dejó con muchas páginas en blanco que llenar, que colorear. Desde 2009, llevo mis cuadernos conmigo a todas partes. Fue así como empecé a tomar notas no solo manuscritas, sino también ilustradas. En las salas de espera, en los trenes, en el metro, en las mesas de los cafés y restaurantes siempre he escrito en mis cuadernos, a menudo también he dibujado. De vuelta a casa, coloreaba mis esbozos, como cuando era niño. Los que ven mis cuadernos me dicen: «¡Ah, eres como los miniaturistas de *Me llamo Rojo*![9] ¡Es bonito! Dibujas pequeñito, ¿de dónde sacas el tiempo?».

Uno enseguida se da cuenta de lo que tienen de singular los textos y dibujos de este libro. En algunas páginas empiezo con el texto. Luego no lo toco durante meses, años. Pero queda un vacío. Años más tarde, añado un dibujo. En otras páginas, obedeciendo a la inspiración, cuando viene, empiezo con el dibujo. Luego escribo el texto. A veces al día siguiente, a veces al mes siguiente, a veces un año o cinco años más tarde. Me gusta comparar mis cuadernos, y cuando los reviso me gusta garabatear en las páginas en blanco, texto o dibujo. Ahí tengo un mundo propio. No porque sea secreto, sino porque en él soy libre, y ese sentimiento cuadra con la mezcla de texto y dibujo. Si tuviera que ponerle un título sin pensarlo, *Croquis de PAISAJES* me vendría de forma espontánea. El PAISAJE[10] es la base de todo.

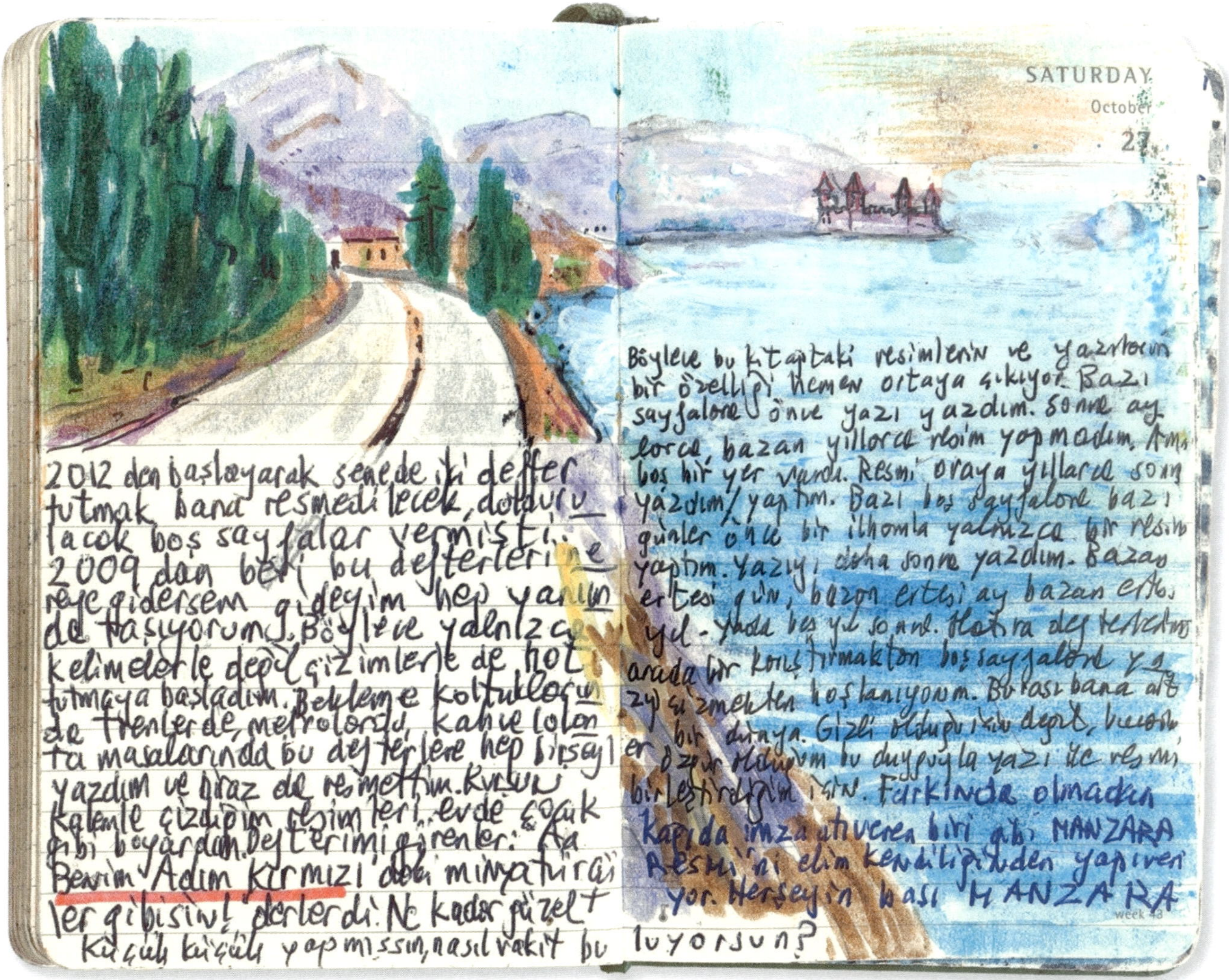
2012 den başlayarak senede iki defter
tutmak bana resmedilecek, doldurulacak boş sayfalar vermişti.
2009 dan beri bu defterlerimi nereye gidersem gideyim hep yanımda taşıyorum. Böylece yalnızca
kelimelerle değil çizimlerle de not
tutmaya başladım. Bekleme koltuklarında trenlerde, metrolarda, kahvelerin
masalarında bu defterlere hep birşeyler
yazdım ve biraz da resmettim. Kurşun
kalemle çizdiğim resimleri evde çocuk
gibi boyardım. Defterimi görenler: "Aa
Benim Adım Kırmızı'daki minyatürcüler gibisin!" derlerdi. Ne kadar güzel
küçük küçük yapmışsın, nasıl vakit bu
luyorsun?
SATURDAY
October
27
Böylece bu kitaptaki resimlerin ve yazıların
bir özelliği hemen ortaya çıkıyor. Bazı
sayfalara önce yazı yazdım. Sonra ay-
larca, bazan yıllarca resim yapmadım. Ama
boş bir yer vardı. Resmi oraya yıllarca sonra
yazdım/ yaptım. Bazı boş sayfalara bazı
günler önce bir ilhamla yalnızca bir resim
yaptım. Yazıyı daha sonra yazdım. Bazan
ertesi gün, bazan ertesi ay bazan ertesi
yıl - yada beş yıl sonra. Hatıra defterlerimi
arada bir konuşturmaktan boş sayfalara yazı
çizmekten hoşlanıyorum. Bu bana ait
bir dünya. Gizli olduğu için değil,
özgür olduğum bu duyguyla yazı ile resmi
birleştirdiğim için. Farkında olmadan
kapıda imza atıveren biri gibi MANZARA
RESMİ'ni elim kendiliğinden yapıveri-
yor. Herşeyin başı MANZARA
week 43

A PROPÓSITO DE LA VISTA: Vivo con esta vista de Cihangir[11] ante los ojos. A Nişantaşı no voy casi nunca. Ese barrio, con su espantoso centro comercial justo enfrente del edificio Pamuk, sus multinacionales de ropa, sus clubes, sus bares, sus restaurantes y su multitud, ¡ya no tiene nada de familiar, nada que me haga feliz, por desgracia! En Cihangir la vida es más humana. A dos pasos de mi casa todavía hay un gran tienda de frutas y verduras, una tiendecita de comestibles... Vivir en este barrio y sentirme en casa me recuerda mi infancia, la familia numerosa, el tumulto de la vida comunitaria, la amistad, la felicidad. Aunque yo me he alejado de ese tipo de comunidades. Me he convertido en un hombre solitario. Que se pasea por la ciudad con escolta... Llega un momento en que las preocupaciones del museo[12] y la exasperación que me causan tres artistas o arquitectos... en papel no son más que una pérdida de tiempo. Yo era el que quería este museo, he movido cielo y tierra para tenerlo, así que es lógico que quien afronte los problemas sea yo, pero a veces me superan; llega un punto en que ni siquiera tengo ganas de levantarme de la cama. Por la mañana, sin embargo, cuando me levanto y veo el sol que se eleva sobre Cihangir en la quietud del alba, el mundo en su conjunto se convierte en un lugar maravilloso. Contemplar ese paisaje en las primeras horas del día me hace olvidar la soledad y el miedo a la muerte, y que mi única ocupación del día será trabajar en el museo hasta caer rendido, y me recuerda que puedo encajarlo todo con una sonrisa, y que el mundo, Estambul, la vida, son cosas maravillosas. La vista, fastuosa, me llama al respeto hacia el universo...

Esta vista me hace olvidarlo todo, enseguida me transformo en otra persona: cuando uno contempla este paisaje, en general cualquier paisaje hermoso, se le aparece su verdadero lugar en el universo. Deseo de ser como el paisaje, amplio, apacible, bonito. En mí hay un mundo que el paisaje, o más bien el dibujo que yo hago del paisaje, invoca y me recuerda. ¡Pero lo esencial es esa sensación de confianza, de seguridad! En un lugar alto, con la vista despejada, nada alrededor, estoy seguro... eso es. A uno le gusta ese panorama porque le proporciona el placer de contemplar el mundo desde una colina, una cumbre; protegido, inmortal... Mi vista me hace sentir protegido. Aun cuando la memoria también hace su trabajo.

SATURDAY
July
18

MANZARA HAKKINDA: Artık Cihangir'de bu manzaraya bakarak yaşıyorum. Nişantaşı'na çok nadir gidiyorum. Nişantaşı, Pamuk Apt'ın karşısında yapılan çirkin, korkunç alışveriş merkezi, ve alışveriş zinciri dükkanları, ve eğlence yerleri barları, lokantaları ve kalabalığıyla beni mutlu eden, tanıdık bir yer olmaktan çıktı, ne yazık! Cihangir'in manzarası ve mahalle hayatı, daha insani. Burada, iki adım ötede büyük renkli bir manav, küçük bir bakkal hala var... Bu mahalle hayatına karışabilmek, onu yakında hissetmek, çocukluğumu, büyük aileyi, kalabalık bir cemaatin [illegible], dostluğunun, mutluluğunun hatırlatıyor bana. Öte yandan bu cemaatlerden uzak kalmışım, yalnız bir adam olmuşum, korumayla şehirde gezebilen...

SUNDAY
July
19

Müze sıkıntılarından, iş kapitalisti sanatçı ya da mimarlardan yakınmak da bir noktadan sonra artık vakit kaybı. Bu müzeyi yapmayı ben istedim, ben kaşındım. Şimdi sıkıntıya gelmeliyim elbette ama bazan boğuluyor gibi hissediyorum, bazan yataktan çıkmak ise başta mak bile istemiyorum. Ama sabah Cihangir'de, yataktan kalkıp bu manzarayla karşılaşınca; sabahın erken saatindeki o derin sessizlikte güneş doğarken, bütün dünya çok güzel bir yer oluyor. Sabahın sessizliğinde bu manzaraya bakmak, bana geri kalan herşeyi, müze işlerini, çalışmaktan yorgunluktan düşüp bayılabileceğimi, ölüm korkularımı ve yalnızlığımı unutturuyor ve herşeyi gülümseyerek karşılayabileceğimi, aslında dünyanın, İstanbul'un, hayatın harika olduğunu hatırlatıyor bana. Güzel manzara, bu görüntü dünyayı, aleme saygı duymaya sağlıyor beni...

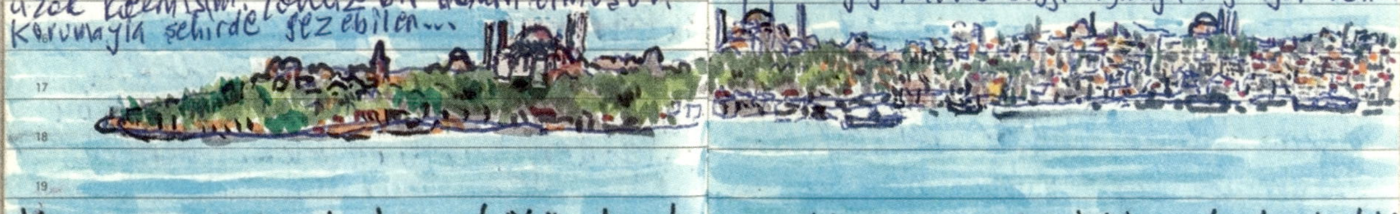

Manzaraya bakmak bana bütün bunları unutturuyor ve beni bir anda başka biri haline getiriyor: Bu manzaraya, aslında genel olarak güzel bir manzaraya bakarken kendi yerimizi de görüyoruz alemde. Bu büyük manzara gibi geniş, rahat, güzel olmak isterdik. Manzaranın kendisi de şiir, ama yaptığım bu resmi böyle e bana içimdeki dünyayı anlatan, hatırlatan bir şey oluyor. Ama manzarada asıl önemli olan şu güvenlik duygusu! Önüm açık, etrafım boş, yukarılarda bir yerde, güvendeyim... demek. Manzarayı görmeyi, manzarayı seviyoruz, çünkü dünyaya aleme yüksekçe bir tepeden bakmak zevkine sahip olanlar, korunmuş, öldürülmemiş. Manzara bir korunma duygusu veriyor bana. / Ama bir hatıra yanı olduğunu da hissediyorum

week 29

He terminado esta mañana el prefacio de *Nieve* para Everyman.[13] Texto que debería haber tenido listo mucho antes. Falta de disciplina, el impulso de levantarme de la silla con cualquier excusa, ese tipo de cosas. ¡Preocúpate solo de escribir, Orhan! El texto tiene un lado duro, arduo, porque los acontecimientos que narra enseguida lo vuelven político; me gusta escribir, en verdad... // Por la tarde, he trabajado en el museo con Kıymet y Murat, en el apartamento de enfrente. El fondo detrás de los cigarrillos de Füsun[14], descascarillado y amarillento. He revisado luego unas viejas revistas para niños que había en una de las cajas, en busca de acertijos y adivinanzas. // DESLUMBRANTE DESCUBRIMIENTO: TRABAJANDO CON ROTULADOR, HAGO APARECER UN INCENDIO EN UNA VIEJA POSTAL PANORÁMICA DE BERLÍN EN BLANCO Y NEGRO. TRABAJO CON PASTEL también, por el gran placer de tachar el tejido urbano impreso en BLANCO Y NEGRO. He firmado la postal coloreada y se la he regalado a Kıymet. // Luego, la melancolía previa al viaje.

Madrugar para el viaje a ATENAS. En la calle, esperando a Nuri –el guardaespaldas– y a Murat d'İletişim,[15] que tienen que pasar a recogerme. A las 7.40 todavía no han llegado. // El avión se acerca a Atenas y pienso: Mantén un perfil bajo, Orhan, no te dejes atrapar en la trampa de la política greco-turca. Emoción, sin embargo. // Salgo del avión con antelación. Nikos, Vassilis... Abrazos. Mi última visita, hace exactamente catorce años, en enero de 1997, para presentar *El libro negro*.[16] Fuimos juntos a Patras, a Salónica. En la misma época, un fascista turco (no sé si actuaba solo o por orden del gobierno) abrió fuego bajo los muros del Patriarcado de Estambul, murió un pope. En Atenas, los fascistas griegos hablaban de venganza, sangre contra sangre... Y yo era el escritor turco que estaba de visita. Podrían haberme asesinado. El gobierno griego se ofreció a asignarme unos guardaespaldas para escoltarme. Por la noche, animada cena en casa de Louisa, donde evocamos aquellos días entre risas. Aquella escolta griega, numerosa y motorizada, fue la primera de la interminable serie de escoltas que habré tenido en mi vida. // Viaje desde el aeropuerto hasta el Hilton de Atenas. He participado en un programa de televisión... Luego, de regreso en mi habitación de hotel –una habitación enorme–, dos entrevistas. A las 19.00, maravilloso paseo de media hora con Vassilis por las calles de Kolonaki (el antiguo Nişantaşı-Cihangir de Atenas). Stella, Louisa, Takis, todo el mundo ha envejecido un poco; divorcios, separaciones, nuevas esposas, etc. Pero, gracias a Dios, todos con buena salud. Una velada muy agradable.

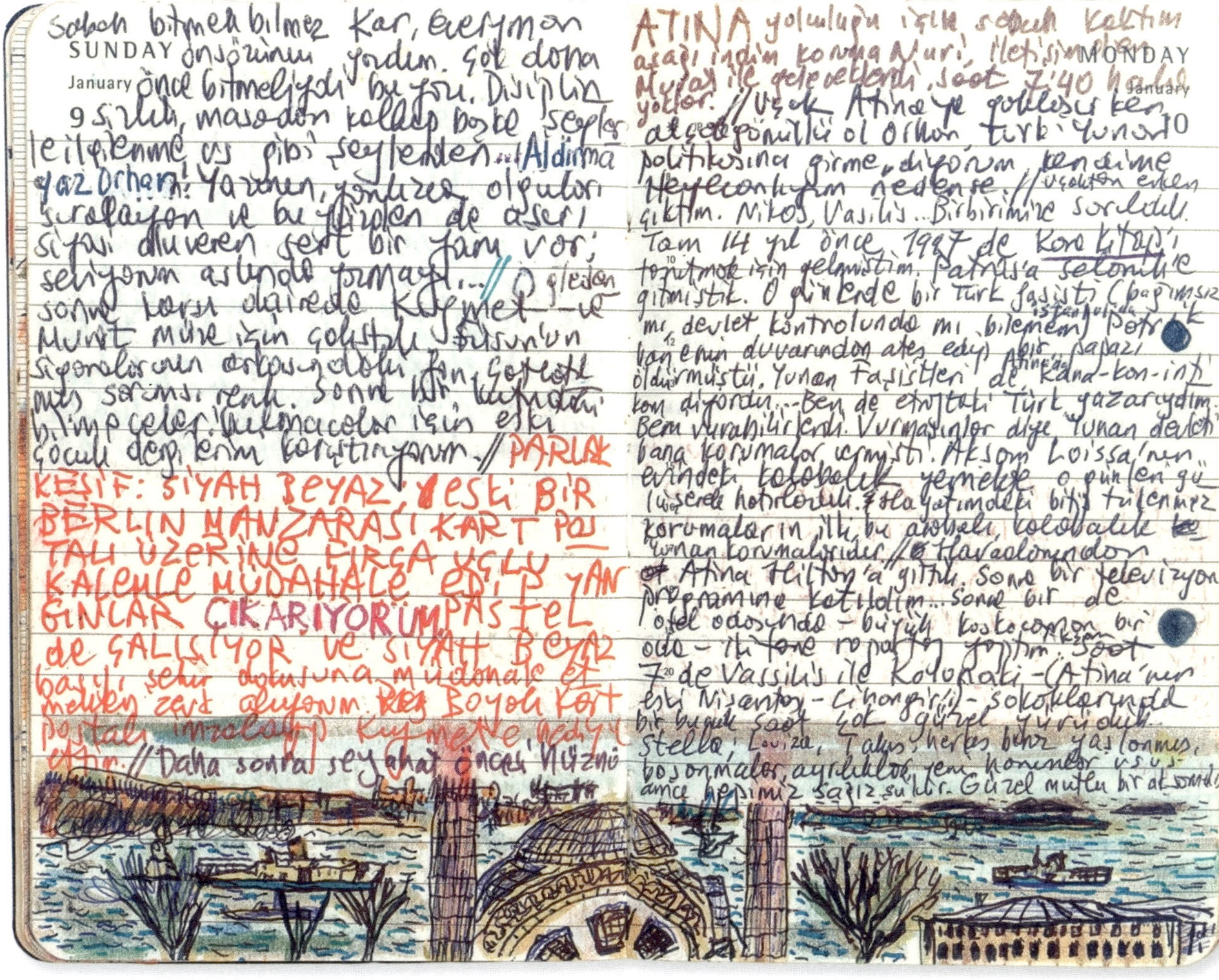
SUNDAY
January
9
Sabah bitmek bilmez kar, everyman önsözünü yazdım. Çok daha önce bitmeliydi bu yazı. Disiplinsizlik, masadan kalkıp başka şeylerle ilgilenme vs gibi şeylerden... Aldırma yaz Orhan! Yazarken, yalnızca olguları sıralıyorum ve bu yazının da aşırı siyasi duran sert bir yanı var; seviyorum aslında yazmayı... // Öğleden sonra karşı dairede Kıymet ve Murat müze için çalıştık. Füsun'un sigaralarının arkası... Sonra bir kutudan bilmeceler... çocukluk değiştirim karıştırıyorum. // PARLAK KEŞİF: SİYAH BEYAZ, ESKİ BİR BERLİN MANZARASI KART POSTALI ÜZERİNE FIRÇA UÇLU KALEMLE MÜDAHALE EDİP YANGINLAR ÇIKARIYORUM. PASTEL de çalışıyor ve siyah beyaz basılı şehir dokusuna müdahale etmekten zevk alıyorum. Boyalı kart postalı imzalayıp Kıymet'e hediye ettim. // Daha sonra seyahat öncesi hüzün
MONDAY
January
10
ATİNA yolculuğu için sabah kalktım aşağı indim... Nuri, İletişim'den Murat ile geleceklerdi. Saat 7.40 havaalanı yollar. // Uçak Atina'ya giderken ... gönüllü ol Orhan, Türk Yunan politikasına girme, diyorum kendime. Heyecanlıyım nedense. // Uçaktan erken çıktım. Nikos, Vasilis... Birbirimize sarıldık. Tam 14 yıl önce, 1997'de Kara Kitap'ı tanıtmak için gelmiştim. Patras'a Selanik'e gitmiştik. O günlerde bir Türk faşisti (bağımsız mı devlet kontrolünde mi bilemem) İstanbul'da Patrikhanenin duvarından ateş edip bir papazı öldürmüştü. Yunan faşistleri de Atina'da "kana kan intikam" diyordu... Ben de ünlü Türk yazarıydım. Beni vurabilirlerdi. Vurmasınlar diye Yunan devleti bana korumalar vermişti. Akşam Loissa'nın evindeki kalabalık yemekte o günleri gülüşerek hatırladık. Hayatımdaki bitip tükenmez korumaların ilki bu ayrıcalıklı kalabalık Yunan korumalarıydı. // Havaalanından Atina Hilton'a gittik. Sonra bir televizyon programına katıldım... Sonra bir de otel odasında - büyük kocaman bir oda - iki tane röportaj yaptım. Akşam saat 7'de Vassilis ile Kolonaki - (Atina'nın eski Nişantaşı - Cihangir'i) - sokaklarında bir buçuk saat çok güzel yürüdük. Stella, Louiza, Takis, herkes biraz yaşlanmış, boşanmalar, ayrılıklar, yeni kocalar vs vs. ama hepimiz sağız şükür. Güzel mutlu bir akşamdı.

Por la mañana, preparación del *Milliyet* correspondiente a la fecha del asesinato de Djelâl Salik,[17] tomando como ejemplo el del día en que fue asesinado Abdi İpekçi.[18] Luego, trabajado con Vahit en el despacho del museo. Por la tarde ha venido a visitarnos una veintena de periodistas alemanes. He conversado media hora con ellos... El museo va tomando forma, aunque solo a medias.

He seguido trabajando con Vahit.

Por la mañana, escribo aprisa y corriendo un artículo para el museo sobre Djelâl Salik: sobre el amor, la felicidad, la crónica periodística, esos temas... Luego, las llamadas de costumbre, obras en el museo, cajas-vitrina. Hay que inventar esas vitrinas.

Por la noche, larga caminata en dirección al Cuerno de Oro. Cihangir-Tophane, Karaköy-Eminönu, Babıali-Divanyolu, carretera costera de Kadırga. Luego, pescado en mi restaurante favorito. Consultando de nuevo mis e-mails a altas horas de la noche, descubro que Sarah Chalfant de Everyman quiere pasarle mi prefacio a *Rojo* al *New Yorker* o a *NYR Books*; vuelvo a releer el texto, revisado por George... Me alegra constatar que no me quedan más que buenos recuerdos de los años en que escribí esa novela. Sí, escribir es lo mejor que he hecho en mi vida. Me hubiera gustado saber dibujar con el mismo ímpetu, eso también es verdad. Pero ahora sé que eso habría hecho de mí una persona distinta.

Por la noche, a las 19 h, de vuelta en el apartamento de Cihangir, cansado de todo esto, encuentro las fuerzas para instalarme en el despacho para escribir. Quería ir a casa a escribir. En realidad, estuve en casa to do el día... Breve salida por Cihangir, donde me he regalado una mesa para dibujar. ¡Decisión importante! La he colocado –mi mesa de dibujo– a un metro de la mesa en la que escribo. Al mismo tiempo, he sentido que esta sed de dibujo me alejaba de todo lo demás y corría el riesgo de alejarme aún más; sobre todo de una nueva novela que debería empezar a escribir.

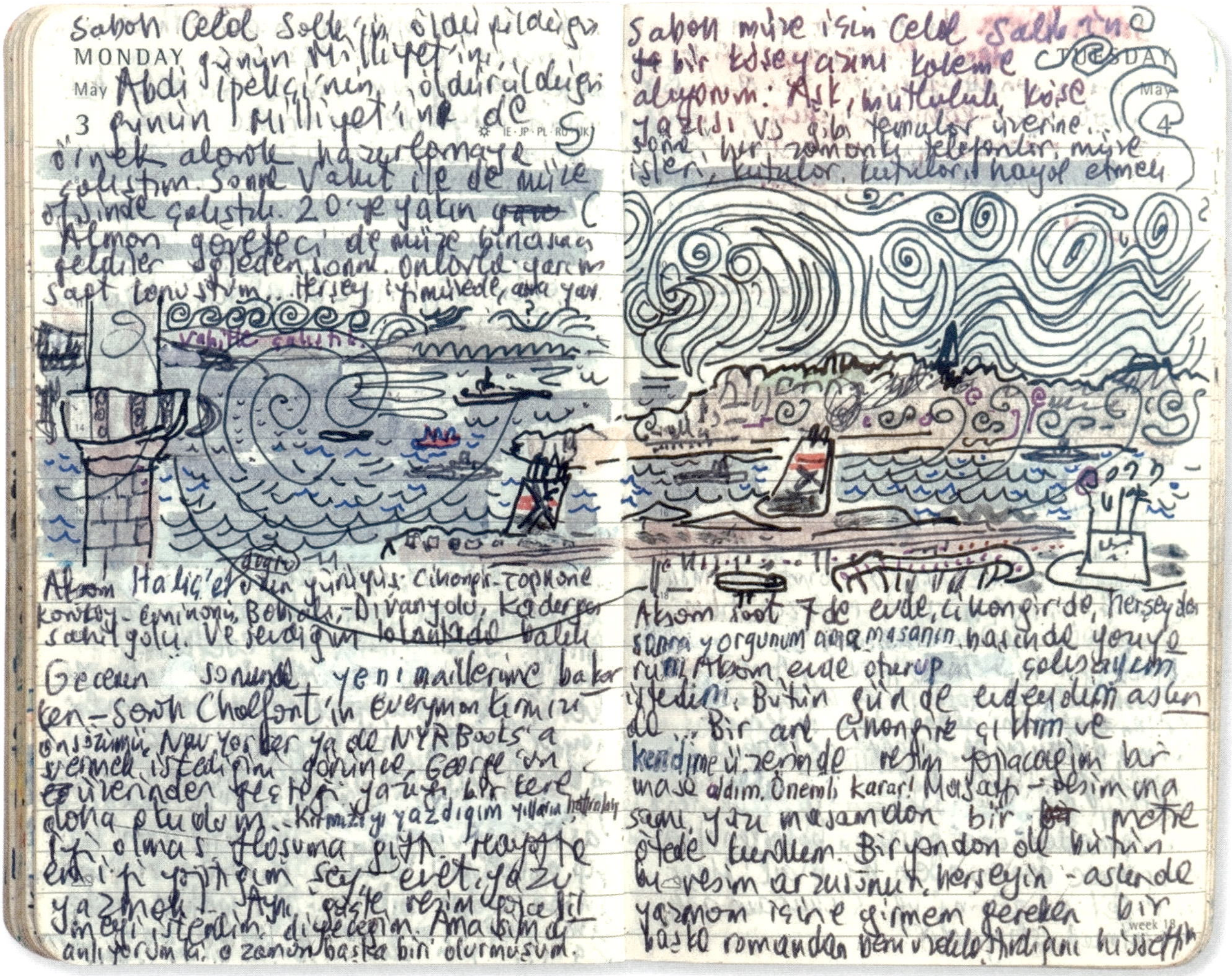
MONDAY
May
3
TUESDAY
May
4
week 18

La profunda e irresistible ternura que me une a Aslı es cada vez mayor. No pasa un instante sin que intente descifrar a mi amada. Sobre todo en los momentos de dolor, de melancolía. Cuando, por la mañana, prepara el café con ternura y esmero ¡es feliz! Cuando al volver por la noche tira su bolso (en el sofá) y ese abrigo verde que tan bien le queda, está cansada y de un humor de perros. Cuando lee a George Eliot es ambiciosa, decidida, inteligente (su lectura de *Middlemarch* es mucho mejor que la mía). A veces la miro como Kemal,[19] escrutando cada movimiento, cada gesto, cada palabra de Füsun.

Sensación de confusión, de no encontrar placer en nada... Si al menos pudiera dibujar, me digo. Quizá me iría mejor. ¿Por qué dibujar barcos me hace feliz? Porque vuelvo a la infancia, me dice Aslı, tan inteligente. Pero lo que yo tengo en mente no es la infancia. Quiero irme lejos. UN LUGAR LEJANO. ¿Dónde está ese lugar lejano en el que piensas? Aquí mismo, en este dibujo. Pero ¿dónde está? Allí donde me transporta el sueño cuando estoy deprimido.

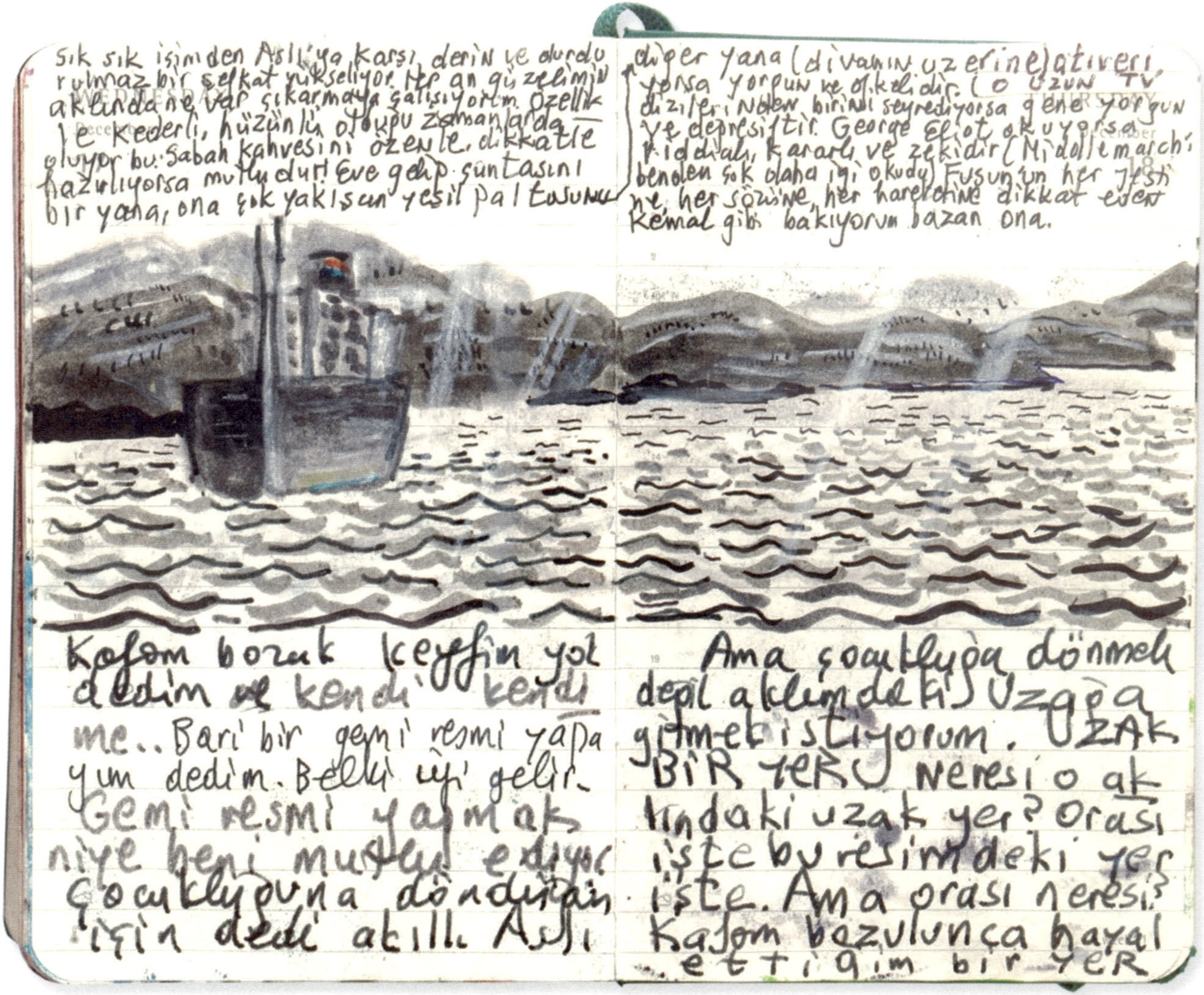
sık sık içimden Aslı'ya karşı derin ve durdu
rulmaz bir şefkat yükseliyor. Her an güzelimin
aklında ne var çıkarmaya çalışıyorum. Özellik
le kederli, hüzünlü olduğu zamanlarda
oluyor bu. Sabah kahvesini özenle, dikkatle
hazırlıyorsa mutludur! Eve gelip çantasını
bir yana, ona çok yakışan yeşil paltosunu
diğer yana (divanın üzerine) atıveri
yorsa yorgun ve öfkelidir. (O uzun TV
dizilerinden birini seyrediyorsa gene yorgun
ve depresiftir. George Eliot okuyorsa
iddialı, kararlı ve zekidir (Middlemarch'ı
benden çok daha iyi okudu) Füsun'un her jesti
ne, her sözüne, her hareketine dikkat eden
Kemal gibi bakıyorum bazan ona.
Kafam bozuk keyfim yok
dedim ve kendi kendi
me.. Bari bir gemi resmi yapa
yım dedim. Belki iyi gelir.
Gemi resmi yapmak
niye beni mutlu ediyor
çocukluğuna döndürdüğü
için dedi akıllı Aslı
Ama çocukluğa dönmek
değil aklımdaki uzağa
gitmek istiyorum. UZAK
BİR YERE neresi o ak
lındaki uzak yer? Orası
işte bu resimdeki yer
işte. Ama orası neresi?
Kafam bozulunca hayal
ettiğim bir yer

Esta mañana, en mi despacho: al principio de *Las noches de la peste*, los pasajeros de un barco procedente de Estambul se juntan con los habitantes de la fortaleza de Minguer: una delegación enviada para reprimir el levantamiento de los bóxers... Y se quedan en Minguer... Aún no he logrado instalar a nuestra princesa Sultan en la ciudad. ¿Tengo que leer más libros/memorias?, ¿documentarme un poco más sobre Abdul Hamid? Al mismo tiempo, trato de detectar lo que falta en la novela, intento concebirla en su totalidad. Pienso en la isla mirando al mar. Esta será la última novela histórica que escriba. Antes también había cúpulas de plomo... Pero eran diferentes.

Esta mañana a las 9.00 ha venido Emre: enseguida nos hemos puesto manos a la obra con mis novelas. Cuando escribo, es como si me emborrachara del silencio que invade mi despacho, la habitación, el apartamento... Sin ese silencio mi imaginación no funciona... // Escrito para *Le Magazine littéraire*... un texto que relata mi experiencia en el jurado de Cannes. Releído y enviado a Francia. Luego, he pasado con Emre por el número 16 para poner un poco de orden en mi biblioteca de literatura inglesa. Hablamos de libros, los que hemos leído y los que no hemos leído... felicidad de clasificar libros y autores. // Bajamos al número 16 a comer la sopa de lentejas preparada por Sermin.[20] // Tomo estas notas mientras espero al chófer de YKY.

No amamos los libros porque nos recuerden al mundo, sino porque hacen que lo olvidemos...

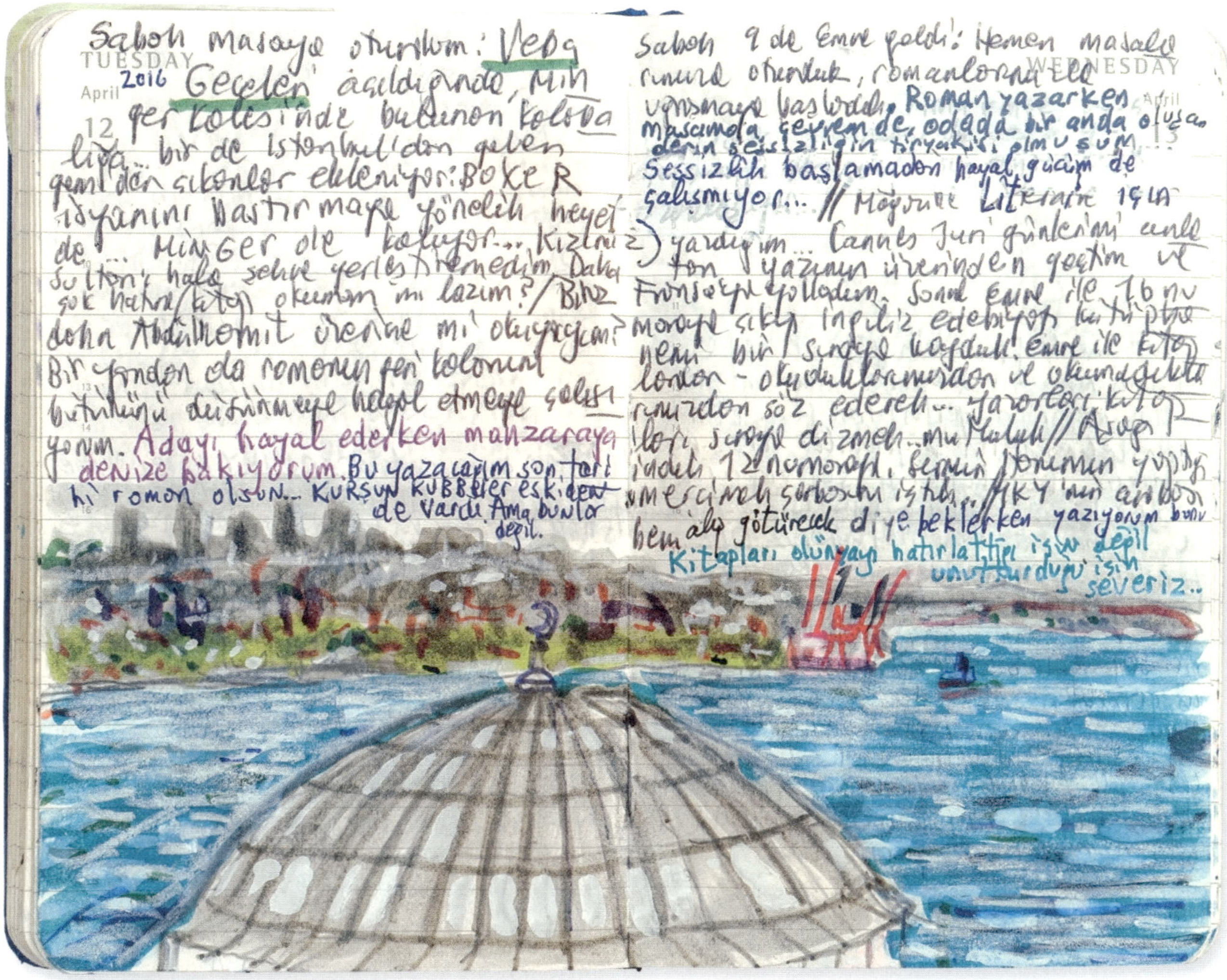
TUESDAY
April
12
2016
WEDNESDAY
April
13
Roman yazarken
Adayı hayal ederken manzaraya denize bakıyorum.
Kitapları dünyaya hatırlattığı için değil unutturduğu için severiz...

En el corazón de este libro, un sueño que tuve antes de empezar a escribir estos cuadernos. Algunos aspectos los he comprendido, otros siguen perfectamente oscuros.

Veía desfilar el sueño como contemplo el paisaje desde mis ventanas... despertar en pánico. Si no he ordenado las páginas ilustradas de los cuadernos en función del TIEMPO, sino en función del SENTIMIENTO, ha sido para comprender este paisaje aparecido en sueños.

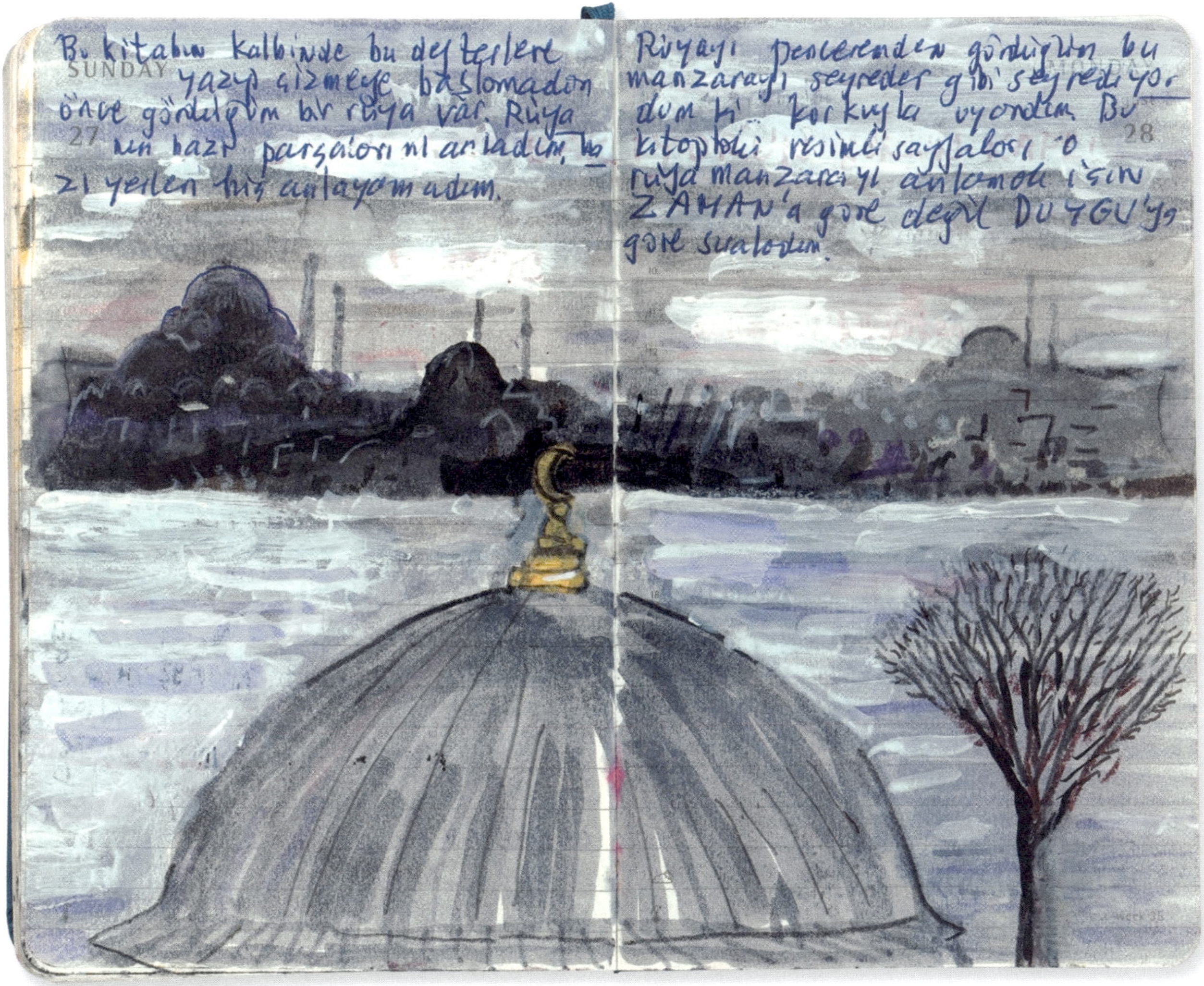
SUNDAY
27
28
Bu kitabın kalbinde bu defterlere
yazıp çizmeye başlamadan
önce gördüğüm bir rüya var. Rüya
nın bazı parçalarını anladım, ba-
zı yerleri hiç anlayamadım.
Rüyayı penceremden gördüğüm bu
manzarayı seyreder gibi seyrediyor-
dum ki korkuyla uyandım. Bu
kitaptaki resimli sayfaları o
rüya manzarayı anlamak için
ZAMAN'a göre değil DUYGU'ya
göre sıraladım.

Mañana: la ciudad cubierta de nieve. Ha cuajado en todas partes. De treinta a cuarenta centímetros en nuestro balcón. Aslı aún duerme. Yo estoy en mi novela. Leo mucho sobre el telégrafo en el Imperio otomano. ¡Cuántos libros habré comprado! Silencio de la nieve sobre la ciudad, en el apartamento. La nieve sigue cayendo, a tres metros no se ve nada. Lo confieso: soy feliz. Sí, por la nieve, porque Aslı duerma en mi casa, etc., etc. Certeza de que seré impermeable a la desgracia, de que siempre viviré en Estambul, de que todo será tan bonito como esta nieve. Entrevista para *La Repubblica*, publicada con el título: «El terrorismo no debe ser una coartada para limitar la democracia». Enviada por Marco. La mezcla nieve-frío realmente impresionante. Azul verdusco de la nieve... Color del mar. Cae en pequeños copos. He llevado a mi héroe el mayor...[21] a la oficina de telégrafos. Ahora escribo la historia de los telégrafos, etc. Extendiéndome bastante. Pero lentamente. Aslı baja al número 16: la ciudad silenciosa bajo la NIEVE. Me ha permitido olvidar durante todo un día la desesperación de este período políticamente atroz. La noche con Nuri → por las calles nevadas... La plaza Taksim era una zambullida en aguas heladas. Aslı tenía los pies congelados. Calles frías, sin turistas ni nada. Nada más que estambuleños. El metro casi vacío. Hemos bajado en Etiler. Şevket, Yeşim, Zeynep: ha terminado su doctorado en Harvard y busca trabajo... Şevket habla de política. ¡Ninguno de nosotros podía imaginar este ambiente aterrador, como la tiranía orwelliana, con el cuchillo entre los dientes! No lo esperábamos tan pronto.

Por la MAÑANA todavía NIEVE. Copos enormes. Aslı duerme y apenas amanece cuando me meto en mi despacho a escribir la parte del golpe contra la oficina del telégrafos. Me gusta mi vida. Incluso puedo confesar: la NIEVE que cae es como un capullo; la sensación de estar solos en el mundo, un consuelo. La belleza de Estambul bajo la nieve nos consuela.

SATURDAY

January

7

Sabah: Şehir karla kaplı. Her yerde tut-
muş. Bizim balkonda bile
otuz-kırk santim var. Aslı içeride
uyuyor. Romanımın içindeyim. Osmanlı
telgrafhaneleri hakkında pek çok şey oku-
yorum. Ne kadar çok kitap satın aldım bu
yıl. Evde, şehirde, karın sessizliği var.
Hala yağdığı için görüş mesafesi kısa,
ve itiraf edeyim: Mutluyum. Evden, karları,
içeride uyuyan Aslı dünyası vs. Başımın
derde girmeyeceğine, İstanbul'da yaşıya-
cağıma şu kar gibi, herşeyin güzel ola-
cağına inanıyorum. La Republica ile yap-
tığım röportaj "Terör Dendikçe Kısıtlamaya
Bahane Olmamalı" başlığıyla çıkmış. Marco yol-
ladı. Kar-soğuk-gerçekliği etkiliyici.
Yeşilimsi kar mavisi... Denizin rengi.
Kar küçük tanecikler ile yapıyor. Kolapsis
kahramanımı... Telgrafhaneye getirdim.
Şimdi Telgrafhanenin tarihini vs yazı-
yorum... Bir hayli de eğlenerek. Ama ya-vaş
Aslı 16 numaraya çıkıyor... iniyor. KAR. Ah
şehir sessiz. Bu karlı siyasi günlerin mut-suluğundan
kar sayesinde bir gün olsun uzaklaştım. Akşa-mın aydınlığında
peşimizde Nur → buzlu karlı yollardan. Taksi-ler soğuk.
buzlu suya battık. Aslının ayağı dondu. Soka-
Turist vs yok. Biz İstanbullular bizbizeyiz. Metro otu-
çok kalabalık değildi. Ekler de indik. Şev-ket, Yeşim
Zeynep: Harvard'da doktorasını bitirirken iş arıyor...
Şevket ile siyaset konuşuyor. Gemiya ziya al
mış bu buyurgan üslup, otoriter Orwell tarzı Kartunç
ortam hiç aklımıza gelmemişti. Bu kadar hızlı beklemedik

SUNDAY

January

8

SABAH gene KAR. Kocaman tanelerle
yapıyor. Aslı uyurken, hava doğa
yeni aydınlanırken masaya oturup
telgrafhane darbesinin ayrıntılarını
yazıyorum. Memnunum hayatımdan. Hatta
kendime bile ancak itiraf edebiliyorum:
KAR yağışının verdiği içe gelmiş
bir bire kalma duygusu bir çeşit teselli.
İSTANBUL'da karın güzelliği ile
teselli oluyoruz.

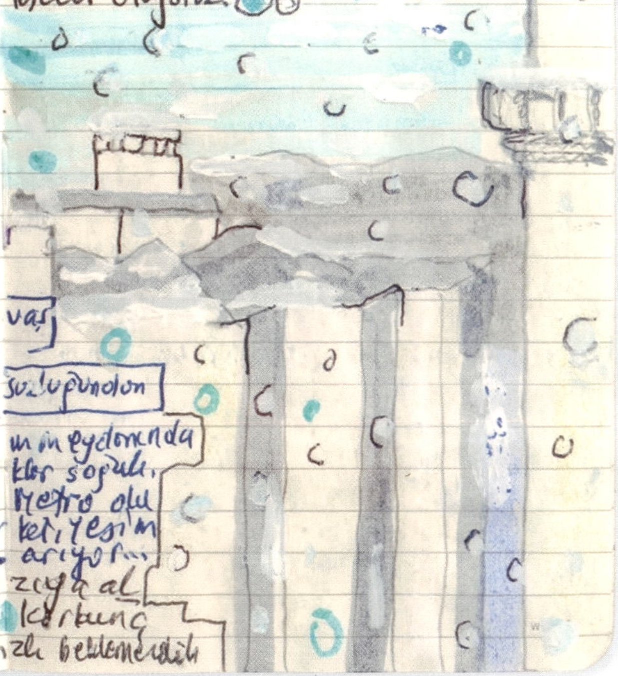

Prefiero dejar el dibujo como está, sin terminar. Para que cuando alguien, o yo mismo, lo vea años más tarde, pueda entender cómo procedí. Y porque el aspecto inconcluso de ese dibujo me ha gustado enseguida.

CIHANGIR EN EL SOL DE LA TARDE
Zonaro[22] también debió de ver esta luz en los minaretes...

Por otra parte, retomar un dibujo inacabado es tan excitante que no puedo resistirme. Sensación de irresistibilidad por otra parte estrechamente vinculada a la que procura el paisaje. Así que me detengo en mitad de la novela y me pongo a dibujar...

Sentado en mi escritorio, hace años que contemplo este mismo paisaje. Ahora estoy feliz, sí, feliz. Día soleado. Aslı ha ido a ver a su madre, me vuelvo a la historia de Mevlut y Rayiha. Releídos algunos capítulos de la novela, y: 1. Creo que es posible acortar un poco. 2. Está bien ejecutado, es agradable de leer. 3. Da mucha información en pocas páginas. 4. Repeticiones a eliminar.

Ahora, Mevlut va al cementerio y reza,
justo antes de secuestrar a Rayiha.
la noche Selçuk, los Ahmet, torre
del Bósforo...
estoy en la novela
no quiero
escribir más

Utilizo sin parar la palabra «alegría». Porque tan pronto como ese sentimiento me abraza, el deseo de escribir en este cuaderno es instantáneo. ¡Emociones, vértigo, excitación, optimismo y deseo de escribir y dibujar, eso es lo que quiero decir con «alegría»!

El sillón heredado
de mi padre
Aquí están mi
hogar y mis pensamientos.

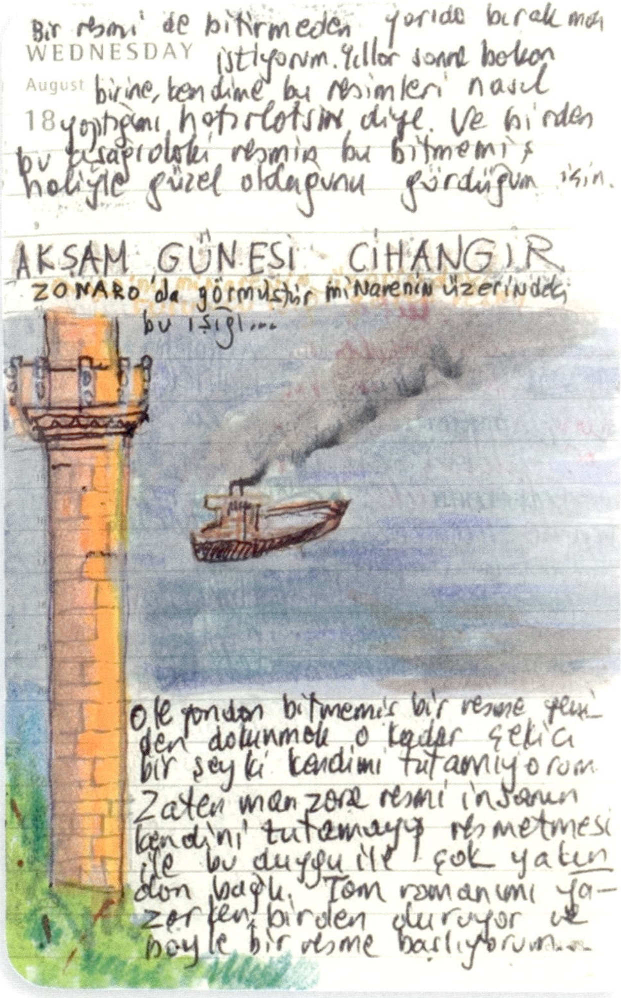

Bir resmi de bitirmeden yarıda bırakmak istiyorum. Yıllar sonra bakan birine, kendime bu resimleri nasıl yaptığımı hatırlatsın diye. Ve birden bu kısa yoldaki resmin bu bitmemiş haliyle güzel olduğunu gördüğüm için.

WEDNESDAY
August 18

AKŞAM GÜNEŞİ CİHANGİR

ZONARO'da görmüştür minarenin üzerindeki bu ışığı...

Öte yandan bitmemiş bir resme yeniden dokunmak o kadar çekici bir şey ki kendimi tutamıyorum. Zaten manzara resmi insanın kendini tutamayıp resmetmesi ile bu duygu ile çok yakından bağlı. Tam romanımı yazarken birden duruyor ve böyle bir resme başlıyorum...

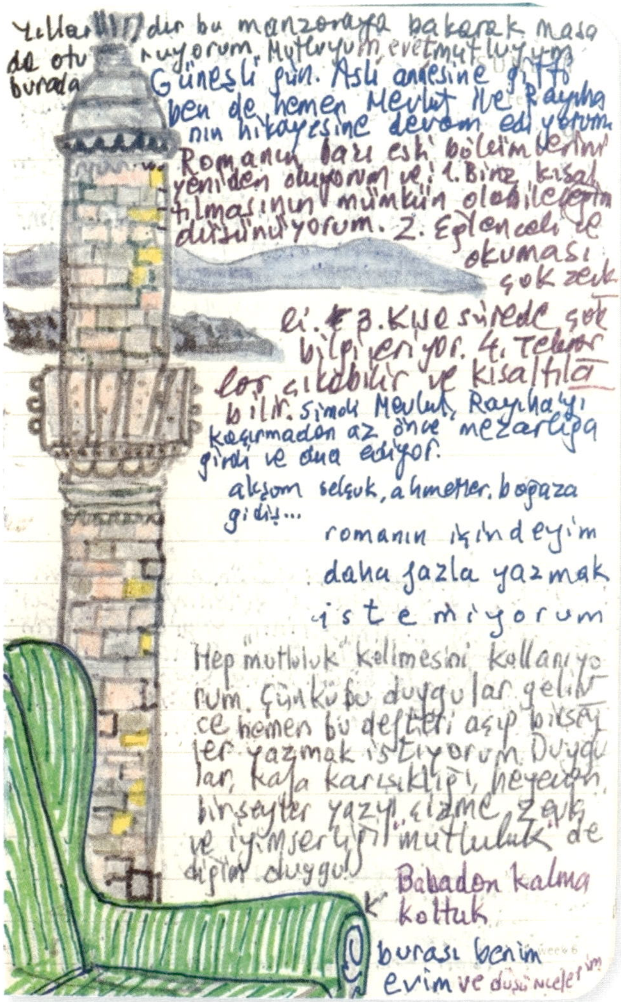

Yıllardır bu manzaraya bakarak masada oturuyorum. Mutluyum, evet mutluyum burada

Güneşli gün. Aslı annesine gitti ben de hemen Mevlut ile Rayiha'nın hikayesine devam ediyorum. Romanın bazı eski bölümlerini yeniden okuyorum ve 1. Bir kısaltılmasının mümkün olabileceğini düşünüyorum. 2. Eğlenceli ve okuması çok zevkli. 3. Kısa sürede çok bilgi veriyor. 4. Tekrarlar çıkabilir ve kısaltılabilir. Şimdi Mevlut, Rayiha'yı kaçırmadan az önce mezarlığa girdi ve dua ediyor.

akşam Selçuk, Ahmetler. Boğaza gidiş...

romanın içindeyim daha fazla yazmak istemiyorum

Hep "mutluluk" kelimesini kullanıyorum. Çünkü bu duygular gelince hemen bu defteri açıp birşeyler yazmak istiyorum. Duygular, kafa karışıklığı, heyecan, birşeyler yazıp çizme zevki ve iyimserliği mutluluk de dediğim duygu.

Babadan kalma koltuk

burası benim evim ve düşüncelerim

En Cihangir, frente a mí, las MONTAÑAS LEJANAS. El hombre cuya mirada, ante un paisaje, se fija en las montañas en la lejanía: 1. Puede haber ido a esas montañas, incluso haber vivido en un pueblo más allá de las montañas. Esa es la visión que tengo de las Islas desde Estambul. Me acuerdo de los días felices en las Islas. 2. O bien las montañas son el costado de un paisaje nunca atravesado. Y tratamos de imaginar lo que hay allí...

Entrevista con Filiz Aygündüz de *Milliyet* por la promoción de *L'Innocence des objets*.[23] Luego, a bordo del Paşabahçe para la sesión de fotos. En los muelles de Camialtı; ya no navegaba. El motor estaba roto... La dirección estropeada. A veces se negaba a ir marcha atrás. Oscilaba de un lado a otro. La vida útil de estos ingenios es de 25 años, dijo el director. Este llevaba 60 años en activo. Bajamos a la sala de máquinas del barco, algo con lo que soñé toda mi infancia... Hice fotos. Se lo llevaban a Beykoz para convertirlo en un salón de bodas.

Por la tarde, reunión con Cem en el número 9. Discusiones sobre cuándo estará terminado el museo, la seguridad, etc. Confieso que tengo miedo de que entren a robar en el museo, o de que sea el objetivo de algún ataque... Ese miedo me quita el sueño, lo mismo que los presupuestos, que no dejan de crecer.

Con Cevdet para encargarnos de los sonidos añadidos a las cajas de la habitación inferior. Caja número 49... inclinado sobre el viejo espejo roto, los asuntos de Turgut Bey, y prestando atención a la mezcla de ruidos de lluvia, de kanun[24] y de truenos arreglados por Cevdet... por un momento he pensado que iba a deshacerme en lágrimas. Ver el museo completamente transformado por esos sonidos, la atmósfera que de ellos emana. Y esa caja en particular, su ambiente... su voz... me hace feliz. Me digo a mí mismo que el tiempo que he dedicado a este museo no habrá sido en vano.

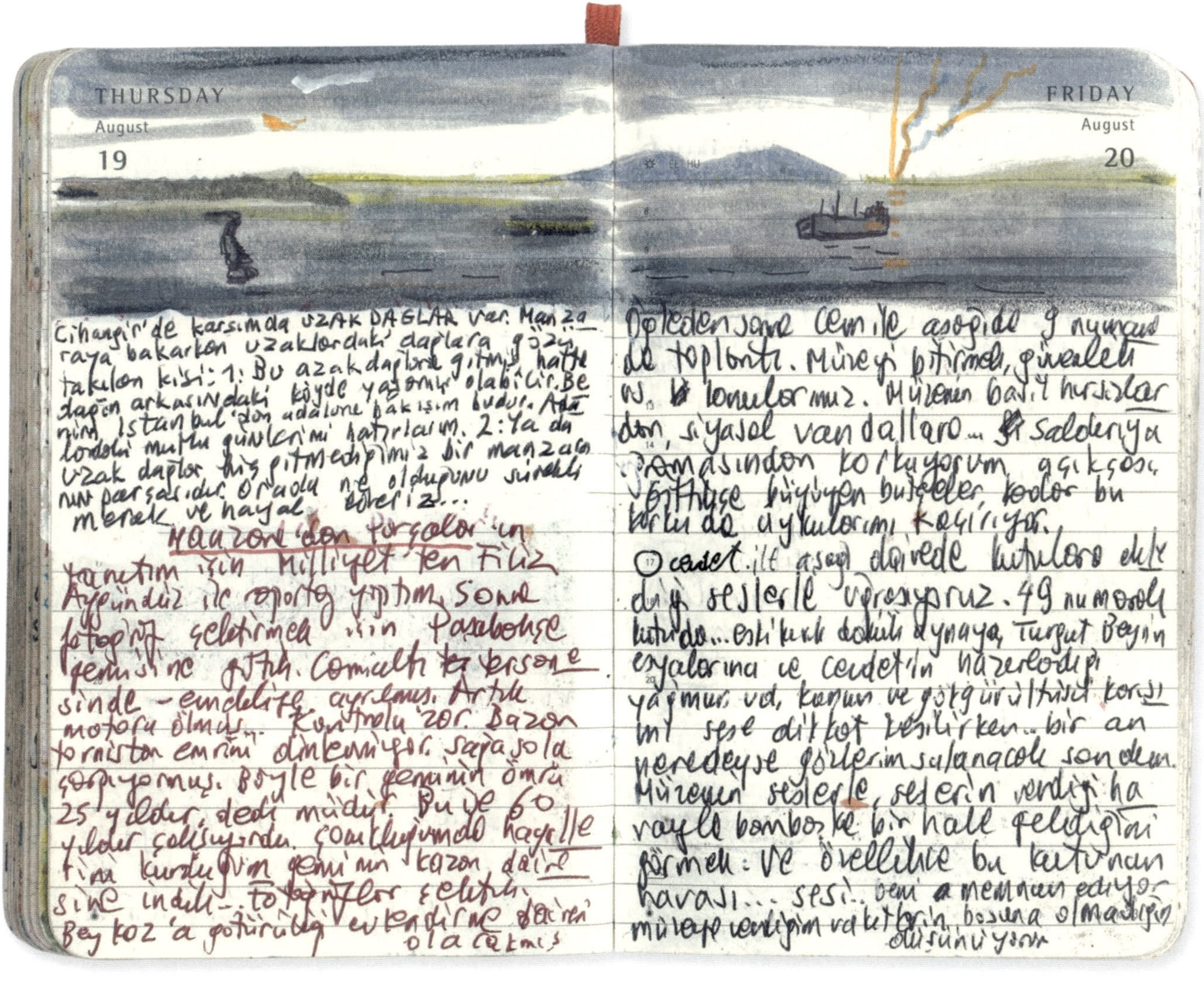
THURSDAY
August
19
FRIDAY
August
20

Por la mañana... cuando todo se ilumina...

En otros tiempos, todas esas colinas hoy cubiertas de hormigón eran vírgenes. Las miro como quien contempla sus recuerdos.

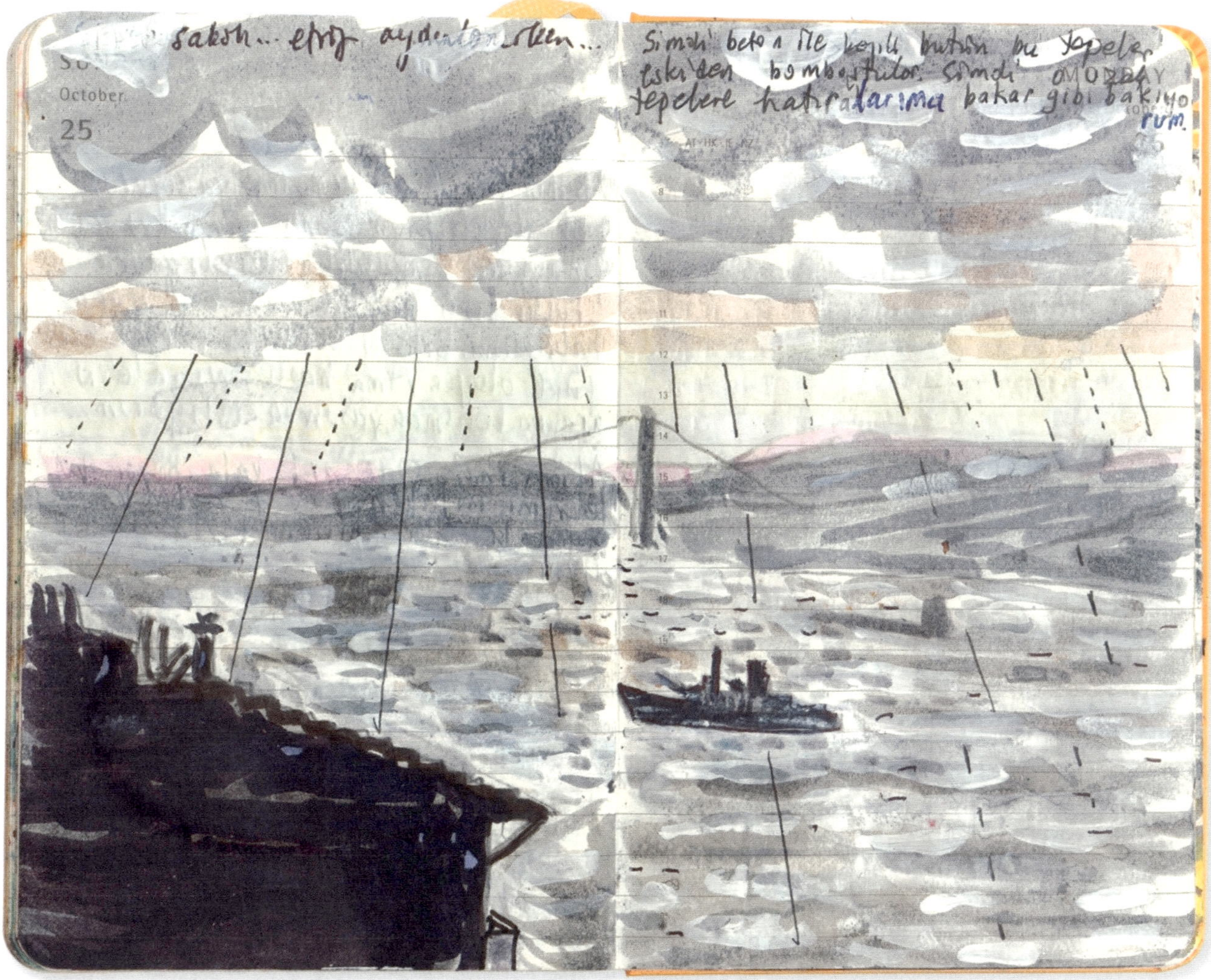
October
25
sakin... etraf aydınlanırken...
Şimdi beton ile kaplı bütün bu tepeler
eskiden bomboştular. Şimdi
tepelere hatıralarıma bakar gibi bakıyorum.

Volver a Cihangir es volver a esa vista. Cuando la angustiosa atmósfera de *Las noches de la peste* me turba demasiado, me detengo para contemplar el paisaje.

La mañana empieza allí

Por la mañana, al amanecer, me aprendía poemas de memoria para la clase de turco. Aprenderme poemas de memoria nunca me gustó. No lo conseguía... Por culpa del ruido y las peleas con Şevket[25] –en casa–, me resultaba imposible concentrarme. Tenía que estar solo, al amanecer, en la luz ROJA del amanecer. Eso era al final de la escuela primaria y al principio de la secundaria.

Uno empieza a pintar cuando
ve lo que ha olvidado. Luego,
el mismo paisaje empieza
a indicar el TIEMPO.

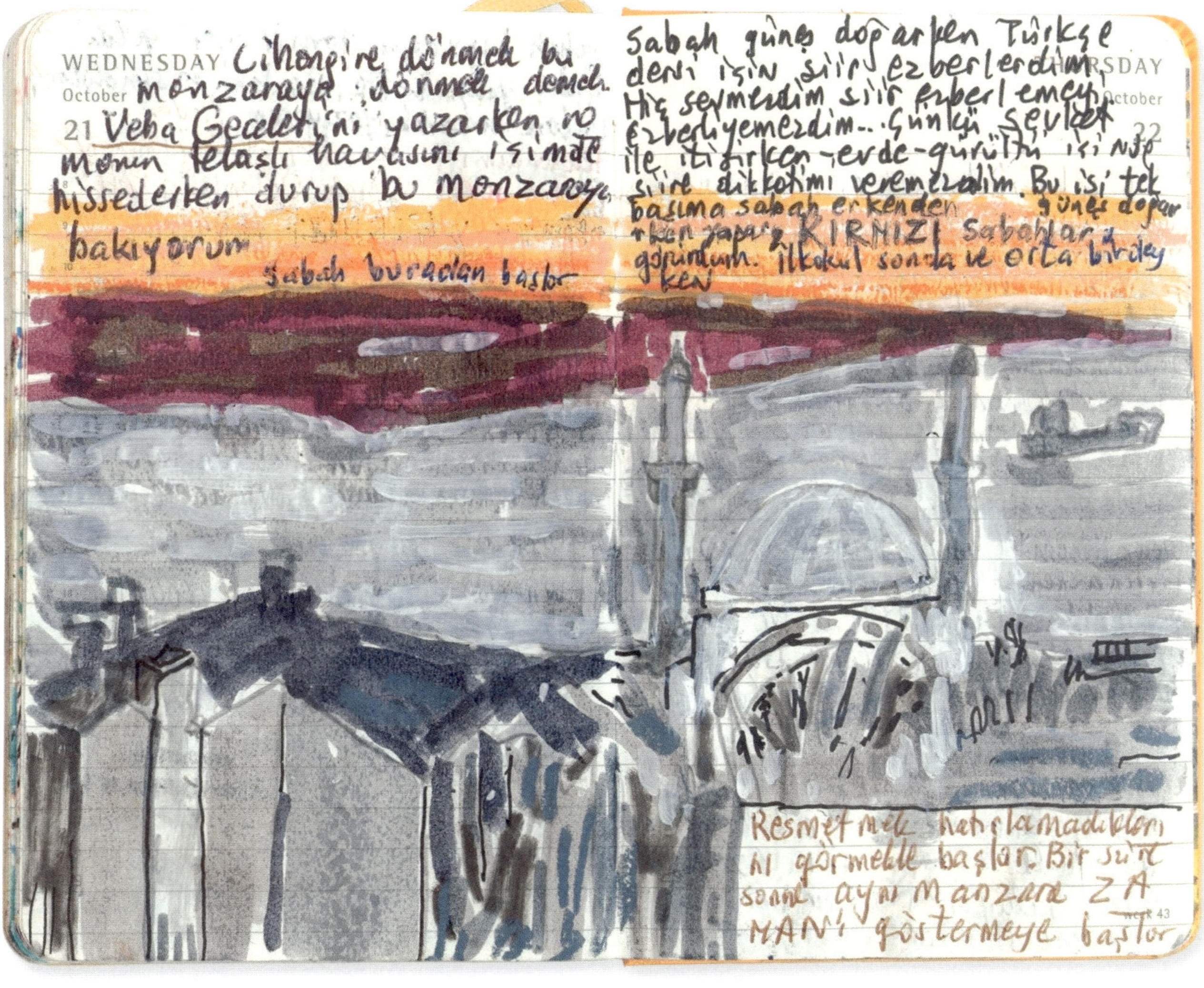
WEDNESDAY
October
21
Cihangire dönmek bu manzaraya dönmek demek. Veba Geceleri'ni yazarken o mekanın telaşlı havasını içimde hissederken durup bu manzaraya bakıyorum
Sabah buradan başlar
THURSDAY
October
22
Sabah güneş doğarken Türkçe dersi için şiir ezberlerdim. Hiç sevmezdim şiir ezberlemeyi, ezberleyemezdim... Çünkü Şevket ile itişirken evde gürültü içinde şiire dikkatimi veremezdim. Bu işi tek başıma sabah erkenden güneş doğarken yapar, KIRMIZI sabahları görürdüm. İlkokul sonda ve orta birdeyken
Resmetmek hatırlamadıklarını görmekle başlar. Bir süre sonra aynı manzara ZAMANI göstermeye başlar
week 43

En el pasado, cuando en Estambul se ponían en marcha unas obras, concitaban a una multitud de curiosos que iban ver las máquinas, las grúas.

Yo era uno de esos curiosos... Llegué a pasarme horas contemplando los movimientos de la grúa que colocaba los bloques de hormigón rodeando la mezquita Nusretiye de Tophane.

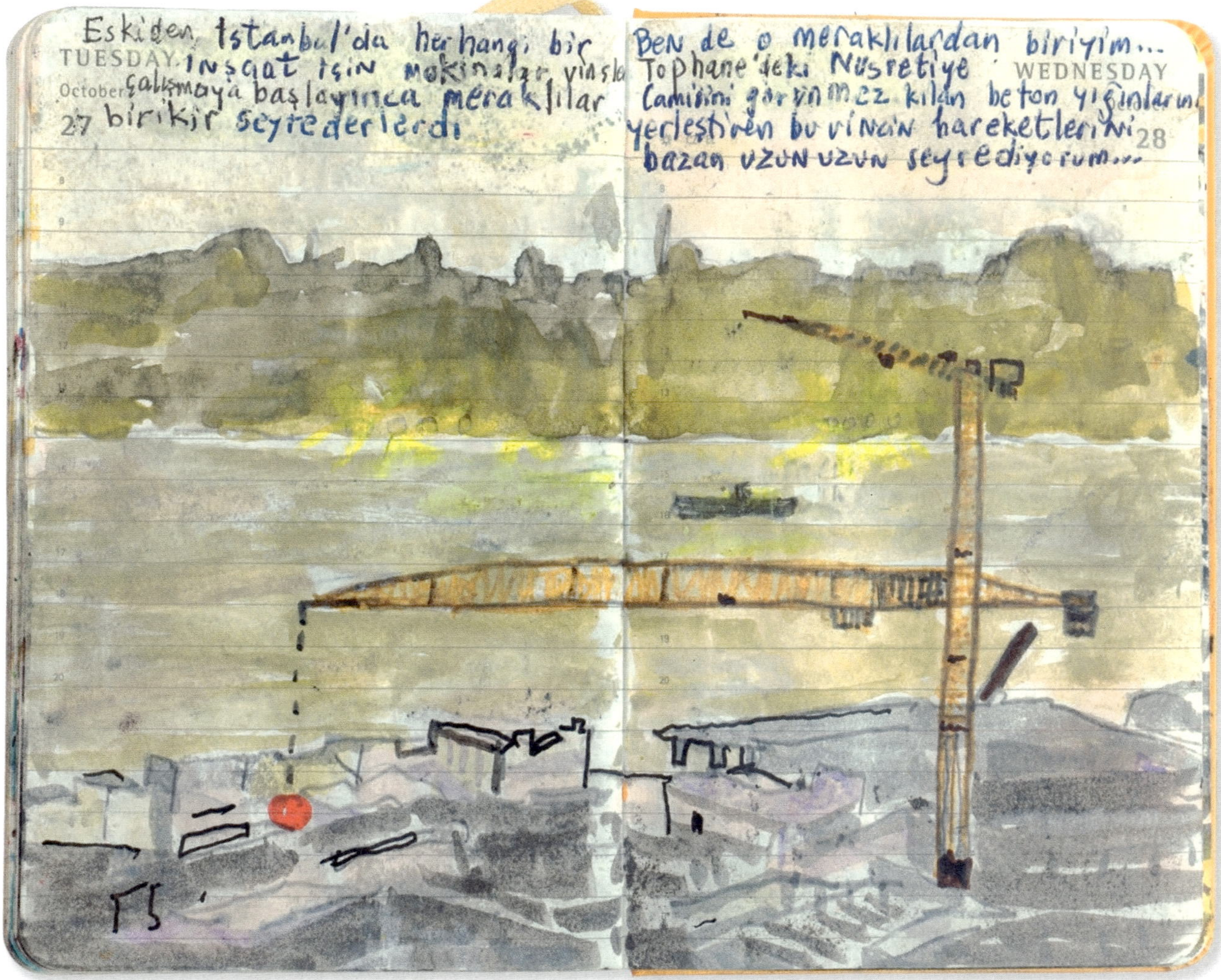
Eskiden İstanbul'da herhangi bir
TUESDAY
inşaat için makinalar vinçler
October
çalışmaya başlayınca meraklılar
27
birikir seyrederlerdi
Ben de o meraklılardan biriyim...
Tophane'deki Nusretiye
WEDNESDAY
Camisini görünmez kılan beton yığınlarını
yerleştiren bu vincin hareketlerini
28
bazan uzun uzun seyrediyorum...

Mi barco el Paşabahçe

Las obras del túnel ferroviario

El Paşabahçe entra en la ciudad

Lleno este blanco mucho tiempo después. Mi verano 2009, muy ocupado con la fabricación, la disposición y el llenado de las cajas para el museo. Triste como un perro. Todo eso pudrió la escritura de *Una sensación extraña*. Las obras del museo, la producción de los objetos, las discusiones con los arquitectos, todo me alejaba de la novela. Días enteros con las fotos, los materiales para las cajas, las joyas, los papeles de Füsun, la heroína muerta... En la vorágine de todas esas obligaciones improductivas, contemplar al PAŞABAHÇE pasando por el Bósforo me proporcionaba un poco de felicidad. Objetos triviales y poesía. A veces los objetos no dan poesía alguna, solo veneno.

Jueves por la tarde, durante una entrevista para *Milliyet* sobre los muelles del arsenal de Camialtı, mi corazón se estremece a la vista del Paşabahçe. Mi viejo barco, al que he visto toda mi vida hendiendo las aguas de Estambul entre la ciudad y las islas Príncipe, está retirado. Ganas de escribir un texto sobre el Paşabahçe para el *New Yorker*; ya hemos llegado a un acuerdo con Remnick. El año pasado, el 21 de abril de 2009 por la tarde, a las 17.52 h exactas, al pasar por delante por casualidad, tomé una foto del barco. Esta tarde, reunión en el museo con Brigitte, las chicas y Cem. Tremendo calor, pero enorme satisfacción, el edificio va tomando forma, colores. Y, sin embargo, todos mis pensamientos teñidos de una profunda sensación de inquietud, en realidad familiar. Todavía el mismo placer al pensar en los diferentes detalles de la novela, a pesar de que el museo me haya alejado demasiado de ella. Aunque debo admitir que mi entusiasmo permanece casi intacto.

PAŞABAHÇE

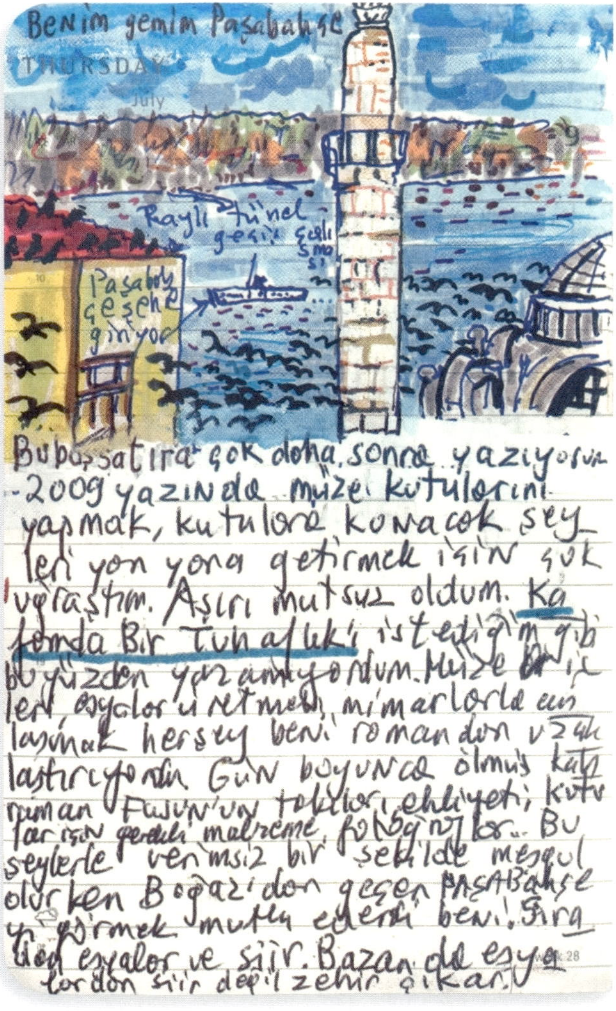
Benim gemim Paşabahçe
THURSDAY
July
9
Raylı tünel
Paşabahçe geçerken giriyor
Bu başsatıra çok daha sonra yazıyorum
- 2009 yazında müze kutularını
yapmak, kutulara konacak şey
leri yan yana getirmek için çok
uğraştım. Aşırı mutsuz oldum. Ka
fomda Bir Tuhaflık'ı istediğim gibi
bu yüzden yazamıyordum. Müze'de i
leri eşyalar üretmek, mimarlarla uğ
raşmak herşey beni romandan uzak
laştırıyordu. Gün boyunca ölmüş kata
roman Füsun'un tokaları, ehliyeti, kutu
lar için gerekli malzeme, fotoğraflar... Bu
şeylerle verimsiz bir şekilde meşgul
olurken Boğaz'dan geçen PAŞABAHÇE
yi görmek mutlu ederdi beni. Şiira
[illegible] eşyalar ve şiir. Bazan da eşya
lardan şiir değil zehir çıkar.
Week 28

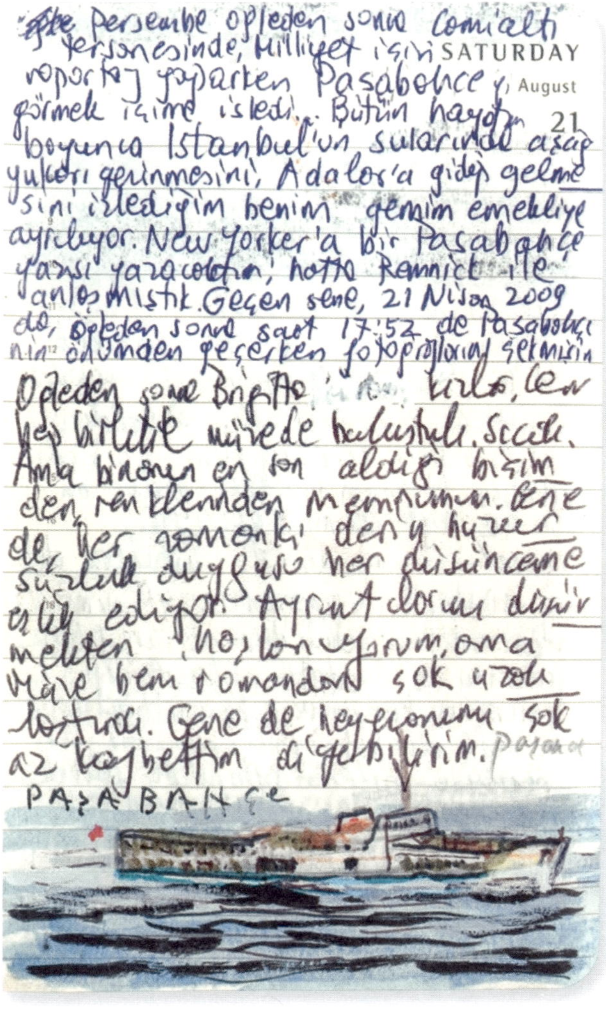
Perşembe öğleden sonra Cumaaltı
Yarımadasında, Milliyet için
SATURDAY
August
21
röportaj yaparken Paşabahçe'yi
görmek içime istedi. Bütün hayatım
boyunca İstanbul'un sularında aşağı
yukarı gezinmesini, Adalar'a gidip gelme
sini izlediğim benim gemim emekliye
ayrılıyor. New Yorker'a bir Paşabahçe
yazısı yazacaktım, hatta Remnick ile
anlaşmıştık. Geçen sene, 21 Nisan 2009
da, öğleden sonra saat 17:52 de Paşabahçe
nin önünden geçerken fotoğraflarını çekmiştim.
Öğleden sonra Brigitte [illegible] ile
hep birlikte müzede buluştuk. Sıcak.
Ama binanın en son aldığı biçim
den renklerinden memnunum. Gene
de her romanki derin huzur
suzluk duygusu her düşünceme
eşlik ediyor. Ayrıntıların düşün
mekten hoşlanıyorum, ama
müze beni romandan çok uzak
laştırdı. Gene de heyecanımı çok
az kaybettim diyebilirim.
PAŞABAHÇE

Aún con la cabeza en la maravillosa visita de ayer a BURSA. Han sabido preservar el casco antiguo. La restauración de la GRAN MEZQUITA, muy conseguida. El caravasar de KOZA HAN, igualmente impresionante. En la ciudad de TANPINAR,[26] la poesía que él hallaba en las mezquitas sigue siendo apreciable. Increíble haber visto tanto en tan poco tiempo, un viaje de ida y vuelta desde Estambul, el mismo día. Recuerdo que a principios de los años 60 vinimos aquí para ver las tumbas de los primeros sultanes, con la misma sensibilidad por la HISTORIA OTOMANA. Pero BURSA todavía no es el Imperio OTOMANO: es más refinado, es todavía el capullo de seda.

Basta con la presencia a lo lejos de un barco ya visto, familiar, para cambiar toda la idea que tengo del paisaje. Observo ese barco en la distancia y recuerdo su interior, los asientos, los viajes que hice a bordo, por el Bósforo, hacia las islas. El barco se convierte en el centro del paisaje, un pretexto para los recuerdos.

Estuvimos hablando de las sederías de Bursa

DOMINGO: releyendo la entrevista que concedí a *Die Zeit*, corrijo algunos pasajes que los maliciosos podrían «malinterpretar», y explico otros. Fue una entrevista sobre *Nieve*, política pero nada mal. Todos estos temores y estas angustias son la prueba palmaria de que en Turquía la libertad de expresión no rige. Han pasado diez años y sigo viviendo al ritmo de estos mismos miedos, campañas de acusación, escándalos. Siento el deseo de expresarme, de mostrarme crítico, y al mismo tiempo el miedo de buscarme problemas, un miedo propio de un país del Tercer Mundo donde la libertad no existe...

Pero para que un cuadro con un paisaje despierte un sentimiento «romántico» o «apasionado» hace falta un lugar desconocido, misterioso. Un lugar inaccesible, puede que más allá de las montañas. Pero un lugar nunca pisado: extraño. Hacia el que atrae nuestra mirada el movimiento de la imagen. De él emana un brillo extraño que confiere profundidad al conjunto. Y sin embargo conozco muy bien esta ciudad, sus líneas de barcos, su atmósfera, su perfume.

SUNDAY
February
8

Dünkü BURSA GEZİSİ'nin etkisinde yim hâlâ. Tarihi şehri iyi korumuşlar. ULU camii restorasyonunu başarılı buldum. KOZA Hanı civarı da etkileyiciydi. TANPINAR'ın şehirde, cami avlularında bulduğu şiir hâlâ hiss ediliyor. İstanbul'dan bir günde gidip bu kadar çok şey görüp geri dönebilmek de şaşırtıcı. 1960'ların başında bu erken dönem padişah türbelerine de aynı TARİH ve OSMANLI duygusuyla gittiğimizi hatırlıyorum. BURSA da OSMANLI İmparatorluk değil henüz: Daha zarif, daha ince bir ipek kozası henüz. Bursa'da ipek edilirken de söz ettik.

PAZAR: Die Zeit ile yaptığım röportajın bir kere daha üzerinden geçerken, kötü niyetlilerin "yanlış anlayabileceği" kimi sözlerimi düzeltiyor, kimilerini de açıklıyorum.

Kar üzerine siyasi bir röportaj oldu, ama fena değil. Bütün bu korkular endişeler Türkiye'de düşünce özgürlüğü olmadığının kesin kanıtı. On yıl oldu, sürekli bu korkular, kampanyalar, suçlamalar, milliyetçiler yazıyorum. Bu hem bir şey söyleme, eleştirme arzusu; hem de şimdi basında dönen giren korkusunu özgürlüksüz üçüncü dünya ülkesi durumu...

MONDAY
February
9

Manzara içinde, uzakta gördüğüm bir geminin tanıdık, bildik bir gemi olması ona ve manzaraya bakışımı belirliyor. Uzaktan bu gemiye bakarken o geminin içinde kileri, koltukları, bu gemiyle İstanbul'da Adalar yolunda ve Boğaz'da yolculuk ettiğimi de hatırlıyorum. Böylece gemi manzara ve hatıralar için bir bahane oluyor.

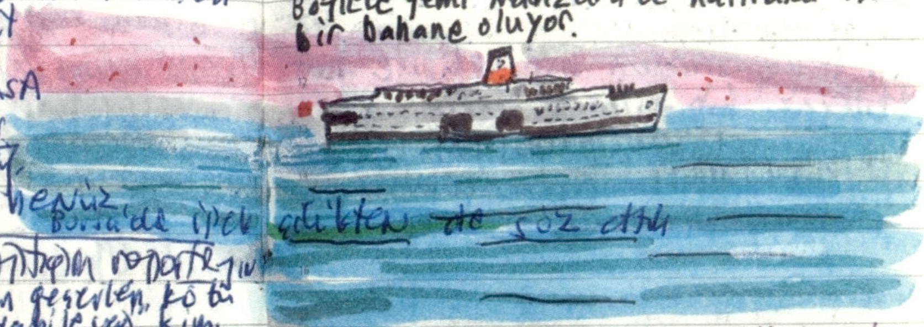

Ama manzara resminin "romantik" ya da "coşturucu" bir etkisi olabilmesi için bir noktasında bir bilinmeyen-esrarlı bir yer olması lazım. O ulaşılmaz yer belki de uzak dağların arkasındadır. Ama hiç gidilmemiş-yabancı bir yerdir orası. Resmin ima ettiği hareket gözü o yere doğru çeker. O uzak yerden gelen esrarlı bir ışık bütün resme daha derin bir anlam verir. Oysa buradaki şehir hatları gemisi çok tanıdık, içersinin havasını, kokusunu biliyorum.

PORQUE todo el mundo partió COMO EN UN SUEÑO

en el embarcadero abandonado encontré este barco
después de la peste el incendio
TENGA MIEDO

quemad, quemad
tú fuera, TENGA MIEDO de nadie

corazón del árbol, lejos
no miréis por favor
marchaos enseguida, esconde, allí
no miro hacia la ventana

esconde tu billete no lo pierdas
marchaos huid
más allá del borde del pavimento
está el mar
cuidado, podrías caerte
barco Réveille Turgut
los mismos hombres me persiguen

la ventana de la taquilla está cerrada –aquí– perros no marchado todo el mundo se ha marchado sí tengo miedo todavía tengo cosas que decir: no he sabido esconderme.
sí tengo miedo
de la noche oscura.
no por tu culpa

UN DÍA un BARCO EN SUEÑOS,,,

Vuestro turno aún no ha llegado,,, No mires no mires los perros vienen,,,

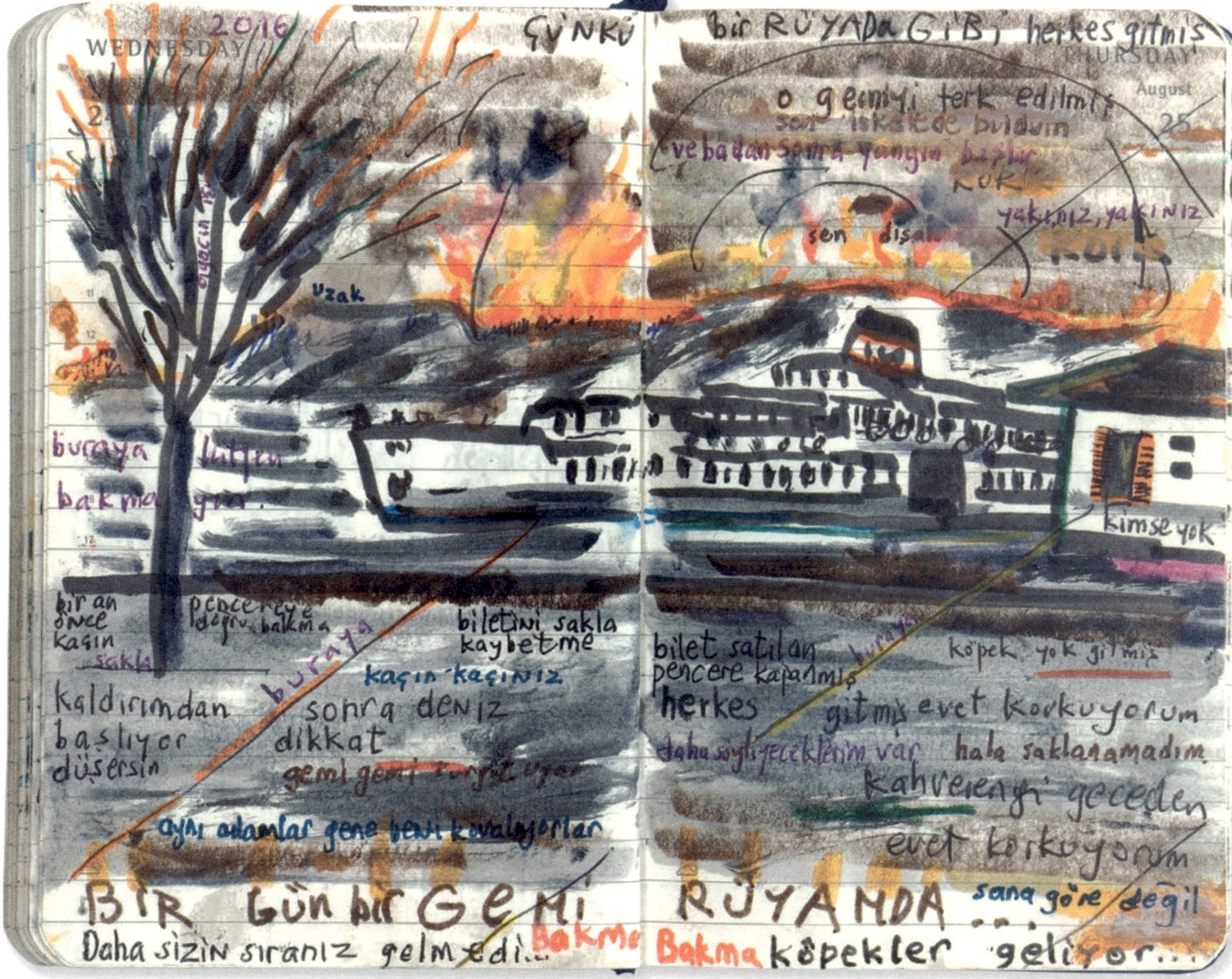
WEDNESDAY
2016
GÜNKÜ
bir RÜYADA GİBİ herkes gitmiş
THURSDAY
August
25
o gemiyi terk edilmiş
vebadan sonra yangın başlar
yakınız, yakınız
sen dışarı
uzak
buraya lütfen bakmayın
kimse yok
bir an önce kaçın sakla
pencereye doğru bakma
biletini sakla kaybetme
bilet satılan pencere kapanmış
köpek yok gitmiş
kaçın kaçınız
buraya
kaldırımdan başlıyor düşersin
sonra deniz dikkat
herkes gitmiş evet korkuyorum
daha söyleyeceklerim var
hala saklanamadım
kahverengi geceden
aynı adamlar gene beni kovalıyorlar
evet korkuyorum
BİR GÜN bir GEMİ RÜYAMDA
sana göre değil
Daha sizin sıranız gelmedi...
Bakma
Bakma köpekler geliyor...

El mayor deseo del señor Pintor es ver de una manera totalmente nueva lo que siempre ha visto. Si lo consigue, la vida cotidiana devendrá una Vida Nueva. Pero, para ello, hay que ser un hombre nuevo. Eso es lo que busca el Pintor pintando y repintando sin cesar la misma vista. También tendrá que pintar la vista que le resulta familiar como si tuviera ante sí un ENIGMA.

Releo el pasaje en que Samiha huye para reunirse con Ferhat,[27] feliz de constatar que me gusta mucho. Me gusta más aún cuando los personajes son como Samiha, tercos, tenaces, dotados de una cólera imprevisible, y valientes... Me gusta revelar la parte oscura de los seres, de la ciudad... Ayer, tras decidir que había trabajado lo suficiente para el artículo sobre Updike, me tomé un descanso. Pero hoy, de tanto revisar los capítulos ya escritos, no he podido avanzar en la novela. Nadados setenta minutos en la piscina de Küçük Çiftlik. Por la noche, Pollina nos presentó a Sabri Gürses, traductor de literatura rusa y estadounidense. Cenamos juntos en el restaurante Karaköy, riendo y divirtiéndonos mucho.

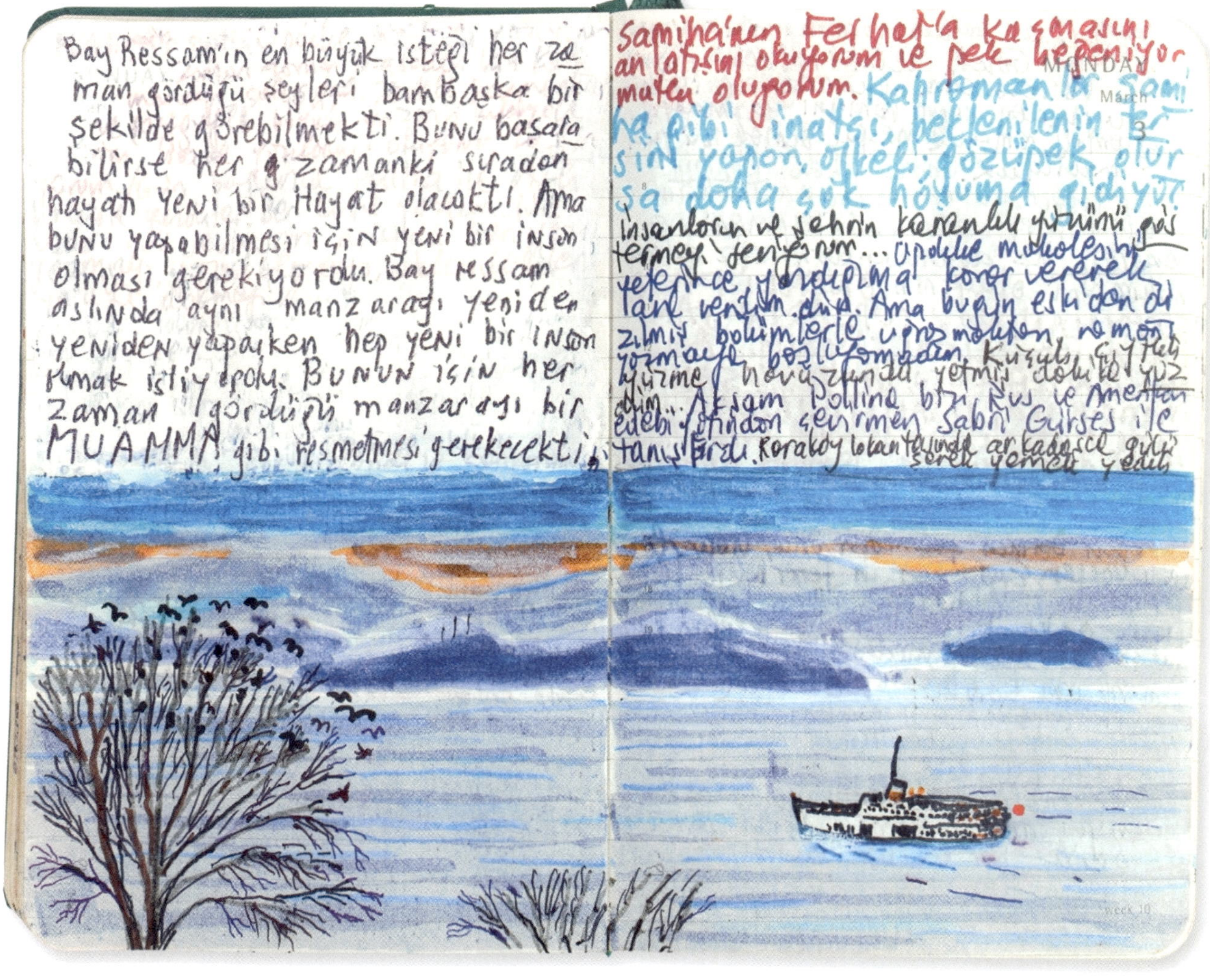
Bay Ressam'ın en büyük isteği her za-
man gördüğü şeyleri bambaşka bir
şekilde görebilmekti. Bunu başara-
bilirse her zamanki sıradan
hayatı yeni bir Hayat olacaktı. Ama
bunu yapabilmesi için yeni bir insan
olması gerekiyordu. Bay ressam
aslında aynı manzarayı yeniden
yeniden yaparken hep yeni bir insan
olmak istiyordu. Bunun için her
zaman gördüğü manzarayı bir
MUAMMA gibi resmetmesi gerekecekti.
MONDAY
March
3
Samiha'nın Ferhat'a kaçmasını
anlatışını okuyorum ve pek beğeniyor,
mutlu oluyorum. Kahramanlar Sami-
ha gibi inatçı, beklenilenin ter-
sini yapan, öfkeli, gözüpek olur-
sa daha çok hoşuma gidiyor.
İnsanların ve şehrin karanlık yüzünü gös-
termeyi seviyorum...
Akşam Pollina bizi Rus ve Amerikan
edebiyatından çevirmen Sabri Gürses ile
tanıştırdı.
week 10

Había leído las *Confesiones* de una vez, en un viaje en tren de diez horas... quedé como metamorfoseado.

¡Rousseau! Un niño que se pelea con su madre siempre se está equivocando... Había una fórmula de este tipo... Yo fantaseaba con convertirla en el epígrafe de la tercera parte del libro. Mi edición Penguin de las *Confesiones*; muy anotada; ¡se quedó en NY! Por la tarde, a eso de las 14.00 h, mientras escribía la novela, fotografié a Rüya.[28] «Te toca tomarme una foto –le dije a continuación–, hoy es un día especial, termino *La mujer del pelo rojo*».[29]

Al final del día, después de que se fuera, aún no estaba terminada, pero sí muy avanzada, estaba feliz. Por la mañana le leí las últimas páginas a Aslı, por la tarde a Rüya. A ambas les gustó mucho. Lo que más me asusta de este final: el MONÓLOGO de *La mujer del pelo rojo*.

Completo la escritura de *La mujer del pelo rojo* en plena noche, entre el silbido de la niebla. Mi casa está en el corazón de mis libros. Pocas ganas ya de viajar. La influencia de Joseph Cornell.[30] Tal influencia que parece transformar mi alma, mi mirada hacia la vida. Me encanta el invierno en Estambul, su atmósfera en blanco y negro. // Ganas de escribir sobre Cornell, de leer sus diarios, sus memorias. Placer de volver a sentir admiración ante un ARTISTA, un ESCRITOR AL QUE AMÉ hace veinte años.

He salido por la tarde, alrededor de las 16 h. He bajado a pie a Kabataş para tomar el barco hasta Kadıköy: fotografiando, filmando. He dejado allí a Nuri. Luego tomé un taxi. En Moda[31] nos quedamos atascados por el tráfico... Imposible hoy en día escapar de los atascos en Estambul... Pérdida de tiempo... Placer desperdiciado, etc., etc.

Primero ASLI, luego visita a sus padres.

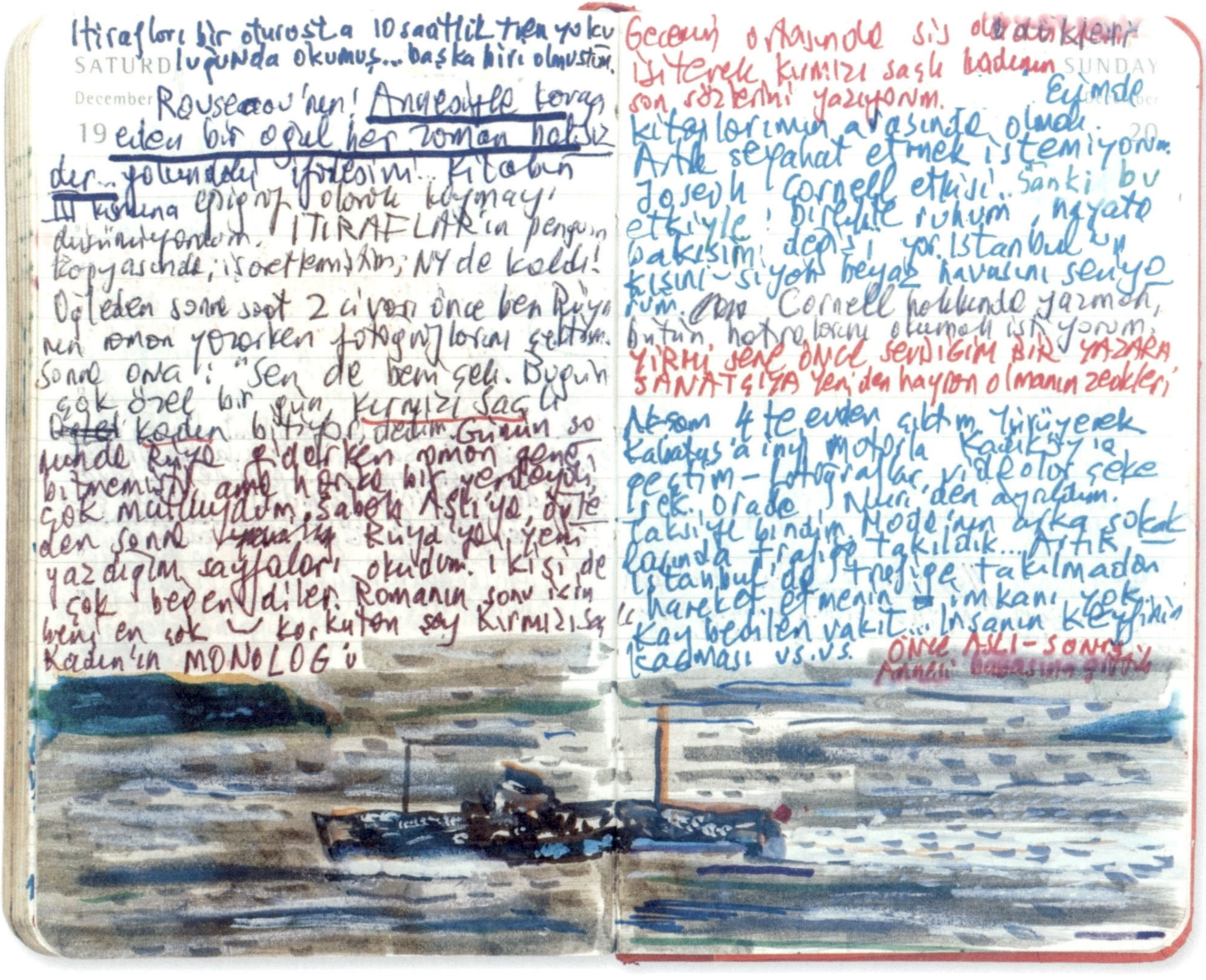

SATURDAY
December
19

İtirafları bir oturuşta 10 saatlik tren yolculuğunda okumuş... başka biri olmuştum. Rousseau'nun! Annesiyle koyan eden bir oğul her roman hatasız der... yolundaki ifadesini. Kitabın III kısmına epigraf olarak koymayı düşünüyordum. İTİRAFLAR'ın penguin kopyasında işaretlemiştim; NY de kaldı! Öğleden sonra saat 2 civarı önce ben Rüya'nın roman yazarken fotoğraflarını çektim. Sonra ona: "Sen de benimle gel. Bugün çok özel bir gün, Kırmızı Saçlı Kadın bitiyor, dedim. Günün sonunda Rüya giderken roman gene bitmemişti ama hemen hemen bir yerdeydi, çok mutluydum. Sabah Aslı'ya, öğleden sonra Rüya'ya yeni yazdığım sayfaları okudum. İkisi de çok beğendiler. Romanın sonu için beni en çok korkutan şey Kırmızı Saçlı Kadın'ın MONOLOG'u

SUNDAY
December
20

Gecenin ortasında sis düdüklerini işiterek Kırmızı Saçlı Kadının son sözlerini yazıyorum. Evimde kitaplarımın arasında olmak. Artık seyahat etmek istemiyorum. Joseph Cornell etkisi... Sanki bu etkiyle birlikte ruhum, hayata bakışım değişiyor. İstanbul'un kışını siyah beyaz havasını seviyorum. Cornell hakkında yazmak, bütün hatıralarını okumak istiyorum. YİRMİ SENE ÖNCE SEVDİĞİM BİR YAZARA SANATÇIYA yeniden hayran olmanın zevkleri

Akşam 4'te evden çıktım. Yürüyerek Kabataş'a indim, motorla Kadıköy'e geçtim – fotoğraflar, videolar çekerek. Orada Nuri'den ayrıldım. Taksiye bindim. Moda'nın arka sokaklarında trafiğe takıldık... Artık İstanbul'da trafiğe takılmadan hareket etmenin imkanı yok. Kaybedilen vakit... İnsanın keyfinin kaçması vs. vs.

ÖNCE ASLI – SONRA annesi babasına gittik

Me he levantado temprano, corrijo los capítulos del Norton.[32] Un poco de optimismo, un poco de desaliento. Necesario para la conferencia Norton... Y, a decir verdad, también para aquello que hoy por hoy está en el centro de mi vida: MUSEOS Y NOVELAS. De hecho, debería explicarme al revés. Hago una novela a partir de una serie de cuentos. Hago un museo a partir de una serie de objetos. Ambos van en la misma dirección. El museo me agota, me deprime. Me roba las horas que podría dedicarle al placer de escribir. Todo esto podría ser más satisfactorio, más entretenido. Debería haber al menos una cosa que no me deprima, pero no la he encontrado. Asqueado por la carga de trabajo y por las pequeñas estrategias, las pequeñas intrigas de algunos «artistas». Desearía haber sido más filósofo, en mi museo filosófico...

Algunos árboles casas aquí las casas

pájaro pájaro

pájaro pájaro

A las 10.00 h, llegada de nuestra familia de arquitectos, Gregor, Brigitta, Johanna, con una enorme maqueta 1:10. ¡Impresionante, hermosa! Por fin he sentido que las obras iban a terminar, el museo a abrir. ¡Pero queda trabajo! Discutimos sobre las escaleras de emergencia, las persianas, los 4.212 cigarrillos de Füsun en el vestíbulo, los problemas del techo, etc. Cem Yücel y Murat también estaban presentes. Almuerzo: las ensaladas preparadas por Sermin, como de costumbre... Placer de hablar de las barandillas, la ubicación del Chevrolet 56 y otras cosas con la maqueta ante nuestros ojos. Pero enorme cansancio al final del día. Ni siquiera fuerzas para escribir e-mails. Al final estuvimos cenando todos juntos en el restaurante Karaköy...

pájaro pájaro

detrás las montañas lejanas

pájaro

velado

pájaro pájaro

Por sí misma, mi mano dibuja estos puntos mientras yo pienso en otra cosa.
La cabeza a un lado en el barco: Paşabahçe
Del otro al movimiento del pincel

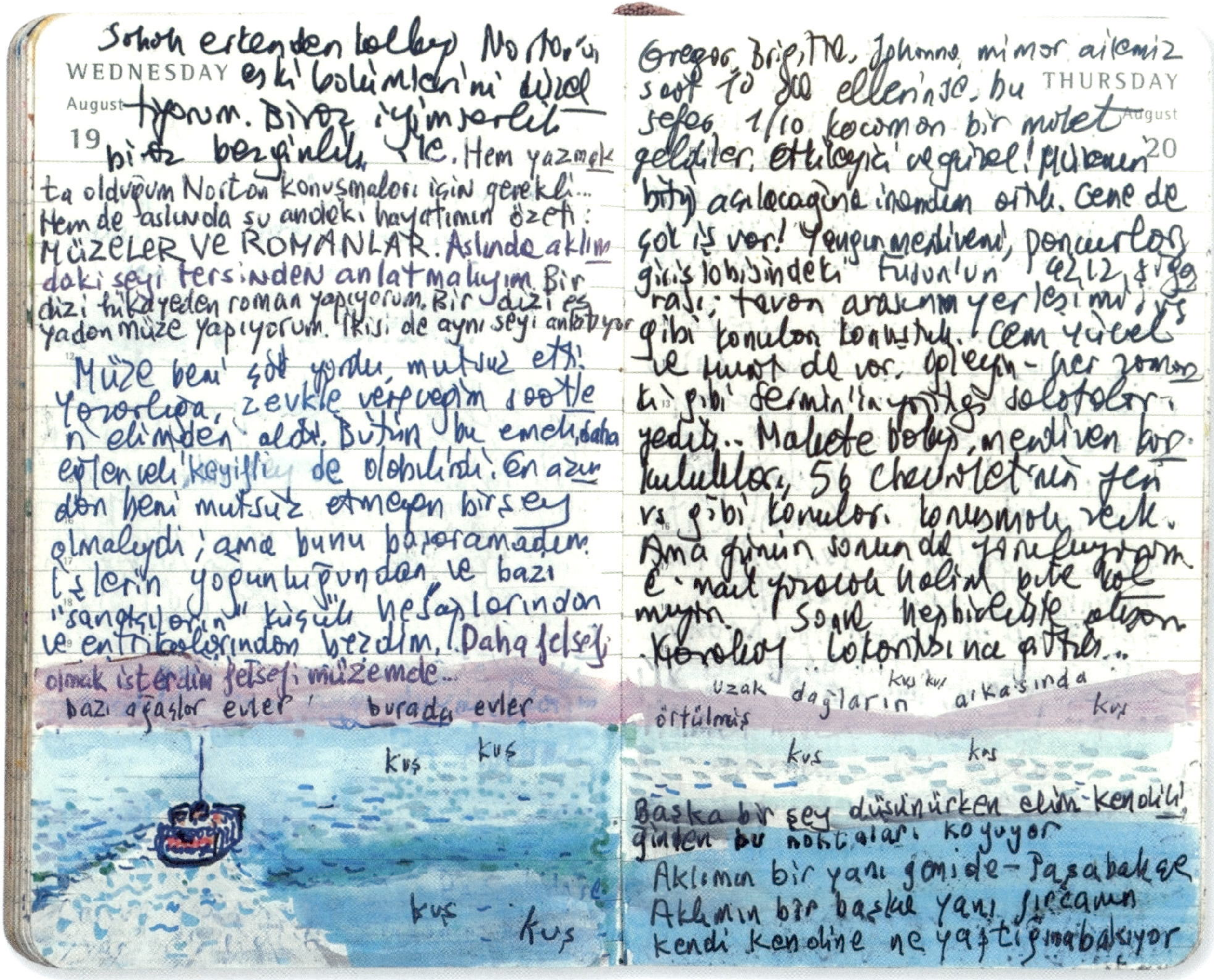
WEDNESDAY
August
19

Sabah erkenden kalkıp Norton'un eski bölümlerini düzeltiyorum. Biraz iyimserlik biraz bezginlik ile. Hem yazmakta olduğum Norton konuşmaları için gerekli... Hem de aslında şu andaki hayatımın özeti: MÜZELER VE ROMANLAR. Aslında aklımdaki şeyi tersinden anlatmalıyım. Bir dizi hikâyeden roman yapıyorum. Bir dizi eşyadan müze yapıyorum. İkisi de aynı şeyi anlatıyor.

Müze beni çok yordu, mutsuz etti. Yazarlığa, zevkle verdiğim saatleri elimden aldı. Bütün bu emek, daha eğlenceli keyifli de olabilirdi. En azından beni mutsuz etmeyen bir şey olmalıydı; ama bunu başaramadım. İşlerin yoğunluğundan ve bazı "sanatçıların" küçük hesaplarından ve entrikalarından bezdim. Daha felsefi olmak isterdim felsefi müzemde...

THURSDAY
August
20

Gregor, Brigitte, Johanna mimar ailemiz saat 10 da ellerinde bu sefer 1/10 kocaman bir maket geldiler. Ettikleri çok güzel! Müzenin bitip açılacağına inandım [illegible]. Gene de çok iş var! Yangın merdiveni, pencereler, giriş lobisindeki Füsun'un 4212 sigarası, tavan aracının yerleşimi vs gibi konuları konuştuk. Cem Yücel ve Murat da var. Öğleyin her zamanki gibi Sermin'in [illegible] salataları yedik.. Makete bakıp, merdiven korkulukları, 56 Chevrolet'nin yeri vs gibi konuları konuşmak gerek. Ama günün sonunda [illegible] [illegible] halim [illegible] mıyım. Sonra hep birlikte [illegible] Karaköy lokantasına gittik..

Başka bir şey düşünürken elim kendiliğinden bu noktaları koyuyor

Aklımın bir yanı gemide – Paşabahçe
Aklımın bir başka yanı sıcaktan kendi kendine ne yaptığına bakıyor

El señor Pintor, por desgracia, se ha acostumbrado a que lo persigan en sus sueños. Se los pasa huyendo. A paso apresurado, consciente de todo cuanto abandona. Huir ante todo y de todo el mundo se ha convertido en su costumbre.

También, su miedo se desvanece cuando se acerca al borde del horizonte, de la pendiente. Por el contrario, sabe que si desciende hacia el nido del halcón encontrará la respuesta a todas sus preguntas.

Noche noche noche noche
noche noche
noche noche

Büyükada, noche del 22 de junio, a eso de las 22.00 h... dibujado esto en el Casino de la Municipalidad, sentado a la mesa con Erdağ y Aslı.

Yo dibujaba escuchándolos charlar. Llegamos a Büyükada la víspera. La isla está vacía: los comerciantes se lamentan. Ningún turista. No muchos más veraneantes... Impregnada por partida doble de las desgracias del país –guerra y semidictadura–, la melancolía de Büyükada nos entristece.

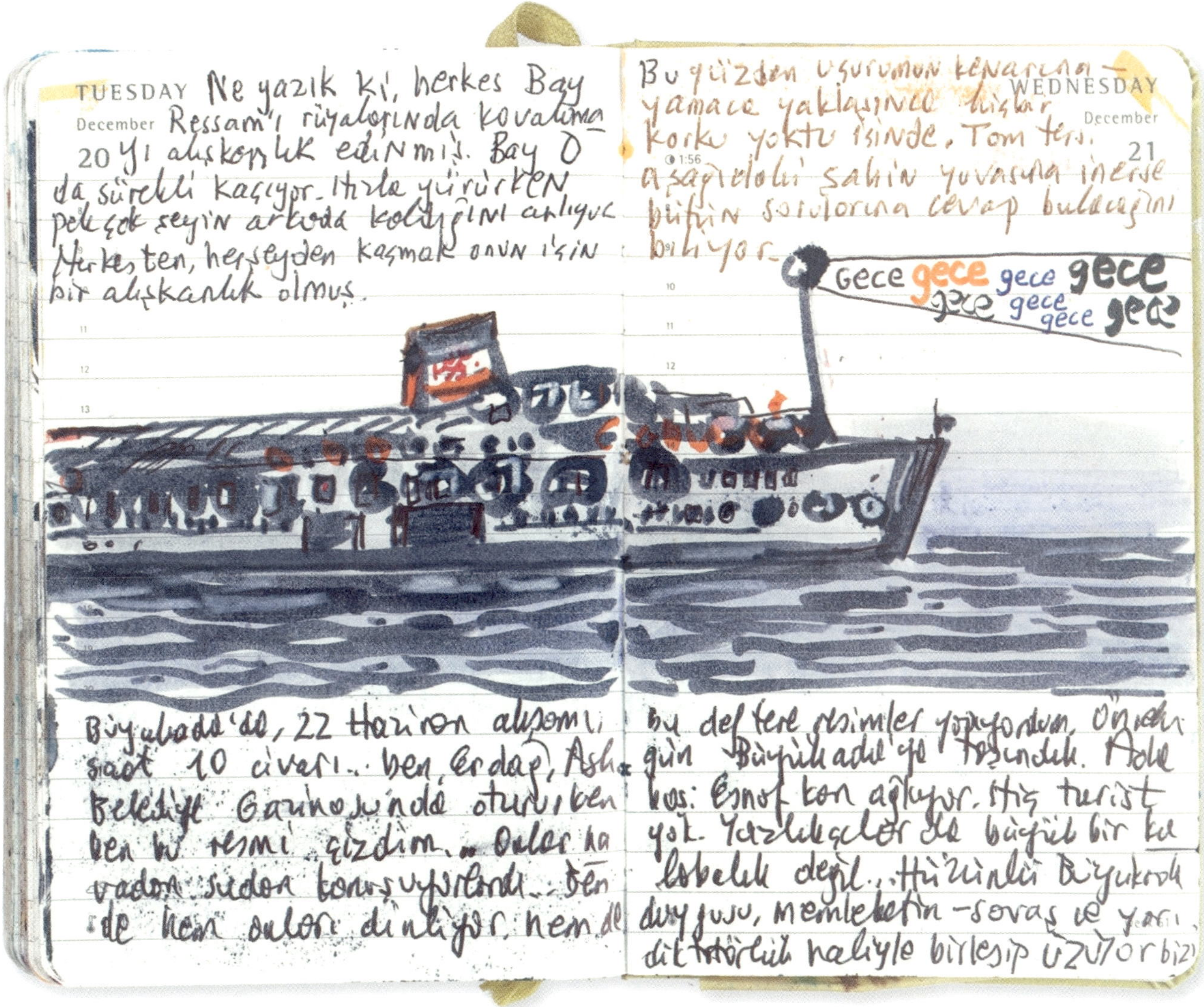
TUESDAY
December
20
Ne yazık ki, herkes Bay Ressam'ı rüyalarında kovalamayı alışkanlık edinmiş. Bay O da sürekli kaçıyor. Hızla yürürken pek çok şeyin arkada kaldığını anlıyor. Herkesten, herşeyden kaçmak onun için bir alışkanlık olmuş.
WEDNESDAY
December
21
Bu gözden uçurumun kenarına — yamaca yaklaşınca kuşlar korku yoktu içinde. Tom ters aşağıdaki şahin yuvasına inerse bütün sorularına cevap bulacağını biliyor.
gece gece gece gece
gece gece gece gece
Büyükada'da, 22 Haziran akşamı saat 10 civarı.. ben, Erdağ, Aslı Belediye Gazinosu'nda otururken ben bu resmi çizdim.. Onlar havadan sudan konuşuyorlardı.. Ben de hem onları dinliyor, hem de
bu deftere resimler yapıyordum. Önceki gün Büyükada'ya taşındık. Ada boş: Esnaf kan ağlıyor. Hiç turist yok. Yazlıkçılar da bugün bir kalabalık değil.. Hüzünlü Büyükada duygusu, memleketin — savaş ve yarı diktatörlük haliyle birleşip üzüyor bizi

Viendo la película *Trainspotting*, me he dado cuenta de que también yo, desde hace años, en mi apartamento para escribir, contaba los barcos que pasaban por el Bósforo. Pero en mi casa esta manía no es una forma de matar el tiempo, todo lo contrario: me anima el deseo de creer que el mundo podría ser como debe ser. Trabajando en mi despacho, levanto la cabeza, veo el barco que va a Kadıköy, dejo cuanto tengo entre manos y hago un boceto.

Me gusta que, en sus cuadernos, Joseph Cornell haya podido anotar: hoy hace buen tiempo. Cuenta algunos de sus sueños, normalmente los recurrentes. Pero el sueño soñado y el sueño que ponemos en palabras, ¿siguen siendo lo mismo? Los sueños no son una écfrasis. Los sueños no se cuentan, se sienten... Para llevar las impresiones de un sueño al papel hace falta la acuarela.

En este momento, dibujar me parece una manera de mezclar mi existencia con las cosas del mundo. O bien de hacerme esa ilusión. Dibujar en este cuaderno es acoger la poesía del mundo en mi vida cotidiana.

Mis grandes escritores diaristas: TOLSTÓI; THOREAU; WOOLF; CORNELL. Anotarlo todo como Thoreau. Luego volver a la misma página del diario, como un barco al puerto.

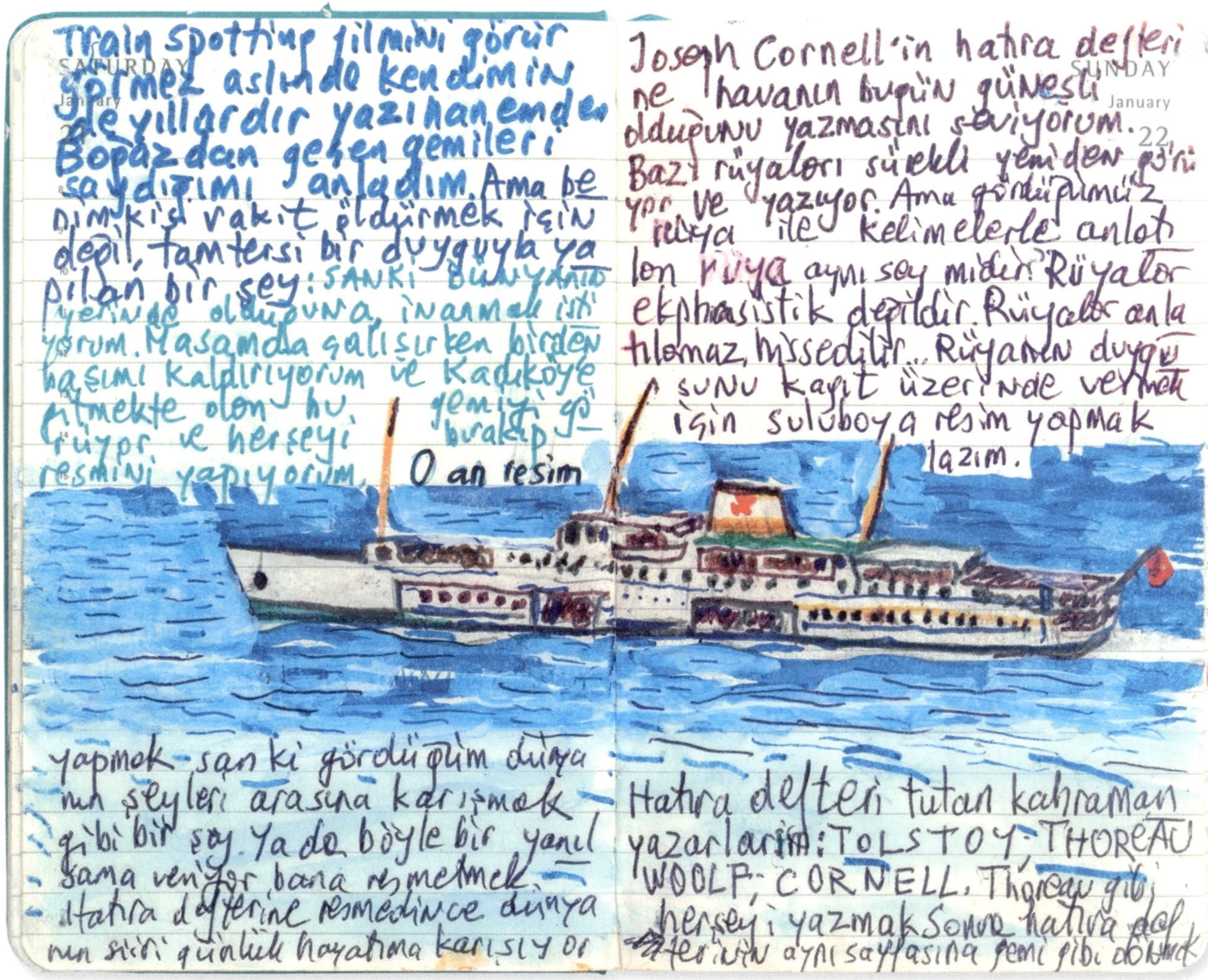
SATURDAY
January
Train spotting filmini görür gibi görmez aslında kendimin de yıllardır yazıhanemden Boğazdan geçen gemileri saydığımı anladım. Ama benimkisi vakit öldürmek için değil, tam tersi bir duyguyla yapılan bir şey: SANKI DÜNYANIN yerinde olduğuna inanmak istiyorum. Masamda çalışırken birden başımı kaldırıyorum ve Kadıköye gitmekte olan bu gemiyi görüyor ve herşeyi bırakıp resmini yapıyorum. O an resim yapmak sanki gördüğüm dünyanın şeyleri arasına karışmak gibi bir şey. Ya da böyle bir yanılsama veriyor bana resmetmek. Hatıra defterine resmedince dünyanın şiiri günlük hayatıma karışıyor
SUNDAY
January
22
Joseph Cornell'in hatıra defterine havanın bugün güneşli olduğunu yazmasını seviyorum. Bazı rüyaları sürekli yeniden görüyor ve yazıyor. Ama gördüğümüz rüya ile kelimelerle anlatılan rüya aynı şey midir? Rüyalar ekphrasistik değildir. Rüyalar anlatılmaz, hissedilir... Rüyanın duygusunu kağıt üzerinde vermek için suluboya resim yapmak lazım.
Hatıra defteri tutan kahraman yazarlarım: TOLSTOY, THOREAU, WOOLF, CORNELL. Thoreau gibi herşeyi yazmak. Sonra hatıra defterinin aynı sayfasına gemi gibi dönmek

Todos los pontones perdidos

Ruido de las olas
lamiendo la orilla

me gusta ir de noche a los muelles perdidos
escuchemos el sonido de nuestros pasos

los pequeños detalles de Estambul
se escuchan

el generador del barco
canciones populares que escapan de una radio encendida

la gente sentada
en los cafés

EL ÚLTIMO embarcadero

el capitán ve
la televisión en su cabina

Por la noche nos acercamos a los barcos amarrados en el último embarcadero, que lavan los musgos/las espumas que pasarán la noche a bordo

montañas lejanas

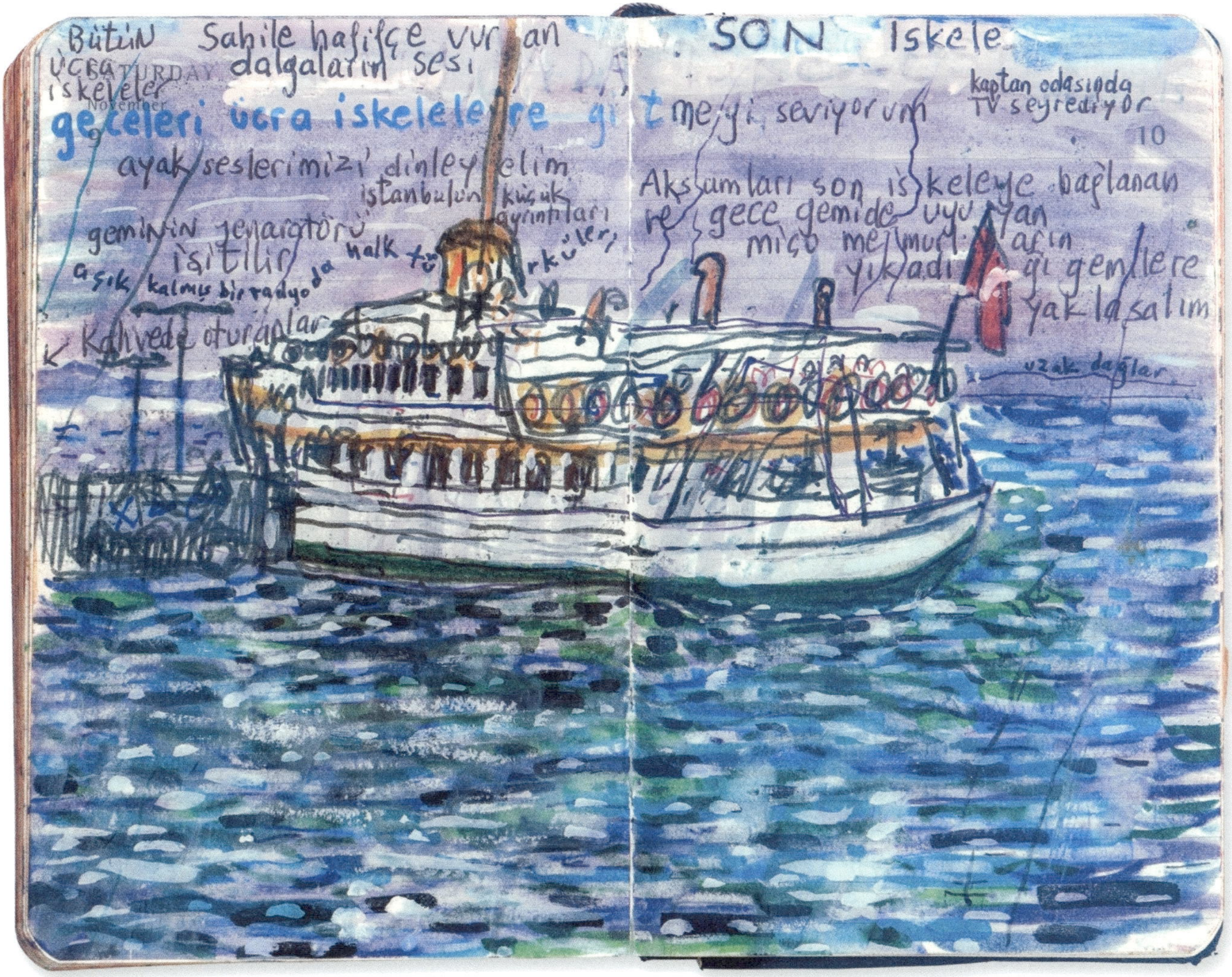
Bütün ücra iskeleler
Sahile hafifçe vuran dalgaların sesi
SON Iskele
kaptan odasında TV seyrediyor
SATURDAY
November
9
10
geceleri ücra iskelelere gitmeyi seviyorum
ayak seslerimizi dinleyelim
istanbulun küçük ayrıntıları
Akşamları son iskeleye bağlanan
ve gece gemide uyuyan
geminin jenaratörü işitilir
halk türküleri
yıkadı
gemilere
yaklaşalım
aşık kalmış bir radyoda
Kahvede oturanlar
uzak dağlar

Por la mañana, a las 8.30 h en la despacho, tratando de terminar el capítulo ilustrado del Norton... El Paşabahçe llega de las islas a Kabataş. Una hora más tarde parte de nuevo, yo lo fotografío (hacia las 9.30 h). Por la tarde, Önder-Murat, revisión del museo de cajas.

el vapor

Paşabahçe

Hablando del Paşabahçe: escribir un texto por una parte, por otra reunir mis fotos y este verano hacer con ellas una instalación en Barcelona. Sobre el Paşabahçe ya he escrito, he hecho dibujos, pero ninguna publicación. Pienso este cuaderno como un museo donde añado sin cesar nuevos objetos en vitrinas (páginas).

Retomo el relato de las bodas religiosas de Mevlut y Rayiha, tras sus primeros días de matrimonio y su huida; ganas de acortar estos pasajes, demasiado ligeros y demasiado humanistas en comparación con el resto de la novela. El momento en que Mevlut, el día de su boda, se encuentra con Ferhat que vuelve del servicio militar, y en que lo sorprende con Rayiha... Imagino la continuación. La escritura de una novela es tanto recuerdo como imaginación. Releyendo una vez más estas páginas demasiado ingenuas e idealistas, veo lo que hará de *Una sensación extraña* una lectura agradable y original: HACER QUE HABLE todo el mundo –MUCHA SONORIDAD–, VER y CONTAR LAS ACCIONES SIMULTÁNEAS DE CADA CUAL. Por el momento, ¡las atrocidades de las que Ferhat fue testigo durante su servicio militar! Ha llegado Rüya. Le he leído una frase sublime de *Anna Karenina*.

Hace nada (11.10 h) ha telefoneado CAN ÖZ. Preguntaba si estábamos dispuestos a hacer la serie de clásicos con CAN Yayınları,[33] y si yo quería ser el editor. Malas noticias. ¡Caray! Caray. Discusión con Esra, la directora del museo... Desde septiembre que... llevo enfadado por no tener los números. Ha sido ella la que ha hablado primero de renunciar... ¡Menuda pelea al teléfono! Esta noche le pediré su opinión a Aslı.

Quien quería este museo era yo. ¿Qué hacer?

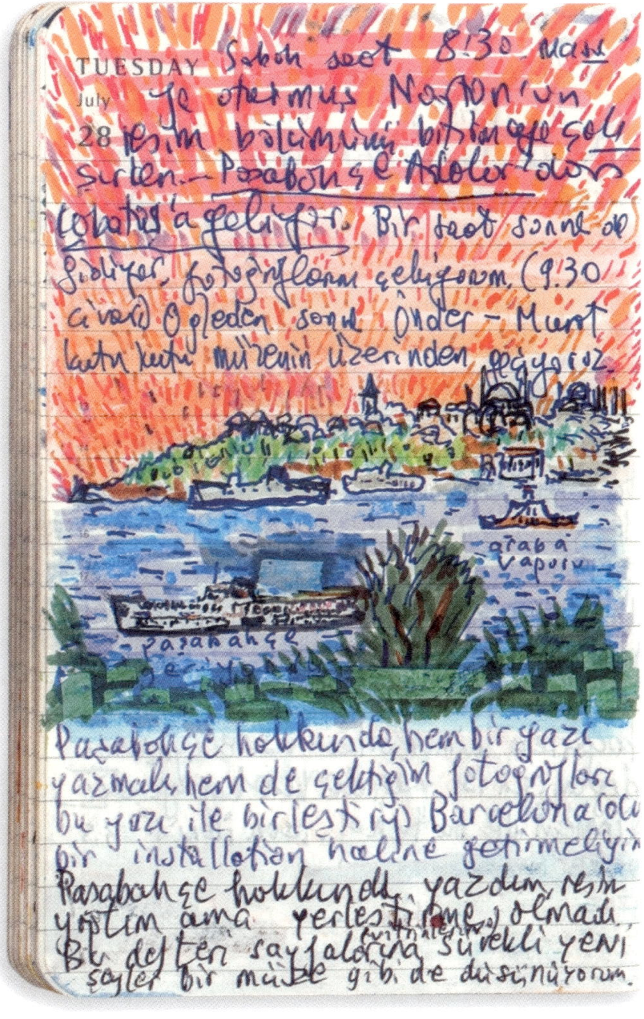

TUESDAY Sabah saat 8:30 masa-
July ile oturmuş Nafton'un
28 resim bölümünü bitirmeye çalı-
şırken — Paşabahçe Adalar'dan
Kabataş'a geliyor. Bir saat sonra da
gidiyor, fotoğraflarını çekiyorum. (9.30
civarı) Öğleden sonra Önder – Murat
kutu kutu müzenin üzerinden geçiyoruz.

Paşabahçe hakkında hem bir yazı
yazmalı hem de çektiğim fotoğrafları
bu yazı ile birleştirip Barcelona'da
bir installation haline getirmeliyim
Paşabahçe hakkında yazdım, resim
yaptım ama yerleştirme olmadı.
Bir defter sayfalarına sürekli yeni
şeyler bir müze gibi de düşünüyorum.

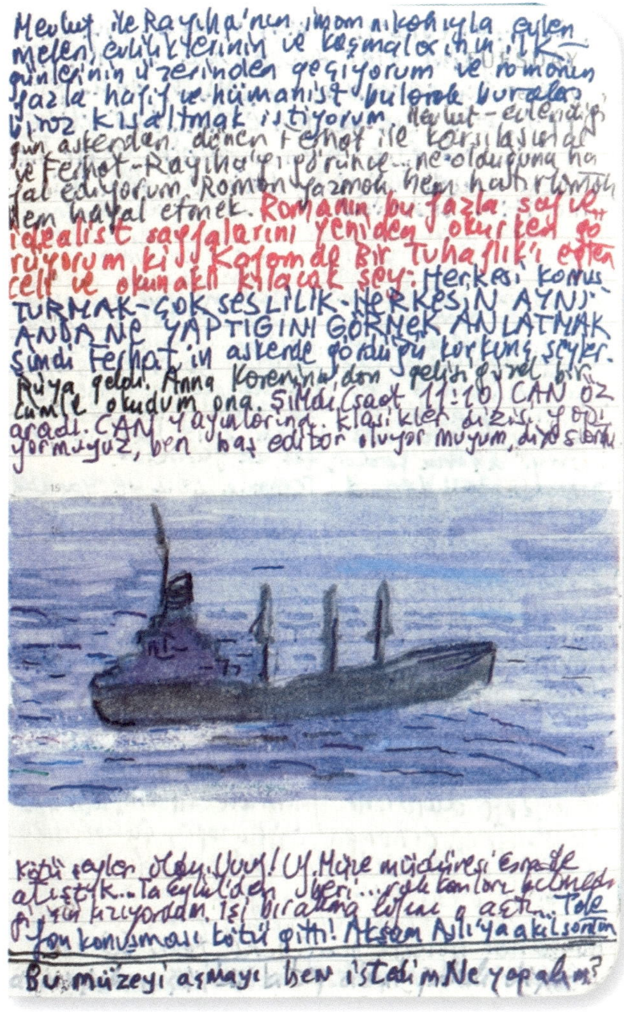

Mevlut ile Rayiha'nın imam nikâhıyla evlen-
melerini, evliliklerinin ve kaçmalarının ilk
günlerinin üzerinden geçiyorum ve romanın
fazla hafif ve hümanist bularak buraları
biraz kısaltmak istiyorum. Mevlut – evlendiği
gün askerden dönen Ferhat ile karşılaşıyor
ve Ferhat – Rayiha'yı görünce... ne olduğunu ha-
yal ediyorum. Romanı yazmak hem hatırlamak
hem hayal etmek. Romanın bu fazla saf ve
idealist sayfalarını yeniden okurken gö-
rüyorum ki Romanda bir tuhaflık'ı etken
celi ve okunaklı kılacak şey: Herkesi konuş-
turmak – çok seslilik – herkesin aynı
anda ne yaptığını görmek anlatmak.
Şimdi Ferhat'ın askerde gördüğü korkunç şeyler.
Rüya geldi. Anna Karenina'dan gelişi güzel bir
cümle okudum ona. Şimdi (saat 11:10) CAN öz
aradı. CAN yayınlarına klasikler dizisi yapı-
yormuyuz, ben baş editör oluyor muyum, diye sordu

Kötü şeyler oldu. Uuuf! Uf. Müze müdüresi Esra ile
atıştık... Ta eylülden beri... … açılmadı
… işi bırakma lafını açtı... Tele-
fon konuşması kötü gitti! Akşam Aslı'ya akıl sordum
Bu müzeyi açmayı ben istedim Ne yapalım?

Llevo todo el día pensando torcido. Así que soy un barco que piensa al revés.

Estoy seguro de que en alguna parte de Gökova[34] hay un lugar como este, con este cielo, estas olas, estas montañas. De momento las invento. Más adelante devendré barco.

Querer que cada día tenga sentido es un error... Vivimos momentos, el tiempo pasa y ese sueño al que llamamos nuestra vida poco a poco se difumina. Un barco se va. Míralo y sueña para empezar de nuevo. Si yo fuera una ola. Sí

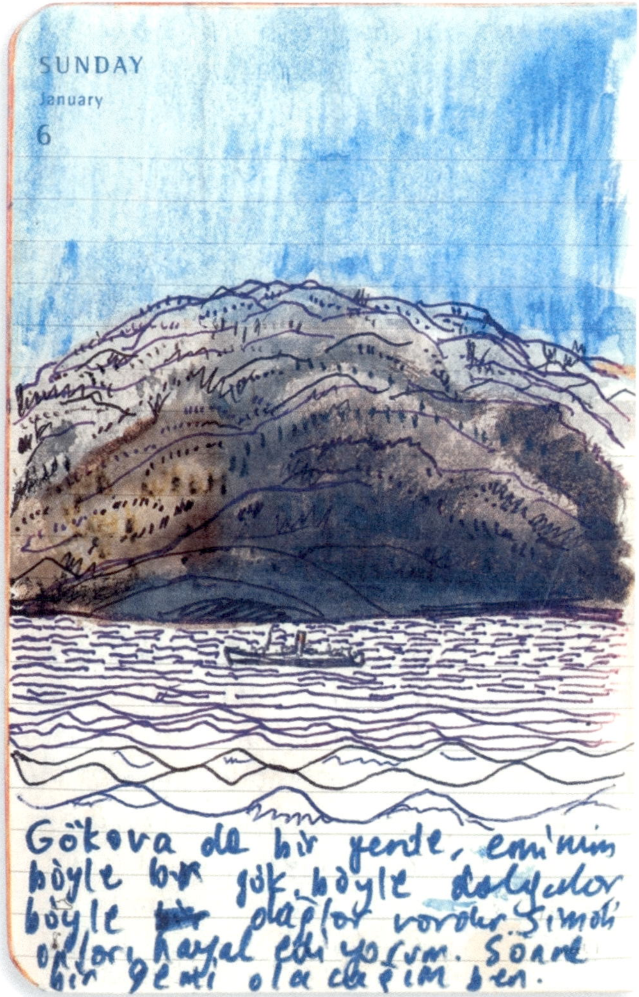
SUNDAY
January
6
Gökova da bir yerde,
böyle bir gök, böyle dalgalar
böyle dağlar vardır. Simdi
onları hayal ediyorum. Sonra
bir gemi olacağım ben.

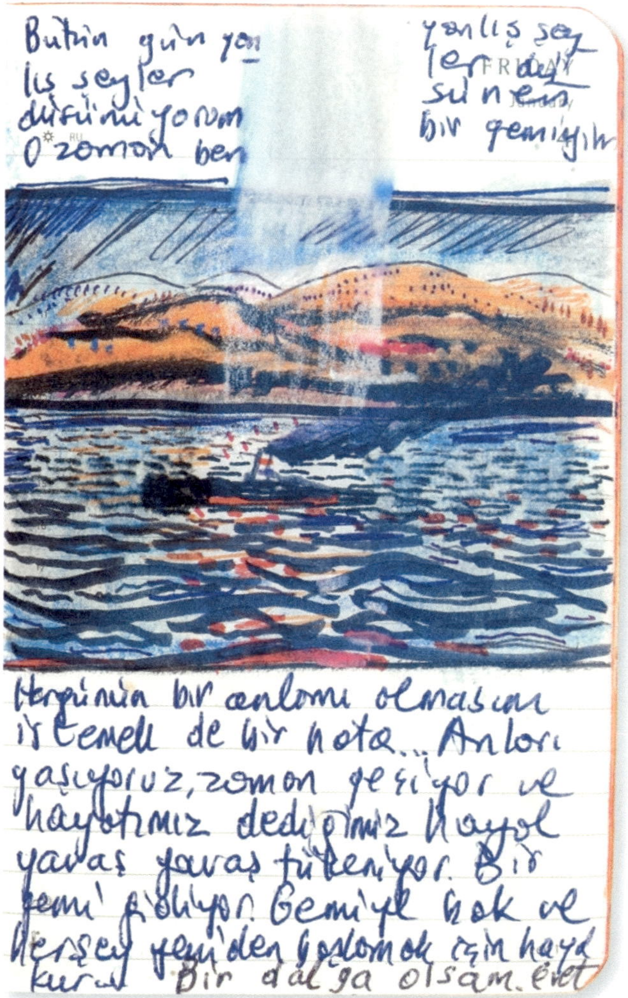
FRIDAY
January
Bütün gün yanlış şeyler düşünüyorum
O zaman ben yanlış şeyler süren bir gemiyim
Hergünün bir anlamı olmasını
istemek de bir hata... Anları
yaşıyoruz, zaman geçiyor ve
hayatımız dediğimiz hayal
yavaş yavaş tükeniyor. Bir
gemi geliyor. Gemiyle çok ve
herşey yeniden başlamak için hayal
kuruyor. Bir dalga olsam. Evet

Estaba sentado a mi escritorio cuando todo este paisaje invadió mi ser, como una luz, por la izquierda. Tenía tiempo. Iba a escribir, dibujar.

Esta mañana, otro barco más... Hace sonar la bocina sin parar. Ha llegado un inmenso banco de bonitos, he pensado al ver la cantidad que acumulaban los pescadores. En mi infancia, cuando semejante cantidad de peces (bonitos, anchoas) remontaba el Bósforo, al día siguiente veías a los vendedores ambulantes ofreciéndolos a carretadas, y en el comedor de la escuela nos servían pescado con patatas al horno. A veces veo delfines allí donde se apostan los pescadores. Se acercan a la costa. Algunos aficionados toman posiciones. Luego me olvido del mundo y me pierdo en la novela. Más tarde, pasa otro barco grande haciendo sonar su bocina. Pero los pescadores no se mueven y el capitán, muy irritado, insiste con la bocina. Otro barco se une al concierto. Desde mi despacho veo a los pescadores en sus barcas. Hay algunas chalupas solitarias. La bocina de los barcos reverbera en ecos.

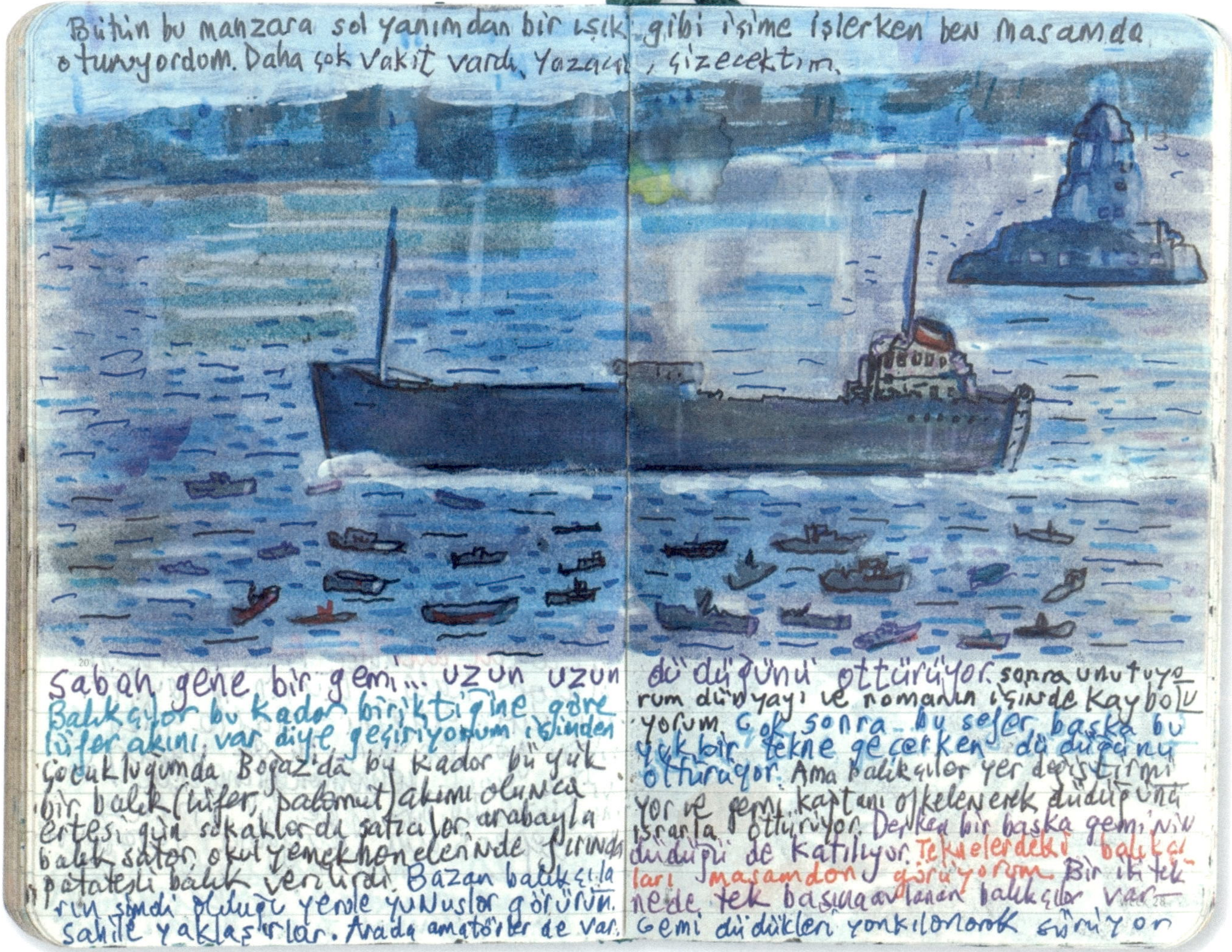

Bütün bu manzara sol yanımdan bir ışık gibi içime işlerken ben masamda
oturuyordum. Daha çok vakit vardı. Yazacak, çizecektim.

Sabah gene bir gemi... uzun uzun
Balıkçılar bu kadar biriktiğine göre
lüfer akını var diye geçiriyorum içimden
Çocukluğumda Boğaz'da bu kadar büyük
bir balık (lüfer, palamut) akını olunca
ertesi gün sokaklarda satıcılar arabayla
balık satar, okul yemekhanelerinde fırında
patatesli balık verilirdi. Bazan balıkçıla-
rın şimdi olduğu yerde yunuslar görünür.
Sahile yaklaşırlar. Arada amatörler de var.

düdüğünü öttürüyor. sonra unutuyo-
rum dünyayı ve romanın içinde kaybolu-
yorum. Çok sonra bu sefer başka bu-
yük bir tekne geçerken düdüğünü
öttürüyor. Ama balıkçılar yer değiştirmi-
yor ve gemi kaptanı öfkelenerek düdüğünü
ısrarla öttürüyor. Derken bir başka geminin
düdüğü de katılıyor. Teknelerdeki balıkçı-
ları masamdan görüyorum. Bir iki tek-
nede tek başına avlanan balıkçılar var.
Gemi düdükleri yankılanarak sürüyor

Muy extraño hallarse en ese punto de una novela. Como si yo fuera la novela. Soy un paisaje. Como si este cuaderno me protegiera. Dedicarme tanto a la novela es quizá una especie de locura. Lindo artículo sobre «La Estambul de Orhan Pamuk» publicado en el *New York Times*. Paseé por la ciudad con Joshua durante cuatro horas. Lo llevé a los lugares que me gustan, las callejuelas de Karaköy, Balat, Fatih, Vefa. He aprendido a mostrarle Estambul a los otros, a construir relatos a partir de lo que veo. Día soleado. Tierna mañana con Aslı. A las 9.30 h estaba en la novela. Venga, Mevlut. Escribo toda la jornada sin interrupción. Es como una carrera. Pronto Mevlut secuestrará a Rayiha. Por la noche estoy solo. Aslı ha cruzado el Bósforo para visitar a su tía y al marido de esta.

Venga, Mevlut. No debería tardar en secuestrar a Rayiha con Suleimán. Acortar el capítulo, necesariamente. Escribo, escribo y Mevlut sigue sin secuestrarla... Él a punto de hacerlo, y yo cansado. Esta noche beberé para relajarme. Viene Aslı... La enfermedad de su padre progresa. También está deprimida. Salimos. ¡Vivan los buquinistas del PASAJE ASLIHAN! Emoción. Compró cinco o seis libros. No podía llevarme más, los dejaré en el museo. Buena idea, los buquinistas... Luego vamos a la Şehir Meyhanesi. Una taberna agradable, con vistas a la calle del consulado de Grecia y el hamán de Galatasaray. Bebemos, charlamos. Bravo por la novela, dice Aslı, avanza bien. Para que esté contento.

MUY LEJOS

Habíamos escrito a Pollina. Para que viniera a vernos. Mi traductora rusa. Han vuelto a traducir algunos dostoievskis. A los veinte, veinticinco años, yo había leído con pasión las traducciones de Ergin Altay, así como de otros traductores como Hasan Ali Ediz, Leyla Soykut. Devoraba *Guerra y paz*, *Anna Karenina*, *Los demonios*, *Los hermanos Karamazov*. Puede que admirase a los traductores por tan buenas como eran las novelas. Que vuelvan a traducirlas me choca un poco.

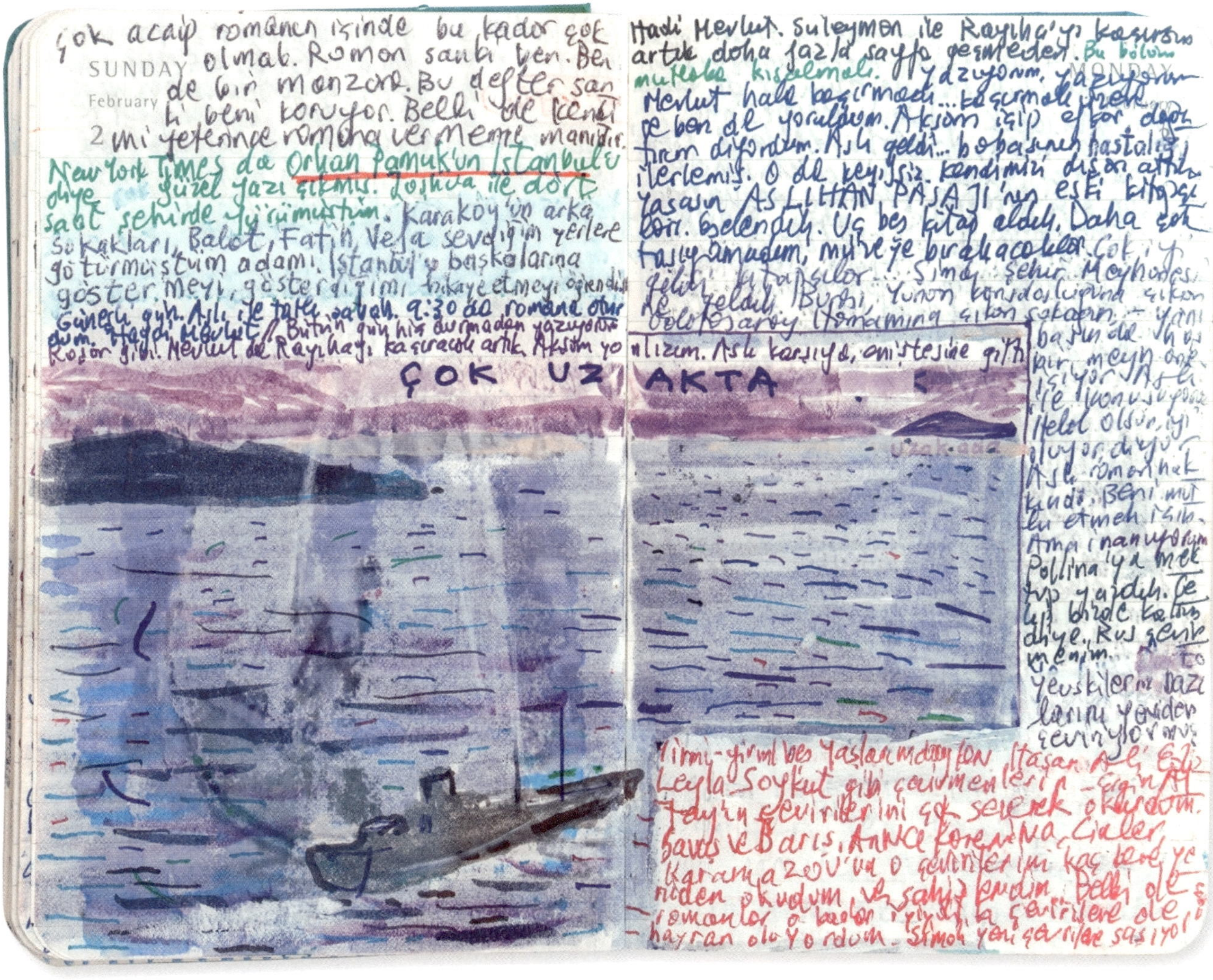

Çok acaip romanın içinde bu kadar çok
olmak. Roman sanki ben. Ben
de bir manzara. Bu defter sanki beni koruyor. Belki de kendimi yeterince romana vermeme manidir.
New York Times'da Orhan Pamuk'un İstanbul'u diye güzel yazı çıkmış. Joshua ile dört saat şehirde yürümüştüm. Karaköy'ün arka sokakları, Balat, Fatih, Vefa sevdiğim yerlere götürmüştüm adamı. İstanbul'u başkalarına göstermeyi, gösterdiğimi hikaye etmeyi öğrendim.
Güneşli gün. Aslı ile tatlı sabah. 9:30'da romana oturdum. Hadi Mevlut! Bütün gün hiç durmadan yazıyorum.
Kadar gibi. Mevlut de Rayiha'yı kaçıracak artık. Akşam yalnızım. Aslı karşıya, atölyesine gitti.
Hadi Mevlut. Süleyman ile Rayiha'yı kaçırsın artık daha fazla sayfa geçmeden. Bu bölüm mutlaka kısalmalı. Yazıyorum, yazıyorum.
Mevlut hala kaçırmadı... kaçırmalı artık.
Ben de yoruldum. Akşam içip eftor dağıtırım diyordum. Aslı geldi... babasının hastalığı ilerlemiş. O da keyifsiz. Kendimizi dışarı attık. Yaşasın ASLIHAN PASAJI'nın eski kitapçıları. Eğlendik. Üç beş kitap aldık. Daha çok taşıyamadım, müzeye bırakacaklar. Çok iyi geliyor kitapçılar... Şimdi şehir Meyhanesi'ne geldik. Burası Yunan konsolosluğuna çıkan Galatasaray Hamamı'na çıkan sokağın... yanı başında. Aç bir meyhane. Aslı ile konuşuyoruz. Helal olsun, iyi oluyor diyor. Aslı romanı okudu. Beni mutlu etmek için. Ama inanıyorum. Pollina'ya mektup yazdık. Çeliş birde kalsın diye. Rus çevirmenim. Eskilerini bazılarını yeniden çeviriyormuş.
Yirmi-yirmi beş yaşlarımdayken Hasan Ali Ediz, Leyla Soykut gibi çevirmenlerin — Ergin Altay'ın çevirilerini çok severek okurdum. Savaş ve Barış, Anna Karenina, Ciller, Karamazov'u o çevirilerinden kaç kere yeniden okudum ve sahiplendim. Belki de romanlar o kadar iyi, belki çevirilere de hayran oluyordum. Şimdi yeni çevirilere şaşıyor.

La vista que contempla Ka desde el nido de águila, o de halcón. Donde se siente seguro.

Pero haber llegado hasta aquí no significa haber resuelto el ENIGMA... La impaciencia lo invade. Cada sentimiento deviene un color, irradian por todas partes.

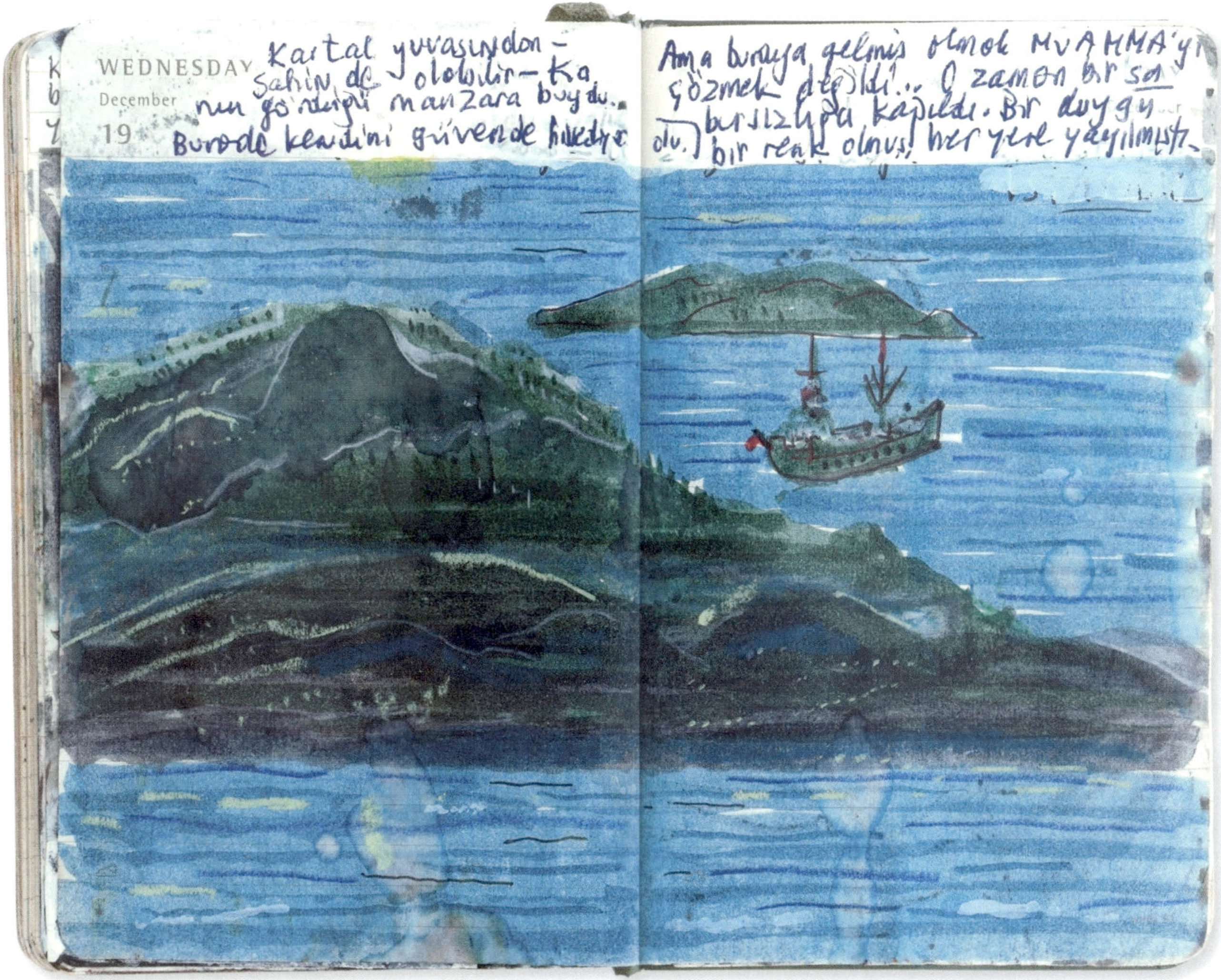
WEDNESDAY
December
19
Kartal yuvasından –
manzara buydu.
Ama buraya gelmiş olmak MUAMMA'yı
çözmek değildi.

En el lugar de tus amores está el rostro que adorna el mundo
El mundo que te espera, un viaje ebrio y desenfrenado.

Baki[35]

4 de MAYO de 2019

– de vuelta en ESTAMBUL. Cosas que hacer
– Lunes: la novela irá a la imprenta YKY
– en MAYO reunión nombre // Reunión lugar, mapa
NOVELA, aproximadamente página 260

Hasta principios de junio / VACACIONES:
30 páginas libro = 50 páginas cuaderno
JUNIO: 60 cuaderno / 40 libro = total 330 libro

– estoy en la página 260 de la NOVELA

Hablar con Ishak
Pelin Kıvrak

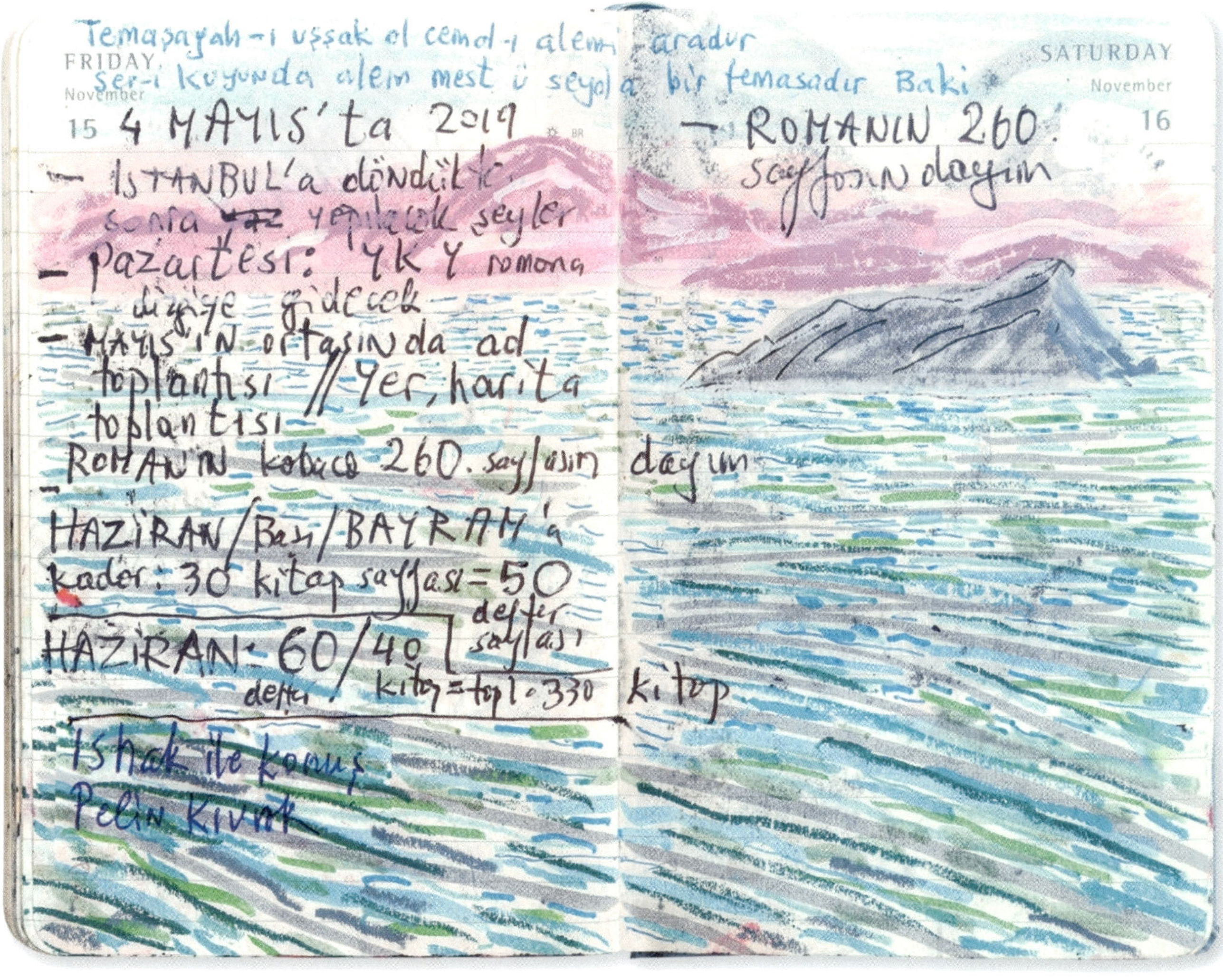
Temaşagah-ı uşşak ol cemal-ı alem aradır
Ser-i kuyunda alem mest ü şeyda bir temaşadır Baki
FRIDAY
November
15
4 MAYIS'ta 2019
– ISTANBUL'a döndükten
sonra yapılacak şeyler
– Pazartesi: YKY romana
dizgiye gidecek
– MAYIS'ın ortasında ad
toplantısı // Yer, harita
toplantısı
– ROMANIN kabaca 260. sayfasındayım
HAZİRAN/Başı/BAYRAM'a
kadar: 30 kitap sayfası = 50
defter
sayfası
HAZİRAN: 60/40
defter / kitap = topl. 330 kitap
Ishak ile konuş
Pelin Kıvrak
SATURDAY
November
16
– ROMANIN 260.
sayfasındayım

El primer Kafka que leí, «En la colonia penitenciaria», también ocurre en una isla.

ES TODA UNA HAZAÑA QUE HAYÁIS LLEGADO TAN LEJOS

Esto es lo que ve Rüya / la heroína de la película cuando abre los ojos. Vosotros miráis el dibujo. Él está en el mar...

Gracias al sonido de las olas que parecen estar cuchicheando, el bañista, nadando lentamente hacia la isla, siente que está vivo.

saca la cabeza del agua

se detiene para escuchar las olas

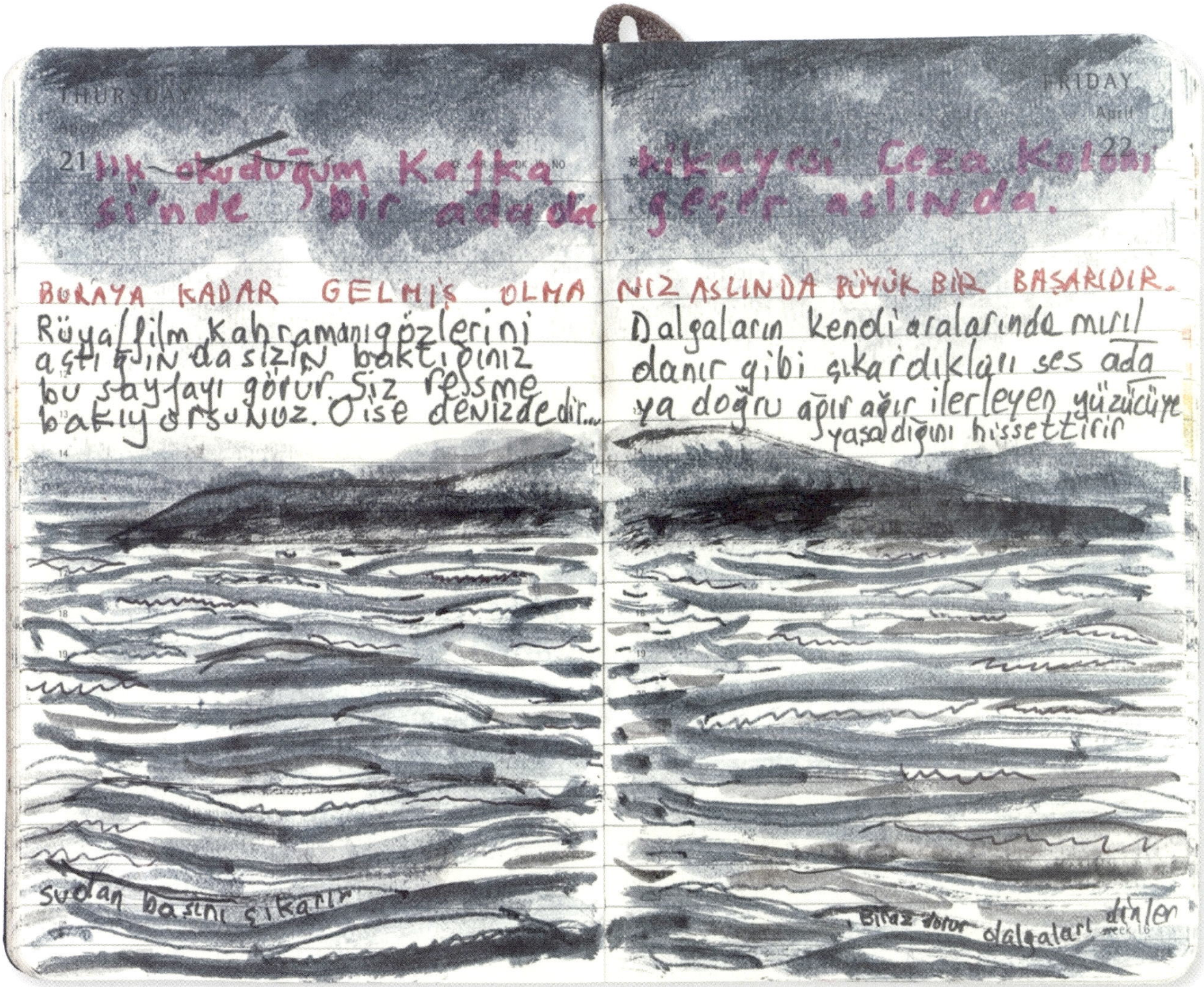
THURSDAY
April
21
FRIDAY
April
22
İlk okuduğum Kafka hikayesi Ceza Kolonisi
si'nde bir adada geçer aslında.
BURAYA KADAR GELMİŞ OLMANIZ ASLINDA BÜYÜK BİR BAŞARIDIR.
Rüya/film kahramanı gözlerini
açtığında sizin baktığınız
bu sayfayı görür. Siz resme
bakıyorsunuz. O ise denizdedir...
Dalgaların kendi aralarında mırıl
danır gibi çıkardıkları ses ada
ya doğru ağır ağır ilerleyen yüzücüye
yaşadığını hissettirir
suydan başını çıkarır
Biraz durur dalgaları dinler
week 16

Este podría ser el lugar donde finalmente los depositó la corriente.

Ante la vista de semejante paisaje, que no les recuerda a nada conocido, se sienten temerosos...

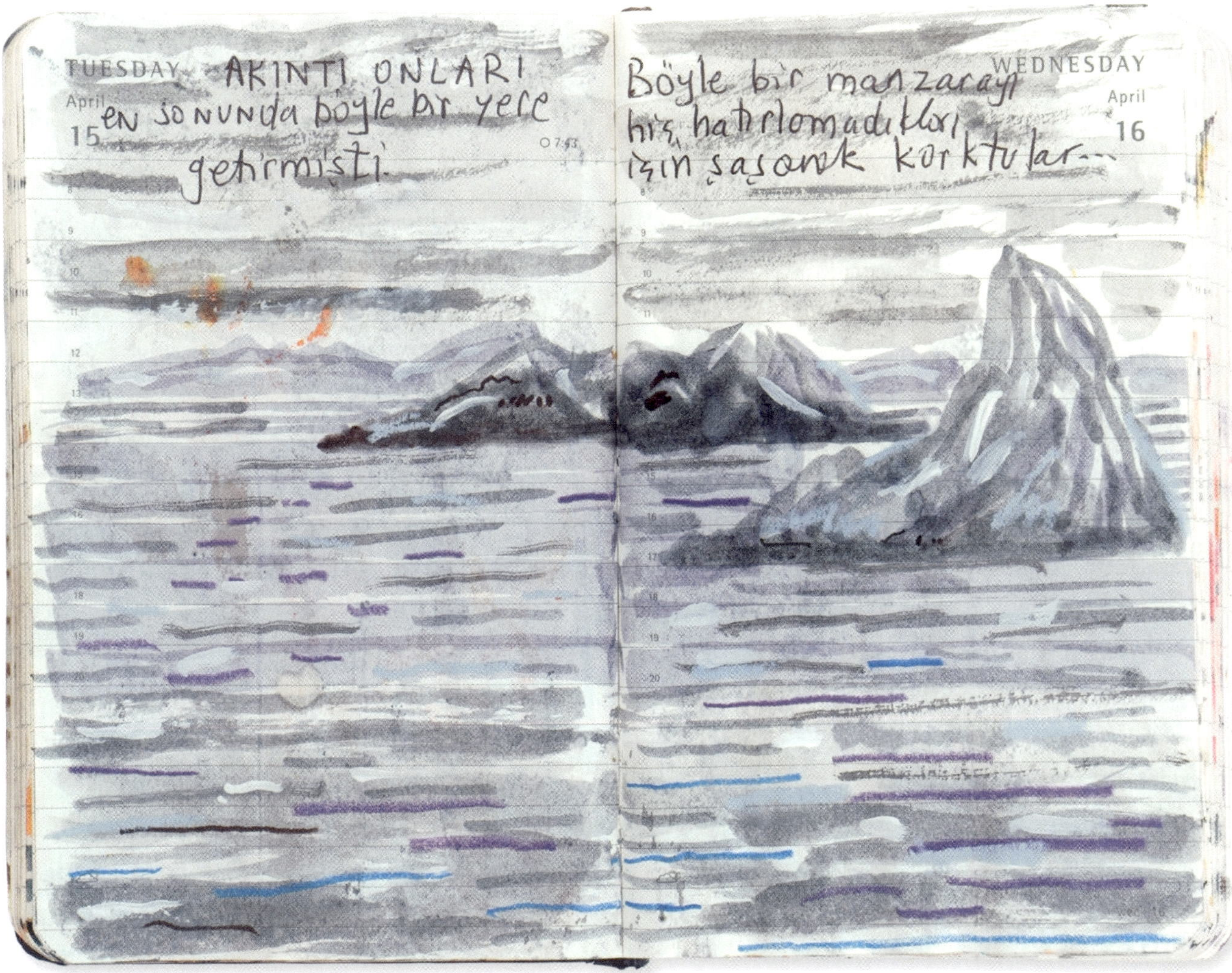
TUESDAY
April
15
AKINTI ONLARI
en sonunda böyle bir yere
getirmişti.
WEDNESDAY
April
16
Böyle bir manzarayı
hiç hatırlamadıkları
için şaşarak korktular...

El deseo de dibujar me ha asaltado de repente

Mal día: ni siquiera he podido trabajar. Pelea tonta con Aslı. La moral por los suelos. He dilapidado este hermoso día como una monedita. Estoy solo en mi casa, pesimista.
Y cuando años después vuelves a la misma página, con el lápiz (rojo) en la mano, ya no recuerdas ni las peleas ni el malestar de aquel día. Debía yo de ser otro, te dices. En verdad, cada día soy otro.

Por la tarde visita de Rüya. Hemos trabajado en la novela juntos, en buen ambiente. Ella está leyendo a Nadine Gordimer… Yo leo y tomo notas sobre Defoe, Camus, la cuarentena, etc. De noche, cena en casa con Rüya, sopa de lentejas, etc., y luego escogemos una película de la colección de DVD: película belga, la chica que intenta convencer a sus amigos para negarse a que paguen demasiado al patrón, portentosa… tan humana… ¡Recordarnos nuestra humanidad!

UN DIBUJO PESIMISTA

me gusta retomar la escritura
allí donde la dejé

ahí es donde miro

entiendo que estoy en el momento justo

Pero hay algo allí y allá

un soplo detrás de la isla

hay
una
corriente

pero aquí el agua se mueve y cambia de color

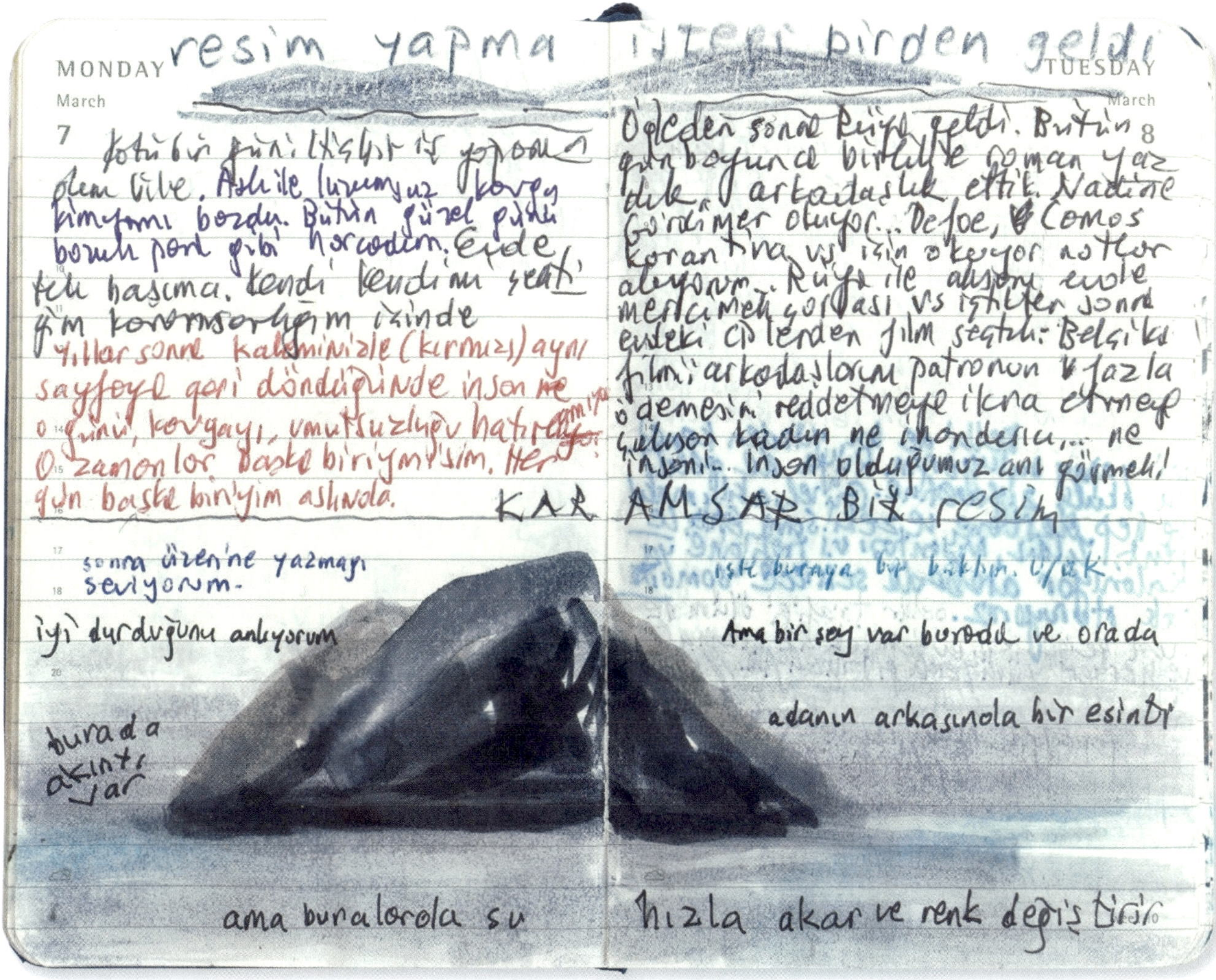

Cuadernos Pamuk – 2016A

Me he despertado en plena noche por el calor. Deseo de escribir novelas sin ver a nadie durante años... Absolutamente pausada la novela que empecé hace dos meses. E incluso más... desde el 15 de marzo... Tres meses. Ganas de escribir, de encerrarme solo con el texto. Ganas de olvidar los periódicos (todo el mundo habla de la sextape que le han robado a Deniz Baykal),[36] las elecciones en Inglaterra (debacle de Gordon Brown y el laborismo), y todo lo demás, para vivir en un mundo imaginario, vasto, profundo... (Medianoche, la bocina de un barco resuena sobre el Bósforo). Estos tres meses sin escribir, sin trabajar en la novela, han acabado de convencerme de que soy novelista y nada más. Escribir una novela –para mí– es sentir el mundo infinitamente más rico de lo que puede mostrar cualquier imagen...

Toda la mañana en el apartamento de enfrente, donde trabajo en las cajas con las chicas. La del agua de colonia... Hemos avanzado en las fotos de los futbolistas, etc. De vuelta en mi casa, entrevista con un periodista brasileño. Mientras tanto, en el piso de abajo, el trabajo continúa. La caja-vitrina agua de colonia / discotecas / Zeki Müren. La revista de cine... Trabajo intenso en el museo toda la jornada. Por la noche, Vahit y yo preparamos la edición del *Milliyet* del día del asesinato de Djelâl Salik.

Cuanto más animoso me siento, más fuerte es mi personalidad. Cada nueva disposición de espíritu hace de mí un hombre nuevo. Y cuando me convierto en ese hombre nuevo, ya no reconozco mis viejas ideas, me intrigan... El centro alrededor del cual orbitan mis pensamientos se ha desplazado radicalmente. Soy, pues, otro sin cesar.

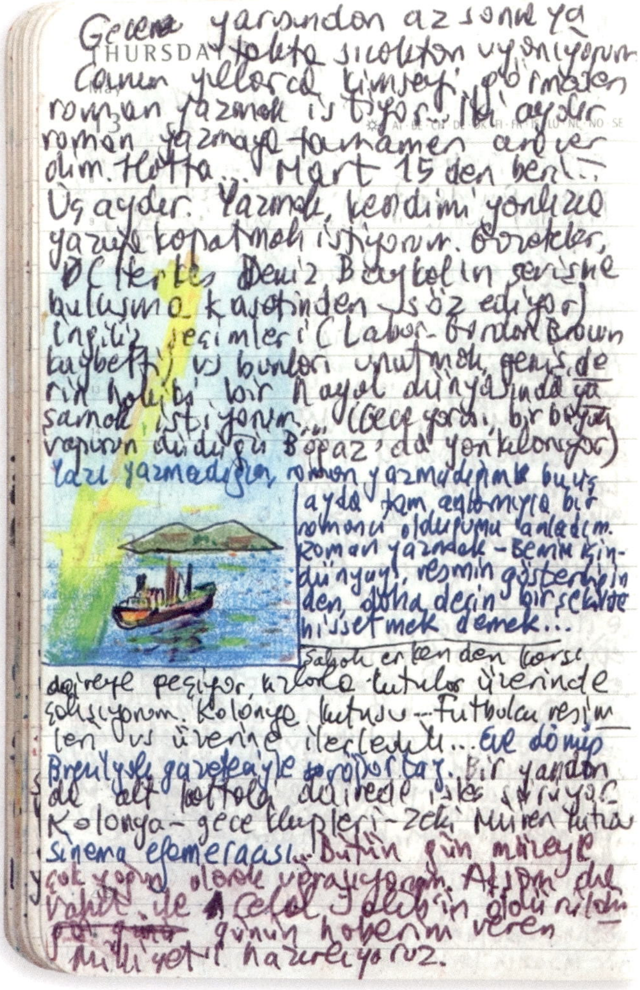

THURSDAY

Gecenin yarısından az sonra yatakta sıcaktan uyanıyorum. Canım yıllarca kimseyi görmeden roman yazmak istiyor. İki aydır roman yazmaya tamamen ara verdim. Hatta... Mart 15'den beri... Üç aydır. Yazmak, kendimi yalnızca yazıya kapatmak istiyorum. Örnekler, ... Herkes Deniz Baykal'ın seyirsiz buluşma kasetinden söz ediyor. İngiliz seçimleri (Labor - Gordon Brown kaybetti) vs bunları unutmak, geniş, derin hakiki bir hayal dünyasında yaşamak istiyorum... (Gece yarısı, bir büyük vapurun düdüğü Boğaz'da yankılanıyor)

Yazı yazmadığım, roman yazmadığım bu üç ayda tam anlamıyla bir romancı olduğumu anladım. Roman yazmak - benim kendi dünyamı, resmin gösterdiğinden daha derin bir şekilde hissetmek demek...

Sabah erkenden karşı daireye geçiyor, kızlarla kutular üzerinde çalışıyorum. Kolonya kutusu... Futbolcu resimleri vs üzerine ilerledik... Eve dönüp Brezilyalı gazeteciyle röportaj. Bir yandan da alt kattaki dairede işler sürüyor. Kolonya - gece klüpleri - Zeki Müren kutusu sinema efemerası... Bütün gün müzeyle çok yoğun olarak uğraşıyorum. Akşam da Vahit ile Celal Şahin'in ölümünden günün haberini veren Milliyet'i hazırlıyoruz.

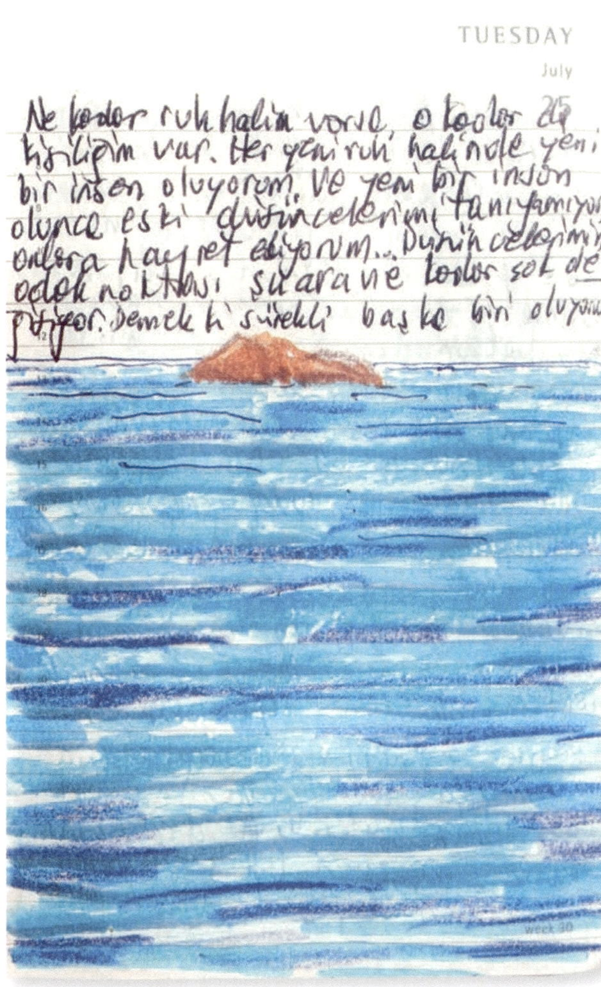

TUESDAY

July

25

Ne kadar ruh halim varsa, o kadar da kişiliğim var. Her yeni ruh halinde yeni bir insan oluyorum. Ve yeni bir insan olunca eski düşüncelerimi tanıyamıyor, onlara hayret ediyorum... Düşüncelerimin odak noktası şu ara ne kadar sık değişiyor. Demek ki sürekli başka biri oluyorum.

week 30

Escalofrío marino al acercarse silenciosamente a la isla... De la orilla llega un olor a piedra caliza húmeda. Sentir que los gritos extraños de los pájaros poco a poco se difuminan, saber que muchos ojos observan el barco que se acerca...

Haz que una mañana vayamos a esa isla... dijimos.
Esa mañana ha llegado.

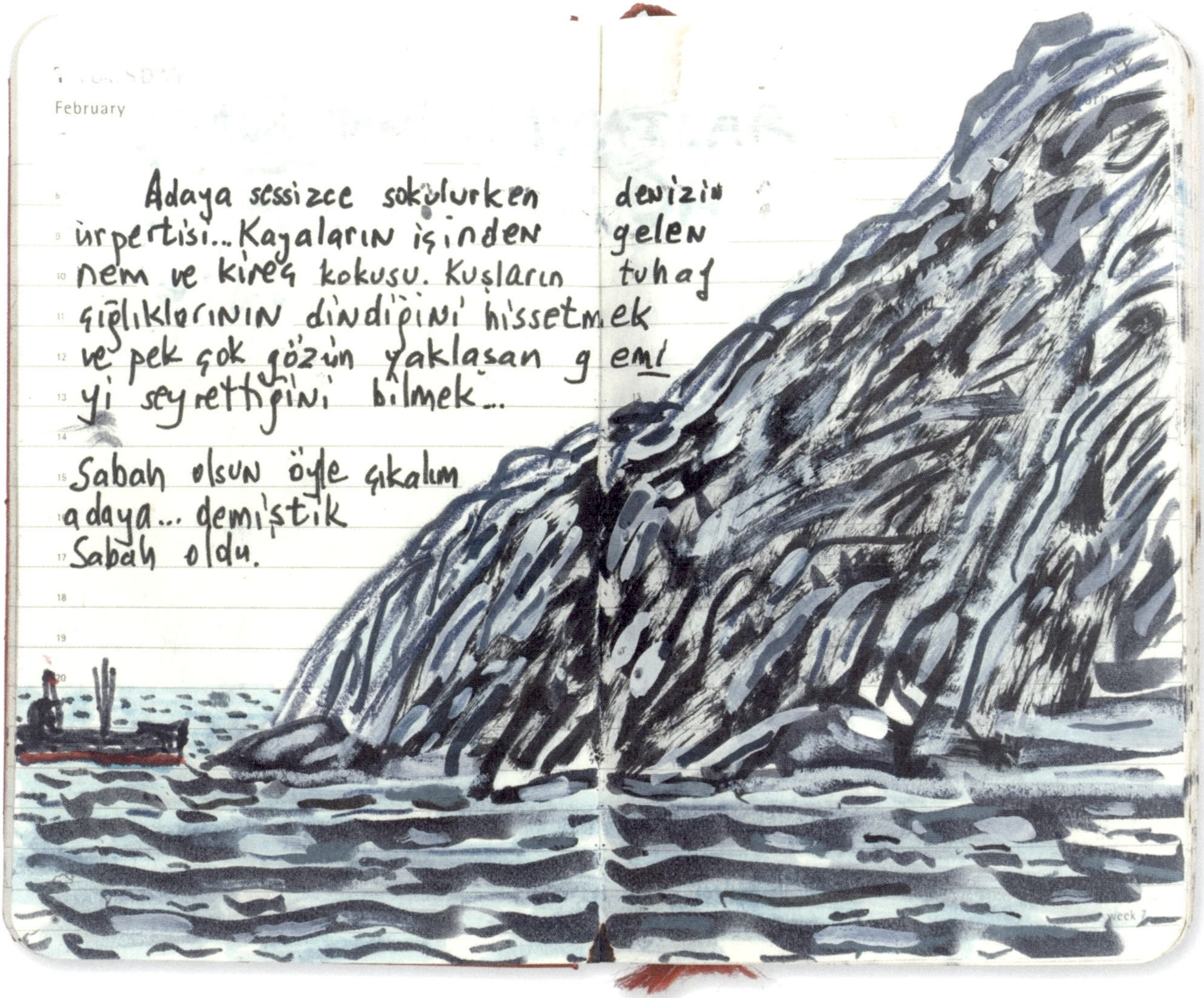
February
Adaya sessizce sokulurken denizin
ürpertisi... Kayaların içinden gelen
nem ve kireç kokusu. Kuşların tuhaf
çığlıklarının dindiğini hissetmek
ve pek çok gözün yaklaşan gemi
yi seyrettiğini bilmek...
Sabah olsun öyle çıkalım
adaya... demiştik
Sabah oldu.

Una hora y quince minutos antes del lunes. He salido en taxi de Cihangir, dirección al embarcadero de Bostancı. Cihangir cálido y húmedo. Olor a polvo. Pasaje de Merve, la informática. Primero grabamos en un disco duro externo entre 30.000 y 40.000 fotos tomadas durante estos dos últimos años, luego estuvimos buscando fotos para ilustrar *El novelista ingenuo y el sentimental*.[37] Orhan en Harvard rodeado de intelectuales, Orhan haciendo su conferencia Norton, ese tipo de cosas. Tristeza y remordimientos por si mi mal humor de ayer pudo herir a mi querida Bahar. Anoche, en el barco de Bostancı a Büyükada, durante unos momentos de leve brisa me quité el sombrero. Ya nadie se preocupa por eso, a ellos les da lo mismo y a mí también. Por lo menos, lo que duró el trayecto hasta las islas... o en la propia isla... los problemas de seguridad son cosa del pasado. Por la mañana me ocupo de Mevlut, aunque hay que escribir la introducción del nuevo libro, etc. Sermin se ha pasado al mediodía. ¡Trabaja, Orhan, trabaja! Rüya ha venido por la noche, su avión a Nueva York no había podido despegar por culpa de la tormenta (en Nueva York). Tomamos el té. Charla en el restaurante Milano. Inteligente Rüya. Luego hablamos con Oral de la revuelta kurda; se hace lo que se puede... La situación es desoladora. La burguesía turca fascistoide es incapaz de una actitud moderada, incapaz de tratar a los kurdos como hermanos. Muy ignorante también, intelectualmente perezosa.

He llegado tarde, ebrio, me he puesto el pijama. ¡Ay! He cogido este cuaderno y me he metido en el despacho. En verano siempre voy a las islas. Una costumbre que va con el calor, los colores, los olores y las sombras de mi infancia. ¡Sentir vergüenza!

¡Por la mañana, frío! Tiempo de plomo. En el despacho aún en pijama, trabajando tan bien en Mevlut que para volver en mí me ha tocado abrir de nuevo este cuaderno. Mañana del Aïd. Silencio. Gaviotas. «Mantén la calma, Orhan!», había escrito aquí. Ese debería ser el título de estos cuadernos. Si algún día llegan a publicarse. Algunas partes, los miedos, las angustias, las furias políticas... todavía deberían esperar antes de ser publicadas, pero ya puede hacerse una selección. Pero cuando pienso en ello ya no escribo. Retomo estas notas porque soy feliz. Porque no quiero olvidar. Me basta con una página que cuente al detalle mi jornada para que me parezca más real, más vivida. // Estoy en el momento en que Mevlut, después de vender helados, hace el amor con Rayiha en la oscuridad.

La isla tremendamente abarrotada. Gente que viene... Gente que va. Carruajes, curiosos tras las ventanas, jóvenes siempre entre risas, vendedores: de maíz, de helados, de simits. Un hombre le vende sandalias de plástico a la gente que baja a la playa. Otros venden Coca-Cola y limonada en vasos de plástico. Flujo ininterrumpido de niños. Mucha gente con mala cara. Los niños que pelean, las madres, los padres. A las 22 h, avalancha hacia los barcos que regresan a Bostancı. Por la noche, la isla vuelve a quedar desierta, misteriosa... Un extraño decorado. El mundo es tan rico, tan abundante, que, en comparación, mis notas en este cuaderno, mis aventuras, los hombres, mis sueños, etc., no son más que una gota en el océano. Quiero escribir sobre todo, sin parar, durante horas, días...

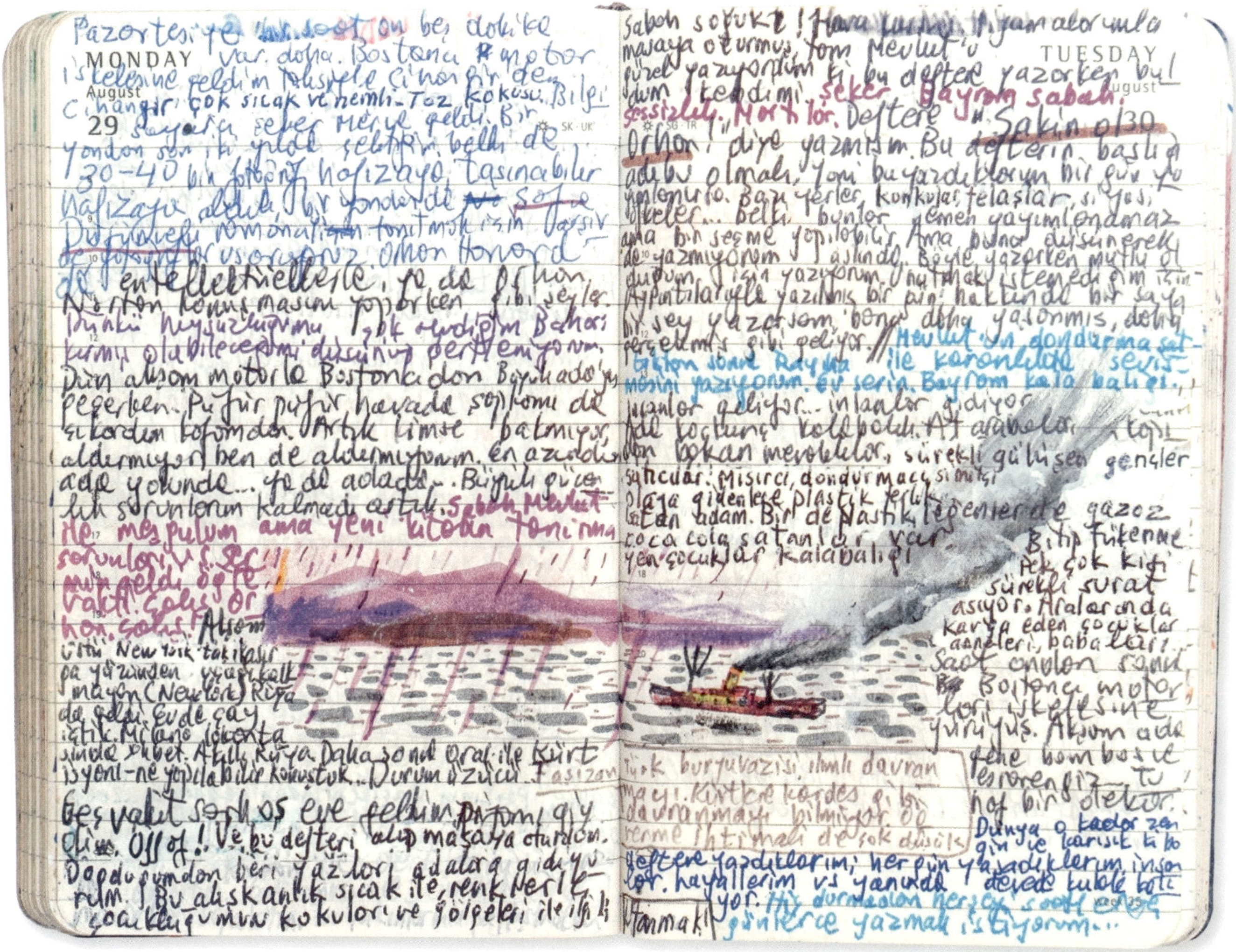
MONDAY
August
29
TUESDAY
August
30

Una vez, en mi casa de Cihangir, le explicaba a un periodista inglés todo lo que veíamos desde el balcón. Asia del otro lado, Bizancio, la parte antigua de la ciudad, Santa Sofía, el mar Negro, la torre de Lepanto, Moda... «¿Y LAS MONTAÑAS LEJANAS?», me preguntó señalando las islas Príncipe (Büyükada, Heybeli, Burgaz, la sombra de Kınalı).

Mar calmo, inmóvil, sin viento. El cielo cubierto de nubes. Si se despejara, el aire se calentaría y yo podría entrar en el agua. Satisfecho con la lección de ayer en Columbia[38] sobre Turguénev. Había leído *Padres e hijos* hace unos cincuenta años. Hoy la novela me gusta más aún, tuve la impresión de hallarme entre la gran familia de aristócratas, con ellos en su finca en el campo.

Trabajo con ahínco para terminar la NOVELA, un impulso prodigioso. En realidad, retraso el momento de preguntarme por la creación en curso, aunque siento la necesidad de hacerlo. Esta mañana, al amanecer todo era amarillo. Mientras escribo... escucho a Aslı caminando por el apartamento, escucho sus pasos, interpreto, trato de adivinar de qué humor estará. Como Kemal.

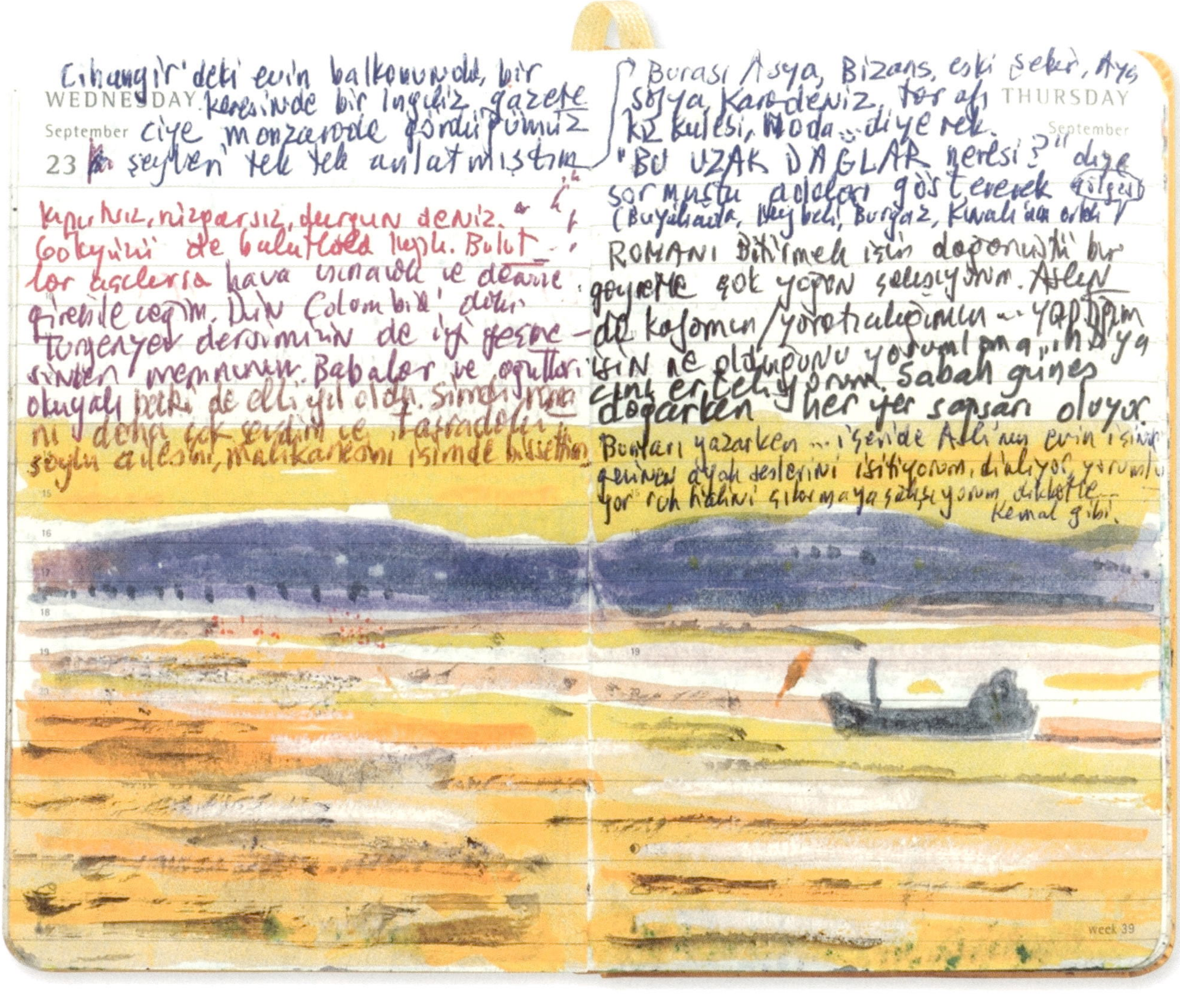
WEDNESDAY
September
23
Cihangir'deki evin balkonunda, bir
keresinde bir İngiliz gazete-
ciye manzarada gördüğümüz
şeyleri tek tek anlatmıştım
Kıpırtısız, rüzgarsız, durgun deniz.
Gökyüzü de bulutlarla kaplı.
Babalar ve Oğulları
THURSDAY
September
Burası Asya, Bizans, eski şehir, Aya
Sofya, Karadeniz,
Kız Kulesi, Moda... diyerek.
"BU UZAK DAĞLAR neresi?" diye
sormuştu adaları göstererek
(Büyükada, Heybeli, Burgaz, Kınalı'dan
ROMANI
sabah güneş
doğarken her yer sapsarı oluyor.
Bunları yazarken
Kemal gibi.
week 39

lo que hace la belleza de este paisaje no es lo que se ve, sino la emoción que inspira. Me gustan los viejos barcos oxidados, los veleros olvidados en mar mares lejanos, los remos desperdigados por las orillas rocosas de las islitas, la niebla lamiendo el pie de las montañas en la lejanía, el mar cubierto de niebla, me gusta barrer con la mirada este paisaje en vertical, las montañas delante de mí, otras montañas detrás de ellas; los rayos de luz que se cuelan entre las nubes los días extraños y de tormenta, ¿y qué hay justo allí abajo, en ese lugar alejado que imagino mirando al paisaje? esa curiosidad es la que adoro, esa sed que me incita a inventar un nuevo paisaje.

TUESDAY
January
17

manzarayı güzel kılan şey konusu değil verdiği duygudur. Paslanmış eski gemileri, uzak ve ücra denizlerde unutulmuş yelkenlileri, küçük adaların kayalık sahillerindeki kayıkçıları, uzak dağların eteklerinde beliren puslu havayı, sisli denizi, yukarıdan aşağıya doğru manzaraya bakmayı, önündeki sıra dağları, o dağların arkasındaki diğer dağları; fırtınalı ve tuhaf günlerde bulutlar arasından manzaraya düşen ışık huzmesini, manzaraya bakarken hissettiğim o uzak yerde acaba ne var? merakını, bu merakla yeni bir manzara resmetmeyi seviyorum.

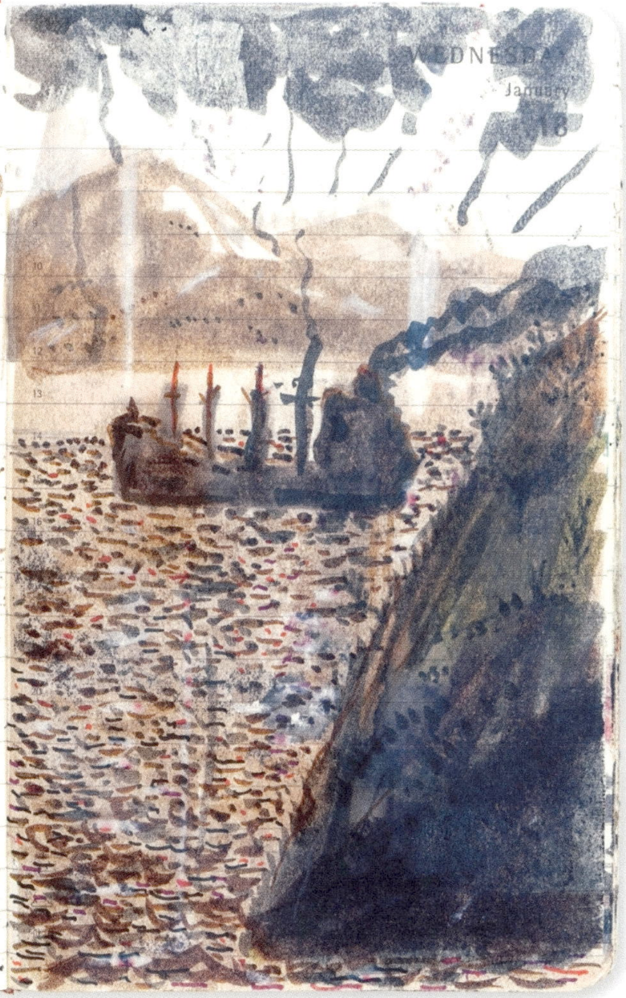

El pintor K., uno de los personajes principales (el héroe) de mi nueva novela, montará una exposición de obras imaginarias de pintores imaginarios. La novela de los 252 cuadros se transforma poco a poco en 252 proyectos / o sueños...

En esta exposición, fundamental en la novela, lo que se expondrán serán los proyectos de K., no sus cuadros. En particular: la PINTURA PAISAJÍSTICA otomana. El tema de los paisajes ejecutados por los pintores otomanos / estambuleños debe aparecer mientras K., como yo ahora mismo, contempla los viejos cuadros del museo de Topkapı.[39] Empecé a interesarme por el tema mientras escogía las obras para la exposición *Rojo en imágenes* en Topkapı. Allí, mi mirada quedó prendada por esta miniatura que figuraba en la cubierta de un volumen, realizada por Levni el tradicional / Buhari[40] influenciado por OCCIDENTE. ¿Qué era ese palacio rodeado de jardines? ¿Un lugar imaginario, un lugar real? ¡Muy probablemente un palacio imaginado a partir de lugares reales!

ILUSTRACIÓN EN PORTADA
DEL VOLUMEN FIRMADO BUHARI

Repasando catálogos / libros procedentes del palacio de Topkapı o de la Dirección de los Palacios Nacionales, para la exposición *ME LLAMO ROJO EN IMÁGENES* EN CASA DE YKY en Galatasaray y sabe Dios dónde más, añado este a la lista. Es mi yo coleccionista, fantasioso, inventor de libros y museos. Pero al final los sueños no se vuelven realidad y estoy triste.

Panorama general de lo que tengo en mente en estos momentos, para que los proyectos se amolden a los sueños: 1. Elegir en estos cuadernos las páginas que compondrán *RECUERDOS DE MONTAÑAS LEJANAS*, reordenarlos y preparar el conjunto para impresión. 2. Hacer una selección de páginas para la exposición YKY. 3. Volver a repasar los cuadernos pensando en la posibilidad de tirar grandes formatos a partir de ideas / imágenes / páginas sabidas de memoria. 4. Imaginar y esbozar la novela titulada *LOS JUGADORES DE CARTAS / EL JUEGO*. 5. Pensar a la vez la trama narrativa / el final y las aventuras de los personajes de *Novela del pintor* (título antiguo: *252 cuadros*), que será la más importante / ambiciosa de mis novelas.

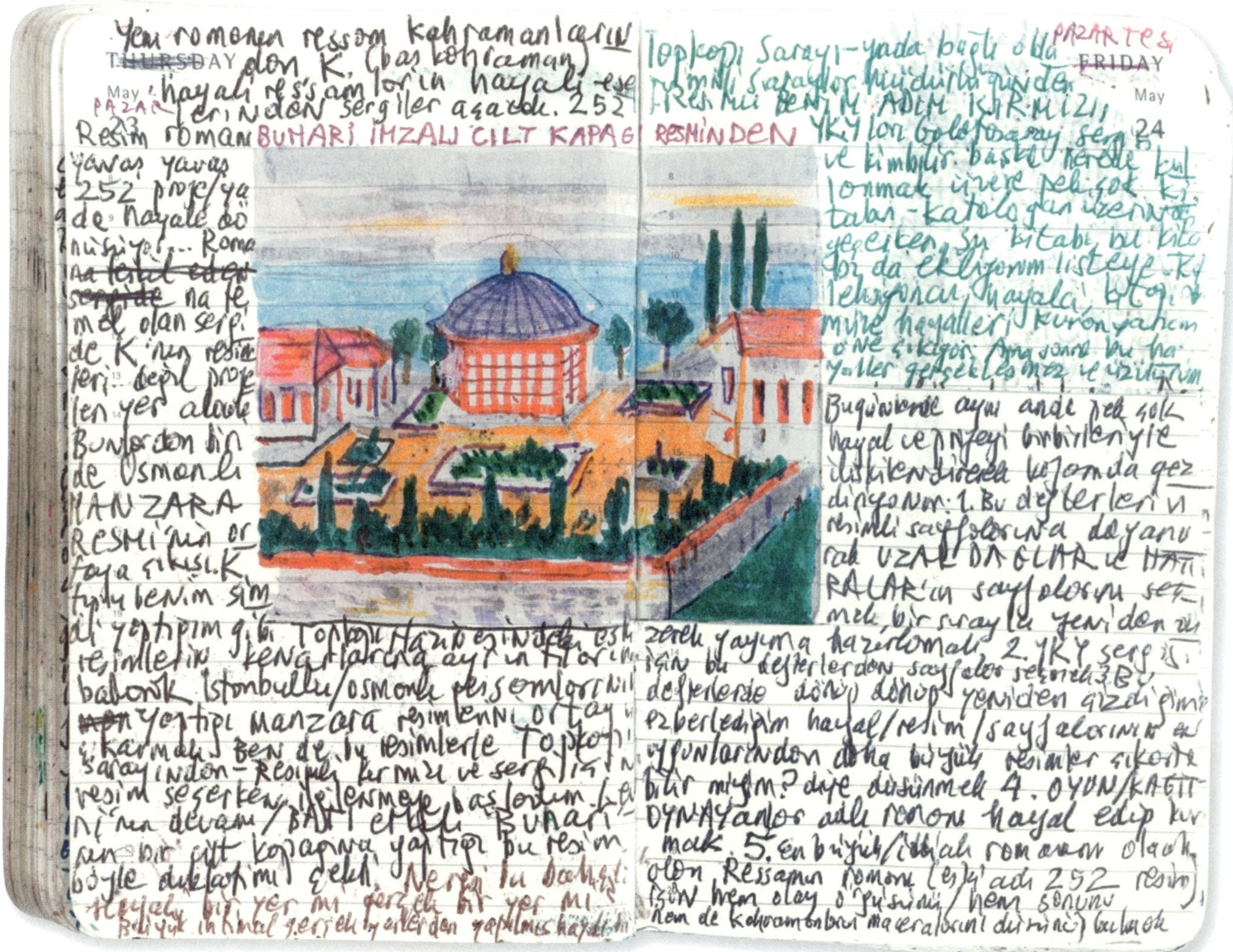
THURSDAY
May
23
PAZAR
FRIDAY
May
24
PAZARTESİ
BUHARİ İMZALI CİLT KAPAĞI RESMİNDEN

¿No me estarán empezando a repugnar los intelectuales? ¿Una especie de confusión relacionada con la falta de trabajo? Ayer le envié por fin a DÜNDAR la lista de obras de la biblioteca del palacio de Topkapı que quisiera me hicieran llegar en formato digital. Consultando un libro sobre Behzad...[41] He pensado que el pincel del maestro nunca había rozado ninguna obra de Topkapı. Salvo algunos toques vaporosos aquí y allá. *Shāhnāmé*,[42] historias, extraños follajes, cuadros. Increíble como me cautiva ese mundo.

Aslı al teléfono con Sedef mientras yo hablo con Edhem Eldem,[43] a quien le expongo mis últimas ideas: preciosa charla sobre la relación HISTORIA / LITERATURA. Los diferentes historicismos, real / ficción / novedad, etc.; hablando de los príncipes otomanos, de Murad V, etc., ejemplos de apoyo.

Observad las sombras de los árboles. Problemas de perspectiva

Trabajos / texto de NASA

Días dedicados a observar los dibujos del *Shāhnāmé*, las miniaturas del palacio de Topkapı, la mirada colmada por todos los tesoros de la pintura otomana. Siento que poco a poco voy entrando en el mundo de estas imágenes. Placer de poder perderse en la pintura. ¡Puede que yo sea el hombre más sensible a todo este universo olvidado!

OTRA PORTADA DE LIBRO FIRMADA BUHARI: ilustración hallada en un libro con la encuadernación lacada titulado EL CÓDIGO DEL TRADUCTOR, numerado 1.380. Fuente: catálogo de la exposición «Selim III en Topkapı: en la época de Ahmed III», en algunas miniaturas aparecen PEDAZOS DE NATURALEZA que hasta entonces se veían adornando los suelos, y que durante el siglo XVIII se extenderán a los libros, los rollos, las paredes, como primeras manifestaciones de la pintura de PAISAJE que se pondrá DE MODA. Según Zeynep Atbaş, p. 175, los dibujos de Buhari en el volumen lacado serían las representaciones de paisajes históricos, sin presencia humana, más antiguos de la «pintura turca».

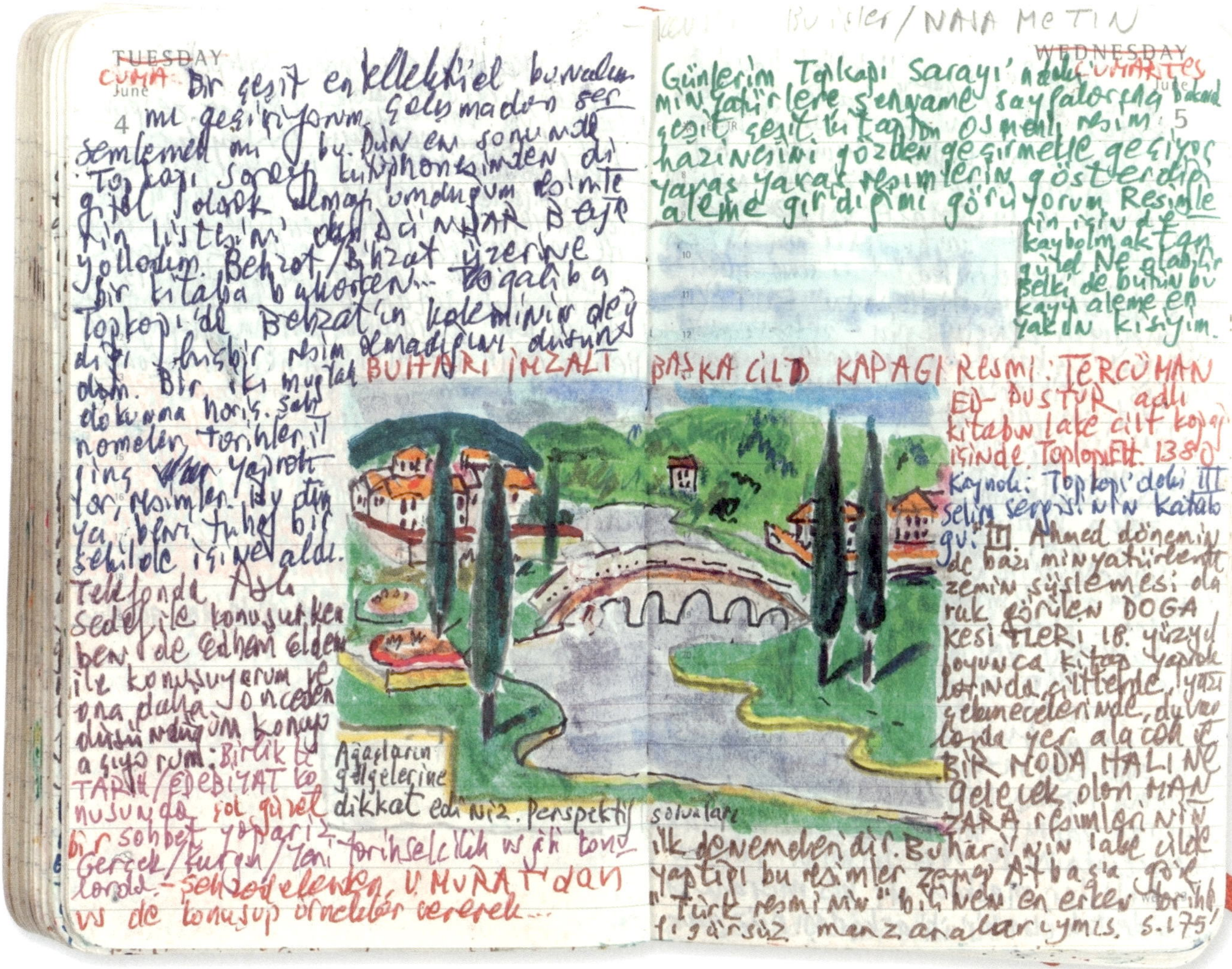
Bu işler / NAIA METIN
CUMA
June
4
Bir çeşit entellektüel bunalım
mı geçiriyorum. Çalışmadan ser
semlemek mi. Bugün en sonunda
Topkapı Sarayı kütüphanesinden di
jital olarak almayı umduğum resimle
rin listesini [illegible] MURAT Bey'e
yolladım. Behzat/Bihzat üzerine
bir kitaba bakarken... Galiba
Topkapı'da Behzat'ın kaleminin değ
diği hiçbir resim olmadığını düşün
düm. Bir iki muğlak
dokunma hariç. Şah
nameler, tarihler, il
lüstre [illegible] yaprak
lar, resimler. Bu dün
ya beni tuhaf bir
şekilde içine aldı.
Telefonda Aslı
Sedef ile konuşurken
ben de Edhem Eldem
ile konuşuyorum ve
ona daha önceden
düşündüğüm konuyu
açıyorum: Birlikte
TARİH/EDEBİYAT ko
nusunda çok güzel
bir sohbet yaparız.
Gerçek/kurgu/Yeni tarihselcilik vs gibi konu
larda – Şehzadelerden V. MURAT'dan
vs de konuşup örnekler vererek...
BUHARI İMZALI
Ağaçların
gölgelerine
dikkat ediniz. Perspektif
sorunları
WEDNESDAY
CUMARTES
June
5
Günlerim Topkapı Sarayı'ndaki
minyatürlere Şehname sayfalarına bakarak
çeşit çeşit kitapları Osmanlı resim
hazinesini gözden geçirmekle geçiyor
yavaş yavaş resimlerin gösterdiği
aleme girdiğimi görüyorum. Resimle
rin içinde
kaybolmaktan
güzel ne olabilir
Belki de bunun bu
kayıp aleme en
yakın kişiyim.
BAŞKA CİLD KAPAĞI RESMİ: TERCÜMAN
ED-DUSTUR adlı
kitabın lake cilt kapağı
içinde Topkapı EH. 1380
Kaynak: Topkapı'daki III
Selim sergisinin katalo
gu: III Ahmed döneminde
de bazı minyatürlerde
zemin süslemesi ola
rak görülen DOĞA
KESİTLERİ 18. yüzyıl
boyunca kitap yaprak
larında, ciltlerde, yazı
çekmecelerinde, duvar
larda yer alacak ve
BİR MODA HALİNE
gelecek olan MAN
ZARA resimlerinin
ilk denemeleridir. Buhari'nin lake ciltte
yaptığı bu resimler Zeren Atbaşı'ya göre
"Türk resminin" bilinen en erken tarihli
figürsüz manzaralarıymış. s.175

LAS NOCHES DE LA PESTE DEBEN EMPEZAR ASÍ

sin pintar las nubes los pintores
mostrar las nubes detrás de las montañas lejanas
bolas de nubes aún más lejos

escribo sobre la imagen que no he sabido terminar

agua

cada

gota

Paisaje visto desde un barco frente a una isla o una punta del continente. Y detrás las montañas de laderas escarpadas, todo un mundo nuevo.

agua

agua

una palabra

palabra

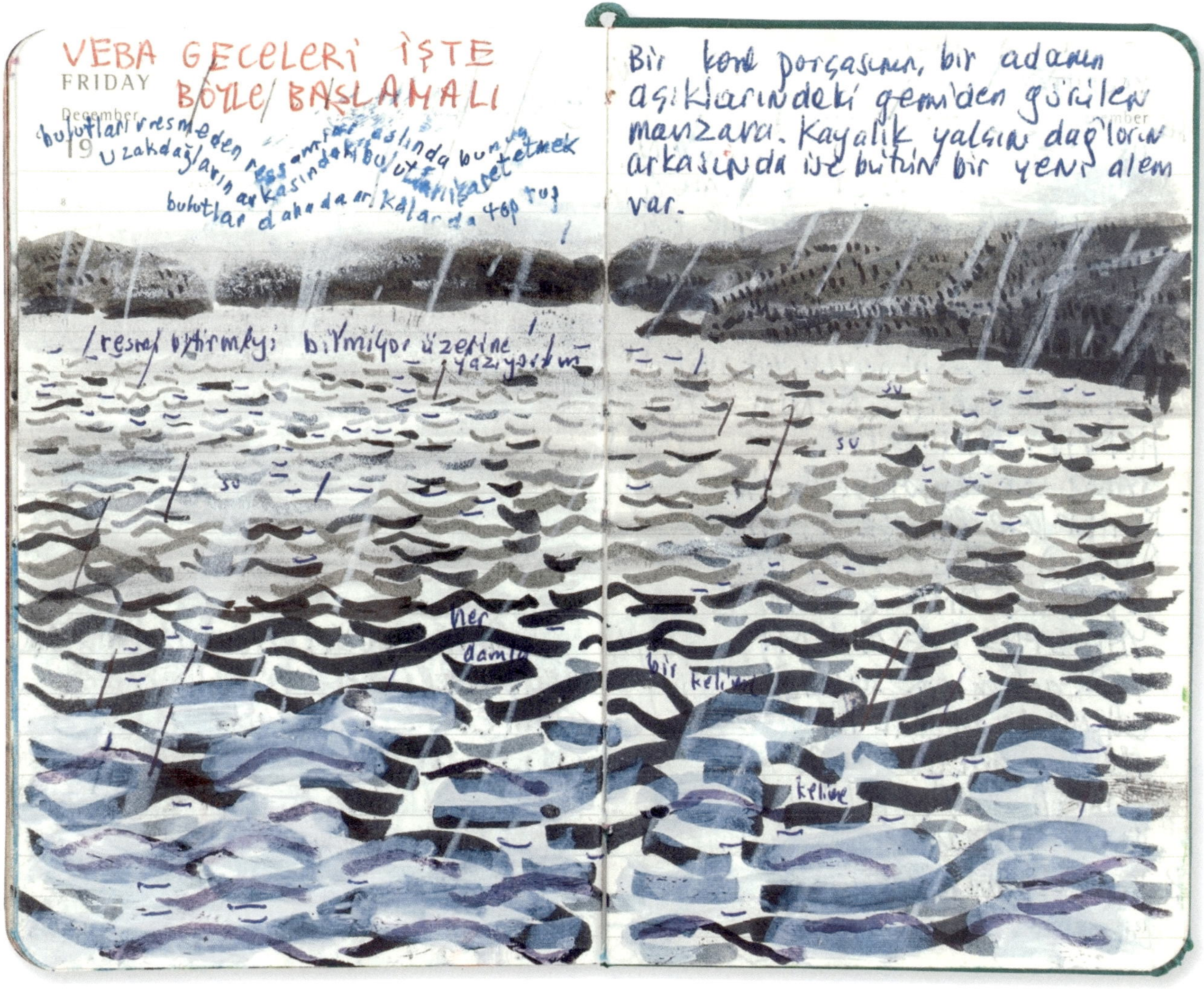
VEBA GECELERİ İŞTE BÖYLE BAŞLAMALI
FRIDAY
December
19
Bir kent parçasının, bir adanın
açıklarındaki gemiden görülen
manzara. Kayalık yalçın dağların
arkasında ise bütün bir yeni alem
var.
resmi bitirmeyi bilmiyor üzerine yazıyorum
su
su
su
her damla
bir kelime
kelime

Levantarse de la cama con la mente todavía en los últimos retazos de un sueño, y bajar a la orilla para sumergirse en el mar desde lo alto del pontón... En esos momentos, mis sueños parecen confundirse con el mar.

Por la noche, visita a Büyükada de Annie Terrier, que desde hace treinta y cinco años organiza el festival de literatura de Aix-en-Provence. Anécdotas sobre Günter Grass, Philip Roth... Lástima que ella no hable inglés. Los días 11-13 de octubre, si Dios quiere, veré el taller de Cézanne. Pensamientos oscuros, ideas negras. Los recuerdos rondan mi alma como tiburones

slimy slimy slimy

Nadando en el mar. De repente, la sensación de que me sigue un tiburón... Si dejo de pensar en él, el tiburón me olvidará. Pero ninguno se olvida del otro. Y los monstruos están ahí, me acechan. Veo sus aletas, rondan... Cuando era niño, en Tuzla, un tiburón devoró a un buzo, o mejor dicho: el honorable médico buzo tenía la desgracia de pescar con dinamita. El mar, en su recuerdo, estaba todo pegajoso...

Mar pegajoso. ¿Viscosidad?

terribles

criaturas

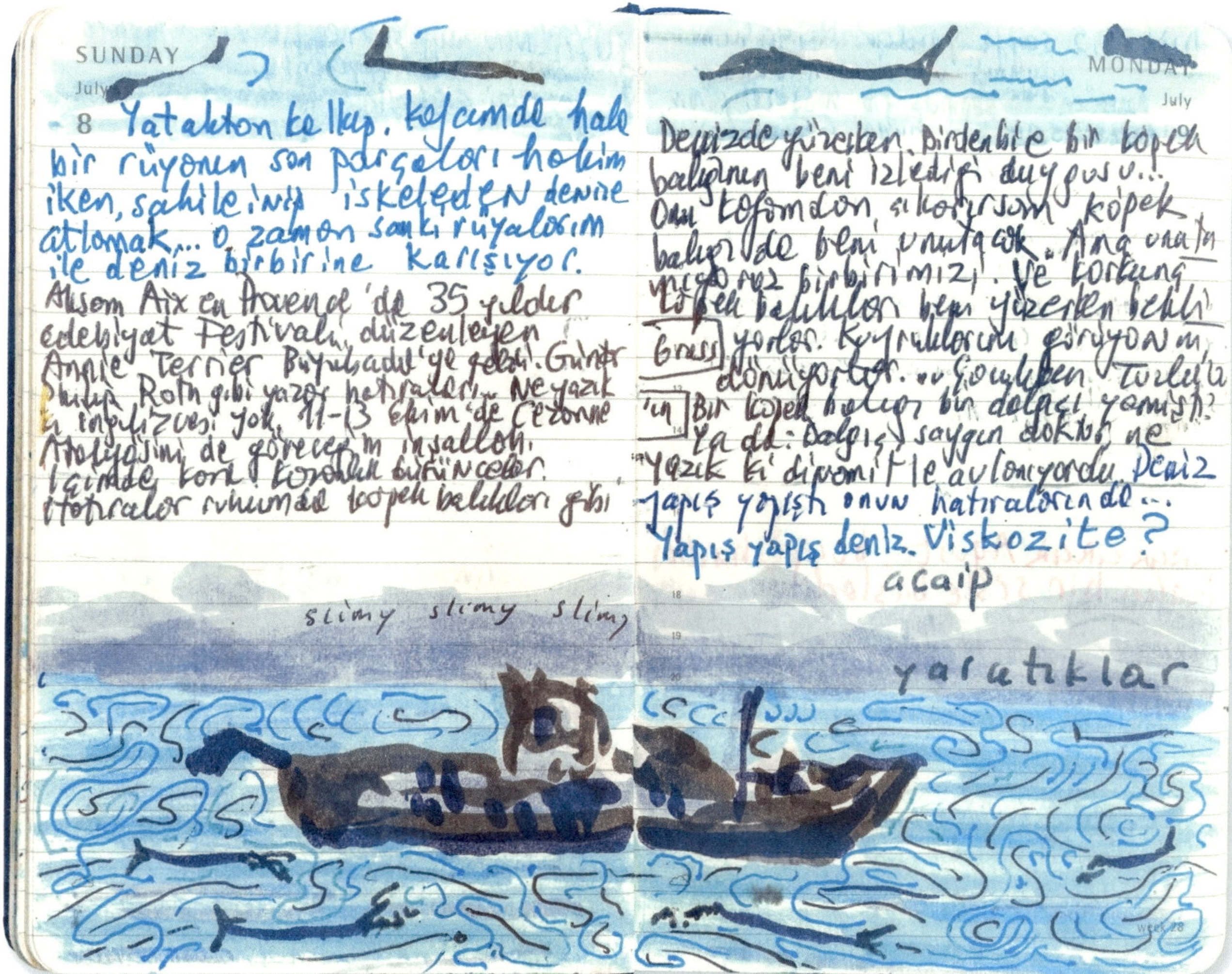
SUNDAY
July
8 Yataktan kalkıp, kafamda hala bir rüyanın son parçaları hakim iken, sahildeki iskeleden denize atlamak... O zaman sanki rüyalarım ile deniz birbirine karışıyor.
Akşam Aix en Provence'de 35 yıldır edebiyat festivali düzenleyen Annie Terrier Büyükada'ya geldi. Günter Grass, Philip Roth gibi yazar hatıraları... Ne yazık ki İngilizcesi yok. 11-13 ekim'de Cezanne Atölyesini de göreceğim inşallah. İçimde kara [illegible] bürünceler. Hatıralar ruhumda köpek balıkları gibi
MONDAY
July
9
Denizde yüzerken birdenbire bir köpek balığının beni izlediği duygusu... Onu [illegible] köpek balığı da beni unutacak. Ama onlar [illegible] birbirimizi. Ve korkunç köpek balıkları beni yüzerken bekliyorlar. Kuyruklarını görüyorum dönüyorlar... Çocukken Turhan'ın
Grass
'ın
Bir köpek balığı bir dalgıcı yemişti. Ya da: Dalgıç saygın doktor ne yazık ki dinamit ile avlanıyordu. Deniz yapış yapıştı onun hatıralarında...
Yapış yapış deniz. Viskozite?
acaip
slimy slimy slimy
yaratıklar
week 28

El deseo de pintar es comparable al deseo sexual, me permite vivir mi vida, la cabeza y el alma en paz, luego de repente crece, crece en mi interior, y debo abalanzarme enseguida sobre mis lápices, mis colores. La idea de que en alguna parte, muy lejos, hay otra vida, otro mundo cuya existencia sugieren los paisajes vistos en sueños, lejanos y salvajes, esa idea habrá dictado mi vida y colmado mis días.

Trabajo sin parar. Extraño. Como si tuviera algo que probar. Pero me gustan estas novelas que burbujean bajo mi cráneo, debo escribirlas, y ojalá la gente vea el mundo como yo lo vi en mis novelas. Luego, sopa de lentejas, pollo con berenjenas a la Sermin, vino blanco. Un poco demasiado pronto. El deseo de dibujar me invade brutalmente.

las palabras se derraman del barco
en el cuaderno, en el espejo
de las aguas

entre las rocas

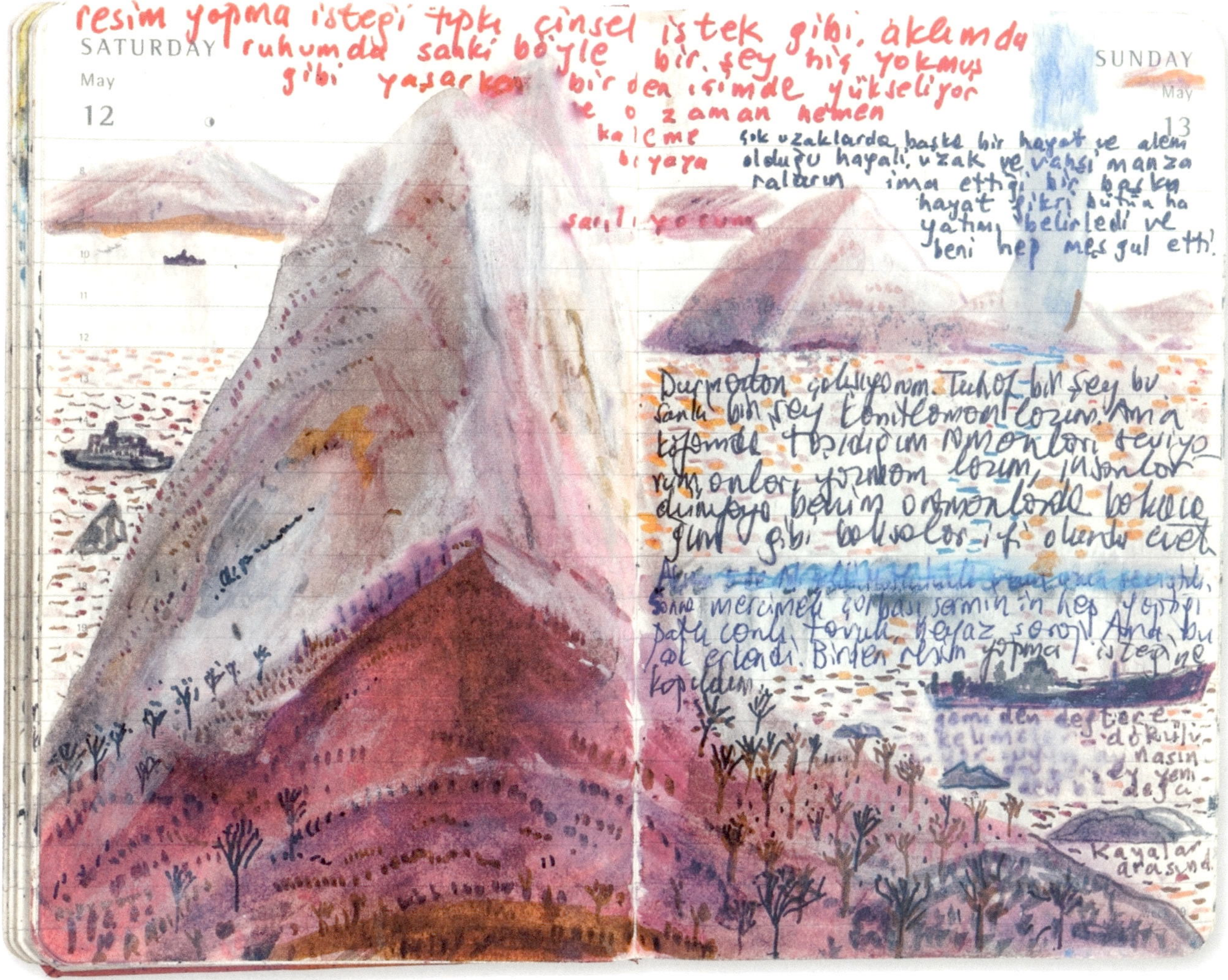
SATURDAY
May
12
resim yapma isteği tıpkı cinsel istek gibi, aklımda
ruhumda sanki böyle bir şey hiç yokmuş
gibi yaşarken birden içimde yükseliyor
ve o zaman hemen
SUNDAY
May
13
çok uzaklarda başka bir hayat ve alem
olduğu hayali, uzak ve vahşi manzaraların ima ettiği bir başka
hayat fikri bütün hayatımı belirledi ve
beni hep meşgul etti.
Kayalar arasında

En pintura, el talento para volver enigmático un paisaje depende de la capacidad de adivinar que, escondido dentro del nuestro, existe otro mundo.

vacío

huid de la pereza del alma

el paisaje es la tormenta en mí

comarcas ventosas

tú eres más viento aún

las carreteras de la izquierda son más suaves

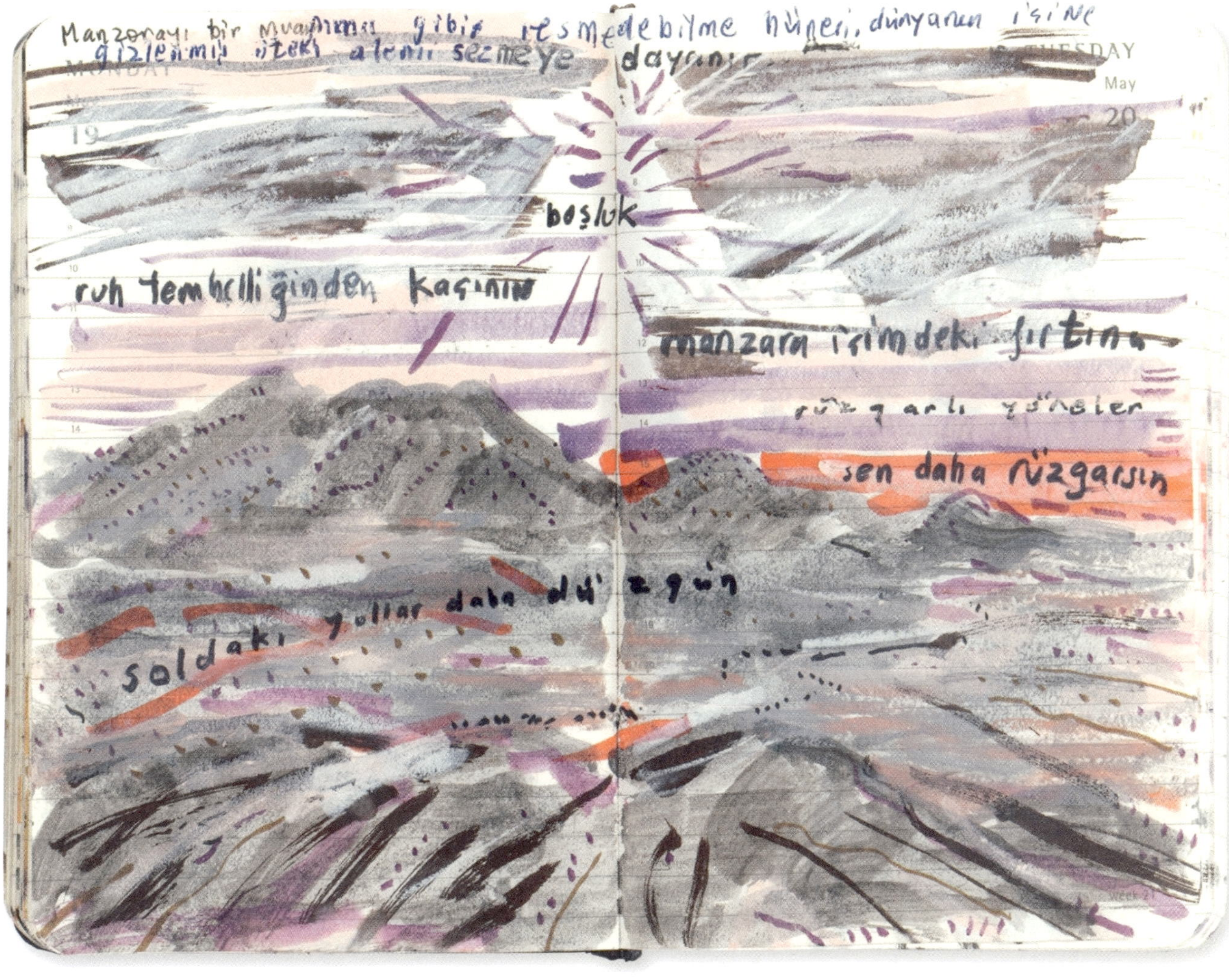
Manzarayı bir muamma gibi resmedebilme hüneri, dünyanın içine gizlenmiş öteki alemi sezmeye dayanır
TUESDAY
May
19
20
boşluk
ruh tembelliğinden kaçının
manzara içimdeki fırtına
sen daha rüzgarsın
yollar daha düzgün
soldaki
Week 21

Lo que veía esta mañana mientras tomaba café en la terraza; tomé mis colores enseguida para fijar la imagen. Hecho extraordinario, pues casi nunca dibujo por la mañana. Las imágenes permiten fijar en la memoria el tiempo que pasa. En cada segundo de la jornada, un dibujo, algunas líneas de texto. Fue el primer momento. Luego llega el segundo, y un segundo dibujo. Así avanzamos. Vivir es ver.

¡A cada momento su dibujo! Puestos uno junto al otro, nos ofrecen el relato ilustrado de un día, un año, una vida. Una vida es la tinta de una serie de dibujos. Curiosidad de la imagen que seguirá. Si el hombre no quiere morir es por la curiosidad que siente de la imagen que seguirá. Con la muerte, las imágenes desaparecen, comienza la sombra. El hombre quiere ver, siempre; por eso todos los dibujos son bonitos.

veo pasar este barco seis veces al día

retocar la imagen terminada
estropearla y culparse

Quizá habría sido más inteligente no comentarlo con nadie

montañas lejanas

tú decides
cuando la imagen está terminada

deseo de escribir

EL MUNDO ES TAN SIMPLE
TODO ES TAN SIMPLE EN VERDAD

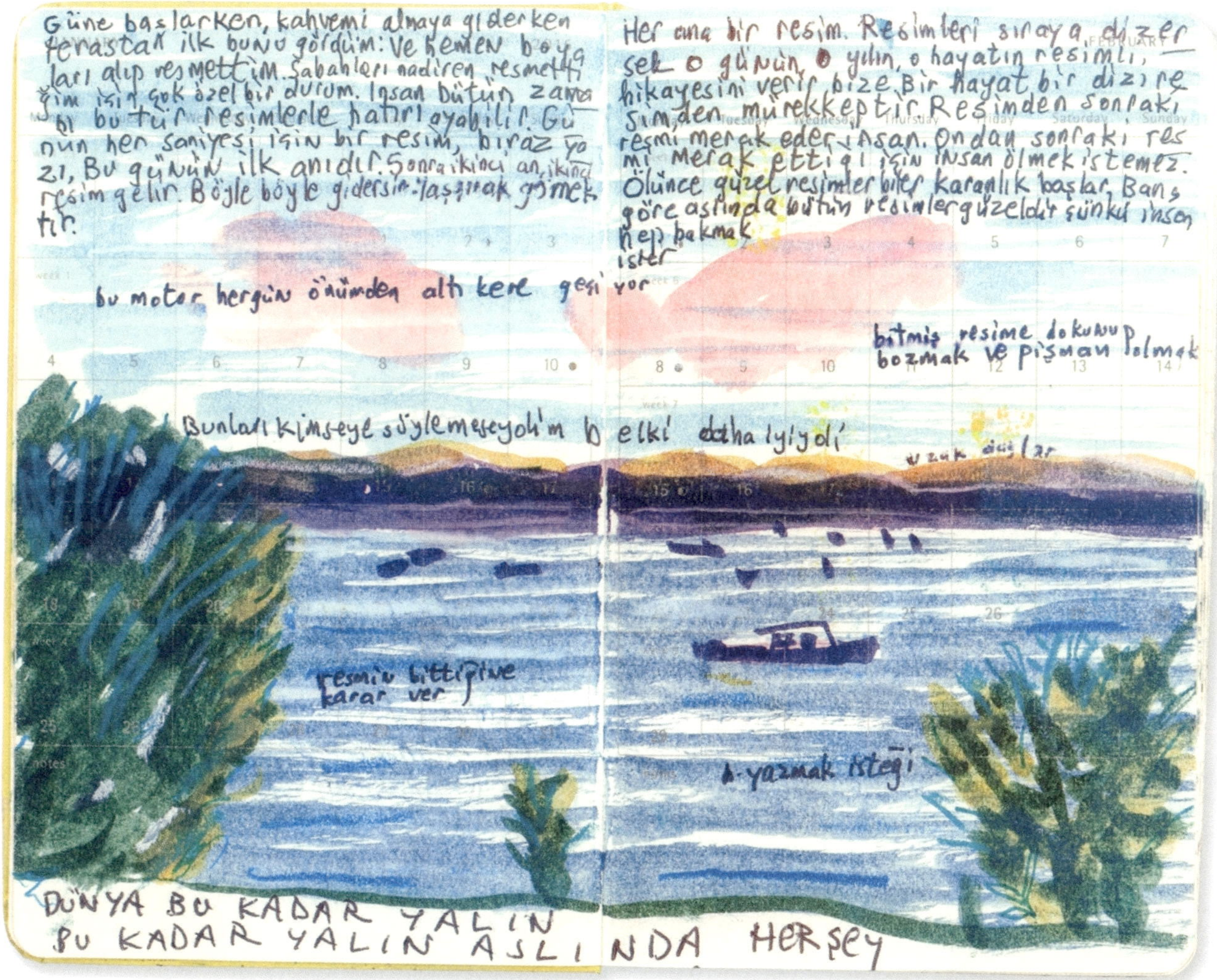
Güne baslarken, kahvemi almaya giderken
terastan ilk bunu gördüm: Ve hemen boya
ları alıp resmettim. Sabahları nadiren resmettiğ
im için çok özel bir durum. Insan bütün zama
nı bu tür resimlerle hatırlayabilir. Gü
nün her saniyesi için bir resim, biraz ya
zı, Bu günün ilk anıdır. Sonra ikinci an, ikinci
resim gelir. Böyle böyle gidersin.
tir.
Her ana bir resim. Resimleri sıraya dizer
sek o günün, o yılın, o hayatın resimli
hikayesini verir bize. Bir hayat bir dizi re
sim, den mürekkeptir. Resimden sonraki
resmi merak eder insan. Ondan sonraki res
mi merak ettiği için insan ölmek istemez.
Ölünce güzel resimler biter karanlık başlar. Bana
göre aslında bütün resimler güzeldir çünkü insan
hep bakmak
ister
bu motor hergün önümden altı kere geçiyor
bitmiş resime dokunup bozmak ve pişman olmak
Bunları kimseye söylemeseydim belki daha iyiydi
uzak dağlar
resmin bittiğine karar ver
yazmak isteği
DÜNYA BU KADAR YALIN
BU KADAR YALIN ASLINDA HERŞEY

15 de marzo: e-mails // Claudio, // Paris?
Ali Betil // Boricco // Ropac
Libros dedicados para Selçuk Demirel, texto Gamboni
para Onur, Ropac
– paga número 9 // Christina //
– The Peck *Shāhnāmé* / Simpson

Bülent Bey, Jin, Sophie
Centro / Turín / Milán
Erol = Ca // Señora Filiz
Gizli Yüz[44]

15 de abril
A comentar con Sarah:
– Contratos... cantidades / <u>España</u>
– Grecia
– Alemania
– L'Herne
– *Magazine Littéraire*
¡Ceremonia Booker!

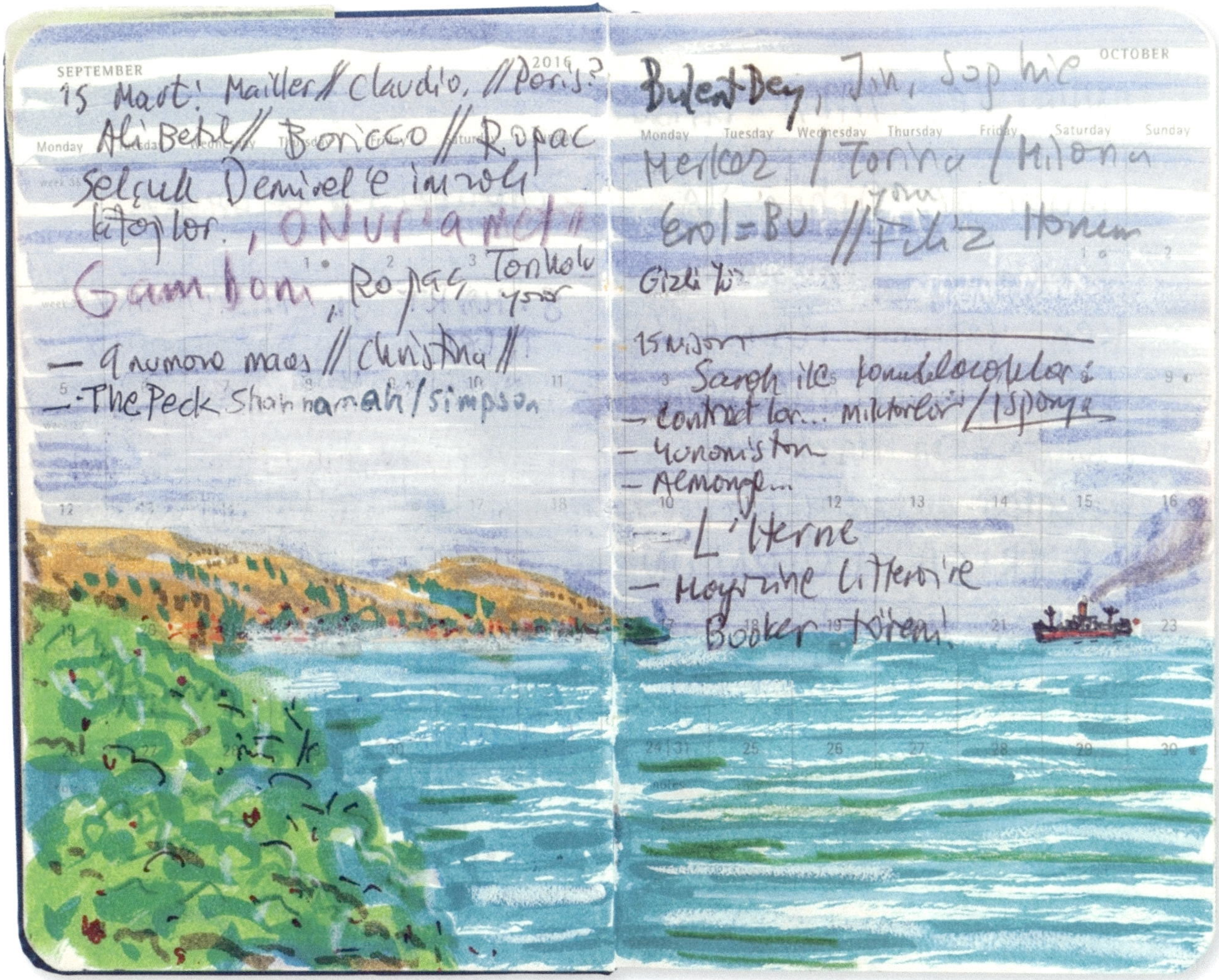
SEPTEMBER
2016
OCTOBER
Monday Tuesday Wednesday Thursday Friday Saturday Sunday
Bulent Bey, Jin, Sophie
Gizli
L'Herne
Booker töreni
The Peck
simpson

En sueños, el señor K vuelve a ver al niño confundido y preocupado que él fue en su infancia. Está triste, aquejado de una sorda culpabilidad. Pero por el niño no experimenta más que ternura y comprensión.

Conversación imaginaria entre el pintor y el escritor en mí... Tengo que descubrirle a los lectores al pintor Ahmet Işıkçı. En Turquía, la mayoría de la gente desconoce hasta su nombre. Un día se encontrará en librerías un libro sobre su obra: sí. Puede que sea yo quien lo escriba.

– Músorgski: *Una noche en el Monte Pelado*
– Mozart
– Chaikovski
– Mahler: *Canciones a los niños muertos*
– Peppino di Capri
– «Viejos amigos»
– Bob Dylan
– Amy Winehouse
mis elecciones para la BBC - música literatura

Partes favoritas
¡y charla en la BBC!

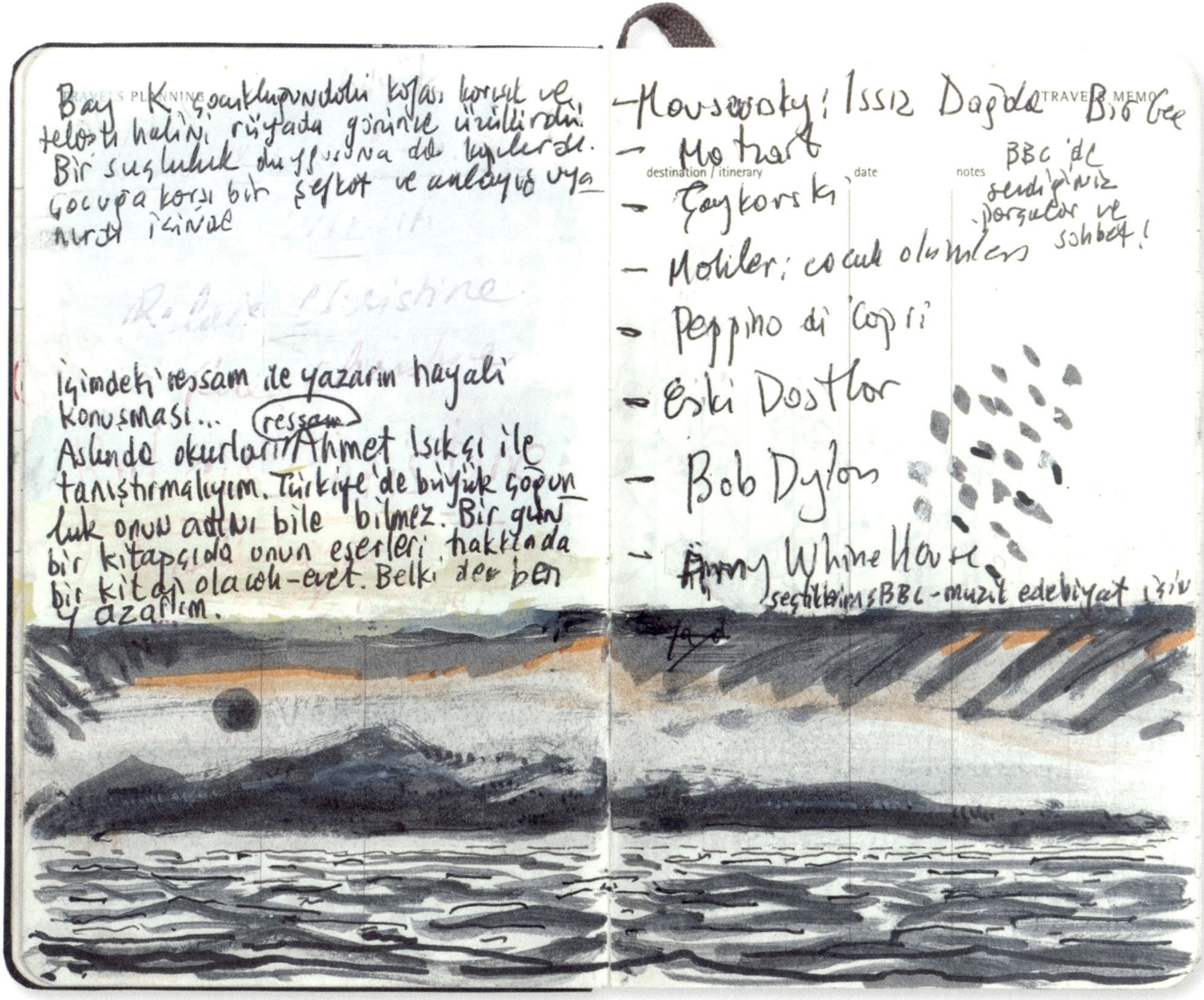
Bay K çocukluğundaki kafası karışık ve telaşlı halini rüyada görünce üzülürdü. Bir suçluluk duygusuna da kapılırdı.
İçimdeki ressam ile yazarın hayali konuşması...
ressam
Aslında okurlarımı Ahmet Işıkçı ile tanıştırmalıyım. Türkiye'de büyük çoğunluk onun adını bile bilmez. Bir gün bir kitapçıda onun eserleri hakkında bir kitap olacak-evet. Belki de ben yazarım.
TRAVEL'S PLANNING
TRAVEL'S MEMO
destination / itinerary
date
notes
– Mousorsky: Issız Dağda Bir Gece
– Motzart
– Çaykovski
– Mahler: çocuk ölümleri
– Peppino di Capri
– Eski Dostlar
– Bob Dylan
– Amy Whine House
BBC ile sevdiğimiz parçalar ve sohbet!
seçtiklerim BBC-müzik edebiyat için

¡De joven fui puntillista! Durante mis años de secundaria y universidad, bajo la influencia de Seurat, pintaba punteando. La emoción de crear una imagen mediante pequeñas pinceladas superpuestas. Mi mano moteaba de sí misma la tela. Las grandes pinceladas son para los puntillistas valientes. El puntillista temeroso se queda en los puntos. Y se dispersa.
Se dispersa.

lo que los viejos maestros

poe

Un trazo, un toque de pincel y uno se siente como los maestros de antaño... Uno siente que en cualquier momento un trazo de más podría arruinar la imagen en curso. Después de haberme abandonado por mucho tiempo a los movimientos vívidos del pincel, me detengo y retiro la mano.

el infortunio

los maestros chinos miran primero se funde con el mar

maelström = Poe

poe

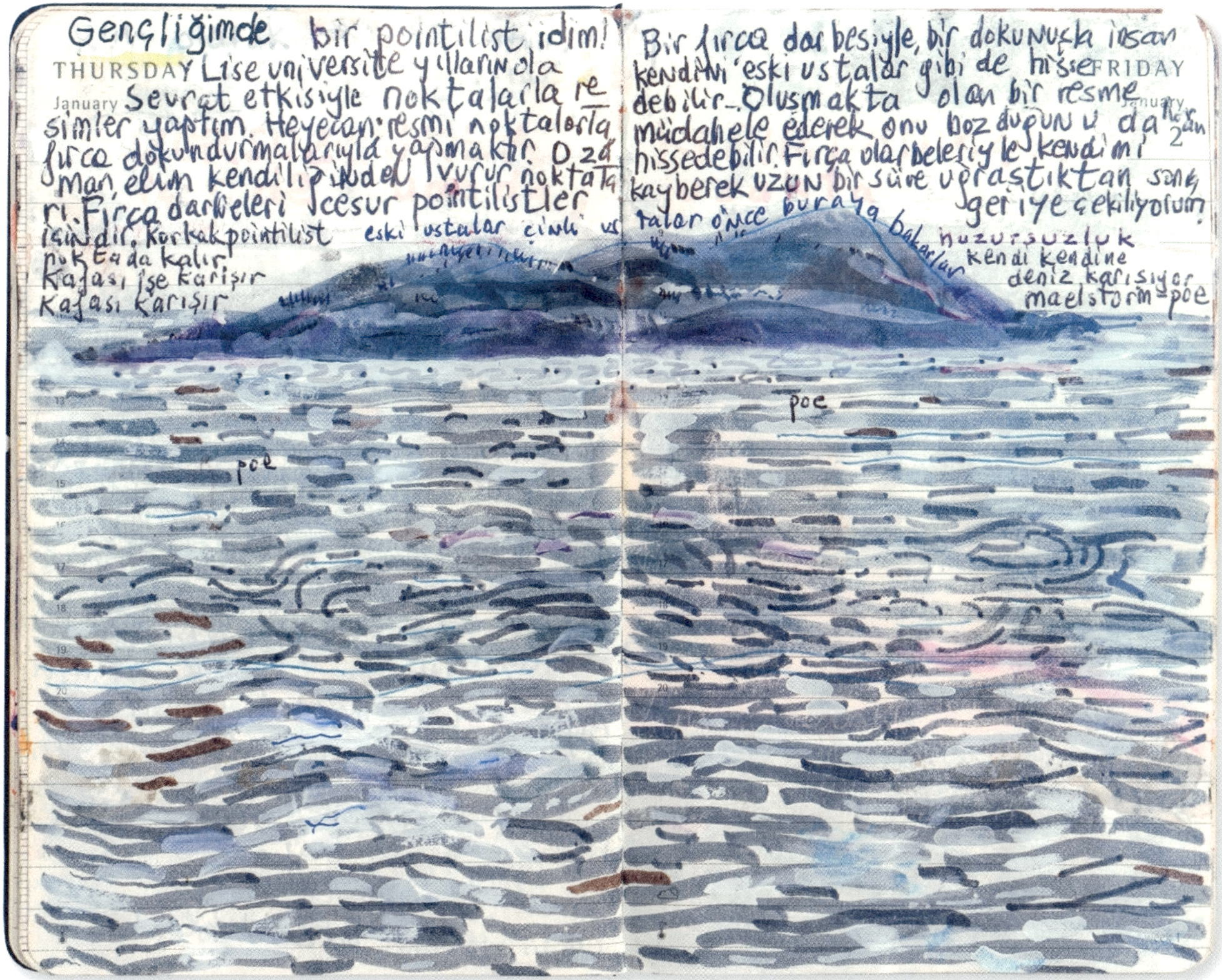
Gençliğimde bir pointilist idim!
THURSDAY
January
Lise üniversite yıllarında
Seurat etkisiyle noktalarla re
simler yaptım. Heyecan: resmi noktalarla
fırça dokundurmalarıyla yapmaktır. O za
man, elim kendiliğinden vurur noktala
rı. Fırça darbeleri cesur pointilistler
içindir. Korkak pointilist
nokta da kalır
Kafası işe karışır
Kafası karışır
eski ustalar çinli us
Bir fırça darbesiyle, bir dokunuşla insan
kendini eski ustalar gibi de hisse
FRIDAY
January
debilir... Oluşmakta olan bir resme
müdahale ederek onu bozduğunu da
hissedebilir. Fırça darbeleriyle kendini
kaybederek uzun bir süre uğraştıktan sonra
geriye çekiliyorum!
talar önce buraya bakarlar
huzursuzluk
kendi kendine
deniz karışıyor
maelstrom = poe
poe
poe

Un auténtico
puntillista
se

interstició

ojo

hierba

sombra

oruga

del agua
pequeña

oculta

aquí
el pájaro

la sombra

no mires

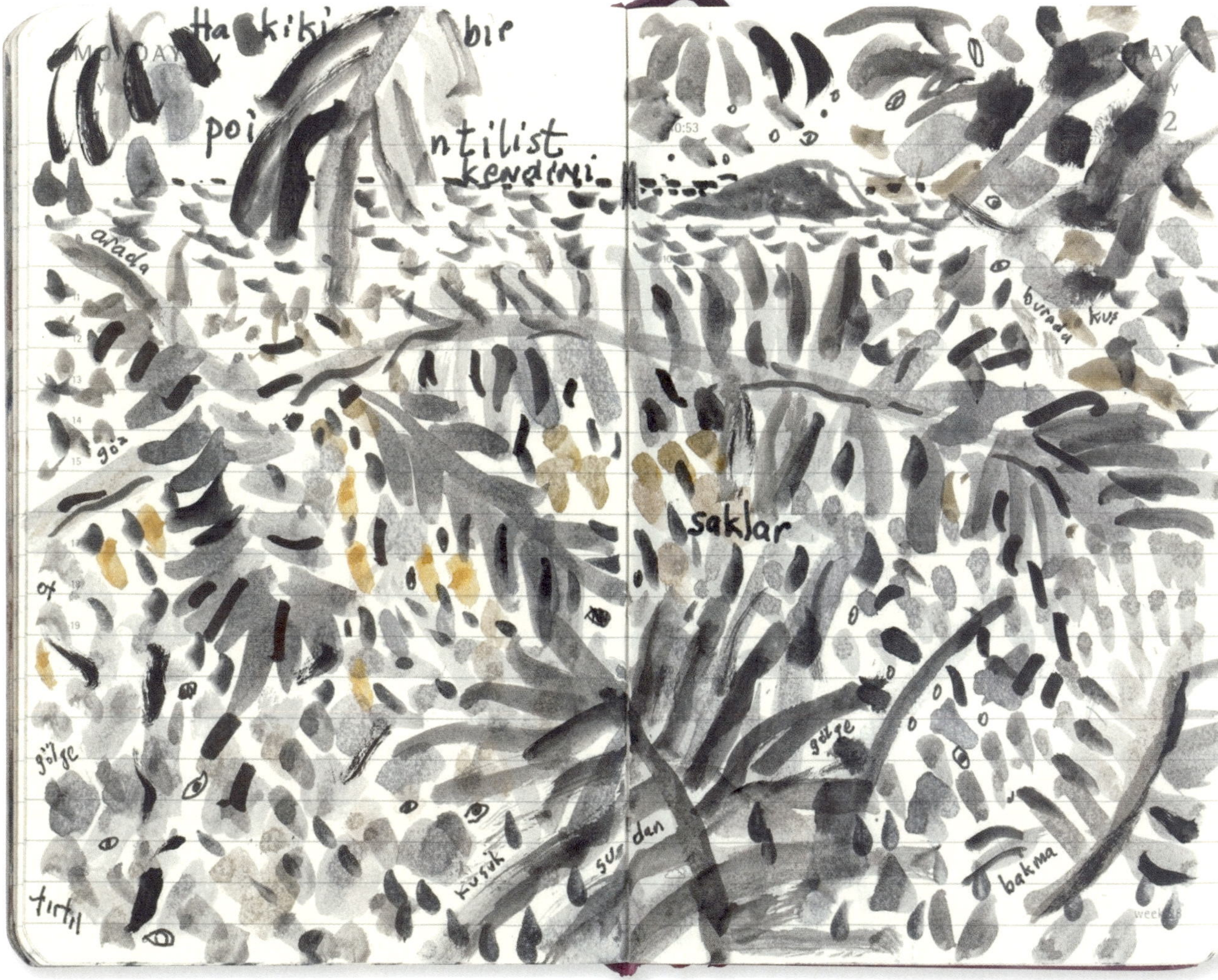
Hakiki bir
poi ntilist
kendini
arada
göz
ot
gölge
tırtıl
saklar
burada
kuş
gölge
su dan
bakma

montañas azules, colinas desconocidas, lugares a los que nunca he ido...
Pero recuerdos lejanos, relieves brumosos, me acuerdo...

ya he pasado por aquí, soñando con una novela

pero todo ha terminado
ya no te necesitamos.

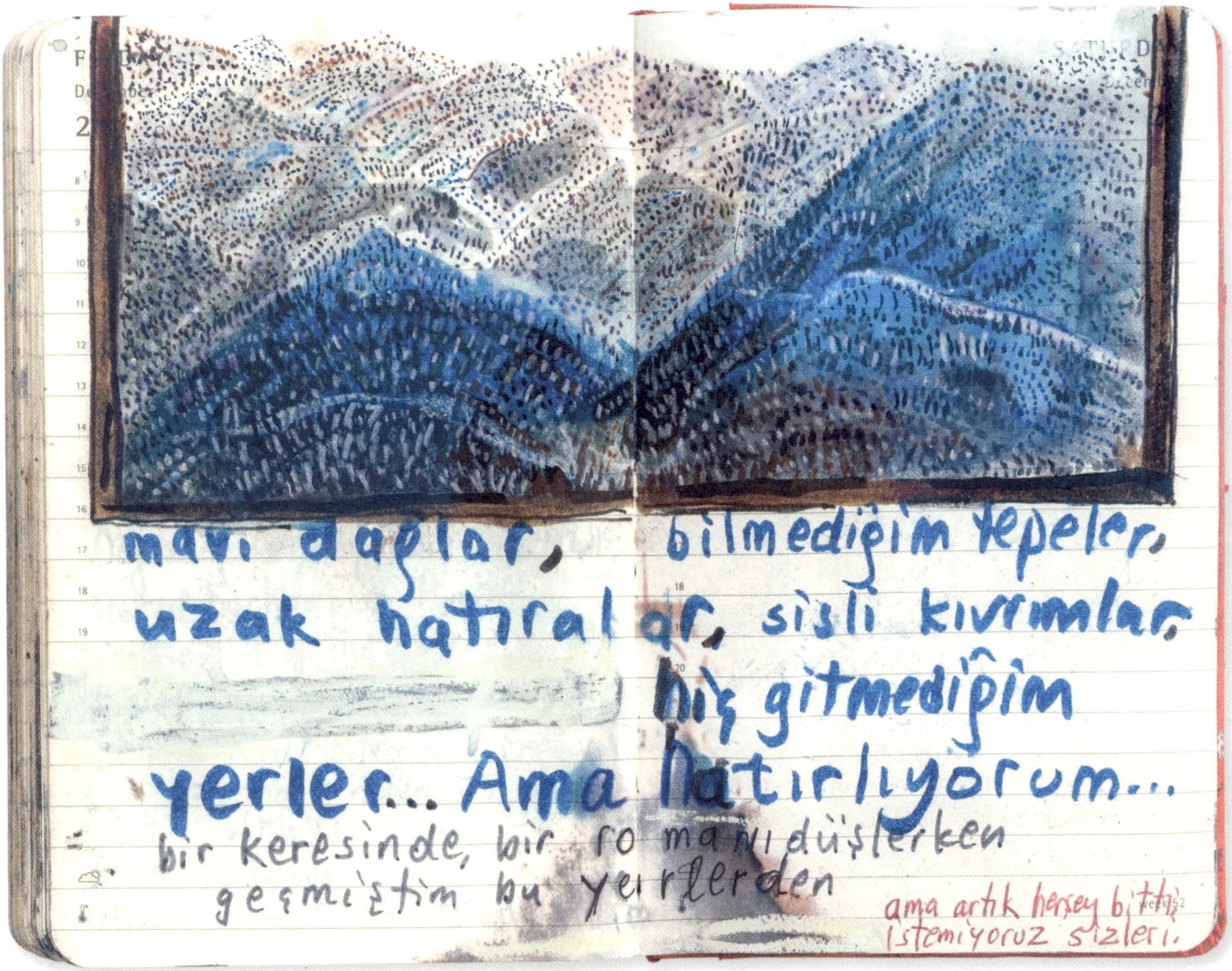
mavi dağlar, bilmediğim tepeler,
uzak hatıralar, sisli kıvrımlar,
hiç gitmediğim
yerler... Ama hatırlıyorum...
bir keresinde, bir romanı düşlerken
geçmiştim bu yerlerden
ama artık herşey bitti,
istemiyoruz sizleri.

Leo el *Diario* de Delacroix. Serio, trabajador, ambicioso, cultivado. Un poco autoritario... Sin sentido del humor. Por otra parte, me gusta que sea apasionado, curioso de todo... Aslı se ha marchado pronto esta mañana. Releo textos escritos hace mucho tiempo. Escribir en la novela escuchando los ruidos del camión de la basura, de los aviones, de los barcos a motor.

Charlas por teléfono con Aslı, con Sermin, todo el día. Luego escribo, escribo.

El tiempo se ha vuelto más cálido. Nadado de 11.00 a 11.30 h. Preocupado por el hecho de que la novela, una vez más, es más larga de lo que yo pretendía.
Invitación a casa de Murat Seçkin... Los Edhem, los Nüket, Aslı Çavuşoğlu. Con estos amigos me siento afortunado. Si tan solo hubiera podido hablar un poco de arte con Aslı Çavuşoğlu...

He escrito un capítulo de la novela con el que llevaba mucho tiempo soñando. HE ESCRITO LAS FANTASÍAS / LOS FANTASMAS DE PRISIONES modernas de nuestro buen SAMI PACHA.[45] La excusa: encontrar un nuevo puesto de cuarentena. He leído en alguna parte que Abdul Hamid escogía a los inspectores de prisiones de entre sus soldados / oficiales retirados.

DE LA FANTASÍA DE CONSTRUIR CÁRCELES MODERNAS y de la fundación de una sociedad MODERNA... IMPOSICIÓN forzada de la MODERNIDAD, etc.
Me gusta este tema. Y lo que he escrito hoy... El inspector general de prisiones de Abdul Hamid lleva consigo los planos de una prisión moderna...

Lástima que el fútbol se haya vuelto tan feo. Ni siquiera lo veo ya. Esta noche, he seguido un poco el partido en la tele. Los jugadores no saben hacer nada más que pasársela en el centro del campo. Inglaterra podría haber metido diez. Pero, curiosamente, han preferido quedarse ahí.

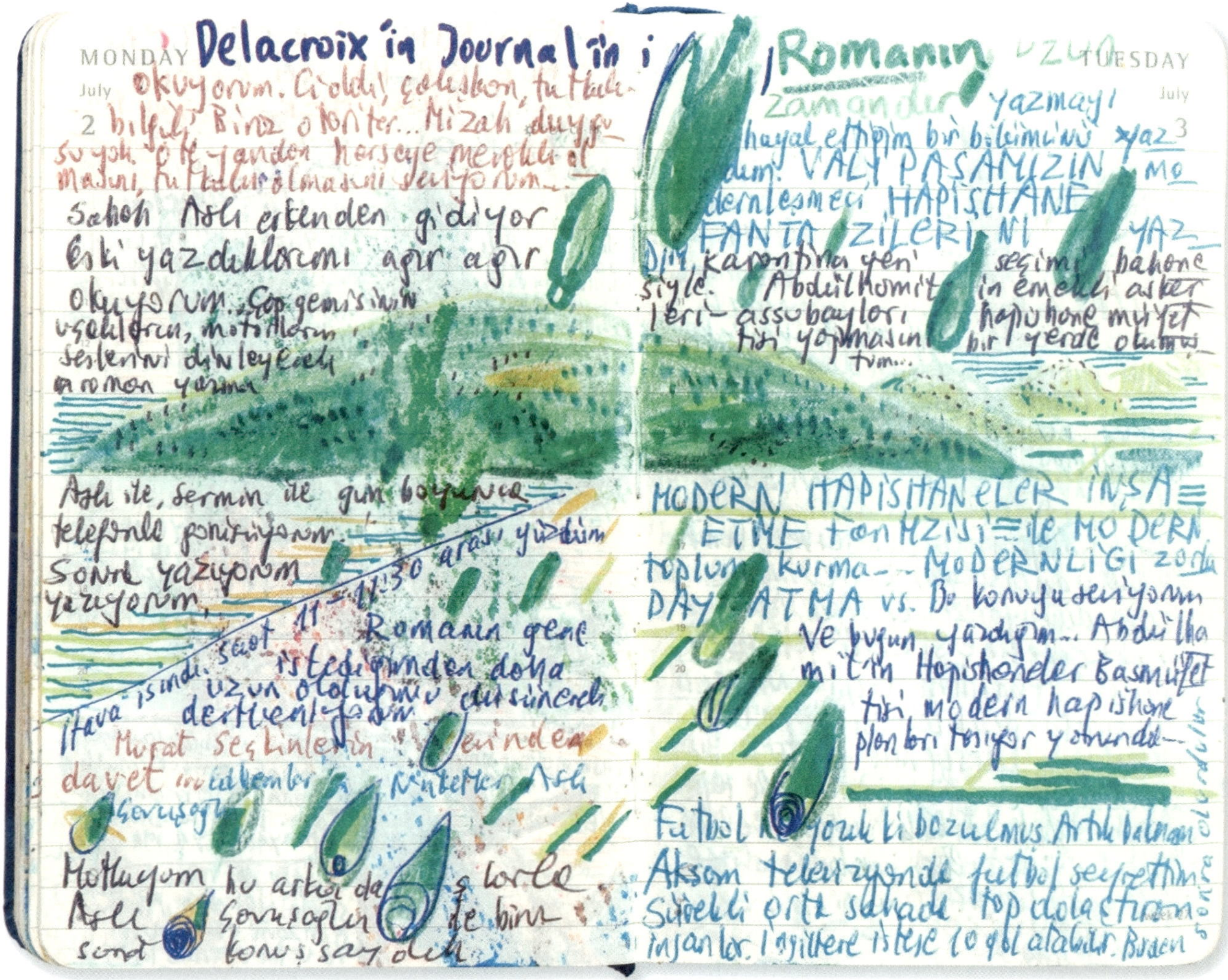
Delacroix'in Journal'ini
MONDAY
July
2
okuyorum. Cıvıldı, çalışkan, tutkulu bilgili, biraz otoriter... Mizah duygusu yok. Öte yandan herşeye meraklı olmasını, tutkulu olmasını seviyorum...
Sabah Aslı erkenden gidiyor
Eski yazdıklarımı ağır ağır okuyorum. Çöp gemisinin uçaklarını, motorların seslerini dinleyerek roman yazma
Aslı ile, Sermin ile gün boyunca telefonla konuşuyorum
Sonra yazıyorum yazıyorum,
Şimdi saat 11 – 11:30 arası yazdım
Hava ısındı.
Romanın gene istediğimden daha uzun olduğunu düşünerek dertleniyorum
Murat Seçkinlerin evinden davet
Aslı
Mutluyum bu arkadaşlarla
Aslı
biraz sonra konuşsaydık
Romanın
TUESDAY
July
3
zamanıdır yazmayı hayal ettiğim bir bölümünü yazdım. VALİ PAŞAMIZIN modernleşmeci HAPİSHANE FANTAZİLERİNİ YAZDIM, karantina yeni seçimi bahanesiyle. Abdülhamit'in emekli asker leri – assubayları hapishane müfettişi yapmasını bir yerde okumuştum...
MODERN HAPİSHANELER İNŞA ETME FANTEZİSİ ile MODERN toplum kurma... MODERNLİĞİ zorla DAYATMA vs. Bu konuyu seviyorum
Ve bugün yazdığım... Abdülhamit'in Hapishaneler Başmüfettişi modern hapishane planları taşıyor yanında...
Futbol ne yazık ki bozulmuş. Artık bakmam
Akşam televizyonda futbol seyrettim
Sürekli orta sahada top dolaştıran insanlar. İngiltere isterse 10 gol atabilir. Buradan sonra

pájaro
en Büyükada

palabras
pájaro viento
pájaros

pájaro
pájaro
viento

los pájaros
vuelan

un pájaro

agua / comida / taxi	3.886
	7.000
y	11.000

vuelan
pájaro
los pájaros

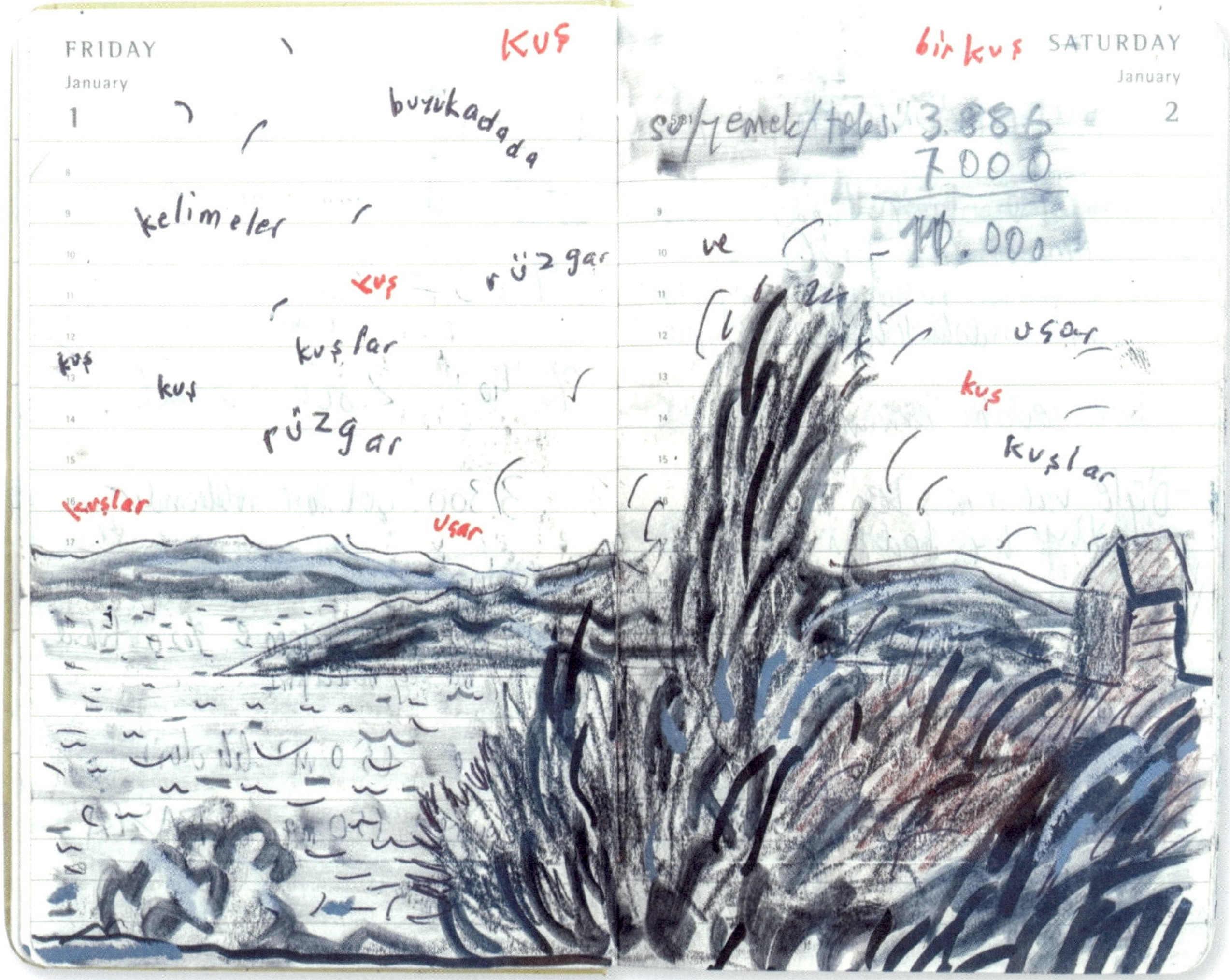
FRIDAY
January
1
kuş
buyukadada
kelimeler
rüzgar
kuş
kuşlar
kuş
kuş
rüzgar
kuşlar
uçar
bir kuş
SATURDAY
January
2
3.886
7000
11.000
ve
uçar
kuş
kuşlar

Esperé mucho tiempo, ansiando que letras y palabras surgieran de entre ramas, el follaje temblando al viento.

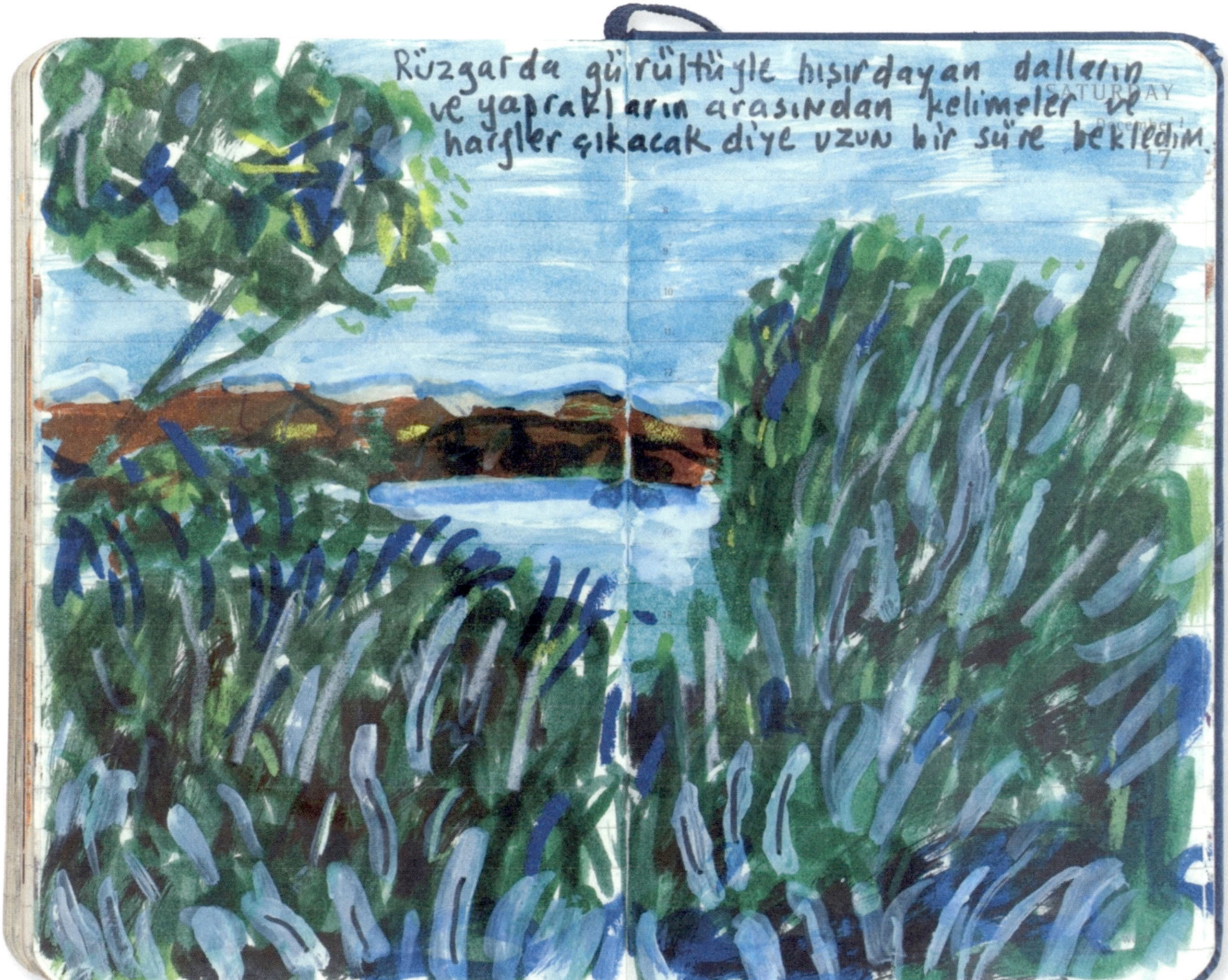
Rüzgarda gürültüyle hışırdayan dalların
ve yaprakların arasından kelimeler ve
harfler çıkacak diye uzun bir süre bekledim.
SATURDAY
17

Por la noche, he llevado a Elif Batuman[46] y a su amiga Lindsay al Metropolitan Museum. Les he enseñado mis obras favoritas. Los cuadros de Panini, la ROMA ANTIGUA y la ROMA MODERNA; style llamado capriccio; he comentado para ellas a GUARDI y a CANALETTO, al GRECO (Toledo, adonde fui con Aslı), etc., etc. Largas explicaciones pontificando sobre la historia de la pintura paisajística delante de algunos cuadros. Delante de otros, recogimiento contemplativo, por el simple placer de la mirada. ¿Qué hay en este cuadro? ¿Qué parte de fantasía en la pintura llamada «realista» de este paisaje? Luego les he enseñado la parte sobre el islam. *Shāhnāmé* del sah Tahmasp, *Conferencia de los pájaros*; firmanes otomanos; tugra del MAGNÍFICO;[47] obras mogolas / Babur; CABALLOS Y MURCIÉLAGOS, tablas animalistas y botánicas encargadas por los empleados de la Compañía de las Indias. Paisaje que surge de entre las patas de las cigüeñas. Obviamente, la última media hora dedicada a Cézanne, Van Gogh, Matisse y Pissaro. Luego cena con las chicas en el restaurante D'Orsay. Hemos bebido, reído, bromeado.

Asesinos, bandidos, pervertidos, todos los malos están detrás del niño. Multitud. El señor Ka huyó, sudando, viendo la multitud crecer entre ellos y él. Cuando se da cuenta de que el niño en sueños no es otro que él mismo, huye de todo, culpa en el estómago.

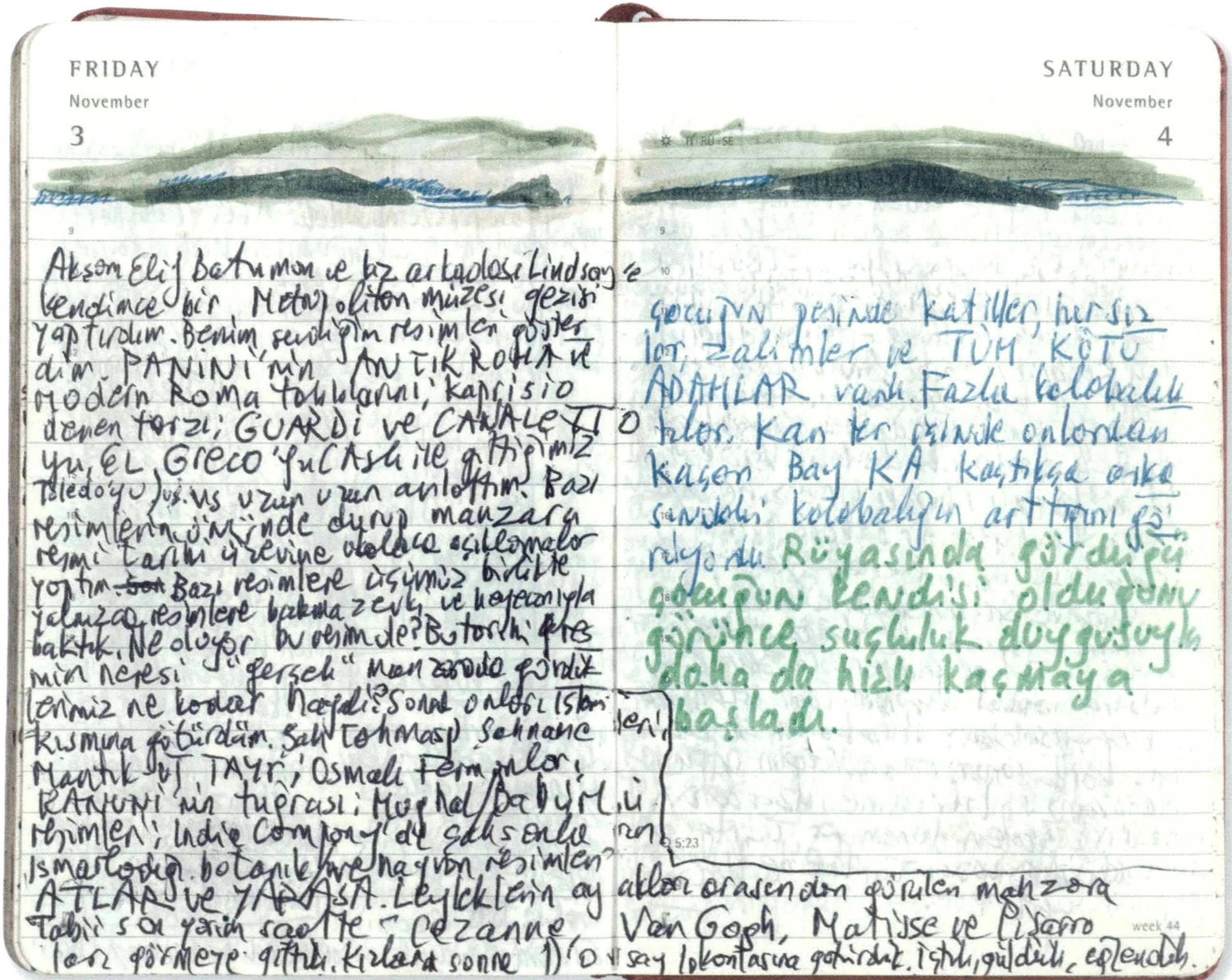

FRIDAY
November
3

Akşam Elif Batuman ve kız arkadaşı Lindsay'e
kendimce bir Metropoliten müzesi gezisi
yaptırdım. Benim sevdiğim resimleri göster-
dim. PANINI'nin ANTİK ROMA ve
modern Roma tablolarını, kaprisio
denen tarzı; GUARDI ve CANALETTO
yu, EL GRECO'yu, Aslı ile gittiğimiz
Toledo'yu vs. vs uzun uzun anlattım. Bazı
resimlerin önünde durup manzara
resmi tarihi üzerine uzun açıklamalar
yaptım. Bazı resimlere üçümüz birlikte
yalnızca resimlere bakma zevki ve heyecanıyla
baktık. Ne oluyor bu resimde? Bu tarihi gere-
min neresi "gerçek" manzarada gördük-
lerimiz ne kadar hayali? Sonra onları İslami eserleri
kısmına götürdüm. Şah Tahmasp Şehname
Mantık-ut Tayr; Osmanlı Fermanları,
KANUNİ'nin tuğrası; Mughal/Babürlü
resimleri; India Company'de şahsen
ısmarladığı botanik ve hayvan resimleri
ATLAR ve YARASA. Leyleklerin ay aklar arasından görülen manzara
Tabii son yarım saatte Cezanne Van Gogh, Matisse ve Pisarro
ları görmeye gittik. Kızları sonra 1'Osay lokantasına götürdük. İçtik, güldük, eğlendik.

SATURDAY
November
4

çocuğun peşinde katiller, hırsız-
lar, zalimler ve TÜM KÖTÜ
ADAMLAR vardı. Fazla kalabalık-
lardı. Kan ter içinde onlardan
kaçan Bay KA koştukça arka-
sındaki kalabalığın arttığını gö-
rüyordu. Rüyasında gördüğü
çocuğun kendisi olduğunu
görünce suçluluk duygusuyla
daha da hızlı kaçmaya
başladı.

5:23

week 44

William Blake es sin lugar a dudas el más grande de todos los autores del dibujo o, dicho de otro modo, de los escritores que sabían pensar al mismo tiempo el TEXTO y la IMAGEN. No sé si hubiera querido escribir como él. Pero, como él, habría querido pasarme la vida viendo y concibiendo juntos, en la misma página, textos e imágenes.

Si pienso en los pintores contemporáneos cuya obra propicia la interacción entre texto e imagen, pienso en Raymond Pettibon y en Cy Twombly. Me habría gustado saber pintar como ellos, sí. No, no, me habría gustado pintar como yo, pero como ellos me habría gustado poder consagrar toda mi vida a la pintura. Asociando palabras e imágenes sobre el lienzo.

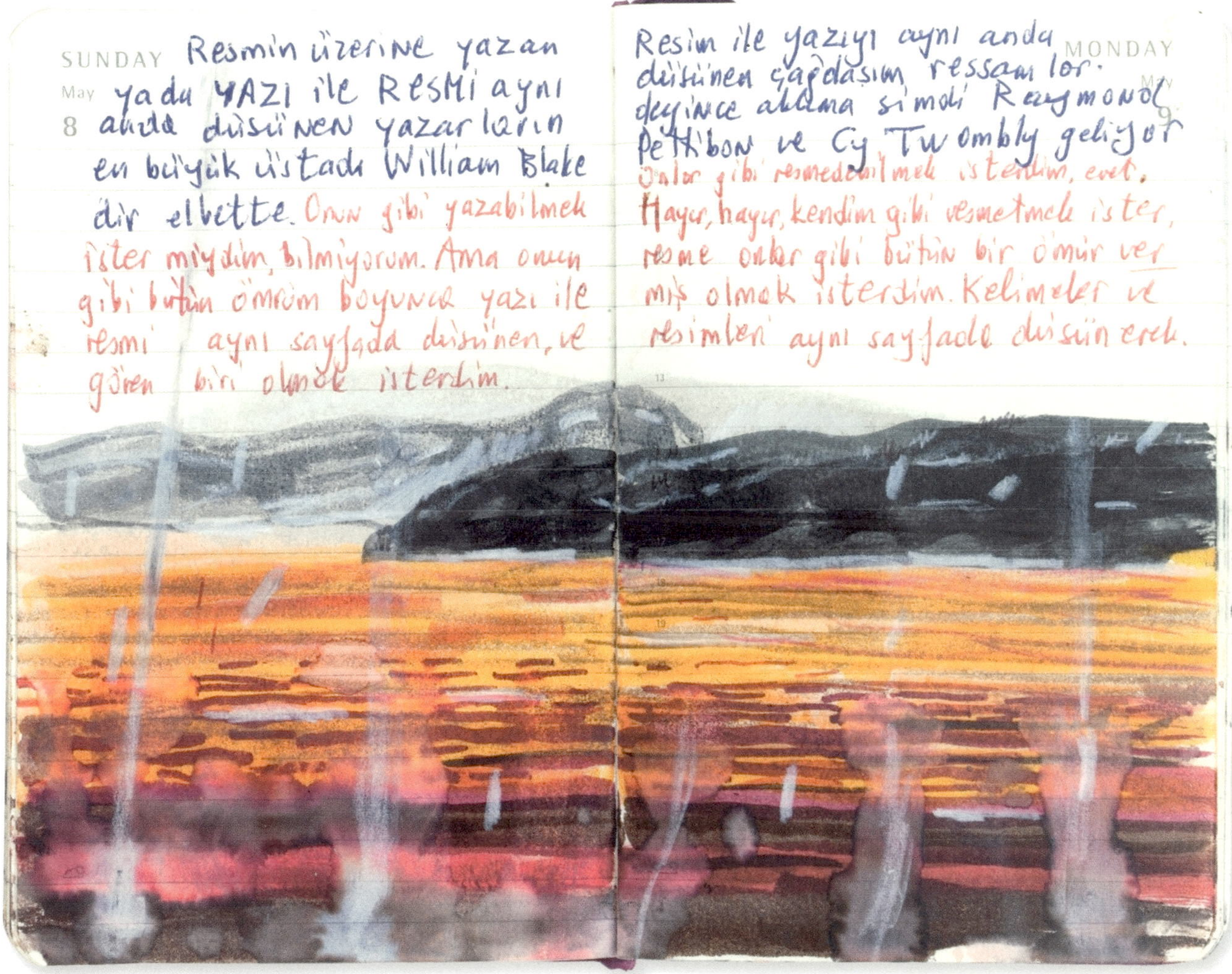

SUNDAY
May
8

Resmin üzerine yazan
yada YAZI ile RESMi aynı
anda düşünen yazarların
en büyük üstadı William Blake
dir elbette. Onun gibi yazabilmek
ister miydim, bilmiyorum. Ama onun
gibi bütün ömrüm boyunca yazı ile
resmi aynı sayfada düşünen, ve
gören biri olmak isterdim.

MONDAY
May
9

Resim ile yazıyı aynı anda
düşünen çağdaşım ressamlar.
deyince aklıma şimdi Raymond
Pettibon ve Cy Twombly geliyor
Onlar gibi resmedebilmek isterdim, evet.
Hayır, hayır, kendim gibi resmetmek ister,
resme onlar gibi bütün bir ömür ver-
miş olmak isterdim. Kelimeler ve
resimleri aynı sayfada düşünerek.

SIEMPRE HAY UNA ISLA

Aquí crearás tu mundo y te creerás lejos de todos los males del mundo. No queremos ni oír hablar de que el mal pueda llegar a la isla. Cuando lleguen malas noticias, te taparás los oídos.

manchas cayendo
al azar

A lo lejos,
en el horizonte una isla,
y todo va bien

Cuando era niño, a veces a finales de verano soplaba el *lodos*.[48] Los barcos se quedaban en el puerto. Todo el mundo hablaba de tormentas y yo soñaba que duraban, para quedarnos aún más tiempo en la isla, aislados del mundo, sin tener que ir al colegio. El día del invierno de 1973 en que dejé mis estudios en la Universidad Técnica de Estambul, renunciando a hacerme ingeniero, me refugié en la isla de Burgaz.

acuérdate.

En Sedef fue
donde escribí la mayor
parte de
Me llamo Rojo

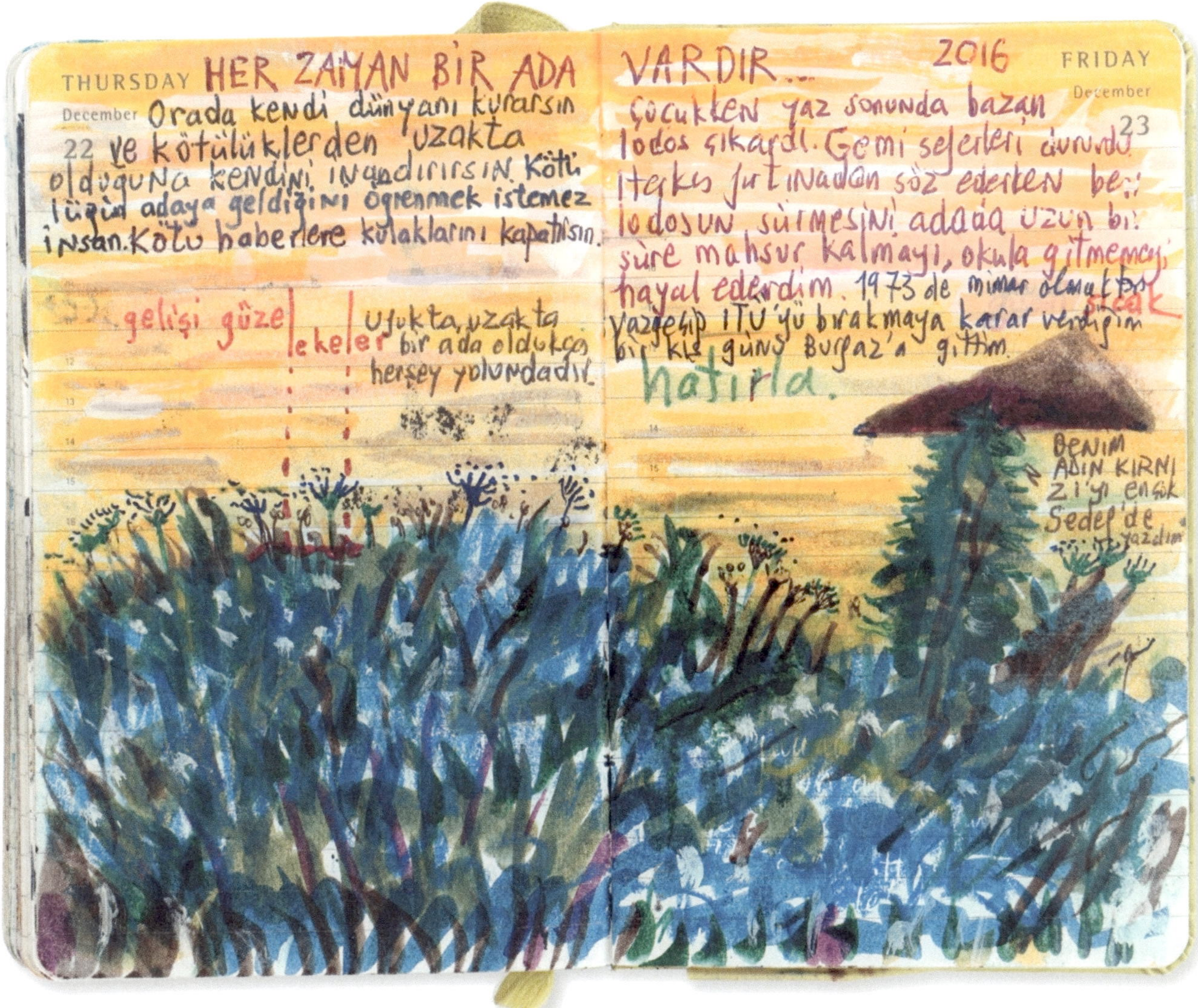
THURSDAY
HER ZAMAN BİR ADA
December
22
Orada kendi dünyanı kurarsın
ve kötülüklerden uzakta
olduğuna kendini inandırırsın. Kötü
adaya geldiğini öğrenmek istemez
insan. Kötü haberlere kulaklarını kapatırsın.
gelişi güzel
ekeler
uzakta, uzakta
bir ada oldukça
herşey yolundadır.
VARDIR...
2016
FRIDAY
December
23
Çocukken yaz sonunda bazan
lodos çıkardı. Gemi seferleri durunca
lodosun sürmesini adada uzun bir
süre mahsur kalmayı, okula gitmemeyi
hayal ederdim. 1973 de mimar olmaktan
vazgeçip İTÜ'yü bırakmaya karar verdiğim
bir kış günü Burgaz'a gittim.
sıcak
hatırla.
BENIM
ADIN KIRMIZI
Zİ'yı en çok
Sedef'de
yazdım

SIEMPRE SIEMPRE
SIEMPRE
THE MET
THE MET
THE MET
THE MET
THE MET

ENS. SUECO

siempre siempre

Gerhard Steidl[49]
(tarde)

montañas y paisajes

Fiesta

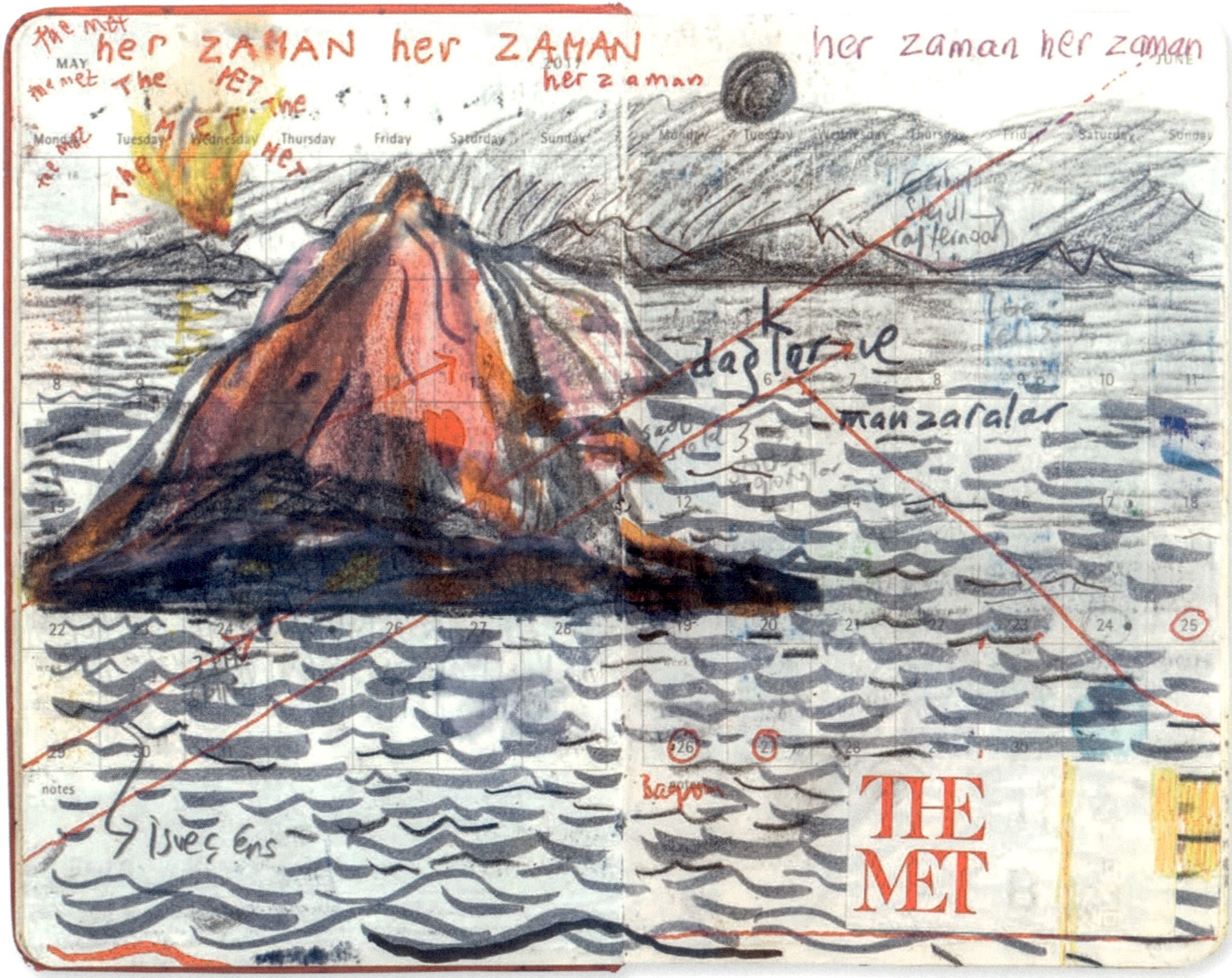
her ZAMAN her ZAMAN
her zaman her zaman
her zaman
manzaralar
THE MET

Cada vez me duele más el oído. Esta mañana, moral por los suelos. Con este dolor de oído, todas las cosas de la vida me parecen más dolorosas. Ayer, en la farmacia de Spetses, compré unas gotas y unos tapones de silicona para nadar. Me he metido los tapones en las orejas al entrar en el agua... He nadado bien. He continuado con el quinto capítulo del libro. He escrito la historia de las chicas que leen a Proust en la cola de matriculación en la universidad. En realidad, a quien leían era a mí, pero con Proust funciona mejor. Muy cansado al mediodía. He propuesto a Kiran[50] ir a dar un paseo en coche por la carretera de Ermioni. Estaba muy contento.

ERMIONI

en
la
carretera
de Ermioni,
los olivos, que
dibujo aquí, y
todo el resto me
recuerdan mi infancia
y las colinas de Bayramoğlu-
Gebze tal y como eran en otros
tiempos. Cigarras, bochorno de
agosto, carreteras vacías, lugares dormidos,
calor, por la noche cena en casa.

A las 8 h de la mañana he nadado con Kiran en alta mar. Luego he tratado de terminar el quinto capítulo del Norton, en vano. Anoche lo traduje al inglés para Kiran, frase por frase. Algunos pasajes son demasiado ligeros, otros demasiado personales. Desechadas dos páginas y vuelta a empezar. Por la noche, nerviosismo pensando en esas dos páginas. Romper páginas, una desgracia. Eso me recordó mi trabajo de novelista. Trabajando en el despacho, a veces me levanto para leer unas páginas de Calvino (*Seis propuestas para el próximo milenio*), Borges (*Obra poética*) y T. S. Eliot (*Selected Prose*). A las 11.35 h, mientras escribía, ruido de EXPLOSIÓN. A Kiran, mientras intentaba quitarle la envoltura de plástico a una botella de limonada, por poco le explota en la cara. La he consolado en la habitación de arriba. Tiene una pequeña herida en la nariz. Nos metemos en el mar, los tapones en los oídos. El capítulo no está terminado. El dolor en el oído ha disminuido un poco, pero tengo que ver a un médico. Ocho menos diez de la tarde. Al extenderme la receta me pregunta mi nombre. Sabe quién soy; le digo que Stella es mi traductora. Regreso de Kranidi a Porto Heli, como un regreso de Bayramoğlu a Gebze. He comprado más suero y tapones en Porto Heli. Luego sardinas con alcaparras en una buena taberna.

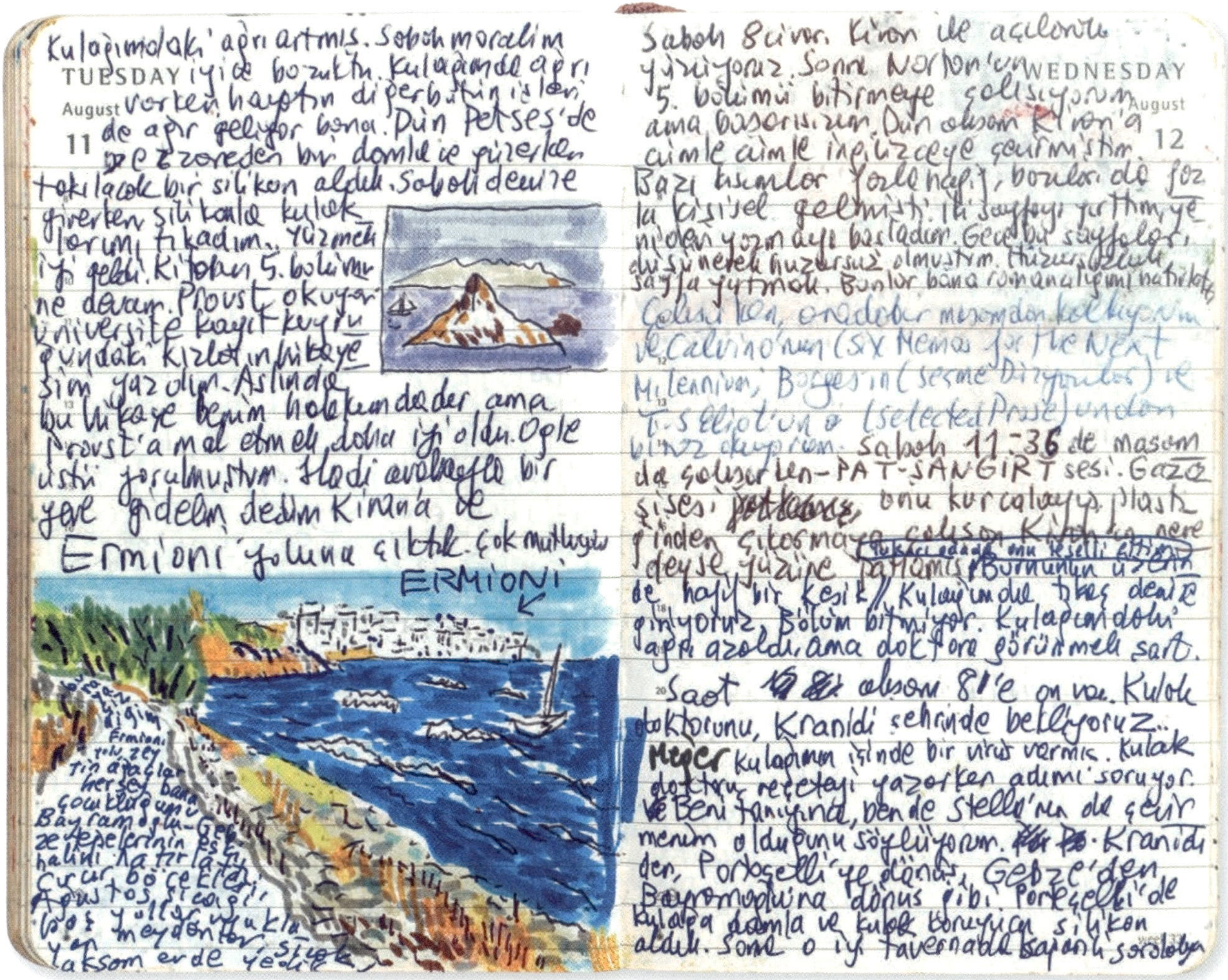

TUESDAY August 11

Kulağımdaki ağrı artmış. Sabah moralim iyice bozuktu. Kulağımda ağrı varken hayatın diğer bütün işleri de ağır geliyor bana. Dün Petses'de eczaneden bir damla ve yüzerken takılacak bir silikon aldık. Sabah denize girerken silikonla kulaklarımı tıkadım. Yüzmek iyi geldi. Kitabın 5. bölümüne devam. Proust okuyarak üniversite kayıt kuyruğundaki kızların hikâyesini yazdım. Aslında bu hikâye benim kafamda da var ama Proust'a mal etmek daha iyi oldu. Öğleüstü yorulmuştum. Hadi arabayla bir yere gidelim dedim Kiran'a ve Ermioni yoluna çıktık. Çok mutluyum

Ermioni yolu zeytin ağaçlar herşey bana çocukluğumu Bayramoğlu-Gebze tepelerinin eski halini hatırlattı. Cırcır böcekleri, Ağustos sıcağı, boş yollar, uzaklarda meydanlar. Akşam erde yedik

WEDNESDAY August 12

Sabah 8 civarı Kiran ile açıklarda yüzüyoruz. Sonra Norton'un 5. bölümünü bitirmeye çalışıyorum ama başarısızım. Dün akşam Kiran'a cümle cümle İngilizceye çevirmiştim. Bazı kısımlar [illegible], bunlar da fazla kişisel gelmişti. İki sayfayı yırttım, yeniden yazmaya başladım. Gece bu sayfaları düşünerek huzursuz olmuştum. Huzursuzluk, sayfa yırtmak. Bunlar bana romancılığımı hatırlatıyor. Çalışırken, arada bir masamdan kalkıyorum ve Calvino'nun (Six Memos for the Next Millennium), Borges'in (Seçme Denemeler) ve T. S. Eliot'un (Selected Prose) undan birkaç okuyorum. Sabah 11:36'da masamda çalışırken — PAT-ŞANGIRT sesi. Gazoz şişesi ~~patlamış~~, onu kurcalayıp plastiğinden çıkarmaya çalışan Kiran'ın nere deyse yüzüne patlamış. Burnunun üzerinde hafif bir kesik // Kulağımda tıkaç denize giriyoruz. Bölüm bitmiyor. Kulağımdaki ağrı azaldı, ama doktora görünmek şart.

Saat ~~[illegible]~~ akşam 8'e on var. Kulak doktorunu, Kranidi şehrinde bekliyoruz... Meğer kulağımın içinde bir virüs varmış. Kulak doktoru reçeteyi yazarken adımı soruyor ve Beni tanıyınca, ben de Stella'nın da çevirmenim olduğunu söylüyorum. ~~[illegible]~~ Kranidi'den, Portoşelli'ye dönüş, Gebze'den Bayramoğlu'na dönüş gibi. Portoşelli'de kulağa damla ve kulak koruyucu silikon aldık. Sonra o iyi tavernada kaşarlı sarılıya

Escribir novelas y en estos cuadernos no deja tiempo para pensar en la vida.

estrellas

La mayor felicidad es olvidarse
en una novela. Vivir permanentemente con
sus personajes. Estoy muy contento de
mi novela.

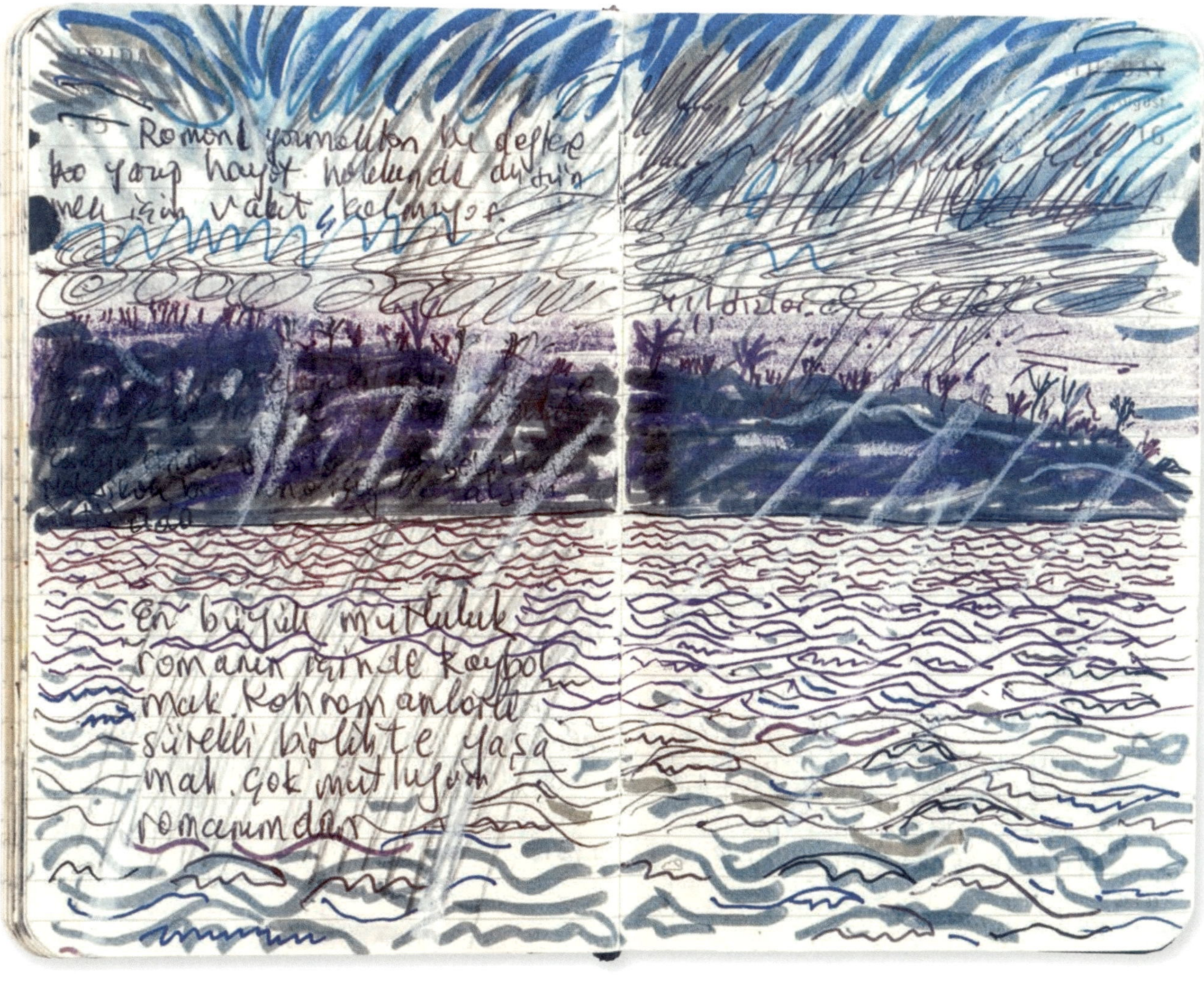
En büyük mutluluk
romanın içinde kaybol
mak kahramanlarla
sürekli birlikte yaşa
mak. Çok mutluyum
romanımdan

el arroyo va, fluye
como un mar
acercándose a las aguas sombrías

Noche densidad. Río oscuridad
Veo la noche en mí

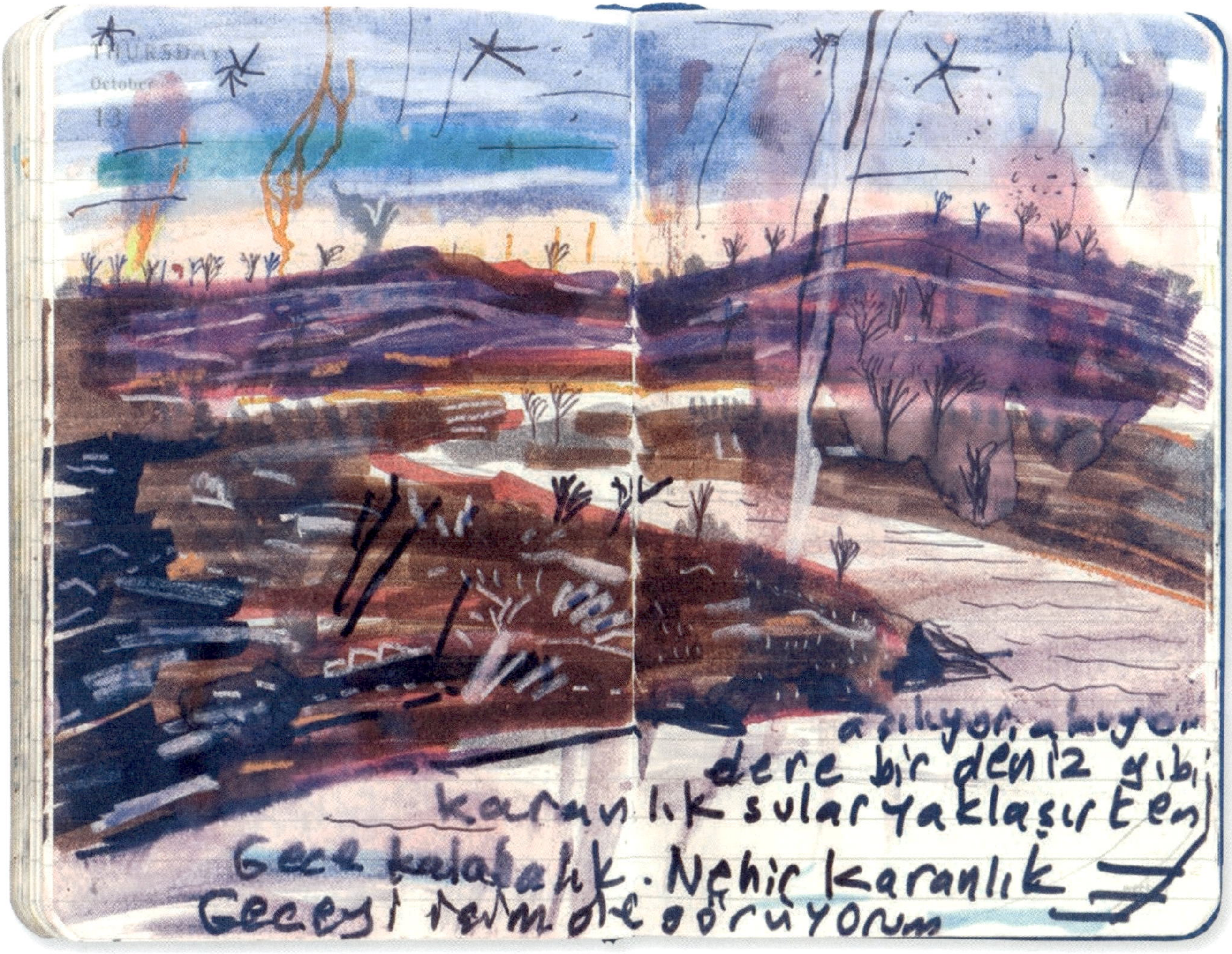
THURSDAY
October
13
dere bir deniz gibi
karanlık sular yaklaşırken
Gece kalabalık. Nehir karanlık

la ciudad ideal

EN URBINO PENSÉ EN LAS NOCHES DE LA PESTE. EN LOS MOMENTOS MÁS PRÓSPEROS DE SU HISTORIA, LA CIUDADELA DE URBINO TENÍA CERCA DE 5.000 HABITANTES. MI FORTALEZA DE LA PESTE DEBE SER UN LUGAR COMO ESE. En mi fortaleza, católicos cuya presencia se remonta a la época de los cruzados, un equipo de arqueólogos; un jeque, sus fieles y el hijo joven-turco; ferroviarios y obreros. Debo ESCRIBIR partiendo de este lugar deseado más que ningún otro...

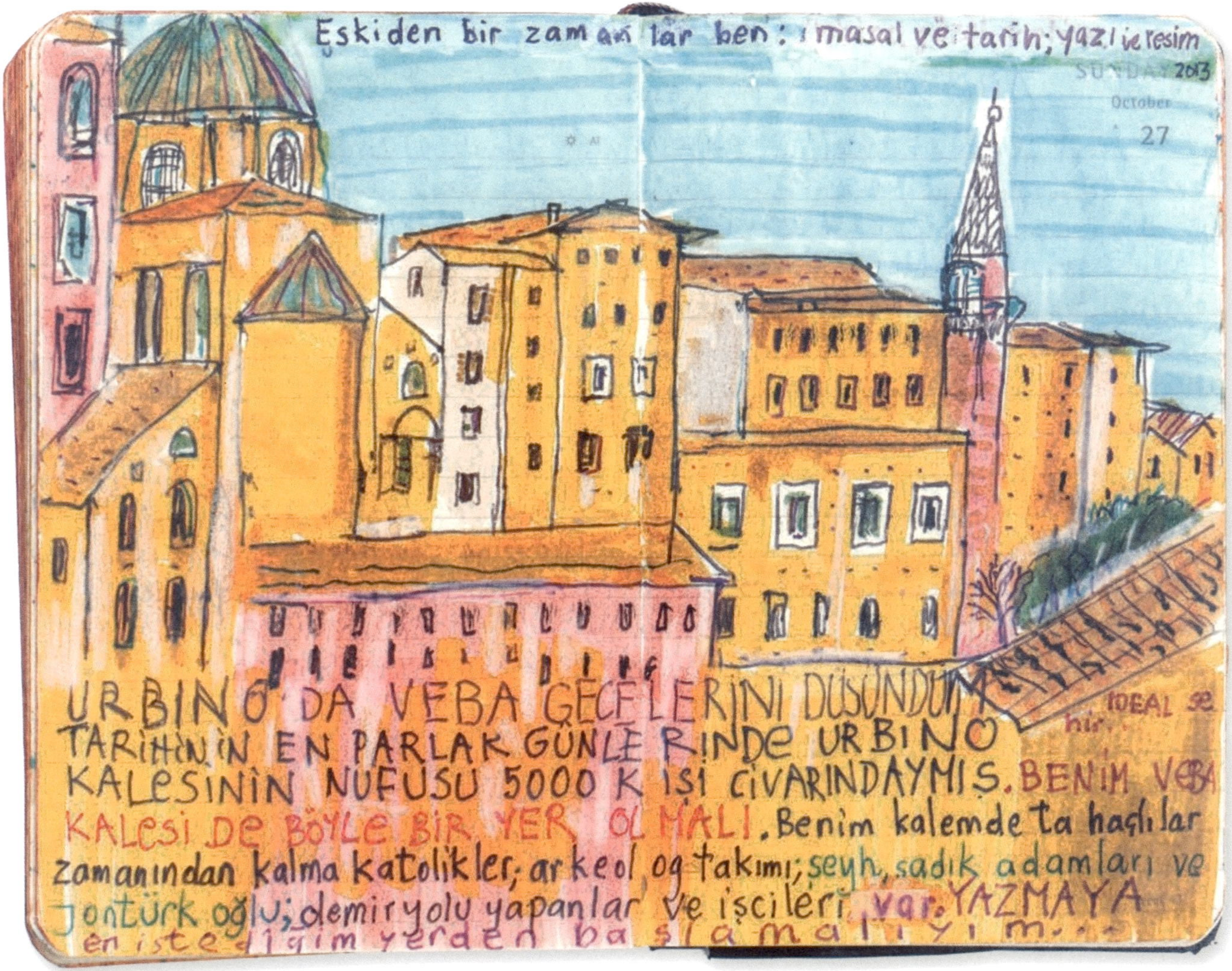
Eskiden bir zamanlar ben: masal ve tarih; yazı ve resim
SUNDAY 2013
October
27
URBINO'DA VEBA GECELERİNİ DÜŞÜNDÜM
TARİHİNİN EN PARLAK GÜNLERİNDE URBİNO
KALESİNİN NÜFUSU 5000 KİŞİ CİVARINDAYMIŞ. BENİM VEBA
KALESİ DE BÖYLE BİR YER OLMALI. Benim kalemde ta haçlılar
zamanından kalma katolikler; arkeolog takımı; şeyh, sadık adamları ve
jöntürk oğlu; demiryolu yapanlar ve işçileri var. YAZMAYA
en istediğim yerden başlamalıyım...
IDEAL şehir

2014

sentí que este podría
ser el modelo - fantasía de
LAS NOCHES DE LA PESTE

de noche esto será
un lugar completamente diferente

como si este lugar no fuera real
y lo hubiera imaginado para *Las noches de la peste*

MANTUA
PALACIO DUCAL

el universo estaba muy tranquilo

todos todos
nosotros estábamos sentados allí

la plaza silenciosa

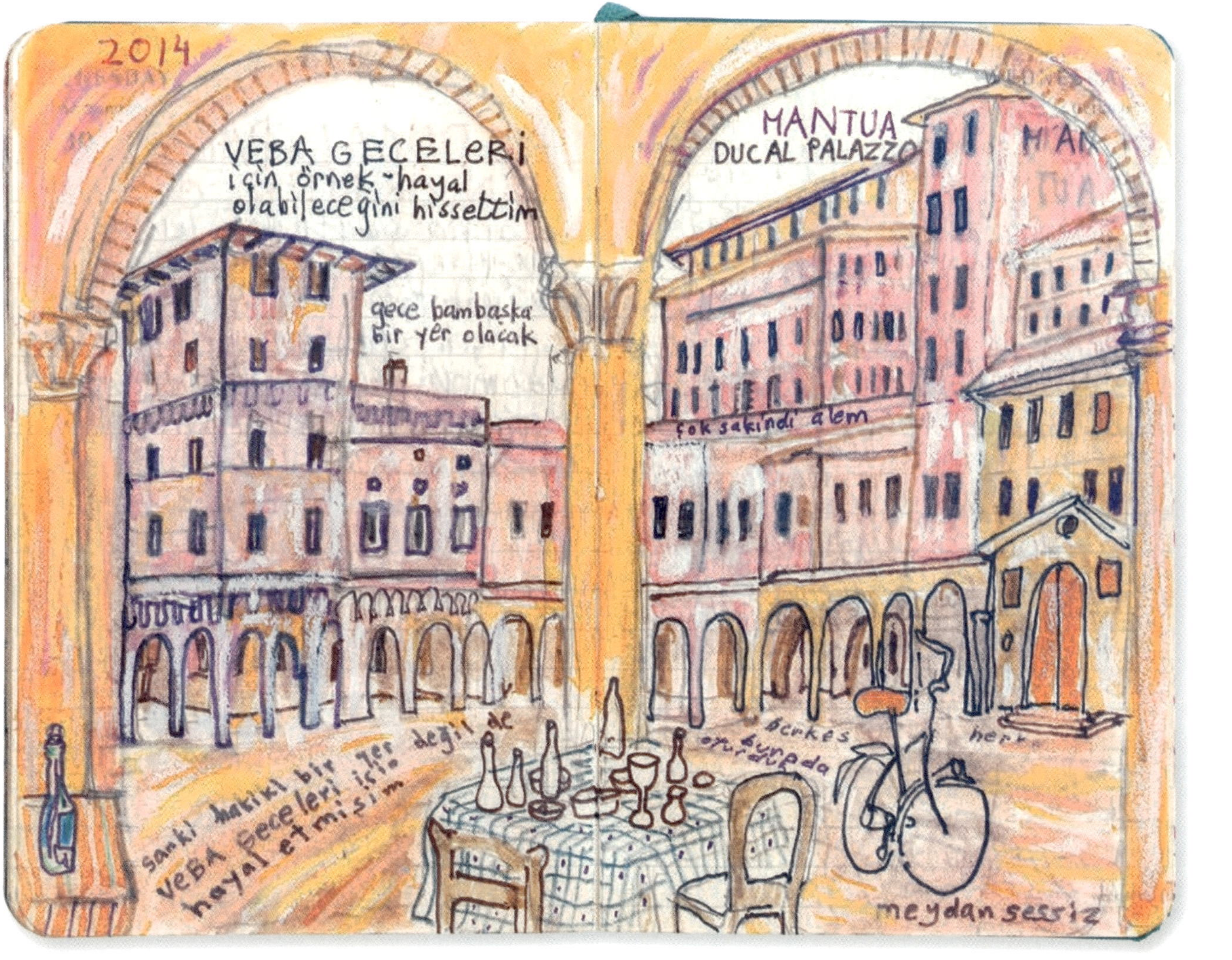
2014
VEBA GECELERi
için örnek-hayal
olabileceğini hissettim
gece bambaşka
bir yer olacak
MANTUA
DUCAL PALAZZO
çok sakindi alem
sanki hakiki bir yer değil de
VEBA geceleri için
hayal etmişim
meydan sessiz

dos monos

Impresiones de Amber. Imagino que *Las noches de la peste* ocurren en un fuerte como este, medio real, medio ficticio. Cuando llego a un lugar como el fuerte de Amber, mi «imaginación romántica» enseguida transforma los lugares en escena novelesca y me siento entusiasmado.

Deambulando por el fuerte de Amber, pienso en *Las noches de la peste*, en el personaje de un ciego y en un cojo. Acechando los pasillos de la fortaleza, el ciego se dedicará a medirlo todo, a encontrar el sitio de cada lugar, y mentalmente dibujará el plano del laberinto, que nosotros también veremos.

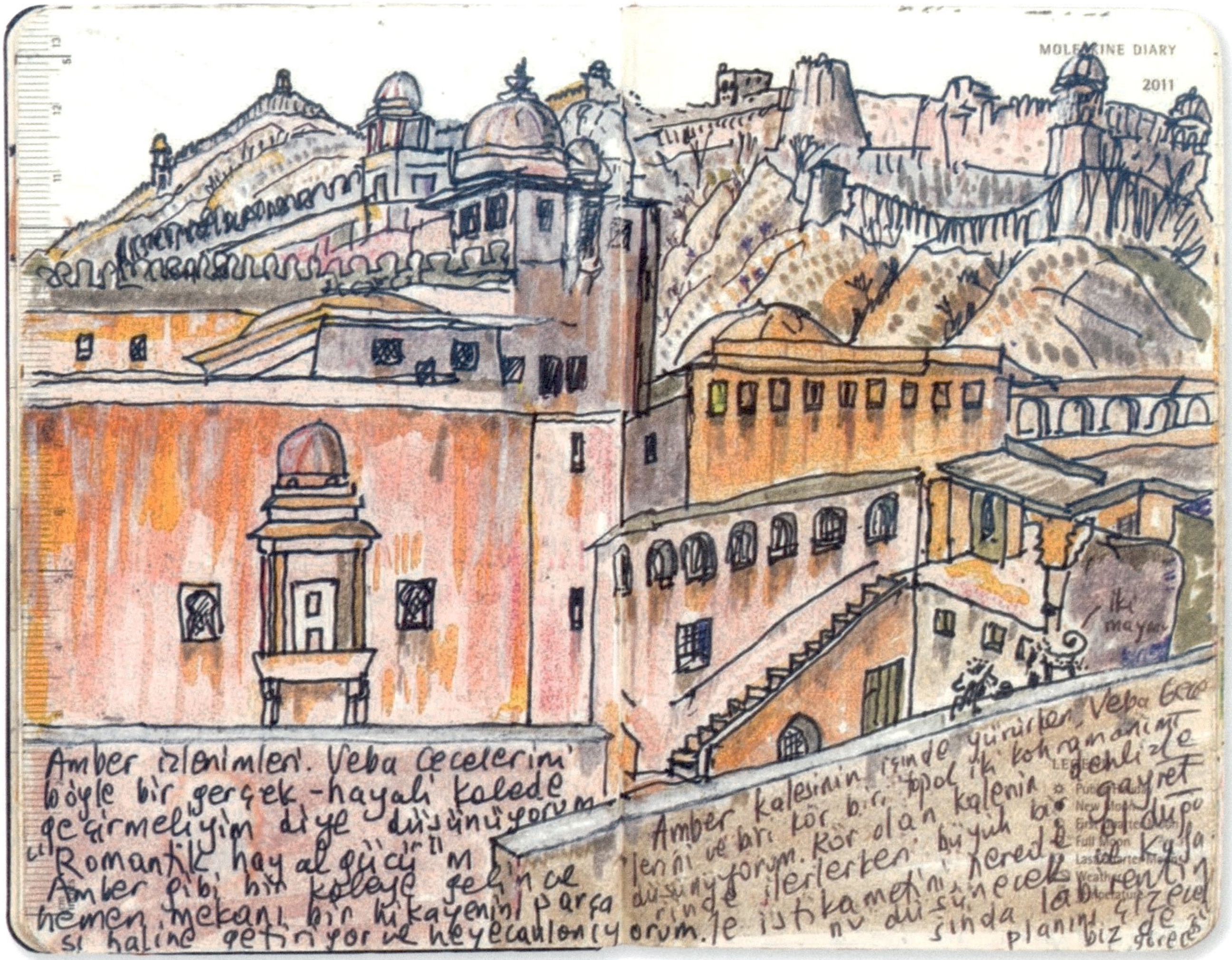
MOLESKINE DIARY
2011
Amber izlenimleri. Veba gecelerini
böyle bir gerçek-hayali kalede
geçirmeliyim diye düşünüyorum.
"Romantik hayal gücü" m
Amber gibi bir kaleye gelince
hemen mekanı bir hikayenin parça
sı haline getiriyor ve heyecanlanıyorum.

BOMBAY: mañana, hotel Taj, Kiran y yo compartimos chismes mientras desayunamos junto a la piscina. Tiempo húmedo, columnas, piscinas, palmeras y felicidad. He bebido un zumo de mango. // Kiran ha vuelto a subir. Yo pienso, solo. Hacer ese museo era una buena idea. Obviamente, también tengo que hacer BARCELONA. A las 10 h empieza la entrevista en la parte histórica del hotel. 2.30 h de entrevista con los tres periódicos indios más importantes, *Hindustan Times, The Hindi,* etc. De vuelta en la habitación, me acosté en la cama para añadir una página al prefacio de *Rojo*. Kiran escribe su novela. Del exterior nos llegan el aire, el olor, el sonido de Bombay. A las 14 h pasa Jerry a recogernos, nos lleva a ver las callejuelas, los barrios antiguos, una cisterna enorme, etc. Visita a un librero de viejo. Todos los volúmenes de la Everyman's Library, entre el olor de polvo y moho. Por la noche, la invitación a cenar en casa de Hurshid no llega, pierdo los nervios y me enfurezco, exactamente igual que en Barcelona.

comida

Nos detenemos en medio de un desierto: mercado de camellos. Las tribus han traído a sus bestias y las venden aquí, en este espacio interminable... Mientras el coche atraviesa el desierto, leo *Sobre poesía ingenua y poesía sentimental* de Schiller... Inmensidad del desierto... Por la noche, 65 kilómetros al sur de Jodhpur, en los alrededores del divertido pabellón de caza construido en 1930 por el rajá Umaid, cuyo gran palacio no pudimos visitar, un lago lleno de pelícanos y de pájaros de cuento con largas patas finas, ornados de extraños colores al atardecer. Años que no disfrutaba de semejante silencio. Se puede oír la charla de dos personas a varios kilómetros de distancia. Me asusta imaginar la infinidad de los planetas, todas las criaturas de este mundo, insectos, aves... Saber tan vasto el universo... Luego, sobre las aguas del lago aparece una delicada luna-estrella...

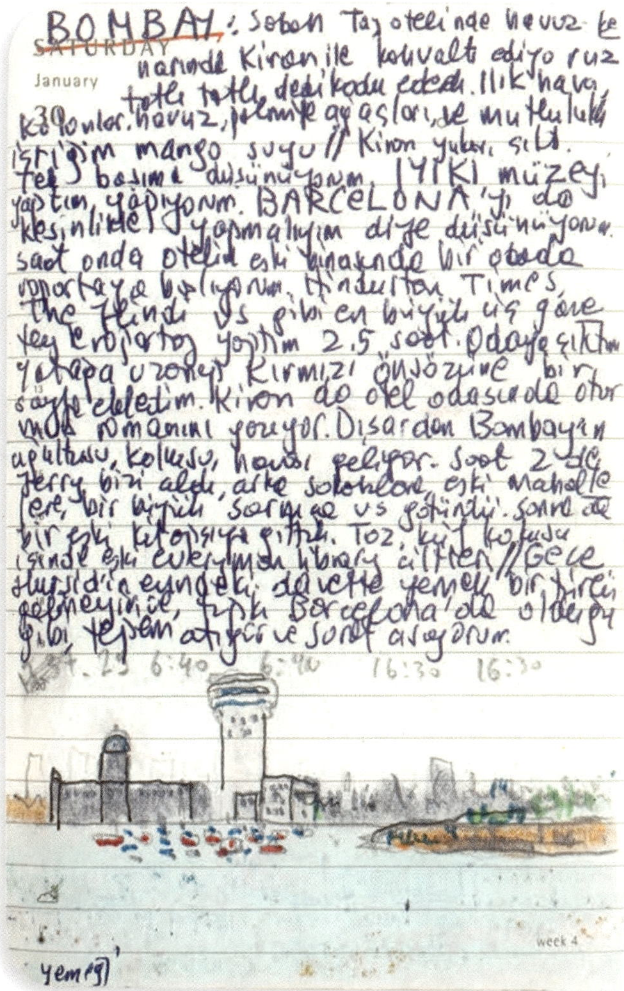

BOMBAY: Sabah Taj otelinde havuz kenarında Kiran ile kahvaltı ediyoruz tatlı tatlı dedikodu ederek. Ilık hava, kolonlar, havuz, palmiye ağaçları, ve mutluluk içtiğim mango suyu // Kiran yukarı çıktı. Tek başıma düşünüyorum. İYİKİ müzeyi yaptım, yapıyorum. BARCELONA'yı da kesinlikle yapmalıyım diye düşünüyorum. Saat onda otelin eski binasında bir odada röportaja başlıyorum. Hindustan Times, The Hindu vs gibi en büyük üç gazeteye röportaj yaptım 2.5 saat. Odaya çıktım yatağa uzanıp Kırmızı önsözüne bir sayfa ekledim. Kiran da otel odasında oturup romanını yazıyor. Dışardan Bombay'ın uğultusu, kokusu, havası geliyor. Saat 2'de Jerry bizi aldı, arka sokaklar, eski mahalleler, bir büyük sergi vs götürdü. Sonra da bir eski kitapçıya gittik. Toz, küf kokusu içinde eski Everyman's library ciltleri // Gece [illegible] evindeki davette yemek bir türlü gelmeyince, tıpkı Barcelona'da olduğu gibi [illegible] ve [illegible] arıyorum.

SATURDAY

January

30

6:40 6:40 16:30 16:30

week 4

yemeği

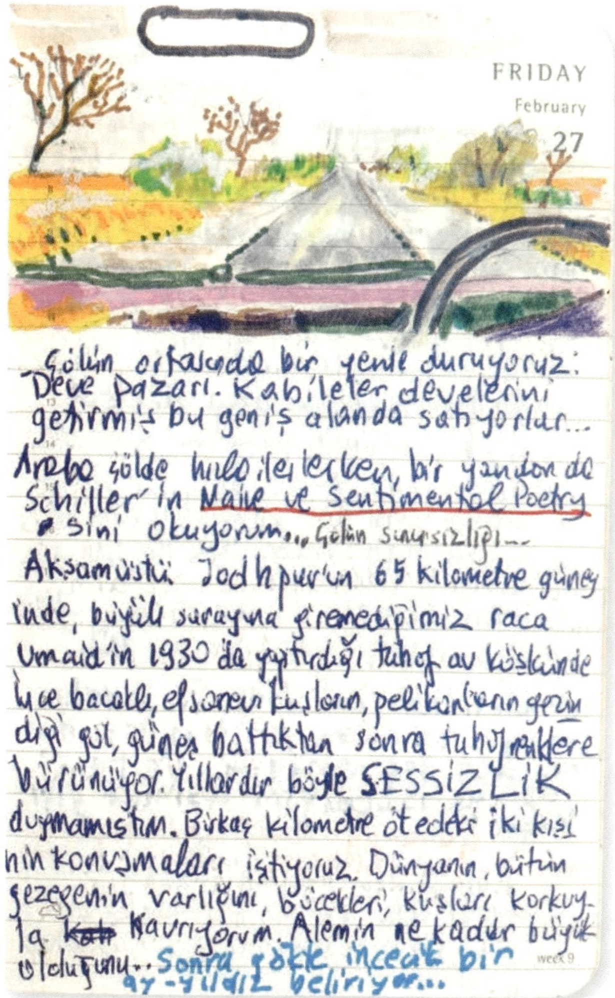

FRIDAY

February

27

Gölün ortasında bir yerde duruyoruz: Deve pazarı. Kabileler develerini getirmiş bu geniş alanda satıyorlar... Araba gölde ilerlerken, bir yandan da Schiller'in Naive ve Sentimental Poetry'sini okuyorum... Gölün sınırsızlığı... Akşamüstü Jodhpur'un 65 kilometre güneyinde, büyük sarayına giremediğimiz raca Umaid'in 1930'da yaptırdığı tuhaf av köşkünde ince bacaklı, efsanevi kuşların, pelikanların gezindiği göl, güneş battıktan sonra tuhaf renklere bürünüyor. Yıllardır böyle SESSİZLİK duymamıştım. Birkaç kilometre ötedeki iki kişinin konuşmalarını işitiyoruz. Dünyanın, bütün gezegenin varlığını, böcekleri, kuşları korkuyla ~~kat~~ kavrıyorum. Alemin ne kadar büyük olduğunu... Sonra gökte incecik bir ay-yıldız beliriyor...

week 9

¡Agra! Placer de deambular por las callejuelas... Elaboramos complejas estrategias para escapar de los guías y los insistentes vendedores... En el Taj Mahal. Algunas notas: luz sombría. Elegancia. Con lo que debía fantasear Kemal era con el Taj Mahal. Impresionado, penetrado por el poder y la finura del edificio... Tiempo brumoso. Mayoría de turistas locales... La famosa historia de amor habría sido exagerada por pudor, para escondernos a nosotros, los hombres de hoy, la naturaleza megalómana de este delirio arquitectónico. El Taj Mahal sigue siendo una joya absolutamente original, incomparable. Orgullo de todo un continente. ¡Humildad ante tanta grandeza! Placer de la mirada. Nos acercamos lentamente, respetuosamente.

Por la tarde, nos paseamos por el fuerte de Agra. Vista del Taj Mahal a lo lejos. La luz del atardecer, rosa y naranja. ¡Cómo se parece el fuerte de Agra al palacio de Topkapı, con sus rincones secretos, el harén, las salas del Diván! Quedamos asombrados por el increíble poder de los hijos de Akbar. Todo ese poder y esa riqueza, comparados con la miseria y el caos de las calles que acabamos de visitar... Pensamiento en la HABITACIÓN DEL HOTEL: Mevlut puede ser tan filósofo como el Pierre de *Guerra y paz*, tan extraño, surrealista y simbólico como Alicia. Hace tres, cuatro días, en Jaipur, dije «Mis libros están traducidos en 58 idiomas, pero lo más difícil fue publicar el primero en Turquía». Drama enteramente consciente del joven escritor ambicioso que era yo. Pero, en Turquía, la prensa sensacionalista y otros periodicuchos de la derecha lo han convertido en «No logro publicar mis libros en mi país», y eso se ha convertido en quejas, amonestaciones... Ya estoy acostumbrado...

estas formas octogonales son mucho menos frecuentes en el mundo otomano

A Kiran le prometí que en Goa no leería la prensa turca. // Visita al colosal mausoleo de Akbar, junto a Agra. Grandeza, amplitud, serenidad. Las cerámicas, los motivos en las paredes, los inmensos pórticos que recuerdan a Isfahán... En el exterior, incesante bullicio de las motocicletas y los atascos de tráfico de Agra. // Seguimos hacia Delhi. Ahora, a 100 km de Delhi, esperamos en el coche junto a la carretera, en el aparcamiento de un restaurante para turistas. Nuestro conductor ha ido a tomar un té. // Llegada a Delhi a las 17 h Bajamos en el hotel Taj Mahal, cerca del barrio donde Kiran pasó su infancia. A lo lejos, el Parlamento, las torres de los edificios del gobierno. Niebla, smog, mucha contaminación. Es el frío lo que me hace toser, no sé nada. // Los periódicos hablan de manifestaciones contra el poder en Túnez y en El Cairo. La llegada de la democracia al mundo musulmán es una noticia maravillosa, pero se teme que las dictaduras seculares y prooccidentales se conviertan en dictaduras islámicas... // He leído luego el *Herald Tribune* y el *NY Times*... Incluso allí escriben que los rebeldes que invaden las calles no son islamistas, sino jóvenes sin vínculos con la política. Tengo tantos deseos de que la democracia se instale en Túnez, en Egipto, en todo el mundo musulmán... Imposible, sin embargo, no temer que la legítima rebelión del pueblo pueda acabar abriendo paso a una nueva dictadura... Ya veremos. Los ataques continúan. Según una pequeña web. Esta información falsa, extremadamente engañosa de principio a fin, ha excitado a los fascistas turcos. En la web de *Hürriyet* se escriben porquerías como que yo, para vender mis libros, habría vendido la patria. Eso me ha arruinado la velada, me ha tocado emborracharme de vino para olvidar mi cabreo y mi dolor.

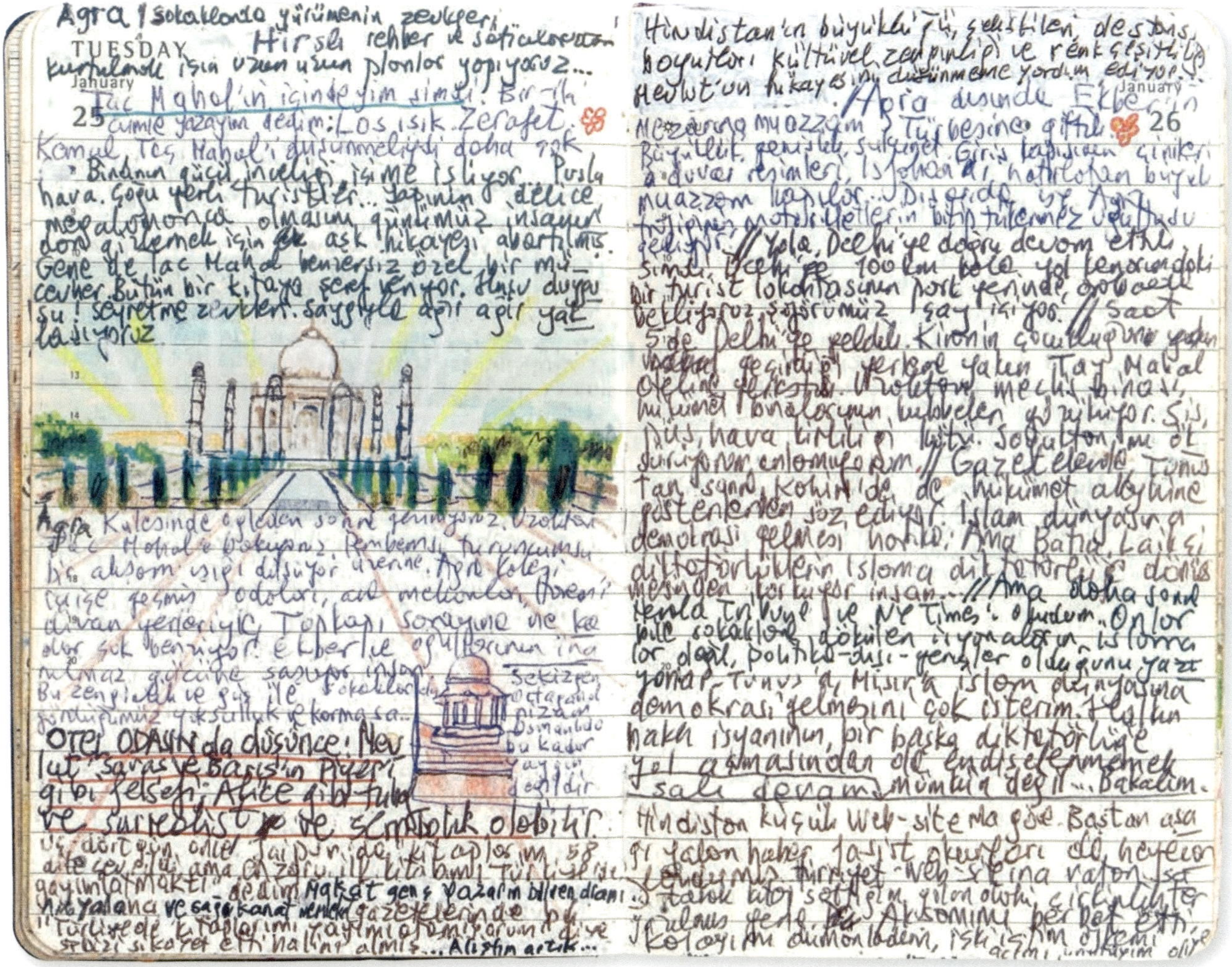
TUESDAY
January
25
January
26

De pie a las 9.15 h. Tremendamente tarde. A las 10 h estaba en la carpa del festival. Discurso de apertura, políticos. Los que se embriagan del placer de disertar, los que piden que les dediques el libro mirando por el rabillo del ojo... Sheldon Pollock, de Columbia, editor de la biblioteca de los clásicos indios. Mi concepción de los clásicos no coincide con la de Sainte-Beuve o la de T. S. Eliot; es otra cosa. Contento de que Sheldon haya sacado el tema. «Preservar los clásicos como las lenguas muertas es, en efecto, necesario; pero los clásicos no solo deben existir en los museos, también en la calle», le he dicho yo. Sheldon responde que no debemos preservar los clásicos y los grandes textos olvidados en función de o debido a su «universalidad» (Sainte-Beuve, T.S. Eliot), sino por otras razones, a saber:
1. Los clásicos nos recuerdan que hay diferentes formas de ser humano (*Different ways of being human*, es la expresión que utilizó).
2. Otros estilos - otras bellezas. (*Possibility of a new type of beauty* / «La posibilidad de un nuevo tipo de belleza», ha sido su expresión). Los pretextos utilitaristas aducidos por Sheldon para defender los clásicos son... inteligibles, eso es cierto, y siempre serán mejores que la teoría de la «universalidad», como en T. S. Eliot. ¡Pero siguen siendo «utilitaristas»! Por mi parte, creo que a los clásicos no los leemos porque sean útiles, sino para experimentar una sensación de continuidad con la poesía, las obras y los objetos del pasado. Notas para un artículo sobre razones para leer a los clásicos... este debe ser el título. // La entrevista de prensa de las 11 h ha ido bien... La gente es cordial, sincera. // Ha llegado Kiran, he hecho una entrevista para la televisión con Sunil Sethi. Fotos de Kiran y yo publicadas en la portada del *Times of India*. // Grupos que protestan contra mi viaje a Sri Lanka... Y eso que hace mucho que decidí no ir. El caso aparece hasta en la prensa turca. He pedido a İletişim y a Penguin que hagan algún tipo de aclaración. ¡Por la tarde, paseo por el feo palacio del rajá! Regreso al hotel. Ganas de estar solo y de escribir mi novela.

Anoche en la cena, en el hotel Rambagh, Kiran y yo conocimos a Coetzee y a su esposa. Esta mañana en el desayuno hemos vuelto a encontrarnos. Me gustan sus novelas y así se lo he dicho. Los periódicos no hablan más que del festival. Ningunas ganas de enterarme de los chismes ni de hablar de clásicos con John Makinson.[51] Kiran ha participado en un coloquio. Acomodado en el balcón del hotel, trato de volver a una novela que no he tocado desde el 12 de diciembre, hace unos cuarenta días. La prensa ha señalado que no hemos ido a Sri Lanka. La novela, la novela, no pienso en otra cosa. Kiran de regreso al mediodía, conversaciones durante el almuerzo: acuerdo con John Makinson sobre la colaboración entre Penguin y İletişim para los clásicos. En abril hablaré con Asuman... // Luego, a las 15 h, cita en el palacio, en la carpa del festival. He escuchado a Kiran. Luego me ha tocado a mí exponer mis ideas, en un coloquio titulado «Out of West».

Amber - el Diván

La idea era preguntarse por la posición de los escritores no occidentales, o no completamente occidentales. Nada bien. Demasiada pedantería en las preguntas. Lástima. Mucha gente. Luego he firmado mis libros durante una hora a una multitud que nunca terminaba. He sentido una extraña culpabilidad por todas estas personas, el excesivo apetito de los lectores, la prensa... No lo niego, ese interés me halaga, amo a esa gente, me gusta ser amado por ellos, pero al mismo tiempo esta responsabilidad me asusta, me siento culpable. He trabado amistad con la escritora nigeriana Chimamanda y con su marido. Una mujer inteligente, llena de confianza en sí misma. Multitudes, prensa, periodistas, dedicatorias, toda esa atención ruidosa: suficiente para matar mi novela. Y sin embargo amo la India, estoy muy contento de que aquí me quieran...

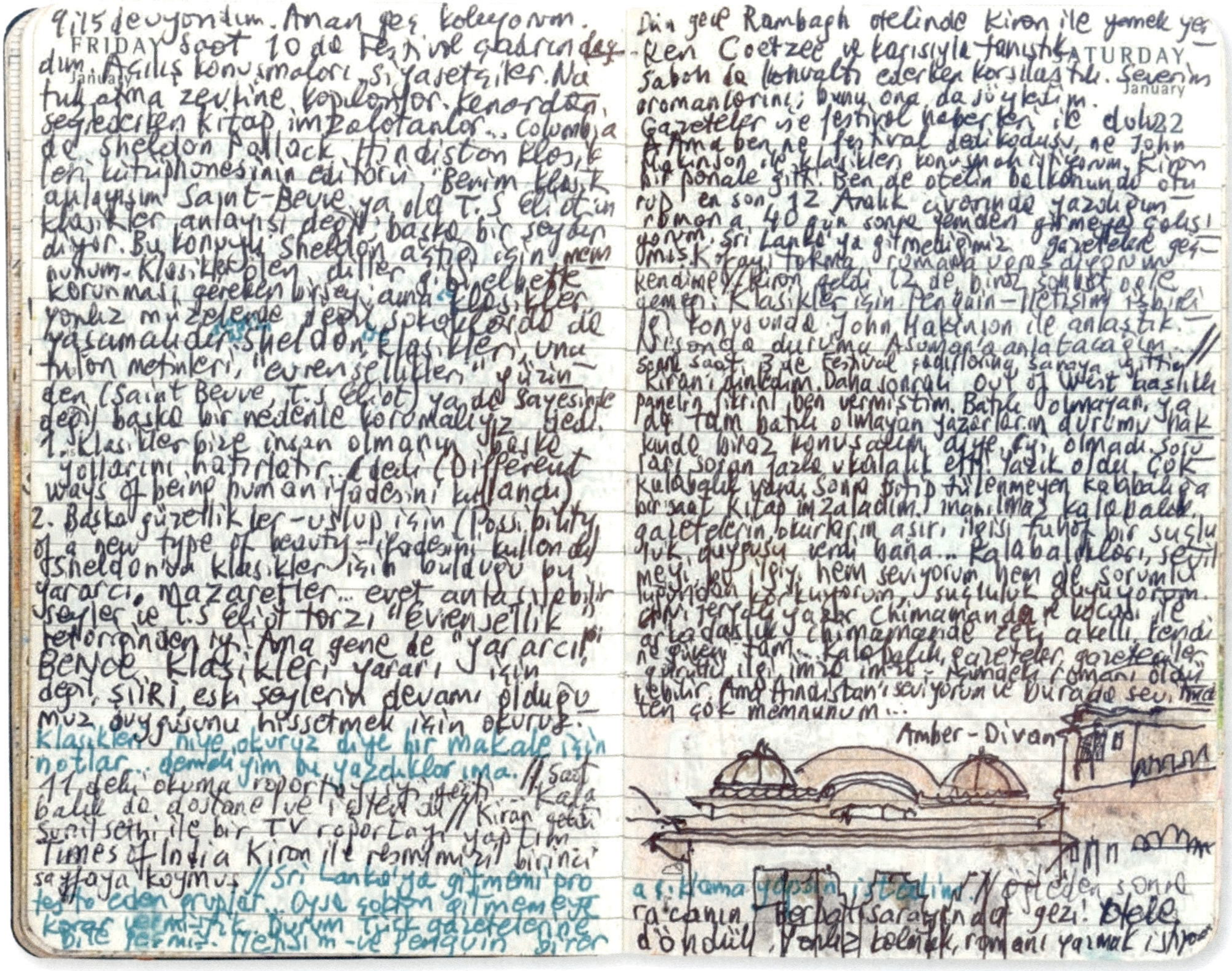
FRIDAY
January
SATURDAY
January

INDIA

Pero esta vez aún

Panorama desde el fuerte de Jaigarh. Mi imaginación ebria de la vista, de los fuertes, de las montañas que rodean a Jaipur-Amber: me gustaría mezclarme con este paisaje. Por eso quiero escribir una novela como *Las noches de la peste*, que tiene lugar en un paisaje de este tipo, real o imaginario...

Primero los libros cobran vida ante mis ojos gracias a una imagen, una escena. No puedo imaginar otro tipo de novelas... Debo descubrir lugares y paisajes que harán trabajar mi fantasía. Una vez ante el paisaje, el proceso de fusión entre la novela que deseo escribir y la vista que se me ofrece se pone en marcha por sí solo. No es algo que funcione en cualquier lugar. Algunos paisajes solo me dan ganas de dibujarlos.

Trozo de las escenas
que tendrán lugar
en estos paisajes

En los laberintos de la fortaleza

2011

Lejos de todo el mundo

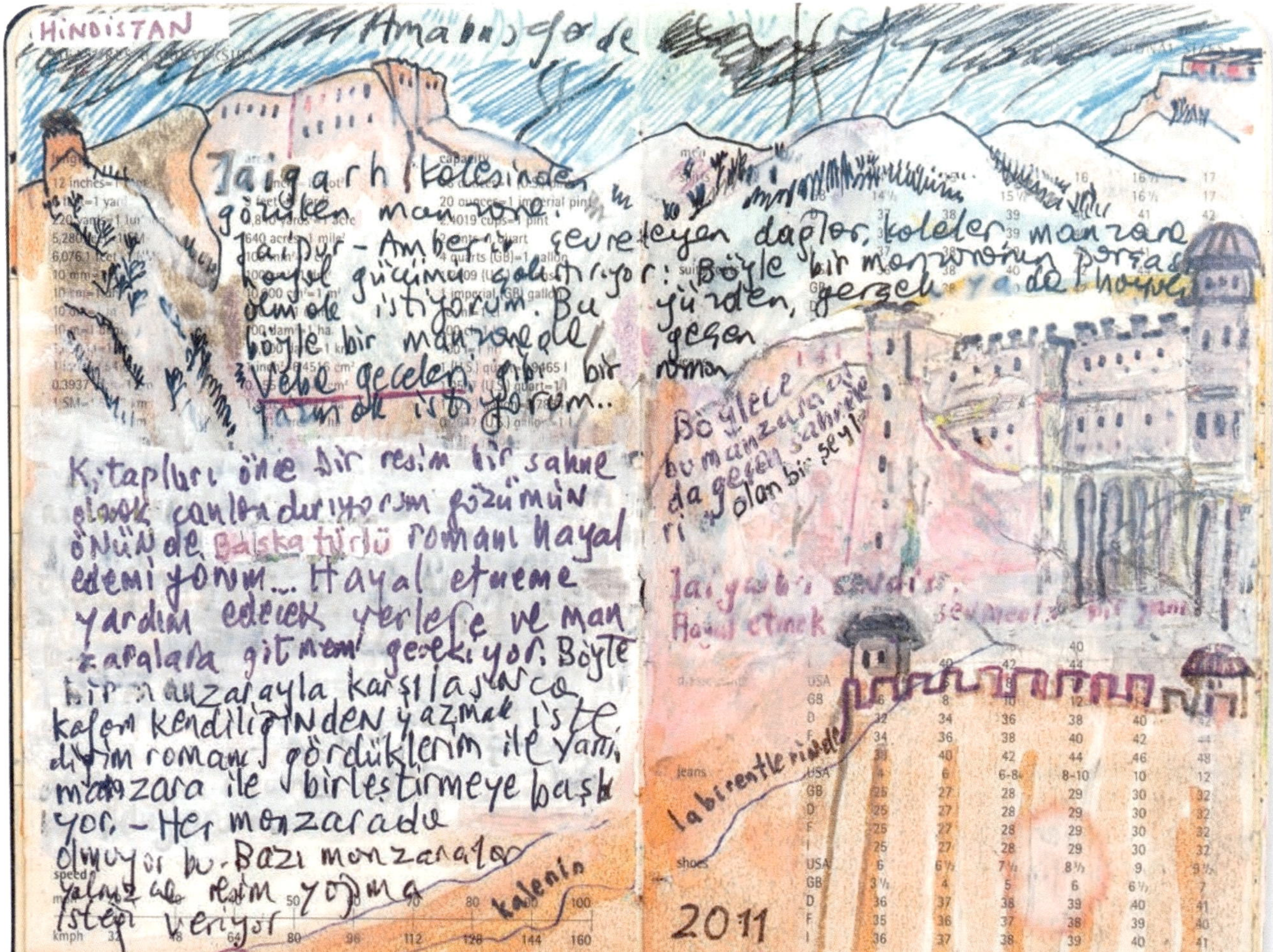
HINDISTAN
2011
Bütün dünyadan uzakta

Hemos salido del hotel a última hora de la mañana, y me he olvidado la cámara de fotos. De regreso en el fuerte de Amber, hace ocho años ya estuve aquí. Las grandes salas del Diván típicas de la tradición mogol, otomano-persa (Irán); las puertas pintadas; ¡el jardín interior! Como en la Alhambra, hay un estanque pequeño; sonido de la fuente, murmullo del agua que corre. // La razón de la felicidad que siento en el laberinto del palacio de Amber: ¡si lo hubiera sabido! Galerías, escaleras, salas, cúpulas, columnas, todo parece resucitar una memoria profundamente enterrada. Si imagino una novela como *Las noches de la peste*, es un lugar como este, la imbricación de las habitaciones del palacio, del Diván, del harén, etc., etc., ¡que tendría que inventarme hasta el mínimo detalle! Ojalá no hubiera olvidado la cámara... no tendría tantos remordimientos. Las galerías interiores, las ventanas traseras, las escaleras estrechas... Ah, no hay duda de que tengo que escribir esa novela de *Las noches de la peste*. Puede que lo mejor sea trasladar la acción y el castillo a Minghérie.[52] Y quizá también aprenderse de memoria el laberinto del fuerte de Amber... Luego hemos vuelto al hotel, donde hemos cenado con Coetzee y Roberto Calasso. Ya he escrito en otra parte sobre Coetzee.

Otro título para *Las noches de la peste* podría ser LA CURIOSIDAD DE LOS CIEGOS. En inglés *The Curiosity of the Blind...*

Estoy en Fatehpur Sikri. Magnífica. Para llorar. Sueño con situar aquí *Las noches de la peste*. He tomado fotos. A eso de las 16 h, entramos en esta ciudad fantasma (discusión en Jaipur entre el conductor y unos comerciantes, cuatro horas para llegar), y durante dos horas he tomado cientos de fotos, qué inmensa felicidad. Antes de eso, paseo por el patio de la mezquita, que se parece mucho a la Gran Mezquita de Delhi. Akbar hizo construir la ciudad en quince años, entre 1569 y 1585, para luego abandonarla casi enseguida, sin llegar jamás a vivir en ella, o casi. El misterio que rodea a los motivos de semejante abandono podría trasladarse a *Las noches de la peste*. Hemos estado deambulando, en una especie de embriaguez, por este lugar que me tiene obsesionado desde la primera vez que vine a la India, y que sería el sitio ideal para situar *Las noches de la peste* con las que sueño. El lugar en que Akbar jugaba al pachisi, un juego que se parece al ajedrez. En *Las noches de la peste*, alguien escribe la historia de un lugar que se parece a Fatehpur Sikri. Extraños edificios que no se sabe para qué podrían ser, por qué fueron construidos... Mientras guía la visita de los turistas del siglo XIX a estos lugares, reflexiona sobre distintos temas, los favoritos de Akbar, los debates filosóficos, la sala del Diván-i-Khas, el pabellón y la biblioteca de Akbar... Akbar el analfabeto, de quien se dice que llevaba consigo todos sus libros dondequiera que fuese, cincuenta mil manuscritos. Y POR LA NOCHE hacía que se los leyeran. Idea de hacer una maqueta detallada de un lugar imaginario que se parecería a este, después de imaginar el viaje de Akbar a Minghérie. Luego, soñar con la novela mirando esta maqueta... Los edificios de la zenana alineados uno junto al otro... Un encaje de harenes. Comunicados los unos con los otros. Los guías discuten acerca de si su arquitectura es más deudora de la influencia hindú o de la islámica/mogol. La teoría según la cual Akbar habría abandonado Fatehpur Sikri porque las cisternas de agua estaban secas. Los paredes de arenisca rosa-roja.

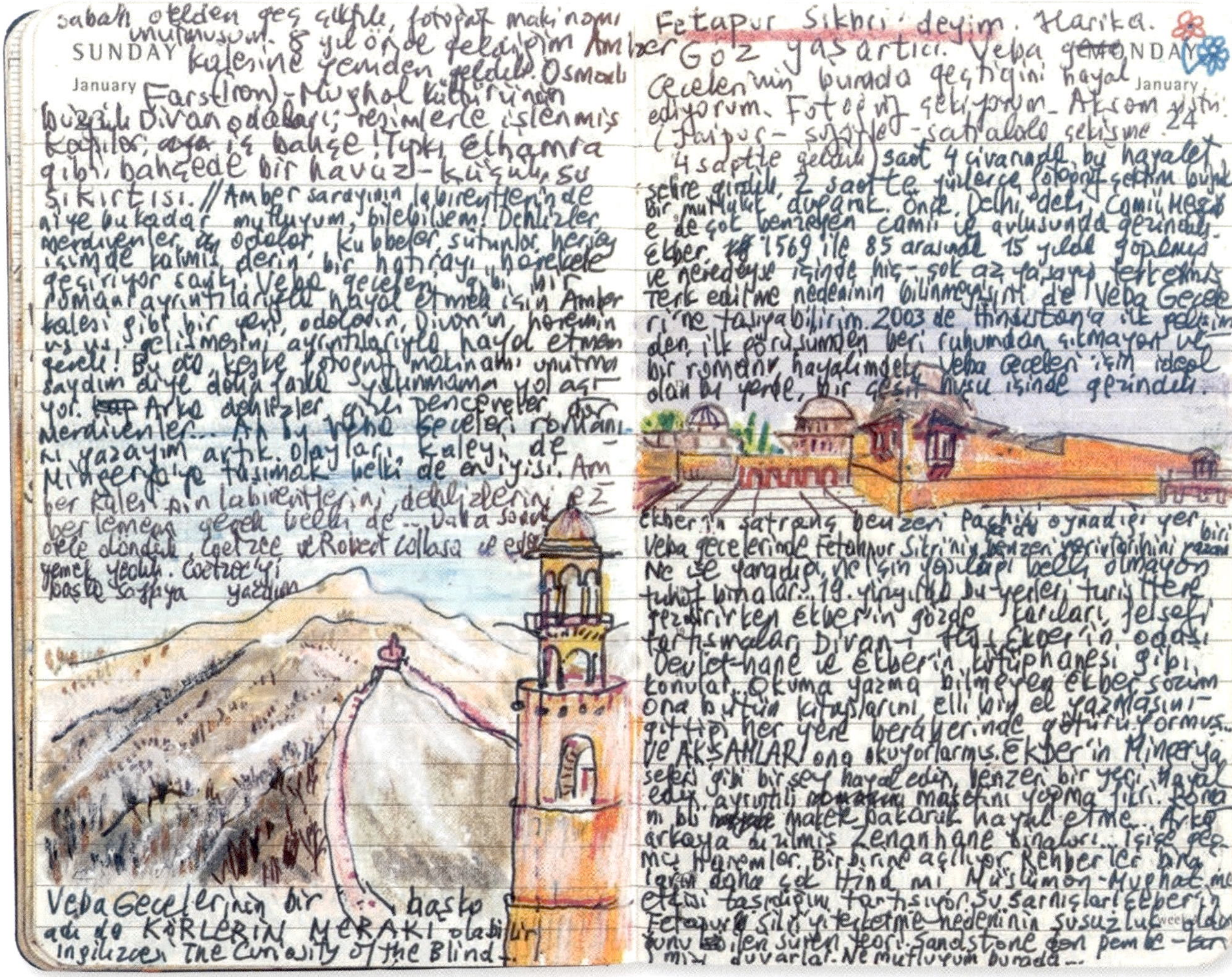
SUNDAY
January
MONDAY
January
24

¡Rojo! Prefacio para Everyman. Empezar o acabar en primera persona del singular... o bien ambas cosas. // Contemplando las miniaturas del Museo del Príncipe de Gales... Recuerdos de mi primera visita, en 2004. Mi embeleso ante las notas explicativas que acompañaban a las miniaturas... La impresión de escuchar cómo las imágenes hablaban. // Por la mañana, entrevista para 6 o 7 grandes periódicos en el patio y el jardín del hotel Taj Mahal. Aunque yo no dejaba de pensar en las miniaturas. Han pasado más de diez años desde la redacción y la publicación de *Me llamo Rojo*. Basta con ver las miniaturas del Irán del siglo XVI, del Herat de Babur –a decir verdad, cualesquiera–, para que mi imaginación se ponga en marcha. Como si aún hoy siguiera escribiendo esa novela.

En Dharavi,[53] en cambio, busco a Mevlut. Por la tarde juntos en el Museo del Príncipe de Gales. Contemplando las miniaturas. Numerosas visitas de estudiantes... Impresionante. La atmósfera de este museo me gusta infinitamente. En 2004 lo descubrí solo. Caminando por las calles, veo mis libros compartiendo estante con los de Kiran, Amitav y Salman; copias ilegales, etc. El *Mein Kampf* de Hitler parece que también se vende muy bien; como en Turquía hace unos años, todo un éxito de ventas... Después, un largo paseo a pie por las calles de Bombay, tomo fotos. Por la noche, cena en un restaurante de pescado con amigos de Kiran: cineastas, poetas, actores.

DHARAVI

Desayuno con Kiran junto a la piscina en los jardines del hotel Taj. Algunos periódicos, especialmente el *Times of India*, han tratado el tema de mi historia con Kiran, pero decentemente, con respeto. En 2010, los periódicos turcos escribieron que yo había roto el contrato, y que había devuelto el dinero a la fundación. (Algo que entendí por las preguntas que sus corresponsales enviaban a las redacciones de *Milliyet* y de *Hürriyet*... Una suerte hallarme en el extranjero, me ahorra tener que ocuparme de esas cosas). Espero que los arquitectos que trabajan en el museo no decaigan. Muy feliz de estar en la India, de poder relajarme y descansar a mi manera en Bombay. Proyectos de novelas: 1. El comerciante de Boza[54]/ 2. La comentarista (la chica que escribe comentarios en páginas web) / 3. El pozo // 4. Biografía del pintor en los 252 cuadros // 5. El conservador // 6. Memorias de los ciegos (novela histórica y ahistórica) / Seis... grandes novelas.

GOA

Poder escribir y acabar todo eso en 10 años, y vivir en paz, sería una enorme felicidad. / Saliendo hacia Goa, lista de cosas por hacer: 1. Everyman - prefacio *Rojo* // 2. Prefacio Norton // posfacio *Cevdet Bey*[55] // Queda en total = 20 páginas y pico. Terminar todo eso en 4 días a continuación, empezar la historia del vendedor de boza, escribir 100 páginas en 5 semanas para entrar de verdad. // Hemos llegado a Goa. Compras en el supermercado de Neptune Point antes de tomar posesión de la casa. Hemos puesto la mesa. He nadado 45 minutos. A las 19 h en mi despacho. Enorme felicidad. Tiempo de verano. Mar. Silencio. Escritura. Libro... Otras novelas que me gustaría escribir: 7. El pozo // 8. LA VOZ DE UNA MUJER EN PRIMERA PERSONA / 9. Unos viejos izquierdistas vuelven a ver a sus compañeros de clase mientras llevan a cabo un robo en un pueblo de provincias / 10. El país imaginario: libro ilustrado al estilo de la guía Knopf.

Kırmızı! Introduction Everyman.
SUNDAY Birinci tekil şahısla başlamalı
January ya da bitirmeli... ya da her
31 ikisini de yapmalıyım. // Prince
of Wales Müzesinde minyatürlere bakar
ken... Buraya 2004'de ilk gelişimi hatır
lıyorum. Minyatürlerin yanına konmuş olan
açıklayıcı notlar büyülemişti beni... Re
simlerin konuşmasını dinlemek gibi
bir duygu. // Sonra, Taj Mahal otelinin ha
vuzlu avlusunda, bahçede 6–7 büyük
gazete ile röportaj. Ama aklım hep minyatür
lerdeydi. Benim Adım Kırmızı'yı bitirip
yayımlayalı on yıldan fazla zaman geçti. Nerede
16. yy Babürlü Herat, İran minyatürü – daha
doğrusu resmi görürsem gene hayal gücüm
çalışmaya başlıyor, sanki romanı hâlâ yazı
yorum. Oysa Haravi'de Mevlut'u bulmalıyım.
Öğleden sonra Prince of Wales Müzesine gittik
Minyatürlere baktık. Müzeye gelen kalabalıklar
orta sınıflar... etkileyici. Ülkemizin havasını
severim çok. 2004'de de televizyona girmiştim.
Sokaklarda yürürken. Kiran'ın, Amitav'ın, Salman'ın
ve benim kitaplarım, korsanları. Bir de, tıpkı birkaç
yıl önce Türkiye'de best-seller olduğu gibi,
Hitler'in Mein Kampf'ı da burada çok satıyor
anlaşılan. Bombay merkezinde sokaklarda yürüyüp
HARAVİ fotoğraflar çekiyorum. Akşam Kiran'ın
arkadaşları – film(ci)ler, şair, oyuncular – balık lokantasında
yemek.

Kiran ile Taj otelinin havuzlu bahçesinde
kahvaltı. Gazeteler, Times of
India, Kiran ile bizi yazmışlar, ama MONDAY GOA
ölçülü ve saygılı. Türk gazeteleri de February
2010 vakfına parasını iade edip, kontrat yaptı 1
ğımı yazmışlar. (Bunu Hürriyet, Milliyet – gazete
muhabirlerinin yolladıkları sorulardan
anladım – çünkü yurt dışındayım ve bu ko
nularla meşgul değilim) Umarım müze çalışan
lar, memurlar gevşemez. Ben ise Bombay
da, Hindistan'dan, her şeyi ramanla ...
çok memnunum. Aklımda yazılacak roman
tasarıları: 1/ Bozacı / 2. Yorumcu (web-sitelere
yorum yazan kişi) / 3/ Kuyu // 4. 252 Resim ve Res
sam'ın hayat hikayesi // 5. Curator // 6. Kör
lerin Hatıraları (tarihi; tarih dışı roman /
Afrika büyük roman. Bunları 10 yılda yazıp bitir
mek, bitirebilmek ve huzurla yaşamak büyük
mutluluk olurdu. // Goa'ye giderken: Orada yapı
lacaklar / 1. Everyman – Kırmızı önsöz // 2. Norton önsöz //
Cevdet Bey sonsöz // Bitecek = Toplam 20 küsur
sayfa. 4 günde bitirip hemen bozacıya başlama
lı ve 5 haftada 100 sayfa yazıp işine gir
meliyim. // Goa'ye geldik. Eve yerleşmeden önce
neptün pazarından alışveriş. Masayı kurdum. 45 dakika
yazdım. Saat 7'de masaya oturdum. Büyük bir
mutluluk. Yaz havası. Deniz. Sessizlik. Yazı. Kitap...
YAZMAK İSTEDİĞİM süper Romanlar:
7. Kuyu. // 8. 1. TEKİL ŞAHISLA KADIN'IN
AĞZINDAN. 9. Kasabada soyguna gelen
eski solcular, sınıf arkadaşlarını görenler.
10. Hayali ülke – Knopf guide tarzı kitap – resimli

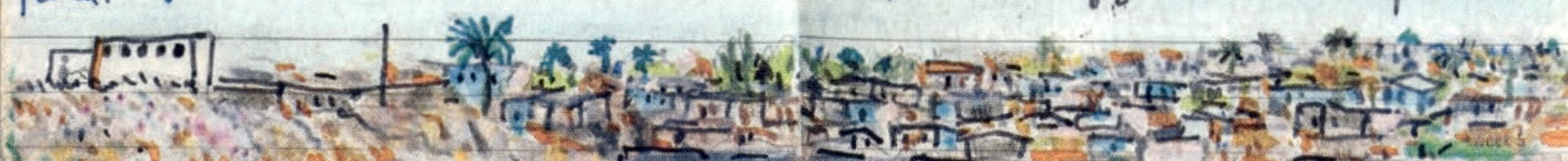

En Bombay, la sombra del rascacielos del hotel Trident se alarga sobre el mar. Mañana brumosa. Matthias, el amigo de Rahul, a quien vimos en Goa, nos lleva a Dharavi. Bau, uno de los jefes de la comunidad de Darhavi, critica ante nosotros el plan de modernización del barrio. No nos piden la opinión sobre nada, dice, consideran Dharavi como una reserva de votos, todo el mundo está esperando recibir una vivienda gratuita del Estado. Sin embargo, ya hay tanto vivienda como trabajo. ¡Traerá un paro generalizado! Tiene razón, lo escuchamos. Después, paseo por las calles de Dharavi. Hace cinco años, el lugar me pareció mucho más pobre. Se ha enriquecido. Bau, obviamente, solo quiere mostrarnos los logros, la riqueza. Las obras de un sacerdote católico devoto, las calles, la chabolización de Nişantaşı: en las callejuelas, talleres textiles en el primer piso, viviendas en el segundo. Lo que veo en Dharavi: no tanto miseria absoluta como gente trabajadora, una forma de desarrollo. Los sastres de camisas que han tenido éxito llegaron aquí muy pobres. La casa donde Bau nació y creció. Pescaderías. Una escuela.

El mercado de pescado de Bombay

Hemos tomado unas fotos delante de la Cathedral and John Connon School, el colegio donde estudió Kiran. Placer de pasear al azar por las calles de Bombay. Los vendedores, el tráfico, la suciedad, el ruido hacen pensar en la Estambul de los setenta. Pienso en Mevlut, no solo en Dharavi, el barrio de chabolas más formidable del mundo, sino también en el barrio rico donde pasó su infancia Kiran. Fascinado por la estación de tren de Bombay. Prueba por sí misma que estamos en una de las ciudades más grandes del mundo. La multitud matutina te engulle en su torbellino desquiciado.

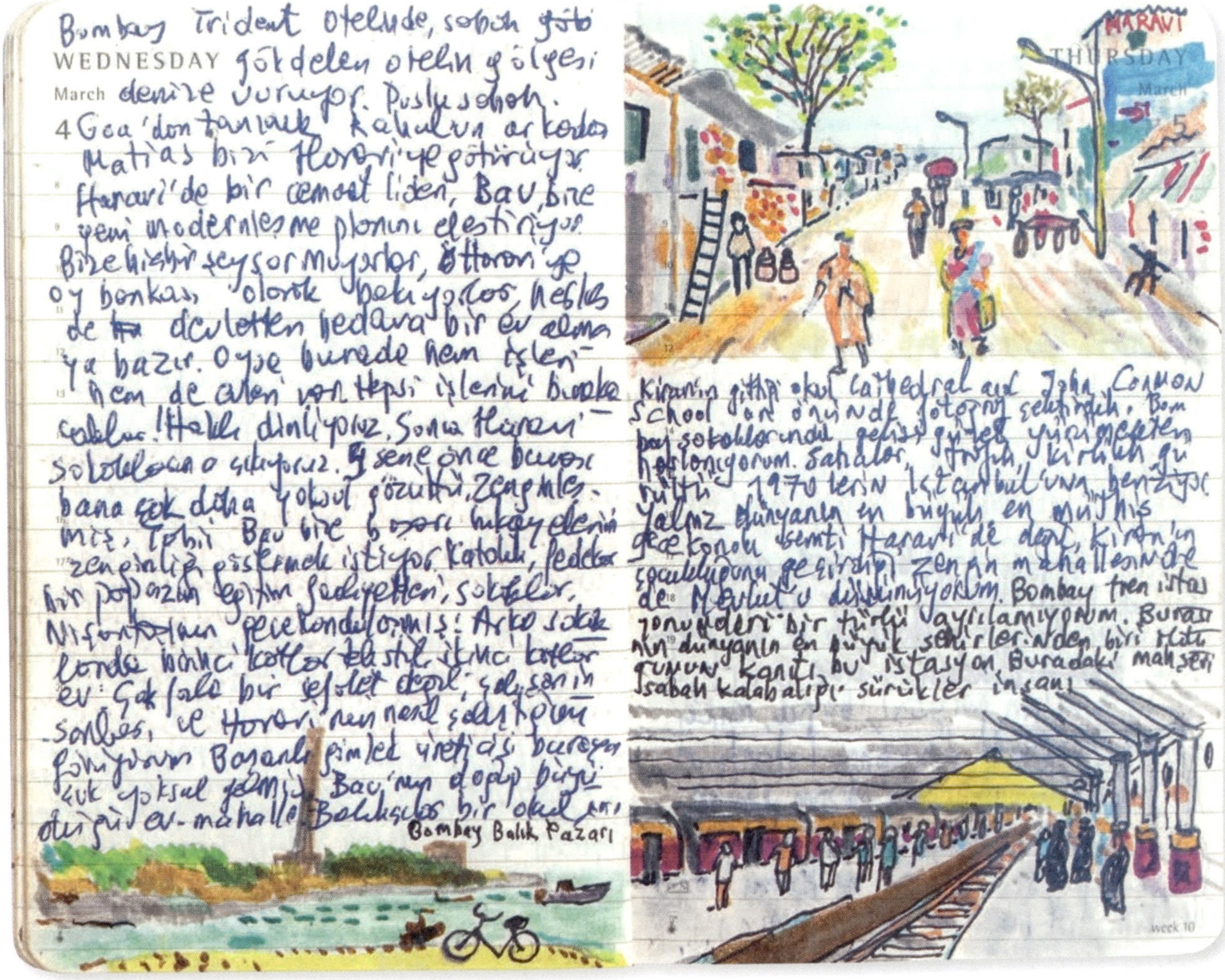

WEDNESDAY
March
4

Bombay Trident otelinde, sabah gibi gökdelen otelin gölgesi denize vuruyor. Puslu sabah. Goa'dan tanıdık Kabul'un arkadaşı Matias bizi Harravi'ye götürüyor. Harravi'de bir cemaat lideri, Bau, bize yeni modernleşme planını eleştiriyor. Bize hiçbir şey sormuyorlar, Harravi'ye oy bankası olarak bakıyorlar, herkes de devletten bedava bir ev almaya hazır. Oysa burada hem işleri hem de evleri var. Hepsi işlerini bırakacaklar! Haklı, dinliyoruz. Sonra Harravi sokaklarına çıkıyoruz. 9 sene önce burası bana çok daha yoksul gözüktü. Zenginleşmiş. Tabii Bau bize bazı hikâyelerin zenginliğini göstermek istiyor. Katolik, fedakâr bir papazın eğitim faaliyetleri, sokaklar. Nişantaşı'nın gecekondularıymış! Arka sokaklarda birinci katlar atölye, ikinci katlar ev. Çok fakir bir sefalet değil, çalışanın … ve Harravi'nin nasıl çalıştığını görüyorum. … üretiyor, buraya çok yoksul gelmiş. Bau'nun doğup büyüdüğü ev-mahalle. Balıkçılar bir okul…

Bombay Balık Pazarı

THURSDAY
March
5

HARAVI

Kiran'ın gittiği okul Cathedral and John Connon School'un önünde fotoğraf çekiliyoruz. Bombay sokaklarında gezip güzel yapıları … hoşlanıyorum. Sahalar, … 1970'lerin İstanbul'una benziyor. Yalnız dünyanın en büyük en müthiş gecekondu semti Harravi'de değil, Kiran'ın çocukluğunu geçirdiği zengin mahallesinde de Mevlut'u düşünüyorum. Bombay tren istasyonundan bir türlü ayrılamıyorum. Burasının dünyanın en büyük şehirlerinden biri olduğunun kanıtı bu istasyon. Buradaki mahşeri sabah kalabalığı sürükler insanı.

week 10

El día ha pasado en un visto y no visto. Al mediodía hemos salido de casa con Xavier en un minibús. En coche durante horas por Goa la hermosa.

Cómo me gustan los paisajes de aquí. Las palmeras, los arrozales, las casas coloniales, los ríos, los pantanos, las miles de tiendas, los autobuses, los vendedores, los puentes, las zonas verdes, las hogueras, las largas perspectivas vacías delimitadas por filas de palmeras... Por la ventanilla bajada del coche que conduce Xavier, mi mirada todo lo devora, la vegetación, los hombres. Incluso el aire que entra en el vehículo me colma de felicidad. He visto de nuevo salinas, vendedores de pistachos y garbanzos, bicicletas, ríos que se pierden entre los bosques y los arrozales. Un arroyo contaminado por las aguas del puerto, trabajadores llegados del sur, un montón de pequeños restaurantes y cantinas cochambrosas. // Luego, con motivo de su transformación en museo, nos unimos a la visita a la casa de una rica dama católica, nacida de la vieja aristocracia de Goa, y diputada en el Parlamento portugués en época de Salazar. CASA MUSEU VICENTE João de Figueiredo. Allí estaba la última generación de la familia Figueiredo, la élite de Goa, todos ricos, escritores, así como un señor, miembro del Tribunal Superior de Justicia, que me dio su tarjeta: los patricios de Goa, comiendo y escuchando música en su sublime casa colonial. // Luego Vivek nos ha llevado a una pastelería tradicional. Petisús, brioches de hojaldre. El pastelero no necesita hacer publicidad: todo el mundo entra en su establecimiento para comprar sus pasteles. // Al salir, hemos ido a visitar un museo etnográfico. Algún terrateniente idealista, tras una larga y paciente acumulación, típica del coleccionista oriental, ha reunido allí herramientas agrícolas, enseres domésticos y otros utensilios de cocina, en un museo que él mismo construyó. Hemos visto después las playas y los barrios del sur de Goa.

Por la mañana me ocupo de mi vendedor de boza.

He escrito toda la jornada con esta vista y estos colores ante mis ojos. A veces levanto la cabeza de la hoja para mirar estos colores. Se forma una niebla azulada, cientos de cornejas alzan el vuelo entre graznidos. A lo lejos, un barco de pescadores avanza entre la niebla.

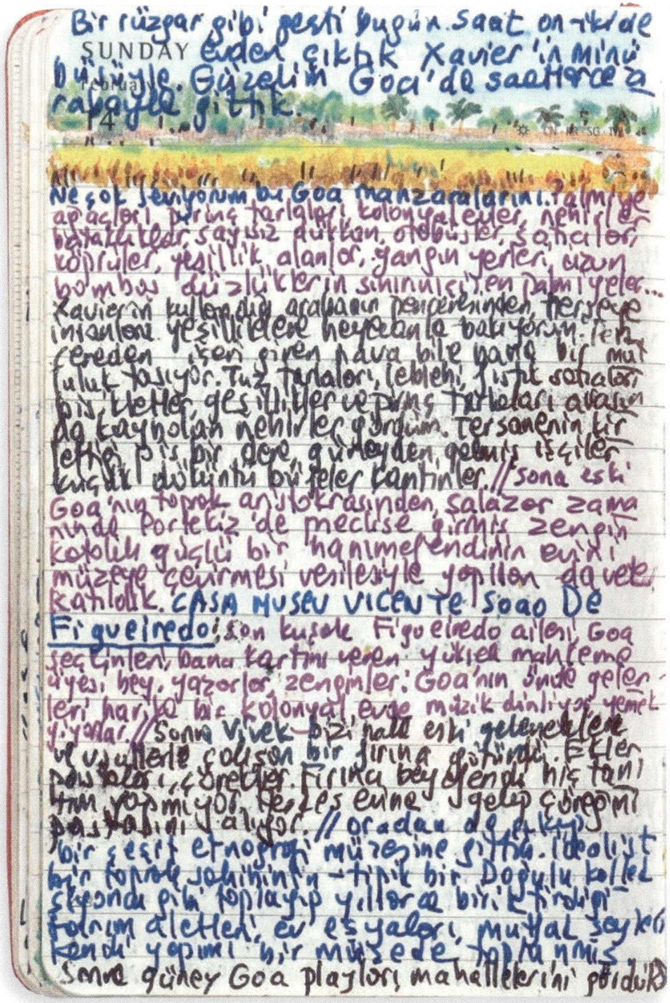
Bir rüzgar gibi geçti bugün. Saat on ikide
SUNDAY
evden çıktık Xavier'in minü
February
büsüyle. Güzelim Goa'da saatlerce a
rabayla gittik.
14
Ne çok seviyorum bu Goa manzaralarını. Palmiye
ağaçları, pirinç tarlaları, kolonyal evler, nehirler
bataklıklar, sayısız dükkan, otobüsler, sahiller,
köprüler, yeşillik alanlar, yangın yerleri, uzun
bomboş düzlüklerin sınırını çizen palmiyeler...
Xavier'in kullandığı arabanın penceresinden herşeye
insanlara yeşilliklere heyecanla bakıyorum. Pen
cereden içeri giren hava bile yanık bir mut
luluk taşıyor. Tuz tarlaları, leblebi, fıstık satıcıları
bisikletler, yeşillikler ve pirinç tarlaları arasın
da kaybolan nehirler gördüm. Tersanenin bir
lerinde pis bir dere, güneyden gelmiş işçiler
küçük dükkanlar büfeler kantinler. // Sonra eski
Goa'nın toprak aristokrasisinden, Salazar zama
nında Portekiz'de meclise girmiş zengin
katolik güçlü bir hanımefendinin evini
müzeye çevirmesi vesilesiyle yapılan davete
katıldık. CASA MUSEU VICENTE SOAO DE
Figueiredo: Son kuşak Figueiredo ailesi, Goa
seçkinleri, bana kartını veren yüksek mahkeme
üyesi bey, yazarlar, zenginler: Goa'nın önde gelen
leri harika bir kolonyal evde müzik dinliyor yemek
yiyorlar. // Sonra Vivek bizi hala eski geleneklere
ve usullere çalışan bir fırına götürdü. Ekler
pastalar, çörekler. Fırıncı bey efendi hiç tanı
tım yapmıyor, herkes evine gelip çöreğini
pastasını alıyor. // Oradan da çıkıp
bir çeşit etnografi müzesine gittik. İdealist
bir toprak sahibinin — tipik bir Doğulu kollek
siyoncu gibi toplayıp yıllarca biriktirdiği
tarım aletleri, ev eşyaları, mutfak şeyleri
kendi yapımı bir müzede toplanmış.
Sonra güney Goa plajları mahallelerini gördük

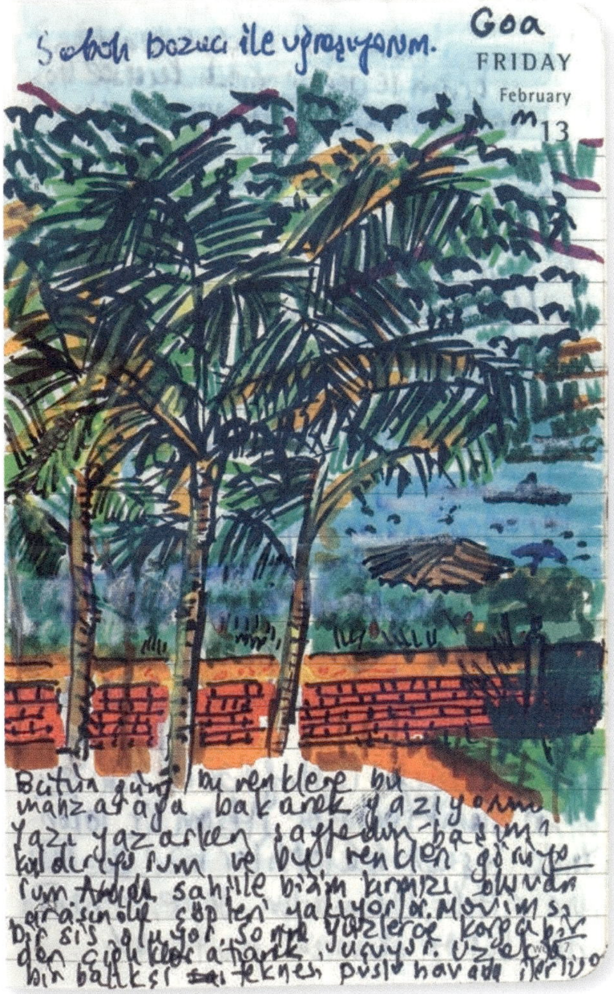
Sabah bozuca ile uğraşıyorum.
Goa
FRIDAY
February
13
Bütün gün bu renklere bu
manzaraya bakarak yazıyorum
Yazı yazarken sayfadan başımı
kaldırıyorum ve bu renkleri görüyo
rum. Arada sahille bizim kırmızı duvar
arasındaki çöpleri yakıyorlar. Mavimsi
bir sis oluyor. Sonra yüzlerce karga bir
den çığlıklar atarak uçuyor. Uzakta
bir balıkçı teknesi puslu havada ilerliyor

Anoche al irme a dormir, y aún esta mañana, impresión de hallarme atrapado en un trampa tejida por todas mis preocupaciones, mis angustias. Falta de confianza en el guarda de la casa, historias de robos, de cortes de luz, todo ello ha despertado mis más profundos miedos existenciales. He tomado un somnífero para dormirme. Kiran se burla de mi estado paranoico, se ríe, incapaz de tomárselo en serio. «¡No te burles!», le he dicho, como le decía a Şevket cuando era pequeño. Miedos relacionados también con mis enemistades en Turquía: amenazas en el museo, etc. He dormido hasta las 11 h gracias al somnífero. El mar, la natación, algunas ideas para el prefacio de *Rojo* me han devuelto la compostura y un poco de alegría. He escrito cuatro páginas. Por la noche, he preparado la cena para Kiran: tortilla, ensalada, etc. Luego hemos visto la película de Roberto Saviano inspirada en la novela homónima: *Gomorra*. Sobre la mafia napolitana. La primera película del género que no presenta a la mafia ni el asesinato como algo soberbio y excitante. // Jornada bonita y serena. Vista de la Goa Vieja desde la iglesia de Notre-Dame-du-Mont.

He dibujado cada una de estas cornejas encaramados en una rama desde la observación de una sola. Desde lo alto, con manifiesta curiosidad (hacia las 7.40 h de la mañana), seguía a los perros Musti y Susti durante su carrera matinal por las tablas del pontón. Felicidad de la mañana en Goa, en la playa de Candolim... **Goa me habrá enseñado a contemplar las aves.** A veces puedes ver cómo algunas cornejas se reagrupan; luego, de repente, cómo alzan el vuelo graznando ruidosamente. Resulta bastante aterrador. // He nadado un buen rato esta mañana, casi una hora. El color del agua, la playa, de tal belleza que he deseado hacer un dibujo. He tomado fotografías. Hace tanto tiempo que no dibujo; de nuevo tengo ganas, muchas ganas. Por la noche, Vivek y algunos artistas de Goa han inaugurado una exposición y han leído *Me llamo Rojo*, sin tener noticia de mi presencia aquí. ¡Luego, concierto en una iglesia de la Goa Vieja! He contemplado el paisaje, cena con Vivek.

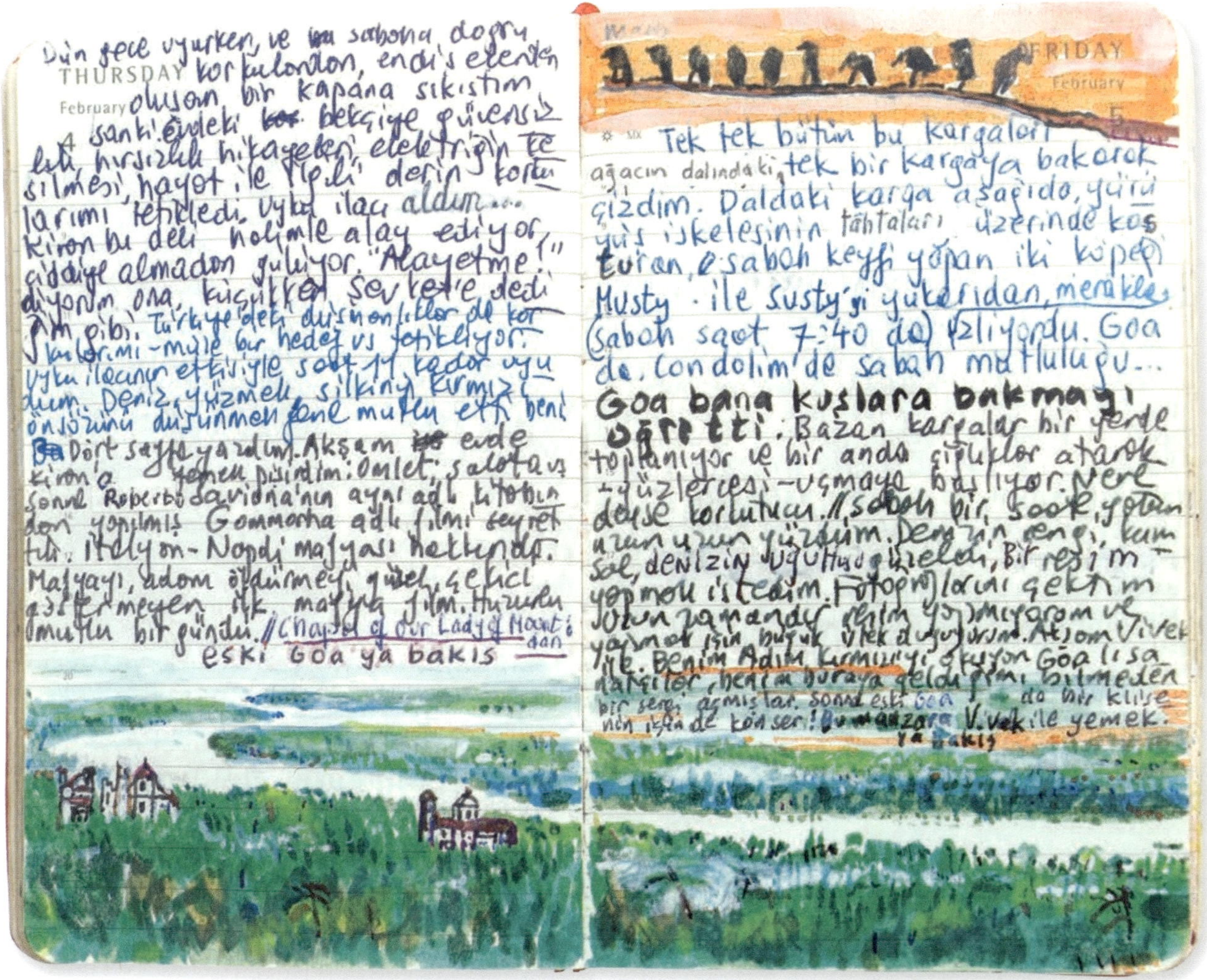

THURSDAY
February
4

Dün gece uyurken, ve sabaha doğru korkulardan, endişelerden oluşan bir kapana sıkıştım sanki. Evdeki bekçiye güvensizlik, hırsızlık hikayeleri, elektriğin kesilmesi, hayat ile ilgili derin korkularımı tetikledi. Uyku ilacı aldım... Kiran bu deli hâlimle alay ediyor, ciddiye almadan gülüyor. "Alay etme!" diyorum ona, küçükken Şevket'e dediğim gibi. Türkiye'deki düşmanlıklar da korkularımı – müthiş bir hedef vs – tetikliyor. Uyku ilacının etkisiyle saat 11'e kadar uyudum. Deniz, yüzmek, şiirini, Kırmızı önsözünü düşünmek yine mutlu etti beni. Dört sayfa yazdım. Akşam evde Kiran'a yemek pişirdim: Omlet, salata vs. Sonra Roberto Saviano'nun aynı adlı kitabından yapılmış Gomorrha adlı filmi seyrettik. İtalyan-Napoli mafyası hakkında. Mafyayı, adam öldürmeyi, güzel, çekici göstermeyen ilk mafya filmi. Huzurlu mutlu bir gündü. // Chapel of Our Lady of Mount'dan eski Goa'ya bakış

FRIDAY
February
5

Tek tek bütün bu kargaları ağacın dalındaki tek bir kargaya bakarak çizdim. Daldaki karga aşağıda, yürüyüş iskelesinin tahtaları üzerinde koşturan, o sabah keyfi yapan iki köpeği Musty ile Susty'yi yukarıdan, merakla (sabah saat 7:40'da) izliyordu. Goa'da, Candolim'de sabah mutluluğu...

Goa bana kuşlara bakmayı öğretti. Bazan kargalar bir yerde toplanıyor ve bir anda çığlıklar atarak – yüzlercesi – uçmaya başlıyor. Nerdeyse korkutucu. // sabah bir saat, yorulana kadar uzun uzun yüzdüm. Denizin rengi, kumsal, denizin uğultusu güzeldi. Bir resim yapmak istedim. Fotoğraflarını çektim. Uzun zamandır resim yapmıyorum ve yapmak için büyük istek duyuyorum. Akşam Vivek ile. Benim Adım Kırmızı'yı okuyan Goa'lı sanatçılar, benim buraya geldiğimi bilmeden bir sergi açmışlar. Sonra eski Goa'da bir kilisenin içinde konser! Bu manzara Vivek ile yemek.
ya bakış

Alabado sea Dios, por fin he terminado el prefacio de *Rojo* para Everyman's Classics. Hasta he logrado incluir una pequeña anécdota de 2010 sobre Goa y la India. Ha costado. Pero tenía unas ganas de escribir tan ardientes que me he aplicado con placer, incluso con pasión. El texto final está a la altura del libro. Añadirlo como postscriptum al final de cada edición extranjera. // Luego, en el mar, pensé en la introducción mientras nadaba. ¿Y si mi libro sobre la novela –«Ingenua y sentimental»– se convirtiera en la versión turca en «Ingenua y reflexiva»? Por la tarde, tras una larga caminata, agobiado de calor en la tierra roja y bajo los árboles de un verde brillante, he llegado al cibercafé para consultar mis e-mails. ¡45 minutos! El año pasado, a veces el mismo trabajo me llevaba una hora y media al día. La carga ha disminuido bastante... Tal vez porque he reducido viajes y otros... Hace ya una semana que no leo los periódicos turcos on-line... Me quedé con los últimos detalles del golpe de Estado militar: el caso Balyoz.[56] Los soldados habrían planeado atacar primero la mezquita de Fatih, luego derribar uno de nuestros aviones, al final matarnos a todos. Difícil de creer todo cuanto sucede en Turquía; he vuelto agotado, con la mente turbada.

No dejo de dibujar los paisajes de Goa, de la llanura costera. Cosa extraña, no obstante: imposible poner este paisaje en una novela. Gran felicidad al dibujar, entre anoche y esta mañana, el panorama de Goa visto desde la colina. Me recuerda los paisajes de Frans Post,[57] que tanto me gustan. // Pintó esencialmente paisajes de Brasil, de las regiones colonizadas por Holanda... Vio a los «autóctonos». Lo que yo quiero mostrar son los naranjas, los verdes. Para disfrutar pintando un paisaje, conocer a los hombres que lo pueblan no es condición necesaria; Caspar David se contenta con ver. Mirar Goa me colma de placer. Pero situar aquí una novela, imposible. Porque no conozco a sus habitantes. La novela habla de los hombres. / Oigo el motor de un barco que se aleja mar adentro. Reminiscencia de los veranos alegres de la infancia. // Kiran aparece con los ojos fuera de sus órbitas del susto: Rana, el jardinero, le ha dicho que en el jardín había una cobra enorme. El animal es sagrado, nunca ha atacado a nadie. Los días de fiesta, Rana incluso le da pasteles y leche. // He continuado luego con la introducción de mi ensayo sobre la novela. Escribo sin prisas, con naturalidad, como en conversación conmigo mismo. Luego hemos vuelto al mar a nadar un poco más. Al final de la jornada, ha venido Xavier a recogernos en coche; cena con Amitav Ghosh y con su esposa delante de la playa de Little Vagator, al norte de la famosa costa hippie de Anjuna. Soberbio panorama. Amitav es realmente un amigo. Escruto las profundidades de la noche.

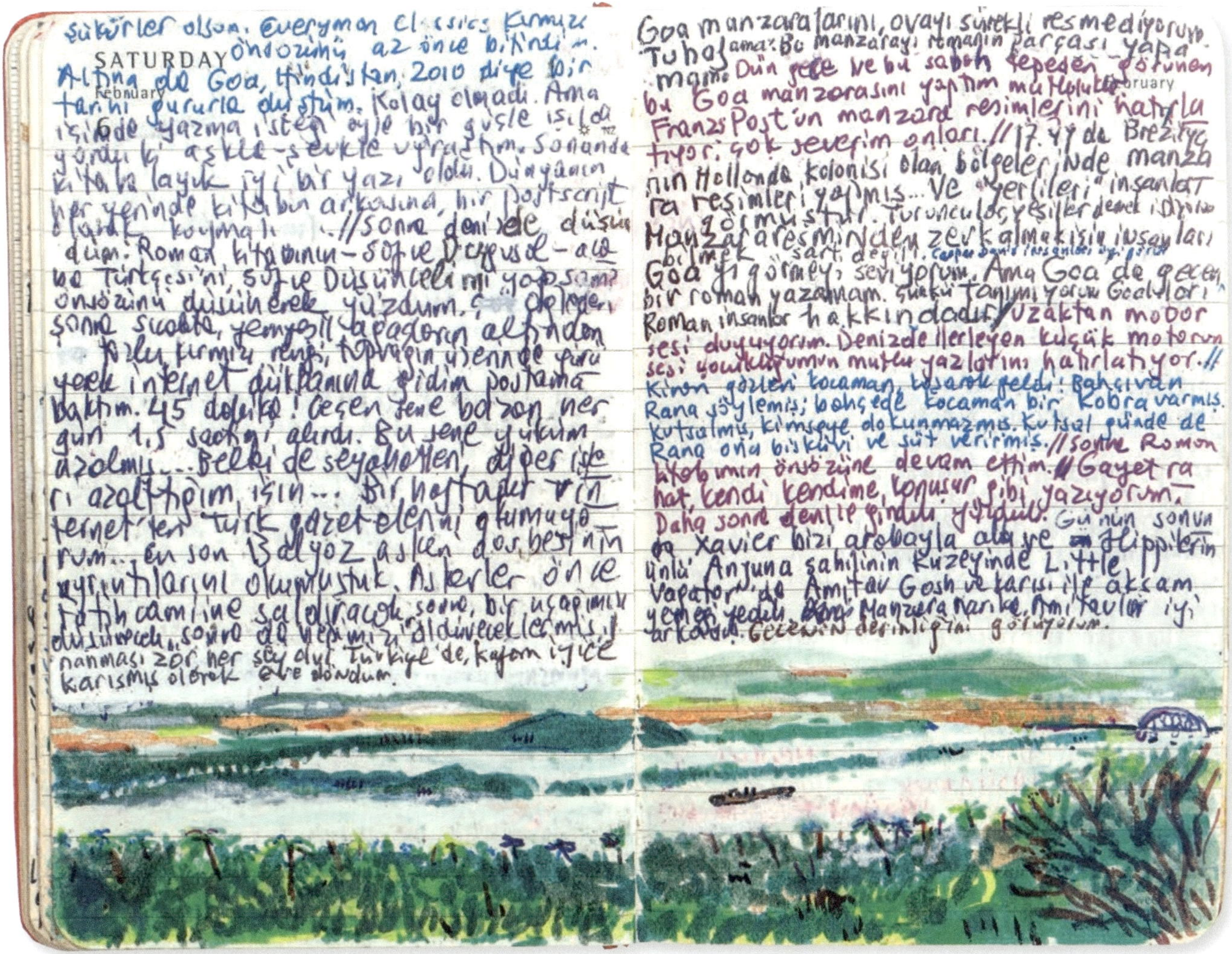
şükürler olsun. Everyman Classics Kırmızı
önsözünü az önce bitirdim.
SATURDAY
Altına da Goa, Hindistan, 2010 diye bir
February
tarihi gururla düştüm. Kolay olmadı. Ama
6
ışığında yazma isteği öyle bir güçle ışılda
yordu ki aşkla-şevkle uğraştım. Sonunda
kitaba layık iyi bir yazı oldu. Dünyanın
her yerinde kitabın arkasına, bir postscript
olarak koymalı...//Sonra denizde düşün
düm. Roman kitabının — Saf ve Duygusal — ala
ve Türkçesini, Saf ve Düşünceli mi yapsam?
önsözünü düşünerek yüzdüm. Öğleden
sonra sıcakta, yemyeşil yaprakların altından
tozlu kırmızı rengi, toprağın üzerinde yürü
yerek internet dükkanına gidip postama
baktım. 45 dakika! Geçen sene bazen her
gün 1,5 saatimi alırdı. Bu sene yüküm
azalmış... Belki de seyahatten, diğer işle
ri azalttığım için... Bir haftadır in
ternet'ten Türk gazetelerini okumuyo
rum... En son Balyoz askeri dosyasının
ayrıntılarını okumuştuk. Askerler önce
Fatih camiine saldıracak sonra bir uçağımızı
düşürecek, sonra da yerimizi alacaklarmış.!
İnanması zor her şey oluyor Türkiye'de, kafam iyice
karışmış olarak eve döndüm.
Goa manzaralarını, ovayı sürekli resmediyorum.
Tuhaf ama: Bu manzarayı romanın parçası yapa
mam. Dün gece ve bu sabah tepeden görünen
bu Goa manzarasını yaptım mutlulukla.
Franz Post'un manzara resimlerini hatırla
tıyor. Çok severim onları. // 17. yy da Brezilya'
nın Hollanda kolonisi olan bölgelerinde manza
ra resimleri yapmış... ve "yerlileri" insanları
görmüştür. Turunculara, yeşillere dalmak istiyorum
Manzara resminden zevk almak için insanları
bilmek şart değil.
Goa'yı görmeyi seviyorum. Ama Goa'da geçen
bir roman yazamam. Çünkü tanımıyorum Goalıları
Roman insanlar hakkındadır. // Uzaktan motor
sesi duyuyorum. Denizde ilerleyen küçük motorun
sesi çocukluğumun mutlu yazlarını hatırlatıyor. //
Kiran gözleri kocaman, koşarak geldi: Bahçıvan
Rana söylemiş; bahçede kocaman bir Kobra varmış.
Kutsalmış, kimseye dokunmazmış. Kutsal günde de
Rana ona bisküvi ve süt verirmiş. // Sonra Roman
kitabının önsözüne devam ettim. // Gayet ra
hat, kendi kendime konuşur gibi yazıyorum.
Daha sonra deniz ile gündüz yürüdük. Günün sonun
da Xavier bizi arabayla aldı ve Hippilerin
ünlü Anjuna sahilinin kuzeyinde Little
Vagator'da Amitav Gosh ve karısı ile akşam
yemeği yedik. Manzara harika. Amitavlar iyi
arkadaş. Gecenin derinliğini görüyorum.

Orgulloso de lo que llevo escrito de la historia de Mevlut, pero aún indeciso en cuanto a cómo continuar la novela. Tengo dos opciones:

1. Ser kafkiano, metafísico: transformar la novela en un relato de identificación con el perro.
2. Elevar la historia de Mevlut y los vendedores ambulantes hasta convertirla en un fresco estambuleño –de los *gecekondu*[58] de Beyoğlu– que abarque los últimos treinta años. La segunda opción es más seductora.

Solo en casa –Kiran ha ido a comer a casa de su tía Lina–, imagino y bosquejo la trama de los ACONTECIMIENTOS. Obviamente, también tengo muchas ganas de poner en la novela un poco de la opción 1, la historia metafísica-perro-religión. // El eje narrativo central que he encontrado –el *plot*–, es que el principal problema de Mevlut, después de haber sido atacado por el perro y de lograr dimitir, será ganar dinero. Se instala en una buena vivienda, de alquiler.

Me he despertado en plena noche, a las 2.30 h de la mañana, en el sofá de abajo. No sé qué hora es. Murmullo del mar. Cuando detrás de la mosquitera el guardián y los perros me ven... gritan respetuosamente. Luego me he vuelto a dormir. Me he levantado a las 7 h, he preparado té y café. Luego me he sumergido en la historia de Mevlut. Los ladrones se le acercan por detrás mientras baja las escaleras de Gumuşsuyu. Luego Kiran y yo vamos al mar, he nadado media hora. De vuelta a casa. Han acorralado a Mevlut. Escribo la agresión de Mevlut consultando las notas que tomé durante mi entrevista con Mehmet, vendedor de boza. Escribo muy serenamente. Sin esfuerzo. // En el dibujo de esta página he representado un fuego, el humo que emana de los fuegos de hierbas y de basura que en India siempre me chocan. // Mediodía con Kiran. Calor. Tumbados juntos. Charlamos de esto y aquello, con ligereza. Cada uno de estos instantes me recuerda los días de verano de mi infancia.
Si Goa me gusta tanto es porque aquí me reencuentro con los veranos, con la pereza de mi infancia, con las largas jornadas nadando en el mar.
Ayer, al volver del cibercafé con Kiran, estaban quemando hierbas y hojas bajo los banianos. Hemos visto cómo prendía el fuego. Estoy feliz aquí. Por la noche, en la librería Literati, velada en honor de Dayanita, la fotógrafa, cuyo libro acaba de salir en Alemania. Seguimos en su casa, vino, charlas, bromas. Otro mundo. Quieren por encima de todo hablar de fantasmas. La noche. Las estrellas. Regresamos a casa. Releo el pasaje en que desvalijan a Mevlut. ¡Historia de fantasmas!

Mevlut'un hikayesiyle, şimdiye kadar
yazdıklarımla gurur duyuyorum ama
romana nasıl devam edeceğime
bir türlü karar veremiyorum. İki seçenek
var önümde:
1. Romanı – kışkanç, metafizik – köpekle özdeş-
leşme hikayesine çevirmek
2. Mevlut'un ve şehir satıcılarının son otuz
yıllık Beyoğlu – gecekondular tarihi – İstan-
bul panoramasına haline getirmek
Bu ikincisi daha cazip geliyor.
OLAY örgüsünü evde tek başıma –
Kiran Lina teyzesi ile öğle yemeğine gitti – düşü-
nüyorum ve buluyorum:
Tabii 1. olan metafizik – köpek – din
korunma hikayesinden de çok şey
koymak istiyorum romana //
Bulduğum asıl hikaye – plot örgüsü – köpek
saldırısından ve başarılı işini kaybet-
tikten sonra Mevlut'un asıl derdi
para kazanmak olacak. Kiralık
iyi bir evde oturuyor.

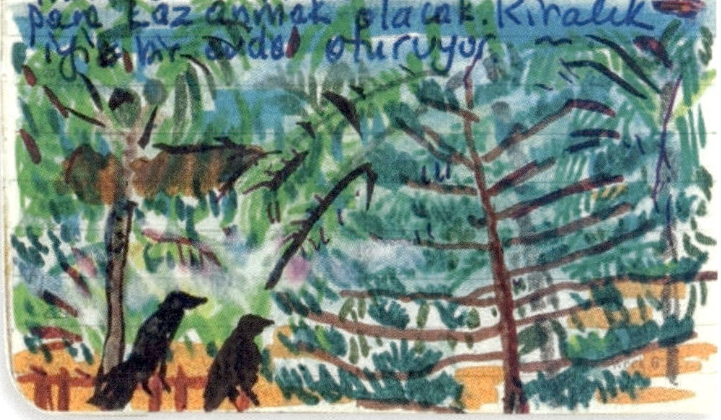

gecenin ortasında, 02:30 da aşağıda divan-
da uyanıyorum. Saatin kaç olduğunu
bilmiyorum. Denizin uğultusu.
SATURDAY
February
13
Sivrisinek telinin arkasından bekçi
ile köpekler beni görünce... saygılı bir ses
çıkarıyor. Yukarı çıkıp Mevlut'un macera-
larını okuyorum cesaretle. Sonra saat 4 de uyudum.
yedide kalkıp çay kahve yaptım.
Sonra Mevlut'un hikayesine istekle sarıldım
Mevlut gümüşsuyundan aşağıya inen merdivenler-
deyken soyguncular arkalarından yaklaştı-
lar. – Sonra Kiran ile denize gidip yarım saat
yüzdüm eve döndüm. Mevlut'u durdurdular.
Bir yandan da bozacı Mehmet ile yaptığım
röportajın notlarına bakarak Mevlut'un
soyulmasını yazıyorum. Çok rahat yazıyorum. Hiç
zorlanmadan. // Bu sayfadaki resmi yanğın duman-
larını resmetmek için yaptım. Hindistan'da
patlayan çöplerin otların sisi her zaman
aklıma takılıyor // Kiran ile bu öğleüstü sıcak
yatağa yan yana yatmışız. Boş boş konuşuyor,
şundan bundan dedikodu ediyoruz. Bu an-
ların her biri bana çocukluğumun yaz öğleüstlerini
hatırlatıyor

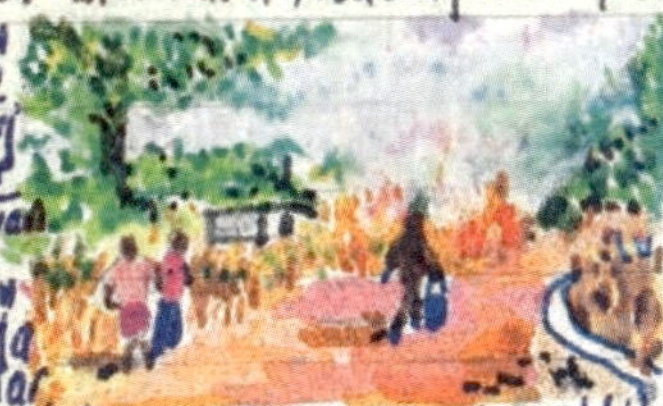

Dün Kiran ile bilgisayarcı yan yana dan dönerken Banyan ağaçlarının altındaki otları yakıyorlar. Biz de otların yanısını seyrettik

Goa'yı çocukluğumun yazlarını, tembelliğini, saatlerce denize girdiğim günleri hatırlattığı için de çok seviyorum

Mutluyum burada. Akşam Literati kitabevinde fotoğrafçı Dayanita'nın kitabının partisinin Almanya'da çıkan ... ni yaptık. Sonra onun evinde şarap, sohbet.
Şaşkınlıklar. Bir başka alem. Hayaletler-
den bahsetmek istiyorlar. Gece yalnız-
lar. Eve döndük. Mevlut'un soyulması-
nın hikayesini okuyorum. Hayalet hikayesi!

Se diría que he perdido mi capacidad de concentración, ese talento que tenía para permanecer sumergido en apnea en una novela. Así que hoy me he decretado la ley marcial. Prohibición de levantarse de la silla, obligación de escribir una cierta cantidad de texto en un tiempo determinado, una serie de recetas que otras veces solía aplicar con gusto. Lo que te hace feliz es el trabajo de una novela por la que tienes la impresión de obligarte, la mirada fija en la página en blanco, en las notas, en los textos precedentes, en el resultado concreto. En otras palabras, que la imaginación siempre te permita huir de este mundo para entrar en el otro, maravilloso, de la novela. Pero esta mañana seguía estando demasiado distraído por las conversaciones con Kiran... sobre la casa donde viviremos este año, por cuánto tiempo, etc.

Por la mañana, a veces voy solo a la playa, muy temprano. Antes de meterme en el agua miro la arena, las colinas aureoladas de niebla a lo lejos. Poderosa impresión metafísica: ¿por qué estoy aquí?, ¿qué significa esta presencia? Sensación de redescubrir, por la gracia de tanto amarillo, el sentido del mundo y de los hombres, del tiempo y del espacio. ¡Nadie! Hemos ido a cenar a casa de Lina, la tía de Kiran. Planes urbanísticos de Goa, chismes y cotilleos. Un psicólogo, que además es profesor, muy inteligente, que se ocupa de mujeres deprimidas maltratadas por sus maridos, y también de los maridos... Una pareja rica que cuenta sus viajes a Venecia y Estambul fumando puros.

Cuando escribes una novela ambientada en el pasado que abarca un período de varias décadas, lo más difícil es dosificar correctamente el tiempo. El presente –el momento del relato– puede estirarse hasta tal punto que podrías llegar fácilmente a una novela de varios miles de páginas. También, sopesar el tiempo en cada momento: describo cómo Mevlut llega al laberinto de calles de Beyoğlu, so pretexto de ir al pabellón del Sol. Al cabo de tres páginas he parado. Una siesta; luego, al despertar, imposible seguir.

Por la noche, cena en casa de Maria Aurora, perteneciente a una familia de la comunidad católica de Goa. ¡Su marido acaba de morir! Había pasado catorce años en Londres, como secretario diplomático. También profesor en la universidad. En la biblioteca de esa vivienda muy bien renovada, una mezcla de literatura inglesa y libros sobre la India y Goa. Se enorgullece de ser amiga de Salman Rushdie. La Aurora de *El último suspiro del moro...* ¡es ella! Fabulosas brochetas de gamba, ensalada, verduras... y vino. Afuera, circunscribiendo el silencio de esta casa alejada de la costa y los turistas, una vegetación salvaje y opulenta, mil árboles, cocodrilos que acechan a su sombra. Los cocodrilos me obsesionan. Gabinete de curiosidades... sueño con cocodrilos toda la noche.

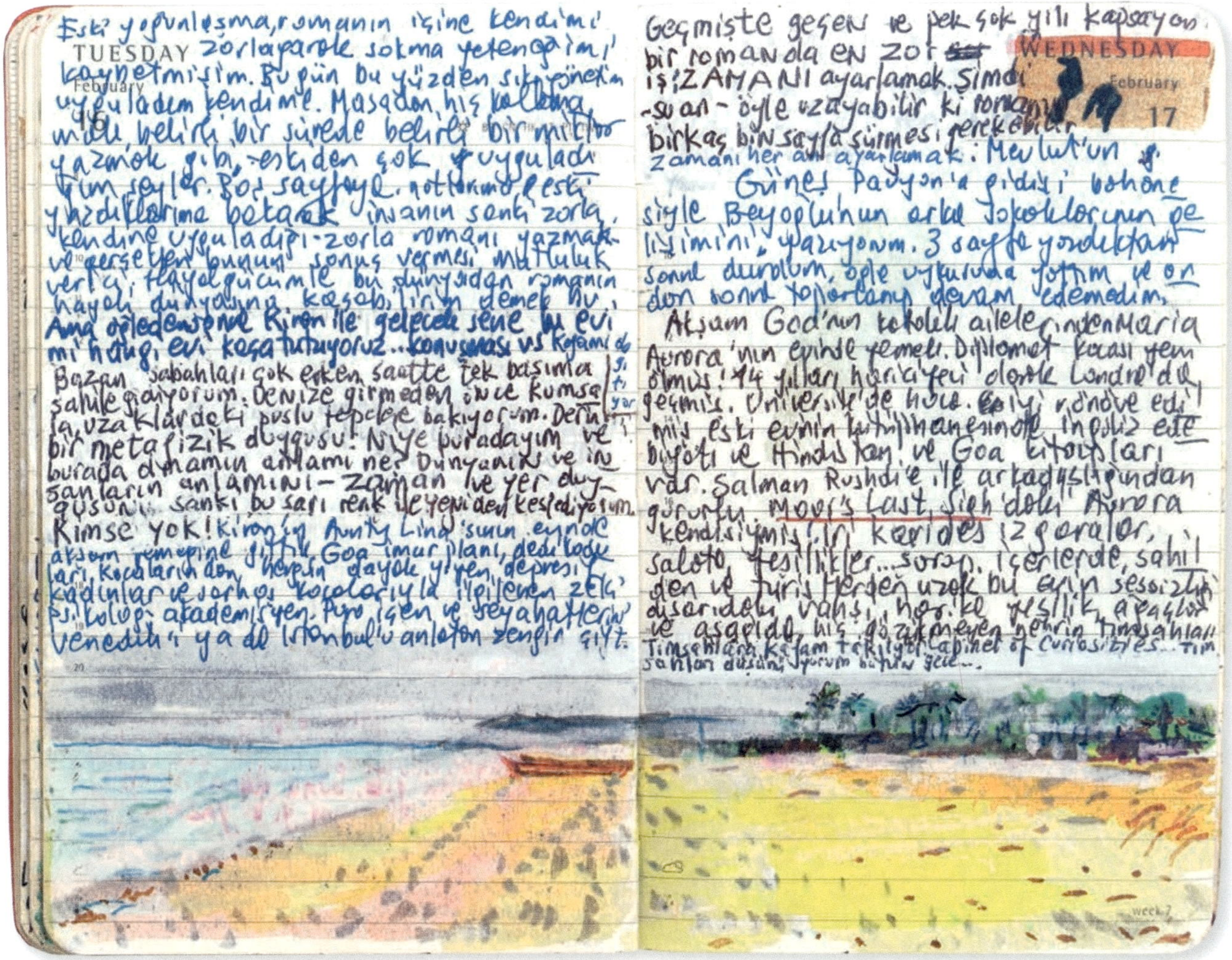

TUESDAY
February
16

Eski yoğunlaşma, romanın içine kendimi
zorlayarak sokma yeteneğimi
kaybetmişim. Bugün bu yüzden sıkı yönetim
uyguladım kendime. Masadan hiç kalkma-
mak, belirli bir sürede belirli bir miktar
yazmak gibi, eskiden çok uyguladı-
ğım şeyler. Boş sayfaya, notlarıma, eski
yazdıklarıma bakarak insanın sanki zorla
kendine uyguladığı -zorla romanı yazmak-
ve gerçekten bunun sonuç vermesi mutluluk
verici. Hayal gücümle bu dünyadan romanın
hayali dünyasına kaçabilirim demek bu.
Ama öğleden sonra Kiran ile gelecek sene bu evi
mi hangi evi kısa tutuyoruz... konuşması vs kafamı da-
ğıtıyor.
Bazan sabahları çok erken saatte tek başıma
sahile gidiyorum. Denize girmeden önce kumsal-
la, uzaklardaki puslu tepelere bakıyorum. Derin
bir metafizik duygusu! Niye buradayım ve
burada olmamın anlamı ne? Dünyanın ve in-
sanların anlamını - zaman ve yer duy-
gusunu sanki bu sarı renk ile yeniden keşfediyorum.
Kimse yok! Kiran'ın Aunty Lina'sının evinde
akşam yemeğine gittik. Goa imar planı, dedikodu-
ları, kocalarından hergün dayak yiyen, depresif
kadınlar ve sarhoş kocalarıyla ilgilenen zeki
psikolog akademisyen. Puro içen ve seyahatlerini
Venedik'i ya da İstanbul'u anlatan zengin [illegible].

WEDNESDAY
February
17

Geçmişte geçen ve pek çok yılı kapsayan
bir romanda en zor ~~şey~~
iş ZAMANI ayarlamak. Şimdi
-şu an- öyle uzayabilir ki romanın
birkaç bin sayfa sürmesi gerekebilir.
Zamanı her an ayarlamak: Mevlut'un
Güneş Pavyon'a gittiği bahane-
siyle Beyoğlu'nun arka sokaklarının ge-
lişimini yazıyorum. 3 sayfa yazdıktan
sonra durdum, öğle uykusunda yattım ve on-
dan sonra toparlanıp devam edemedim.
Akşam Goa'nın katolik ailelerinden Maria
Aurora'nın evinde yemek. Diplomat kocası yeni
ölmüş! 44 yılları hariciyeci olarak Londra'da
geçmiş. Üniversitede hoca. [?] randevu edi-
miş eski evinin kütüphanesinde İngiliz ede-
biyatı ve Hindistan ve Goa kitapları
var. Salman Rushdie ile arkadaşlığından
gururlu. Moor's Last Sigh'daki Aurora
kendisiymiş (!). Karides ızgaralar,
salata, yeşillikler... sonra içerlerde, sahil-
den ve turistlerden uzak bu evin sessizliği
dışarıdaki vahşi, korkunç yeşillik, ağaçlar
ve aşağıda hiç gözükmeyen nehrin timsahları.
Timsahlara kafam takılıyor. Cabinet of Curiosities... Tim-
sahları düşünüyorum bütün gece...

week 7

Por la noche, cena con Amitav Ghosh y con su esposa Debbie en un restaurante birmano de Bomras. En medio del banquete de sardinas a la parrilla, he intentado entablar una charla más personal con Amitav, hablar de literatura; sin mucho éxito. Con la idea de ponerlo un poco al día de lo que estoy escribiendo en estos momentos, le he contado el pasaje sobre el amaño de los contadores eléctricos. Él me ha cortado enseguida. Qué importará eso, me ha dicho, puesto que al fin y al cabo el dinero recuperado en este tipo de hurtos revierte en la «comunidad local»... Yo le respondo que en Turquía, donde el fraude eléctrico es moneda común –lo mismo que en India–, el problema, sin ser propiamente «inquietante», no deja de ser preocupante. Como intelectuales del Tercer Mundo que, por una parte, tenemos problemas con nuestros respectivos países, y somos por otra «famosos en Occidente», tenemos una cierta tendencia a representar el Tercer Mundo como una víctima eterna. El tema me interesa desde hace años, ¡especialmente en relación con la recepción de las tesis de Edward Saïd en el Tercer Mundo!... Amitav se niega a criticar a su país, la India. Y sobre todo a sus habitantes, en especial a los pobres... Cuando dice que los mayores rufianes están en Delhi, que es donde está el verdadero dinero, tiene razón, eso es cierto... Pero semejante razonamiento conlleva el error de eliminar cualquier tipo de crítica de la inmoralidad de las comunidades locales. El tema es más complejo. Los escritores del Tercer Mundo, lo mismo que los que viven en Occidente, deben tener derecho a criticar a su país, a su pueblo, su cultura social en todos los aspectos de la vida cotidiana... Pero ya lo vemos: incluso comentarlo es un problema. ¡Quiero demasiado a Amitav como para pelearme con él!

Todo el día con Kiran. Esta mañana en pie a las 7 h, antes incluso del amanecer, pero el tiempo necesario para entrar en la novela se ha tragado mi ventaja. Por la noche, más visitas, huéspedes distinguidos, diversos invitados, con su mezquindad, sus contradicciones; todo cuanto puede distraernos de la escritura. A las 14.30 h, salida con Kiran al cibercafé, por las callejuelas. Mi amor por las viejas casas coloniales, los banianos, el viento del monzón y las paredes mohosas por la lluvia, el perro que nos sigue y nos asusta un poco, los niños en bicicleta que se detienen para charlar con nosotros. Escribo mal, no puedo. // Por la noche preparo la cena para Kiran, pescado, ensalada de berenjena, etc., y luego, en la BBC y en la CNN, vemos a la confesión y disculpa en directo de Tiger Woods (primera noticia), un famoso golfista que ha engañado a su esposa. ¡Sistema autoritario, si no totalitario, en que la víctima está obligada a hacer su autocrítica! Extraño ceremonial, aunque no sin su interés desde un punto de vista antropológico. Nadando con Kiran, así la veo en medio de las olas. El cabello de Kiran emerge de las aguas...

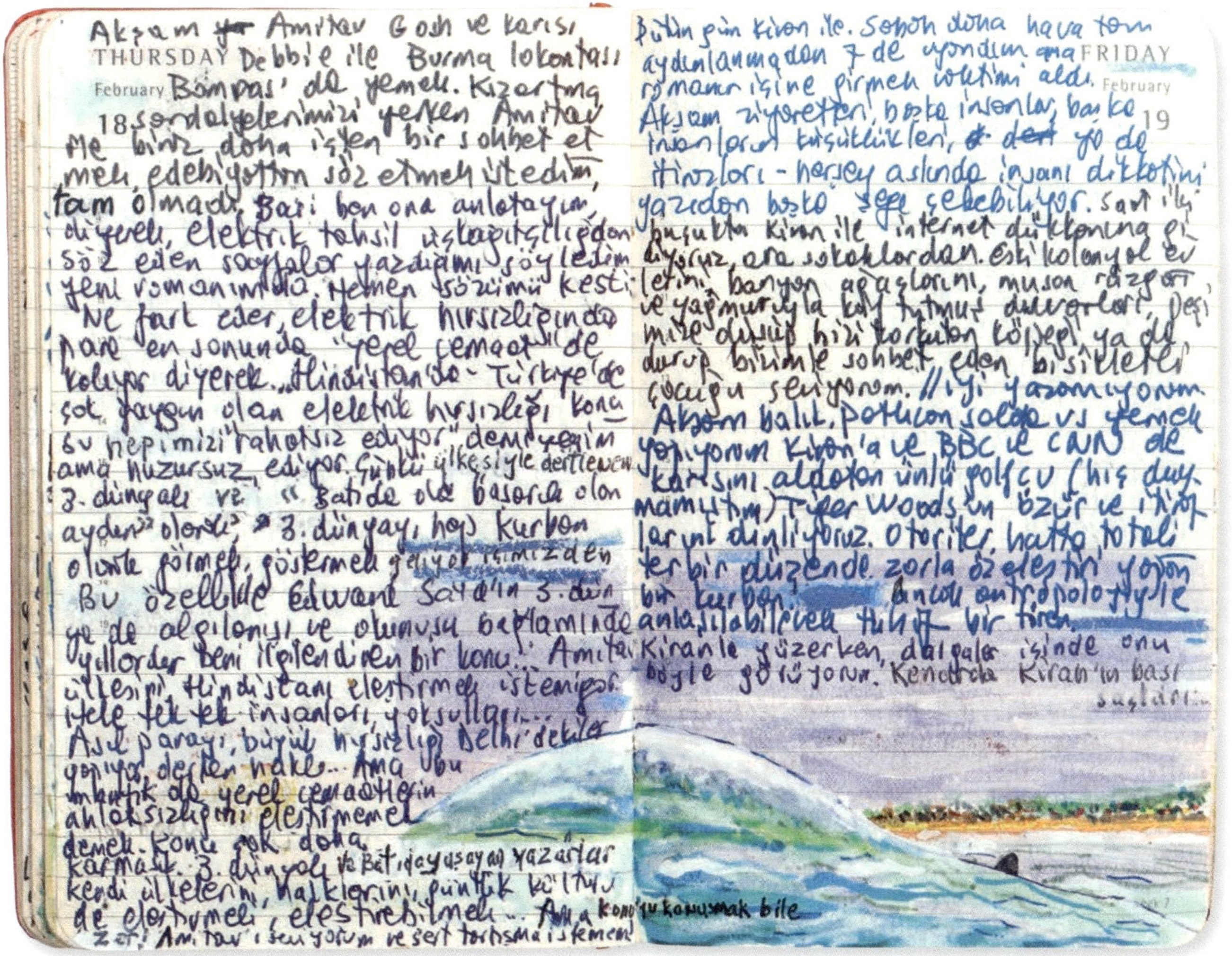
THURSDAY
February
18
FRIDAY
February
19

Tomé medio somnífero anoche, me dormí a las 23 h, me he levantado temprano esta mañana: de buen humor, contento y decidido; lleno de entusiasmo, escribo el diálogo entre Mevlut y su amigo en el kebab. Soberbia mañana de sol en Goa. Alegría de vivir, placer de escribir e inventar. Cuando termine de escribir este pasaje, ¿no me concederé un pequeño descanso, digamos a eso de las siete de la tarde?

Estar inmerso en una novela, vivir cada día de acuerdo con ella... Sin eso no puedo vivir. Si el mundo no deviene texto, si no aspira a ser escrito... difícil habitarlo. Mi admiración por Rousseau vuelve a avivarse. Escribir, contemplar el paisaje, entrar en la vida de los demás...

El ojo de *El libro negro*: reflexionando sobre la posibilidad de hacer un gran paisaje de la Goa Vieja, una inspiración repentina: un nuevo capítulo, un capítulo poético. Mevlut imaginando –soñando– un ojo que lo observa y lo persigue. He dibujado ese ojo al escribir el capítulo. Ganas de añadirle al texto pequeños dibujos como este, en paralelo a la cosa extraña que Mevlut lleva en su interior, EN PARALELO AL DISCURSO DE MEVLUT Y A SU EXTRAÑEZA.

Deseo de pintar la naturaleza de Goa. El delta del río, las iglesias, las barcazas que traen la tierra ferruginosa del interior, los árboles; sin embargo lo que quiero lograr es sobre todo la sensación de los colores. El naranja de la tierra; el azul de la niebla que envuelve las montañas lejanas. Los recovecos de verde donde se refugian la frescura y los pájaros. En cierto punto, los colores se transforman en emociones. O mejor dicho: mirando ese naranja tan especial, del color del hierro, y el verde de los árboles, me siento atravesado por una especie de calor, por una impresión de movimiento. Colores-emociones. Como aquí tienen la costumbre de quemar sistemáticamente la basura, incluso el paisaje más humilde está constantemente bañado por una niebla azulada que le confiere algo de misterioso y equívoco.

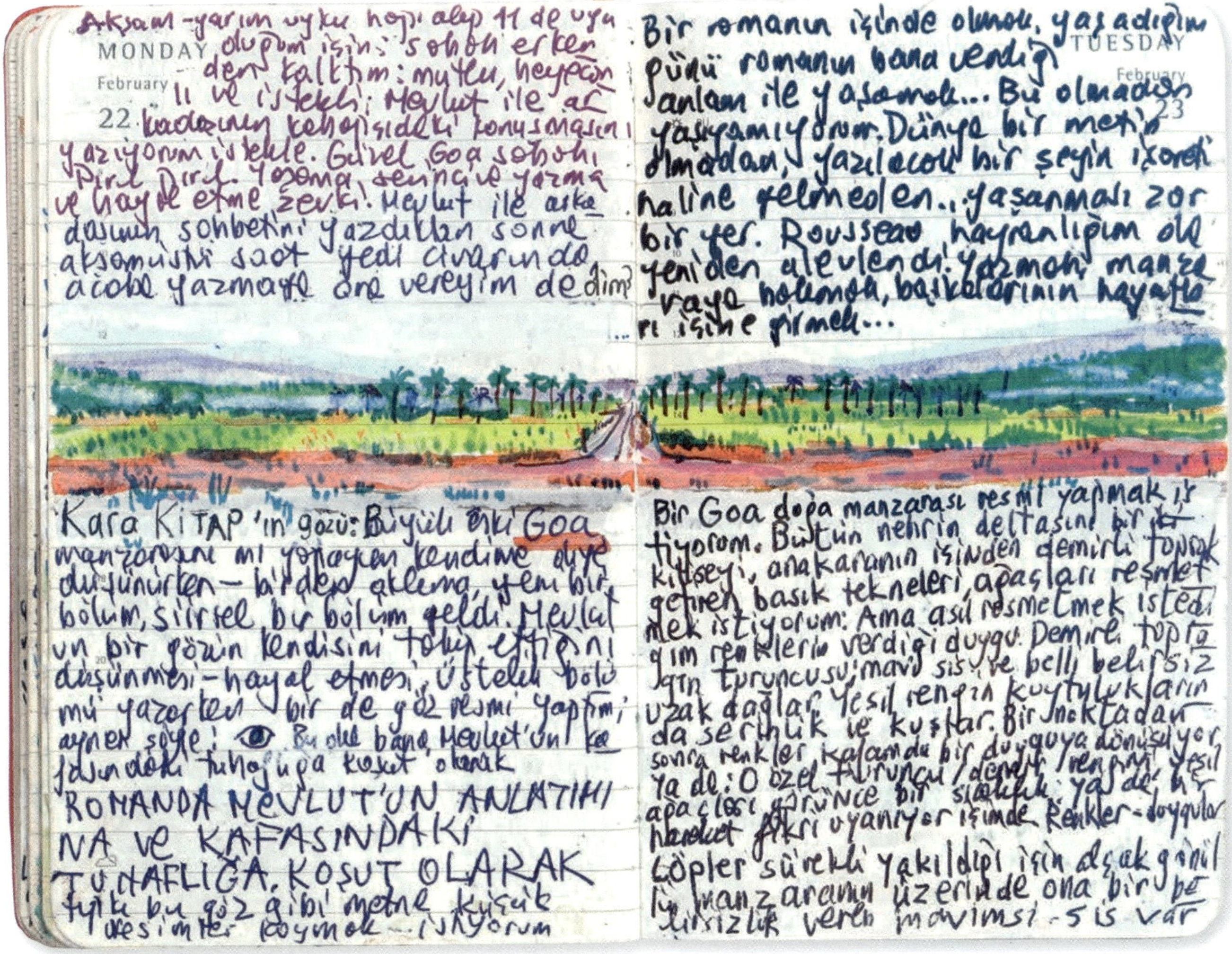

MONDAY
February
22

Akşam - yarım uyku hapı alıp 11 de uyumuş olduğum için sabah erkenden kalktım: mutlu, heyecanlı ve istekli; Mevlut ile acı kadının kahvesindeki konuşmasını yazıyorum istekle. Güzel Goa sabahı. Pırıl pırıl. Yaşama sevinci ve yazma ve hayal etme zevki! Mevlut ile askadaşının sohbetini yazdıktan sonra akşamüstü saat yedi civarında acaba yazmaya ara vereyim dedim?

TUESDAY
February
23

Bir romanın içinde olmak, yaşadığım günü romanın bana verdiği anlam ile yaşamak... Bu olmadan yaşayamıyorum. Dünya bir metin olmadan, yazılacak bir şeyin işareti haline gelmeden... yaşanmalı zor bir yer. Rousseau hayranlığım ile yeniden alevlendi. Yazmak manzaraya bakmak, başkalarının hayatları içine girmek...

Kara KITAP 'ın gözü: Büyük eski Goa manzarasını mı yapacağım kendime diye düşünürken — birden aklıma yeni bir bölüm, şiirsel bir bölüm geldi. Mevlut'un bir gözün kendisini takip ettiğini düşünmesi - hayal etmesi, üstelik bölümü yazarken bir de göz resmi yaptım, aynen şöyle! 👁 Bu ole bana Mevlut'un kafasındaki tuhaflığa koşut olarak

ROMANDA MEVLUT'UN ANLATIMINA VE KAFASINDAKİ TUHAFLIĞA KOŞUT OLARAK tıpkı bu göz gibi metne küçük resimler koymak istiyorum

Bir Goa doğa manzarası resmi yapmak istiyorum. Bütün nehrin deltasını bir kitleyi, anakaranın içinden demirli toprak getiren basık tekneleri, ağaçları resmetmek istiyorum: Ama asıl resmetmek istediğim renklerin verdiği duygu. Demirli toprağın turuncusu; mavi sis ve belli belirsiz uzak dağlar. Yeşil rengin koyulukların da serinlik ve kuşlar. Bir noktadan sonra renkler kafamda bir duyguya dönüşüyor ya da: O özel turuncu / demir rengini, yeşil ağaçları görünce bir [illegible] ya da bir hareket fikri uyanıyor içimde. Renkler - duygular

Çöpler sürekli yakıldığı için alçak gönüllü manzaranın üzerinde ona bir belirsizlik veren mavimsi - sis var

Muy intrigado por los últimos acontecimientos políticos en Turquía. // Gran sol esta mañana. Me he levantado a las 7 h. A las 10.00 h, he nadado 45 minutos con Kiran. Luego he empezado a escribir el capítulo de los primeros cobros de factura de la luz de Mahmut y F. Buena sesión, naturalidad en la escritura, placer. He constatado con júbilo que potencialmente tengo una gran novela, larga, muy agradable. Mi imaginación enciclopédica se ha puesto en marcha de repente... ¡Excitación! En una especie de embriaguez, he tomado notas como un loco para los siguientes capítulos. Qué vasto me parece el panorama de las posibles escrituras. // He corrido hasta el cibercafé para leer la última información sobre el intento de golpe de Estado de los generales. ¡Inconcebible! No seré yo el que diga que Turquía es un país democrático, pero, aun así, asesinar a un hombre en plena calle, tomar a escritores como objetivo... esto debería ser menos duro.

Si al menos no tuviera todas esas otras preocupaciones, podría trabajar en la novela con enorme eficacia, con entusiasmo... Esta mañana he nadado un buen rato, gran placer, después estaba cansado. Una hora en el cibercafé para escanear el prefacio para Everyman y enviarlo a Turquía. A la vuelta, he caminado de nuevo por el entramado de callejuelas. Casas muy pobres, gente durmiendo en el suelo, un perro ladrándome, niños peleándose, calor asfixiante, callejones sin salida, un viejo europeo durmiendo en su apartamento de hormigón con su mujer, enamorada de la sombrilla. Por la noche, crucero por el río alrededor de Panaji en compañía de Vivek, con su esposa, su familia y algunos amigos suyos... La perspectiva de la Goa Vieja tomada entre la vegetación, magnífica... Aun así, el encanto de Panjim estropeado por los edificios turísticos, los barcos estilo Mississippi, los casinos. ¿Ves ese faro?, es el más antiguo de toda Asia, me dice Vivek con orgullo, señalando la enorme torre redonda que se yergue allí donde el río desemboca en el océano Índico.

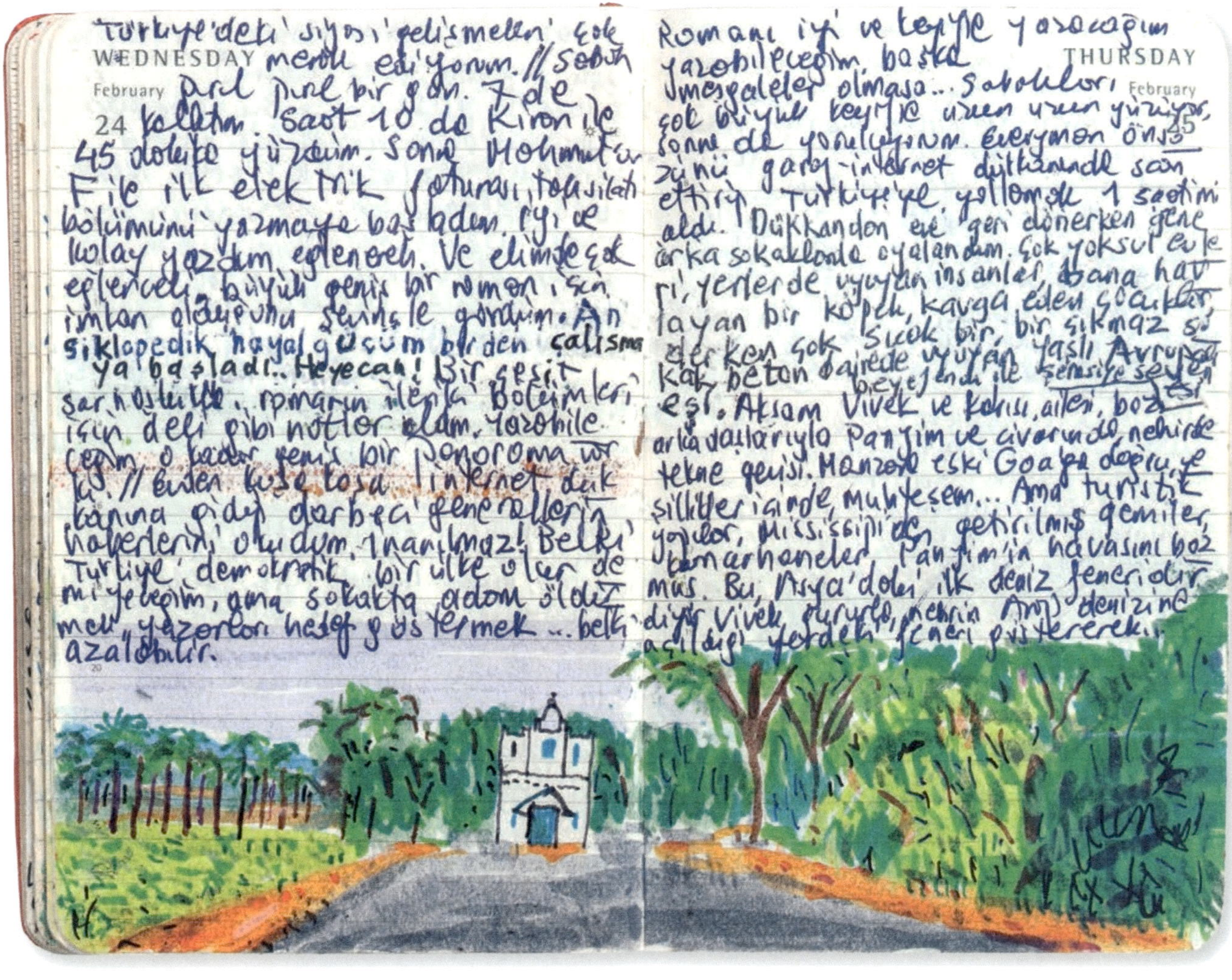

WEDNESDAY February 24

Türkiye'deki siyasi gelişmeleri çok merak ediyorum. // Sabah pırıl pırıl bir gün. 7'de kalktım. Saat 10'da Kiran ile 45 dakika yüzdüm. Sonra Mahmut'un F ile ilk elektrik faturası tahsilatı bölümünü yazmaya başladım. İyi ve kolay yazdım, eğlenceli. Ve elimde çok eğlenceli, büyülü geniş bir roman için imkan olduğunu sevinçle gördüm. Ansiklopedik hayal gücüm birden çalışmaya başladı.. Heyecan! Bir çeşit sarhoşlukla.. romanın ileriki bölümleri için deli gibi notlar aldım. Yazabileceğim o kadar geniş bir panorama var ki. // Evden köşe tozu internet dükkanına gidip darbeci generallerin haberlerini okudum. İnanılmaz! Belki Türkiye demokratik bir ülke olur demiyeceğim, ama sokakta adam öldürmek, yazarları hedef göstermek.. belki azalabilir.

THURSDAY February 25

Romanı iyi ve keyifle yazacağım yazabileceğim başka meşgaleler olmasa... Sabahları çok büyük keyifle uzun uzun yüzüyor, sonra da yoruluyorum. Everyman önsözünü garaj-internet dükkanında son ettim. Türkiye'ye yollamak 1 saatimi aldı. Dükkandan eve geri dönerken gene arka sokaklarda oyalandım. Çok yoksul evleri, yerlerde uyuyan insanları, bana havlayan bir köpek, kavga eden çocuklar, sıcak bir, bir sıkmaz sokak derken çok beton dairede uyuyan yaşlı Avrupalı şemsiyeli beyefendi ile eşi. Akşam Vivek ve karısı, ailesi, bazı arkadaşlarıyla Panjim ve civarında nehirde tekne gezisi. Manzara eski Goa'ya doğru ve silikler içinde muhteşem... Ama turistik yapılar, Mississippi'den getirilmiş gemiler, kumarhaneler Panjim'in havasını bozmuş. Bu, Asya'daki ilk deniz feneri olur diyor Vivek gururla, nehrin Arap denizine açıldığı yerdeki feneri göstererek...

He tomado solo un cuarto de somnífero para despertarme temprano. No ha acabado de funcionar. Una vez más, imposible meterme en faena antes del mediodía. Caída de la reflexión, de la escritura, de la energía, etc. He ido a nadar, pero no me ha espabilado... Sin embargo, siento que mi nueva novela puede ser muy agradable y, mientras la escribo, siento un gran placer. // Problemas... para enviarle el prefacio de Everyman a Hüsnü, en Estambul. Problemas técnicos... Lo envié ayer desde el cibercafé. 5 páginas no llegaron... Leo los periódicos turcos en mi buzón de correo electrónico, Tarkan[59] detenido por cocaína; los jefes fueron liberados sin pasar por comisaría; Kiran viene al cibercafé.

La vista que contemplo mientras escribo...

la casa está detrás de esos árboles

Esta sería más o menos la perspectiva de la playa desde el mar... Pero no es lo que veo yo cuando nado. Nado de espaldas. Durante la mayor parte del tiempo, con los ojos cerrados. Fantaseo con lo que voy a escribir. Las aventuras de Mevlut... Hoy he empezado a escribir en detalle el pasaje sobre el cobro de facturas de la luz en Estambul. A través de la mirada de Mevlut, de sus propios ojos... En principio había pensado escribirlo de vuelta en Estambul, charlando con un especialista en la materia, pero finalmente el resultado me satisface.

Por la noche, he fotografiado las cornejas del jardín en el crepúsculo. En mi imaginación, las cornejas estarán siempre asociadas a la casa de Goa, a su jardín, a esta estancia y a las horas que aquí pasé escribiendo. Al atardecer y al amanecer son cientos volando, formando como un gran paraguas negro. Un instante de alboroto.

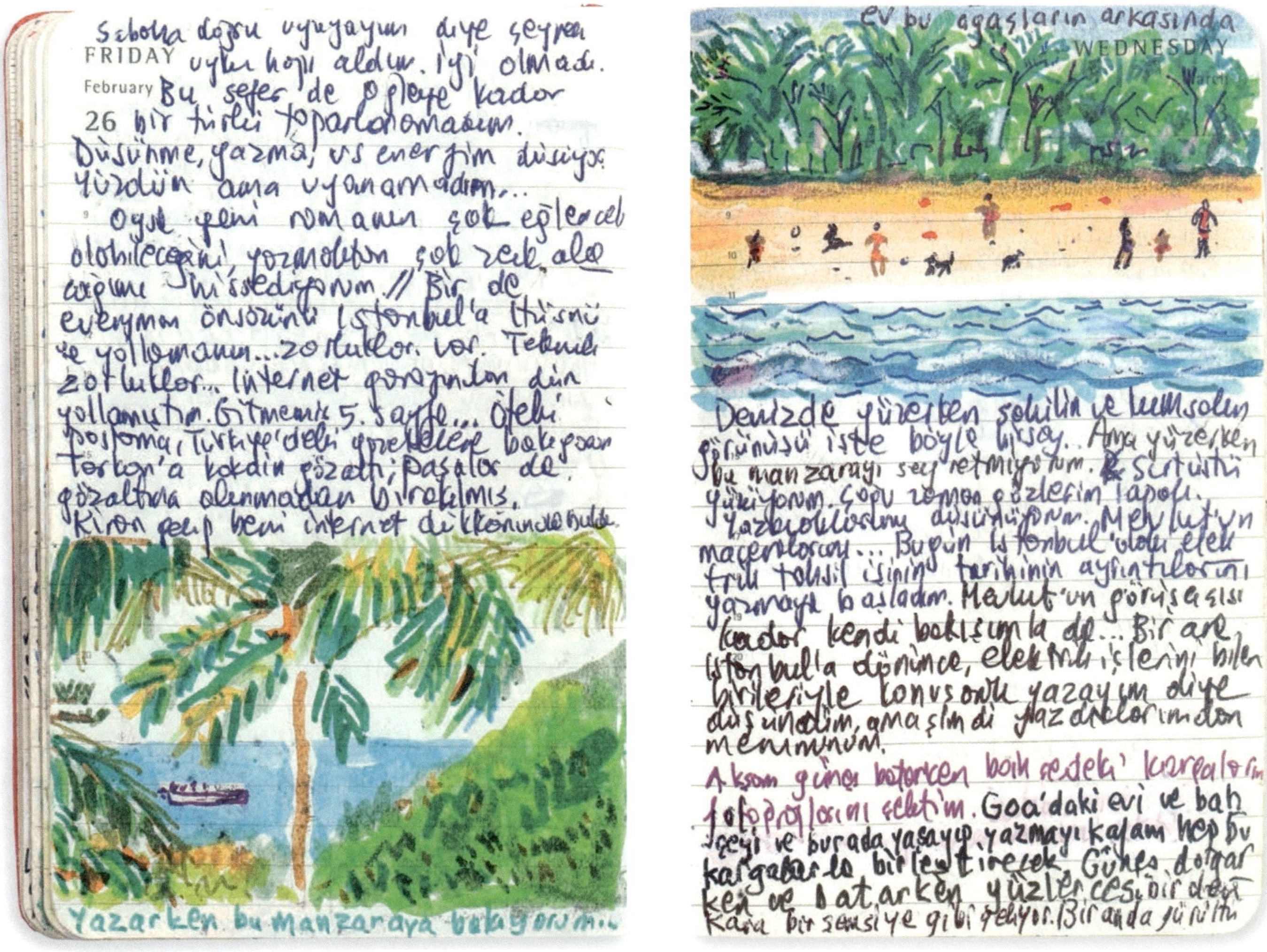
FRIDAY
February
26
Sabaha doğru uyuyayım diye şeytan uyku hapı aldım. İyi olmadı.
Bu sefer de öğleye kadar bir türlü toparlanamadım.
Düşünme, yazma, vs enerjim düşüyor.
Yüzdüm ama uyanamadım...
Oysa yeni romanın çok eğlenceli olabileceğini, yazdıkların çok renkli ala... hissediyorum. // Bir de Everyman önsözünü İstanbul'a Hüsnü'ye yollamanın... zorlukları var. Teknik zorluklar... İnternet gazeteleri dün yollamışlar. Gitmemiş 5. sayfa... Öteki postama, Türkiye'deki gazetelere bakıyorum: Taraf'a kadın gözaltı; paşalar de gözaltına alınmadan bırakılmış. Kiran gelip beni internet dükkanında buldu.
Yazarken bu manzaraya bakıyorum...
Ev bu ağaçların arkasında
WEDNESDAY
March
Denizde yüzerken sahilin ve kumsalın görünüşü işte böyle bir şey. Ama yüzerken bu manzarayı seyretmiyorum. Sırtüstü yüzüyorum. Çoğu zaman gözlerim kapalı. Yazacaklarımı düşünüyorum. Mevlut'un maceralarını... Bugün İstanbul'daki elektrik tahsil işinin tarihinin ayrıntılarını yazmaya başladım. Mevlut'un görüşü kadar kendi bakışımla da... Bir ara İstanbul'a dönünce, elektrik işlerini bilen birileriyle konuşarak yazayım diye düşündüm, ama şimdi yazdıklarımdan memnunum.
Akşam güneş batarken bahçedeki kargaların fotoğraflarını çektim. Goa'daki evi ve bahçeyi ve burada yaşayıp yazmayı kafam hep bu kargalarla birleştirecek. Güneş doğarken ve batarken yüzlercesi bir dev kara bir şemsiye gibi geliyor. Birden da gürültü

PENSAMIENTO NOCTURNO: en ciertos aspectos, es menester que la novela del CONSERVADOR ponga en juego la política en un sentido global. Los artistas del Tercer Mundo, en lugar de criticar a su país, se complacen tanto en verse como «oprimidos»... O si no, esgrimir ideas como la creación de un gobierno mundial; y por supuesto: panorama ilustrado del mundo.

Por la noche vuelvo a leer las páginas que he escrito a las 5 h de la mañana, muy satisfecho. Hay ahí... un mundo, un universo inmenso...

1. La extrañeza de Mevlut, en su cabeza, religión, metafísica
2. La ciudad como bosque caótico
3. Historia del otro Estambul
4. Historia de los vendedores...

Meterse en el mar después de trabajar en la novela todo el día. Luego, nadar 1 hora más, de 18.00 a 19.30 h. Xavier nos deja en el cibercafé. Luego, cena con Kiran en un restaurante italiano, en algún lugar del norte. He conseguido los periódicos indios, *The Hindu*, *The Times of India*, incluso el *Indian Express*, que leo durante largo rato y sin enfadarme demasiado, más bien entretenido, como con los periódicos turcos. Esta mañana ha caído un ratón en la trampa... Rana ha tenido piedad, como nosotros, lo hemos soltado.

Me levanto por la noche pensando en la novela nueva, en la historia de Mevlut. CONTENTO CON MI NUEVA NOVELA. LA HISTORIA DE UNA CIUDAD DE 10 MILLONES DE HABITANTES COMO NO LA HA CONTADO NADIE...

Los migrantes recién llegados a la ciudad, los vendedores, los *gecekondu*, las estafas con la electricidad, las guerras en los barrios pobres, etc., etc. Últimos días en Goa, y no demasiado apenado. El mejor efecto de las últimas 5 semanas aquí: inesperadamente, he vuelto a meterme en la novela, en la historia de Mevlut. Ahora estoy del todo inmerso. Probablemente habrá que contar con el cansancio y el agotamiento de las obras del museo, cierto, pero he encontrado MI NOVELA. Y me parece magnífica, original. Otro aspecto positivo de esta estancia en Goa: por primera vez en años, o casi, he pasado 5 semanas sin náuseas, sin depresión, sin miedo ni preocupaciones. Las 5 semanas más tranquilas y felices de mi vida desde hace unos 3, puede que 4 años. He nadado, adelgazado. // Hoy nada de cansancio... He pasado todo el día rehaciendo en grande el dibujo de la Goa Vieja hecho en este cuaderno entre el 4 y el 6 de febrero, algo con lo que llevaba soñando dos semanas. 4 páginas grandes una junto a otra. Murmurando canciones, como cuando era niño. / Por la noche, viejas casas de Panaji con Vivek, cena en casa de Ernesto.

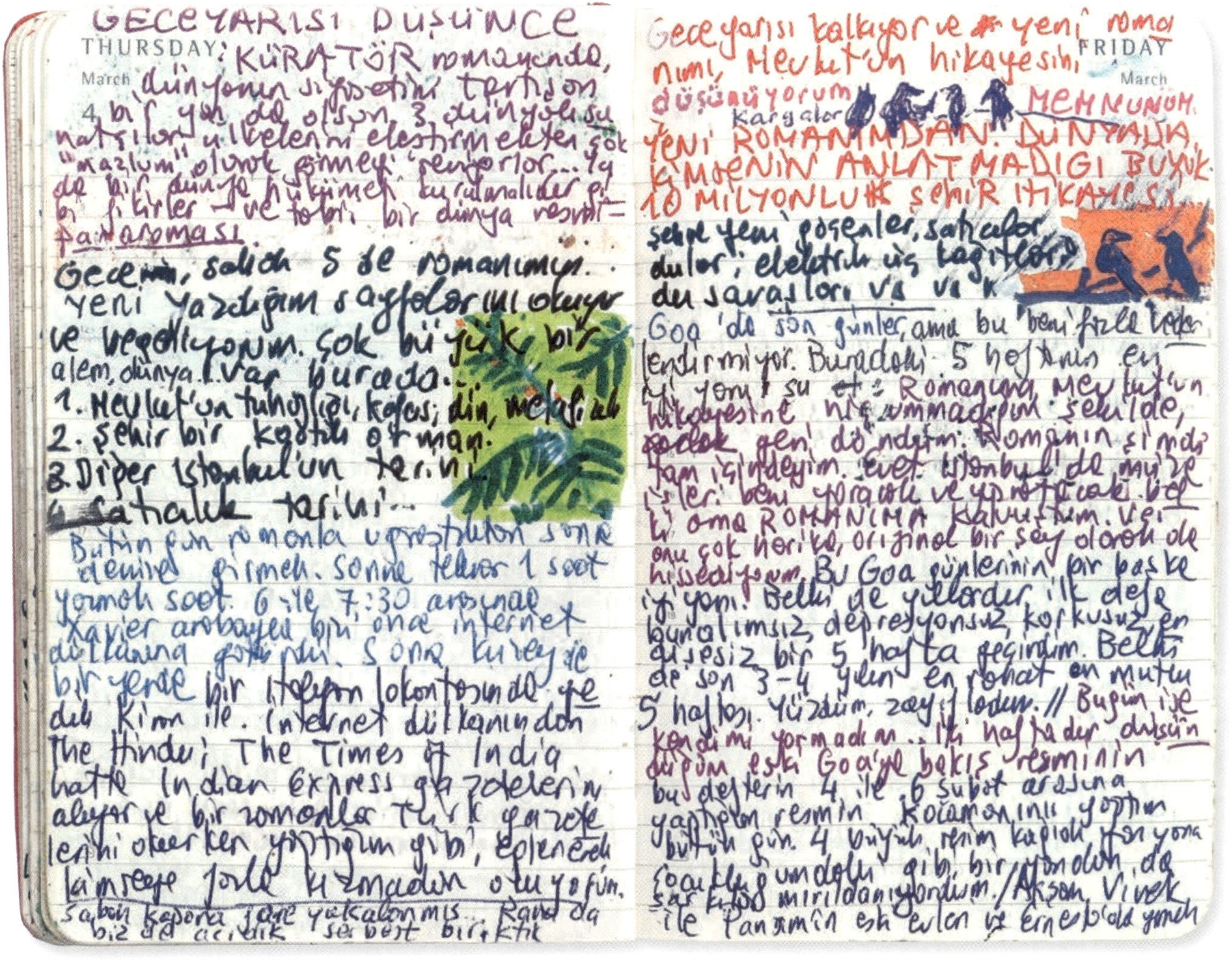
GECEYARISI DÜŞÜNCE
THURSDAY
March
4
KÜRATÖR
FRIDAY
March
Kargalar
MEMNUNUM.
YENİ ROMANIMDAN.
10 MİLYONLUK ŞEHİR

Anoche, nuevas ideas para la novela. Brevemente: insertar el episodio de la construcción de las chabolas en mitad de los años de escuela de Mevlut... Construcción y destrucción de las chabolas. Lo que Mevlut experimentó, cómo luchó, crear una historia. Una historia que le cuenta su padre, una historia que no está en el pasado. / No he logrado entrar en la novela los primeros días en Goa. Hay que retomar y repensar las primeras 250 páginas, trama y cronología. ¡LOS DELFINES! Por fin he sorprendido y fotografiado a un delfín que saltaba fuera del agua (a las 10.15 h).

Contemplando el mar en el horizonte, fantaseo con la novela y con mi vida después de un día entero trabajando en mi despacho. He decidido hacer una serie de cambios en el *plot*, para recuperar un poco de tranquilidad. La tensión entre el padre y el tío de Mevlut la veré a través de los ojos del hijo en el momento de la construcción de las chabolas. Mientras su padre espera casar a su hija con el hijo del tío, este corre tras otra. Esta noche leía sobre el método de Dickens en *Oliver Twist*: no hace falta profundizar demasiado en la intriga. Proceder por episodios, capítulos, manteniendo el control sobre todo cuanto tengo en mente...

vista desde el FUERTE DE TIRACOL

Me he levantado a las 7 h, pienso en los años de colegio de Mevlut mirando a lo lejos los barcos de los pescadores, la niebla que asciende desde el bosque. He trabajado esta madrugada de 3.00 a 5.00 h. En la cama, somnoliento, no dejo de pensar en Mevlut y en su escuela.

Pero aún no he escrito nada. Hago correcciones.

Hemos bajado del FUERTE DE TIRACOL a Candolim. Xavier nos ha llevado a hacer la compra al supermercado Newton con el coche de su hermano; luego, de nuevo en la carretera, parada en una pescadería en la que hemos comprado caballa, fresca y ahumada, gambas. Las calles de Goa, la tierra roja, el verde de las palmeras, los arrozales, el azul oscuro de los cafés y las casas, la blancura de las iglesias católicas, los niños de camino al colegio, las bicicletas, los vendedores de fruta... La opulenta alegría de este rinconcito del mundo es para mí una bendición. Ese momento que has estado esperando todo un año... La señora Sheetal nos ha dado la bienvenida. Antes de instalarnos, me he puesto a trabajar. A las 16 h hemos ido al mar. A la vuelta, parrillada de caballa.

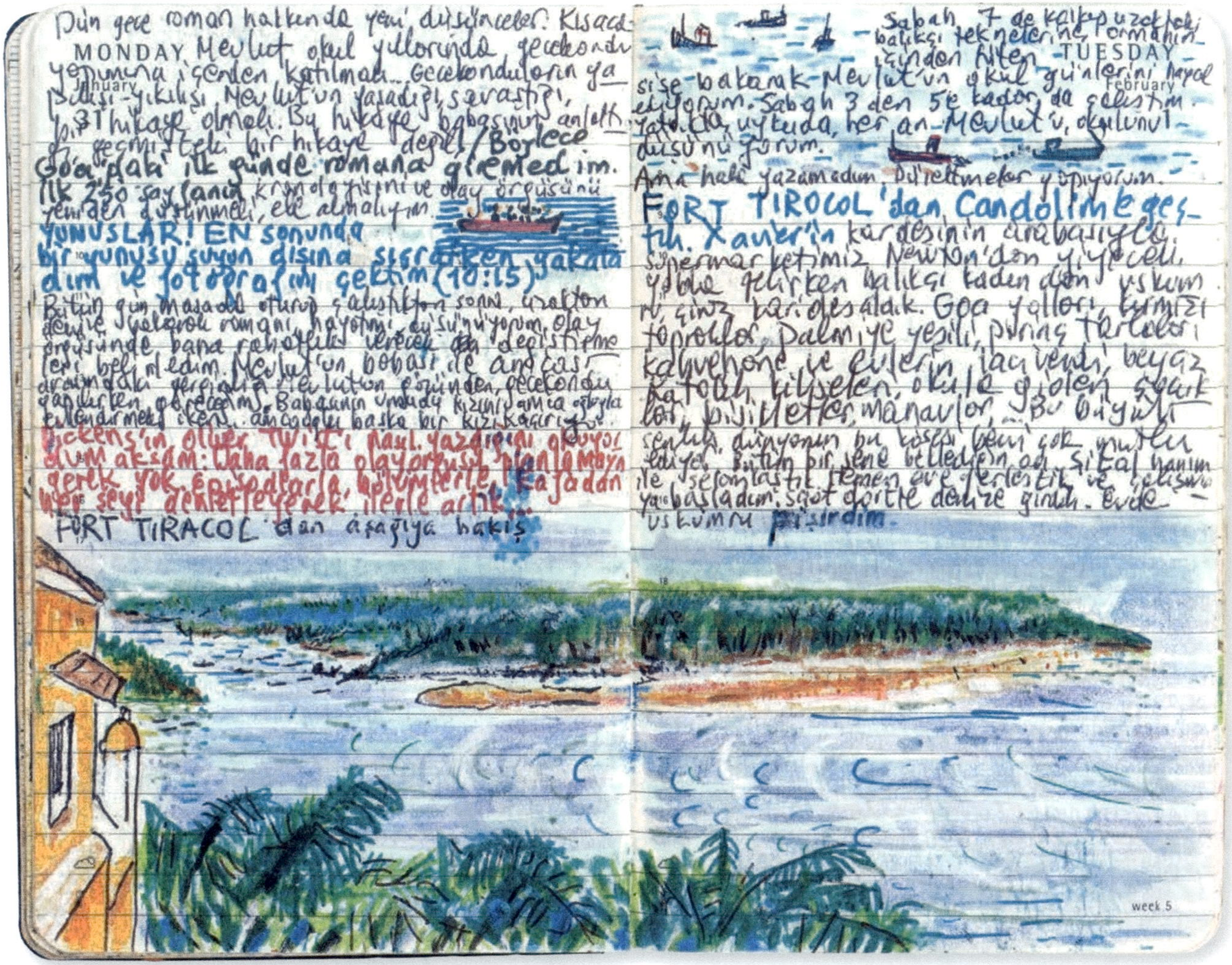

MONDAY 31 January

Dün gece roman hakkında yeni düşünceler. Kısaca Mevlut okul yıllarında gecekondu yapımına içeriden katılmalı. Gecekonduların yapılışı-yıkılışı, Mevlut'un yaşadığı, savaştığı bir hikaye olmalı. Bu hikaye babasının anlattığı geçmişteki bir hikaye değil / Böylece Goa'daki ilk günde romana girmiş oldum. İlk 250 sayfanın kurgusunu ve olay örgüsünü yeniden düşünmeli, ele almalıyım.

YUNUSLAR! EN sonunda bir yunusu suyun dışına sıçrarken yakaladım ve fotoğrafını çektim (10:15)

Bütün gün masada oturup çalıştıktan sonra, [illegible] denize bakarak romanı, hayatımı düşünüyorum. Olay örgüsünde bana rehberlik edecek [illegible] değiştirmeleri belirledim. Mevlut'un babası ile amcası arasındaki gerginliği Mevlut'un gözünden, gecekondu yapılırken göreceğim. Babasının [illegible] kızını amca oğluyla evlendirmek iken, [illegible] başka bir kızı kaçırır.

Dickens'in Oliver Twist'i nasıl yazdığını okuyordum akşam: Daha fazla olay örgüsü planlamaya gerek yok, epizodlarla, bölümlerle, kafadan her şeyi denetleyerek ilerle artık.

FORT TIRACOL'dan aşağıya bakış

TUESDAY 1 February

Sabah 7'de kalkıp uzaktaki balıkçı teknelerine, romanın içinden çıkan sise bakarak Mevlut'un okul günlerini hayal ediyorum. Sabah 3'den 5'e kadar da çalıştım. Yatakta, uykuda, her an Mevlut'u, okulunu düşünüyorum.

Ama hala yazamadım. Düzeltmeler yapıyorum.

FORT TIRACOL'dan Candolim'e geçtik. Xavier'in kardeşinin arabasıyla. Süpermarketimiz Newton'dan yiyecek, öğleye gelirken balıkçı kadından uskumru, [illegible] alacak. Goa yolları, kırmızı topraklar, palmiye yeşili, pirinç tarlaları, kahvehane ve evlerin lacivert, beyaz katolik kiliseler, okula giden çocuklar, bisikletler, manavlar, Bu büyülü [illegible] dünyanın bu köşesi beni çok mutlu ediyor. Bütün bir gün [illegible] Sibel Hanım ile [illegible] ve çalışmaya başladım. Saat dörtte denize girdik. Evde uskumru pişirdim.

week 5

Ánimo, Orhan. Debes creer más en lo extraño de tu relato y en los sueños de Mevlut. Sé más tú mismo, Orhan. Venga, sueña, abre tus alas, ¡vuela! Ah, Mevlut. Tengo que llegar a imaginar el mundo de Mevlut, olvidando todos los demás.

Esta mañana, después de bajar a la cocina para poner a calentar agua para el té, júbilo al abrir las puertas, al acariciar al perro, y luego al caminar en la frescura del jardín, con las cornejas en el pontón de madera, oyendo cantar a los otros pájaros. Luego me siento en el despacho y reviso lo que escribí ayer. En segundo plano la agresión de Mevlut, en primero su deseo de establecerse, de fondo las turbulencias de su vida, etc. Placer. ¡Qué hermoso es ser Mevlut pasándolo bien!

También: las aventuras de Mevlut en la escuela en gran medida están inspiradas en lo que yo viví en la escuela Mimar Kemal de Ankara y en el instituto Behçet Kemal Çağlar de Baltalimanı. La imaginación no hace más que recomponer mis recuerdos. Cuando se lo cuento a Kiran, no cree que yo haya vivido todo eso. // El día, por desgracia, ha terminado mal. Hemos ido al cibercafé a ver los e-mails. Las noticias. // Las noticias del país siguen siendo malas, no vale la pena ni leerlas. Ya sea porque alguien te amenaza, porque la gente anda diciendo cosas espantosas, qué vergüenza.

He dormido diez horas, he despertado a las 8 h. Venga, Orhan, escribe tu Mevlut, la mañana es preciosa, estás en forma, eres fuerte, escribe, venga... // He nadado en el mar, genial. Mar azul. Limpio. Profundo. Sol. Mientras nadaba he imaginado un párrafo: una lista que muestra hasta qué punto a Mevlut le gustaba el colegio. Lo escribiré hoy. Si lo hago, podría ser una de las páginas sobre la escuela más originales de toda la literatura turca. // Redacto la lista. Pero ser pretencioso no es bueno. Adoro escribir. De hecho, Mevlut soy yo. // Ahora escribo sobre cómo le gustan a Mevlut las clases de historia. Luego pierdo ritmo. Maldición. A veces los detalles son tan nítidos que me arriesgo a que se me escape el conjunto.

el mar

Hoy he escrito 9 o 10 horas en mi despacho. Por la noche a casa de Bamras. Antes de acostarme, un poco borracho, he reabierto *El libro negro* –tengo aquí la edición İletişim–, y le he dicho a Kiran: ¡en este libro están Delhi y Fîrûz Shâh!, y he encontrado, p. 151, el capítulo titulado «Todos Lo esperamos». ¡Y qué capítulo! ¡Me he quedado boquiabierto! Bravo por mí... Me he traído *El libro negro*, esa novela publicada hace doce años, para releerlo e inspirarme. ¿Qué pensaba Galip caminando de noche por las calles de Estambul? En las inscripciones y en el musgo que recubre las paredes, las tumbas. Mi trabajo, transformar la ciudad en texto, el texto en ciudad. Me sale naturalmente.

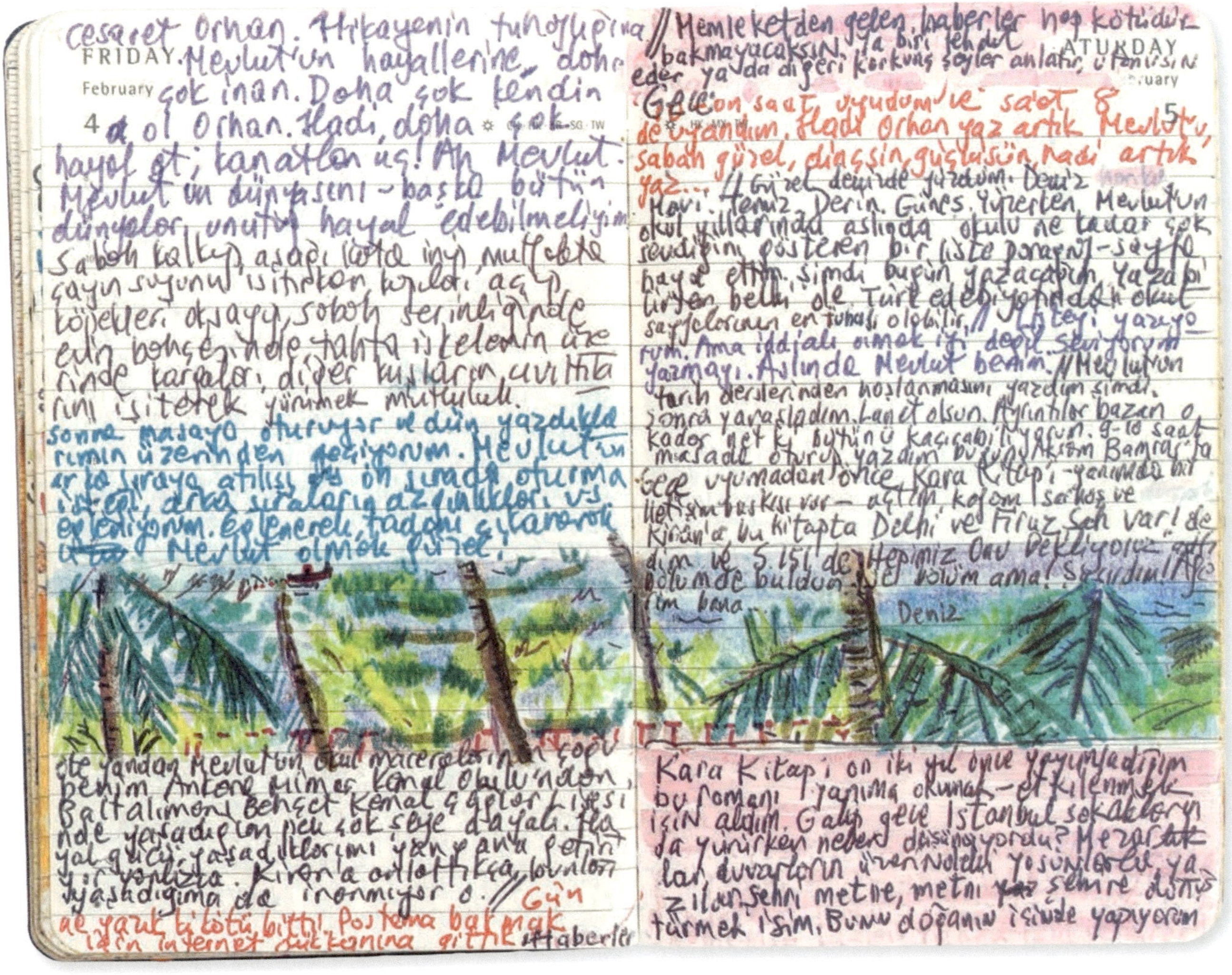
cesaret Orhan. Hikayenin tuhafluğuna
FRIDAY
February
4
Mevlut'un hayallerine, daha
çok inan. Daha çok kendin
ol Orhan. Hadi, daha çok
hayal et, kanatlan uç! Ah Mevlut.
Mevlut'un dünyasını – başka bütün
dünyaları unutup hayal edebilmeliyim
Sabah kalkıp aşağı kata inip mutfakta
çayın suyunu ısıtırken kapıları açıp
köpekleri okşayıp, sabah serinliğinde
evin bahçesinde tahta iskelenin üze-
rinde kargaları, diğer kuşların cıvıltıla-
rını işiterek yürümek mutluluk.
Sonra masaya oturuyor ve dün yazdıkla-
rımın üzerinden geçiyorum. Mevlut'un
arka sıraya atılışı ve ön sırada oturma
isteği, arka sıraların azgınlıkları vs
ekleniyorum. Eğlenerek tadını çıkararak
Mevlut olmak güzel.
Bir yandan Mevlut'un okul maceralarının çoğu
benim Ankara Mimar Kemal Okulu'ndan,
Baltalimanı Behçet Kemal Çağlar Lisesi-
nde yaşadığım pek çok şeye dayalı. Ha-
yal gücü, yaşadıklarımı yan yana getir-
ir yapıştır. Kiran'a anlattıkça, bunları
yaşadığıma da inanmıyor o. // Gün
ne yazık ki kötü bitti. Postana bakmak
için internet dükkanına gittik. Haberler
Memleketden gelen haberler hep kötüdür
bakmayacaksın. Ya biri tehdit
eder ya da diğeri korkunç şeyler anlatır
SATURDAY
February
5
Goa
on saat uyudum ve saat 8
de uyandım. Hadi Orhan yaz artık Mevlut'u,
sabah güzel, dinçsin, güçlüsün, hadi artık
yaz... 4 güzel denizde yüzdüm. Deniz
Mavi. Temiz. Derin. Güneş. Yüzerken, Mevlut'un
okul yıllarında aslında okulu ne kadar çok
sevdiğini gösteren bir liste paragraf – sayfa
hayal ettim. Şimdi bugün yazacağım.
belki de Türk edebiyatındaki okul
sayfalarının en tuhafı olabilir.
Ama iddialı olmak işi değil seviyorum
yazmayı. Aslında Mevlut benim. // Mevlut'un
tarih derslerinden hoşlanmasını yazdım şimdi.
Sonra yaraşladım. Lanet olsun. Ayrıntılar bazen o
kadar net ki bütünü kaçırabiliyorum. 9-10 saat
masada oturup yazdım bugün.
gece uyumadan önce Kara Kitap'ı
Kiran'a bu kitapta Delhi ve Firuz Şah var! de-
dim ve 5.151 de Hepimiz Onu Bekliyoruz adlı
bölümde buldum.
Deniz
Kara Kitap'ı on iki yıl önce yayımladığım
bu romanı yanıma okumak – etkilenmek
için aldım. Galip gece İstanbul sokakların-
da yürürken neler düşünüyordu? Mezarlık-
lar, duvarların üzerindeki yosunlar ve ya-
zılar, şehri metne, metni şehre dönüş-
türmek işim. Bunu doğanın içinde yapıyorum

Me he levantado tarde. He nadado cuarenta minutos, el mar sublime contra mi piel... Y pensaba en lo que iba a escribir hoy. Ahora, 11.40 h, mezcla de entusiasmo y felicidad. Entre los años de colegio de Mevlut, he escrito el discurso de Aysel, la bibliotecaria, sobre la necesidad de leer libros. Muy divertido. Este capítulo sobre Mevlut en la escuela es muy agradable, vívido, al releerlo me he reído mucho. Con ese tono alegre y ágil, un tanto cínico, queda por entreverar la ternura que merece Mevlut, los demonios que lo corroen, su mundo metafísico... y *Una sensación extraña* será una magnífica novela, lo sé. Tengo un poderoso deseo de escribir una novela larga, pero creo que no habría que superar las 400 páginas. No debe ser más largo que *El libro negro*, que tengo encima de la mesa: 430 páginas.

También tengo a Borges, *El Aleph*. Quiero entrar en el mundo metafísico de Mevlut, en el espíritu de *El libro negro*, y, llevado por el entusiasmo que me proporciona la escritura de esta novela, pienso en todas las que tengo que escribir o terminar, sí o sí, en los próximos diez años: 1. *UNA SENSACIÓN EXTRAÑA.* 2. *LAS NOCHES DE LA PESTE.* 3. *LA EXTRAÑA HISTORIA DEL PERRO QUE SE COMÍA A LOS EUROPEOS.* 4. *EL POZO.* 5. *LOS 252 CUADROS.* Todas las grandes novelas, inquietantes; estas podrán serlo. Estos son los 5 libros que quiero terminar en diez años. También quiero inaugurar y dirigir el museo, pasar el rato en el mundo del arte por medio de mis dibujos, tirajes y reproducciones de cajas, divertirme, experimentar y ser feliz. Es mucho trabajo pero no es más que alegría. Luego, he salido de casa a las 14 h para revisar mis e-mails; eso me ha arruinado el resto la jornada... Por historias que no valen ni tres céntimos... ¡Los cabrones nunca descansan!

Muy cerca de la casa, un enorme baniano despliega su asombroso volumen. Lo saludo con el respeto que merece un viejo sabio. Es la misma sensación de embriaguez que experimenté en Turquía delante de una vieja higuera. Pero el baniano no es un árbol erguido y majestuoso. Es un viejo ceñudo, rabioso, problemático, aunque apasionante. Un escondite en el polvoriento camino...

Para describir correctamente a Mevlut tengo que ser como él, como un niño... Y lo primero es empezar a olvidar todos los problemas del mundo «real», la maldad de las personas, incluso las obras del museo. Anoche sentí la presencia del baniano en la oscuridad. Cortes de luz muy frecuentes. Cuando lee, Mevlut presta atención a cada palabra. Entretenido placer de describir a Mevlut en la biblioteca, la radio que sigue sonando en su cabeza, y así sucesivamente. Tengo fe en este libro, feliz de haber entrado por fin en el universo mental de Mevlut... Ayer escribí bien hasta el mediodía, luego, por desgracia, más lento durante la tarde, el episodio de los años escolares va para largo. // Esta mañana: tres ratones atrapados en las trampas que hay repartidas por la casa. Olor a masacre sangrienta. Aun así, prefiero comer aquí que fuera. En los restaurantes te hacen esperar, tienes que matar el tiempo atiborrándote de pan, en ayunas... He consultado los e-mails al volver de comer. Los ratones terminarán en la novela.

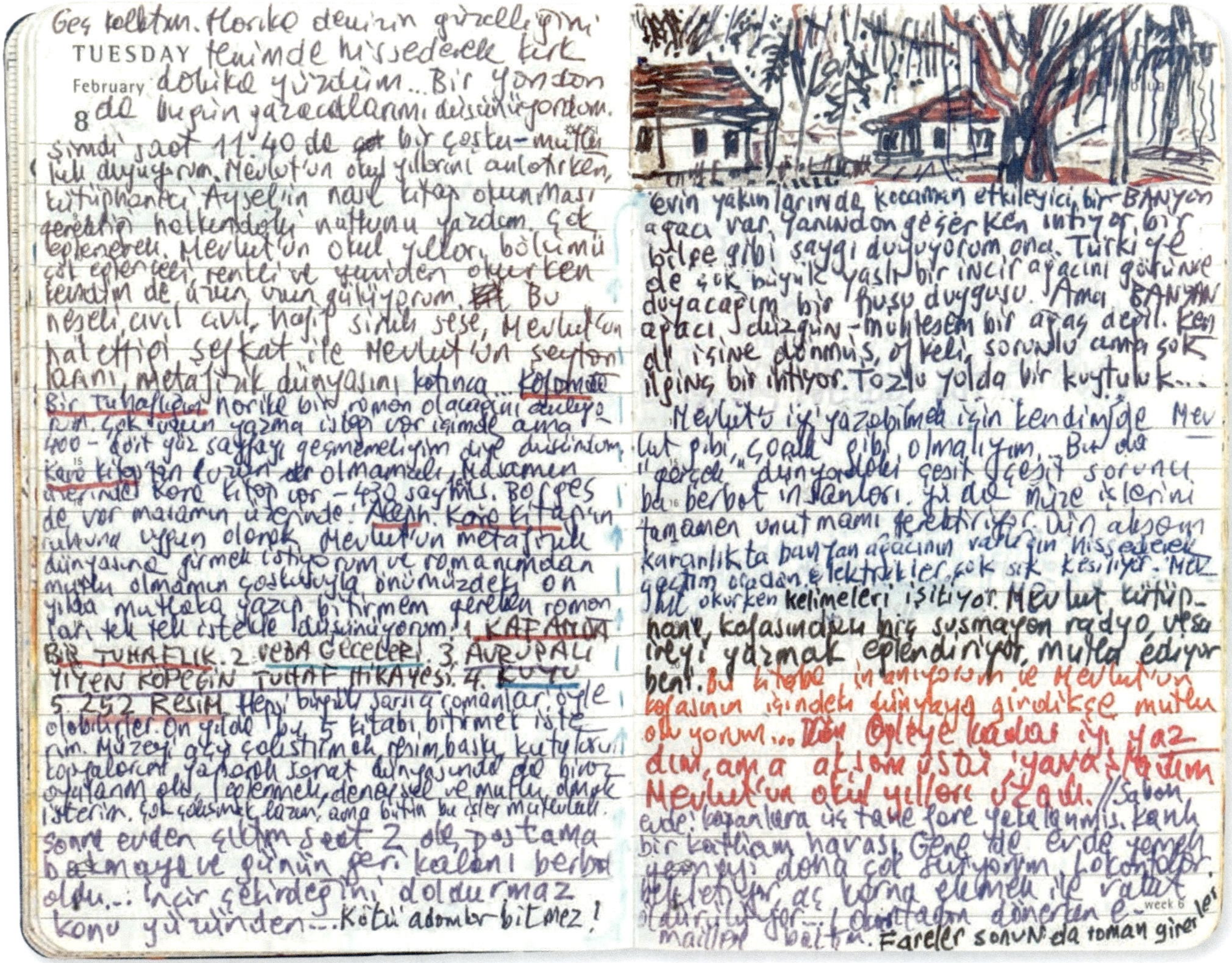

Geç kalktım. Harika denizin güzelliğini
TUESDAY tenimde hissederek türk
February dolikle yüzdüm... Bir yandan
8 de bugün yazacaklarımı düşünüyordum.
Şimdi saat 11.40 da bir çeşit mutlu-
luk duyuyorum. Mevlut'un okul yıllarını anlatırken,
kütüphaneci Ayşel'in nasıl kitap okunması
gerektiği hakkındaki nutkunu yazdım. Çok
eğlenerek. Mevlut'un okul yılları bölümü
çok eğlenceli, renkli ve yeniden okurken
kendim de ürpererek gülüyorum. Bu
neşeli cıvıl cıvıl, naif sinirli sese, Mevlut'un
hal ettiği şefkat ile Mevlut'un şeytan-
ları, metafizik dünyasını katınca... Kafamda
Bir Tuhaflık'ın harika bir roman olacağını duyuyo-
rum. Çok uzun yazma isteği var içimde ama
400 - dört yüz sayfayı geçmemeliyim diye düşündüm.
Kara Kitap'tan uzun olmamalı. Kıdamen
önümdeki Kara kitap var - 430 sayfaymış. Borges
de var masamın üzerinde! Aleph. Kara Kitap'ın
ruhuna uygun olarak Mevlut'un metafizik
dünyasına girmek istiyorum ve romanımdan
mutlu olmamın coşkusuyla önümüzdeki on
yılda mutlaka yazıp bitirmem gereken roman-
ları tek tek istekle düşünüyorum: 1. KAFAMDA
BİR TUHAFLIK. 2. VEBA GECELERİ. 3. AVRUPALI
YİYEN KÖPEĞİN TUHAF HİKAYESİ. 4. KUYU
5. 252 RESİM. Hepsi birbirini sarsıcı romanlar, öyle
olabilirler. On yılda bu 5 kitabı bitirmek istiyo-
rum. Müzeyi gezi çalıştırmak, resim, baskı, kutuların
toplanması yaparak sanat dünyasında da biraz
oyalanmak, eğlenmeli, deneysel ve mutlu olmak
isterim. Çok çalışmak lazım, ama bütün bu işler mutluluk.
Sonra evden çıktım saat 2 de postama
bakmaya ve günün geri kalanı berbat
oldu... İncir çekirdeğini doldurmaz
konu yüzünden... Kötü adamlar bitmez!

evin yakınlarında kocaman etkileyici bir BANYAN
ağacı var. Yanından geçerken irkiliyor, bir
bilge gibi saygı duyuyorum ona. Türkiye
de çok büyük yaşlı bir incir ağacını görünce
duyacağım bir huşu duygusu. Ama BANYAN
ağacı düzgün-muhteşem bir ağaç değil. Ken-
di içine dönmüş, öfkeli, sorunlu ama çok
ilginç bir irkiliyor. Tozlu yolda bir kuytuluk...
Mevlut'u iyi yazabilmek için kendimi de Mev-
lut gibi, çocuk gibi olmalıyım... Bu da
"gerçek" dünyadaki çeşit çeşit sorunlu
ya berbat insanları, işi de müze işlerini
tamamen unutmamı gerektiriyor. Dün akşam
karanlıkta banyan ağacının varlığını hissederek
geçtim oradan. Elektrikler çok sık kesiliyor. Mev-
lut okurken kelimeleri işitiyor. Mevlut kütüp-
hane, kafasındaki bir susmayan radyo, vesa-
ireyi yazmak eğlendiriyor, mutlu ediyor
beni. Bu kitaba inanıyorum ve Mevlut'un
kafasının içindeki dünyaya girdikçe mutlu
oluyorum... Öğleye kadar iyi yaz-
dım, ama … yazamadım
Mevlut'un okul yılları uzadı. // Sabah
evde kapanlara üç tane fare yakalanmış, kanlı
bir katliam havası. Gene de evde yemek
yemeyi daha çok seviyorum. Lokantalar
… aç karna elemek ile vakit
öldürülüyor... Londra'dan dönerken e-
mailleri baktım. Fareler sonunda romana girerler

week 6

Trabajar todo el día contentándose con poco y sin ver a nadie. Esa es la auténtica felicidad. Cuando escribo, una parte de mi mente se ve perturbada por los ruidos que llegan hasta mi despacho, el piar de los pájaros, el ladrido de los perros, etc. La impresión más fuerte, la que amo por encima de todo, es el color del mar apareciendo a lo lejos en un florilegio de destellos verdes, naranjas y amarillos. Han pasado tres, cuatro días, y aún tengo la cabeza en Kars, en las fotos, en las mentiras, y en Mevlut que resuelve una ecuación en la pizarra solo con «verla», lo cual engendra su leyenda de inmediato. Quisiera poder entrar más rápido en el tema, escribir este capítulo con mayor facilidad y exuberancia. A veces, viendo la riqueza potencial de la trama, pienso que las aventuras de Mevlut no terminarán nunca. Procedo lentamente, muy lentamente. ¡Al final será como atravesar el océano a nado! ME GUSTA MUCHO MEVLUT... TENGO QUE PROTEGERLO Y CONVERTIRLO EN UNA PERSONA QUE GUSTE A TODO EL MUNDO.

LA INDIA POR LA TARDE

No he salido de casa en todo el día. Mevlut, compañero, por ti haría cualquier cosa. Este año, mayor placer todavía de estar encerrado. Nado más, y con mayor disciplina. Por la noche preparo una parrillada de caballa. Un poco de ensalada... Seguimos el levantamiento popular de Egipto por la CNN y la BBC. ¿Popular en qué medida? El *Wall Street Journal* me pide un artículo... ¡El islam y la democracia no hacen buena pareja, se sabe desde hace años!, dicen... Ahora que la democracia está a nuestro alcance, se preguntan si Israel no lo lamentará. La llegada de la democracia a los países musulmanes es motivo de entusiasmo. Por otra parte, escribir un artículo es robarle tiempo a Mevlut... *El espía que surgió del frío*: excelente actuación de Richard Burton. BBC: sobre Caravaggio. Después de cenar Kiran y yo vemos DVDs.

De regreso del restaurante italiano en el que hemos cenado esta noche, con la intención de acostarnos temprano: pero al encender la televisión, tengo el placer de descubrir que lo que hay en Egipto es una REVOLUCIÓN, y que Hosni Mubarak ha abandonado El Cairo. ¡Menuda multitud! Ahora el poder está en manos del ejército. Eso sí, del ejército no puede uno fiarse, son perfectamente capaces de traicionar la rabia del pueblo, y por supuesto de confiscar el poder... De momento reina la alegría, y hasta yo mismo me siento llevado por la alegría, por el entusiasmo. La CNN y la BBC muestran a la multitud reunida en la plaza Tahrir de El Cairo... Los manifestantes no ocultan su felicidad, dicen que el pueblo está llevando a cabo una gran revolución sin recurrir a la violencia. Luego, de nuevo las imágenes de la multitud alborozada en la plaza, danzas, piruetas, teatro, demostraciones de alegría. Las chicas con velo, los soldados recibiendo palmaditas en la espalda, el increíble estruendo de la multitud triunfante. Estruendo alegre, pacífico.

Tengo lágrimas en los ojos. ¿Por qué? ¡Por la esperanza de que los países musulmanes conozcan por fin la democracia! ¿Es eso posible? A menos que el ejército o los Hermanos Musulmanes instauren una nueva dictadura... El año pasado, en las calles de Alejandría, para la mayoría de los musulmanes y conservadores quien clamaba por la libertad no era una nación sino un pueblo miserable, oprimido; un pueblo barbudo y con velo... Gente quebrada, silenciosa y sin alegría. Sí, a Mubarak lo odiaba todo el mundo, y a mí me felicitaban por ser turco y tener a Erdoğan, a quien ellos adoran (desde que viajó a Gaza)... Su amor por Erdoğan me sorprendió, y aquellas multitudes empobrecidas, de mujeres con velo y vestimenta religiosa, y sobre todo de hombres, hombres agresivos que hablan chillando, me recordaron a Turquía.

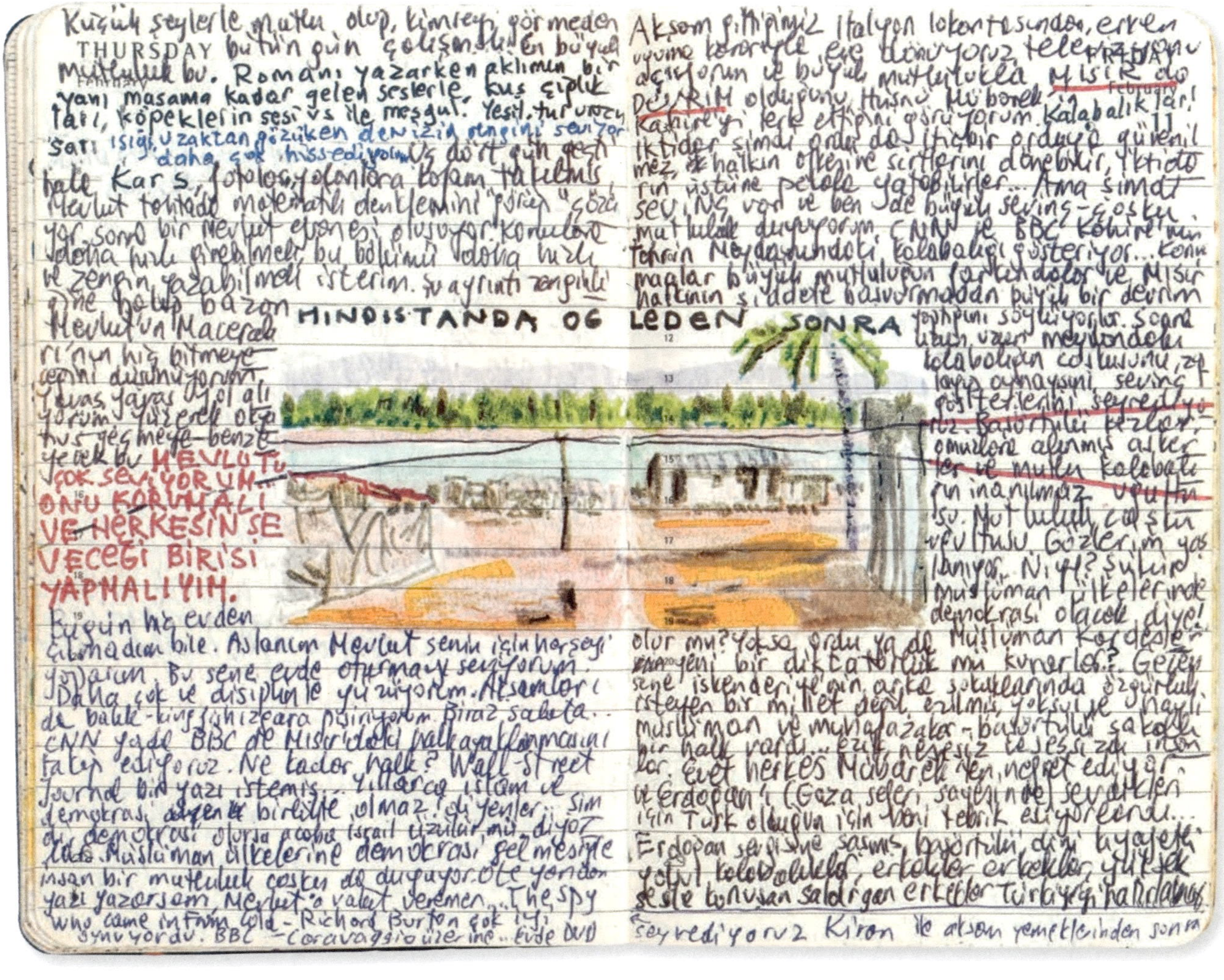
THURSDAY
FRIDAY
HINDISTANDA OG LEDEN SONRA
MEVLUT'U ÇOK SEVİYORUM ONU KORUMALI VE HERKESİN SEVECEĞİ BİRİSİ YAPMALIYIM.

Por la mañana, renunciando a mi programa habitual de natación, etc., he decidido dedicar toda la jornada a las aventuras de Mevlut, sin dejarme distraer por ninguna otra cosa. A las 11.30 h todavía no he pasado de la primera página. La historia del pobre Talip, que va a ver a Mevlut para quejarse de un matón del instituto que no deja de pegarle. Luego, la historia de Hamdi 1573, enamorado de Eda, la profesora de inglés, como Mevlut, luego el pequeño Ahmet, que prefiere jugar con las niñas antes que con los niños. Al mismo tiempo, dos hermanos que en la biblioteca roban números de *Alma y Materia...* Todos esos relatos, así como sus detalles, están más o menos extraídos de mi propia vida, especialmente los hermanos que roban libros; o bien no dar a los estudiantes de la biblioteca más que una sola revista, como *Alma y Materia,* sí. Es lo que sucedía en la escuela primaria Mimar Kemal de Ankara en los años 1960-1962. Con la leche en polvo de UNICEF y el aceite de pescado. O bien Esqueleto, el asistente del director del instituto de Şişli, y el Ciego, Muhtar.

En realidad, muchos de los episodios escolares de Mevlut son distorsiones de los míos. Pero el capítulo está demasiado cargado, es demasiado largo... Hubiera preferido terminarlo rápidamente... Con todo, las tres páginas escritas hoy me han dejado tranquilo. // Por la noche, Kiran y yo vemos una película titulada *Ciudad de Dios*. La vi por primera vez en Nueva York en 2003, con Elif, y luego otra vez con Rüya en DVD. Película sobre un impresionante barrio de chabolas. Bandas de traficantes. Demasiado sangrienta. Pero me gusta porque describe bien la vida en las favelas, la crueldad de la policía. Si he traído el DVD a Goa, obviamente es porque me sirve para la novela. Una historia épica que ocurre en las chabolas, entre los pobres. Pero aquí la violencia y la sangre hacen sombra a la parte construcción y gestión de la ciudad, etc.

Por la mañana, despierto pero todavía en la cama, reflexiono. La redacción del capítulo sobre los años escolares de Mevlut se está dilatando. Hay una parte documental, y al mismo tiempo una parte realmente extraña, exactamente lo que tenía previsto... Pero ¿no me estaré alargando demasiado? Pienso en *Un recodo en el río.*[60]

Excepto que ese libro... no tiene más que una sola dimensión. No cuenta más que la opresión colonial, el pueblo y la ira de las clases ascendentes. Muy breve, pero sin dimensión existencial, sin felicidad. Corto, documental, casi como un boletín de noticias... ¿Puede la historia profunda caber en semejante formato? // No estirar demasiado a Mevlut. Una vez revisadas las primeras 200 páginas y la trama, tengo que hacer capítulos de longitud media. SÉ ESCUETO, ORHAN. SI SE TE ALARGA DEMASIADO, pasa a un NUEVO capítulo. ¡Mierda, rabia! Tengo que reescribir las últimas 6-7 últimas páginas del capítulo en el que he estado trabajando estos días, las últimas dos semanas. Lo que he escrito en los últimos 3-4 días, en ocasiones es demasiado detallado: como si se tratara de una novela que sucede enteramente en un colegio. Sí, está desequilibrado, resulta pesado: voy a acortar el final...

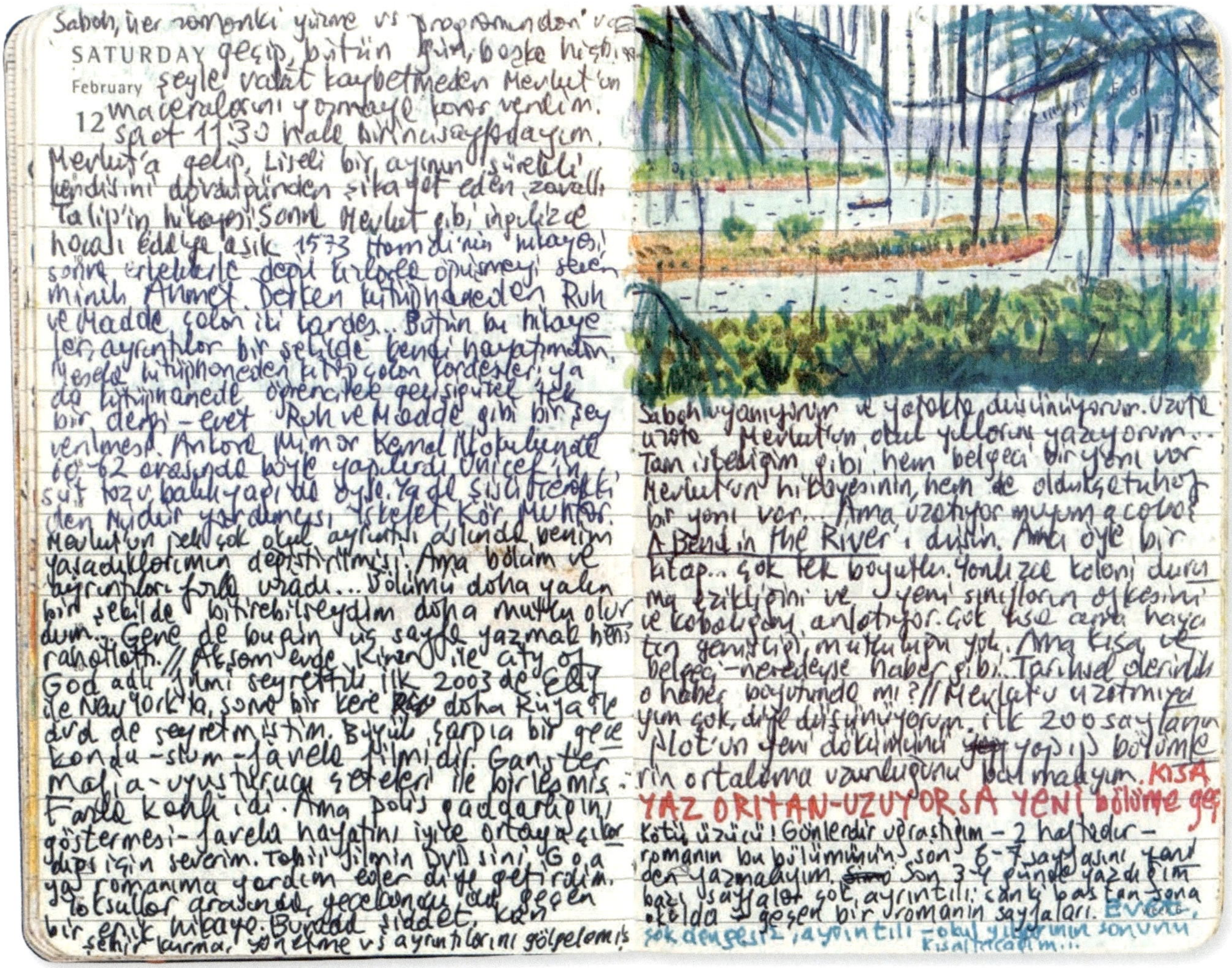
SATURDAY
February
12
A Bend in the River
KISA YAZORITAN-UZUYORSA YENİ bölüme geç

las montañas lejanas...

De la imposibilidad de Freud y de la traslación a palabras de los sueños en GOA

Anoche volví a tener el mismo sueño, inevitable, aterrador. Me desperté despavorido, pero no era una pesadilla. Estaba solo en la estancia donde tengo mi despacho. No sé cuánto debí de gritar. El sueño es idéntico, excepto por ciertos detalles... El «tema» en sí mismo no es aterrador, es el paisaje montañoso sumergido en las sombras, en blanco y negro, dramático. El espectáculo me asustaba, pero al mismo tiempo no podía dejar de mirarlo. Sí, seguía habiendo un abismo, en el pico; también una pendiente, el sentido de la vida, y esa cosa alta que se elevaba, inasequible a mi mirada. ¡Pero tampoco es tan importante! No sé qué sentido darle a ese sueño.

A los diecinueve años leí LA INTERPRETACIÓN DE LOS SUEÑOS de Freud, al mismo tiempo que otros libros sobre los lapsus en el lenguaje. Literariamente, unos libros muy hermosos, y toda la vida creí en lo que había descubierto al leerlos. Pero el sistema de Freud nunca me convenció, ni me impresionó. No me importaría que Freud me explicase cuál es el SENTIDO de mi sueño, aunque primero tendría que contárselo Todo. El problema: contarle los sueños a otro... es inútil. Los sueños no se dejan transcribir en palabras. (¿Pueden explicarse con palabras la Gioconda o un cuadro de Caspar David?) Los sueños están en el viaje.

Antes de acostarme, y luego otra vez en plena noche, una oleada de pensamientos me impide dormirme durante un buen rato (como mi padre cuando se despertaba). Palabras e imágenes que surgen de sí mismas: me gusta mi cuaderno. Me gusta hojearlo, releer algunas páginas, dibujar en él, revisar mis esbozos. Me regala la felicidad incesantemente renovada de escribir, de poder anotar –eso espero– todo lo que siento.

Me he levantado esta mañana a las 8 h. El mundo entero como el primer día de la creación. Me he puesto el bañador y he caminado hasta la playa. El aire aún fresco. El mar sedoso como un vela. Ni un alma en la playa. Empleados que barren y ponen los cojines en las tumbonas. He nadado sin cansarme. Saboreando plenamente la belleza de la mañana, del mar, del mundo. Ahora a mi escritorio. Como fruta y tomo té; presa de una bocanada de optimismo extremo, me digo que ser novelista es maravilloso.

He dibujado esto al observar las calles mientras Xavier nos llevaba en coche por Goa, un placer a medio camino entre lo fotográfico y lo imaginativo. En plena escritura de la novela, paro de repente para abrir el cuaderno y mejorar el dibujo a pequeños trazos, con rotulador, pastel, tinta china, etc.

Reorganizar el relato de los primeros días de Mevlut en Estambul, o de la construcción de las chabolas por su tío y su padre. Sumergir a Mevlut en la cotidianidad de la existencia, la historia del título de propiedad, etc. // Hacer los otros pasajes de la novela tan entretenidos y endemoniados como el de Mevlut en el colegio. // Sheetal ha traído del mercado... bonito y caballa. Y también mangos, papayas, uvas, melones, peras, cerezas, naranjas, sandías, piñas... No hay más remedio que revisar la trama general.

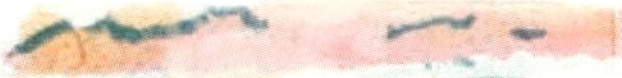

uzak dağlar...

GOA'da Freud ve rüyaların kelimelerle anlatılmasının imkansızlığı üzerine

Dün gece o malum korkulu rüyayı gördüm gene. Sonunda korkarak uyandım, ama bir kabus değildi. Yazı yazdığım odada tek başınaydım. Ne kadar bağırdığımı anlayamadım. Rüya gene aynıydı — ama farklılıklar da vardı.. Korkutucu olan rüyanın "konusu" değil, dağlık manzaranın karanlık olması, siyah beyaz ve dramatik olması. Manzaradan korkuyordum ve aynı anda da onu seyretmeye devam etmek istiyordum. Brot, rüyada gene dimdik bir uçurum — derken bir yamaç, hayatın anlamı, yükselen ve bir türlü göremediğim o yüksek şey de vardı. Ama o kadar da önemli değildir! Bu rüyaya ne anlam vereceğimi bilemiyorum. Ondokuz yaşımda yazın, Freud'un RÜYALAR'IN YORUMU ve dil sürçmeleri üzerine diğer kitabını okudum. Çok güzel edebi kitaplardır onlar ve bütün hayatım boyunca orada öğrendiğim şeylere inandım. Ama Freud'un sistemini o kadar etkileyici ve inandırıcı bulmadım. Şu gördüğüm rüyanın MANA'sını Freud'dan işitmek isterdim, ama önce benim ona HERŞEY'i anlatmam gene kinci önce. Ama sorun! Rüyaları bir başkasına kelimelerle anlatmak.. boş iştir. Rüyalar kelimelere indirgenemez. (Mona Lisa'yı — ya da Casper David'in bir resmini kelimelerle anlatabilir miyiz?) Rüyalar seyir işidir

Gece yatmadan önce ve gecenin ortasında, (bazen gibi uyanınca) düşüncelere dalıyorum ve uzun TUESDAY bir süre uyuyamıyorum. Kafama kendiliğinden gelen kelimeler ve resimler: Defterimi seviyorum. Açıp açıp onu okumayı, içine resimler yapmayı! bu resimlere açıp açıp bakıp bakmayı seviyorum. Bu defter bana sürekli yazmak, yaşarken hissettiğim herşeyi — istiyorum yazmak, yazabilme mutluluğu veriyor 15

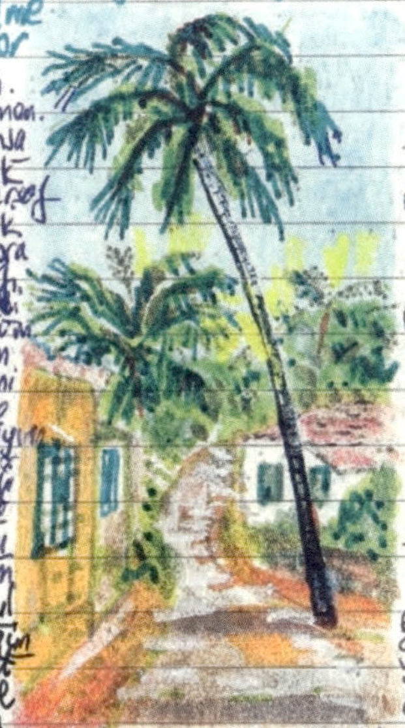

Sabah 8'de kalktım. Bütün dünya süt liman. Mayomu giydim, kumsalda yürüdüm. Ortalık hala serin. Deniz çarşaf gibi. Kimsecikler yok kumsalda. Şezlonglara minder koyan, etrafı süpüren işçiler. Kendimi yormadan yüzdüm. Denizin, dünyanın, sabahın güzelliğini bütünüyle hissederek. Şimdi masadayım. Meyva yiyor, çay içiyor, aşırı bir iyimserlikle romancı olmanın ne harika birşey olduğunu düşünüyorum. Mevlut'un İstanbul'da geçirdiği ilk günler ya da — Mevlut babası — amcası ve gecekondu yapma hikayesini yeniden düzenlemeli.. Mevlut'u gecekondu — tapu vs günlük hayatının ta içine atmalıyım! // Romanın geri kalan yerlerini de, Mevlut'un okul günleri gibi eğlenceli ve şeytani kılmalıyım. // Şirtal pazardan.. palamut (pomfret) king fish ve uskumru almış. Ayrıca mango, papaya üzüm, kavun, armut.. çilek portakal karpuz, ananas..

Goa'da Xavier'in arabasıyla sağda solda gezerken gördüğüm sokak manzaralarına bakarak — ya da fotoğrafları akıldan mutlulukla yaptım bu resmi. Roman yazarken, birden bu defteri açıyorum ve resmin sağına soluna çeşit çeşit fırça kalem pastel kuru boya, çin kalemi vs ile resme yeniden dokunuyorum

Genel olay örgüsü ile uğraşmaktan başka bir şey yok.

Ayer no escribí una sola línea. Porque revisé la trama general de la novela. Lo que significa que he reescrito buena parte de las 40-50 primeras páginas. Páginas por lo demás ya reescritas. Ya ni siquiera llevo la cuenta de las veces que he contemplado la idea de rehacerlo todo. Pero vaya, escribo. Decir que es la primera vez que cambio tanto de opinión sobre el comienzo de una novela sería mentir, puesto que el comienzo de *El libro negro* y de *Me llamo Rojo* también lo rescribí varias veces. El hecho es que estoy harto de revisar una y otra vez estos primeros capítulos... // Presa de una extraña fatiga, ayer. He dormido 10 horas. He ido a bañarme, y ahora mismo trabajo en la cronología de los días que siguen a la llegada a Estambul, en los años 60, del padre de Mevlut, Mustafa, y su hermano Mehmet (Tío Mehmet).

No concebir una novela, sino escribirla. Quiero ser Mevlut.

Vista de la playa a la izquierda de la casa

Así que otro día en blanco en cuanto a escritura, el tercero de la semana. Lo he pasado organizando los hechos mientras miraba una página en blanco. A veces el techo también. A la larga, este tipo de trabajo te acaba desmoralizando. Una cosa es organizar la vida de Mevlut desde el exterior, y otra mucho más agradable convertirse en, ser Mevlut, ir con él al colegio... //

Hoy, imposible de entrada ponerme a escribir debido a un dolor punzante, luego me he recuperado, hasta que a las 18.30 h he logrado meterme en la novela... La impresión de ser una mala persona si no escribo nada mientras completo o reorganizo los capítulos anteriores.

Idea para *Las noches de la peste*: llega al palacio una delegación occidental, con el objetivo de desmantelarlo piedra por piedra (o al menos una parte, santuario, pagoda, etc.) para llevárselo a Occidente; el sultán Abdul Hamid ha dado su autorización. En la delegación hay arquitectos, expertos y especialistas en la historia del palacio... A mitad de *Las noches de la peste*, todos los no musulmanes –o solamente no practicantes–, cristianos, occidentales, etc., son erradicados, asesinados, o bien han huido, o incluso se han convertido al islam. ¡De los poquísimos que se quedan ni siquiera queda constancia!

En *Las noches de la peste*, la rabia anticolonial, antioccidental, etc., no debe superar el primer tercio de la trama; ni la mitad en términos históricos. En la segunda parte, vemos lo que la nación liberada hace de sí misma. Primero es el nacionalismo jacobino –laico–, luego la revuelta popular y el populismo. Ahora tengo claro que mi próximo libro será *Las noches de la peste*. Su tema no será solo el colonialismo, sino el Estado, el poder, la modernidad, el pueblo, la nación en las sociedades poscoloniales o al menos no occidentales...

Tienes una forma singular de hacer las olas. Nadie ha dibujado nunca las olas de esa forma. Es la primera vez que lo veo, es muy bonito, me ha dicho Kiran, y eso me llena de alegría. ¡Deberías dibujar más, Orhan!, dice también, mirando el dibujo desde arriba. Dulces palabras que llevo soñando escuchar desde que era niño.

AL FINAL he empezado de modo diferente

Nos hemos pasado la cena llenándonos la cabeza de falsos conocidos... Hemos ido al Skhack, en la playa. Viejos europeos blancos miran el mar y las olas desde su porche.

Tumbados, el rostro vuelto hacia el mar, ofrecido al viento. Extraño parecido con un sanatorio. Ambiente de *La montaña mágica*...

WEDNESDAY

February 16

Dün de tek kelime yazmadım. Romanın genel olarak olay örgüsüne yeniden el attığım için. Bu da ilk 40-50 sayfanın çoğunu yeniden yazmak demek. Zaten yeniden yazılmış sayfalar da önler. Keşina [illegible] ki bölümleri herşeyi yeniden yazmayı düşünüyorum. Sonunda yazıyorum da. Hiçbir romanımın başında bu kadar çok fikir değiştirmemiştim demiyeyim. Çünkü Kar kitabı'nı Benim Adım Kırmızı'da da başlangıcı defalarca yazdım. Gene de bu ilk bölümleri yeniden yazmaktan bıktım... // Dün tuhaf bir şekilde yorgundum, 10 saat uyudum. Şimdi sabah denize girdikten sonra Mevlut'un babası Mustafa ile amcası Mehmet'in – (Mehmet Amca) (1960 larda İstanbul'a geldikten sonraki günlerinin sinesini – romanın örgüsünü yapıyorum. [illegible] Ve bu yüzden de, haftanın üçüncü günü bugün de romanı yazmıyorum. Bütün gün beş kağıda bakarak – olay örgüsünü ayarladım. Bazen de tavana bakarak. Bu çeşit çalışma bir süre sonra moral bozucu olur. Mevlut'un hayatının ayrıntılarını olsa [illegible] düşünmek bir iş, Mevlut olmak, Mevlut ile okula gitmek ise daha eğlenceli başka bir iş... // Bu akşam yemeğe [illegible] bilgiye dayanarak... sahilde, kumsalda bir [illegible]'a gittik. İhtiyar, beyaz avrupalılar

Romanı kurmak değil yazmak, MCV [illegible] olmak istiyorum

Evin önünden sol yaka manzarası

Bugün de yazmaya başlayamadığım için yüzün bir şekilde ağa geldikten, kendimi hırpaladıktan sonra öğleden sonra saat 6:30 da romana yeniden girdim... Eski bölümlere ekler düzeltmeler yapıyorum. Yazamazsam, sanki kötü biri oluyorum.

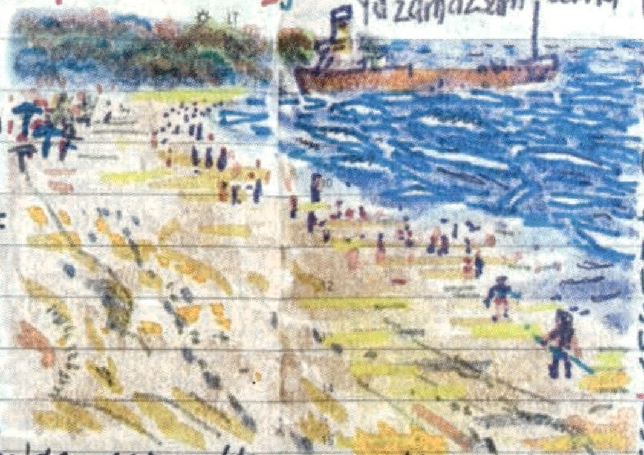

THURSDAY

February 17

Veba Geceleri için [illegible] bir Kaleye gelen Batılı heyet, kaleyi taş taş söküp (ya da önemli bir kısmını, bir tapınağı vs) Batıya götürmek için oradalar. Sultan Abdülhamit izni vermiş. Böyle aralarında kalenin sanat tarihini de bilen uzmanlar, mimarlar var... Veba Geceleri'nin yarısında, bütün müslüman olmayanlar – ya da dindar olmayanlar – Hıristiyanlar, Batılılar vs ya temizlenmiş, öldürülmüş, kaçırılmış ya da İslam'a döndürülmüştü. Geri kalan çok küçük miktar zaten ortalıkta değildi... Veba Gecelerinde – anti-kolonyal öfke, anti-Batı vs öfke bunun üçte birini olay örgüsünde de – tarih olarak yarıyı geçmeden. Yarıdan sonra özgür milletin kendi kendine ne yaptığını gördüm. Önce Jacobean – laik – milli yetkililer – daha sonra ise, halk isyanı ve popülizm. Bundan sonraki kitabımın Veba Geceleri olacağını anlıyorum. Konu yalnız [illegible] yalnız değil Post-kolonyal toplumlarda, ya da Batı-dışı toplumlarda, devlet – iktidar ve modernlik ve halk ve millet...

Dalgaları çok değişik yapıyorsun kimse böyle dalga yapmadı ilk defa görüyorum, ne güzel diyerek mutlu ediyor beni kim... Yukarıdaki resme bakarken. Bütün çocukluğumdan beri daha çok resim yap Orhan! diye işitmek istediğim tatlı sözler

SONUNDA başka türlü başladım

→ dalgalara denize bakarak verandada oturuyorlar. Hepsi gözlerini denize rüzgara doğru çevirip oturmuşlar. Tuhaf bir şekilde bir sanatoryuma benziyor. Magic Mountain havası...

Libro en curso: indecisión sobre las aventuras de Mevlut. Por un lado, el deseo de contar una historia encantadora y realista al estilo de Dickens, incluso de Hamsun o de Steinbeck... Por otro, el deseo de una narración más palpitante, más arrebatada, donde primaría la imaginación, la intriga, el drama... ¡Hay que ver cómo me gusta ser Mevlut! He telefoneado a Rüya, a Nueva York. Le he dicho que estaba escribiendo esta novela por el gozo de ser Mevlut y el puro deleite de escribir sin pensar en ninguna otra cosa. Estoy escribiendo la historia de un niño pobre pero encantador, a la manera de Dickens, le he dicho. «¡Sigue, está muy bien!», me ha respondido Rüya, tan refinada, tan inteligente. Mevlut será perfecto. Deliciosa siestecilla por la tarde. Luego, felizmente, de nuevo a la escritura. He escrito de nuevo pensando en Mevlut. Una vez más. Por la noche, mientras encendía el horno para cocinar un pescado, me he imaginado la primera entrada de Mevlut en la casa de su tío en Estambul. En la televisión, la revuelta en Libia, el tirano Gadafi. Mientras Occidente saluda estas revueltas como es debido, China y Rusia toman partido inmediatamente por Gadafi. A los Estados no occidentales no les gusta la democracia.

Me he despertado bruscamente a las 5 h, como todas las mañanas, pero por desgracia esta vez no he podido volver a dormirme... Cuánto me gustaría poder dormirme enseguida para levantarme de un salto por la mañana, fresco y dispuesto, y volver e meterme en mi pequeño Mevlut; inventarlo, darle vida a través de la escritura. Anoche, después de apagar la luz, tuve una idea rara que, tras levantarme a duras penas de la cama, me apresuré en anotar; es esta: describir, en uno o dos capítulos, la ascensión –el MIRAJ– de Mevlut al cielo, su llegada a la planta de los ángeles, lo que ve y cómo lo interpreta. // Mañana... he nadado con Kiran en un mar de una calma absoluta. Me he levantado a las 08 h e inmediatamente en Mevlut. 13.30 h... Hace años que no me había sumergido tan profundamente en una novela. Felicidad. Mevlut corta la electricidad en la casa de su tío, etc. Estoy realmente dentro de la novela. Las dos últimas horas dedicadas a inventar y escribir la historia del hombre que persigue a la chica en el patio y luego vuelve a casa en una noche de nieve, solo y ebrio. Una jornada preciosa. He escrito 4 páginas. Hemos visto *Muerte en Venecia*, de Visconti. ¡Venga, Mevlut! He telefoneado a Asuman para iniciar la colaboración Penguin-İletişim sobre los clásicos.

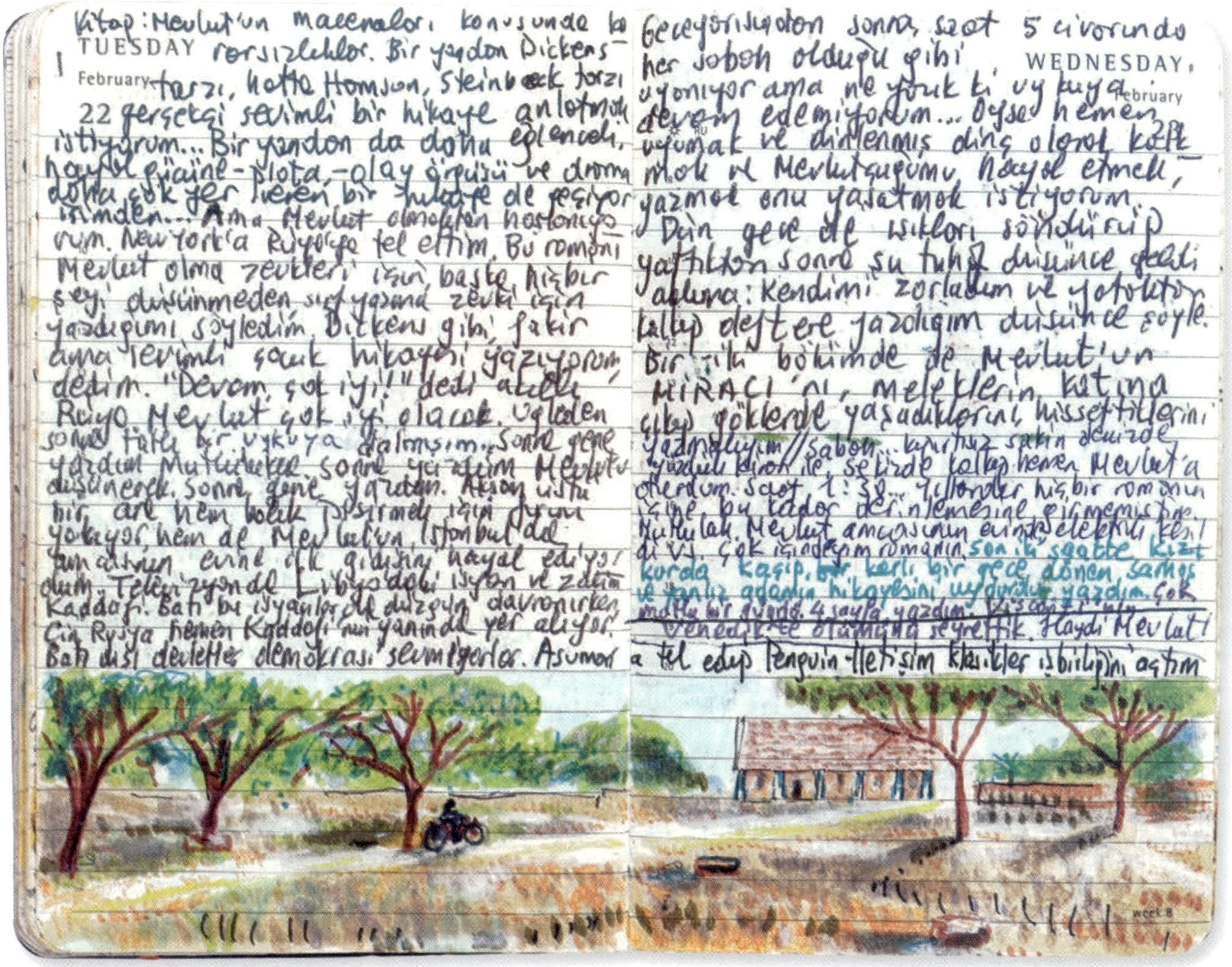

TUESDAY February 22

Kitap: Mevlut'un maceraları konusunda [illegible] [illegible]. Bir yandan Dickens-tarzı, hatta Hamsun, Steinbeck tarzı gerçekçi sevimli bir hikaye anlatmak istiyorum... Bir yandan da daha eğlenceli, hayal gücüne-plota,-olay örgüsü ve drama daha çok yer veren bir hikaye de geçiyor içimden... Ama Mevlut olmaktan hoşlanıyorum. New York'a Rüya'ya tel ettim. Bu romanı Mevlut olma zevkleri için, başka hiçbir şeyi düşünmeden sırf yazma zevki için yazdığımı söyledim. Dickens gibi fakir ama sevimli çocuk hikayesi yazıyorum dedim. "Devam, çok iyi!" dedi akıllı Rüya. Mevlut çok iyi olacak. Öğleden sonra tatlı bir uykuya dalmışım... Sonra gene yazdım. Mutluluk. Sonra yazdım Mevlut'u düşünerek. Sonra gene yazdım. Akşam üstü bir [illegible] hem bulgur pişirmek için [illegible] yakıyor, hem de Mevlut'un İstanbul'da [illegible] evine ilk gidişini hayal ediyordum. Televizyonda Libya'daki isyan ve zalim Kaddafi. Batı bu isyanlarda düzgün davranırken Çin Rusya hemen Kaddafi'nin yanında yer alıyor. Batı dışı devletler demokrasi sevmiyorlar. Asuman

WEDNESDAY February 23

[illegible] sonra, saat 5 civarında her sabah olduğu gibi uyanıyorum ama ne yazık ki uykuya devam edemiyorum... Oysa hemen uyumak ve dinlenmiş dinç olarak kalkmak ve Mevlut çocuğumu hayal etmek, yazmak onu yaşatmak istiyorum. Dün gece de ışıkları söndürüp yattıktan sonra şu tuhaf düşünce geldi aklıma: Kendimi zorladım ve yataktan kalkıp deftere yazdığım düşünce şöyle. Bir ilk bölümde de Mevlut'un MİRACI'nı, meleklerin katına çıkıp göklerde yaşadıklarını, hissettiklerini yazmalıyım // Sabah... kımıltısız sakin denizde yüzdükten sonra [illegible], sekizde kalkıp hemen Mevlut'a oturdum. Saat 1:38... Yıllardır hiçbir romanın içine bu kadar derinlemesine girmemiştim. Mutluluk. Mevlut amcasının evinde elektrik kesildi. Çok içindeyim romanın. Son iki saatte, kızı kurda kaçıp, bir kerli bir gece dönen [illegible] ve yalnız adamın hikayesini uydurdum yazdım. Çok mutlu bir gündü. 4 sayfa yazdım. [illegible] Venedik'te [illegible] seyrettik. Haydi Mevlut'a tel edip Penguin-İletişim klasikler işbirliğini açtım

week 8

DÍAS EN GOA Y CASA

La habitación en la que he estado trabajando durante tres años, a veces echando la siesta por la tarde y a veces despertándome en plena noche

Las sillas del balcón
donde nos sentábamos
por la noche en 2009

dormitorio

ventilador

despacho

bañador

toalla

la tele en la que
veíamos
DVDs y
las revueltas árabes
en la BBC y CNN

Musti

Susti el perezoso

la toalla
y el bikini azul
de KIRAN

KIRAN
escribe una novela
en el ordenador

Detrás:
la sala de estar
y la cocina

Las cornejas, muy ruidosas
y que nos roban fruta

Ratonera
envenenada

He dibujado y escrito esto en esta habitación por puro placer, entre mis reflexiones sobre Mevlut y la escritura de sus aventuras... La mayor felicidad, no separarme de mis pensamientos sobre Mevlut en la habitación de arriba. Por la noche, Vivek nos ha llevado a la playa de Anjuna (viene de la palabra *Endjümen*, vendedores de caballos árabes), a una absurda discoteca de rock a la que van los jóvenes. Gente sentada en el suelo, mirándose y toqueteando el móvil. Ojalá me hubiera quedado en casa leyendo a Tolstói...

Y Yo. Yo que
os saludo. Muy contento
de estar en este dibujo
y haber pensado en
Mevlut, en Goa.

A veces entro en un lugar estúpido, sin interés, y me veo atrapado en la historia que tengo en mente. Ahora, por ejemplo: quiero que Mevlut y su primo se paseen por Duttepe, pero es imposible extirparlos de la noche oscura. Para un novelista, estos momentos de bloqueo son lo más desolador. Qué importa, es de noche y los chavales han salido a la calle: Mevlut y Ali. Pero la historia no continúa como a mí me hubiera gustado... Porque hemos ido en coche a los muelles de Panaji. Cita con Wendell y Jérôme, en su barco, para dar un paseo por el río Mandovi, canales y el lecho principal obstruidos por las ramas caídas de los manglares, en un paraíso de aves. He tomado fotos. En el río venden hierro a granel, es como una enorme montaña de virutas de queso que parte en barco hacia China, hacia el mundo.

¡Lo que este dibujo expresa es la felicidad de Goa! Este verde, las nueces de coco, el jardín, los perros, el amarillo de la arena, los árboles, el placer de escribir en la casa grande, la fruta fresca que comemos por la mañana, el sol, la escritura, la natación, ¡la felicidad que todo esto despierta en mí! ¡El optimismo! La belleza de este dibujo radica en que levanta testimonio de nuestra vida aquí de forma documental (nosotros trabajando en la casa) y al mismo tiempo en el color, el sentimiento.

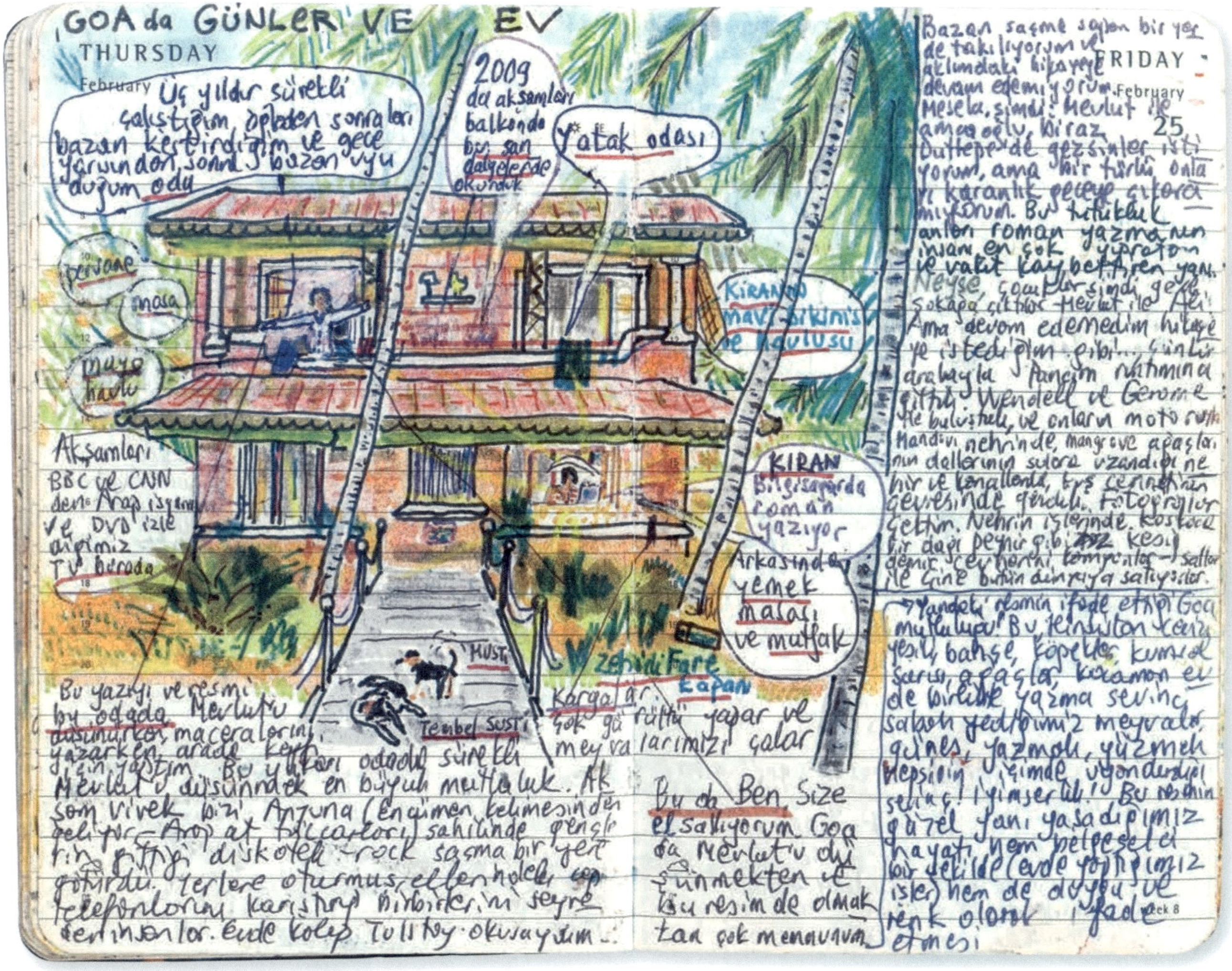
GOA da GÜNLER VE EV
THURSDAY
February
2009
Yatak odası
FRIDAY
February
25
pervane
masa
KIRAN
Bilgisayarda roman yazıyor
yemek masası ve mutfak
Kargalar
Tembel Susti

La Alhambra: después de sesión de prensa, etc., esta mañana entro por fin en este maravilloso lugar. Tras dos semanas con la cabeza llena de arquitectura, me dejo atrapar sin dificultad. Pero yo a la Alhambra no he venido a ver la historia, sino solamente las particularidades arquitectónicas, los motivos, los mocárabes. Contemplo cada detalle preguntándome qué podría servirme para el Museo de la Inocencia... Serenidad, profundidad, delicadeza. Si logras abstraerte de las atrocidades de la historia, aquí puedes pasar un momento delicioso. Mi mente dividida entre Estambul –el museo– y la emoción que este esplendor me proporciona. ¿Cómo armonizar arquitectura islámica clásica y Museo de la Inocencia? Me paseo por la Alhambra en una especie de embriaguez de la mirada, tratando de absorber cada detalle, sin ni siquiera mirar al guía... Prometiéndome que volveré...

Almuerzo en un restaurante a las 15.30 h, una copa de vino. Siesta en la habitación del hotel. Internet: e-mails: tareas del museo... Fotografías de la casa de Harvard, periodistas que quieren hacer una entrevista en el vestíbulo del hotel. He comido un sándwich con Vikram Seth y Juan (novelista colombiano) en el balcón del hotel, tan grande como una terraza. Más vino, luego he ido a una velada del festival en mi honor. Por culpa de la lluvia, ha tenido lugar en el teatro de la ciudad. Ha estado bien. Ligero dolor de garganta. El día ha sido muy largo. Estoy agotado.

Mañana: en el balcón del hotel antes de bajar a desayunar... Optimismo. Sol. Kiran se da una ducha. Yo la observo a través de la puerta entreabierta del cuarto de baño, que da al balcón; eso le da un pequeño susto. Si bien es cierto que aquí estoy bien, en la Alhambra, en Granada, una parte de mí ha permanecido en Estambul, en el museo... He puesto la radio durante el desayuno: periodistas hablan de nosotros, pero respetuosamente, no en un lenguaje de paparazzi. Charla esta mañana con el arquitecto Bereket. Hombre valiente, pero lento. Luego de nuevo la Alhambra: murmullo del agua de una fuente que me recordó el poema de Tanpınar «El tiempo en Bursa»... Los cipreses. Una atmósfera que me recuerda el Bursa en que estuve en 1962 con la familia, la Mezquita Verde y todas las del primer período otomano. Los cipreses, la fuente, es como volver a mi infancia, un encuentro con la faceta más elegante, más geométrica y poderosa de la arquitectura islámica. Ten confianza. Paz, serenidad.

En la Alhambra hay una belleza que te hace olvidar la crueldad de la Historia. Luego volví al hotel, telefoneé a Rüya, luego he felicitado a Şekure[61] por la «fiesta de las madres». Entonces, primera salida a la ciudad con Kiran... Comió pescado en una pizzería de Granada. Paseo por las calles. Tomo notas en un café. También escribo páginas vacías, incompletas: deseo de no olvidar nada de mis días. El olvido me duele tanto... Retener al menos estos dos últimos días: la belleza de la escritura árabe, los mocárabes, la caligrafía cincelada como encaje blanco, el yeso, la madera, el agua: todo ello dignidad, delicadeza... Belleza de ensueño de la arquitectura de Al-Ándalus...

Elhamra: Sabah basın toplantısı'ndan sonra
bu harika yere en sonunda gittim.

SATURDAY

May

9

İki koşturdan kafam mimariyle meşgul olduğu için Elhamra'yı beyaz şevkle sanat işine aldı. Tarihi değil, mimari ayrıntıları, patternleri, mukarnasları görmek istiyorum yanlızca. Herşeyde Masumiyet Müzesine buradan nasıl bir ayrıntı alabilirim... diye bakıyorum. Huzur, derinlik, incelik. Tarihin acımasızlığını düşünmezse buradan zevk alabilir insan.

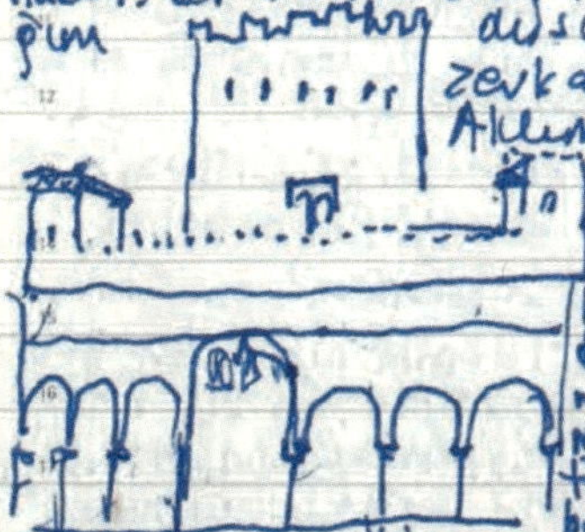

Aklımın yarısı İstanbul'da müzede, diğer yarısı burada bu harikanın verdiği duygu da. Klasik İslam mimarisiyle Masumiyet Müzesini nasıl birleştirmeli, el kitaplarına bakmadan Elhamra'yı bir sarhoş gibi ve gözlerimi doyurmaya çalışarak geziyorum... Genç geleceğim, diye düşünerek... Dışarıda, saat 3:30 da bir lokantada yemek, bir bardak şarap. Otel odasında uyudum. İnternet: mail: Müze'si[illegible]len... Florans'daki evin fotoğrafları, lapide röportaj yapmak isteyen gazeteciler. Otelin deniz [illegible] balkonunda Vikram Seth ve Juan (Colombiyalı romancı) ile sandviç yedik. Sonra [illegible] Festival'deki geceye gittim. Yağmur yağdığı için şehirdeki tiyatrodaydı gece. İyi gitti. Hoş bir [illegible] dersi. Çok uzun gündü. Yorgunum

Sabah: Otelin balkonunda kahvaltıya inmeden önce... İyim serleti. Güneş

SUNDAY

May

10

bakarken duş alıyor. Banyonun balkona açılan kapısından onu seyrediyor, korkuyorum. Granada'da, Elhamra'dayım ama aklımın bir yanı da İstanbul'da müzede... Kahvaltı: Radyo programına çıktık. Gazeteler bizden bahsediyor ama [illegible] diliyle değil, saygıyla: [illegible] Sabah mimar [illegible] ile konuştum... İyi adam ama yavaş. Sonra Elhamra'ya geldim, yeniden Tanpınar'ın Bursa'da Zaman şiirini hatırlatan bir şadırvan, su sıkıntısı, serviler. Ta 1962'de ailece gittiğim Bursa'yı, Yeşil Camii'yi, erken Osmanlı camilerini hatırlatan bir hava. Serviler, su, sıkıntı... çocukluğuma, İslam mimarisinin en güzel, en genç ve kudretli, & bir kere daha göre kendine güven, rahatlık. Tarihin acımasızlığını unutturan bir güzellik var Elhamra'da.

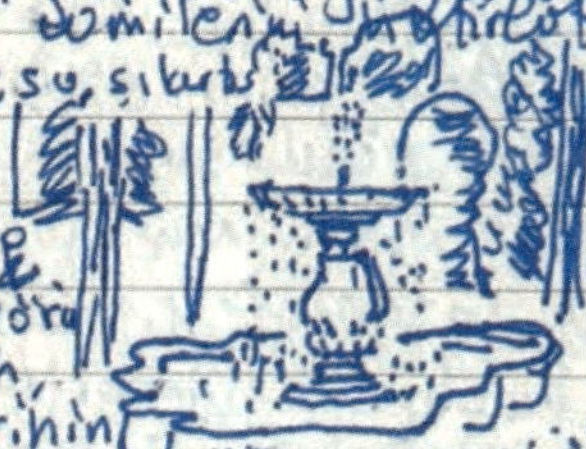

en on sonu metruk yanım yorum: Huzur

Sonra otele gittim, Rüya tel etti, Şeküre'nin "anneler günü"nü kutladım. Sonra ilk defa şehire indik... Granada'da bir pizzacıda balık yedik. Sokaklarda yürüdük, bir kahvede bu deftere yazdım. Bu, eksik şey. Solera da yazdım. Günlerimi unutmak istemiyorum. Unutmak acı veriyor bana... Ama bugün günden akılda kalan şey: Sülüs yazının güzelliği: mukarnaslar beyaz dantel gibi işlenmiş Sülüs yazı, alçı, ahşap, su: Hepsi yakın ve ince... Endülüs mimarisinin rüya gibi güzelliği

En los Uffizi,[62] desde la esquina inferior derecha de la *Adoración de los Magos* de Botticelli, el pintor nos mira. Yo, u otros, podríamos hacer lo mismo en los dibujos de aves de Füsun. // 2 ideas importantes durante la visita a los Uffizi: adornar las tapas de las cajas, las paredes, los techos, hasta el último lugar libre. Nunca dejar vacíos los revestimientos de madera lacada. Sabiendo que todo tendrá que estar terminado en un año... Abrir el museo, pero sobre todo continuar con la pintura durante años. En la entrada del tercer piso, colocar un vídeo en el que se explique que el museo no está terminado, y que probablemente no lo estará antes del final de mi vida. Es decir, yo mismo explicando en pantalla, en 8-10 minutos, el proyecto y el sentido del museo. Y detallando por otra parte, en el mismo lugar, el plano, las particularidades, el universo del museo... // Uno de los dibujos de Füsun debe representar un arcoíris. Delicado, refinado. // Por la mañana, visita al Palazzo Vecchio con Emanuela, nuestra encantadora guía. Allí, un *studiolo*, una pequeña estancia tapizada de pinturas, que en mi primera visita, hace cuatro años, con Rüya, ya me impresionó mucho. Una especie de gabinete de curiosidades. Las puertas de los armarios, los techos, todo está pintado. Hacer lo mismo para la Inocencia. Luego a los Uffizi. Probablemente Botticelli tenía un modelo escandinavo. Larga contemplación de *El sacrificio de Isaac* de Caravaggio. En total, hemos pasado 5 horas entre las salas y la librería del museo. En el hotel, e-mails. Cena en el restaurante, vino.

Insomnio. Sueños horribles, aunque al despertar no los acabo de recordar. He dormido 6 horas. Y he mirado el techo durante 01.30 h. Vacío de la existencia. Un gran miedo. Como si estuviera perdido en el espacio. Kiran y yo nos levantamos temprano. Desayuno. A pie hasta la estación... Es hermoso estar en el mundo, aunque algún tipo de desgracia me ronda el alma, la sangre. ¡Insomnio!

He pensado en la Biblioteca Laurenciana: en el museo de la I., los libros expuestos, colgados del techo, etc., deben ser cualquier cosa excepto banales. Ediciones preciosas. Y vendidas allí mismo. Un juego de cartas ilustrado con una selección de obras del museo. Para la tienda o librería del museo.

Ahmet Öğut, que hace que las estrellas de la televisión parezcan tenderos, etc., también podría transformarme. Cae la noche, restaurante.

Aquí hemos bebido mucho, mucho. ¡Y ha estado bien! Los fascistas de Turquía nos crean problemas. Pero Kiran y yo, bebiendo, estábamos felices. En Florencia: la noche.

THURSDAY May 14

Ufizzi'de, Boticelli'nin The Adoration of the Magi resminin sağ alt köşesinde ressam Boticelli bize bakıyor. Füsun'un kuş resimlerinde de ben ya da başkaları aynı şeyi yapabilir // Ufizzi'de gezerken 2. önemli düşünce: Kutu kapaklarını duvarlara tavanlara, boş yerlere resimler yapmak. Çilek ahşap kapakları hiçbir zaman boş bırakmamak. Bütün kutuları 1 yıl içerisinde bitiremeyeceğime göre... müzeyi açmak ama resimlerle, işleyerek yıllar boyunca yerleştirmek. 3. Müzenin giriş katına bir video koyup, müzenin bitmediğini hayatımın sonuna kadar da belki bitmeyeceğini anlatmak. Yani bir ekranda ben 8-10 dakika müzeyi ve anlamını ağır ağır anlatıyorum. Ayrıca ekranın dışında yerden müze mekanını, ayrıntıları, dünyayı işaret ediyorum... // Füsun'un resimlerinden birinde gökkuşağı olsun. İnce narin // Sabah önce Palazzo Vecchio'ya gittik nazik rehberimiz Emanuela ile. Burada Studiolo I. resimlerle kaplı küçücük bir oda 4 yıl önce Rüya ile geldiğimde de çok etkilenmiş beni. Cabinet of curiosities gibi bir şey. Dolap kapakları, tavanlar heryer resim. Masumiyet de öyle olmalı. Sonra Ufizzi. Boticelli'nin olağandışı bir modeli var herhalde. Caravaggio'nun Isaac'ın kurban edilişine uzun uzun baktım. Ufizzi'de ve kitapçısında toplam 5 saat kaldık. Otel odasında e-mail. Lokantada yemek i...

FRIDAY May 15

Gece uykusuzluk. Korkulu rüyalar ama uyanınca neden korktuğumu bile tam çıkaramıyorum. 6 saat uyudum. 1.5 saat de tavana baktım. Hayatın boşluğu. Derin bir kaç kuş. Uzay dayım sonki. Kiran ile erkenden kalktık kahvaltı. İstasyona yürüyüş! Dünyada olmak güzel ama ruhumda, kanımda bir huzursuzluk var. Uykusuzluk!

↔

Laurentian kütüphanesinde bir fikir: Müzesinde, zincirli kitaplar tavandan sarkanlar vs. sıradan değil, çok özel baskılar olmalı. Ve müzede satılmalı. Müzedeki eşyaların en seçmelerinden oyun kardı destesi: Kütüphanenin ya da müzenin hediye dükkanı için (bakkal vs gibi)

• Ahmet Öğüt TV deki ünlülerin birisine benzetirken beni de yapabilir: Gece geliyor lokanta

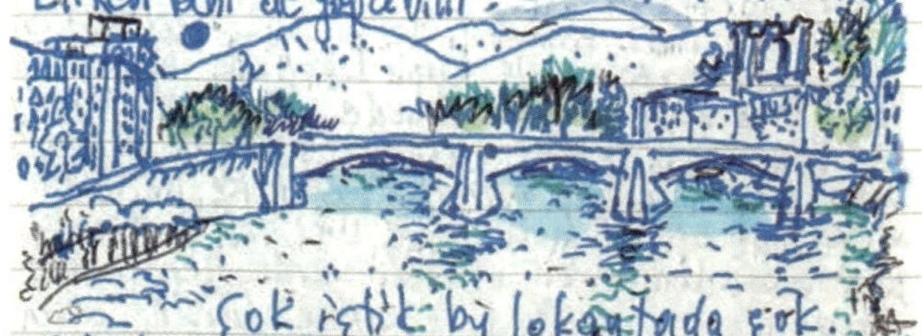

Çok iyi bir lokantada çok. Çok da güzeldi. Türkiye'de faşistlerin çıktığını dertler. Bizde Kiran ile iyi sohbet ettik. Floransa'da — Gece.

Por la mañana, he trabajado dos horas en la novela. Al parecerme el capítulo inflado, cansino y aburrido, he acortado algunos pasajes. Lo escribí, con pausas, en Nueva York en otoño de 2007, cuando descubrí *Other Colors*. Las interrupciones lo han vuelto inconsistente, fofo... Al mediodía, salida de la casa, llegada a San Marco en vaporetto... Recorrer Venecia en vaporetto, la mayor felicidad del mundo:

NOSOTROS ESTÁBAMOS AQUÍ

Museo Grassi

Campo di San Samuele

Palazzo Cappello Malipiero

Nosotros estamos aquí, entre los tejados.

jardín lateral

Mona Hatoum nos ha acompañado a visitar la exposición en el Palazzo Querini Stampalia. Almuerzo todos juntos con su marido, el conservador, y Kiran. Hemos hablado de trabajo con Mona, solos en el jardín japonés diseñado por Scarpa. Definitivamente tiene la intención de hacer algo con el Museo de la Inocencia. Vuelta a casa. Fatiga. He trabajado una hora más en la novela. Eso me ha subido la moral. Por la noche, nuevo paseo por la ciudad con el vaporetto. Ahmet nos esperaba delante del Arsenal para visitar el pabellón turco. ¡Qué difícil es poetizar con los objetos familiares!

Por la mañana, Bellingeri nos lleva al Malipiero, donde he dibujado esto, desde arriba. Paseo en góndola. He explicado que *Nieve* la escribí en un salón lleno de espejos, grande como un salón palaciego. He comido algo y luego vuelta a casa. He seguido revisando la traducción del *Museo* con Kiran. Por una vez, el ánimo era bueno... Por la noche, salida a las 19 h, vaporetto, bajamos en la parada Ferrovia, delante de la estación, y largo paseo por la ciudad durante dos horas. Respirando la belleza de las callejuelas del norte de Venecia, la vida de los barrios periféricos... Caminata por los barrios al sur de la isla del cementerio... Canal de Cannaregio, Fondamenta della Misericordia; el entramado de callejones, Corta S. Alvise, el vaporetto a Ca' d'Oro. La mirada embriagada por la belleza de estas calles. Luego sopla el viento y todo se transforma.

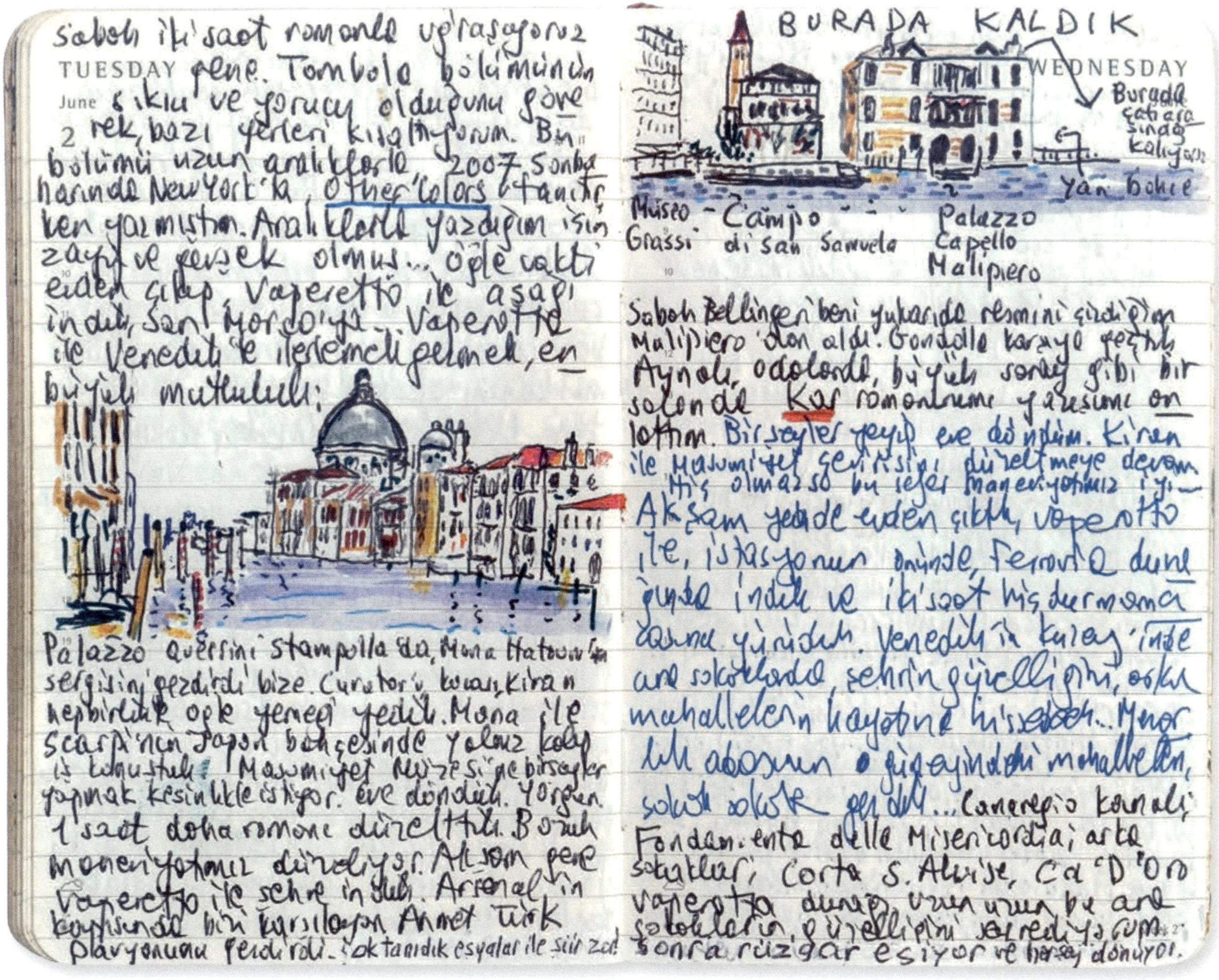

Sabah iki saat romanla uğraşıyoruz
TUESDAY yine. Tombala bölümünün
June sıkıcı ve yorucu olduğunu göre-
2 rek, bazı yerleri kısaltıyorum. Bu
bölümü uzun aralıklarla, 2007 Sonba-
harında New York'ta, Other Colors'ı tamamlar-
ken yazmıştım. Aralıklarla yazdığım için
zayıf ve gevşek olmuş... Öğle vakti
evden çıkıp Vaporetto ile aşağı
indik, San Marco'ya. Vaporetto
ile Venedik'e ilerlemek, gelmek, en
büyük mutluluk:

Palazzo Querini Stampalia'da, Mona Hatoum'un
sergisini gezdirdi bize. Curator'u, karısı, Kiran
hep birlikte öğle yemeği yedik. Mona ile
Scarpa'nın Japon bahçesinde yalnız kalıp
iş konuştuk. Masumiyet Müzesi'yle bir şeyler
yapmak kesinlikle istiyor. Eve döndük. Yorgun
1 saat daha romana düzelttik. Bozuk
maneviyatımız düzeliyor. Akşam yine
Vaporetto ile şehre indik. Arsenal'in
karşısında bizi karşılayan Ahmet Türk
plaryonunu gezdirdi. Çok tanıdık eşyalar ile şiir zad.

Sabah Bellinger beni yukarıda resmini çizdiğim
Malipiero'dan aldı. Gondolla karşıya geçtik.
Aynalı, odalarda, büyülü sonsuz gibi bir
salonda Kar romanımın yarısını on
lattım. Bir şeyler yiyip eve döndüm. Kiran
ile Masumiyet çevirisini düzeltmeye devam.
Hiç olmazsa bu sefer maneviyatımız iyi.
Akşam yedide evden çıktık, vaporetto
ile, istasyonun önünde, Ferrovia durağında
indik ve iki saat hiç durmadan
yürüdük. Venedik'in kuzeyinde
ara sokaklarda, şehrin güzelliğini, eski
mahallelerin hayatını hissederek... Minor-
luk abasının o güzelliğindeki mahalleleri,
sokak sokak gezdik... Canaregio kanalı,
Fondamenta della Misericordia, arka
sokakları, Corte S. Alvise, Ca' D'Oro
vaporetto durağı, uzun uzun bu ara
sokakların güzelliğini seyrediyorum.
sonra rüzgar esiyor ve her şey donuyor.

Día largo. Me he levantado a las 8 h, he trabajado en la traducción, he respondido a las últimas preguntas sobre el tema. Luego salida hacia la universidad con Giampiero, Mario, Yasemin, todo nuestro equipo. He hablado mucho, pensando en las Norton Lectures de Harvard. Luego nos hemos tomado un café todos juntos en el Campo Santa Margherita, luego he vuelto.

Segunda visita a la Bienal. Esta vez, del lado del Arsenal; al final de un largo pasillo, inmersa en la oscuridad, la instalación de un artista italiano que evoca el cosmos, el infinito, etc., me he acostado y he echado una buena siesta. Luego, a las 18.30 h, después de tomar el vaporetto a la Calle di Ca' d'Oro, largo paseo por las calles, tomando fotos. Cena en un restaurante muy agradable. Esta vez, el camino de regreso lo hemos hecho sin perdernos, aunque bastante entonados.

Por la mañana, he escrito mi cuarto texto «veneciano», sobre la Bienal. Salimos del apartamento al mediodía para dirigirnos al pabellón de Nueva Zelanda y otros. Los Palazzi son bastante más interesantes... Pabellón de Singapur; un joven que colecciona entradas de cine y fotos de vestíbulos de hoteles, una atmósfera que recuerda a Turquía... Remedan las escenas más famosas de los clásicos del melodrama singapurense; o al menos hacen como si las rodasen de nuevo. Planos con reflejo en un espejo; o incluso nuevas tomas, repeticiones de *In the Mood for Love*: una estética que me ha marcado mucho, perfecta también para la atmósfera del museo. Entender la cultura de los recuerdos de cine, carteles, entradas, la tradición del melodrama fuera de Occidente. En esos países, el advenimiento del individuo moderno, de la clase media, va de la mano con el auge de las colecciones de objetos relacionados con el cine.

Al salir de un restaurante cerca del Rialto, hemos tomado el vaporetto para ir a la Academia, luego a pie hasta PUNTA DELLA DOGANA, el antiguo edificio de aduanas. Museo de Arte Moderno. La mayoría de las pinturas, aburridas. ¡Pero he tenido la suerte de descubrir una miniatura del infierno! En la librería también he visto un magnífico libro sobre la extraña obra de un pintor-decorador-diseñador, Fornasetti (muy particular). Utilizarlo, seguro, para el museo.

Velada en un palazzo al que nos han invitado. Aristócratas, es verdad que elegantes, pero tan volubles y frívolos como mis ricos compañeros de universidad de los años 60.

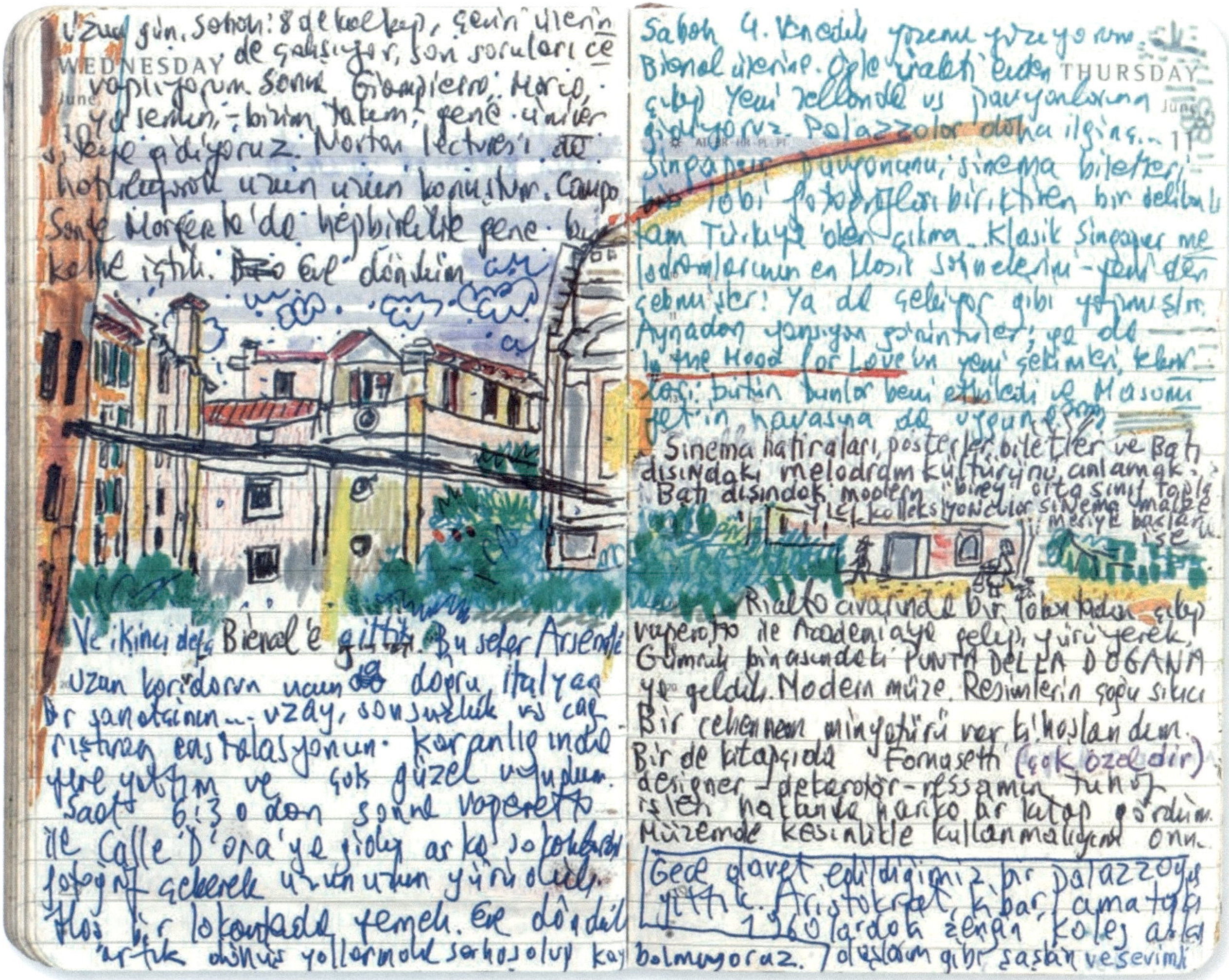
WEDNESDAY
June
10
THURSDAY
June
11

Por la mañana en Asolo. Hemos decidido dedicar el día a las obras de Palladio.[63] Visita a la Villa Barbaro... Colores crema, frescos en tonos pastel. Gran tradición del trampantojo... Me hubiera gustado ser el Palladio turco. En las villas renacientistas transpuso toda una arquitectura grecorromana clásica, pero domesticándola, literalmente... La disposición de la villa, el jardín, la suavidad de la luz en los espacios interiores, todo es sublime. Generosidad, geometría de los espacios.

Parada en Bassano para el almuerzo. Después de vagar un poco por las calles. El maravilloso puente de madera que conecta las dos orillas de la ciudad también es de Palladio. Destruido y reconstruido. Luego nos han entrado ganas de una comida abundante, que todavía estamos esperando.

La Rotonda
VILLA BARBARO
El avión de D'Annunzio

Luego hemos ido a Vicenza. Primero a la Villa Rotonda, un tanto alejada de la ciudad. Muy elegante. Belleza de los antiguos jardines. Aún en pie después de 500 años. Extraordinario disfrute para la vista, la increíble simplicidad de su geometría, cómo está situado entre los árboles. El más suntuoso sigue siendo el edificio construido por Palladio. Las escaleras, las columnas; luego, paseando por las calles de Vicenza, hemos podido admirar otras de sus obras. Todo es tan simple, tan geométrico, que uno no puede creer lo que ve. Deseo de conocer mejor la Villa Valmarana, el Palazzo Thiene, de hecho todo PALLADIO, y de ser el Palladio turco.

He salido de Asolo a las 11 h, en marcha sin pausa hasta el lago de Garda. Allí, hemos pasado tres horas visitando el museo personal, narcisista e idólatra del Vittoriale, que Gabriele D'Annunzio –con el apoyo financiero de Mussolini– se hizo construir en las laderas con vistas al lago, y donde vivió sus últimos veinte años. Yo estaba muy contento, tan contento como me pongo siempre en los museos, especialmente los dedicados a una personalidad, en particular los museos de escritor. Maravillosa atmósfera de los diferentes cuerpos del edificio, llenos sobre todo de archivos, cajas de archivos, y conectados entre sí por una escalera circular y panorámica que trepa por la ladera de la colina en perpendicular a los pisos. Una casa sobrecargada, de un barroco exuberante, que D'Annunzio llenó de un delirante batiburrillo de estatuas, cuadros, bustos de yeso, inscripciones y libros en latín, montones de libros.

Su despacho, donde escribía, su mesa, el espacio alrededor, inmensos, impresionantes. Cerradas a la sublime luz exterior por pesadas cortinas de terciopelo, las habitaciones de su villa tienen algo de fascinante y al mismo tiempo de sofocante. A continuación viene el museo militar de nuestra querido escritor medio fascista, su avión, su barco, luego la solemnidad pomposa de su enorme mausoleo, que domina el lago de Garda. Romanticismo del paisaje cubierto de cipreses, las montañas, el lago, ¡el paraíso! Por la noche, cena en una granja-albergue en la colina, llueve a cántaros.

Construir villas, edificios fabulosos en el ordenador, con Photoshop, que retomen la simetría del estilo de Palladio, pero con elementos turco-otomanos, convertirlo en ciudades, en maquetas, y escribir novelas que las tomen como decorado.

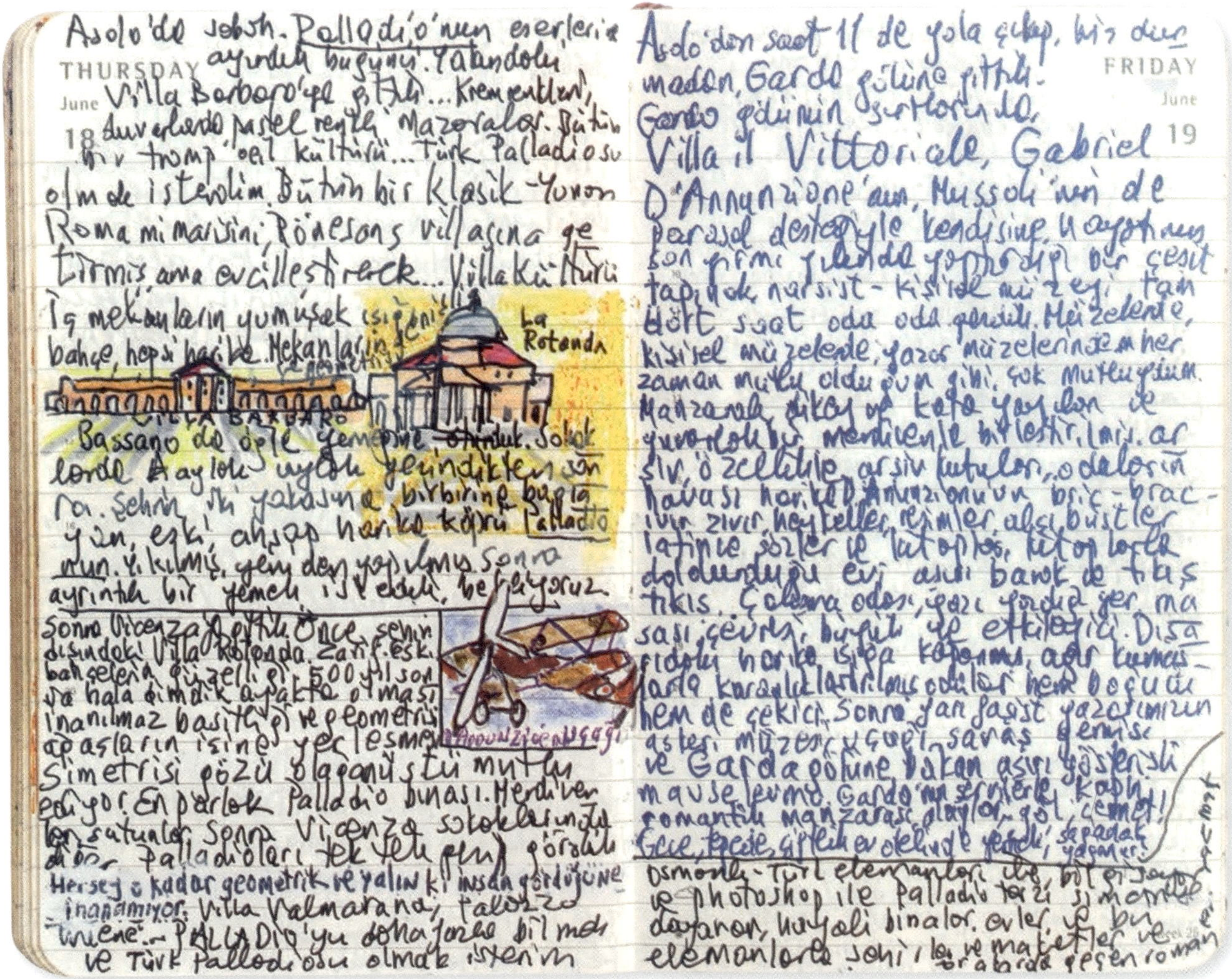
THURSDAY
June
18
FRIDAY
June
19
La Rotonda
VILLA BARBARO
Villa il Vittoriale, Gabriel
D'Annunzio'nun, Mussolini'nin de

Me he levantado pleno de la felicidad de haber dormido ocho horas sin interrupción. Las noches de tristeza, en mi infancia, me arrojé a la cama vestido. Después de que Şevket me diera una tunda. Gran cansancio. En los últimos días, en Estambul, logré dormir 5 o 6 horas. // Otra señal y causa de infelicidad... una erupción de granos rojos en el cuerpo, el pecho. Se los mostré a Sermin, a Rüya. Dijeron que era trabajo, frustración. Se los he mostrado también a Kiran. A veces quiero morir para escapar de este agotamiento. Quería, mejor dicho.

POROS POROS

La vista
desde
la habitación
en Poros

Aquí, la felicidad de hacer el camino entre Poros y Porto Jeli, al final de la península del Peloponeso. En Porto Jeli nos recibe Stella. Alquilamos un coche para ir a 5-6 kilómetros de distancia, a instalarnos en una casa que me recuerda un poco a Bayramoğlu, un poco a Sedef.

Escribo estas líneas en la casa de vacaciones que he alquilado (10 días) a 4,5 kms de PORTO JELI, contemplando el paisaje. // La jornada ha transcurrido en un extraño letargo. Con todo, estaba contento de haberme librado por fin de mi úlcera de estómago y de mi dolor de tímpanos. Incluso pensaba en terminar hoy el 5.º capítulo... Pero me he puesto a revisarlo, ya sea porque era demasiado largo, ya sea... por la dificultad que para mí supone siempre tratar los temas políticos. ¿Y quién recuerda hoy la política de Estambul en los años 70?

Luego he dormido dos horas. La interminable siesta del mediodía, vestigio de mi infancia... Visto que del lado de Norton no se mueve nada... he empezado a escribir un artículo sobre el amor y el periodismo, que debe ser parte de los textos escritos por Djelâl Salik para el museo; después lo he abandonado. Hemos ido a casa de Stella a primera hora de la tarde. A 10 minutos en coche de Porto Jeli, el esplendor del crepúsculo desde una colina, y un silencio como no había yo degustado desde hace mucho tiempo. Cena después en un restaurante de Porto Jeli, donde parecía que desde los años 50 no había cambiado nada, y Stella contándonos las historias de los peces gordos, mafiosos y otros políticos que suelen andar por aquí.

THURSDAY

August

6

Deliksiz sekiz saat uyumanın mutluluğuyla kalktım. Çünkü günün mutsuz gecelerinde de böyle yapar elbiselerimle kendimi yatağa atardım. Şevket'ten dayak yedikten sonra. Çok yorulmuşum İstanbul'da son günlerde 5-6 saat uykuyla idare ediyordum. // Bir başka mutsuzluk işareti ve nedeni... de karnımda göğsümde çıkan kırmızı çıbanlar. Sermin Hanım'a, Rüya'ya gösterdim. Çok çalışmaktan, mutsuzluktan demişlerdi. Kiran'a da gösterdim. Şık şık ölmek, bu yorucu çalışmadan çıkmak istiyorum. İstiyordum mu demeliyim. Burada, Peleponez yarımadasının ucunda bir yerde Poros'tan Porteçeli'ye giderken mutluyum. / POROS

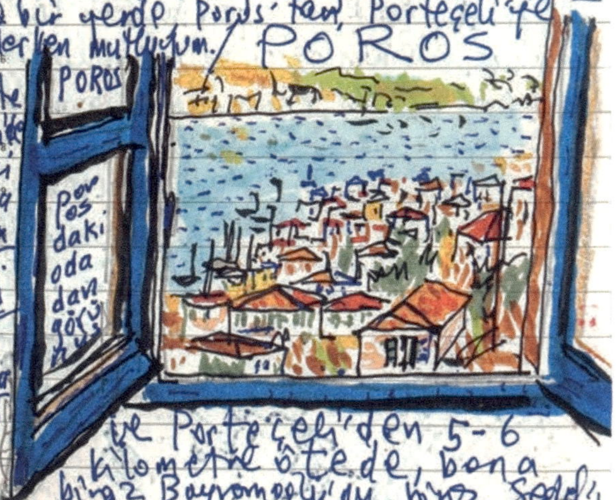

Porteçeli'de bazı Stella kiraladı. "Ana baktı kiraladık"

ve Porteçeli'den 5-6 kilometre ötede, bana biraz Bayramoğlu'nu, biraz Sedef'i hatırlatan bir eve yerleştik

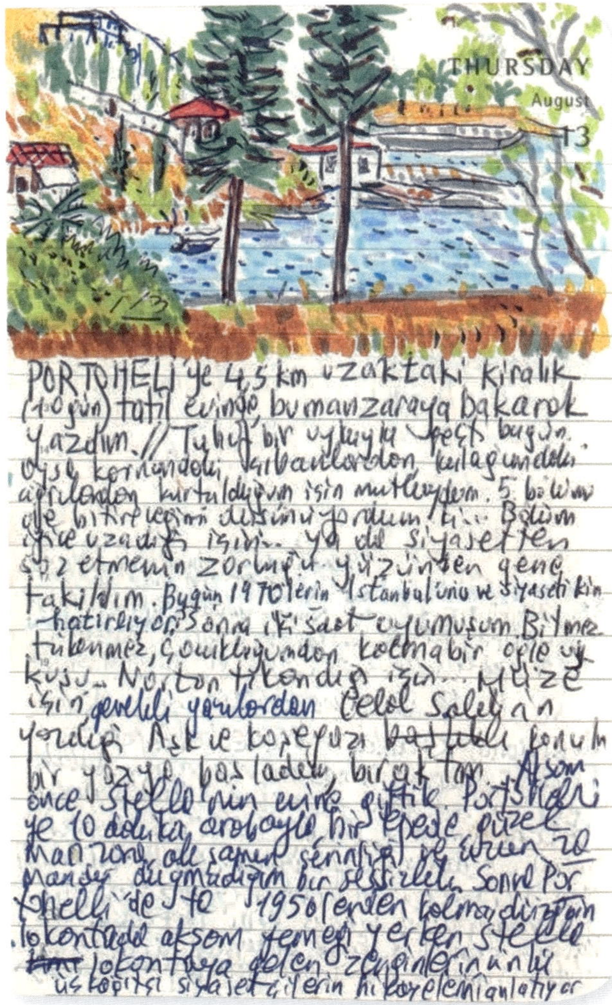

THURSDAY

August

13

PORTOHELİ'ye 4,5 km uzaktaki kiralık (10 gün) tatil evinde, bu manzaraya bakarak yazdım. // Tuhaf bir uykuyla geçti bugün. Öyle korkunçtu, çıbanlardan, kulağımdaki ağrılardan kurtulduğum için mutluyum. 5. bölümü de bitireceğimi düşünüyordum... Bölüm epeyce uzadığı için... ya da siyasetten söz etmenin zorluğu yüzünden genç takıldım. Bugün 1970'lerin İstanbul'unu ve siyasetini hatırlıyor. Sonra iki saat uyumuşum. Bitmez tükenmez, çocukluğumdan kalma bir öğle uykusu... Norton [illegible] için... Müze için gelecekteki yazılardan Celal Salcıyan yazdığı Aşk ve Köpekgözü başlıklı konulu bir yazıya başladım, bıraktım. Akşam önce Stella'nın evine gittik. Portoheli'ye 10 dakika arabayla bir tepede güzel manzara, [illegible] ve [illegible] 20 [illegible] bir sessizlik. Sonra Portoheli'de de 1950'lerden kalma dünyanın lokantada akşam yemeği yerken Stella lokantaya gelen zenginlerin ünlü üs kopitsi siyasetçilerin hikayelerini anlatıyor

Por la mañana, a las siete en el despacho, retomo el último capítulo del Norton.

¡No aceptes nada de los artistas para el museo! Todos los días con la mitad de la cabeza en el museo. ¡Vahit! Lo mejor sería comprarle sus obras y *olvidarlo*.

Nueva Jersey
HUDSON

Por la tarde, a eso de las 14 h, Kiran y yo hemos ido al parque de Riverside. Nos hemos tumbado en el césped sobre una manta. He echado una pequeña siesta. Último domingo de verano en Nueva York. Todo el mundo está en su casa de vacaciones de Long Island, mañana empiezan las vacaciones. Calles vacías. He dormido un poco. Luego, paseo por el parque; he estado mirando cómo jugaban al fútbol. Estoy entre el principio y la mitad del capítulo central. Me refiero al posfacio de *Guerra y paz*. Releyéndolo, he descubierto que Tolstói hablaba de Europa como de *un pequeño rincón del mundo*. Sobre mi escritorio, Montaigne, Dostoievski, Tolstói, Borges, las sublimes cartas de Van Gogh... Me gusta vivir en esos mundos. Por la noche, he caminado con Kiran hasta la calle 80, y hemos cenado fuera, en un restaurante de Broadway. *Fish & chips* al aire refrescante...

Mañana: llueve a cántaros. Escribo sobre la novela. Almorzando con Rüya en un restaurante chino-japonés de la calle 116, la lluvia de afuera me recuerda a las antiguas litografías japonesas. Lluvia también en COLUMBIA. Buen entendimiento con Rüya. Problemas del museo... Pensar en Estambul.

Por la tarde, la habitual visita al Metropolitan. Lo más bonito de la vida en Nueva York es ir el viernes por la tarde a ver cuadros. Podría pasar cada día de mi vida perdiéndome en la contemplación de Monets (¡Étretat!), Van Goghs, Paisajes chinos, Pissarros, Cézannes. Enseguida me asalta el deseo de correr a casa y ponerme a dibujar. Luego, la decepción de sentir que era un optimismo exagerado, que no me alcanzarán las fuerzas.

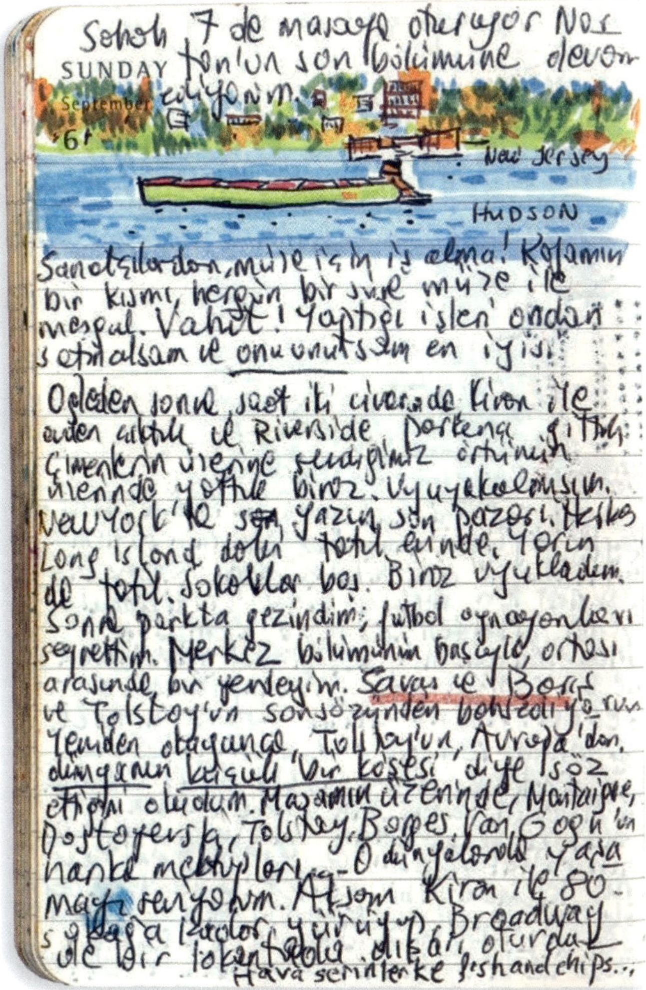
Sabah 7 de masaya oturuyor Nos-
SUNDAY
tos'un son bölümüne devam
September
ediyorum.
6
New Jersey
HUDSON
Sanatçılardan, müze işin iş alma! Kafamın
bir kısmı, hergün bir süre müze ile
meşgul. Vahit! Yaptığı işleri ondan
satın alsam ve onu unutsam en iyisi.
Öğleden sonra saat iki civarında Kiran ile
evden çıktık ve Riverside parkına gittik.
Çimenlerin üzerine serdiğimiz örtünün
üzerinde yattık biraz. Uyuyakalmışım.
New York'ta son yazın son pazarı. Herkes
Long Island dolu tatil günde. Yarın
da tatil. Sokaklar boş. Biraz uyukladım.
Sonra parkta gezindim; futbol oynayanları
seyrettim. Merkez bölümünün başıyla, ortası
arasında bir yerdeyim. Savaş ve Barış
ve Tolstoy'un sonsözünden bahsediyorum
yeniden olağanüstü. Tolstoy'un, Avrupa'dan,
dinginin kışlık bir köşesi diye söz
ettiğini okudum. Masamın üzerinde, Montaigne,
Dostoyevski, Tolstoy, Borges, Van Gogh'un
mektupları... O dünyalarda yaşa-
mayı seviyorum. Akşam Kiran ile 80.
sokağa kadar yürüyüp Broadway
de bir lokantada dışarı oturduk.
Hava serinken fish and chips...

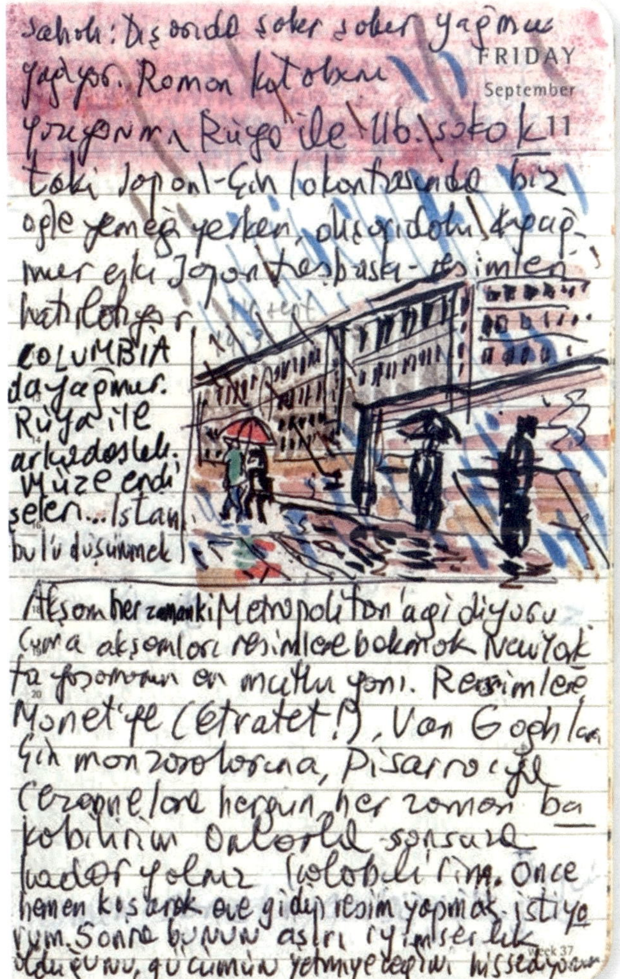
Sabah: Dışarıda şakır şakır yağmur
FRIDAY
yağıyor. Roman kitabını
September
yazıyorum. Rüya ile 116. sokak 11
taki Japon-Çin lokantasında biz
öğle yemeği yerken, dışarıdaki yağ-
mur eski Japon tahta baskı resimleri
hatırlatıyor.
COLUMBIA
da yağmur.
Rüya ile
arkadaşlık.
Müze erdi
şelen... İstan
bulu düşünmek
Akşam her zamanki Metropolitan'a gidiyoruz.
Cuma akşamları resimlere bakmak New York
ta yaşamanın en mutlu yanı. Resimlere
Monet'ye (Etretat!), Van Gogh'la-
rın manzaralarına, Pisarro'ya
Cezanne'lara hergün her zaman ba-
kabilirim. Onlarla sonsuza
kadar yalnız kalabilirim. Önce
hemen koşarak eve gidip resim yapmak istiyo
rum. Sonra bunun aşırı iyimserlik
olduğunu, gücümün yetmiyeceğini hissediyorum
week 37

A veces olvido que siempre he vivido ante una hoja en blanco, y que me he obligado sistemáticamente a mirarla a la cara. Si al cabo de esta prueba mi imaginación se pone en marcha, la página de repente cobra vida... He pasado la jornada anotando mis ideas sobre el mundo de la novela de los últimos veinte años. He hecho una lista de las novelas esenciales, de Cortázar a Julian Barnes; pero indagando en los detalles, y con enorme dificultad... No he salido en todo el día.

NUEVA YORK

Por la tarde he trabajo en la novela, en la biblioteca de Avery. Me he sentado casi siempre en la misma mesa. Una de las largas mesas que bordean las estanterías del sótano. A veces, cuando me siento atascado en la escritura –muy a menudo– deambulo entre las estanterías. Avery es la biblioteca de arte y arquitectura más importante del mundo. A veces me levanto de repente para vagar como un sonámbulo; luego saco un libro suntuoso de las estanterías: arquitectura del Renacimiento, Klee, la perspectiva, William Blake, Goya, o un viejo número de la revista *Parkett*. También está el encanto de los viejos catálogos ilustrados en blanco y negro.

Mis jornadas en Nueva York... Por la mañana, en pie a las 8 h, trabajo hasta las 12 h. Escribo el libro sobre la novela. Luego voy al despacho, o quedo con Rüya... En el despacho me ocupo de los e-mails, un océano de e-mails que no se acaba nunca, y también de las obras del museo. Cuando no puedo más de esas historias, navego por internet, leo algunos periódicos on-line, intento comprender lo que sucede en Turquía. Cada vez que leo las noticias de Turquía me angustio y me desmoralizo. Ante la dureza y la insolencia de todo ese mundo político, siento como si se me ensombreciera la mente; mis sueños y mi inteligencia mancillados por las perspectivas del futuro del país... así como por el lenguaje vil de los periódicos, una mezcla de lugares comunes, grosería, ignorancia y agresividad...

¿Por qué soy feliz cuando miro los PAISAJES DE LOS PINTORES CHINOS?

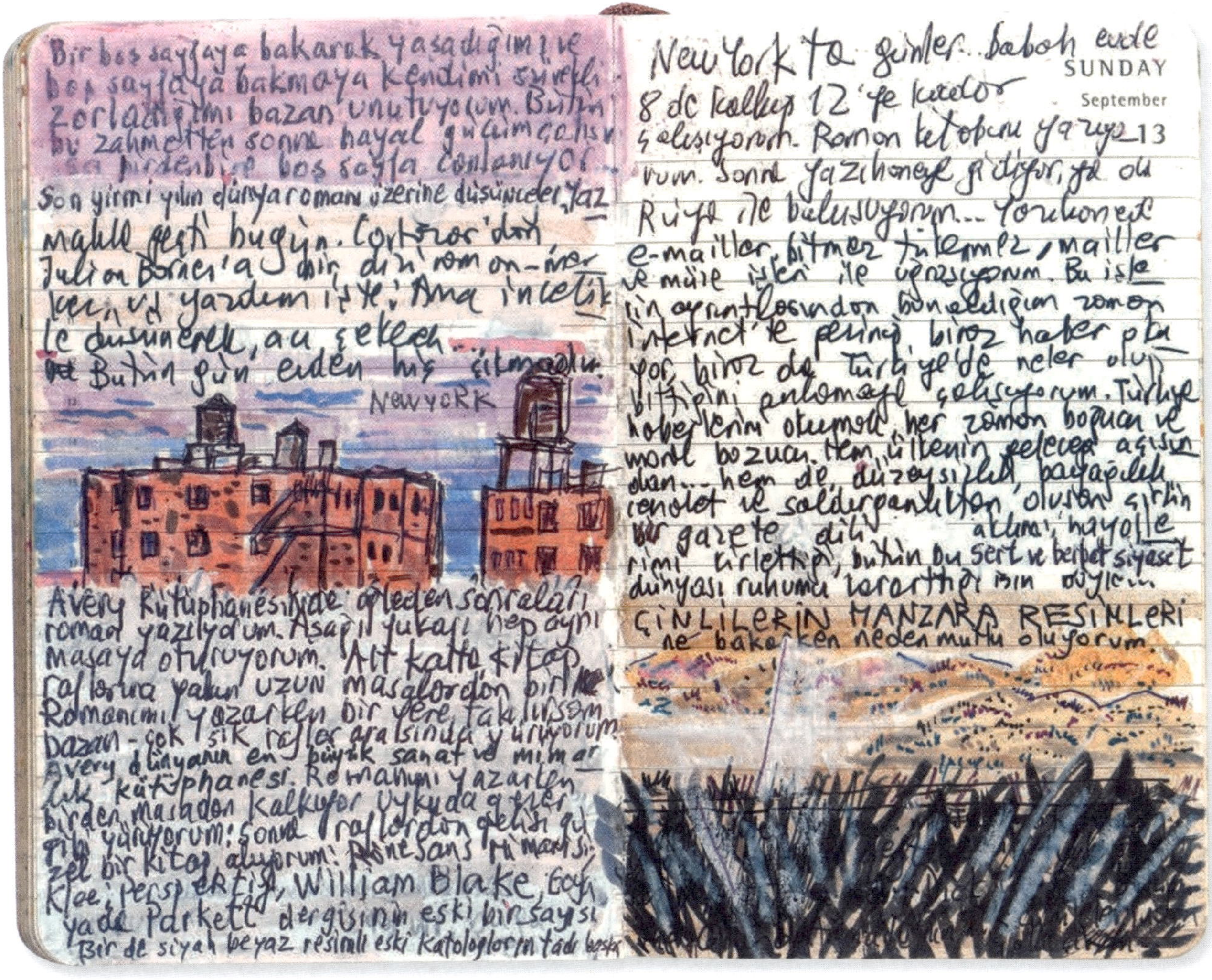

Bir boş sayfaya bakarak yaşadığımı ve
boş sayfaya bakmaya kendimi sürekli
zorladığımı bazan unutuyorum. Bütün
bu zahmetten sonra hayal gücüm çalışır
ve birdenbire boş sayfa canlanıyor...

Son yirmi yılın dünya romanı üzerine düşünceler, yaz-
makla geçti bugün. Cortázar'dan
Julian Barnes'a, dün dini roman-ıner
ler, ve yardım işte. Ama incelik-
le düşünerek, acı çekerek...
Bütün gün evden hiç çıkmadım.

NEW YORK

Avery Kütüphanesi'nde öğleden sonraları
roman yazıyordum. Aşağı yukarı hep aynı
masaya oturuyorum. Alt katta kitap
raflarına yakın uzun masalardan biri.
Romanımı yazarken bir yere takılırsam
bazan - çok sık - raflar arasında yürüyorum.
Avery dünyanın en büyük sanat ve mimar-
lık kütüphanesi. Romanımı yazarken
birden masadan kalkıyor uykuda gezer
gibi yürüyorum; sonra raflardan gelişigü-
zel bir kitap alıyorum: Rönesans mimarisi,
Klee, perspektif, William Blake, Goya
ya da Parkett dergisinin eski bir sayısı
Bir de siyah beyaz resimli eski katalogların tadı başka

New York'ta günler... Sabah evde
SUNDAY
8'de kalkıp 12'ye kadar
September
çalışıyorum. Roman kitabımı yazıyo- 13
rum. Sonra yazıhaneye gidiyor, ya da ol-
Rüya ile buluşuyorum... Yazıhanede
e-mailler, bitmez tükenmez, mailler
ve müze işleri ile uğraşıyorum. Bu işle-
rin ayrıntılarından bunaldığım zaman
internet'te pesinen biraz haber oku-
yor, biraz da Türkiye'de neler olup
bittiğini anlamaya çalışıyorum. Türkiye
haberlerini okumak her zaman boğucu ve
moral bozucu. Hem ülkenin geleceği açısın-
dan... hem de düzeysizlik, bayağılık,
cehalet ve saldırganlıktan oluşan çirkin
bir gazete dili aklımı, hayalle-
rimi kirlettiği, bütün bu sert ve berbat siyaset
dünyası ruhuma kararttığı için böyle...

ÇİNLİLERİN MANZARA RESİMLERİ
ne bakarken neden mutlu oluyorum.

Después del almuerzo, en el despacho, he hecho dos dibujos extraños en la otra Moleskine. De nuevo esa mezcla de pintores chinos e impresionistas, barcos y rocas y montañas y mar que tanto me gustan. En el centro de la imagen... he copiado la primera frase del capítulo 87 de *Moby Dick*, titulado «La gran armada», para convertirla en algo así como una carretera que separa dos dibujos.

Por la mañana en Cambridge,[64] caminando por las calles un tanto huraño. Por culpa de una angustia y una desgracia extrañas, no logro darle a las páginas finales del último capítulo del Norton el cariz que me gustaría.

CAMBRIDGE 144
BRATTLE Street

A las 18.30 h baja Kiran a verme. Lee lo que he escrito en mi 3.ª conferencia, acerca de los «personajes novelescos». Me plantea algunas dudas sobre el principio del texto. La escucho atentamente; y me alegro, pues yo tenía esas mismas dudas. // Pero no quería verlo. Falta de confianza, o pereza. // Por decirlo todo, he perdido el sueño. Me gustaría que este libro dedicado a la novela *El novelista ingenuo y el sentimental*, de mis conferencias Norton, confiera un sentido nuevo a la lectura de las novelas, y que todo el mundo advierta que, en este libro, mi propósito era tratar de mejorar el entendimiento entre el novelista y su lector.

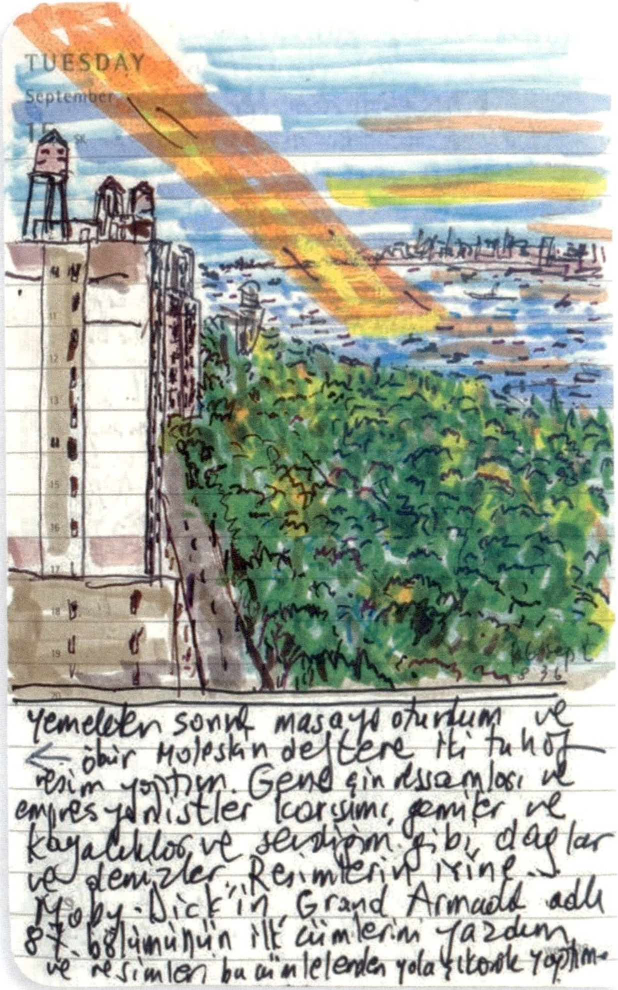
TUESDAY
September
15
yemekten sonra masaya oturdum ve
← öbür Moleskin deftere iki tuhaf
resim yaptım. Gene [illegible] ve
empres yardistler karşımı, gemiler ve
kayalıklar ve sevdiğim gibi, dağlar
ve denizler. Resimlerin içine
Moby-Dick'in Grand Armada adlı
87. bölümünün ilk cümlelerini yazdım
ve resimleri bu cümlelerden yola çıkarak yaptım

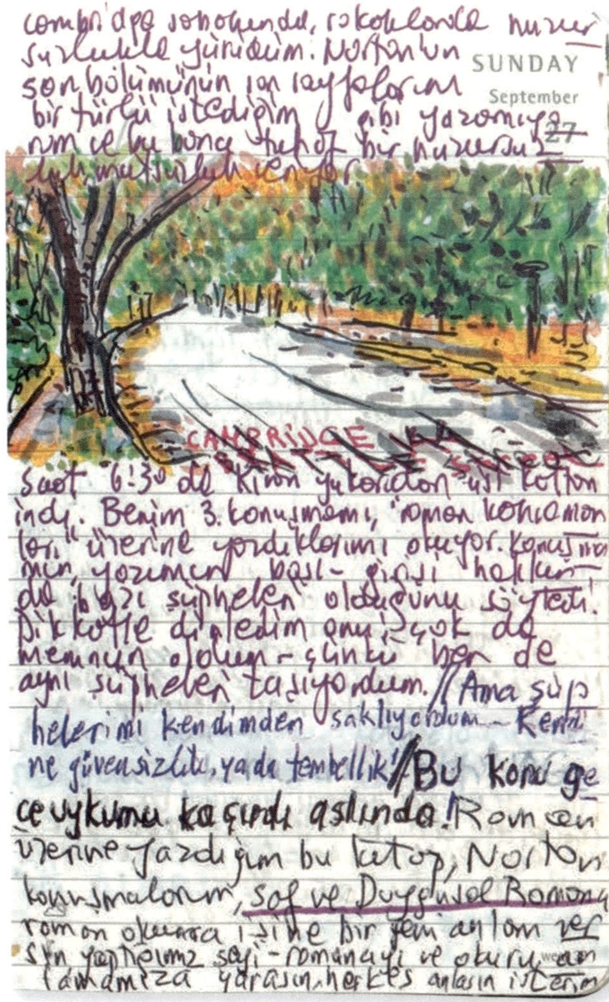
Cambridge sonunda, sokaklarda huzur
suzlukla yürüdüm. Norton'un
SUNDAY
September
27
son bölümünün son sayfalarını
bir türlü istediğim gibi yazamıyo-
rum ve bu bana tuhaf bir huzursuz-
luk veriyor.
CAMBRIDGE
Saat 6:30 da Kiran yukarıdan üst kattan
indi. Benim 3. konuşmamı, "roman kahraman-
ları" üzerine yazdıklarımı okuyor. Konuşma-
mın, yazımın başı- gizi hakkın-
da bazı şüpheleri olduğunu söyledi.
Dikkatle dinledim onu; çok da
memnun oldum - çünkü ben de
aynı şüpheleri taşıyordum. // Ama şüp-
helerimi kendimden saklıyordum — Kendi-
ne güvensizlik, ya da tembellik! // Bu konu ge-
ce uykumu kaçırdı aslında! Roman
üzerine yazdığım bu kitap, Norton
konuşmalarım, Saf ve Duygusal Romancı
roman okurası işine bir yeni anlam ver-
sin yaptığımız şey - romancı ve okuru - an-
lamamıza yarasın, herkes anlasın isterim

Por la mañana, paseo por el barrio... Caminar en el silencio y la frescura de la mañana, por entre las casas de Nueva Inglaterra.

De camino para almorzar al mediodía en el Faculty Club... me he detenido para tratar de fijar el momento que estaba viviendo. He encontrado un banco donde sentarme en el Harvard Yard, y he sacado el cuaderno: los colores del paisaje, el aire, mi conferencia que ha ido bien, las grises nubes de plomo, los árboles de Nueva Inglaterra, las ardillas, libros, las hojas, la vida ante mí: instante de complacencia pensando en todo ello. Luego vuelve la tristeza, me embarga. Escribo en un banco en medio del verde césped del parque de Harvard. Almuerzo con David Damrosch y algunos profes. He asistido a su clase de literatura comparada. Una hora más tarde he vuelto para trabajar en las conferencias. // Por la noche, cena en Boston con Stephen Kinzer y su esposa Marianna. Stephen trabaja mucho, pero su existencia es plácida, feliz.

He salido corriendo... LLUVIA sobre el parque de Harvard.

¡Esta noche, ceremonia de los Premios Ig Nobel! Velada para burlarse amablemente del Nobel, organizada por una revista humorística y los mandarines de Harvard... Sobre el escenario, auténticos premios Nobel recompensan a los ganadores de este Nobel alternativo, medio en broma medio en serio. Al principio me sentía un poco retraído, luego, cuando me ha tocado subir al escenario, he ido alegremente... Placer de estar en Harvard, entre esta gente, las bibliotecas... Además, las conferencias Norton marchan bien. Pero siento que este no es mi sitio para nada, entonces me canso y miro el reloj.

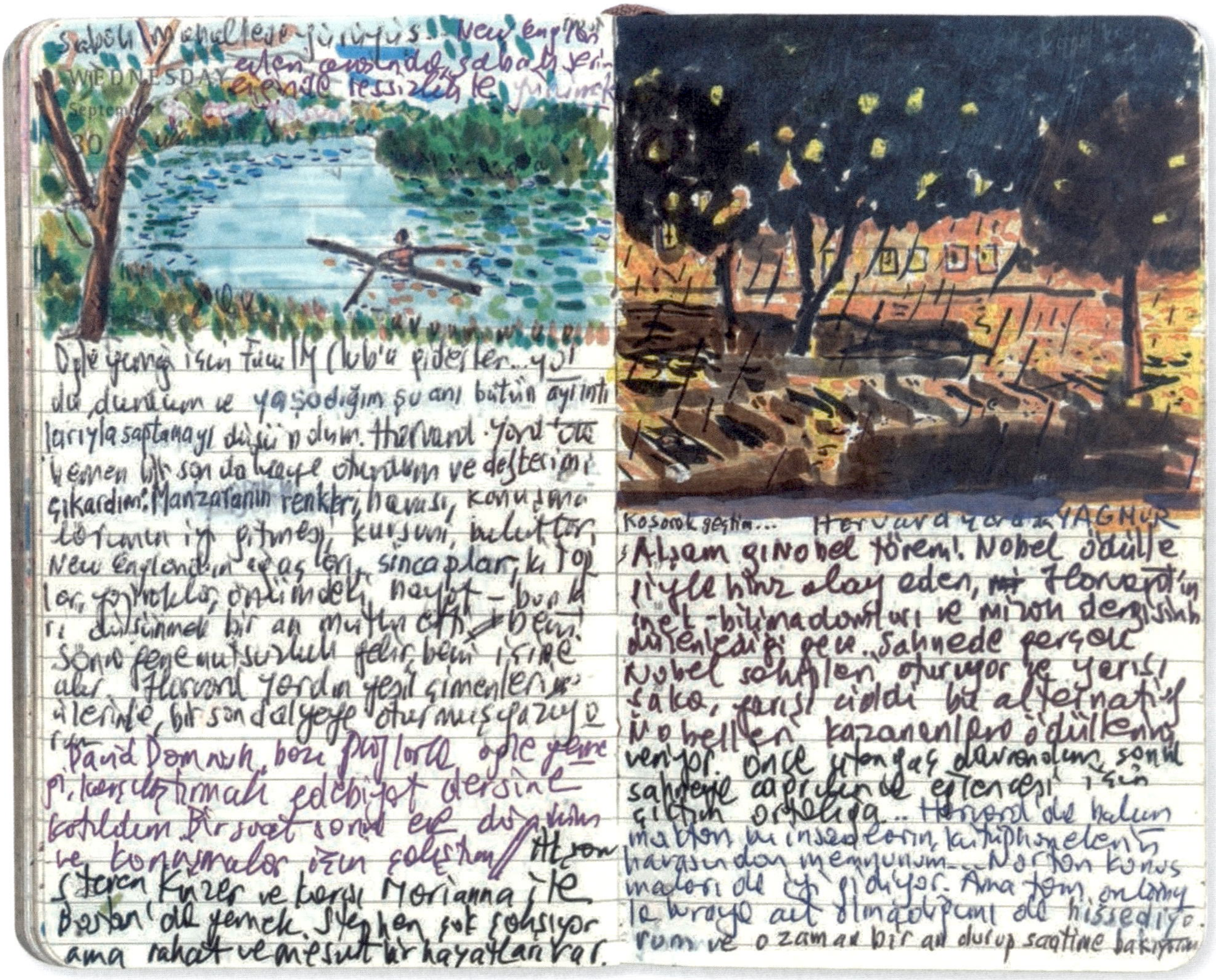

PARÍS París → Lyon

En el tren a Lyon, pienso y fantaseo escuchando a Mozart. Tengo que escribir más novelas. Ser más variado. Atreverme a explorar todos los temas que tengo en mente... Pero poco a poco la fatiga y el sueño se apoderan de mí, y me duermo en el tren de alta velocidad. Cansado.

Por la mañana, dos buenas entrevistas en Gallimard. He charlado en el hotel con Jean Mattern sobre asuntos de traducción. He salido hacia la estación de Lyon. Me he comido una ensalada mirando los trenes. ¡De camino a Lyon, en TGV! En Lyon, he caminado 45 minutos desde el hotel, hasta una colina. Ha habido una ceremonia, me concedían la medalla de honor de la ciudad. Luego, tras atravesar un parque, he asistido a una velada literaria. ¡Mucha gente! ¡Una sala enorme, abarrotada! He hablado media hora con el director del suplemento literario de *Le Monde*. Entre los asistentes he visto a Gerhard, mi traductor alemán, y a su esposa. Los he invitado a cenar. He vuelto al hotel medio muerto.

Dotado, inteligente, culto... Seguro de su éxito y, sin embargo, la soledad de ser turco...

LYON → MILÁN: me he levantado a las 5.30 h de la mañana. Me he duchado, me he vestido. ¿Me basta con cinco horas de sueño por noche? Ni idea, pero trato de respetarlas, veremos el resultado. Última mañana en Lyon...

Aeropuerto de Lyon, antes de embarcar. En Milán me espera una entrevista con Claudio Magris. // Luego embarcamos y, durante el vuelo, respondo por escrito a la mayoría de las preguntas. También tomo fotos, por la ventanilla, de las cumbres negras y puntiagudas de los Alpes emergiendo de entre las nubes. //

LYON

Aeropuerto de Malpensa, una buena habitación en el Grand Hotel Milan. Entrevista con Claudio Magris. 10 años más que yo. Profesor de literatura germánica. Inteligente, delicado, benévolo y culto, un verdadero intelectual. Este año le han concedido el Premio de la Paz de los Libreros Alemanes. Durante la comida le digo que hoy anunciarán la concesión del Nobel: tal vez sea usted. No, dice él, es la semana que viene. Obviamente lo espera, piensa en ello. Pero anuncian que el Nobel cayó y se lo han concedido a Herta Müller. Para mi gran alegría. La conocí una vez, en Alemania. Una mujer inteligente, sensible, profunda. // Por la noche, reunión en un teatro por el Museo. Luego Marco, Yasemin, Andrea, Carlo y yo vamos a cenar al Stendhal, nuestro restaurante habitual. Entiendo el amor de Stendhal por Italia. También yo amo Italia.

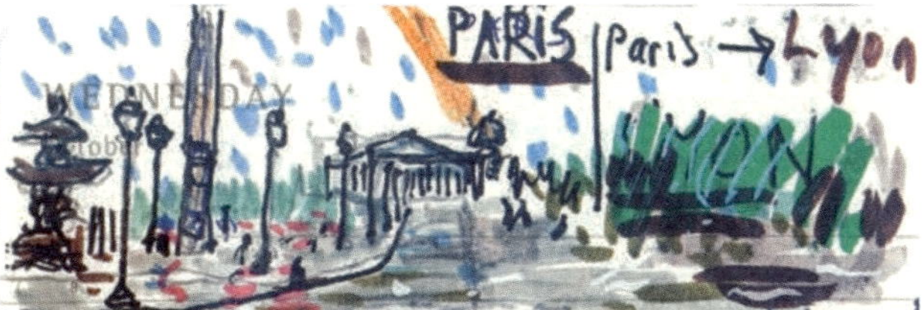

Lyon yolunda trende Mozart dinleyerek hayallere dalıyorum, düşünüyorum. Daha çok roman yazmalıyım. Daha değişik olmalıyım... Kafamdaki bütün konulara cesaretle girişmeliyim... Ama uykusuzluk ve yorgunluk beni yavaş yavaş içine çekiyor ve hızlı trende uyuyakalıyorum. Yorgunum. Sabah Gallimard'da iki röportaj yaptım, Jean Mattern ile çeviri işleri konuştuk. Otelde Gare de Lyon'a gittim. Garda bir salata yedim trenlere bakarak. Lyon yolu, hızlı tren! Lyon'da otelden bir tepeye 45 dakika yürüdüm. Bir tören yaptılar, şehrin şeref nişanını verdiler. Sonra hoş bir parkın içinden yürüyerek bir edebiyat gecesi. Çok kalabalık! Tıkış tıkış büyük bir salon! Le Monde kitap eki müdiresiyle bir buçuk saat konuştum. Kalabalığın içersinde Almanca çevirmenim Gerhard'ı ve eşini gördüm. Onları da akşam yemeğine çağırdım. Otele ölü gibi döndüm.

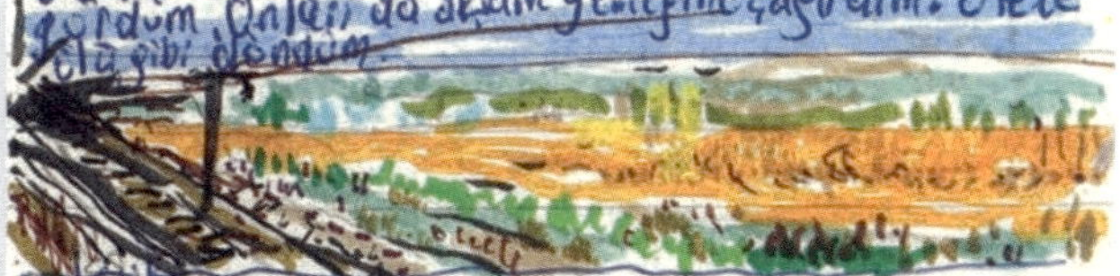

Yetenekli, akıllı, okumuş. Başarısından emin ama gene de bir Türk olmanın yalnızlığı...

LYON → MILANO Sabah 5:30'da kalktım. Yıkandım, giyindim. Gece beş saat uyku yeter mi bana? Bilmiyorum ama idare etmeye çalışıyorum bakalım sonu ne olacak. Lyon'da sabah son saatler...

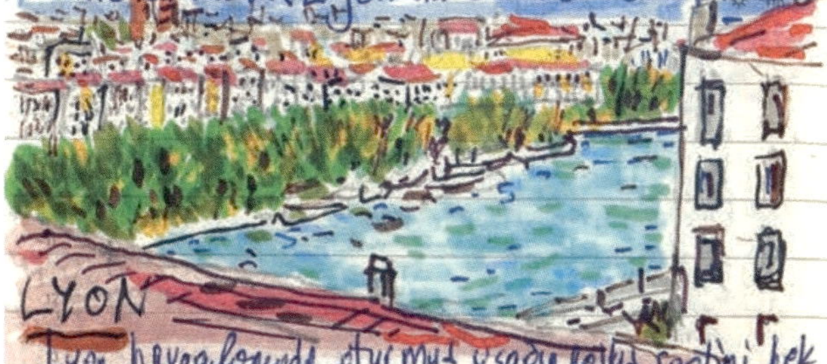

Lyon havaalanında oturmuş uçağın kalkış saatini bekliyorum. Milano'da Claudio Magris ile röportajım var // Sonra uçağa bindim ve röportaj sorularının çoğunu uçakta yazılı olarak cevapladım. Bir yandan da uçağın penceresinden Alplerin sisler içersinden gözükürken sırrî karanlık yüksek tepelerinin fotoğraflarını çektim // Malpensa havaalanı, Grand Hotel Milan'da iyi bir odaya yerleştim. Claudio Magris ile röportaj. Benden 10 yaş büyük. Alman edebiyatı profesörü. Akıllı, ince, iyi kalpli ve kültürlü, gerçek bir entellektüel. Bu sene Alman Kitapçıları barış ödülünü aldı. Yemek yerken, şu sıra Nobel ilan edilecek, belki siz kazanırsınız diye takıldım. Hayır, gelecek haftalarda ilan edilecek dedi. Belli ki Nobel bekliyor ve ilgileniyor. Ama Nobel ilan edildi ve Herta Müller kazandı. Sevindim. Almanya'da bir kere tanışmıştım. İnce, duygulu, derin bir kadın // Akşam üstü bir tiyatroda Masumiyet üzerine bir toplantı. Sonra Marco, Yasemin, Andrea, Carlo her zaman tanıdıklar Stendhal lokantasına gittik. Stendhal'in İtalya sevgisine hak veriyorum. İtalyanları seviyorum

Mi pasión por Tolstói, infinita, nunca desmentida, vuelve a avivarse. Dostoievski no es tan grande como él... Cada frase de Tolstói es para mí una auténtica revelación. Cada una de sus frases, incluso las más banales, me parece un milagro. En sus relatos, todo es brillante, profundo, único. Aún me quedan por leer algunos de sus libros secundarios. Y por qué no, releer *Guerra y paz*.

SANTA MÓNICA SANTA MÓNICA Beach
BOSTON → LOS ÁNGELES

Llego temprano al aeropuerto de Boston. He escrito mis e-mails en el Business Lounge. He pedido a Emre que me ayude a encontrar un director para el museo. Luego llego a la puerta de embarque. Presento mi billete y paso: larga fila en el finger. Le he entregado a alguien mi billete, luego he telefoneado a Estambul, he hablado con Murat sobre el museo. En ese momento, me ha parecido que la azafata me había olvidado. Cuando me ve, grita que estoy a punto de perder mi vuelo. Hemos corrido. La puerta del avión estaba cerrada. La mujer da unos golpecitos en el fuselaje, dentro se oyen voces. La puerta se abre, me colocan con los pasajeros de primera clase. Pero no tengo de qué avergonzarme, no ha sido culpa mía... Por poco pierdo el avión. Algo que nunca fue mi intención.

He tomado fotos al sobrevolar Denver / Colorado o el Gran Cañón. A eso de las 16.40 h, solo que ¡la hora había cambiado!... // No he leído *Kafka en la orilla* de Murakami, ni siquiera sé de qué trata. Pero quiero escribir una novela como la suya. Tengo tantas ganas de escribir una NOVELA. Debería escribir al menos 2-3 páginas de novela al día durante 250 días. Como Graham Greene, como Murakami. Al mismo tiempo: extraño, experimental. // He tomado fotos del paisaje. Desde el avión. Montañas lejanas // Sensación de vacío y de soledad. // Deseo de Kiran, de estar con ella. // Miedo. // En el aeropuerto de L. A. me ha recibido Pamela, de la editorial Knopf.[65] Larga y agradable entrevista con Michael Silverblatt: le gusta el *Museo*. Hemos hablado de la novela. Una hermosa entrevista. // He ido a la playa de Santa Mónica. A las 17 h, paseo al atardecer.

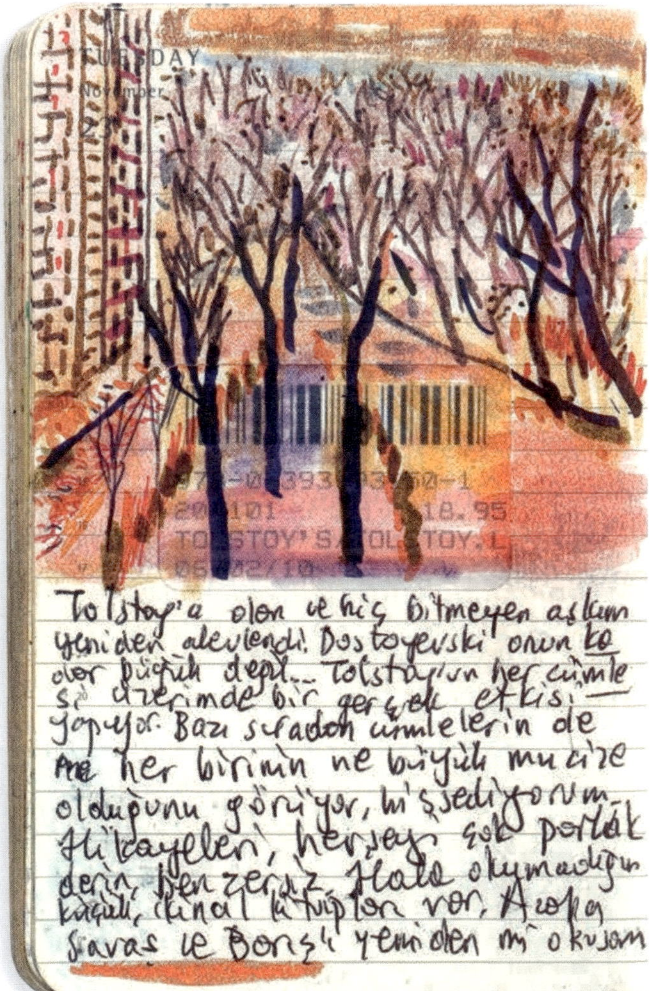
TUESDAY
November
Tolstoy'a olan ve hiç bitmeyen aşkım
yeniden alevlendi. Dostoyevski onun ka-
dar büyük değil... Tolstoy'un her cümle-
si üzerimde bir gerçek etkisi
yapıyor. Bazı sıradan cümlelerin de
her birinin ne büyük mucize
olduğunu görüyor, hissediyorum.
Hikayeler, herşey çok parlak
derin, benzersiz. Hala okumadığım
küçük, ikincil kitapları var. Acaba
Savaş ve Barış'ı yeniden mi okusam

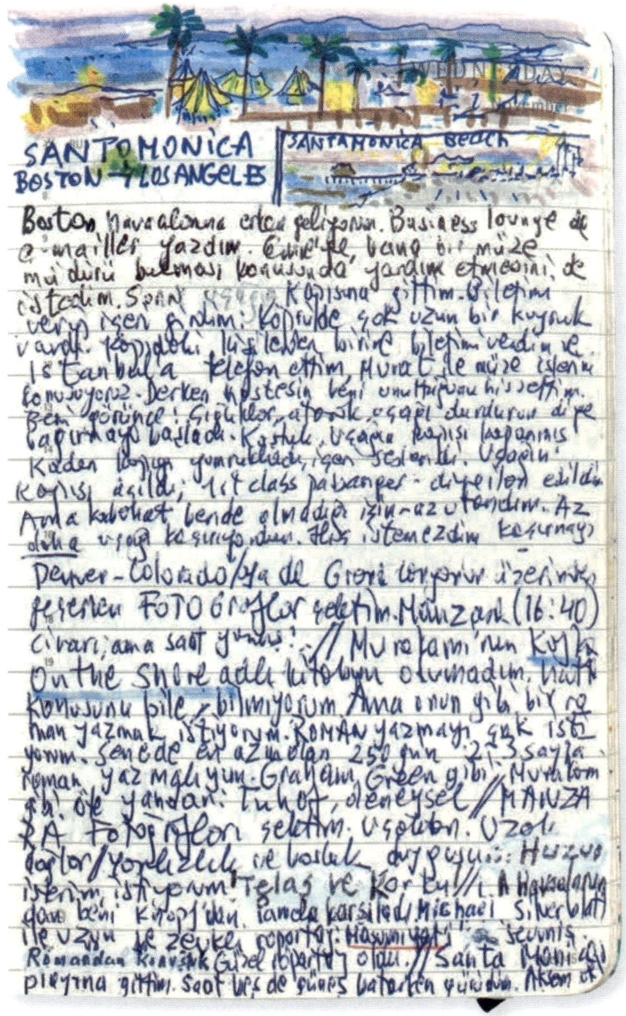
WEDNESDAY
SANTOMONICA
BOSTON – LOS ANGELES
SANTAMONICA BEACH
Boston havaalanına erken geliyorum. Business lounge'da
e-mailler yazdım. Emir'le, bana bir müze
müdürü bulması konusunda yardım etmesini de
istedim. Spain [illegible] Kapısına gittim. Biletimi
verip içeri girdim: Koridorda çok uzun bir kuyruk
vardı. Kapıdaki kişilerden birine biletimi verdim ve
İstanbul'a telefon ettim, Murat ile müze işlerini
konuşuyoruz. Derken hostesin beni unuttuğunu hissettim.
Beni görünce: Çığlıklar, atarak, uçağı durdurun diye
bağırmaya başladı. Koştuk, uçağın kapısı kapanmış.
Kadın kapıyı yumrukladı, içeri seslendi. Uçağın
kapısı açıldı; 1st class passenger - diye ilan edildi.
Ama kabahat bende olmadığı için az utandım. Az
daha uçağı kaçırıyordum. Hiç istemezdim kaçırmayı
Denver-Colorado'yu da Grand Canyon'u üzerinden
geçerken FOTOĞRAFLAR çektim. Manzara (16:40)
civarı, ama saat yanlış! // Murakami'nin Kafka
On the Shore adlı kitabını okumadım. Hatta
konusunu bile bilmiyorum. Ama onun gibi bir ro-
man yazmak istiyorum. ROMAN yazmayı çok isti-
yorum. Senede en az [illegible] 250 gün 2-3 sayfa
roman yazmalıyım. Graham Green gibi. Murakami
gibi öte yandan: Tuhaf, deneysel // MANZA-
RA Fotoğrafları çektim. uçaktan. Uzak
dağlar / yalnızlık ve boşluk duygusu: Hüznü
[illegible] istiyorum Telaş ve Korku // L.A Havaalanın-
dan beni [illegible] karşıladı. Michael Silverblatt
ile uzun ve zevkli röportaj: [illegible] sevmiş.
Romandan [illegible] Güzel röportaj oldu. // Santa Monica
pier'ına gittim. Saat beşte güneş batarken yürüdüm. Akşam

LOS ÁNGELES

Mañana: Hilton de Beverly. Desayuno junto a la piscina. Conversación con Nathan Gardels en el vestíbulo del hotel. Pamela de Knopf me lleva al centro de Los Ángeles. Un poeta beat, haciendo un reportaje para el *L.A. Times*, me enseña el viejo L. A.: el edificio Disney de Frank Gehry, el de *L.A. Times*. He visto también The Bradbury, donde se rodó *Blade Runner*. Placer de pasear por el centro de L.A. Los joyeros armenios, la multitud hispana → (Nota: ha sido entre las 12 y las 13 h, pero el reloj de la cámara va 3 horas adelantado, da la de Nueva York). Luego he participado en un programa de radio en Pasadena. Exactamente igual que en mi primera gira estadounidense hace 10-12 años. Respondo educadamente a las preguntas de una mujer que no ha leído mi libro. Luego he ido al museo y a los archivos Getty. Inmensa felicidad. El director, Thomas, me acompaña en una visita de tres horas. Ha encargado la traducción alemana de *Museo*; en su despacho, la de *Rojo*. El lugar es como un nido de águilas, un monasterio; me ha recordado a Fatehpur Sikri, en la India. Nervioso, rabioso a lo Thomas Bernhard, el director me ha enseñado la biblioteca de historia del arte más grande del mundo. Archivos subterráneos, negativos fotográficos, una sala acristalada donde se exponen planos arquitectónicos, salas para investigadores. Despachos donde trabajan los investigadores-escritores invitados... Se ha ofrecido a reservarme uno para mis investigaciones. Desde la cima de la colina, a lo lejos se divisa entre la niebla el océano Pacífico. Es un monasterio romántico donde refugiarse lejos de la vida, entre los archivos, los documentos, la historia. Luego visitamos el museo: un Chardin y un Gauguin que no había visto nunca... Ah, mirar cuadros, soñar, pintar, encontrar la belleza en lo que uno pinta. // Al salir del museo, al caer la noche, era como un paisaje de Caspar David Friedrich. // Regreso al centro de L. A. en coche, 1 hora. En un teatro de Little Tokyo, he leído algunas páginas del *Museo* delante de 450 personas. Divertido. La gente reía. Serenidad.

Cansancio... Me he despertado en plena noche, a las 5 h. Pero he conseguido volver a dormirme. En ese segundo sueño, después de las 5 h, he soñado algo extraño: una cinta pornográfica. Una cinta pirata que, de repente, explotaba como un jarrón de porcelana y desencadenaba en mi casa un MIEDO intenso.

En el avión entre Los Ángeles y San Francisco, he fotografiado extraños islotes rocosos, desiertos, a lo lejos. A las 13 h, es decir, las 16 h en la cámara... Luego algunas fotos más, que me han recordado mis dibujos de la montaña oscura... Realmente me gustaría poder escribir un libro exclusivamente sobre paisajes. Un ensayo acompañado de reproducciones. Y una novela. En el avión, contemplando las montañas lejanas con sus relieves escarpados, sus crestas oscuras, sensación de la inmortalidad del paisaje, del mundo. A eso de las 13.20 h (16.20 h), he fotografiado las montañas, el mar y las nubes. Soy un romá ntico irrecuperable. Antes de morir, mi deseo es escribir un libro sobre montañas lejanas. Sobre la pintura y la fantasía de los países lejanos, el espectáculo de las montañas nubladas. Sobre ese sentimiento romántico, ese amor por el paisaje tan profundamente grabados en mi corazón, en mi alma. Y cuya razón no acabo de explicarme. Me basta con *ver*, allá abajo, ese paisaje hecho de roca, niebla y mar mezclados, y al momento olvido mis miedos, toda la maldad de los hombres. Contemplar el paisaje me hace feliz. // El acompañante que me espera en el aeropuerto de San Francisco, un exhippie, músico, nacido en 1951, me lleva a una librería independiente que huele a viejos tiempos, a libros y a papel, M Is for Mystery, donde dedico algunos libros. // Entrevista para la televisión con un profesor de ciencias políticas, muy agradable. // Cita con Erdağ en un bar. La gran sala de la lectura, en una iglesia, estaba llena. Y afuera seguía habiendo cola. Yo encantado. Buena lectura, divertida. Ahora sé qué pasajes de la novela tengo que leer. Evacuar el mal de amores // nadar de espalda. // Las calles de detrás y // los propietarios de cines.

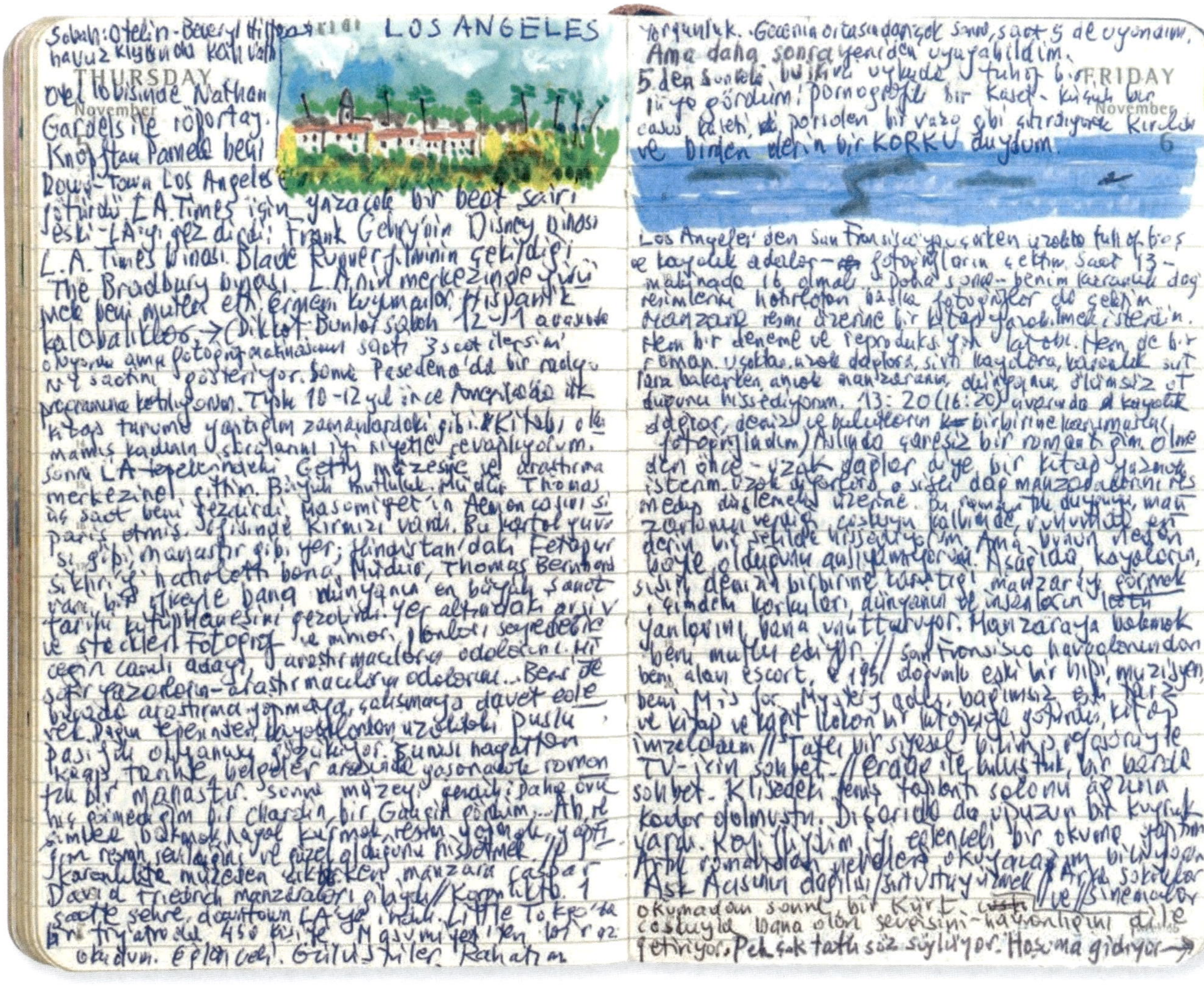
LOS ANGELES
THURSDAY
November
FRIDAY
November
6

MIAMI BEACH HOTEL LOEWS

Día tranquilo en la playa del hotel Loews, en Miami Beach para ser precisos. Imagino la trama de mi nueva novela: YORUMCU. En la arena. En paralelo, leo el libro de Leo Damrosch sobre Rousseau. Lo cual hace que exista un hombre como Rousseau. ¡La pasión por las montañas, los paisajes de los Alpes...! En mi tumbona sobre la arena, preparo mentalmente la novela YORUMCU, cuya columna vertebral se me aparece ahora claramente, animada, vívida. Inventar una nueva novela es un placer, soñar con ella: pensar en la multitud imaginaria de ciudadanos enfadados. El encuentro entre K y X. La mujer rabiosa, demoníaca, YORUMCU, etc., etc.

El boceto ya está hecho, me gustaría empezar a escribirla de inmediato. // Por la noche, cena con Sheila y Ben Moser, viejos amigos de Knopf. Están en Miami por la feria del libro. Ben ha escrito una biografía de Clarice Lispector. Yo he hecho propaganda de su libro. Sheila encantadora, benévola, divertida.

Después de la lectura, un kurdo se acerca para declararme su admiración y su amor ardiente. La velada me ha encantado, el librero, todo el mundo, muy amable, perfecto. He firmado cientos de libros con sumo placer. Traducciones al español. // De vuelta en el hotel, llevo a Kiran a cenar al Sea Food Grill, pescado vino

Por la mañana, en mi cama del hotel, leo el *Rousseau* de Leo Damrosch como quien lee el periódico. Impresionado. Meditando el hecho de que su padre, que le había dicho «Ama a tu patria, hijo mío», fue declarado «traidor», su casa destruida, luego confiscada → (página 19)... me doy cuenta de que detrás de mis ganas de crear un museo / una fundación, etc., se esconde un profundo sentimiento de apego a Turquía, el deseo de resistir al tiempo, de impedir que mi hogar sea destruido. // Por la mañana, después del desayuno, de paseo con Kiran por las calles art déco de Miami... Hemos entrado en una tienda de souvenirs en la planta baja de un edificio turístico art déco. He visto que, entre otros objetos nostálgicos, venden un gorro de baño como el que llevaba mi madre. (*As featured in Vogue 1950's, retro bathing cap,* se leía bajo el gorro de mi madre: véase foto 12.27 h).

Y ese gorro me recordó una historia que leyó mi madre en el periódico y que enriqueció con detalles de su propia cosecha. Una mujer infeliz quiere dejar a su marido y a sus hijos, se sumerge en el mar y ya no vuelve, huye para rehacer su vida con su amante, que la espera a lo lejos, en otra playa o en una barca en alta mar. Si se hubiese quitado el gorro de baño, nunca habría podido reunirse con el amante, decía mi madre... Placer de identificarse con Rousseau. He pensado en la novela, natación, y por la noche cena en un restaurante italiano.

MIAMI BEACH - ART DÉCO

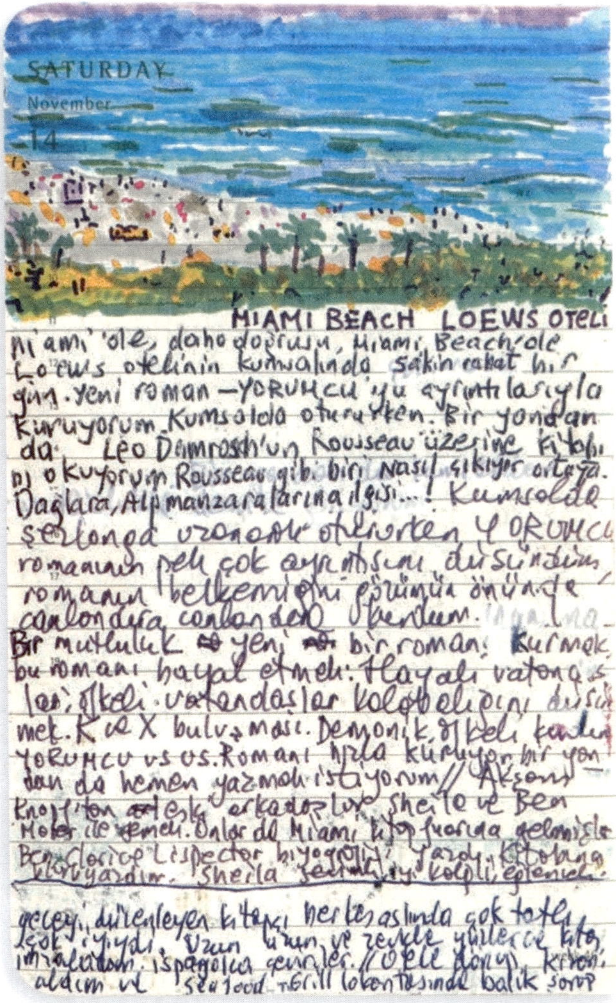
SATURDAY
November
14
MIAMI BEACH LOEWS OTELI

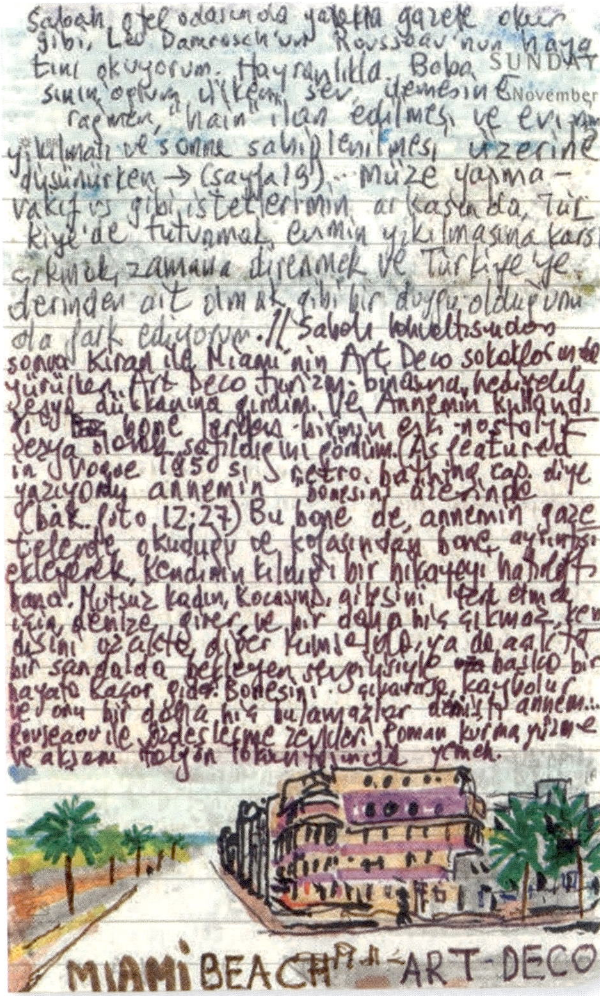
SUNDAY
November
MIAMI BEACH ART-DECO

LINCOLN MEMORIAL - WASHINGTON DC

Desayuno en los salones del Hotel Palomar de Washington: Gregor disgustado por haberle aplazado la reunión sobre el museo, prevista para las 10 h. Yo también. Por la mañana, programa de radio con Diane Rehm. Todo un «personaje», con un busto muy pequeño y una cadencia muy lenta; he recordado que en 2004 ya participé en su programa, con motivo de *Snow-Nieve*. // De allí he ido al aeropuerto Reagan de Washington. He tomado una ensalada de pollo asado, etc. Escribo instalado en un rincón del *food-court*. // Confesión: adoro los aeropuertos estadounidenses, me encanta tomar el avión para viajar de una ciudad a otra.

He tomado unas excelentes fotos de Manhattan desde el cielo, cuando el avión descendía sobre Nueva York (hacia las 15.11 h), pero la azafata me ha dicho que parara, está prohibido. No he podido resistirme, he sacado otra vez la cámara. Entrevista para el *Daily Telegraph*, luego he vuelto a casa arrastrando la maleta. Después de la comida, paseo y compras por el barrio, el periódico en el quiosco, fruta en la tienda, algunos libros. Vuelvo pensando en todo lo que tengo en las manos.

Thanksgiving Day. He pasado buena parte de la mañana leyendo y pensando. Kiran ha ido a ver a su madre. Sensación de vacío. He telefoneado a Asuman: hemos lamentado la lentitud del trabajo en el museo, aún no han empezado las obras. He hablado con Murat. Me siento tan vacío. Probablemente porque no escribo ni novela, ni relato, ni texto. Es absolutamente perentorio que empiece ya sea la nueva novela, ya sea un relato. El Norton a entregar después de haberlo revisado por última vez, el prefacio Everyman de *Rojo* por escribir. //

He leído con gran placer los relatos de Daniyal Moinuddin.[66] Nawab el electricista. Muy bien. El placer de leer un buen relato. He logrado a continuación pensar en mi nueva novela, por poco que sea. A las 17 h Rüya estaba abajo. He tomado fotos de nuestro edificio al caer la noche. Mi apartamento era el único iluminado. (17.01 h). Luego Rüya y yo hemos subido charlando por el Riverside Park hasta la calle 72. En la 68, hemos reservado entradas para el cine Loews. Cena en el restaurante, alegría padre-hija. Hemos visto la película basada en la novela de Cormac McCarthy *La carretera*, imaginando que éramos el padre y la hija (un hijo, en la película). Una hermosa velada. Me siento afortunado de que exista Rüya.

mi apartamento iluminado

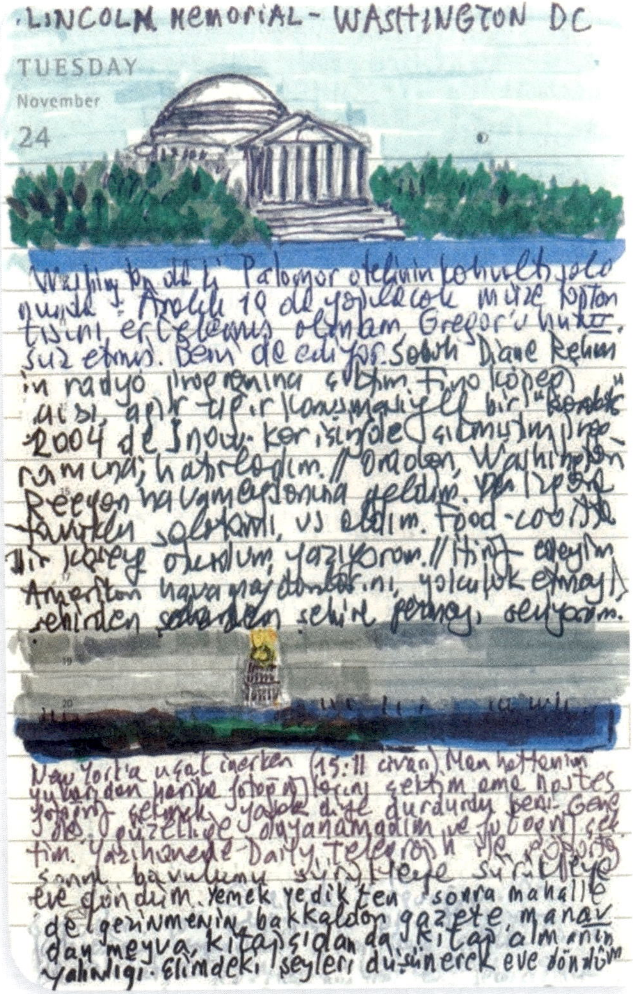
LINCOLN MEMORIAL - WASHINGTON DC
TUESDAY
November
24

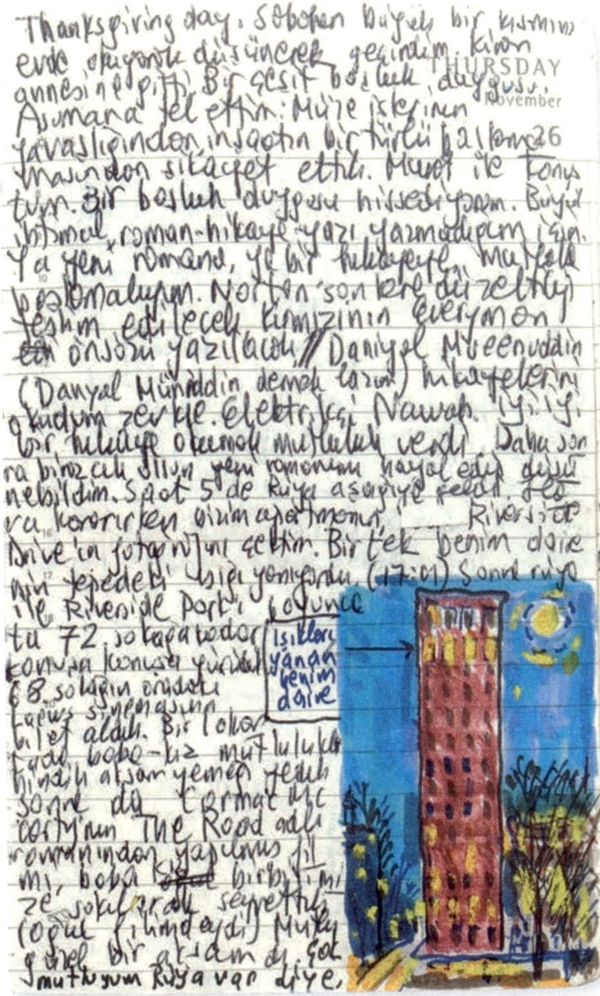
THURSDAY
November
26

¡A Berlín! ¡Venga, venga!

15-1 9.45 a 9.46 h
la hora de las fotos

Blanco

alguien

Museum Sammlung Scharf-Gerstenberg, Schlossstrasse 70. Cita a las 11 h con Gregor y Brigitta. Visita muy atenta a este museo del surrealismo completamente rediseñado por Gregor. Esta mañana han llegado Andreas y Anna Leube. Goya, Piranesi, Max Ernst, etc. El dibujo de Rousseau del asno y la mujer haciendo el amor, muy extraño. Almuerzo en un restaurante italiano, luego museo Gropius. Exposición de miniaturas islámicas, Taswir... Había colgado un fragmento de un texto mío titulado *Sentido*. El placer de contemplar miniaturas, años después de *Me llamo Rojo*.

Luego hemos visitado un *Wunderkammer*, y a continuación hemos vuelto al museo renovado por Gregor. Examinamos un modelo de cajón / la caja n.º 31, realizado en Berlín por un ebanista alemán. Hablamos del asunto. Es muy hermoso. Me siento muy afortunado. Regreso al hotel. Recai Hallaç, Sedat el fotógrafo... etc., a las 20 h volvemos a vernos todos en el vestíbulo del hotel. Los creadores turcos-kurdos de Berlín, rabiosos opositores políticos, me gustan mucho, a veces tengo ganas de conocerlos a todos, de seguirlos a todas partes en sus aventuras: cenamos todos juntos en un restaurante español de Kreuzberg. Karin, la esposa de Achim, también estaba allí. Más tarde, llegada de Cem y de otros...

UN DÍA PRECIOSO: ¡tantos turcos en Berlín! Su afecto, su amistad, todo ello me ha puesto contento.

BERLÍN → BARCELONA

Fría mañana berlinesa. Esta noche no he podido dormir. Pero una felicidad extraña. En Berlín, las calles, el aeropuerto, todo parece vacío. Me duermo en el avión a Barcelona, con escala en Múnich. En el aeropuerto de Múnich, llamo a Rüya, a Kiran y a Murat, el asistente del museo. // En Barcelona, el vestíbulo del hotel Majestic lleno de gente de Turkish Airlines, azafatas, directores. Un instante de estupor. // Cena con Bashkim Shehu.[67] Su padre, que fue la mano derecha de Enver Hoxha en Albania, fue ejecutado por orden del paranoico dictador. El hijo también fue encarcelado. Luego se exilió en Barcelona. Consejero para el museo. Fuma, está nervioso, pero sobre todo parece un buen hombre. Le he dibujado un esquema de la exposición ideal. La conexión es inmediata; venimos del mismo rincón del mundo, de la misma cultura. → Aquí, el esquema de la exposición.

Vista Silueta -Panorama
libros
Yo
Secreto
y estrecho
temas
Mundo exterior

El CCCB de Barcelona, Centro de Cultura Contemporánea, me ha propuesto hacer una exposición, *El Estambul de Pamuk*, he aceptado. Ya han hecho el Dublín de Joyce, la Praga de Kafka, el Buenos Aires de Borges. Pero yo estoy vivo. Desde 1973 escribo mis novelas a mano. Dibujos, bocetos, 40 años de cuadernos, objetos íntimos, acuarelas. LA FUERZA / LA SERIEDAD de mis dibujos, manuscritos y borradores debe ser el corazón de la exposición. Avanzando poco a poco hacia el centro del laberinto, asistimos a la aparición de Estambul a través de mis archivos, con su historia, sus siluetas, sus imágenes, sus objetos, la ciudad y sus símbolos.

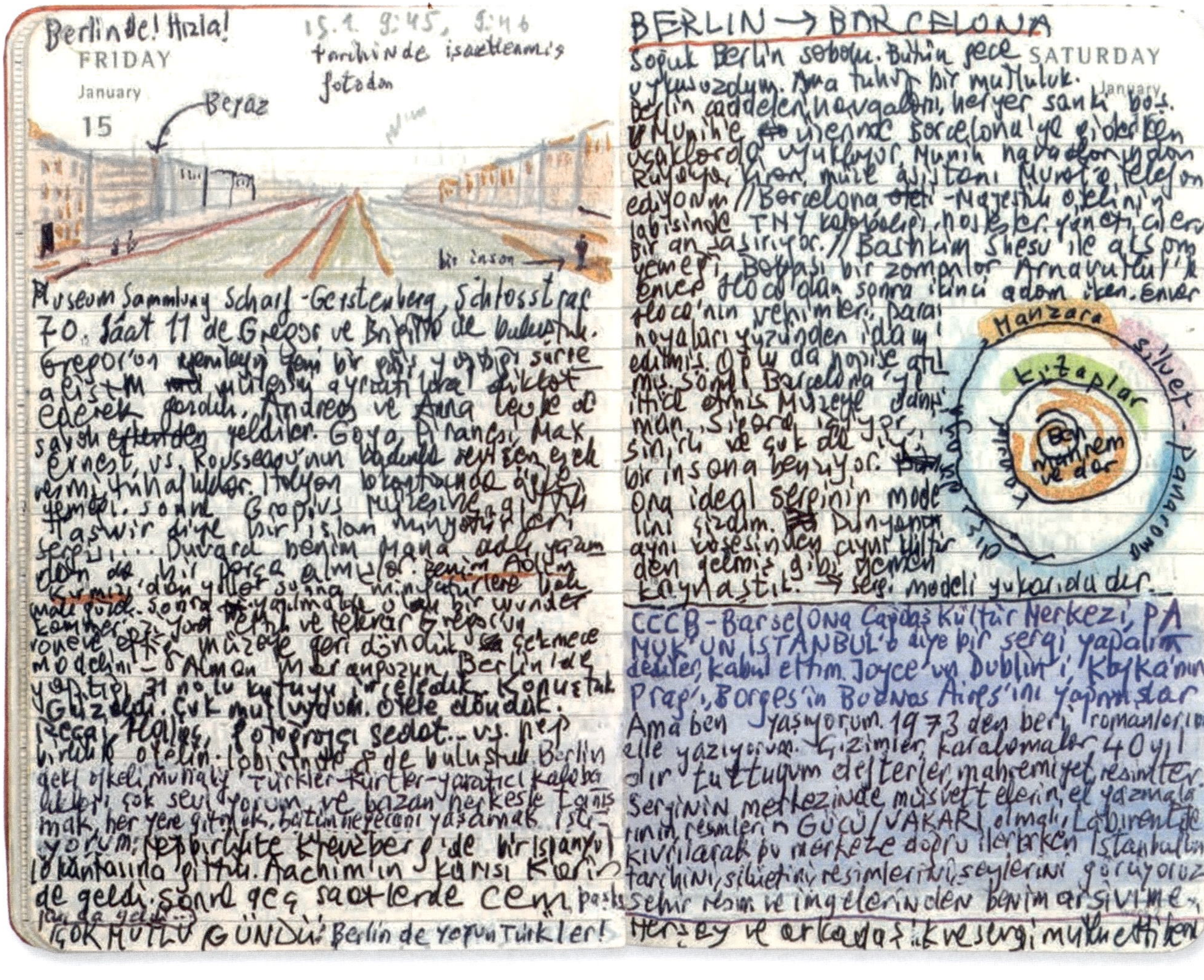
Berlinde! Hızla!
FRIDAY
January
15
15.1. 9:45, 9:46 tarihinde işaretlenmiş fotodan
Beyaz
bir insan

BERLIN → BARCELONA
SATURDAY
January
Manzara
siluet
kitaplar
panorama
Ben mahremiyet ve dar

Cita con Gregor en el museo a las 15 h. Las obras avanzan; como de costumbre, más lento de lo que habíamos previsto. Por la noche Gregor, las chicas, Cem... Los he llevado al restaurante de pescado del Savoy en Cihangir. Tradición de invitar a cenar a los colaboradores del museo. El restaurante abarrotado, lleno hasta arriba. Gente que me toma fotos desde las mesas cercanas... reavivando de golpe la angustia de la fama, de la soledad, de la inseguridad. Llega un momento en que ya no soporto a la multitud, a la gente. Me harán daño, me harán un daño ordinario: eso es lo que siento.

Museo de la Inocencia.
Vista del primer piso desde
la calle durante las obras

la entrada lateral
el pavimento

Objeto tras objeto me esfuerzo en terminar el museo, lo mismo que me esfuerzo por terminar la novela, palabra tras palabra. Extraer poesía de los objetos ordinarios es lo más complicado. Mi imaginación se debilita y la mediocridad de la vida cotidiana todo lo frena. Esa es la causa de mi fatiga. Por la mañana dibujo. Después de una última revisión, trato de poner el punto final al prefacio de *Rojo*. Sensación de inutilidad, de vanidad... Me gustaría estar inmerso en la historia de Mevlut. Mi humor ensombrecido por el ambiente en Turquía, los periódicos, etc. El período es relativamente pacífico, cinco años en los que no me ha pasado nada serio, pero la intolerancia, la lucha entre los militares laicos y los islamistas políticos, me aterrorizan. No debería ver tanto mundo, como cuando estaba escribiendo *El libro negro*. Lo más importante, no leer la prensa...

la antigua
entrada principal

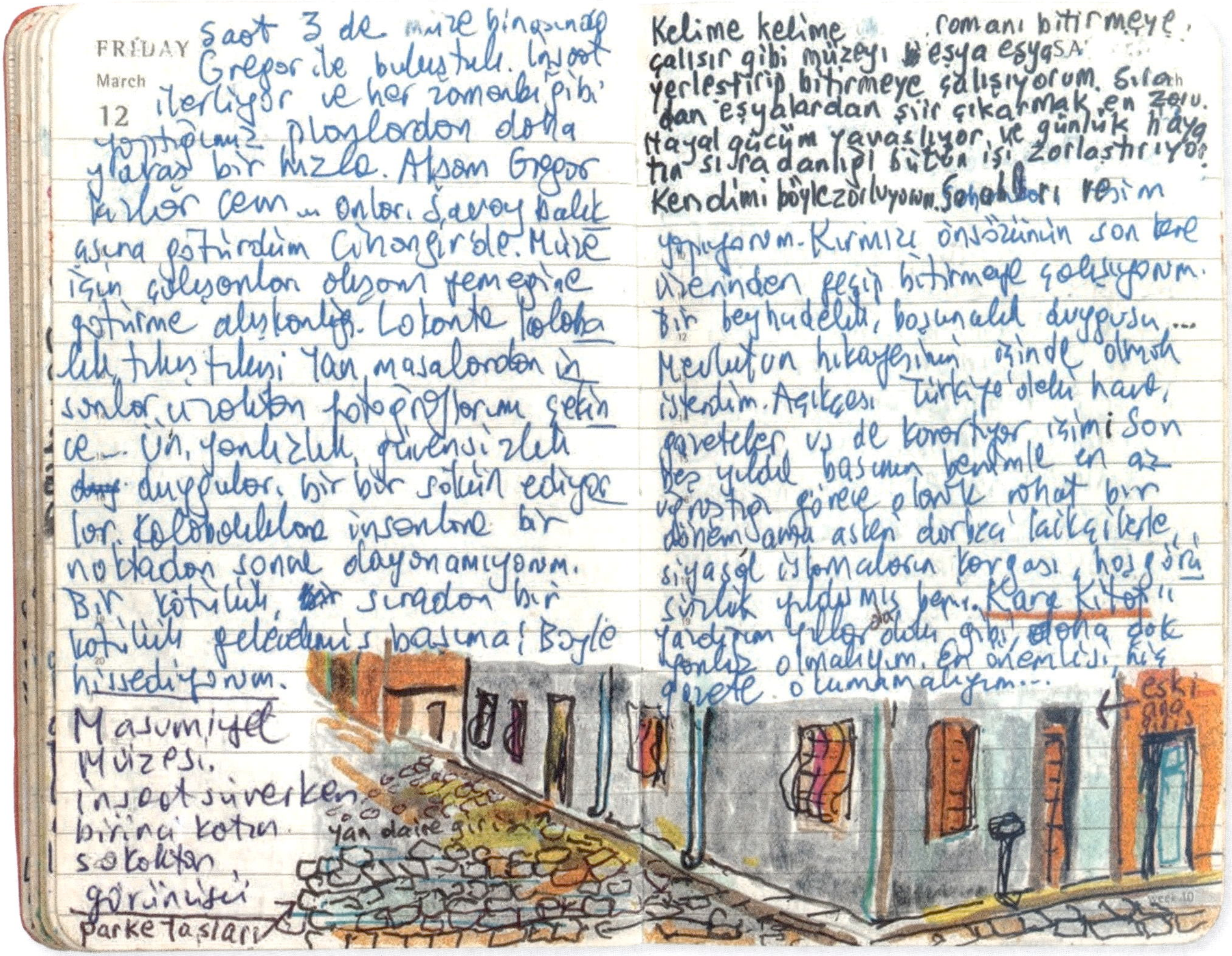
FRIDAY
March
12
Saat 3 de müze binasında
Gregor ile buluştuk. İnşaat
ilerliyor ve her zamanki gibi
Masumiyet
Müzesi.
inşaat sürerken
parke taşları
yan daire girişi
Kelime kelime romanı bitirmeye
çalışır gibi müzeyi eşya eşya
yerleştirip bitirmeye çalışıyorum.
Kendimi böyle zorluyorum.
Kara Kitap
eski ana giriş
week 10

Saliendo hacia Egipto / El Cairo, en este rincón del aeropuerto donde no sé cuántos últimos cigarrillos me habré fumado en el pasado. No he resistido la tentación de pedir un lahmacun.[68] Mientras el avión sobrevuela las islas y Bursa tomo fotos. // Durante el vuelo, decidido escribir cada día 6-7 páginas en el gran cuaderno de notas que llevo conmigo. Lo que espero de la vida... Escribir... La pasión de escribir... Felicidad y deseo, esos son los temas... A mi lado en el avión, un impresor, piadoso, conservador. Kiran me espera en el aeropuerto de El Cairo. Vamos en coche hasta la estación. Fatiga. Arcaísmo... Miseria. La multitud de El Cairo. Escribo sobre el cuaderno azul en un café. Hemos tomado el tren. Durante el viaje entre El Cairo y Alejandría cae la noche. Paisaje bañado de intensa melancolía... Luces... Barrios pobres... En Alejandría, desapareciendo en una luz púrpura: el Windsor Palace, como en otros tiempos. Pero nuestra habitación es glacial. Buen restaurante en el Fish Market. Cena. Alejandría. Anoche dormí con los pantalones puestos. ¡La bahía de Alejandría!

Tenía frío. Habitación helada. ¡Alejandría es fría, ventosa! ¡Me despierto en plena noche para lamentarme con Kiran! Mañana. Calles. Visita a los libreros. Multitud del viernes. Tomo notas en un gran cuaderno azul. La casa de Kavafis. Vacía. Triste. Convertida en museo. El director estaba preparando la nueva exposición. ¡Lo he conocido! Largo paseo por las calles. Paradas en los cafés para tomar notas. Alejandría: escribir y pasear por la ciudad, parando en los cafés para escribir... Con Kiran en el café de enfrente del hotel. He cogido frío en la garganta debido a la caminata y a un zumo de mango fresco. Bebo un té grande para atemperarme. El café, lleno de hombres. Juegan a las cartas. Humo de shisha, cigarrillos... Televisión encendida, olor del tabaco, etc. Me recuerda a los cafés de Heybeli... Hemos ido al hotel Cecil. El que menciona Durrell en sus novelas. Tengo que escribir sobre este mundo. Un lugar ordinario. De vuelta en el restaurante del Fish Market.

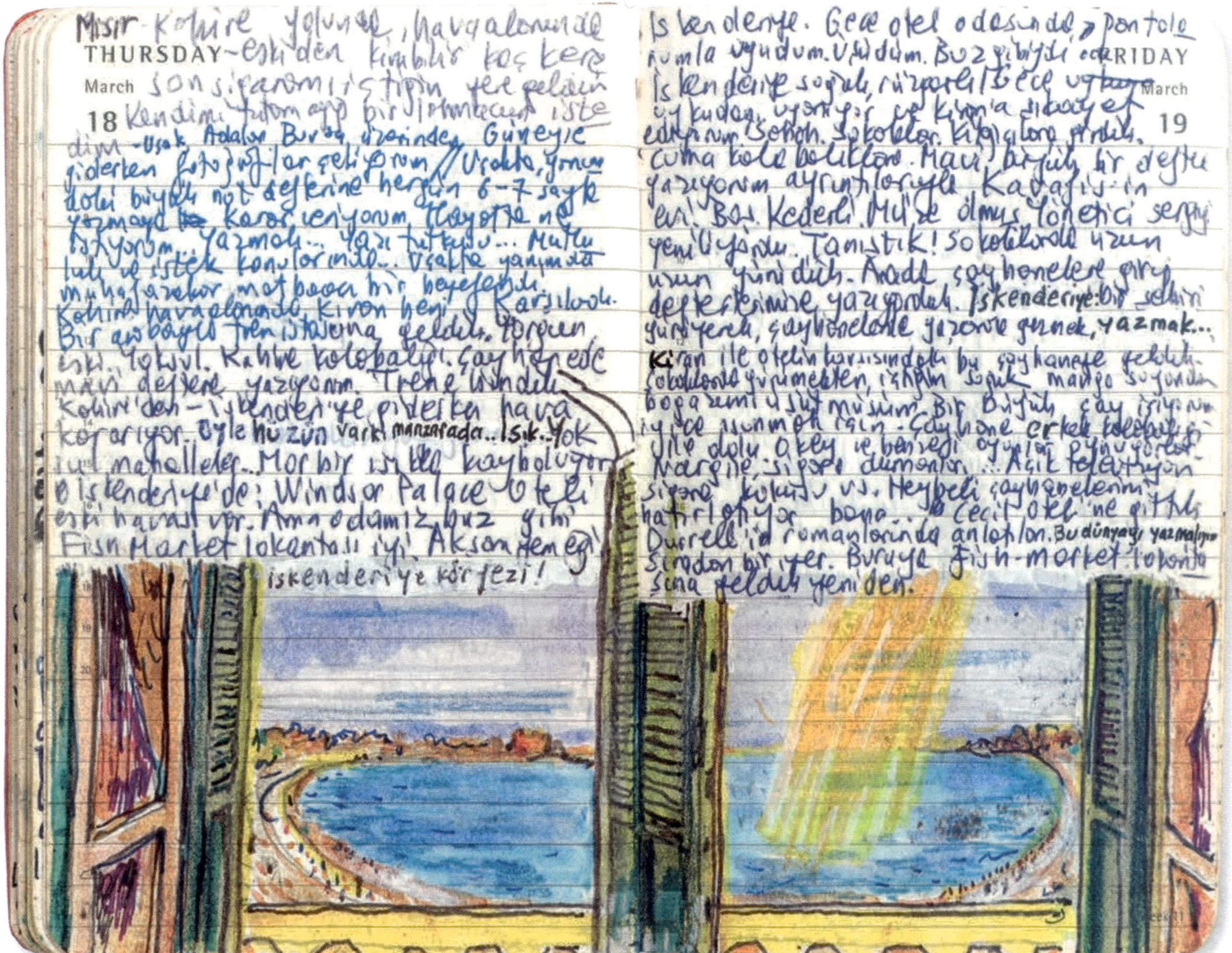
THURSDAY
March
18
FRIDAY
March
19

Por la mañana trabajamos unas horas en el comedor, en el último piso del hotel. He entrado en el «posfacio» de la traducción de *Cevdet Bey*, que tenía que haber empezado hace un mes. Se trata del auge y caída de Nişantaşı, más que de los *Buddenbrooks*... // Caminado por el antiguo barrio otomano, hasta el fuerte construido con ruinas del famoso faro de Alejandría. Un paseo en calesa... Los barrios pobres me desmoralizan. Biblioteca de Alejandría. Como arquitectura, ¡nada mal! Pero los libros de su interior no son gran cosa. Está llena de estudiantes. Los libros, donaciones llegadas de casi todo el mundo, se alinean en las estanterías. Tranquilidad del lugar, mesas de estudio, ordenadores... Si cuando yo era joven en Estambul hubiera existido una biblioteca tan agradable para los lectores, con tantos libros, ¡me habría pasado la vida en ella! Luego, los barrios pobres a lo largo del canal Mahmudia...

Por la noche, de nuevo en el restaurante del Fish Market, pescado a la parrilla, hummus, sopa de pescado. Vuelta al hotel. Medito sobre el hecho de que Alejandría, la Alejandría contemporánea, ya no tiene nada de cosmopolita. Los barrios pobres, los niños que nos siguen, los barberos me han recordado a la Turquía de mi infancia.

De pie a las 6 h de la mañana. Desayunamos en el último piso del hotel, luego el tren a la estación de Alejandría (fotos). Durante las dos horas y cuarto del viaje a lo largo del Nilo, me ha dado tiempo de contemplar el delta, los campesinos encima de sus asnos. Extensiones verdes, pueblos pobres, canales de riego, caminos de tierra, camiones, cafés, campos de trigo, bueyes, palmeras, pueblecitos, niños... Postes eléctricos, canales, vegetación, senderos agrícolas, pueblos... Tantas cosas he visto. Y con qué sed de entenderlas. Luego el tren se ha parado junto a un campo. He fotografiado a un campesino cargando un carro a caballo. (9.34 h). A las 7.50 h he tomado también bonitas fotos de la estación de Alejandría.

Desde la estación ferroviaria de El Cairo hemos ido al aeropuerto. De allí, el avión a Asuán. Lo primero que he hecho ha sido nadar en la piscina del hotel Mövenpick, en la isla Elefantina, enfrente de Asuán. Luego me he sentado a mesa, delante de los jardines verdecidos, para escribir el posfacio de *Cevdet Bey*, levantando a veces la cabeza del papel para ver pasar los veleros.

ALEJANDRÍA → EL CAIRO → ASUÁN

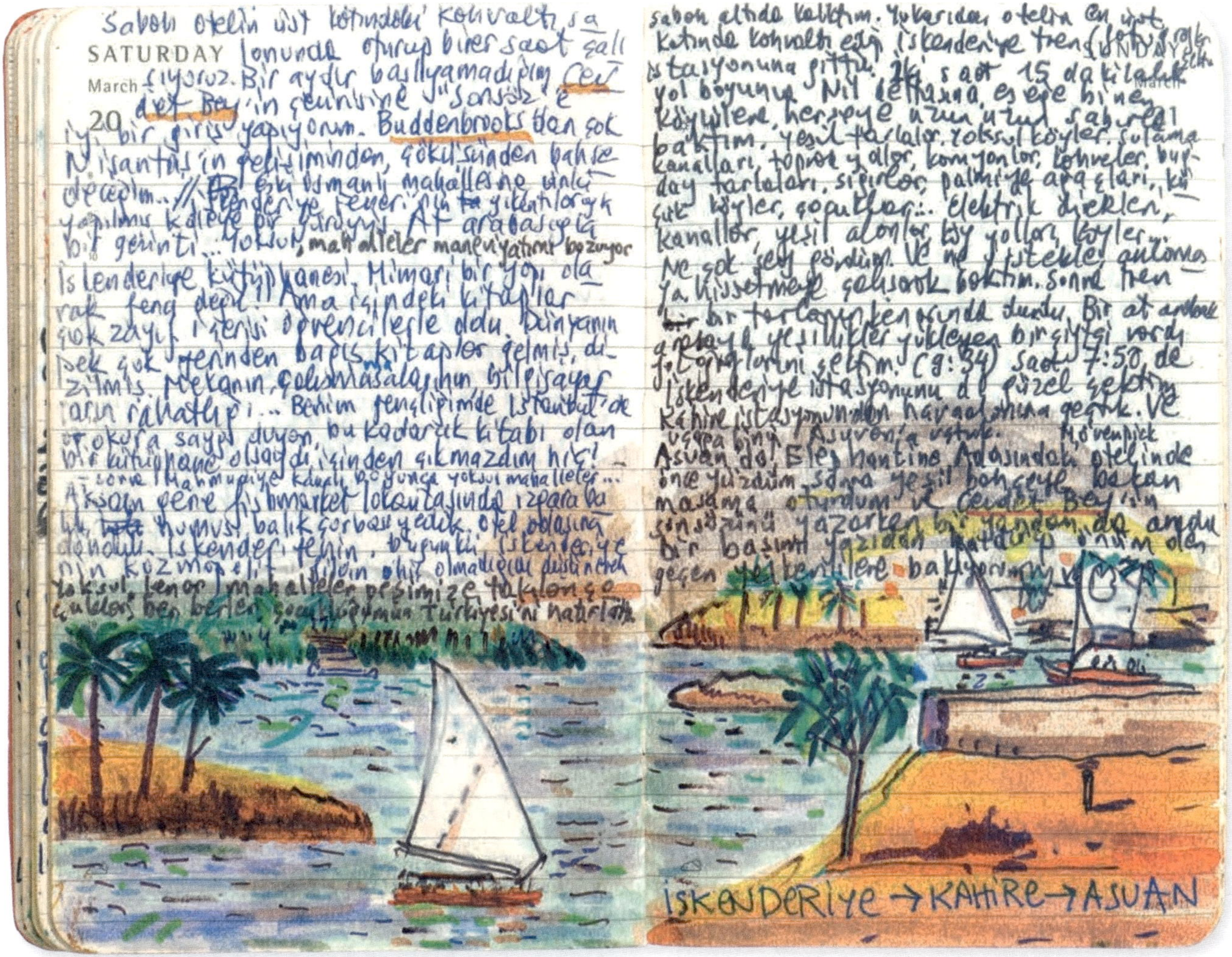
SATURDAY
March
20
SUNDAY
March
İSKENDERİYE → KAHİRE → ASUAN

De buena mañana, he escuchado la grabación de una entrevista de Cem Bico, enviada por él mismo. No es una buena entrevista; hay repeticiones. La historia de un tipo que tuvo éxito en la restauración y los locales nocturnos de Bodrum. El personaje me ha resultado molesto. Doblemente irritado, por un tema que no me interesa y por el tiempo perdido interesándome en él. // Tenemos las maletas listas. Kiran y yo nos vamos de vacaciones a GRECIA. El museo me ha agotado demasiado, demasiado rendido. Ganas de liberarme de la carga del museo en Turquía, y de sumergirme en el universo de la novela. // He comido un lahmacun en Yeşilköy.

Visita a la ciudad de Agios Konstantinos. Primero, el vuelo de Yeşilköy a ATENAS. El taxi que Kiran había reservado nos ha dejado en destino a las 20 h. Hemos nadado una hora en el mar. Me han picado unos insectos extraños. La belleza del Mediterráneo, la oscuridad del mar, nadar... Todo eso me ha hecho olvidarme un poco de mis problemas. Turquía y la presión que no termina nunca, las amenazas, la angustia por la apertura del museo, las dificultades, y otras cosas. Malos recuerdos. Vivir en Estambul, escondido bajo un sombrero para protegerse de los fascistas... Uno llega a acostumbrarse hasta tal punto que al final da asco. En el extranjero tengo más paz y libertad. Puedo ser más novelista, más creativo. No hay peor enemigo para el arte y la libertad que la presión.

Por la mañana en el pueblo de Agios Konstantinos. Frescura que asciende desde el mar Egeo. Un instante regalado de apertura y felicidad. Tengo que terminar el museo sin agotarme... Pero la auténtica fuente de la febril emoción que siento es la nueva novela: *UNA SENSACIÓN EXTRAÑA*. Entusiasmado también por las entrevistas que me envían nuestros jóvenes amigos, por todo, de hecho. Aunque al final siento que la verdadera fuerza del libro será mi creatividad. No quiero leer otras novelas: tengo que arreglármelas para encontrar las ideas yo solo. Y en la frescura de la mañana, siento que vendrán de mi libertad.

VISTA POR LA VENTANA DE LA CARRETERA DE ALÓNNISOS

En el ferry que va a Alónnisos me he quedado dormido con Mozart en los auriculares. Un sueño muy dulce... Casi 45 minutos. Estaba escuchando a Mozart, como el año pasado en la carretera que va de Florencia a Turín, cuando pensé que volaba a través de las montañas; sensación extraordinaria de profundidad en medio de la niebla. HOY, es como si la estructura, la trama, la violencia, la intriga de *UNA SENSACIÓN EXTRAÑA* me hubieran sido repentinamente revelados en el sueño. «¡La novela ha llegado hasta mí!», he pensado por un instante. Y tengo demasiado experiencia como para que sea una simple ilusión. Pero es una ilusión que me pone en marcha: ¡creer que lo he visto todo de la existencia! He decidido que mi novela será agradable, extremadamente divertida. Apenas despertarme, he hablado con Kiran; luego, en el ferry, en medio de las islas rocosas de Grecia, me he puesto a escribir la nueva trama. He imaginado que Ferhat tendrá que ser asesinado. En lugar de Mevlut, o por error. El catamarán, lento en el mar tempestuoso. En el muelle de Alónnisos... Los timadores de poca monta del alquiler de coches... No importa... Lo esencial era llegar a esa casa blanca que da al mar, en medio de los pinos.

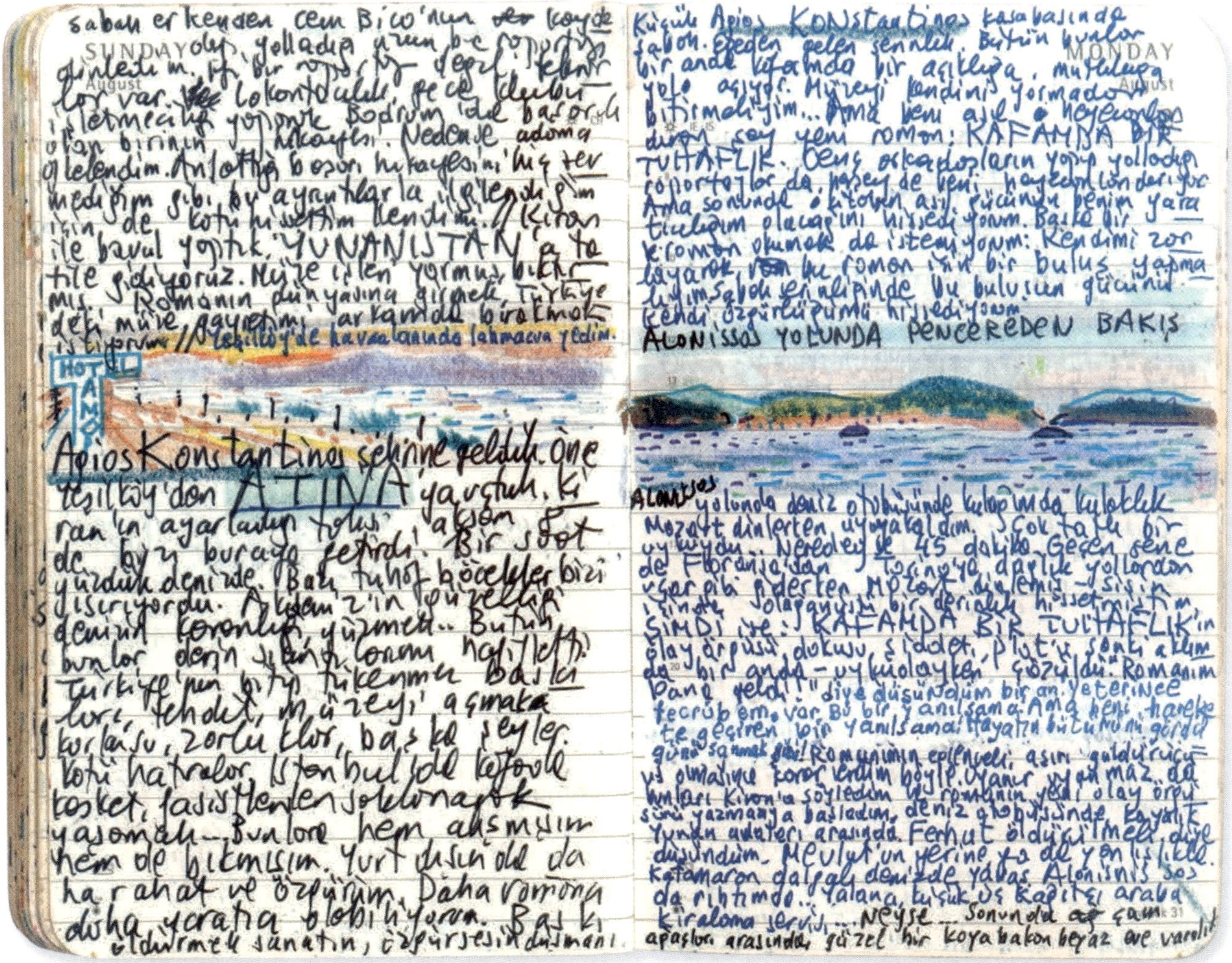
SUNDAY
August
MONDAY
August
YUNANISTAN
HOTEL
Agios Konstantinos
ATINA
Küçük Agios KONSTANTINOS kasabasında
KAFAMDA BIR TUHAFLIK
ALONISSOS YOLUNDA PENCEREDEN BAKIŞ
ŞIMDI ve : KAFAMDA BIR TUHAFLIK
Mozart

Después de tanta vacilación y abatimiento: esta mañana, hacia las 10 h, paso bruscamente de la fase depresiva en la fase maníaca. En ese mismo instante, o media hora antes, la decisión está tomada: TERMINA EL MUSEO, PERO NO LO ABRAS. CIERRA LA PUERTA CON LLAVE Y GUARDA EL SECRETO. No te MUERAS por el MUSEO. Escribe tu NOVELA, ¡escribe las aventuras de MEVLUT! Todo lo demás, olvídalo olvídalo olvídalo. La novela trata de mezclar cuestiones metafísicas con el humor histórico de una novela picaresca, Don Quijote - Sancho Panza - Dickens, etc. Hermosos momentos de amistad con Thomas en la comida y la cena.

La felicidad, la inmensa felicidad de sentarse a la mesa para escribir tu novela, por la noche, después un vivificante baño en el mar.

Me gusta mi novela. Pequeño paseo después de comer con T. y Margaretha (en la colina de la ciudad vieja). Luego los he llevado en coche al interior de la isla de Alónnisos, con sus bosques, sus rocas; carretera serpenteante en medio de los árboles.

En pie a las 9.00 h, intento trabajar en la novela. A las 11 h, hemos recogido a Thomas y a Margaretha para ir a una playa en el norte de la isla. Aya Dimitrios. Una playa sublime que recuerda al mar Muerto. Piedras, guijarros. La claridad del agua, su azul magnífico, de una belleza desconcertante. Me sumerjo en el mar como un niño y nado cavilando en mi novela. // De vuelta en casa. Siesta. Novela. Sueños. Thomas y Margaretha para cenar por la noche. Les he preparado tzatziki, parrillada de pimientos y berenjenas, etc. Vino, conversaciones. Thomas nos habla de Handke. Noche. Mozart.

De las 15.00 a las 17 h me he puesto con el episodio de Mevlut y Ferhat con los contadores eléctricos, etc. Capítulo escrito de una sola vez. Demasiado didáctico. Le falta poesía. Intento reescribirlo todo. Pero trabajoso. Redescubro la dificultad de escribir una novela.

Tras cuatro meses de descanso, no conservaba de la escritura novelesca sino un recuerdo romántico, encantado. Por nostalgia. La dificultad de escribir un capítulo necesario pero aburrido es como un jarro de agua fría.

¡Noche! Cigarras, grillos. Sobre nosotros las estrellas, la Vía Láctea. Aparcamos el coche junto a la carretera, en la oscuridad total, para contemplar el azul oscuro del cielo, las estrellas, el silencio del mundo, del universo. Mevlut podría hacer lo mismo.

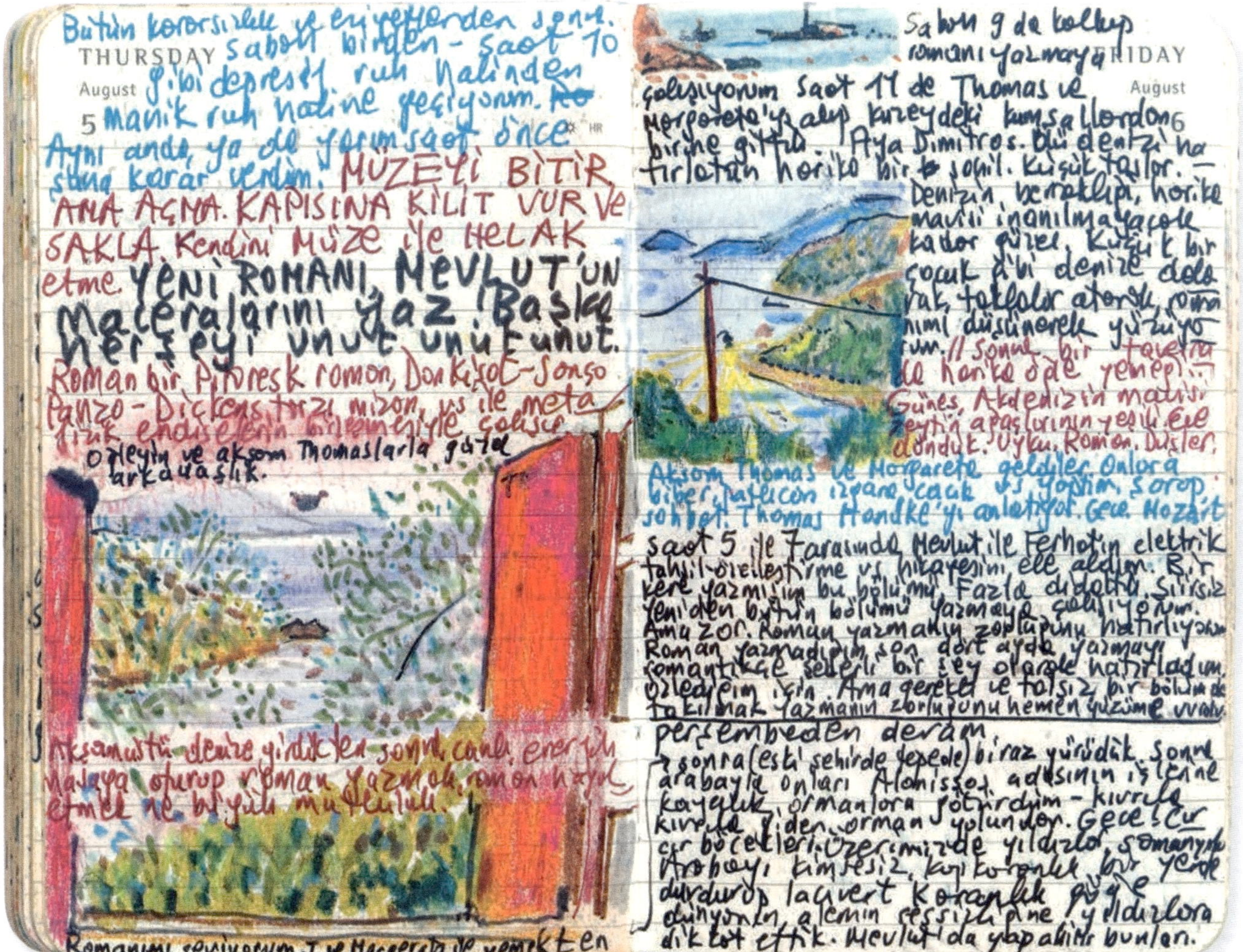

THURSDAY

August 5

Bütün kararsızlık ve eziyetlerden sonra sabah birden - saat 10 gibi depresif ruh halinden manik ruh haline geçiyorum. Aynı anda, ya da yarım saat önce şöyle karar verdim. MÜZEYİ BİTİR AMA AÇMA. KAPISINA KİLİT VUR VE SAKLA. Kendini Müze ile helak etme. YENİ ROMANI, MEVLUT'UN MACERALARINI YAZ. BAŞKA HERŞEYİ UNUT UNUT UNUT.

Roman bir pitoresk roman, Don Kişot-Sanşo Panzo-Dickens tarzı mizah, vs ile metafizik endişelerin birleşmesiyle gelişsin.

Öğleyin ve akşam Thomaslarla güzel arkadaşlık.

Akşamüstü denize girdikten sonra canlı, enerjik masaya oturup roman yazmak, roman hayal etmek ne büyük mutluluk.

Romanımı seviyorum. T. ve Margareta ile yemekten

FRIDAY

August 6

Sabah 9 da kalkıp romanı yazmaya çalışıyorum. Saat 11 de Thomas ve Margareta'yı alıp kuzeydeki kumsallardan birine gittik. Aya Dimitros. Bu denizi harika bir sahil. Küçük taşlar. — Denizin berraklığı, harika maviliği inanılmayacak kadar güzel. Küçük bir çocuk gibi denize dalarak, taklalar atarak, romanımı düşünerek yüzüyorum. // Sonra bir tavernada harika öğle yemeği. Güneş, Akdeniz'in mavisi, zeytin ağaçlarının yeşili ile döndük. Uyku. Roman. Düşler.

Akşam Thomas ve Margareta geldiler. Onlara biber, patlıcan ızgara, cacık vs yaptım. Şarap. Sohbet. Thomas Handke'yi anlatıyor. Gece. Mozart.

Saat 5 ile 7 arasında Mevlut ile Ferhat'ın elektrik tahsil-direkleştirme vs hikayesini ele aldım. Bir kere yazmıştım bu bölümü. Fazla didaktik. Şiirsiz. Yeniden bütün bölümü yazmaya çalışıyorum. Ama zor. Roman yazmanın zorluğunu hatırlıyorum. Roman yazmadığım son dört ayda yazmayı romantikçe sevgili bir şey olarak hatırladım, özlediğim için. Ama gerçekçi ve tatsız bir bölümde takılmak yazmanın zorluğunu hemen yüzüme vurdu.

perşembeden devam

sonra (eski şehirde tepede) biraz yürüdük. Sonra arabayla onları Alonissos adasının içlerine kayalık, ormanlara götürdüm - kıvrıla kıvrıla giden orman yolundan. Gece! Cır cır böcekleri. Üzerimizde yıldızlar, samanyolu. Arabayı, kimsesiz, karanlık bir yerde durdurup lacivert karanlık göğe, dünyanın, alemin sessizliğine, yıldızlara dikkat ettik. Mevlut da yapabilir bunları.

Por la mañana, un sol suave ilumina nuestra habitación. Me he levantado enseguida y he trabajado tres horas en la novela, de 9.00 a 12 h, muy concentrado. Mevlut y Ferhat están sentados a la mesa de un restaurante de Kurtuluş. Ferhat le enseña a Mevlut el trabajo del recaudador, poniendo como ejemplo la electricidad pirateada del restaurante. Conozco el tema. Después de nadar en Aya Dimitrios, y de almorzar luego en Steni Vala, he vuelto a casa para continuar con la novela. Su simplicidad, su ligereza me alegran tanto como me preocupan... Pero el capítulo que escribo –que he reescrito– prepara los dos siguientes; paciencia, Orhan.

Hemos ido a contemplar la puesta de sol desde esa colina cerca de Alónnisos, con vistas al noroeste de la isla. Thomas ha posado como en el famoso cuadro de Caspar David Friedrich. Al volver, he tomado muchas fotos a lo largo de la pequeña carretera zigzagueante. La luz anaranjada de los faros del coche y la misteriosa belleza del paisaje al fondo. Última cena en Steni Vala con los Thomas. Verdaderos amigos. Buenos compañeros.

Por la mañana, escribiendo estas páginas que son las más simples, las más fáciles de la novela... me sumerjo en el segundo movimiento del concierto para piano número 21 de Mozart. La potencia de la música parece darle vida a la conversación eléctrica entre Ferhat y Mevlut, los arranca de la trivialidad de este mundo. Pero la música no hace que me pierda. Siento que esta novela estará dotada de una profundidad que habrá de sostenerse en la música, en el amor divino, en el más allá. Profundidad que debo encontrar en la imaginación de Mevlut, en sus paseos por Estambul.

Este dibujo de la vista de ayer lo he hecho para guardármelo en el bolsillo y poder contemplarlo cuando quiera. Para que el PAISAJE de estos días sublimes pasados escribiendo mi novela, nadando y escuchando a Mozart, me acompañe para siempre. Mirar el paisaje como un cuadro es un error. Lo que hay que hacer es mirar el cuadro como un paisaje. Por la noche, en casa, he preparado tzatziki, parrillada de calabacines, pimientos, etc. La cabeza siempre en la novela. Había olvidado la dificultad de la novela, la desesperación del escritor.

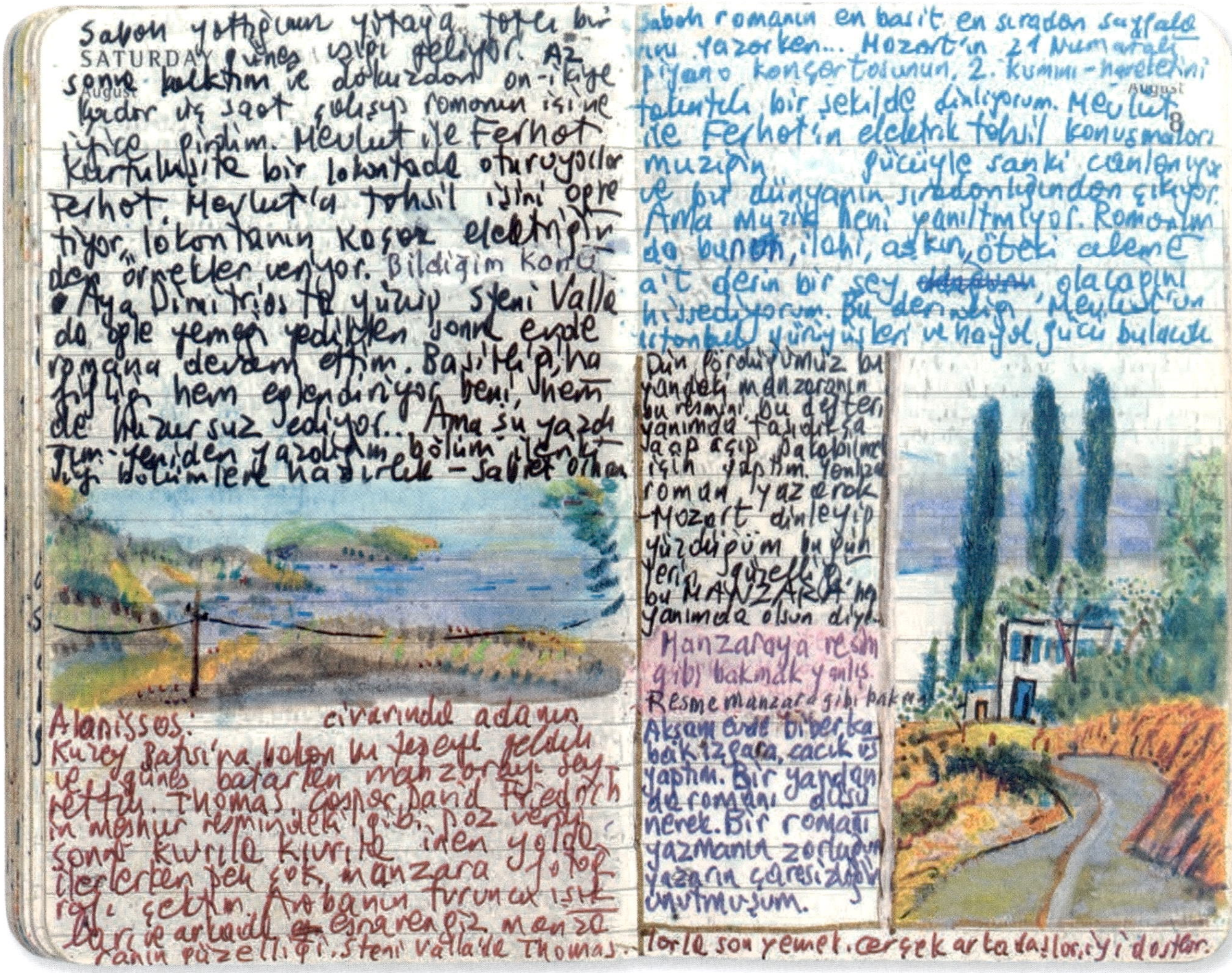

SATURDAY

August

Sabah yattığım yatağa tepeden bir güneş ışığı geliyor. Az sonra kalktım ve dokuzdan on-ikiye kadar üç saat çalışıp romanın içine iyice girdim. Mevlut ve Ferhat Kurtuluş'ta bir lokantada oturuyorlar. Ferhat Mevlut'a tahsil işini öğretiyor, lokantanın kaçak elektriğinden örnekler veriyor. Bildiğim konu. Aya Dimitrios'ta yürüyüp Yeni Valle'de öğle yemeği yedikten sonra evde romana devam ettim. Basitliği, hafifliği hem eğlendiriyor beni, hem de huzursuz ediyor... Ama şu yazdığım-yeniden yazdığım bölüm ilerki iyi bölümlere hazırlık – Sabırlı Orhan

Alanissos civarındaki adanın Kuzey Batısı'na bakan bu tepeye geldik ve güneş batarken manzarayı seyrettik. Thomas Caspar David Friedrich'in meşhur resmindeki gibi. Az sonra kıvrıla kıvrıla inen yolda ilerlerken pek çok manzara fotoğrafı çektim. Arabanın farının ışıkları arkadaki esrarengiz manzaranın güzelliği. Yeni Valla'de Thomas'larla son yemek. Gerçek arkadaşlar, iyi dostlar.

August 8

Sabah romanın en basit en sıradan sayfalarını yazarken... Mozart'ın 21 Numaralı piyano konçertosunun 2. kısmını-hareketini takıntılı bir şekilde dinliyorum. Mevlut ile Ferhat'ın elektrik tahsil konuşmaları müziğin gücüyle sanki canlanıyor ve bu dünyanın sıradanlığından çıkıyor. Ama müzik beni yanıltmıyor. Romanım da bunun, ilahi, aşkın, öteki aleme ait derin bir şey olacağını hissediyorum. Bu derinliği Mevlut'un İstanbul yürüyüşleri ve hayal gücü bulacak.

Dün gördüğümüz bu yandaki manzaranın bu resmini, bu defteri yanımda taşıdıkça açıp bakabilmek için yaptım. Yeniden roman yazarak Mozart dinleyip yüzdüğüm bugün yerin güzelliği bu MANZARA hep yanımda olsun diye.

Manzaraya resim gibi bakmak yanlış. Resme manzara gibi bakmak.

Akşam evde biber kabak kızartma, cacık vs yaptım. Bir yandan da romanı düşünerek. Bir roman yazmanın zorluğunu yazarın çaresizliğini unutmuşum.

De pie todas las mañanas a las 7.30 h, café o té y frutas cortadas pensando en la novela. Llevo viviendo así diez o quince años. En otros tiempos me acostaba a las 4:00 h de la mañana. Desde hace quince años, a las 11.00 se apagan las luces. ¡Cada mañana el miedo a que lo que escribí la víspera no me guste! ¡Es tan sutil, la novela! Requiere una gran confianza del escritor... Uno debe creer en ella incluso cuando no cree. La fe del escritor en su propio universo es la condición necesaria para crear. A las 9.30 h, el suave murmullo de una lluvia de verano. Kiran y yo hemos ido a bañarnos. El azul turquesa del mar, el color gris plomizo del cielo, el verde de los pinos reflejados sobre el agua. La novela me obsesiona. Ábrete, Orhan, ábrete como te abres al mar, como te despliegas en sus aguas, abre tu alma a otras existencias aparte de la tuya. Es como si no fuera la lluvia sino las vidas, las palabras de otros seres lloviendo sobre mí mientras nadaba en el mar. Ropa, libros, todo estaba empapado, incluso mi cuaderno de notas.

Reescribo por tercera vez el mismo episodio de Mevlut y Ferhat en el restaurante, con algunos ajustes. Por la tarde me derrumbo. La muerte en vida de sentirme bloqueado, sin certezas, sin fe. Capea el temporal, Orhan, cálmate, no cedas a la depresión, me repetía. Luego he vuelto a nadar, un rato largo. Allí, boca arriba, he imaginado cómo se fusionarían las diferentes partes de la novela para formar un todo. Por la noche al puerto, internet y mal escaneo.

El paisaje que he visto mientras nadaba bajo la lluvia. Claro como el agua y brillante como los guijarros

La colina que hemos recorrido en coche

Aya Dimitrios, donde hemos nadado mucho

STENI VALA
Vista de Alónnisos desde

Mañana. El miedo antes de empezar un nuevo capítulo: ¿adónde va esta novela? ¿Funciona? No tengas miedo, Orhan, susurra una voz en mí. Todas mis novelas se han escrito de esa forma. Es una tierra extraña, desconocida. ¿Estabas más cómodo con el Kars de *Nieve*, o con los miniaturistas de *Rojo*, o cuando describías la ascensión al paraíso del alma del tío? El miedo siempre ha estado ahí. Sí, y con él la emoción, el entusiasmo. Porque sabía que lo que escribía era original.

Son ahora las 11.00 h (acabo de preparar aceitunas con laurel y tomillo) y siento que *UNA SENSACIÓN EXTRAÑA* será un libro muy particular, que puede llegar a serlo. Como *EL LIBRO NEGRO*... Por un lado los diferentes relatos, la extrañeza, los sueños, las digresiones... Por otro, un vasto retablo de la subcultura urbana de Estambul, con sus vendedores ambulantes, sus *gecekondu*, sus suburbios. Lo único es que me cuesta avanzar. A las 15.00 h. hemos salido de casa para ir a nadar a Dimitrios. Hemos nadado una hora y cuarto. Regreso con el jeep, en veinte minutos. De nuevo en la novela. Tan duro como *El libro negro*. Crear un universo que no existe. Me levanto de la silla para hacer mermelada de melocotón. Y luego una parrilla de verduras. Kiran lee a Dickens, entusiasmada.

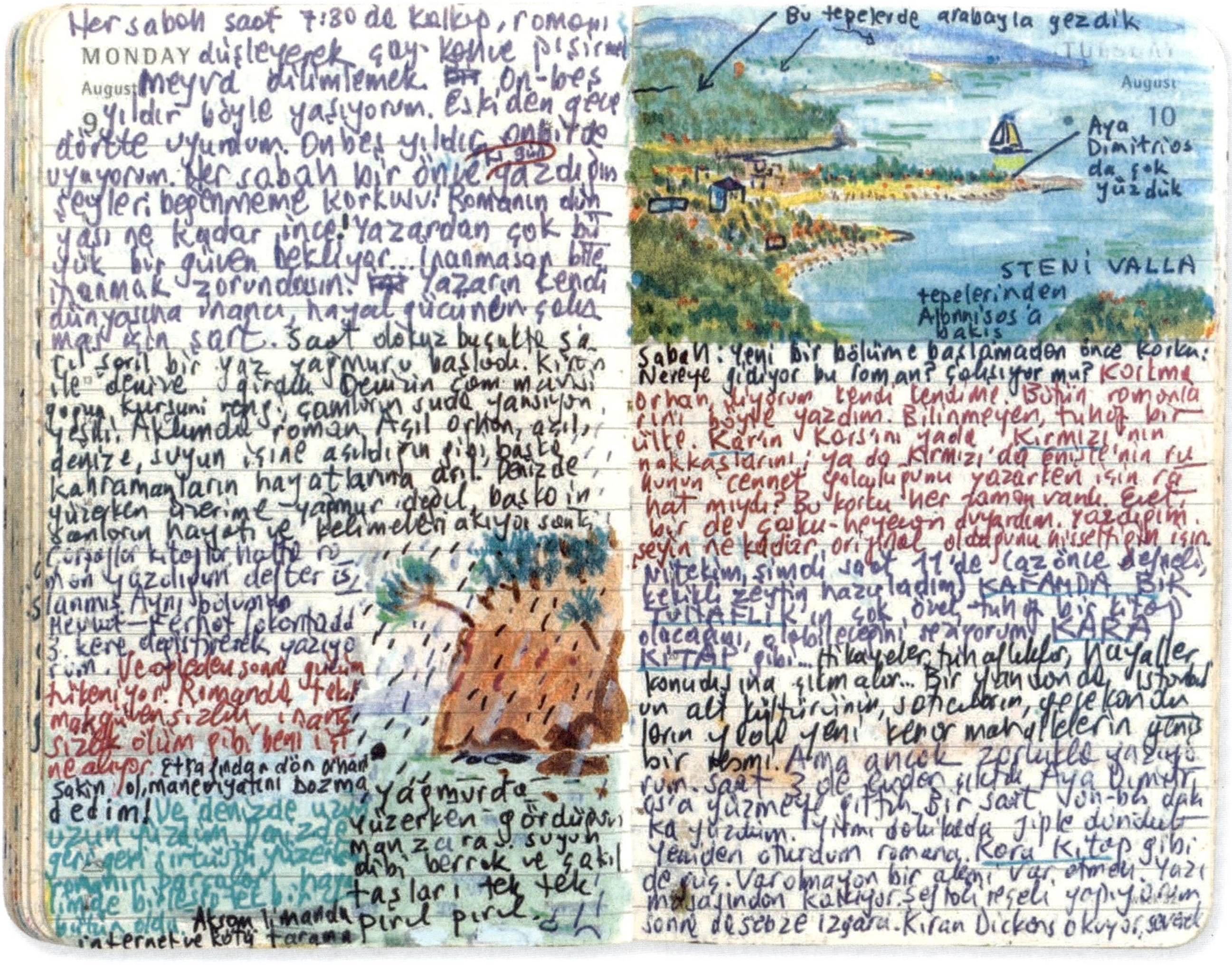
MONDAY
August
9
TUESDAY
August
10
Bu tepelerde arabayla gezdik
Aya Dimitrios da çok yüzdük
STENI VALLA
tepelerinden Alonnisos'a bakış

Al despertar, los ojos y el cerebro aún embotados por los somníferos que me tomé ayer para dormir. He nadado una hora en la sublime bahía de ahí abajo. Sin fatiga, aunque con esa especie de desesperación que me causa la novela. // Pero luego, una vez en el despacho... vuelvo a estar de un humor «maníaco»: me ha surgido la necesidad de enumerar los problemas financieros de Mevlut. Mi mente entra en calor, vuelve el optimismo, otra vez me gusta la novela. Después he telefoneado a mi madre para felicitarla por su cumpleaños. «No he hecho nada con mi vida, eso me apena –dice–. CUANDO UNA NO HACE NADA, EL TIEMPO PASA MUY RÁPIDO, PERO LAS AGUJAS EL RELOJ NO AVANZAN, LA HORA DE LA COMIDA NO LLEGA NUNCA. HE VISTO TRES VECES LA SERIE *AŞK-I MEMNU*...». Inmediatamente me viene la idea de un personaje novelesco que hablaría del sentido de la vida y del tiempo, y de la soledad en que se encuentra Mevlut... Escribir una novela significa antes que nada decir... amarla, saber poner en ella todo cuanto has vivido... Luego visualizo la novela completa, y siento que será grande, que será bonita... Hoy he escrito muy poco. Una página nada más. Pero de 10 h de la mañana a 8 h de la tarde –diez horas–, me he pasado la jornada dándole vueltas a la novela, y nada más, atento a cada detalle. Estoy dentro, de ahí mi felicidad.

Anoche, al volver tras la parrillada de salmonete y el vino blanco en Steni Vala, apagón de luz en la casa. Me fui a la cama. Allá arriba, los vecinos, una banda de hombres en plan macho, se pusieron a pelearse entre ellos. Esta mañana, ni agua ni electricidad ni nada. El teléfono se me está quedando sin batería, no hay otra solución que bajar al puerto, café, bollo, internet, llamadas telefónicas, etc. Sin electricidad hasta el mediodía. ***He vuelto a tener la sensación de que esta será una novela difícil, puede que tarde años en escribirla.*** Pero una vez la novela terminada, uno siempre tiene la impresión de haberla compuesto de una sola vez. Lo cual, obviamente, no es así. Yo, todo este universo, lo estoy creando como quien cava un pozo con una aguja, labrando con las uñas, desgarrándome, volviendo a empezar cada vez. «¡Cuando te conocí estabas escribiendo el *Museo*! –me dice Kiran–. Entonces escribías rápido. Ya me habías contado toda la historia. En junio de 2007, en Nueva York, escribiste el episodio del accidente de coche de Füsun. Luego, a tu regreso, los de las visitas de Kemal. ¡La historia la tenías toda en la cabeza! No tenías más que llenar los huecos. Ahora es diferente, el trabajo que te espera es más imponente, la escritura más costosa...». Quiero pensar que tiene razón.

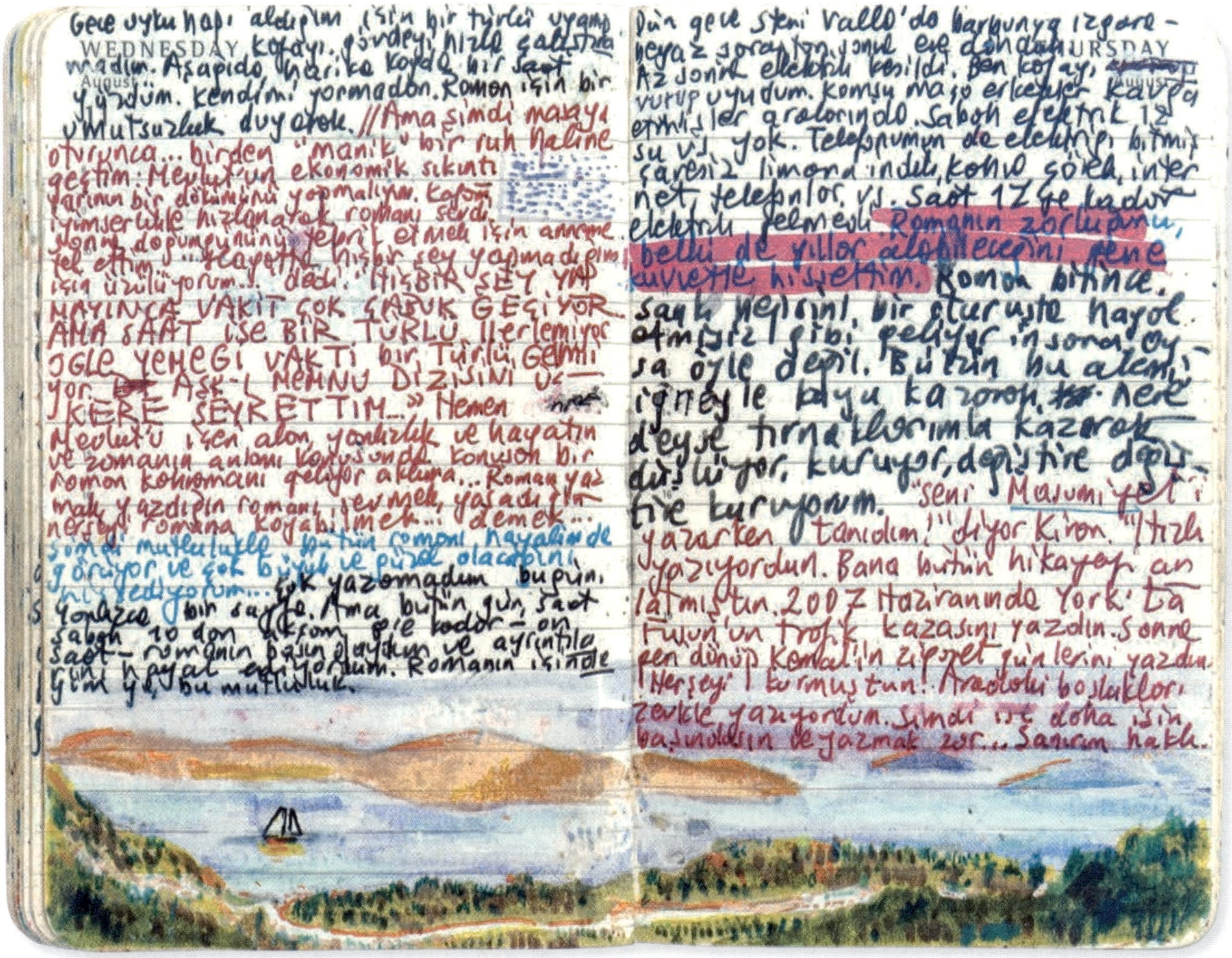
WEDNESDAY
August

Gece uyku hapı aldığım için bir türlü uyanamadım. Kafayı, gövdeyi hızla çalıştıramadım. Aşağıda harika koyda bir saat yüzdüm. Kendimi yormadan. Roman için bir umutsuzluk duyarak. // Ama şimdi masaya oturunca... birden "manik" bir ruh haline geçtim. Mevlut'un ekonomik sıkıntılarının bir dönümünü yapmalıyım. Kafam iyimserlikle hızlanarak romanı sevdi. [illegible] doğumgününü tebrik etmek için anneme tel ettim. "Hayatta hiçbir şey yapmadığım için üzülüyorum..." dedi. "HİÇBİR ŞEY YAPMAYINCA VAKİT ÇOK ÇABUK GEÇİYOR AMA SAAT İSE BİR TÜRLÜ İLERLEMİYOR. ÖĞLE YEMEĞİ VAKTİ bir türlü gelmiyor. AŞK-I MEMNU DİZİSİNİ ÜÇ KERE SEYRETTİM..." Hemen Mevlut'u içine alan yalnızlık ve hayatın ve romanın anlamı konusunda konuşan bir roman kahramanı geliyor aklıma... Roman yazmak yazdığın romanı sevmek, yaşadığın herşeyi romana koyabilmek... demek... Şimdi mutlulukla bütün romanı hayalimde görüyor ve çok büyük ve güzel olacağını hissediyorum... Çok yazamadım bugün. Yalnızca bir sayfa. Ama bütün gün, saat sabah 10'dan akşam [illegible] kadar — on saat — romanın başını [illegible] ve ayrıntılarını hayal ediyordum. Romanın içinde gibiyim, bu mutluluk.

THURSDAY
August

Dün gece Steni Vallo'da barbunya ızgara — beyaz şarap [illegible] eve dönünce az sonra elektrik kesildi. Ben kafayı vurup uyudum. Komşu maço erkekler kavga etmişler aralarında. Sabah elektrik 12 su vs yok. Telefonumun da elektriği bitmiş. Çaresiz limana indik, kahve, [illegible], internet, telefonlar, vs. Saat 12'ye kadar elektrik gelmedi. Romanın zorluğunu, belki de yıllar alabileceğini yine kuvvetle hissettim. Roman bitince, sanki hepsini bir oturuşta hayal etmişiz gibi geliyor insana, oysa öyle değil. Bütün bu alemi iğneyle kuyu kazarak, [illegible] tırnaklarımla kazarak düşünüyor, kuruyor, değiştire değiştire kuruyorum. "Seni Masumiyet'i yazarken tanıdım!" diyor Kiran. "Hızlı yazıyordun. Bana bütün hikayeyi anlatmıştın. 2007 Haziranında York'ta Füsun'un trafik kazasını yazdın. Sonra geri dönüp Kemal'in ziyaret günlerini yazdın. Herşeyi kurmuştun! Aradaki boşlukları zevkle yazıyordun. Şimdi ise daha işin başındasın ve yazmak zor..." Sanırım haklı.

Hay en esta imagen una parte como de recuerdo. Estoy feliz de haberlo dibujado. Me gustaría pensar que he venido al mundo para hacer estos dibujos. Pero los dibujos no son necesarios. ¡Hay como una parte de recuerdo! No creo que lo que dibujo en mi cuaderno sea bonito. Procedo por detalles. Como si me deslizara secretamente en la imagen. Me gustan los paisajes de Nueva York, donde me imagino dibujándolos, entre los árboles y rascacielos.

En estos cuadernos lo anoto todo con letra de médico. Como si ocultara el mundo. Como si en ellos quisiera vivir la vida que no he podido vivir de verdad. La vida que quiero vivir = una vida de pintor. ¡Pero eso no ha funcionado! ¿Hasta qué punto puede la escritura ser un consuelo? Hay que avanzar sin hacerse esas preguntas... Viaje a una región montañosa y muy lejana. Al final, todos los misterios, o acaso el universo entero, la obra de DIOS, aparecen en un sueño. Pero me despierto, ansioso por no haber visto el final. En mi recuerdo, los vestigios del sueño se me aparecen como el cuadro de un paisaje, sí.

el edificio
de ladrillo
de enfrente

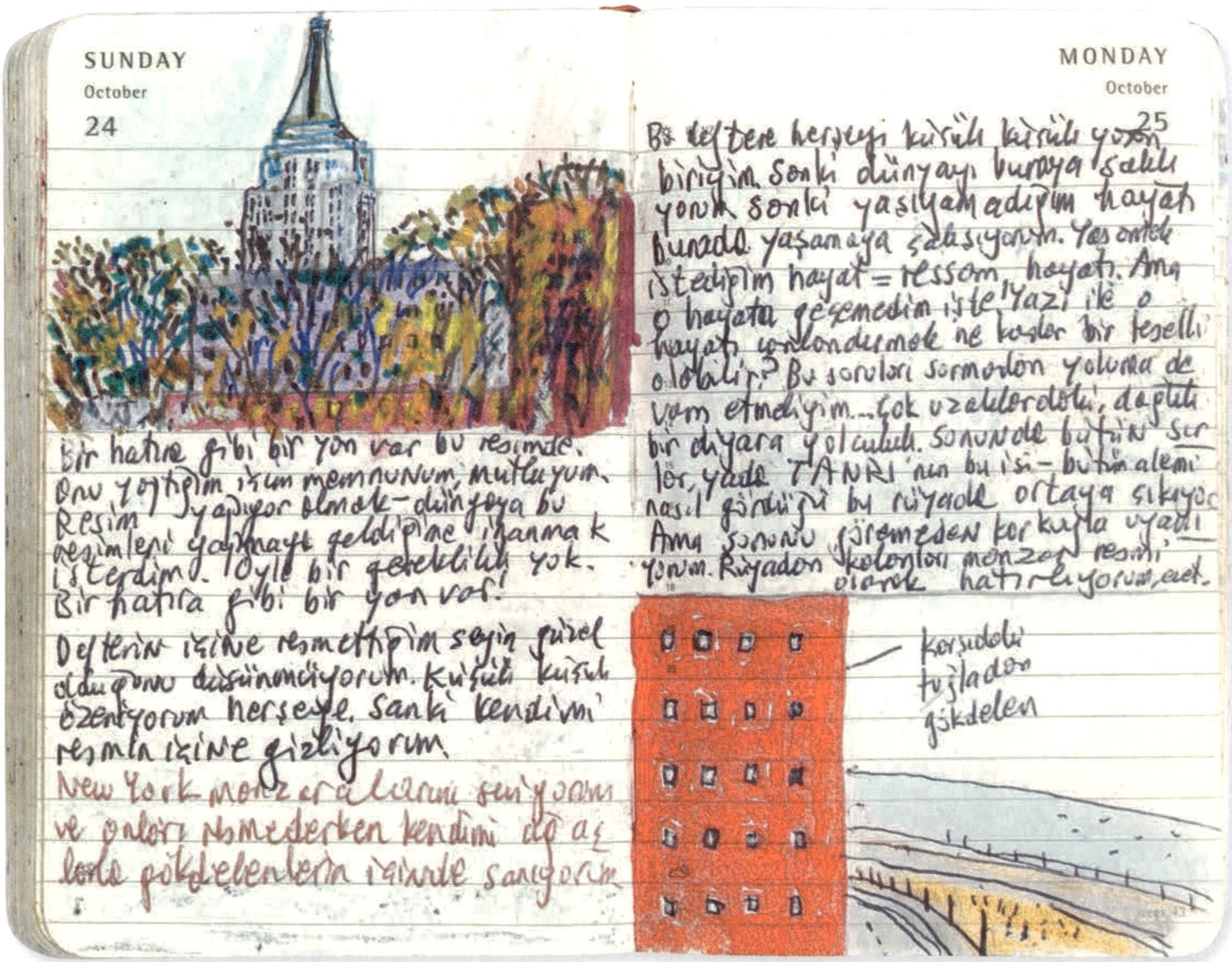

SUNDAY
October
24

Bir hatıra gibi bir yan var bu resimde.
Onu yaptığım için memnunum, mutluyum.
Resim yapıyor olmak — dünyaya bu
resimleri yapmaya geldiğime inanmak
isterdim. Öyle bir gerekçelilik yok.
Bir hatıra gibi bir yan var!

Defterin içine resmettiğim şeyin güzel
olduğunu düşünmüyorum. Küçük küçük
özeniyorum herşeye. Sanki kendimi
resmin içine gizliyorum.
New York manzaralarını seviyorum
ve onları resmederken kendimi dağ aş
larda gökdelenlerin içinde sanıyorum.

MONDAY
October
25

Bu deftere herşeyi küçük küçük yazan
biriyim. Sanki dünyayı buraya saklı
yorum. Sanki yaşayamadığım hayatı
burada yaşamaya çalışıyorum. Yaşamak
istediğim hayat = ressam hayatı. Ama
o hayata geçemedim işte. Yazı ile o
hayatı canlandırmak ne kadar bir teselli
olabilir? Bu soruları sormadan yoluma de
vam etmeliyim... Çok uzaklardaki, dağlık
bir diyara yolculuk. Sonunda bütün şey
ler, ya da TANRI'nın bu işi — bütün alemi
nasıl gördüğü bu rüyada ortaya çıkıyor.
Ama sonunu göremeden korkuyla uyanı
yorum. Rüyadan kolonları manzara resmi
olarak hatırlıyorum, ...

karşıdaki
tuğladan
gökdelen

Por la mañana, como tengo por costumbre últimamente, he caminado media hora por Riverside Drive. Uno se hiela con el frío de noviembre. Neoyorquinos paseando a sus perros. He comprado frutas en la tienda de comestibles. // Novela: sensación de vacío. No he podido trabajar correctamente. Por la tarde, en mi escritorio, tiempo perdido en e-mails y otras nimiedades.

Mañana. He echado un vistazo al hotel de la calle 94. He tomado el tren en la 72. Visita febril a la librería Barnes and Noble. Tiempo frío. El abrigo es de rigor. Pero me gusta recorrer Broadway, bolsa en mano, en la mañana fría de Nueva York. Ojalá me hubiera despertado antes. Calle 42. Vueltecita por Times Square y Broadway. Placer de la mañana, horas sin brillo de la vida neoyorquina. Me he librado del trabajo, de los libros, de la escritura... ¡Feliz, por fin, de pasear por las calles de Nueva York! Escribo esto en un café, mirando a la gente pasar por Broadway. Comida con George Andreou...[69] El tiempo vuela. Me habría gustado conectar más con George.

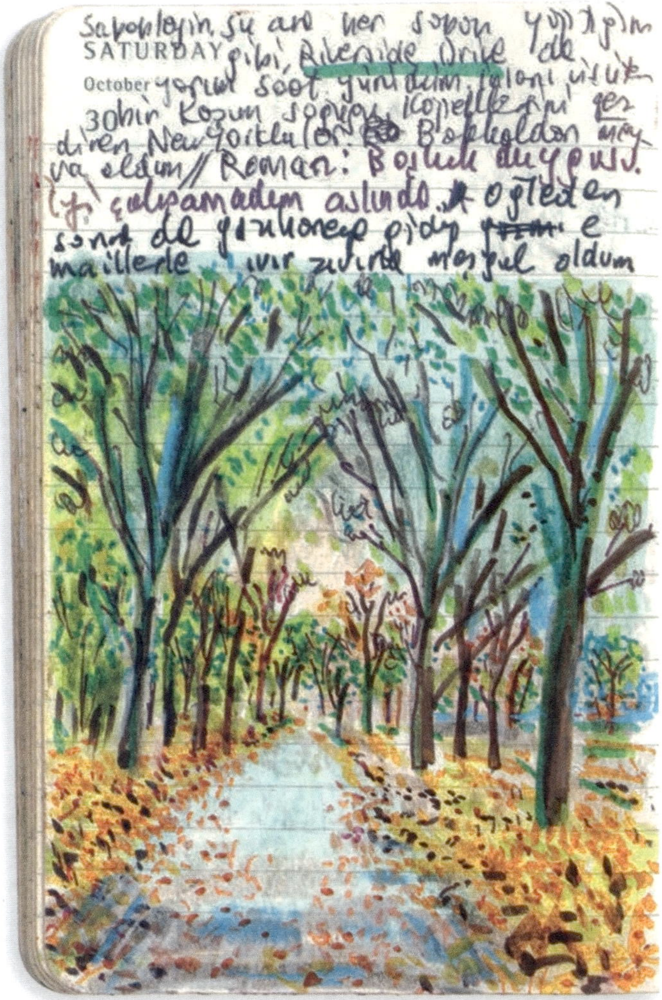
SATURDAY
October
30

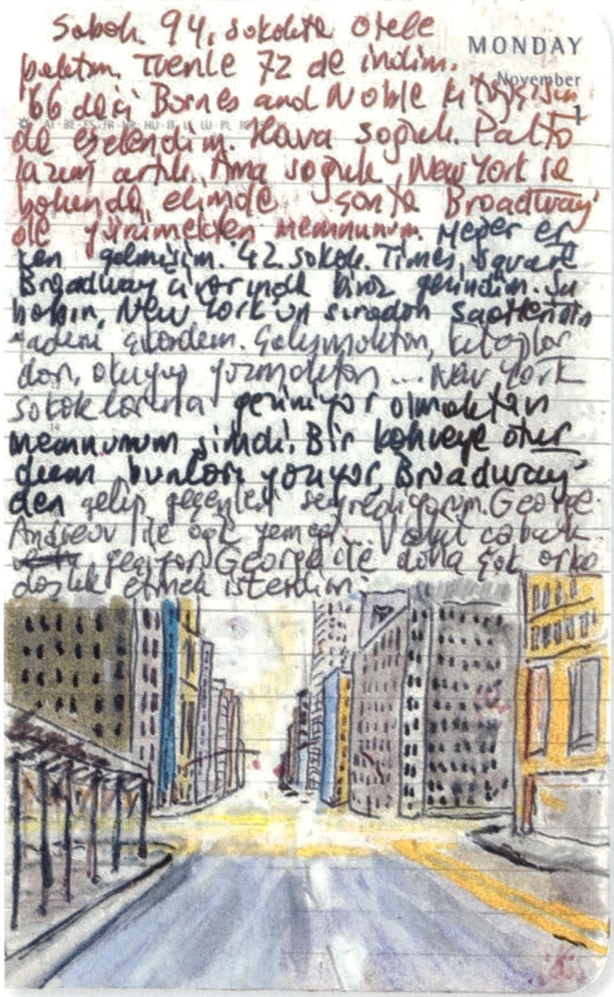
MONDAY
November
1

Nieve, viento. Grisalla. De camino a casa, paro en el Café Pizza de la 104 con Broadway para comerme un sándwich de salmón y beber café, bienaventurado Orhan, y leer el *New York Times* que el cliente anterior se había dejado en la mesa. Calles de domingo por la mañana. Los *diners* llenos a rebosar. Reviso los e-mails en la biblioteca Butler, y luego llego a la de Avery: la felicidad de escribir tu novela en la biblioteca... Leo *Anna Karenina*, sobre la que daré un curso, en paralelo a mis intentos de escribir las aventuras de Mevlut el vendedor de boza... Estar solo con la novela, leer a Tolstói y pensar en la mía: si eso no es la felicidad... Por la noche, al cine con Kiran para ver la última película de Woody Allen. *Conocerás al hombre de tus sueños*. Ligera, fácil, pero como siempre la trama no carece de fuerza. Nos lo hemos pasado bien.

He trabajado tres horas en la novela, esta mañana. Bien. Mevlut que entrega yogur con su padre... Que almuerza con él... etc. Viento muy fuerte. Tiempo nublado, oscuro, lluvioso, ¡perfecto para trabajar! // Pero, al cabo de un rato, no sé qué me ha pasado, he ido a Avery, donde leo los e-mails que llegan de Estambul. Deprimente. Problemas con las obras, que yo pensaba que iban a estar en un visto y no visto. Ya no puedo más con este museo y sus interminables contratiempos. // Me cabreo, me cabreo, y de repente las hermosas escenas de mi novela se desvanecen, se me envenena la mente: los problemas del museo revierten en la novela, la escritura paga el pato. He comido delante del hospital de New Amsterdam. Viento, lluvia como nieve, frío. Escribe, Orhan, escribe. En la biblioteca, en el sótano, lucho con todas mis fuerzas por escribir la historia de Mevlut.

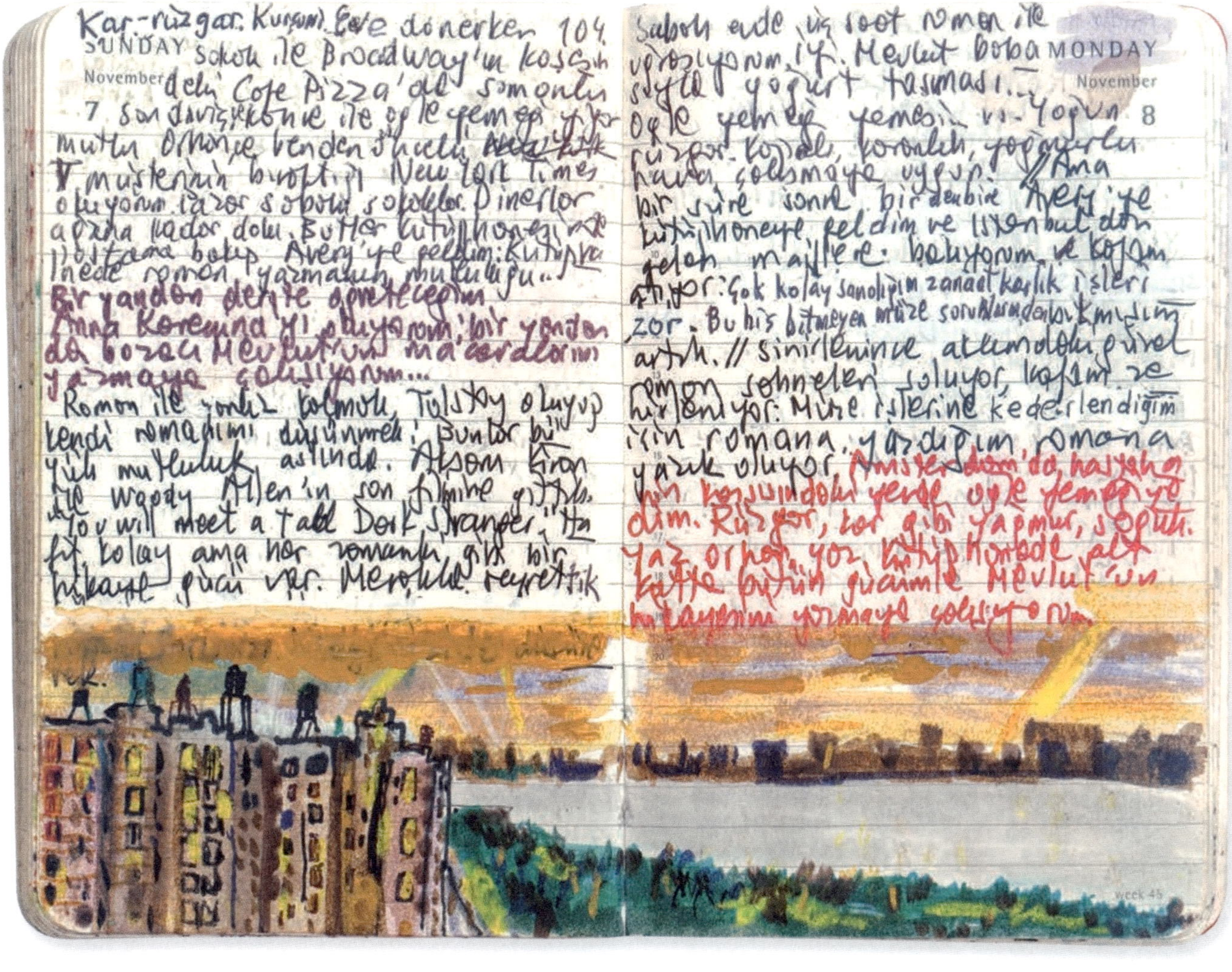
SUNDAY
November
7
MONDAY
November
8
week 45

Me he despertado como una sombra antes del final de la noche oscura. Como una sombra he cruzado las calles frías y silenciosas de Edmonton. He empezado a leer en el aeropuerto los últimos capítulos de *Anna Karenina*: relectura; para el curso del martes: y de repente, una idea maravillosa para la trama de *UNA SENSACIÓN EXTRAÑA.* A MEVLUT le ha llegado la historia del perro que se comía a los europeos, la historia de la isla de Sivriada...[70] Y trata de imponerse a ese hechizo del que es víctima (la orden dada a los perros para atacarlo). Y de esta forma vuelvo a la primera aventura que había imaginado, en 2007. // Me he visto obligado a correr en el aeropuerto de Toronto. El tiempo previsto para sus malditas «conexiones» es demasiado corto. Y luego está la cola de «inmigración». Iba a perder el avión... Una encantadora china pedía «permiso» para adelantar a la gente. Los otros también lo hacían, yo no quería. Pero al final lo hice de todos modos. No ha sido glorioso, pero llegué a mi avión. Cartas de Saul Bellow en el *NY Times Book Review*, regalado con el *Toronto Star*. Magnífica vista de Manhattan en el descenso sobre Nueva York.

y recuerdos

Aquí el cielo

Anoche, en Nueva York, he consignado febrilmente en el cuaderno lo que había visto y vivido en la extraña, la triste ciudad de Edmonton. Ah, es preciso que lo apunte, me repetía. Por ejemplo, esto: sábado al mediodía, cruzando una pasarela que conecta dos torres, aterricé en un *food court*. Pobres, gente sin techo. Que matan el tiempo delante del VJ, cadena de hamburguesas baratas. Entablé conversación con un árabe que vendía kebabs y ensaladas. «Where are you from?». De Turquía o de Nueva York, le he respondido, y él: Yo también vendía kebabs en el Bronx, pero allí no hay curro. Me mudé aquí. Aquí hay mucho dinero, mucho curro, decía.

Le he descrito a Kiran el público que se amontonaba en mi sesión de firma de libros. No sabía que era un escritor extraoccidental, le he dicho, un escritor del Tercer Mundo. Había una multitud impresionante. Lectores que llegaban con montañas de libros en turco, otros que querían que les firmara la versión en árabe, en rumano, en serbio, en español. Iraníes, canadienses, kurdos, algunos que tomaban fotos y me mostraban su respeto. Derek Walcott[71] no ha firmado un solo ejemplar. Me ha dado vergüenza. Edmonton está en el centro de Canadá. Estepa fría, glacial. En la universidad para una conferencia. Es como si toda la gente pobre que viajó a Occidente en busca de trabajo se hubiera encontrado allí. Un universo extraño, este lugar.

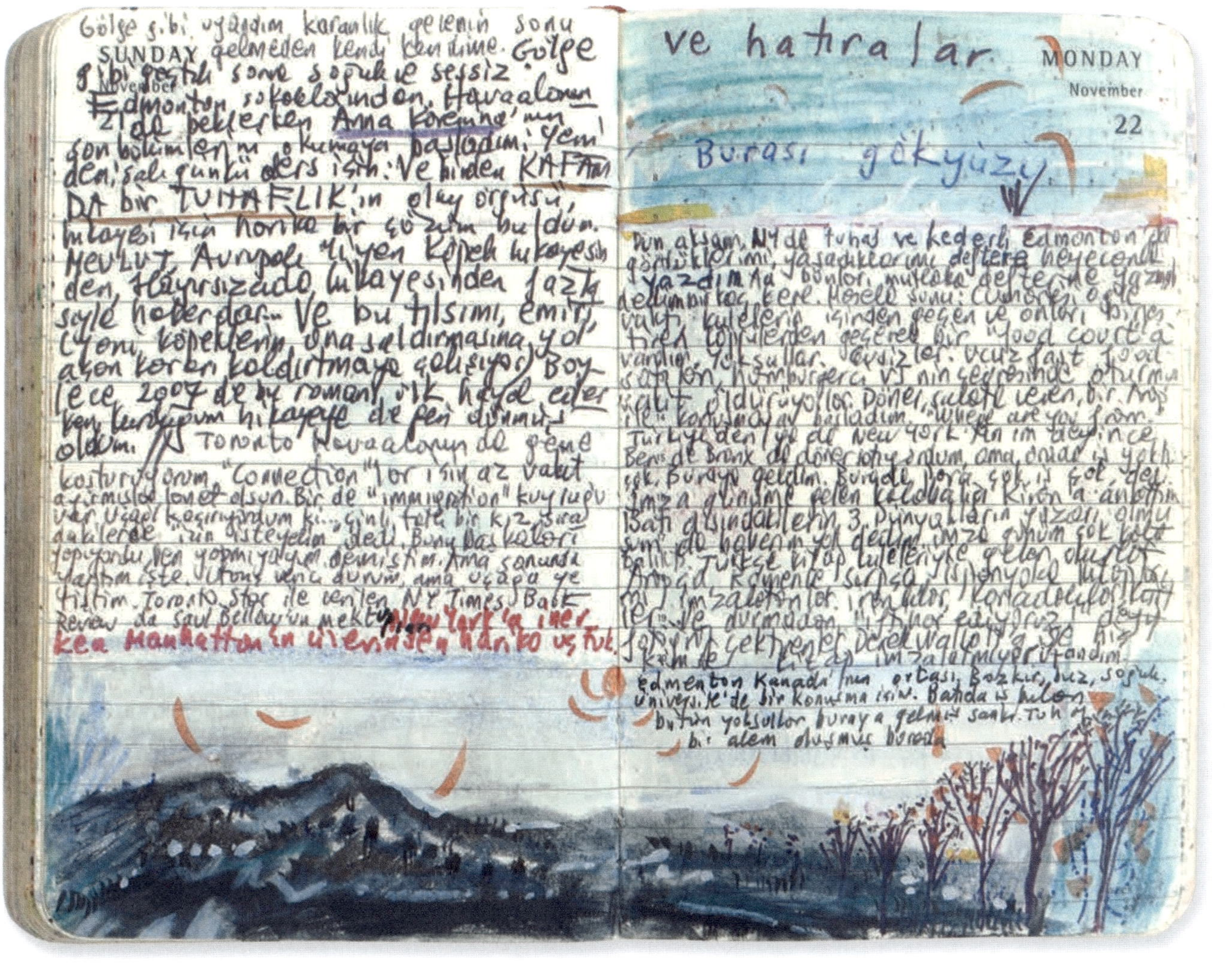
SUNDAY
November
ve hatıralar
MONDAY
November
22
Burası gökyüzü

La calle 108 y el Hudson, por cierto...

Me imagino *El perro que se comía a los europeos* como una breve fábula, un «cuento filosófico» al estilo de Voltaire. Esa era mi idea a principios de septiembre. El libro debe ser corto. Su éxito depende del «tono de brillantez», como en *Cándido, Zadig*, etc., con humor y una simplicidad a lo Voltaire. Sobre todo no alargues la novela, Orhan, me repetía. Luego, poco a poco, se me ocurrió un comienzo de historia, enriqueciendo la novela filosófica que tenía en mente, transformándola en libro enciclopédico. Mi modelo, entonces, mi modelo soñado, era *Cándido* traducido a *MOBY DICK.* UN PERRO QUE SE COMÍA A LOS EUROPEOS tipo Oriente-Occidente; idealmente. El curso con Bruce ha ido bien. Puede que sea el curso más denso y brillante que hemos dado hasta la fecha. Sí, he hablado yo todo el tiempo.

He visto a unos vendedores de yogur en sueños. Caminaban cargando cubos a su espalda con unas varas. Ah, de modo que ese es el aspecto que tienen los cubos de yogur, me decía yo en el sueño. Por la mañana, ahora, mientras escribo la novela, me pregunto «dónde, en qué fotografía he podido ver esos cubos». He trabajado en casa con Kiran hasta el mediodía. Por la noche, visita a Anita en Coldspring, con el tren 4 desde la calle 125. Tiene un problema de menisco. Hemos ido al supermercado a hacerle la compra. He cocinado yo, pescado con tomate y pimiento. Siento mucho respeto por Anita. Me gustaría poder decírselo más a menudo. Contento con la visita.

EL HUDSON EN LA CARRETERA DE COLDSPRING

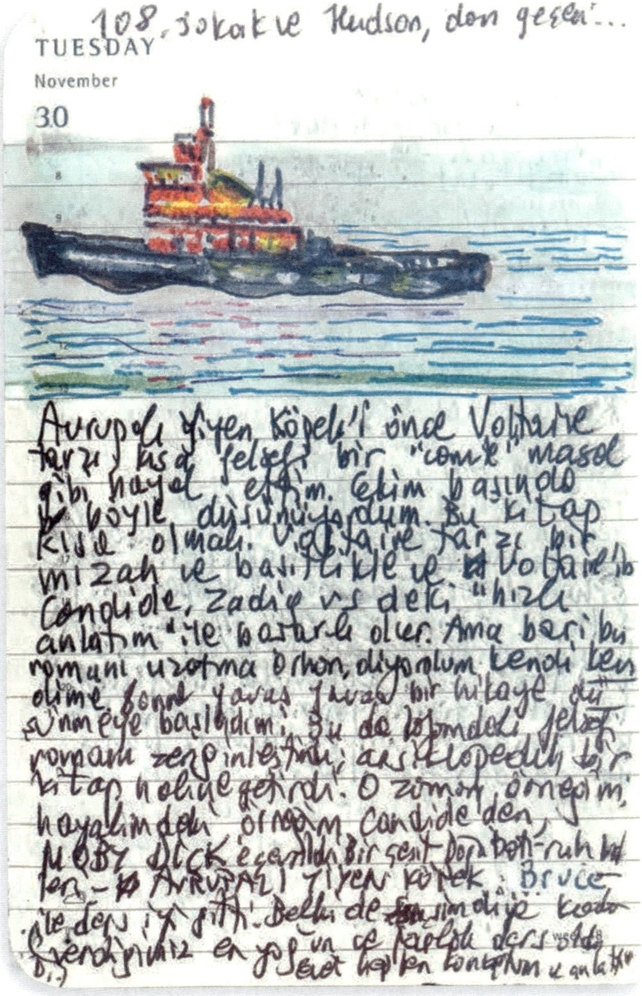
TUESDAY
November
30

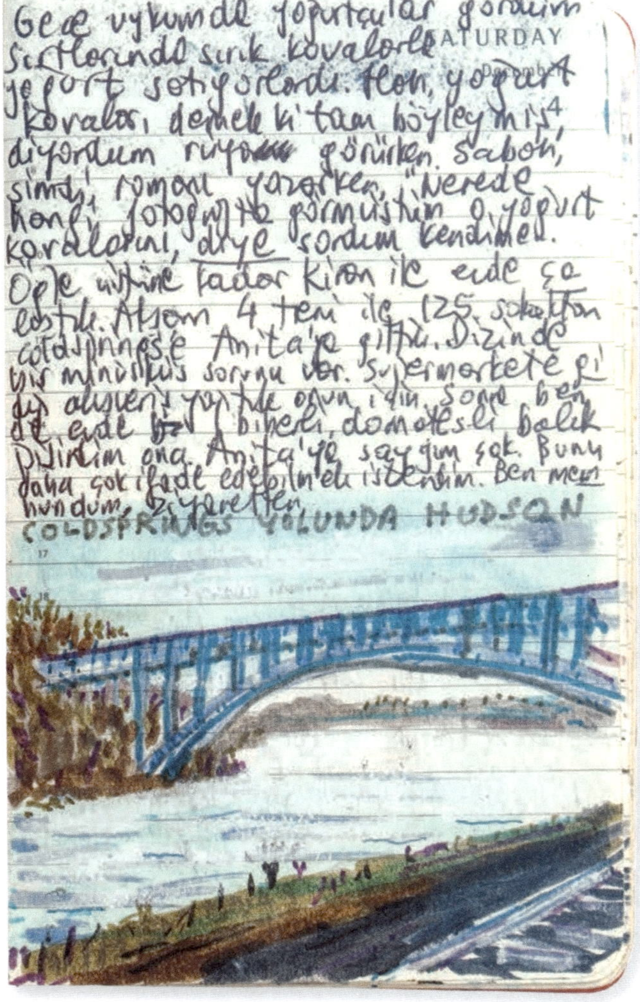
SATURDAY
COLDSPRINGS YOLUNDA HUDSON

El puente George Washington tal como se ve desde la habitación

Por la mañana, en casa, escribo plácidamente soñando con Mevlut. Feliz por los años de camaradería que vamos a pasar juntos. Placer de trabajar, de escribir. Kiran sigue en Coldspring con Anita. Comida con Rüya. // He pensado aún en la forma de hacer la novela más grande-rica-compleja. Releo *Cien años de soledad* de García Márquez. Tiene un lado fuerte, denso y ligero. La lectura despierta mi ambición, me dice escribe mejor, Orhan. Ahora mismo, por ejemplo, p. 16 en la edición de Harper, he leído el párrafo borgesiano que empieza con «There were new Gypsies...». Bueno. Agradable. Inteligente. En *Una sensación extraña* tengo que tratar de hacerlo aún mejor. Teniendo en cuenta el tema, la atmósfera de la novela, vale la pena intentarlo... Por la noche, tras un instante de desánimo, vuelvo al despacho para escribir. La visita de Mevlut y su padre al tío Abbas, la tía Safiye, el primer encuentro con Rayiha, etc. Todo denso y enredado como el cabello árabe.

Comida en Le Monde con la escritora Elizabeth Kostova. Autora de un bestseller titulado *La historiadora*. Ya nos habíamos visto en la feria de Londres y en la de Washington. Su marido es búlgaro; tiene una fundación literaria en Bulgaria. Ella me invita. Inteligente, siente curiosidad por la pintura. Simpática, bien.

¡He abierto una nueva sección en mi biblioteca, compuesta exclusivamente por viejos libros que, cuando yo era un niño, vendían en las aceras de camino a la escuela! Libros de viejos profesores en su mayoría fallecidos. Catálogos de fotos en blanco y negro, primeros libros de arte ilustrados –en color–, baratos, de los años 1950-1960, para un público de aficionados. Renacimiento, pintores famosos, etc. Un libro sobre el arte de China, otro sobre el arte de Japón, con títulos tan familiares... Reflexiono. Escribo. Las bibliotecas. El despacho para escribir. Los libros. Toda mi vida ha transcurrido así. Vivir sumergiéndose en una historia, ahogarse luego en sus meandros.

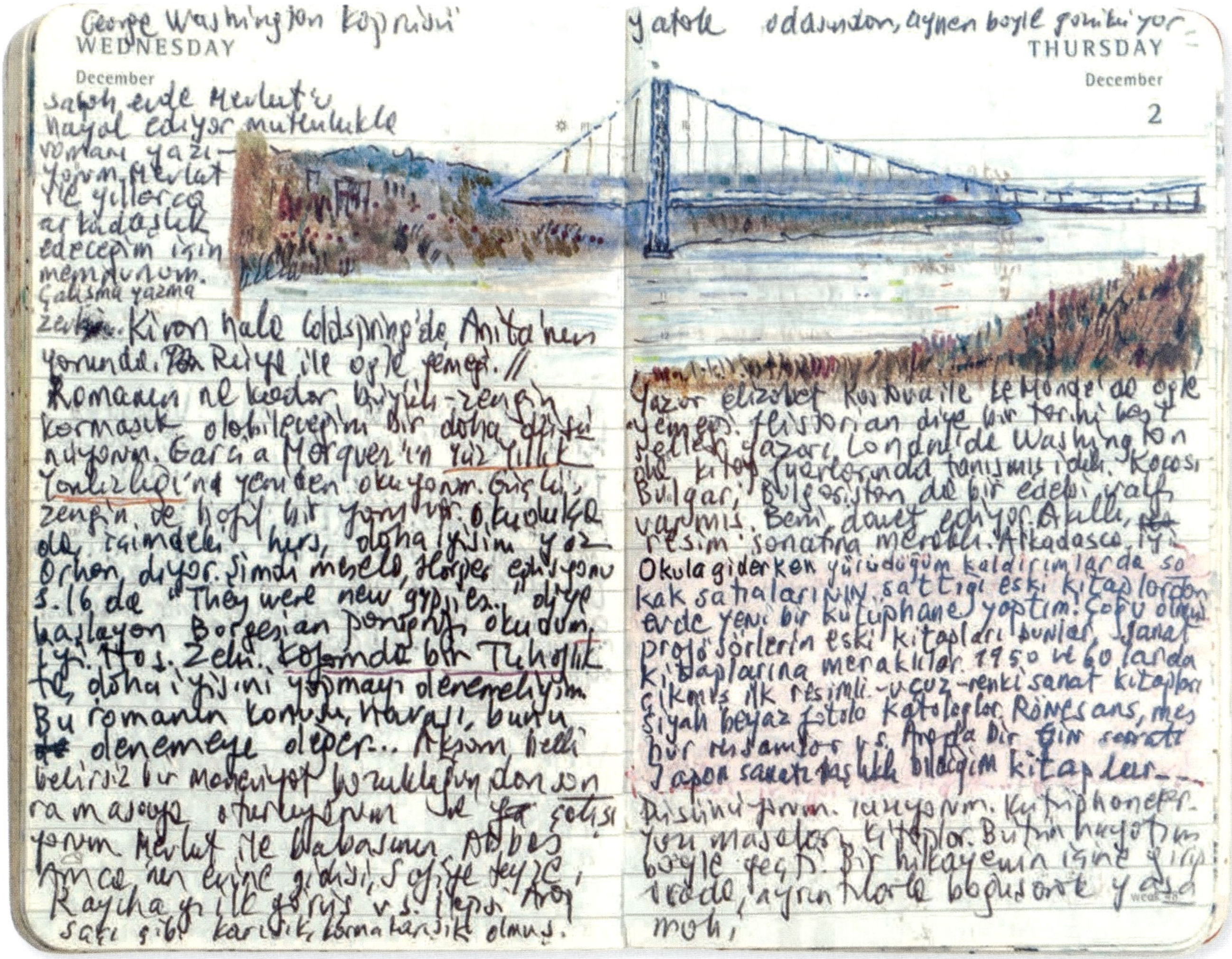
George Washington köprüsü
WEDNESDAY
December
THURSDAY
December
2

Con Kiran en las calles 6-7 y 25. Hemos ido a un mercado de pulgas que hay en un hangar entre las dos avenidas. He encontrado un montón de elementos históricos para el museo de la Inocencia, y unos cuantos regalos para Füsun... A decir verdad, la idea ha sido de Kiran. Yo estaba de mal humor, agotado por las obras del museo, la lentitud de los carpinteros, arquitectos, pintores, artistas, todos.

¡Para mí el museo no es la felicidad de una obra de arte, sino los dolores de cabeza de unas obras que nunca se acaban! Pero me basta con llegar al mercado de pulgas, donde mis proveedores habituales, y ver los peines, los viejos marcos, los viejos juguetes, cajas, muñecas, postales, perros de loza, todas esas cosas raras que me encantan... «The Objects awoke the same desire in me» [Los objetos despertaban en mí el mismo deseo], le he dicho a Kiran. Los objetos me han vuelto a levantar el ánimo de inmediato. Y he vuelto a hacer algunas adquisiciones para el museo. Como si fuera a recrear uno desde cero, o acaso a imaginarme nuevas cajas.

He ido a pie a la Biblioteca de Asia Oriental, con un frío glacial. Las piernas congeladas a pesar del pijama debajo, el frío me deprime. Ropa, la moral patas arriba. Media hora después vuelvo por el mismo camino. Comida con Robert Finn en el Henry's. Ha hecho una buena traducción de *La casa del silencio*.[72] Después de la primavera nos veremos en Turquía o en Nueva York para revisarla juntos. // Último curso con los estudiantes. Inteligentes, brillantes y trabajadores, este año me han dado felicidad. Al final del curso, toda la clase ha aplaudido. ¡Bravo!, a veces las intervenciones de algunos estudiantes son muy brillantes. Al cine con Rüya para ver *White Material*, luego hemos cenado los dos. Rüya trabaja mucho.

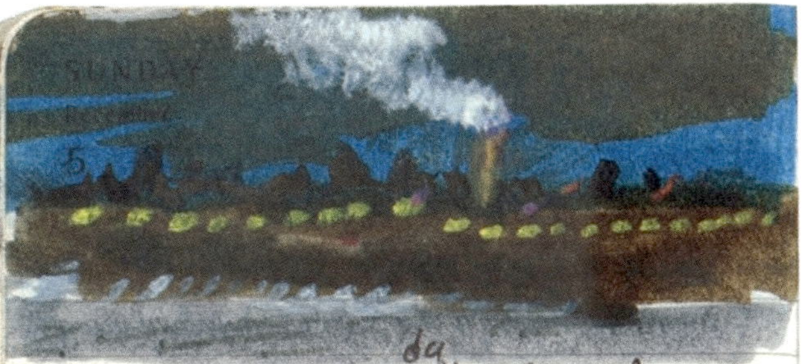

Kiran ile 25. sokak 6-7. Avenue arasındaki bit pazarı garajına gittik. Masumiyet Müzesi için pek çok dönem aksesuarı, Füsun'e de pek çok hediye almışımdır buradan... Kiran'ın gitmek isteği aslında. Ben evden çıkarken isteksiz idim, müze işlerinden, marangoz mimar, boyacı, sanatçı herkesin yavaşlığından yılmışım. Müze bana bir sanat eserinin mutluluğundan çok, bir türlü bitmeyen bir inşaatın mutsuzluğunu verdiği için! Ama bitpazarına gidip her zaman alışveriş ettiğim satıcılarda her zaman sevdiğim tabelaları, eski gözlükleri, eski oyuncakları, kutuları, bebekleri, kartpostalları, tespihleri, tuhaf şeyleri görünce... The Objects Awoke the Same Desire in me dedim Kiran'a. Eşyalar birden canlandırdı beni. Ve müze için alışveriş etmeye başladım yeniden heyecanla. Sanki sıfırdan yeni bir müze kuracakmışım, ya da yeni kutular hayal etmeye başlamışım

TUESDAY

December

7

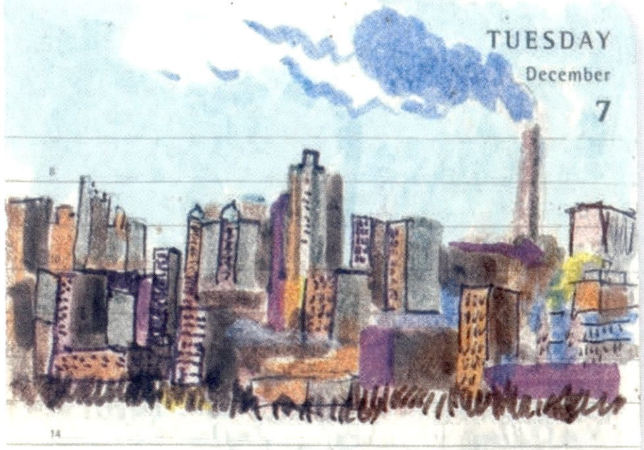

Buz gibi havada üşüyerek East Asian Library'e yürüdüm. Bacaklarım donuyor, içimde pijama, soğuk moralimi bozuyor. Kıyafetim, halim bozuk. Bir buçuk saat sonra gene aynı yolu geri yürüyorum. Henry's lokantasında Robert Finn ile öğle yemeği. Sessiz evi güzel canlıyor. Gelecek baharda ya Türkiye'de, ya New York'ta buluşup öğrencilere geçeceğiz // Öğrencilerle son ders. Akıllı parlaklar çalışkanlar ve beni mutlu ettiler bu yıl. Ders bitince bütün sınıf alkışladılar bizi! Alemi! Bazan bazı öğrenciler çok parlak şeyler söylüyor. Rüya ile akşam yemeğinden önce 'While Mothered' adlı bir filme gittik. Rüya çok seviyor.

Me ha parecido que esta doble página inspirada en la pintura paisajista china debía figurar en este lugar exacto de *RECUERDOS DE MONTAÑAS LEJANAS*.

En otoño de 2011, durante un viaje a América LATINA, Kiran Desai y yo nos separamos, no he vuelto a verla. Ha sido muy duro. Hasta el reencuentro con Aslı.

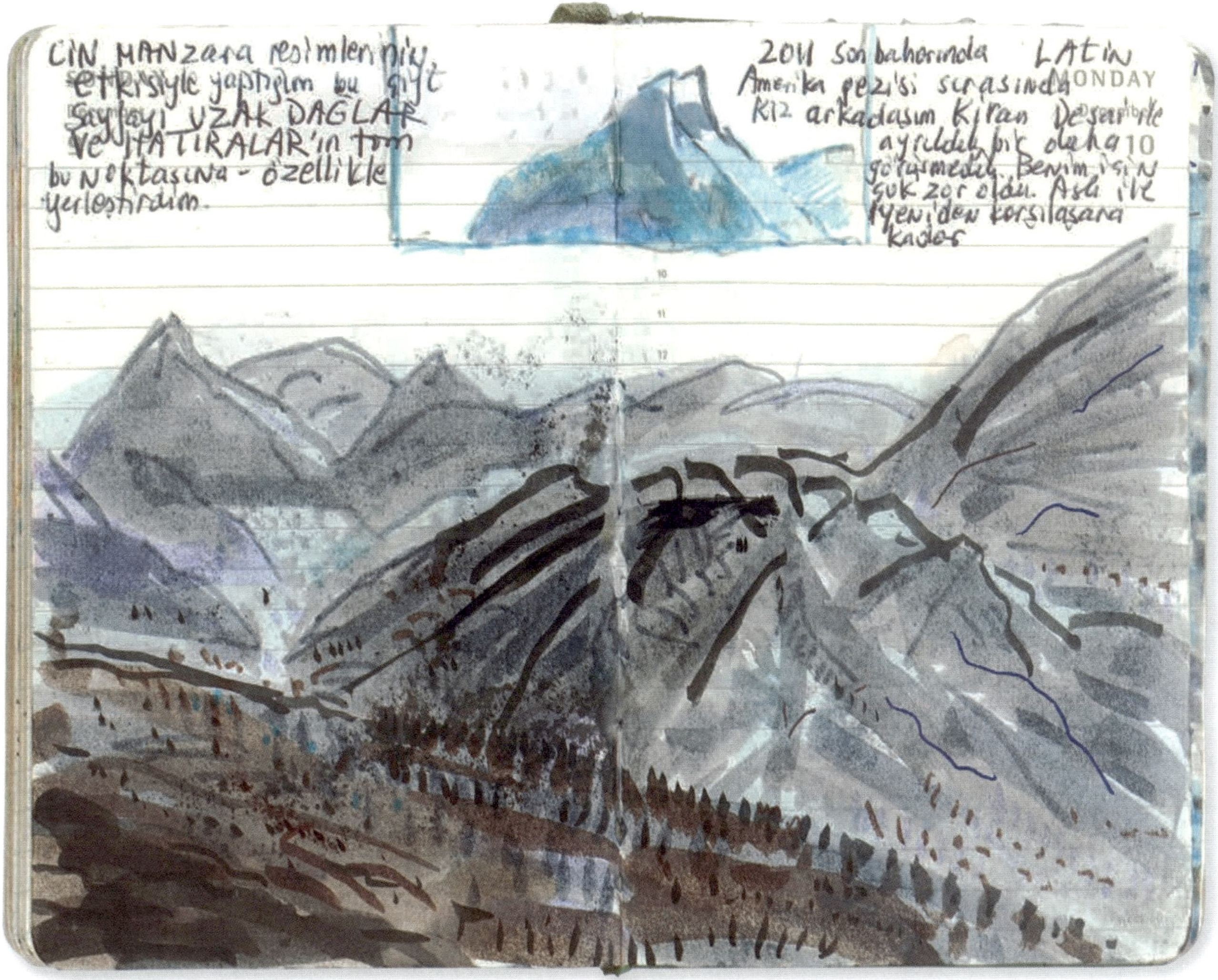

Cuadernos Pamuk – 2018A

Me he despertado en plena noche, a las 2.30 h, le he puesto el punto final a la novela *Una sensación extraña*. Cuando esta mañana se lo he dicho a Aslı, nuestra primera reacción ha sido: «¡Increíble!». Un momento de gran emoción para los dos. Sin Aslı, *Una sensación extraña* no hubiera alcanzado su forma definitiva, y yo ni siquiera habría podido acabar la novela.

No poner el episodio en que Mevlut secuestra a Rayiha en mitad de la novela sino al comienzo es algo que me sugirió Aslı. Yo ni siquiera le pregunté por qué. Hice lo que me dijo y reescribí la novela en función de eso. También acepté la mayoría de los recortes que propuso. Especialmente los que estuvimos comentando durante el verano. Leía sus comentarios sobre los pasajes que proponía acortar y le daba la razón, con un poco de pena, volviendo a fumar, dejándolo a la mañana siguiente. Me encanta que Aslı, tan guapa, inteligente, haya entendido a la perfección al personaje de Rayiha, que no es hermosa. Si he podido terminar este libro ha sido gracias a las conversaciones diarias con Aslı. Una suerte, no hay duda, pero Mevlut también es afortunado...

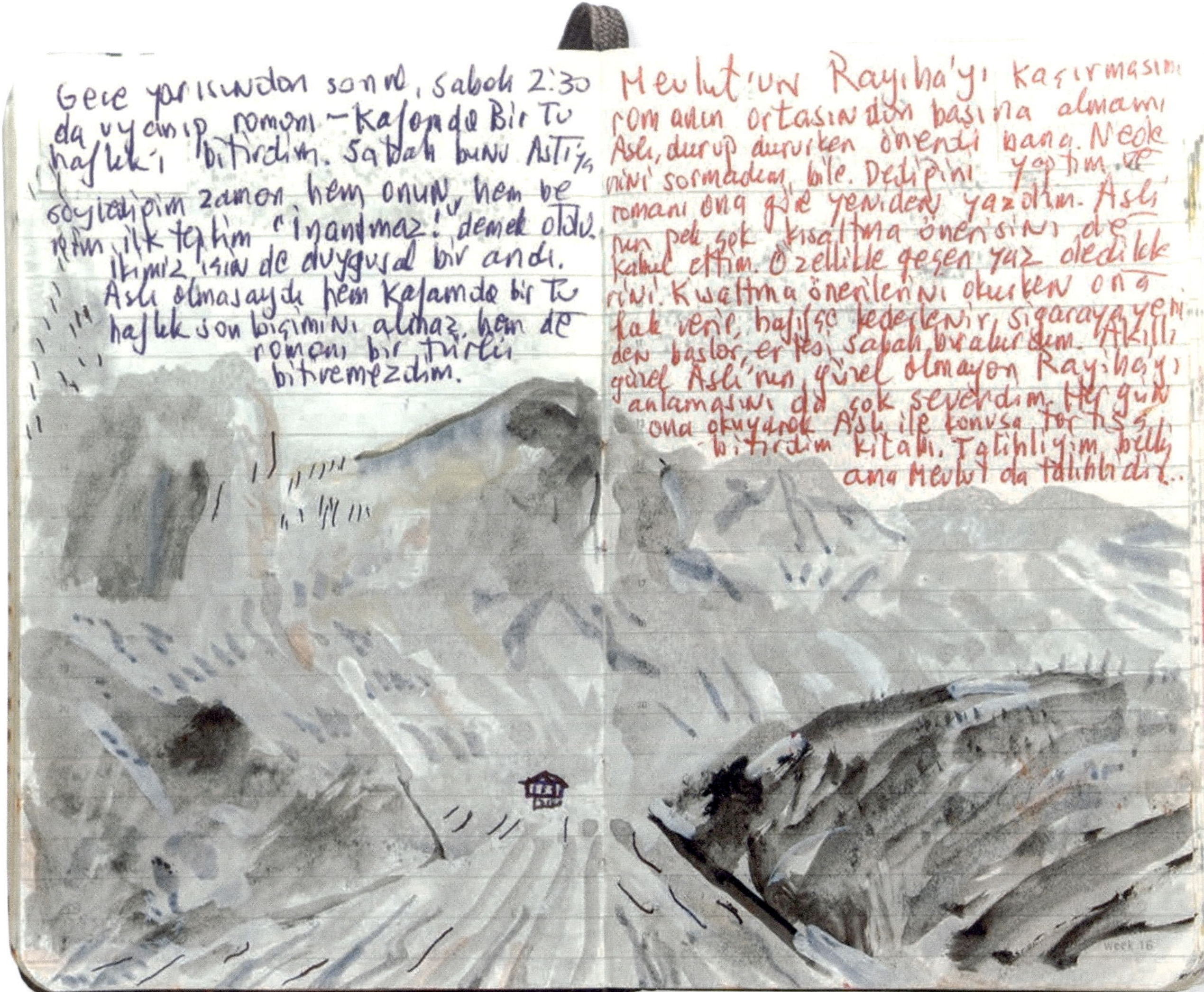

Gece yarısından sonra, sabah 2:30
da uyanıp romanı – Kafamda Bir Tu
haflık'ı bitirdim. Sabah bunu Aslı'ya
söylediğim zaman hem onun, hem be
nim ilk tepkim "inanılmaz!" demek oldu.
İkimiz için de duygusal bir andı.
Aslı olmasaydı hem Kafamda bir Tu
haflık son biçimini almaz, hem de
romanı bir türlü
bitiremezdim.

Mevlut'un Rayiha'yı kaçırmasını
romanın ortasından başına almamı
Aslı, durup dururken önerdi bana. Nedeni
ni sormadım bile. Dediğini yaptım ve
romanı ona göre yeniden yazdım. Aslı'
nın pek çok kısaltma önerisini de
kabul ettim. Özellikle geçen yaz dedikle
rini. Kısaltma önerilerini okurken ona
hak verir, hafifçe kederlenir, sigaraya yeni
den başlar, ertesi sabah bırakırdım. Akıllı
güzel Aslı'nın, güzel olmayan Rayiha'yı
anlamasını da çok severdim. Her gün
ona okuyarak Aslı ile konuşa konuşa
bitirdim kitabı. Talihliyim, belli
ama Mevlut da talihlidir...

En el Guggenheim, permanezco largo rato contemplando la famosa calle de Balthus, diciéndome que, a partir de ahora, también yo debería pintar «así». Las «calles» de Estambul o sus interiores, en formatos grandes, al óleo... Placer: imaginar un cuadro. Conseguir combinar composición y ensueño surrealista... Pintar en fin esos grandes cuadros y exponerlos en el museo, después de haberlas elaborado en miniatura en mis cuadernos durante años. La influencia de Piero della Francesca me parece mejor. Aaah, si pudiera uno vivir dos veces, me gustaría hacer cuadros, grandes-nuevos-extraños, rebosantes de detalles, que hagan a los turcos comprender su vida y amarla. ¿La historia de un hombre que sueña con esos cuadros y los describe con palabras?

Tema sobre el que debo escribir y reflexionar más: el vínculo entre mi deseo de dibujar y mi gusto por observar el mar, las aguas... Un niño que mira un barco, una zodiac, ¡un barco de pescadores a lo lejos! No hay duda: ese niño soy yo. Un niño que con solo ver el mar se siente totalmente feliz. Porque ver el «mar» es dejar atrás la casa, las cortinas que ocultan el sol, la gente, los padres, las tiendas –lugares polvorientos alejados de la vida– y descubrir qué será la vida, algo infinitamente más vasto y profundo, divertido, feliz; es conseguir ver. En este sentido, para mí el «mar» es la línea del horizonte y, al mismo tiempo, en la vida cotidiana, una libertad, una sensación de espacio que la vista de la lejanía me regala. En mis sueños soy libre, pero en casa, en el interior, solo el «paisaje» me proporciona esa sensación. Sí, el paisaje es una invitación a vivir y a soñar...

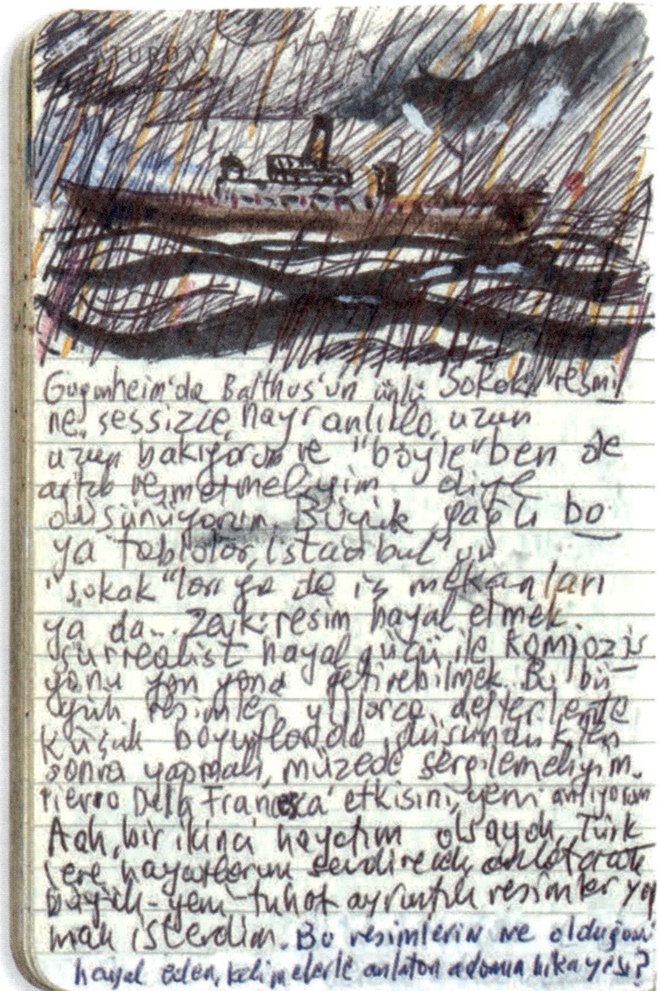

SATURDAY

Guggenheim'de Balthus'un ünlü Sokak resmine sessizce, hayranlıkla, uzun uzun bakıyordum ve "böyle" ben de artık resim yapmalıyım diye düşünüyorum. Büyük çaplı boya tablolar, İstanbul'un "sokak"ları ya da iç mekanları ya da... Zaki resim hayal etmek sürrealist hayal gücü ile kompozisyonu yan yana getirebilmek. Bu büyük resimleri yıllarca defterlerde küçük boyutlarda düşündükten sonra yapmalı, müzede sergilemeliyim. Piero Della Francesca etkisini yeni anlıyorum. Ah, bir ikinci hayatım olsaydı Türk şere hayatlarını sevdirecek, anlatacak büyük-yeni-tuhaf ayrıntılı resimler yapmak isterdim. Bu resimlerin ne olduğunu hayal eden, kelimelerle anlatan adamın hikayesi?

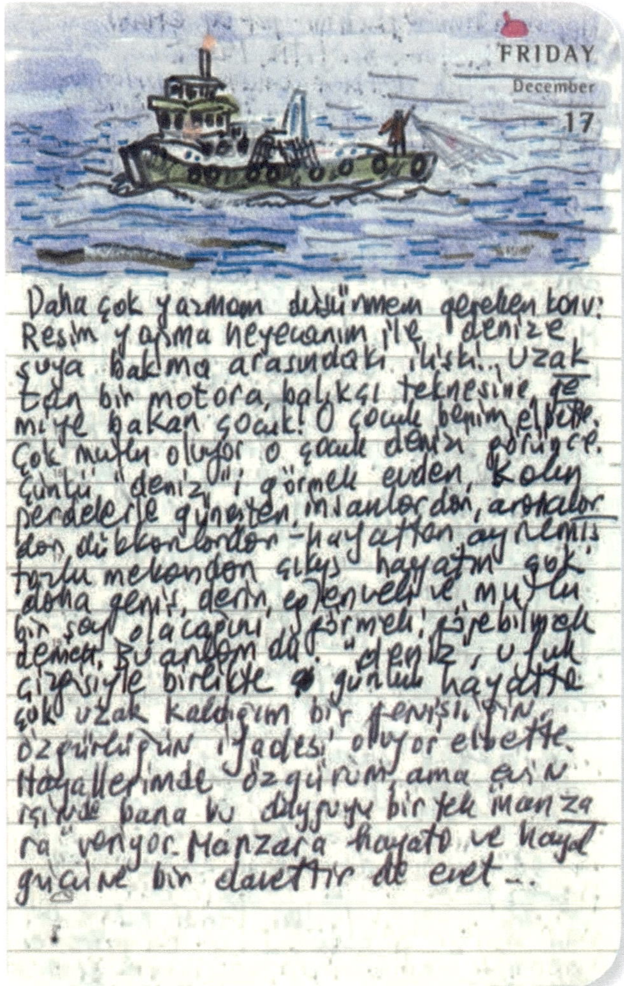

FRIDAY

December

17

Daha çok yazmam düşünmem gereken konu: Resim yapma heyecanım ile denize suya bakma arasındaki ilişki... Uzaktan bir motora, balıkçı teknesine gemiye bakan çocuk! O çocuk benim elbette. Çok mutlu oluyor o çocuk denizi görünce. Çünkü "deniz"i görmek evden, kalın perdelerle güneşten, insanlardan, arkalardan dükkanlardan – hayattan ayrılmış tozlu mekandan çıkış hayatın çok daha geniş, derin, eğlenceli ve mutlu bir şey olacağını görmek görebilmek demek. Bu anlamda "deniz", ufuk çizgisiyle birlikte günlük hayatta çok uzak kaldığım bir genişliğin özgürlüğün ifadesi oluyor elbette. Hayallerimde özgürüm ama evin içinde bana bu duyguyu bir tek manzara veriyor. Manzara hayata ve hayal gücüne bir davettir de evet...

HAYDARPAŞA

Mediodía. Travesía con el vapor de Karaköy a Kadıköy. Calor... Puente superior del vapor de Kadıköy. Silencio de Estambul en el terrible bochorno del verano. Como una ciudad de provincias. Koşuyolu Caddesi. Anticuarios. Mercado de pulgas. A las 17 h, la multitud invade las calles en masa. Todo el mundo está en el exterior. Olores de patatas, de mejillones cocidos. Es la fiesta del viernes tarde. Entonces, entre el calor y la luz, aparece un Estambul completamente diferente.

He comprado una sandía enorme en Cihangir, y comida en la tienda de la esquina.

Por la noche, cansado, en casa, después de la cena: textos, revistas de internet, información, etc. Un artículo de Chesterton sobre Dickens... Hojeando las cartas de juventud de Virginia Woolf: una tarde, a los 26 años, toma el té con Henry James. Woolf transcribe muy bien la conversación de Henry James, su «entonces ¿usted también escribe?», su parloteo abundante y adornado. Muy muy inteligente, Woolf.

LLOVÍA

Gran fiesta de la alta sociedad en casa de Zeynep Çelik, en el edificio Umur, calle Hüsrev Gerede. Cumpleaños de Perry. Lleno de viejos conocidos de hace cuarenta años. Compañeros del instituto, amigos de la universidad, profesores, etc. Muchas caras conocidas. Bebo para ser feliz, me como dos platos de boreca, converso con la gente. Feride Çiçekoğlu, Ayşe Yönder, Selim Deringil, Edhem Eldem. Los invitados están de buen humor... Se conocen y se aprecian, se respetan. Tan felices como pueden serlo en Turquía los universitarios. Pero todo bañado por una atmósfera de salón turco-otomano... Sentimiento de pertenencia, por una parte de apoyo y por otra de piadoso consuelo... El escritor debe estar solo.

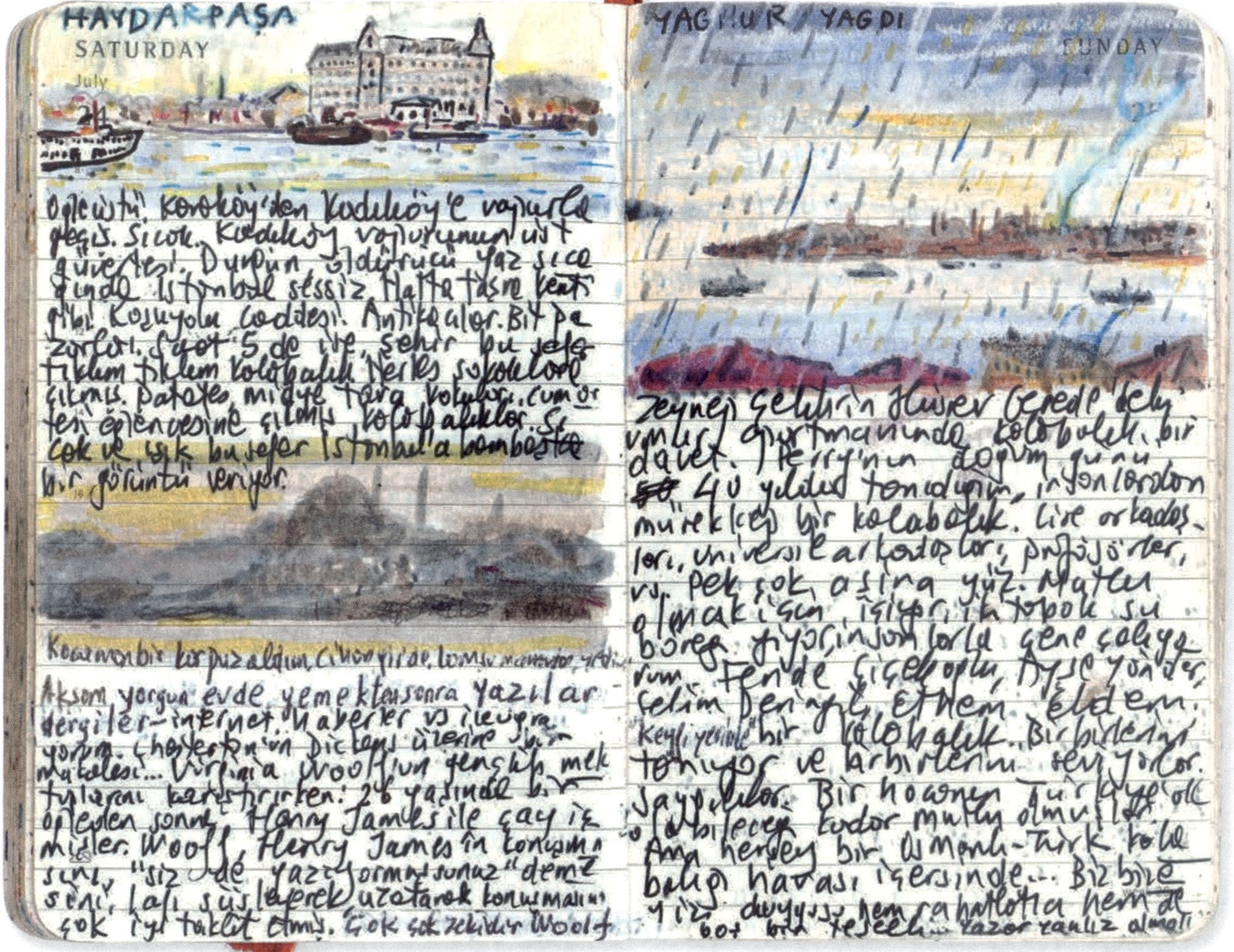
HAYDARPAŞA
SATURDAY
July
YAĞMUR YAĞDI
SUNDAY

Después de trabajar en el prefacio de *Nieve* para Everyman, he abierto el Google Maps de Estambul para trazar la ruta del día. Nuri Bey ha venido a recogerme las 12.30 h. En taxi hasta Esentepe. He llegado al mercado de Gültepe en una hora. Estas notas las tomé en un restaurante. Interrumpidas a medio camino. De 13 a 16 h, he bajado por la colina de Esentepe bordeando la pared del cementerio de Zincirlikuyu, un lugar que el mapa me ha enseñado que era la avenida DEREBOYU, en el barrio de Telsizler, y luego he remontado un repecho, en escarpada pendiente, hasta la cumbre de Gültepe. Antes de bajar de nuevo... Es absolutamente preciso que esta GEOGRAFÍA, toda de colinas ESCARPADAS, HALLE SU LUGAR en la novela. He seguido con mi paseo. ¡Los callejones de Gültepe! Sofocantes. Cuellos estrechos. Edificios contiguos, apilados. ¡El barrio de Namık Kemal![73] He caminado hacia el norte. Los primeros barrios de *gecekondu* de la «orilla europea» de Estambul... Gültepe. Hoy en día parte de la ciudad, de la ciudad moderna. Pero aún con un aire provinciano. Obviamente, los *gecekondu* y otros han desaparecido (con una o dos excepciones cercanas). Edificios altos, feos, en mal estado.

Mientras escribía el prefacio de *Nieve*, he sacado del armario el manuscrito de la novela. Estaba desordenado, en una caja de cartón desde hace diez años. Hojas sueltas, cuadernos, páginas a medio escribir, notas tomadas para la novela... Todo de cualquier manera. Cuando escribía ese libro. He revisado los últimos cuadernos, las últimas páginas. Muy pocas correcciones. Escribía rápido, llevado por mi impulso... Hay que escribir rápido; corregir lentamente. Por desgracia, me he dado cuenta de que no podía terminar el prefacio. Las vacaciones de Año Nuevo eran el momento perfecto para trabajar, pero no he escrito lo suficiente; no he logrado escribir, me siento mal. ¡La calma de los domingos por la tarde! ¡El silencio! ¡Los remordimientos! Me cabreo conmigo mismo por no haber sabido disfrutar de la preciosa tranquilidad de estos tres días de vacaciones. He dibujado un poco, no gran cosa. Pintura de la noche en Nişantaşı, contemplada por Kemal desde la ventana de Füsun. Tiende hacia el cuadro «impresionista» convencional. Tengo que encontrar una manera de salir de este callejón sin salida. Quiero ser Mevlut y olvidar todo lo demás. Por otra parte, el museo me da satisfacciones.

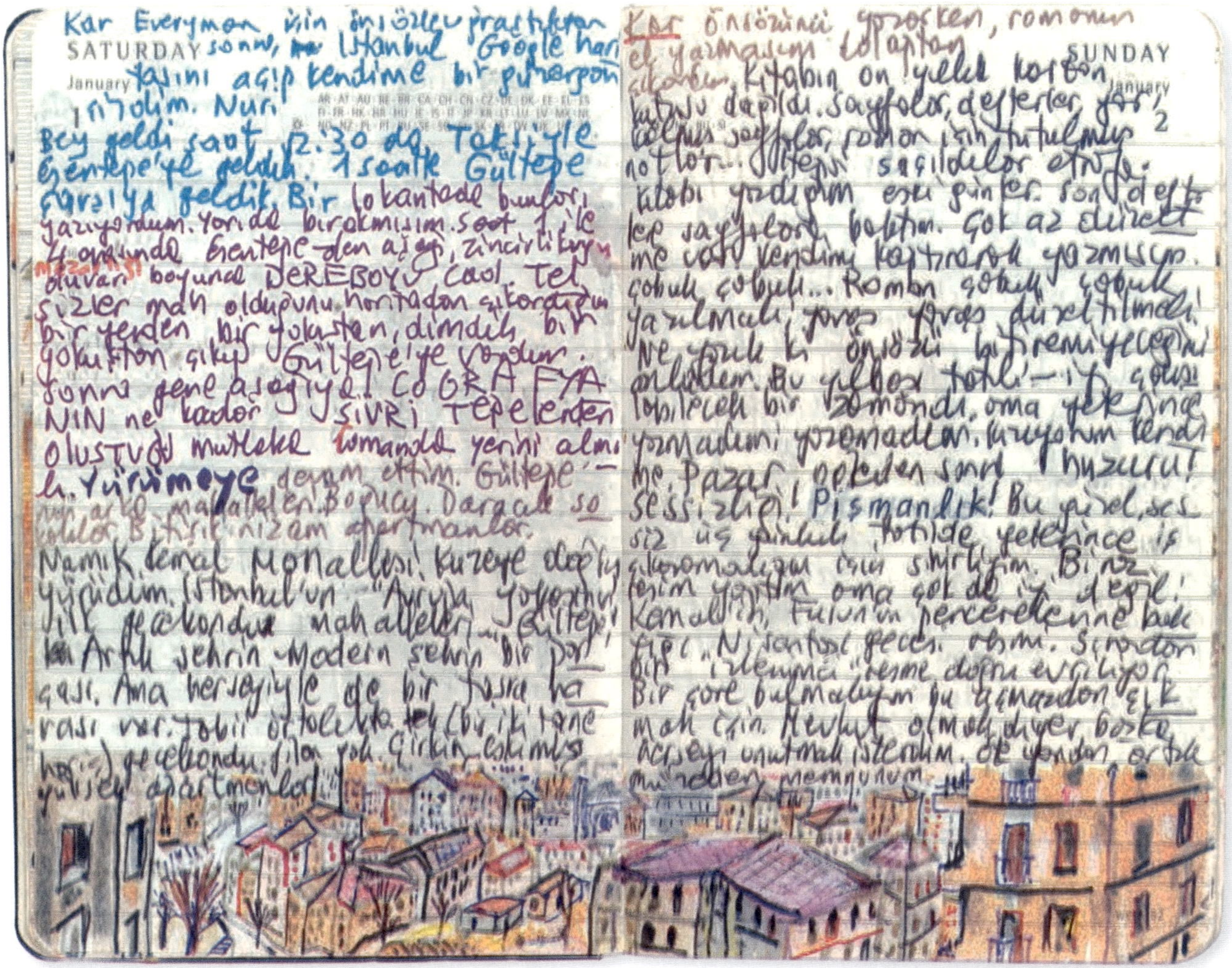
SATURDAY
January
1
SUNDAY
January
2

Por la mañana, he releído las 60 primeras páginas de *Una sensación extraña*, escritas en Nueva York, antes de composición y envío a Hüsnü. En general, está bien. Estoy hambriento de novela. Si no fuera por ese museo... En cuanto a eso: SER PACIENTE. Mi vista: según el doctor Davut, mi última visita se remonta a enero de 2005, es decir, hace 6 años. La visión de lejos empeora; la de cerca mejora otro tanto. ¡Pero no hay rastros de las cataratas familiares! Me alegró oírle decir que mis ojos no sufrían de ninguna enfermedad. Día de invierno; Valikonağı Caddesi, Nişantaşı... Esas calles en las que me he pasado la vida... Me gustaría ser capaz de seguir amándolas. Lástima que Nişantaşı se haya convertido en un barrio tan aburrido, tan soso. // He comprado tubos de acrílico y pasteles al óleo en la papelería de la calle Akkavak. // He pasado por el banco y he retirado dinero para Cem y Feride. Escritura, visita al piso de abajo por asuntos del museo, etc., amistad con Sermin. Muy inteligente, recta y honesta, la señora Sermin. No solo se encarga de la limpieza y la comida, también es una buena amiga. Supervisa todos los cambios que ha hecho Cem, cuarto de baño, cocina, parquet, etc.

Por la tarde, 14 h, reunión fundación-museo-gastos-costes-dinero con Feride-Cem en el número 9.

Tengo que estar atento, al final el que paga soy yo, pero el tema me aburre tanto... Y pensar que en vez de asistir a esa reunión podría estar escribiendo mi novela. Pero Feride y Cem son adorables. Ojalá Cem pudiese acabar las obras a tiempo... // Me saco el dinero de la bolsa y se lo doy. // A continuación, visita al dermatólogo en Nişantaşı. Una mujer encantadora me ha quemado los pequeños lunares –no lo eran– que me habían salido en el cuello, en el pecho. Bien. Esas manchas extrañas, que se iban ensanchando, a veces me picaban, entre la camiseta y la camisa, y me dolía. No dejo de pensar en los lugares por los que paseé para *Una sensación extraña*... En esa madre, esa abuelita, esos niños, esa luz...

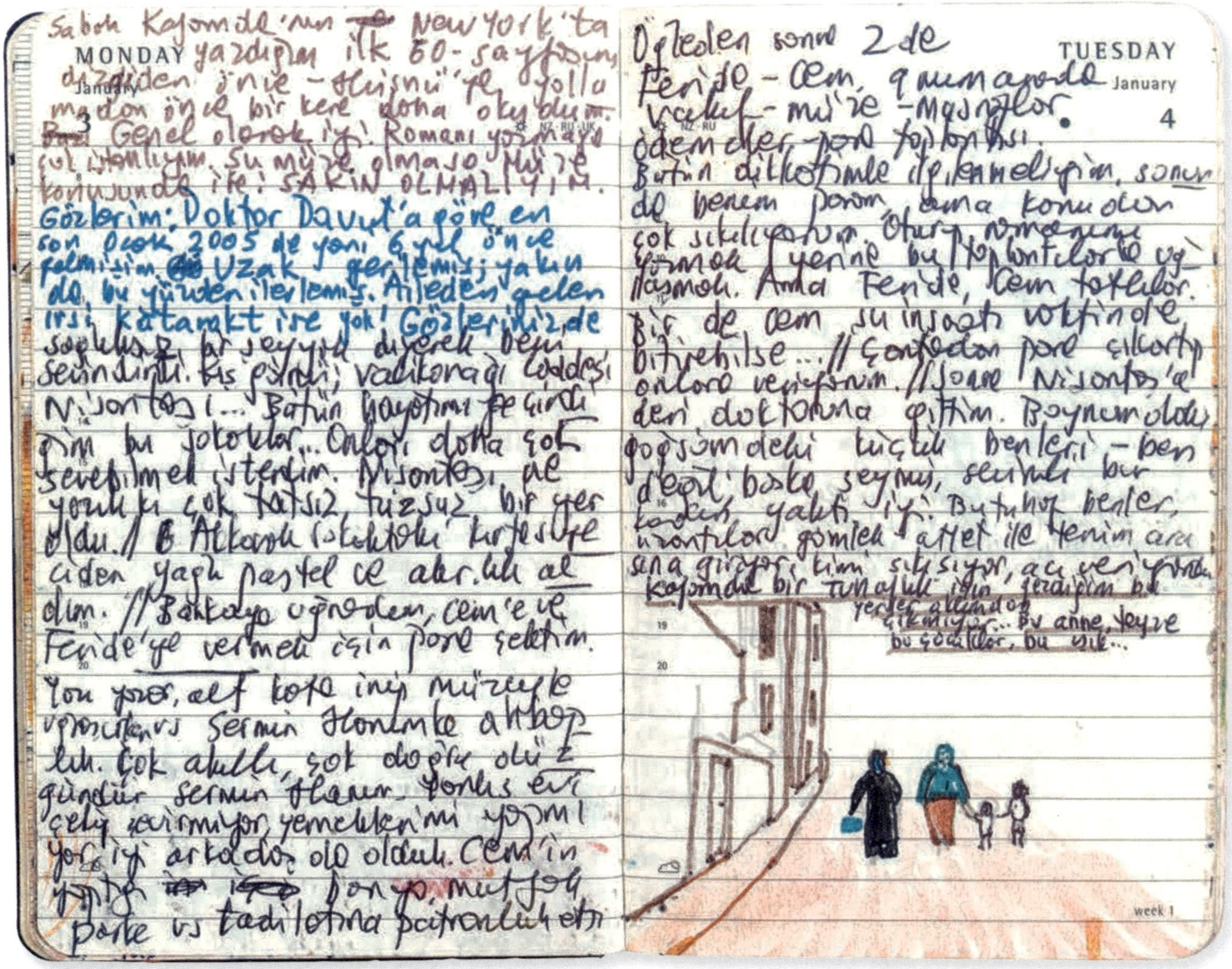

MONDAY January 3

Sabah Kafamdaki'nin New York'ta yazdığım ilk 60 sayfasını, dizgiden önce düzeltisini yollamadan önce bir kere daha okudum. Genel olarak iyi! Romanı yazmaya çok hevesliyim. Şu müze olmasa! Müze konusunda ite! SAKİN OLMALIYIM.

Gözlerim: Doktor Davut'a göre en son Ocak 2005'de yani 6 yıl önce gelmişim. Uzak gerilemiş, yakın da bu yüzden ilerlemiş. Aileden gelen irsi katarakt ise yok! Gözleriniz de sağlıklı bir şeyiniz diyerek beni sevindirdi. Kış günü; Valikonağı Caddesi Nişantaşı... Bütün hayatımın geçtiği yer bu sokaklar.. Onları daha çok sevebilmek isterdim. Nişantaşı, ne yazık ki çok tatsız, tuzsuz bir yer oldu. // [illegible] yağlı pastel ve akrilik aldım. // Bankaya uğradım, Cem'e ve Feride'ye vermek için para çektim. [illegible] müzeyle [illegible] Şermin Hanım'la [illegible]. Çok akıllı, çok doğru [illegible] gündür Şermin Hanım. [illegible] yemeklerini [illegible] iyi arkadaş olduk. Cem'in yaptığı [illegible] banyo, mutfak, parke vs tadilatına patronluk etti

TUESDAY January 4

Öğleden sonra 2de Feride – Cem, [illegible] vakıf – müze – masraflar. ödemeler – para toplantısı. Bütün dikkatimle ilgilenmeliyim, sonra da benim param, ama konudan çok sıkılıyorum. Oturup romanımı yazmak yerine bu toplantılarla uğraşmak. Ama Feride, Cem tatlılar. Bir de Cem şu inşaatı vaktinde bitirebilse... // [illegible] para çıkartıp onlara veriyorum. // Sonra Nişantaşı'nda deri doktoruna gittim. Boynumdaki göğsümdeki küçük benleri – ben değil başka şeymiş, [illegible] iyi. Bu tuhaf benler, [illegible] gömlek [illegible] ile tenim arasına giriyor, [illegible] sıkışıyor, acı veriyor. Kafamdaki bir tuhaflık için yazdığım [illegible] yerler aklımdan çıkmıyor.. Bu anne, teyze bu çocuklar, bu [illegible]...

week 1

Por la mañana, reunión con Gregor y Thomas en el número 9 para echarle una ojeada a las cajas. Luego hemos ido al museo. Cem también estaba presente. Cem, que a pesar de todas sus promesas aún no ha terminado el trabajo. Un año de promesas y ni una sola cumplida; una «rareza». Gregor y yo no podemos hacer nada, salvo maldecir en nuestro rincón. Los detalles abordados en el museo, etc., no gran cosa. Detalles bien controlados, eso ha dicho, gracias a nuestra seriedad. Por la noche, con Thomas y Margaretha en taxi a Santa Sofía. Hemos estado dos horas caminando. Las calles de Sultanahmet, el hamán del sultán, Beyazıt, la Mezquita Azul, la tumba de Sinan, Vezneciler, el vendedor de boza de Vefa... Larga caminata muy agradable. He tomado muchas fotos; con gusto; catando la belleza y el vacío de Estambul en una noche de invierno. Belleza, autenticidad, singularidad de Estambul que me llenan de orgullo y felicidad... Y a los demás, cuando saben apreciarlo, también.

Por la mañana, he terminado por fin el texto sobre *Nieve* para Everyman. Thomas, Margaretha y yo nos hemos puesto el abrigo para ir a Büyükada con el *vapur* 2, saliendo de Kabataş. Día de invierno lluvioso, nublado. Enorme placer tomando fotos. De 15.30 a 18.30 h hemos estado caminando por las calles vacías de Büyükada... He mirado dónde estaría bien tener una casa en verano. Luego hemos ido a beber algo en el Alí Babá. Charlar de todo y de nada, muy a gusto entre amigos. Melancolía invernal de Büyükada. Un extraño silencio. Las calles que se vacían al atardecer... La isla vacía, su misterio se desvanece y me parece más pequeña. Me encantaría pasar el próximo verano en Büyükada, nadando y escribiendo mi novela... Había un silencio asombroso, un aire denso de provincias que me han encantado.

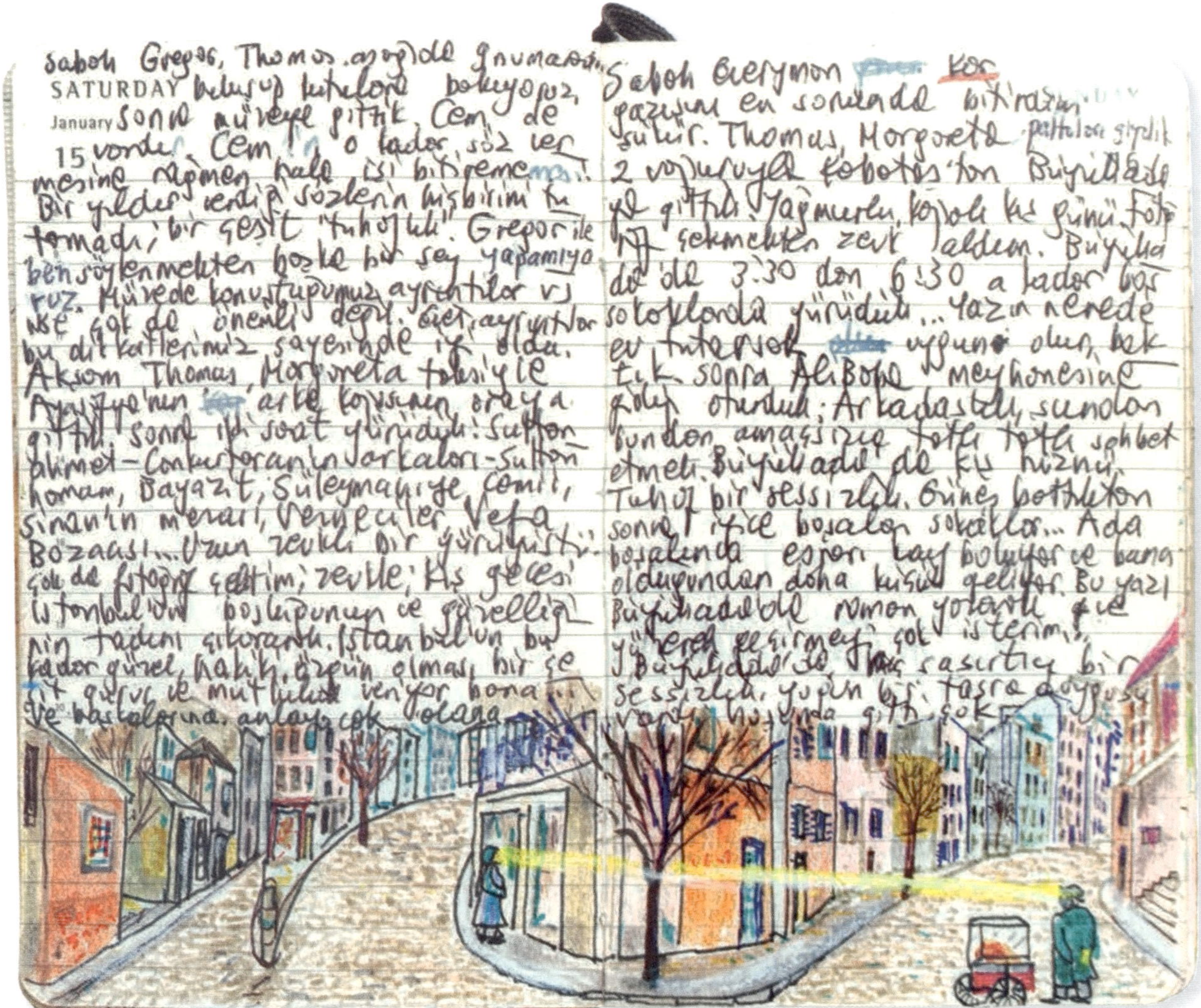
SATURDAY
January
15

Alegre jornada. Trabajo en la novela. Por la tarde, Aslı y yo hemos caminado hasta Eminönü, seguidos por Nuri. Multitud-movimiento de Estambul. A las 18 h en un barco lleno de turistas y amantes de Estambul... Tour por el Bósforo. Yo estaba en el puente, filmando con el teléfono los paisajes del Bósforo... Kabataş, Beşiktaş, Ortaköy, Bebek... Qué trayecto tan magnífico. Me entrego por completo a la poesía del panorama. Desde Kandilli, he tenido la impresión de que el Bósforo podía ser aún el de Yahya Kemal.[74] Mi corazón lleno de un profundo respeto por este paisaje, y los viejos palacios de verano, y la tradición de los cafés en las orillas.

Pasé mi infancia rodeado de viejas casas de madera, con la pintura desconchada, con tablones ennegrecidos, a menudo podridos. Mientras que nosotros vivíamos en Nişantaşı en edificios modernos, de hormigón, la mayoría de los estambuleños vivía en edificios de ladrillo y madera, tan deteriorados que parecían a punto de derrumbarse. En el 90 por ciento de los casos, la madera de esas casas no estaba pintada. La madera sin pintar tomaba rápidamente un color marrón ceniza. ¡Como los perros callejeros, tristes bastardos color de barro! Vistos de lejos, ciertos barrios pobres tenían ese color exacto de madera fangosa y de ceniza. Un color para mí asociado al sentimiento mismo de la Historia, a un sentimiento de miseria y de antigüedad que forma parte de mi imaginario estambuleño.

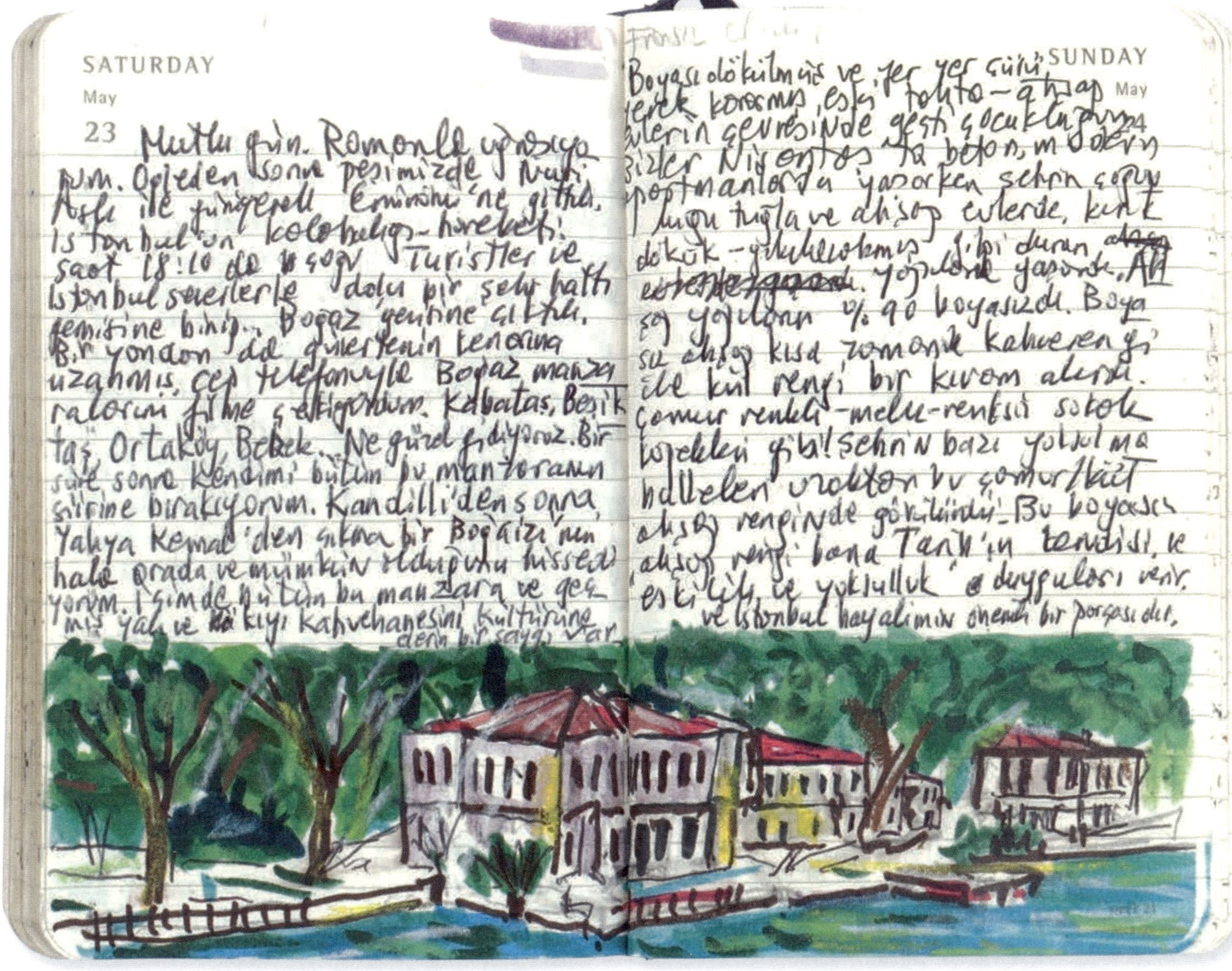

SATURDAY
May
23 Mutlu gün. Romanla uğraşıyo-
rum. Öğleden sonra peşimizde Nuri,
Aslı ile yürüyerek Eminönü'ne gittik.
İstanbul'un kalabalığı-hareketi!
Saat 18:10'da vapur. Turistler ve
İstanbul severlerle dolu bir şehir hattı
gemisine binip... Boğaz gezisine çıktık.
Bir yandan da güvertenin kenarına
uzanmış, cep telefonuyle Boğaz manza-
ralarını filme çekiyorum. Kabataş, Beşik-
taş, Ortaköy, Bebek... Ne güzel gidiyoruz. Bir
süre sonra kendimi bütün bu manzaranın
şiirine bırakıyorum. Kandilli'den sonra,
Yahya Kemal'den çıkma bir Boğaziçi'nin
hala orada ve mümkün olduğunu hissedi-
yorum. İçimde bütün bu manzara ve geç-
miş yalı ve kıyı kahvehanesini kültürüne
derin bir saygı var.

SUNDAY
May
24
Boyası dökülmüş ve yer yer çürü-
yerek kararmış, eski tahta-ahşap
evlerin çevresinde geçti çocukluğum.
Bizler Nişantaşı'nda beton, modern
apartmanlarda yaşarken şehrin çoğu-
nluğu tuğla ve ahşap evlerde, kırık
dökük-yıkılacakmış gibi duran ~~ahşap~~
~~evlerde yaşardı~~. yapılarda yaşardı. Ah-
şap yapıların %90 boyasızdı. Boya-
sız ahşap kısa zamanda kahverengi
ile kül rengi bir kıvam alırdı.
Çamur renkli-melez-renksiz sokak
köpekleri gibi! Şehrin bazı yoksul ma-
halleleri uzaktan bu çamur/kül
ahşap renginde görünürdü. Bu boyasız
ahşap rengi bana Tarih'in tecrübesi, ve
eskilik ve yoksulluk duyguları verir.
ve İstanbul hayalimin önemli bir parçasıdır.

Al dar con una vieja postal de la MEZQUITA de ŞIŞLI, no he podido evitar hacer este dibujo. La mezquita, que empezó a construirse al final de la Segunda Guerra Mundial, es de hormigón, aunque todo en ella imita el estilo otomano. Cuando Falih Rıfkı[75] afirmó que el hormigón permitía prescindir de columnas portadoras, le respondieron: «¡Pero es clásico!».

Columnas portadoras

Tengo que hacer lo mismo con otros lugares de Estambul llenos de recuerdos.

Cuando empezaba a leer y escribir, al principio leía en voz alta todas las palabras que me pasaban por delante. Al principio, a todo el mundo le parecía encantador. Me gustaba especialmente leer en voz alta los anuncios de los muros de los edificios, pero como esta manía a mi madre y a todo el mundo le acabó molestando, empecé a leer en voz baja.

1. La casa de mi abuela, donde mi madre pasó su infancia. Mi abuela vivía sola. Cuando llegábamos a la puerta, nos tiraba la llave a la acera para no tener que bajar. Şevket y yo nos peleábamos para ver quién iba a «coger la llave» (envuelta en papel).

2. AQUÍ NO HABÍA UN AGUJERO. Pero cuando caminar hasta la casa de mi abuela me molestaba demasiado (me dolían las piernas), yo me imaginaba que en medio de la carretera había un enorme agujero. También imaginaba que mi madre iba a salir volando en un globo aerostático. 3. Aquí, el lugar donde en 2005 fui juzgado por hablar de la masacre de armenios. Al salir llovía a cántaros.

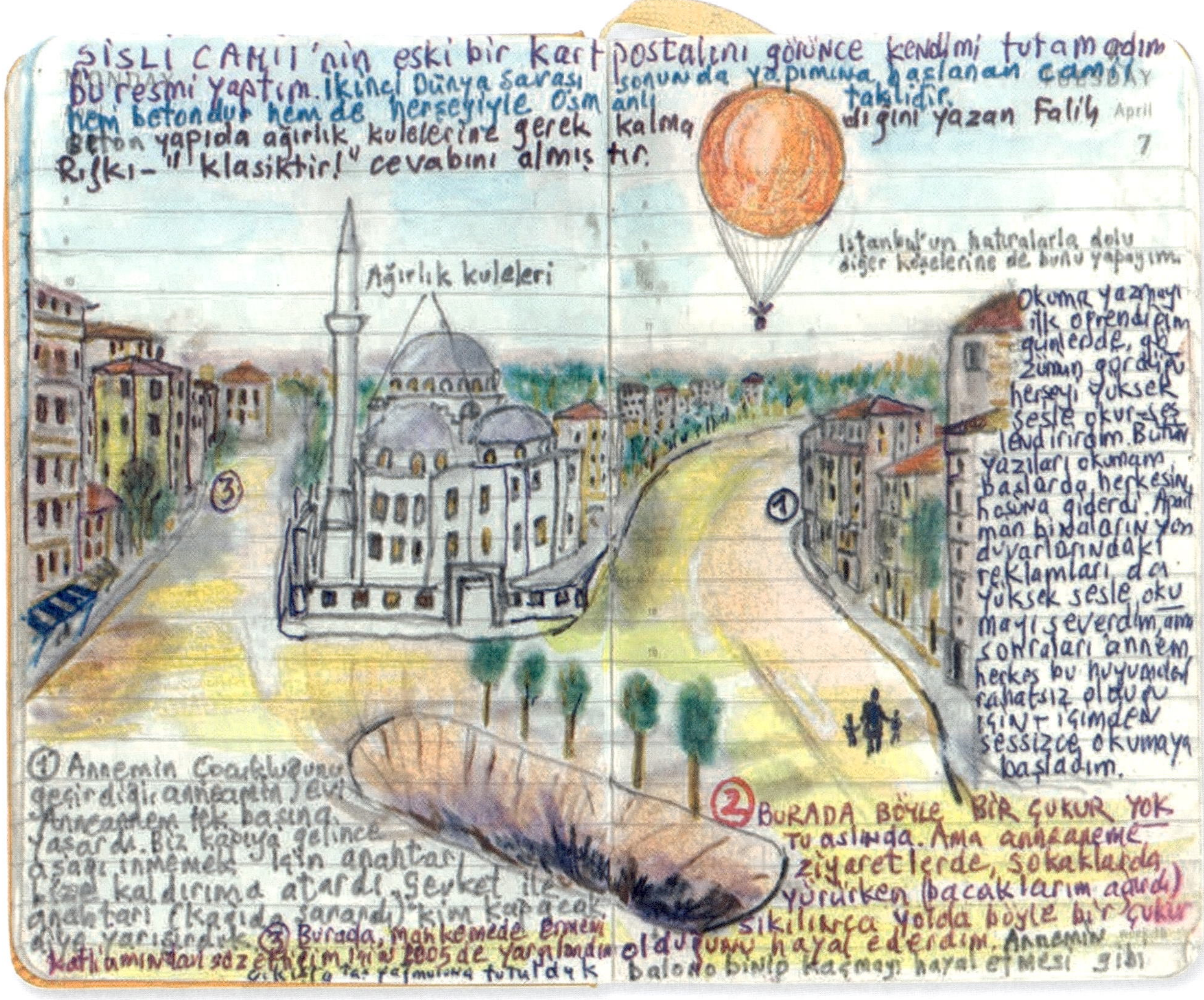
ŞİŞLİ CAMİİ'nin eski bir kart postalını görünce kendimi tutamadım
bu resmi yaptım. İkinci Dünya Savaşı sonunda yapımına başlanan cami
hem betondur hem de herşeyiyle Osmanlı taklididir.
Beton yapıda ağırlık kulelerine gerek kalmadığını yazan Falih
Rıfkı- "klasiktir!" cevabını almıştır.
April
7
Ağırlık kuleleri
İstanbul'un hatıralarla dolu diğer köşelerine de bunu yapayım.
Okuma yazmayı ilk öğrendiğim günlerde, gözümün gördüğü herşeyi yüksek sesle okur-seslendirirdim. Bunu yazıları okumam başlarda herkesin hoşuna giderdi. Apartman binalarının yan duvarlarındaki reklamları da yüksek sesle okumayı severdim, ama sonraları annem herkes bu huyumdan rahatsız olduğu için içimden sessizce okumaya başladım.
(3)
(1)
(1) Annemin çocukluğunu geçirdiği anneannemin evi. Anneannem tek başına yaşardı. Biz kapıya gelince aşağı inmemek için anahtarı kaldırıma atardı. Şevket ile anahtarı (kağıda sarardı) kim kapacak diye yarışırdık.
(2) BURADA BÖYLE BİR ÇUKUR YOKTU aslında. Ama anneanneme ziyaretlerde, sokaklarda yürürken (bacaklarım ağrıdı) sıkılınca yolda böyle bir çukur olduğunu hayal ederdim. Annemin balona binip kaçmayı hayal etmesi gibi
(3) Burada, mahkemede Ermeni katliamından söz ettiğim için 2005de yargılandım çıkışta taş yağmuruna tutulduk

He caminado un buen rato y rápido, entre las 10 y las 13-14 h, por las callecitas de Beyoğlu, Tünel, Tophane, seguido por Nuri. Un rato de pausa, maravillado por el silencio, en un callejón detrás del edificio Doğan, en Tophane, un lugar al que aún no había venido nunca.

No había nadie. Vi un gato curioso y tímido. Era la calle Hacımemi. Edificios bajos, de dos, tres pisos, con ventanas-mirador. Estos edificios siempre me han avergonzado. Aunque, por otra parte, descubrir un lugar nuevo en un barrio tan familiar... Dar por primera vez con esta calle en la ciudad en la que vivo desde hace sesenta y ocho años... Durante el paseo, he visto que en Beyoğlu hay mucha vida; incluso en lo más frío del invierno, las calles, los mostradores de los restaurantes son un espectáculo de lo más entretenido.

ya habéis venido

antes antes

aquí usted

Después de dibujar uno por uno todos los ladrillos de la pared, me entran ganas de pensar en lo que eso significa. Dibujando y coloreando estos ladrillos estaba contento como un niño. Era como ir completando un libro para colorear.

La İstiklal, la calle Yüksek Kaldırım, justo detrás de la torre de Gálata.

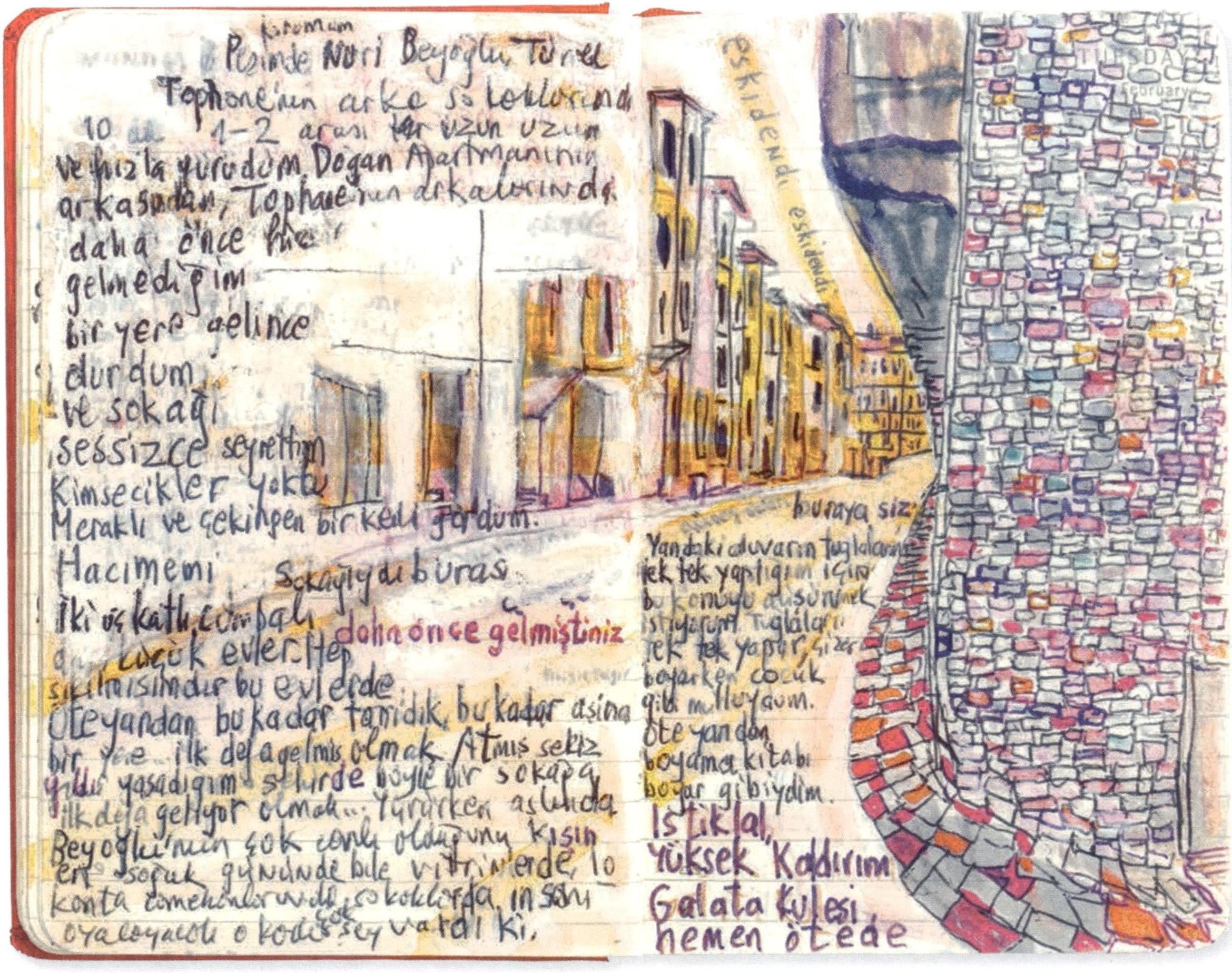
kıramam
Peşinde Nuri Beyoğlu Tünel
Tophane'nin arka sokaklarında
10 1-2 arası tar uzun uzun
ve hızla yürüdüm. Doğan Apartmanının
arkasından, Tophane'nin arkalarında
daha önce hiç
gelmediğim
bir yere gelince
durdum
ve sokağı
sessizce seyrettim
Kimsecikler yoktu
Meraklı ve çekingen bir kedi gördüm.
Hacimemi Sokağıydı burası
İki üç katlı, cumbalı
çocuk evler. Hep
daha önce gelmiştiniz
sıkılmışımdır bu evlerde
öte yandan bu kadar tanıdık, bu kadar aşina
bir yere ilk defa gelmiş olmak. Altmış sekiz
yıldır yaşadığım şehirde böyle bir sokağa
ilk defa geliyor olmak... Yürürken aslında
Beyoğlu'nun çok canlı olduğunu kışın
en soğuk gününde bile vitrinlerde, lo
kanta camekanlarında, sokaklarda, insanı
oyalayacak o kadar çok şey vardı ki.
eskidendi
eskidendi
eskidendi
TUESDAY
February
buraya siz
Yandaki duvarın tuğlalarını
tek tek yaptığım için
bu konuyu düşünmek
istiyorum. Tuğlaları
tek tek yapar, sizer
boyarken çocuk
gibi mutluyum.
öte yandan
boyama kitabı
boyar gibiydim.
İstiklal,
Yüksek Kaldırım
Galata Kulesi
hemen ötede

En ESTAMBUL siento nostalgia de Büyükada. Al atardecer y al amanecer, una corneja se posa sobre la chimenea. Grillos, cigarras, cornejas, gaviotas rabiosas... y tantos otros pájaros cuyos cantos adoro y cuyos nombres ignoro. Detrás de mí, en las colinas, se desvanece el griterío como de arpía de las cornejas y el suspiro de un ruiseñor. Una parte de mí se abre a esos ruidos mientras escribo mi novela *Las noches de la peste*. A Minguer he trasladado muchas flores, colores y cornejas de Büyükada.

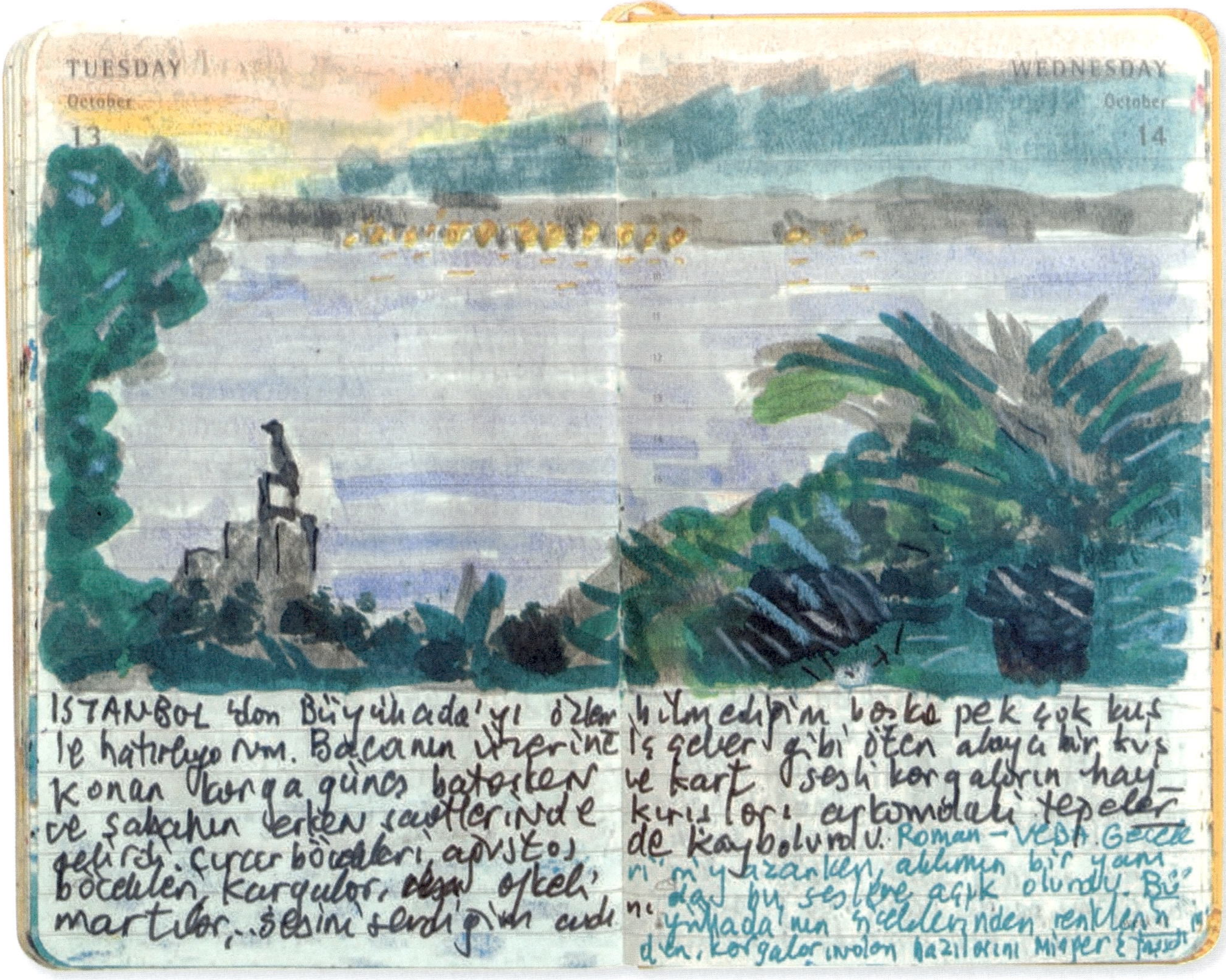
TUESDAY
October
13
WEDNESDAY
October
14

El barco de la isla de Sedef

El barco de la isla de Sedef
volviendo de Kartal

La barcaza que vende
gasolina a los barcos
que los domingos
hacen Sedef-Büyükada

ferry

La aglomeración de los domingos
entre Sedef y Büyükada
en julio-agosto de 2012

LA LANZADERA QUE LLEVA
A LA GENTE GRATIS
A LA PLAYA PÚBLICA DE AYA NIKOLA

El barco que lleva clientes
a la playa cercana de Naki Bey

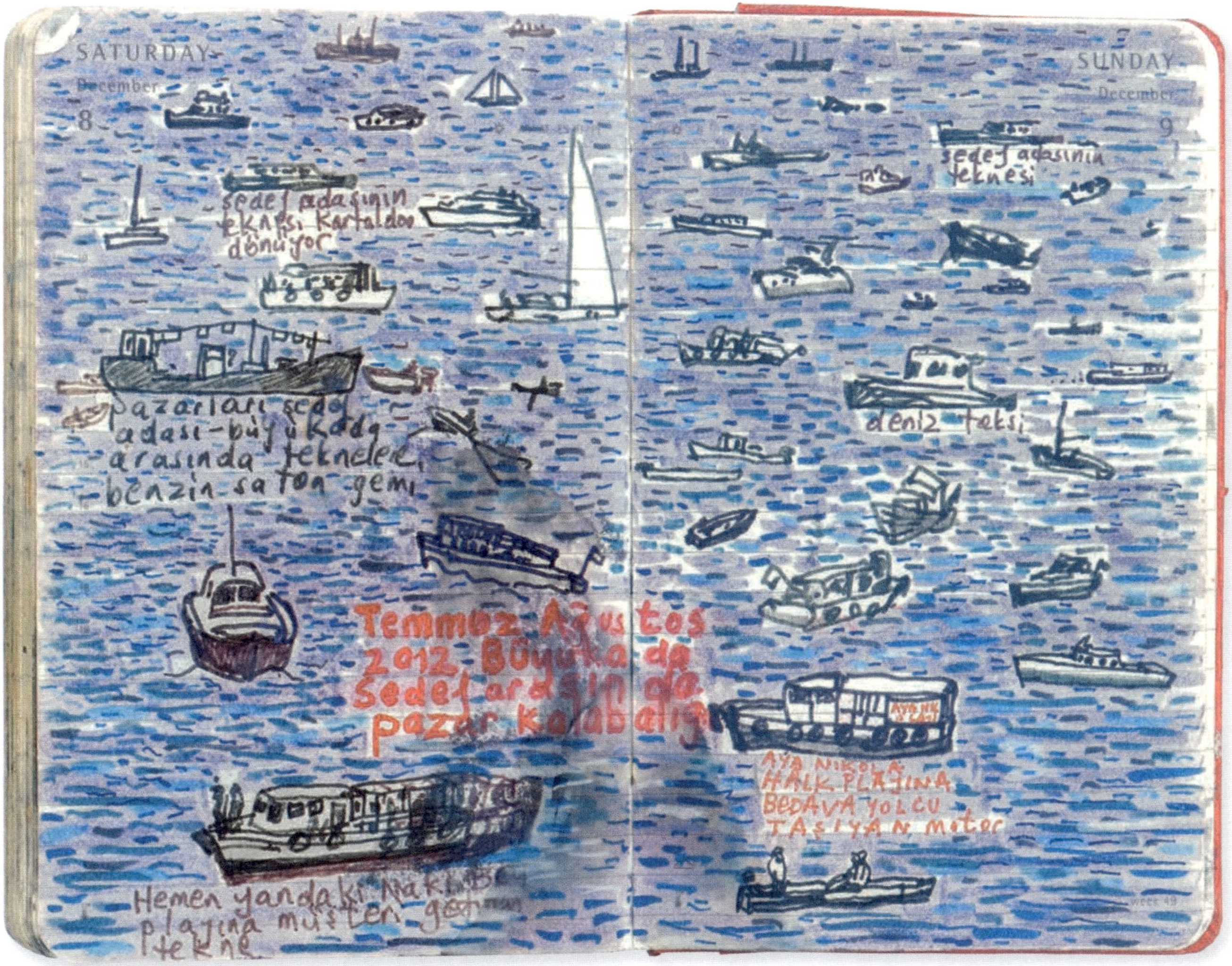
SATURDAY
December
8
sedef adasının teknesi kartaldan dönüyor
pazarları sedef adası-büyükada arasında teknelere benzin satan gemi
Temmuz Ağustos 2012 Büyükada Sedef arasında pazar kalabalığı
Hemen yandaki
SUNDAY
December
9
sedef adasının teknesi
deniz taksi
AYA NIKOLA HALK PLAJINA BEDAVA YOLCU TAŞIYAN motor
week 49

VIERNES

Pasear en coche por las CALLES VACÍAS DE ESTAMBUL tiene algo de metafísico. A las 14 h, ha venido a recogerme Cengiz, el chófer, con el coche de Aslı... El caduceo del hospital nos ha permitido cruzar las calles vacías e ir a Dolmabahçe sin historias (policías). He filmado con el móvil las calles desiertas. En MODA... De 14.30 a 16.30 h, comida con Edhem y Sedef Eldem, vino, amistad. Primero estábamos en la terraza. Luego el cielo se ha encapotado. Las impresionantes cifras de infectados, enfermos y muertos nos asustan. Ellos han sido de los primeros en ser vacunados, como yo. Con la vacuna nos sentimos más seguros. Después de Moda a Fenerbahçe, hasta la punta de Fener, miramos las islas a lo lejos y el mar, sorprendentemente tranquilo.

SÁBADO

Trabajo en *RECUERDOS DE MONTAÑAS LEJANAS*. Selección de dibujos, páginas... Orden de las páginas... Hasta enero 2021 he avanzado mucho en el libro... He escogido las 120 primeras dobles páginas... Queda: retomar las 120 páginas, reflexionando en el aspecto «literario», es decir, en su valor como texto/relato. Me imagino un libro de unas 400 páginas. Recorriendo los dibujos/textos de los cuadernos de recuerdos, constato que... las mejores páginas están entre 2010 y 2013... cuando el número de páginas aumenta y dibujo en un formato más grande... pierden calidad, belleza.

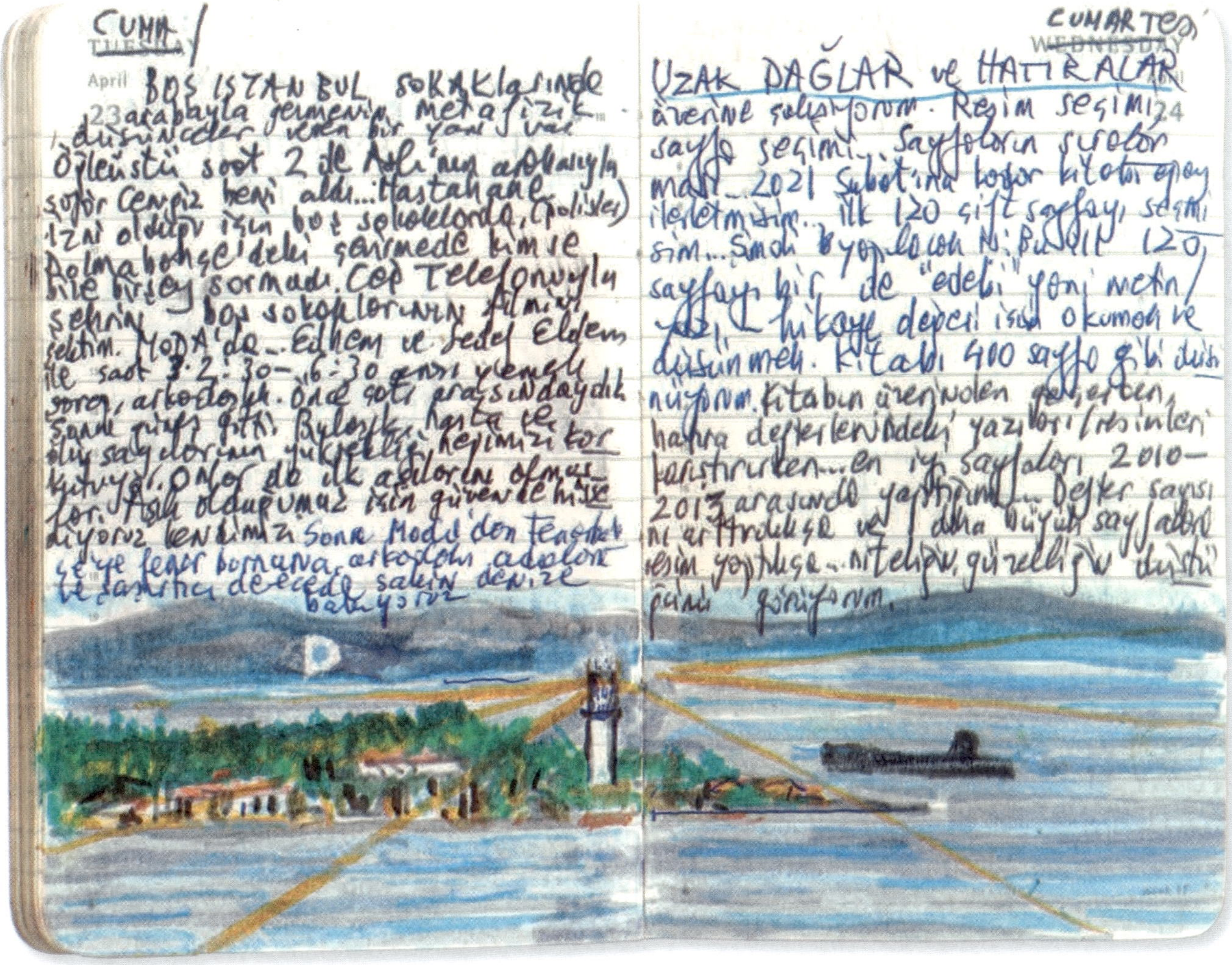
CUMA
CUMARTESİ
UZAK DAĞLAR ve HATIRALAR

2019
WALDEN - ESTAMBUL

Lo que hace que Thoreau me resulte tan cautivador: sus CUADERNOS. No deja nunca de tomar notas en sus cuadernos. Un día te describe la naturaleza a su alrededor como un hambriento, hasta cansarse. Al día siguiente, vuelve a describir el mismo lugar en el mismo estanque. Luego vuelve atrás en sus cuadernos, como hago yo, y añade un elemento a una nota que tomó dos años antes. Luego sueña que sus cuadernos se convertirán en un libro. Ese libro, por cierto, es *WALDEN*.

Para hacer nuevos libros
a partir de los cuadernos

«The Scenery of Walden is on a humble scale, and though very beautiful, does not approach to grandeur, nor can it much concern one who has no long frequented it...» [El paisaje de Walden es de escala humilde, y aunque muy hermoso, no da sensación de grandeza ni puede interesar mucho a quien no lo ha frecuentado largo tiempo...].[76] Tal es la humildad de Thoreau en *Walden*, en el capítulo «The Ponds». Esa humildad es la que le permite, todo el tiempo, describir lo que ve en el paisaje.

HIELO

HIELO

Para Thoreau, los cuadernos son un trabajo de escritura, de corte, de recomposición.

Yo hago con Estambul lo que hizo Thoreau con Walden.

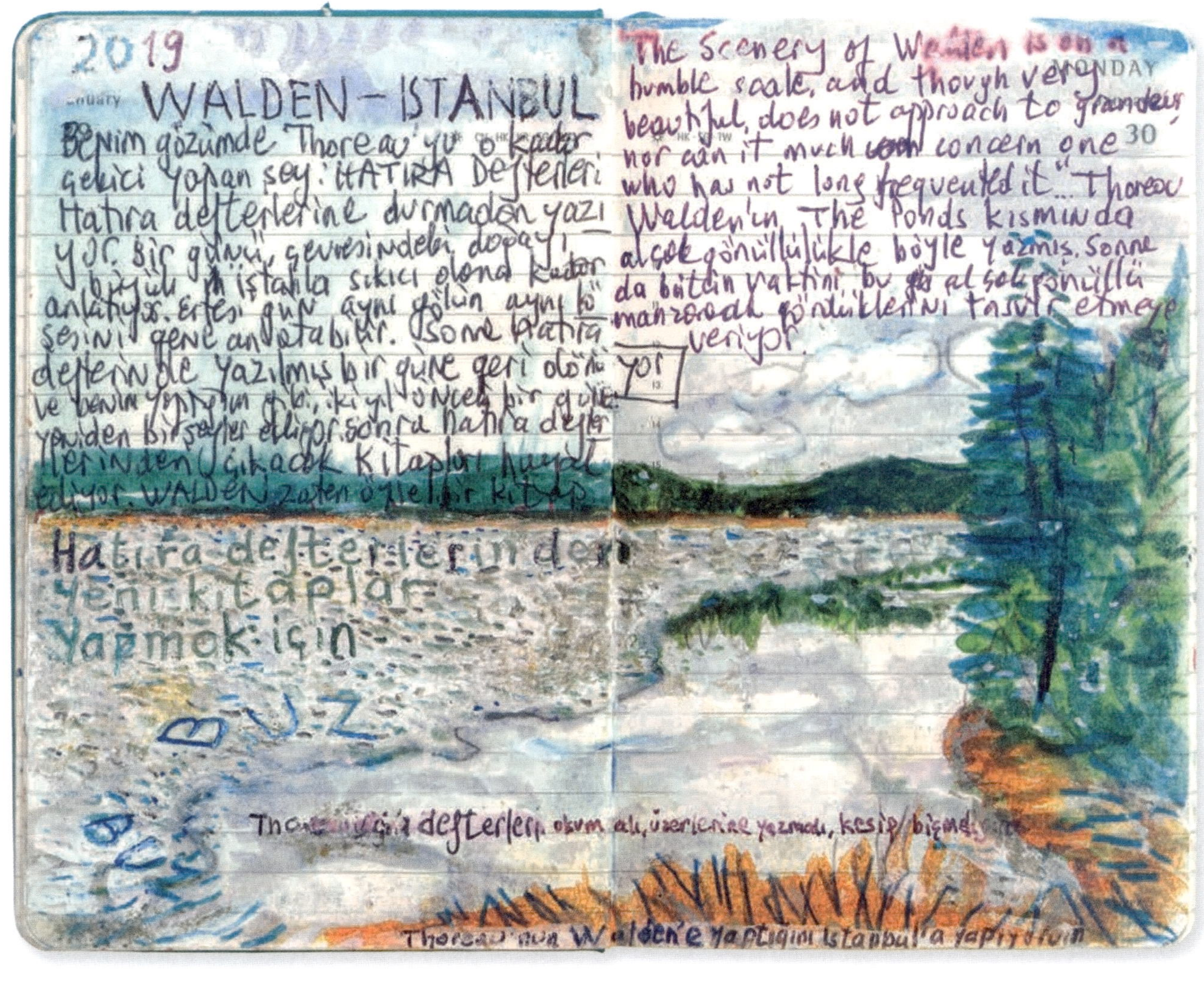
2019
WALDEN - ISTANBUL
Benim gözümde Thoreau'yu o kadar
çekici yapan şey: HATIRA Defterleri
Hatıra defterlerine durmadan yazı
yor. Bir günü, çevresindeki doğayı,
büyük bir istekle sıkıcı olana kadar
anlatıyor. Ertesi gün aynı gölün aynı kö
şesini gene anlatabilir. Sonra hatıra
defterinde yazılmış bir güne geri dönü
yor
ve benim yaptığım gibi, iki yıl önceki bir güne
yeniden bir şeyler ekliyor. Sonra hatıra defter
lerinden çıkacak kitapları hayal
ediyor. WALDEN zaten öyle bir kitap
Hatıra defterlerinden
yeni kitaplar
yapmak için
BUZ
MONDAY
30
"The Scenery of Walden is on a
humble scale, and though very
beautiful, does not approach to grandeur,
nor can it much concern one
who has not long frequented it"... Thoreau
Walden'in The Ponds kısmında
alçakgönüllülükle böyle yazmış. Sonra
da bütün vaktini bu alçakgönüllü
manzaranın güzelliklerini tasvir etmeye
veriyor.
defterlerini okumalı, üzerlerine yazmalı, kesip biçmeli
Thoreau'nun Walden'e yaptığını İstanbul'a yapıyorum

TOLSTÓI ES EL MÁS GRANDE DE TODOS LOS NOVELISTAS. ABRO SUS DIARIOS Y CUADERNOS AL AZAR. EL 23 DE ENERO DE 1855, ESCRIBE: «ESTOY MUY DESCONTENTO CONMIGO». EL 18 DE ENERO DE 1855: «ME HE PASADO DOS DÍAS Y DOS NOCHES JUGANDO A STOSS. EL RESULTADO HABLA POR SÍ MISMO: LO HE PERDIDO TODO, INCLUIDA LA CASA DE YÁSNAIA POLIANA. NADA A ESCRIBIR. ME ABORREZCO A TAL EXTREMO QUE PREFIERO OLVIDAR QUE EXISTO».

En *Anna Karenina*,
antes de casarse con ella
Levin le entrega sus
diarios a Kitty. ¿Por qué?
Para que ella sepa el
cabrón que está hecho.

Qué lástima
que Tolstói dejara
de llevar el diario
cuando escribía sus
más grandes novelas.
¿Por qué?

He visto la tumba del gran hombre y me he recogido.
El mundo estaba en silencio, pero todo era profundo.

En 2017, cuando *La mujer del pelo rojo* ganó el premio Yásnaia Poliana, pude por fin descubrir ese lugar con el que durante cuarenta años había soñado. Su primera casa, más grande, perdida en el juego, había sido desplazada y reconstruida en la finca. No estaba en su lugar. Yo había visitado el otro edificio, más pequeño, observando las fotografías y los objetos del maestro como si fueran tesoros sagrados, el despacho donde escribía, que ya conocía en fotos. Luego fui a ver su tumba.

De camino a la tumba temblaba de emoción, como si Tolstói fuese a aparecer ante mí en medio de las hayas. Yo me sentía lleno de humildad y reverencia. Bajo la nieve todo era blanco.

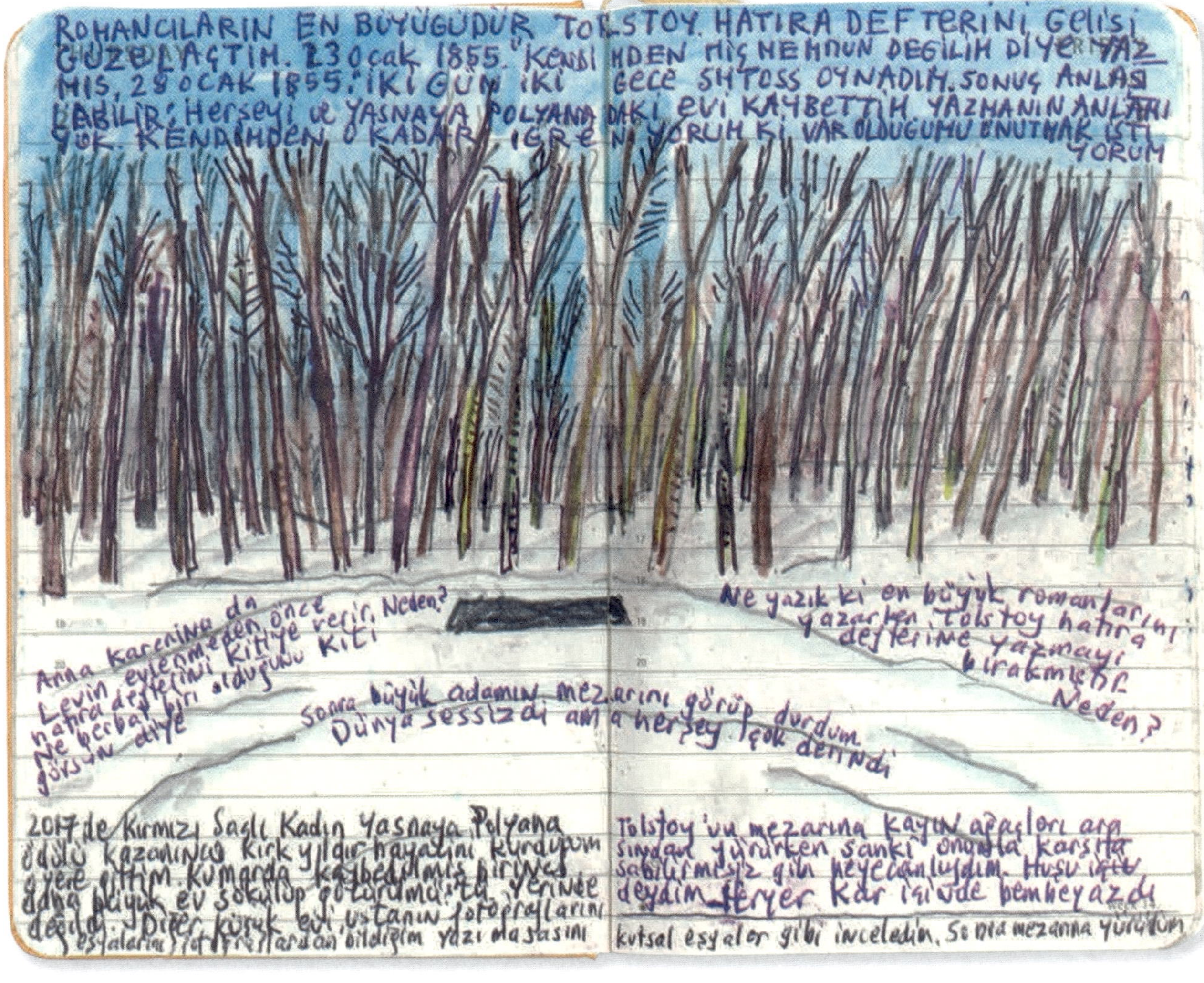
Ne yazık ki en büyük romanlarını yazarken Tolstoy hatıra defterine yazmayı bırakmış. Neden?
Anna Karenina da Levin evlenmeden önce hatıra defterini Kitiye verir. Neden?
Ne berbat biri olduğunu Kiti görsün diye
Sonra büyük adamın mezarını görüp durdum
Dünya sessizdi ama herşey çok derindi
2017 de Kırmızı Saçlı Kadın Yasnaya Polyana ödülü kazanınca kırk yıldır hayalini kurduğum yere gittim.
kutsal eşyalar gibi inceledim. Sonra mezarına yürüdüm

MAÑANA del VIERNES 22 de junio de 2012, mirando hacia la isla de Sedef desde la terraza de Büyükada... El barco de pescadores que adivino por entre la niebla parece un buque de guerra.

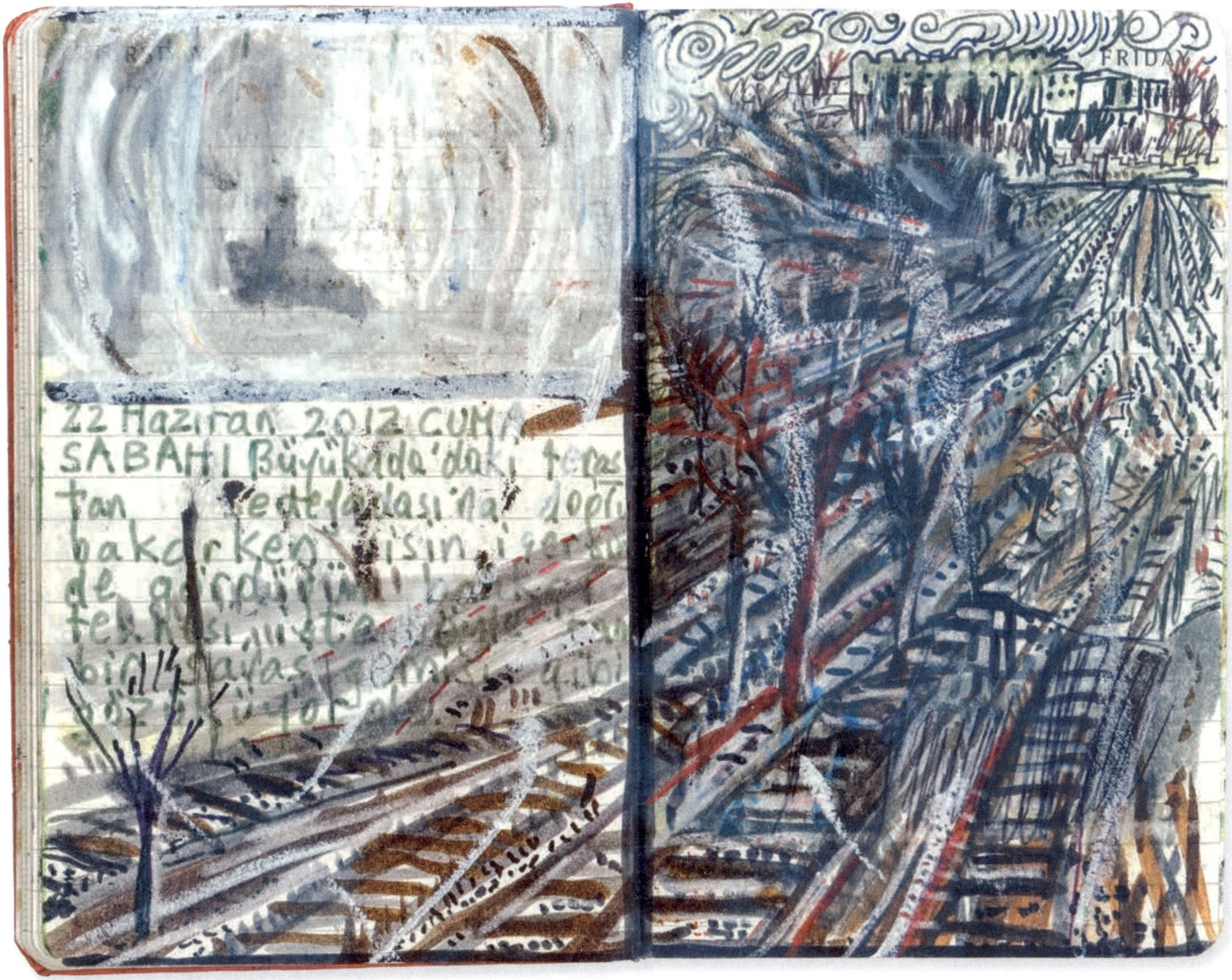
22 Haziran 2012 CUMA
SABAHI Büyükada'daki teras
FRIDAY

Al final, hay que dar gracias por ser quien eres... Vivir en tu rincón sin hacerte visible ante nadie... Entonces sabré cuánto misterio encierra la vida en sus detalles insospechados. *El libro negro* es esa novela. Sin embargo, he vivido toda mi vida como si siguiera escribiendo *El libro negro*. Un libro en forma de inmersión en otro universo, gracias a la mediación de los objetos. Mevlut debe regresar a él. Yo parto de ese lugar en que los objetos se ciñen a la noche oscura y a la oscuridad del sentimiento culpable. Entonces, grabando uno a uno los objetos en mi imaginación, sigo escribiendo.

El color que se filtra a través de la página trasera, la luz que filtra la noche en la habitación, el día vivido todo entero en el instante, es como la atención que se esparce impulsada por los recuerdos. Está el presente... y hay algo más allá... Las huellas, los colores del pasado, en esta página como en la siguiente.

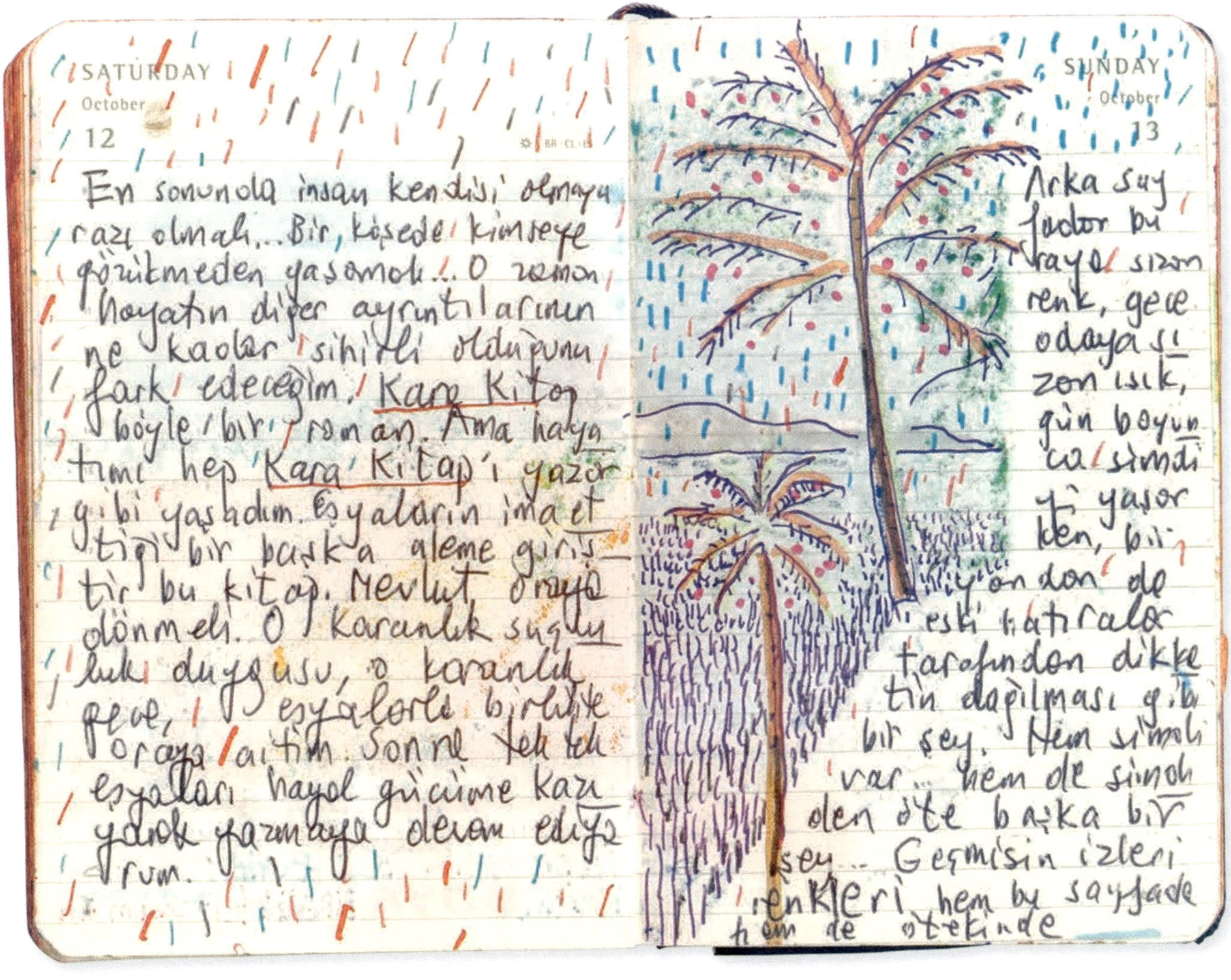

SATURDAY
October
12

En sonunda insan kendisi olmaya
razı olmalı... Bir köşede kimseye
görünmeden yaşamak... O zaman
hayatın diğer ayrıntılarının
ne kadar sihirli olduğunu
fark edeceğim. Kara Kitap
böyle bir roman. Ama haya
tımı hep Kara Kitap'ı yazar
gibi yaşadım. Eşyaların ima et
tiği bir başka aleme giriş
tir bu kitap. Mevlut oraya
dönmeli. O karanlık suçlu
luk duygusu, o karanlık
gece, eşyalarla birlikte
oraya açtım. Sonra tek tek
eşyaları hayal gücüme kazı
yarak yazmaya devam ediyo
rum.

SUNDAY
October
13

Arka say
fadan bu
sayfaya sızan
renk, gece
odaya sı
zan ışık,
gün boyun
ca şimdi
yazar
ken, bir
yandan da
eski hatıralar
tarafından dikka
tin dağılması gibi
bir şey. Hem şimdi
var... hem de şimdi
den öte başka bir
şey... Geçmişin izleri
renkleri hem bu sayfada
hem de ötekinde

sabía que tenía que encontrar este paisaje a lo lejos

alguien ha venido, me ha preguntado

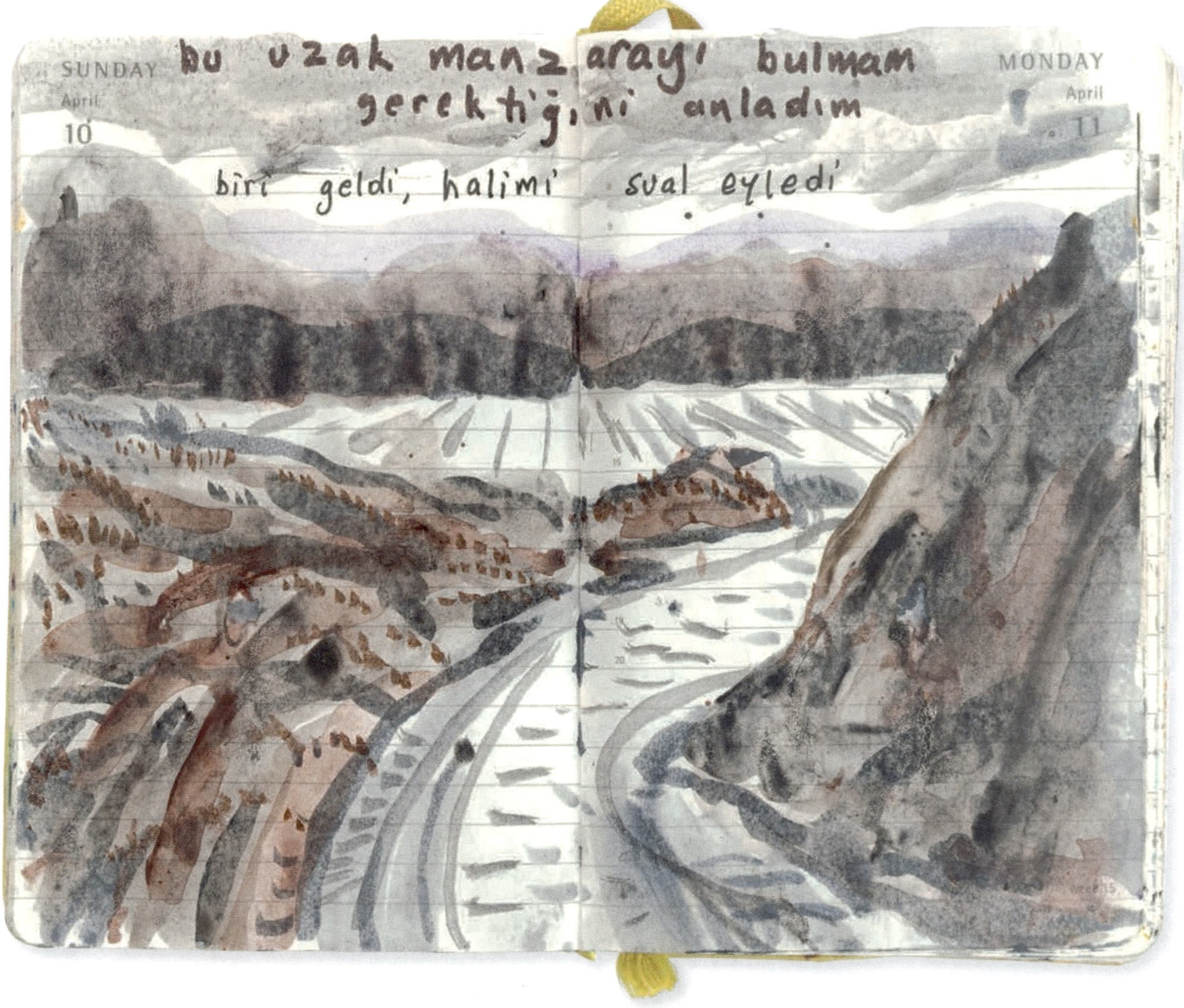
SUNDAY
April
10
bu uzak manzarayı bulmam gerektiğini anladım
biri geldi, halimi sual eyledi
MONDAY
April
11

HE ESCRITO DIEZ DÍAS EN EL HOTEL BAĞA DE AKYAKA[77]

Hemos tomado el barco para
nadar en esta cala apartada

BAHÍA
DE GÖKOVA

DESDE AQUÍ ME ZAMBULLÍA EN EL MAR

Hemos ido a nadar en otras calas
y en la isla de Sedir

Aquí he escrito la historia de
Mevlut en la escuela primaria

En la habitación de hotel,
en Akyaka, he escrito bien

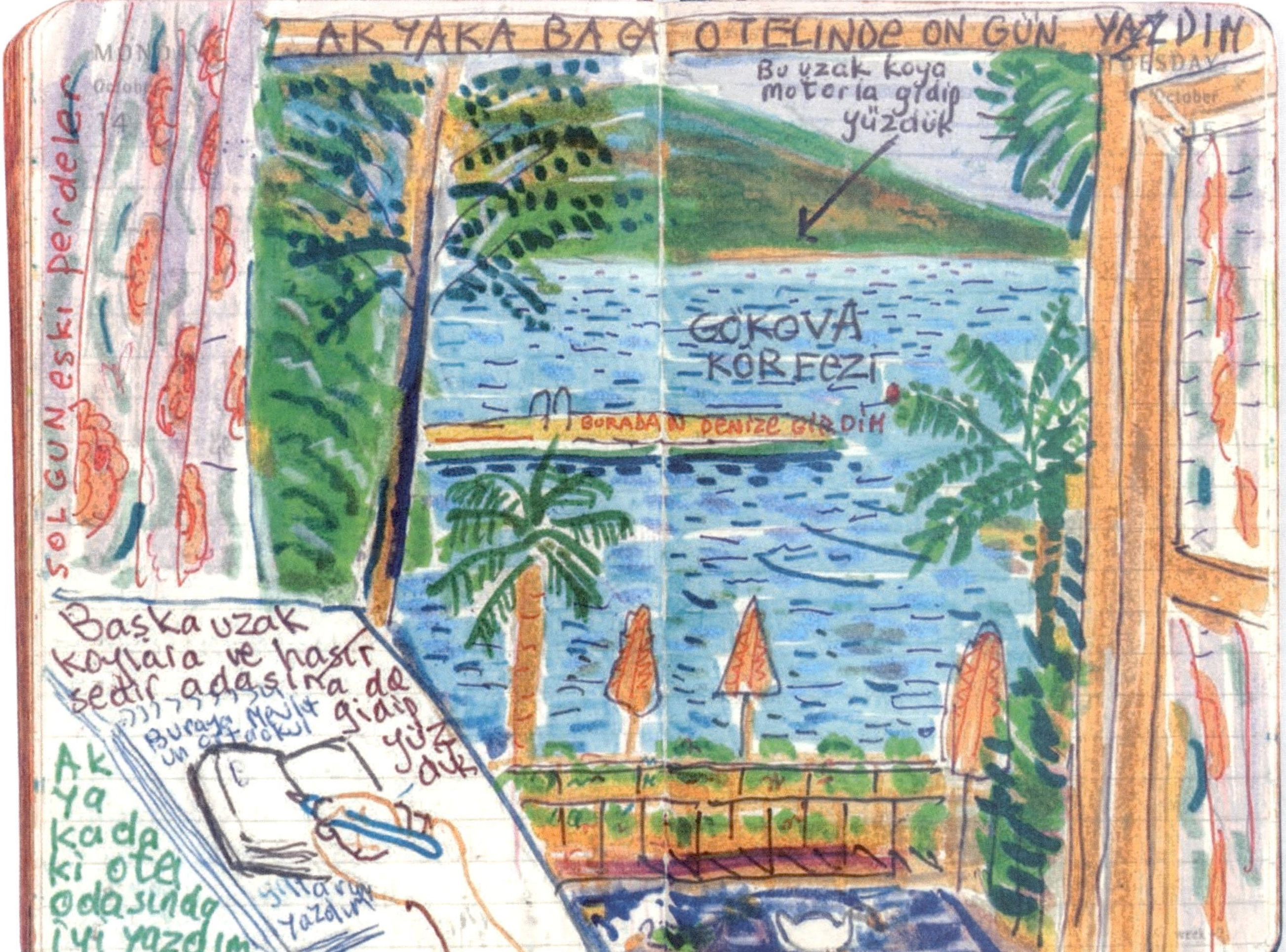
AKYAKA BAGA OTELINDE ON GÜN YAZDIM
Bu uzak koya motorla gidip yüzdük
GÖKOVA KÖRFEZİ
BURADAN DENİZE GİRDİM
SOLGUN eski perdeler
Başka uzak koylara ve hasır sedir adasına da gidip yüzdük
Akyakadaki otel odasında iyi yazdım

He empezado a escribir *Las noches de la peste* con una felicidad singular, casi extraña. Porque aquí, en BOZBURUN,[78] estoy apartado de todo. Me he levantado a las 6 h de la mañana, e inmediatamente a escribir. El mundo era sublime. ¡Y qué contento de escribir mi novela con este paisaje sublime, estas montañas y rocas azuladas, ante mis ojos! Yo estoy ahí, frente al mar azul oscuro y las montañas malvas; y estoy en la MINGUERÍA que trato de inventar imagen por imagen. Los viajeros, los pasajeros de China contemplan el paisaje mientras la nave Minerva se acerca lentamente a la fortaleza y a la ciudad de Minguer. Mar frío. Aún así, me he bañado dos veces. Mañana como en el dibujo de la parte inferior. 2016.

La inmensa felicidad de trabajar en una novela, sentado al escritorio junto a la ventana, frente al paisaje, olvidando todo lo que no es ni la novela ni el paisaje... Tiempo fresco, mar frío; silencio infinito... insectos... pájaros... el mundo está listo para entrar en la novela. Por la tarde, de 17 a 18 h, me documento en internet sobre las Cruzadas 1-3. Las Cruzadas, por supuesto, Sidón, San Juan de Acre, los reinos fundados por los cruzados en Oriente Próximo... Muy importantes para el imaginario de la Minguería y la fortaleza de Minguer. El tiempo en Bozburun es bastante fresco. Más el viento que sopla. Todo el día en mi despacho, feliz. Nadamos con Aslı; aprendemos a conocernos. «¿No te había dicho que esta era la vida que quería?», le he dicho.

ESTOY CONTENTO DE ESCRIBIR MI NOVELA A BOZBURUN. DURERO

MANCHAS COMO EN LA FAMOSA ACUARELA DE DURERO

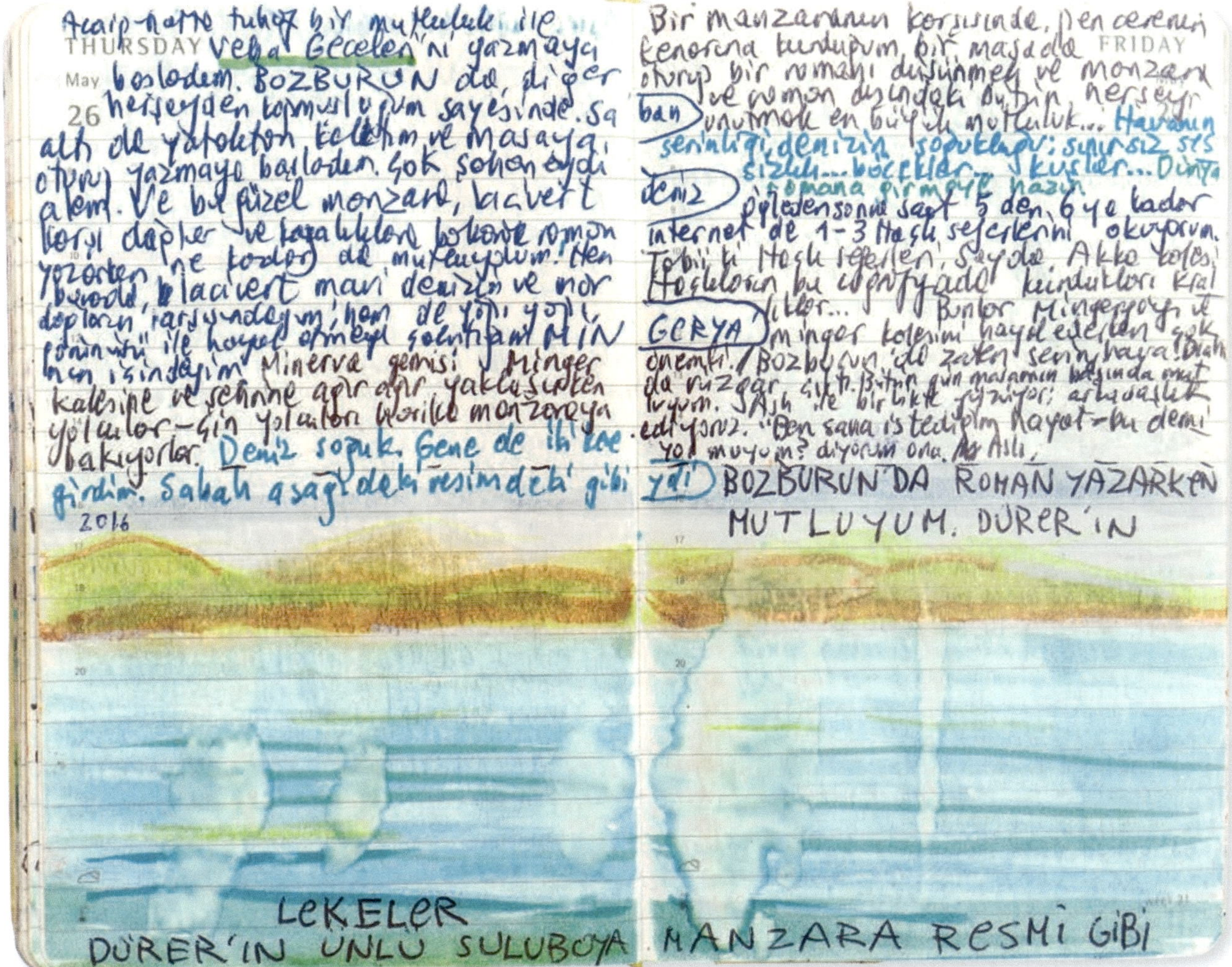
THURSDAY
May
26
Veba Geceleri'ni yazmaya
başladım. BOZBURUN'da, diğer
herşeyden kopmuşluğum sayesinde.
Minerva gemisi
Minger
yolcular
manzaraya
bakıyorlar. Deniz soğuk. Gene de iki kere
girdim. Sabah aşağıdaki resimdeki gibi
2016
FRIDAY
Bir manzaranın karşısında, penceresinin
kenarına kurduğum bir masada
oturup bir romanı düşünmek ve manzara
ve roman dışındaki dünyada herşeyi
unutmak en büyük mutluluk... Havanın
serinliği, denizin soğukluğu; sınırsız ses
sizlik... böcekler... kuşlar... Dünya
romana girmeye hazır.
ban
deniz
öğleden sonra saat 5 den 6 ya kadar
internet de 1–3 Haçlı seferlerini okuyorum.
Tabii ki Haçlı seferleri, Sayda, Akka kalesi,
Haçlıların bu coğrafyada kurdukları kral
lıklar... Bunlar Mingeryayı ve
Minger kalesini hayal ederken çok
önemli.
GERYA
edıyoruz. "Ben sana istediğim hayatı bu denizi
yaratabildim mi?" diyorum ona.
yai
BOZBURUN'DA ROMAN YAZARKEN
MUTLUYUM. DÜRER'IN
LEKELER
DÜRER'IN ÜNLÜ SULUBOYA MANZARA RESMI GIBI

la persiana

El águila de madera
sobre la biblioteca

Nueva Jersey

los ferrys
de Nueva York

el río
Hudson

Los cuadernos en blanco
en los que escribo mi novela

Lámpara fea

el viejo radiador

que hace
ruidos raros

El cuaderno donde
escribo este texto

La silla en la que
me siento desde hace 15 años

la maleta hecha
y cerrada

El 10 de diciembre de 2019, después de dar mi último curso del trimestre en la universidad de Columbia en Nueva York y de tener la maleta hecha, cuando estaba a punto de volver a Estambul, me enteré de que Erdoğan, enojado porque le habían dado el Nobel a Peter Handke, había dicho: «¡Aquí lo mismo, también se lo dieron a un terrorista!». Los periodistas, todo el mundo me preguntaba: «¿Qué vas a hacer?». Ya me estaba preguntando sobre la pertinencia de volver a Turquía, imaginando a la gente, a los funcionarios llamándome «terrorista» por la calle, cuando el portavoz de Presidencia explicó que no se refería a mí. La vista que en ese momento tenía delante se quedó para siempre grabada en mi memoria. Ese escritorio en el que he escrito tantas páginas de *El museo de la inocencia*, de *Una sensación extraña*, de *La mujer del pelo rojo* y de *Las noches de la peste*. Hace 15 años que escribo mis novelas en Nueva York, aquí, en Avery, y en otras bibliotecas.

De vuelta en Turquía, nadie mencionó el asunto. «¿Cómo es América?», me preguntaban, como si no hubiese pasado nada.

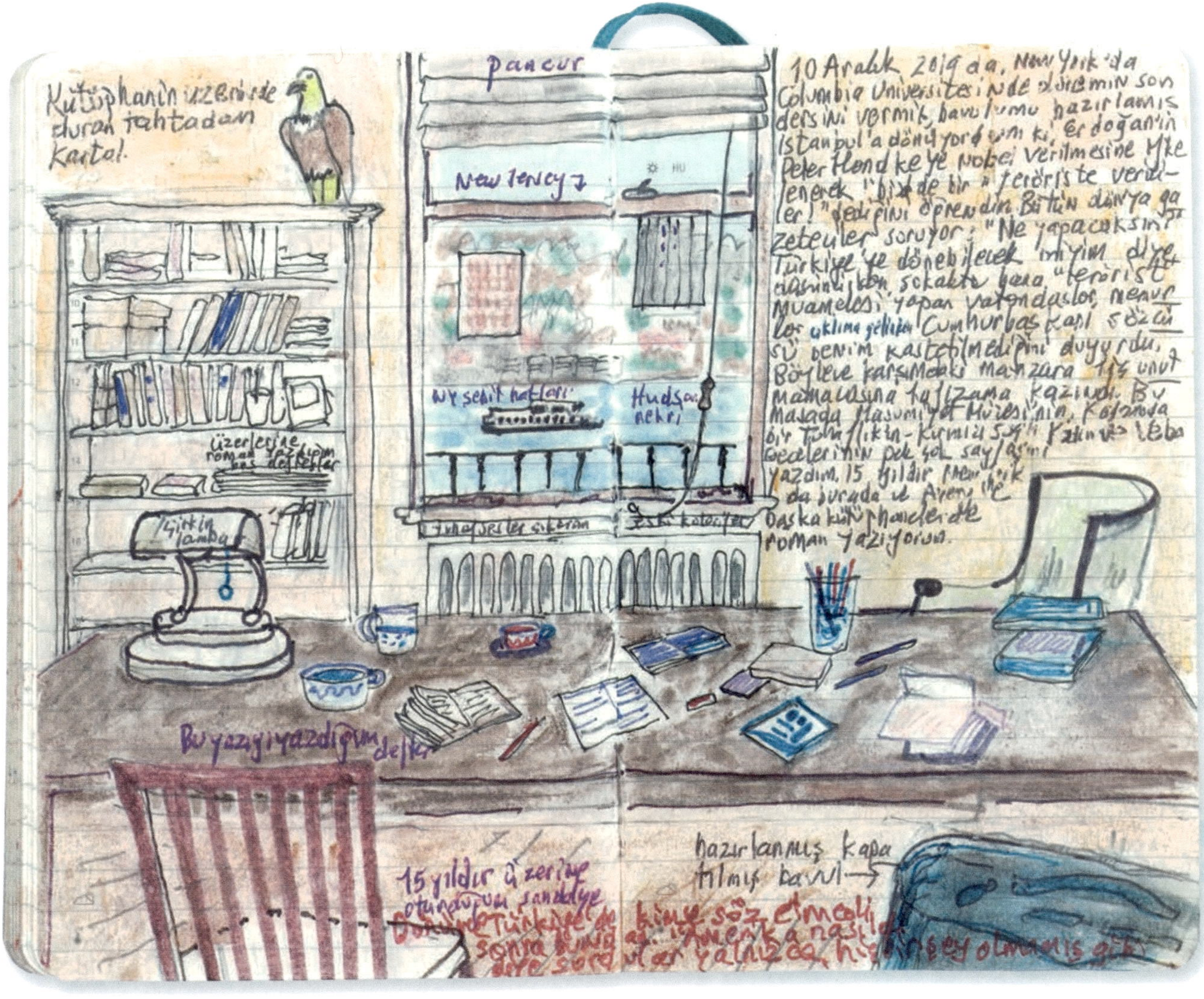
Kütüphanenin üzerinde duran tahtadan kartal.
New Jersey
NY şehir hatları
Hudson nehri
10 Aralık 2019 da, New York'ta
Columbia Üniversitesi'nde dönemin son
dersini vermiş, bavulumu hazırlamış
İstanbul'a dönüyordum ki, Erdoğan'ın
Peter Handke'ye Nobel verilmesine
"bizde bir teröriste veril-
sin" dediğini öğrendim. Bütün dünya ga-
zeteciler soruyor: "Ne yapacaksın?"
Türkiye'ye dönebilecek miyim diye
Cumhurbaşkanı
sü benim kastedilmediğini duyurdu.
Böylece karşımdaki manzara hiç unut-
mamacasına hafızama kazındı. Bu
masada Masumiyet Müzesi'nin, Kafamda
bir Tuhaflık'ın, Kırmızı Saçlı Kadın ve Veba
Geceleri'nin pek çok sayfasını
yazdım. 15 yıldır New York
da burada ve Avrupa'da
başka kütüphanelerde
roman yazıyorum.
çirkin lamba
Bu yazıyı yazdığım defter
15 yıldır üzerine oturduğum sandalye
hazırlanmış kapatılmış bavul →

PENDIENTE

Iba a escribir sobre mi miedo
mi angustia por la pendiente
y no he escrito...

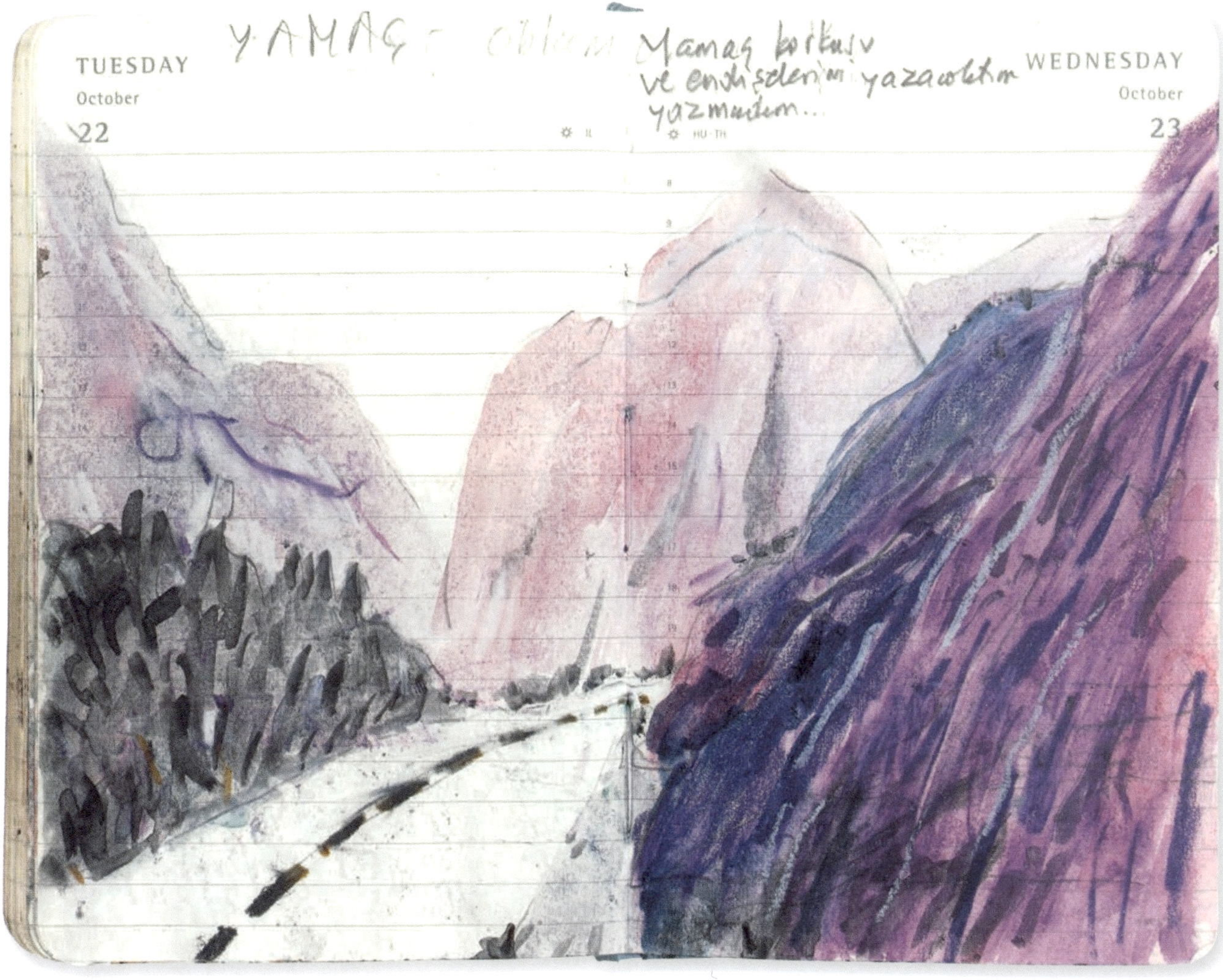
TUESDAY
October
22
YAMAÇ
Mamaç korkusu
ve endişelerimi yazacaktım
yazmadım...
WEDNESDAY
October
23

MIEDOS Y SUEÑOS DE PENDIENTE EN ANKARA EN 1960

Estuvimos un año viviendo en ANKARA, en el cruce de la calle Yüksel con Adakale. Allí viví el golpe de Estado del 27 de mayo.[79] También fue allí donde descubrí algo que en Estambul aún no había conocido y que podría llamarse vida de barrio. Con eso me refiero a: los niños que viven en la misma calle se encuentran fuera, en los jardines, en las aceras, para jugar al fútbol, al escondite, al juego del molino, a formar equipos, a inventar enemigos, a pelearse, etc. Nosotros estábamos en guerra con los niños del barrio alto... El barrio donde hoy día se alza la mezquita de Kocatepe, una de las más grandes de Turquía. En la época, en 1960, el lugar era una amplia superficie en la cima de la colina. Más tarde, en sueños, he vuelto a ver tantas veces esas escenas que he acabado por no tener claro si las viví realmente.

Por el lado del arroyo de Incesu, el declive del lugar era de tierra suelta y muy empinado. Algunos de nosotros nos subíamos a unas tablas como si fueran trineos y nos deslizábamos pendiente abajo. Un día lo hice yo. Mientras descendía a toda velocidad por aquella cuesta, abajo vi a los niños de la banda rival. Me esperaban gritando insultos, con piedras en la mano. Intenté frenar, en vano. La pendiente parecía deslizarse conmigo, y así fluimos juntos hacia el enemigo. Traté de aferrarme a la tierra, pero no había cómo.

ABAJO los niños del barrio

YO

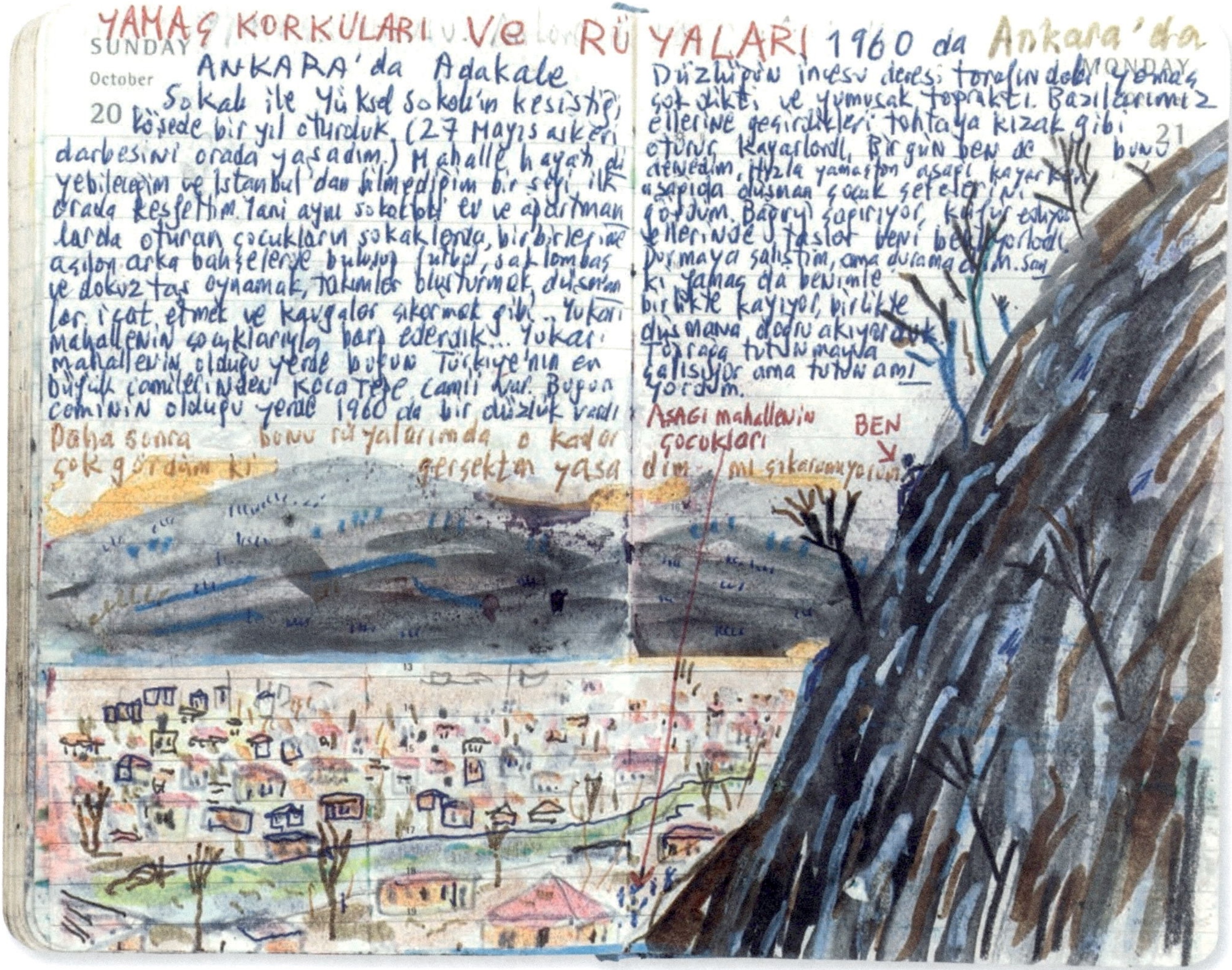

Cuadernos Pamuk – 2019A

Esta vista me ha recordado otro punto en común entre el poeta Ka y yo. ¡CREER que el paisaje es un recuerdo! O, al revés: ¡creer que los recuerdos son un SUEÑO!

Recuerdo y sueño como instante: como imagen. Yo estaba allí, pero fue en un sueño o en el pasado, no lo sé. Vivo el presente como si fuera pasado...

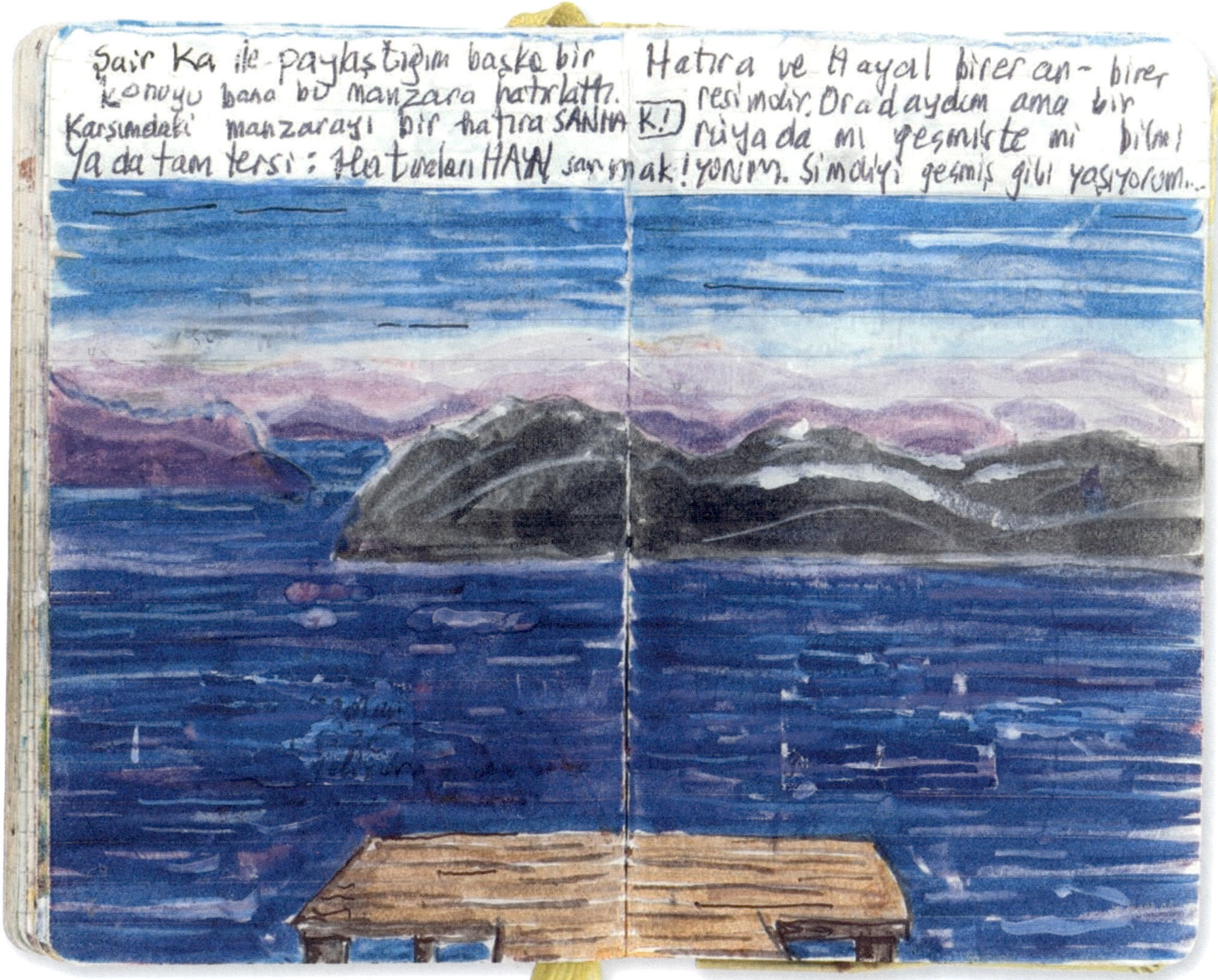
Şair Ka ile paylaştığım başka bir
konuyu bana bu manzara hatırlattı.
Karşımdaki manzarayı bir hatıra SANMA K!
Ya da tam tersi: Hatıraları HAYAL sanmak!
Hatıra ve Hayal birer an- birer
resimdir. Oradaydım ama bir
rüyada mı geçmişte mi bilmi-
yorum. Şimdiyi geçmiş gibi yaşıyorum...

PAISAJES DE BOSNIA

Recuerdo la EMOCIÓN que sentí al ver la película *BRAZIL*. No sabía que la inspiración provenía de una serie de collages. Detrás de todo están el collage y Dadá. Detrás de las montañas

hacia el valle

Max
Ernst

abajo

en este valle

aquí el tiempo se detendrá

Conseguid fusionar
las imágenes y el texto,
y aparecerá el SENTIDO.
Olvidad a Max Ernst...

Callad, por favor,

costas rocosas

Atravesad
en silencio
solitarios

Si sigues el río entrarás en el valle donde las palabras y las imágenes son una

antes y ahora

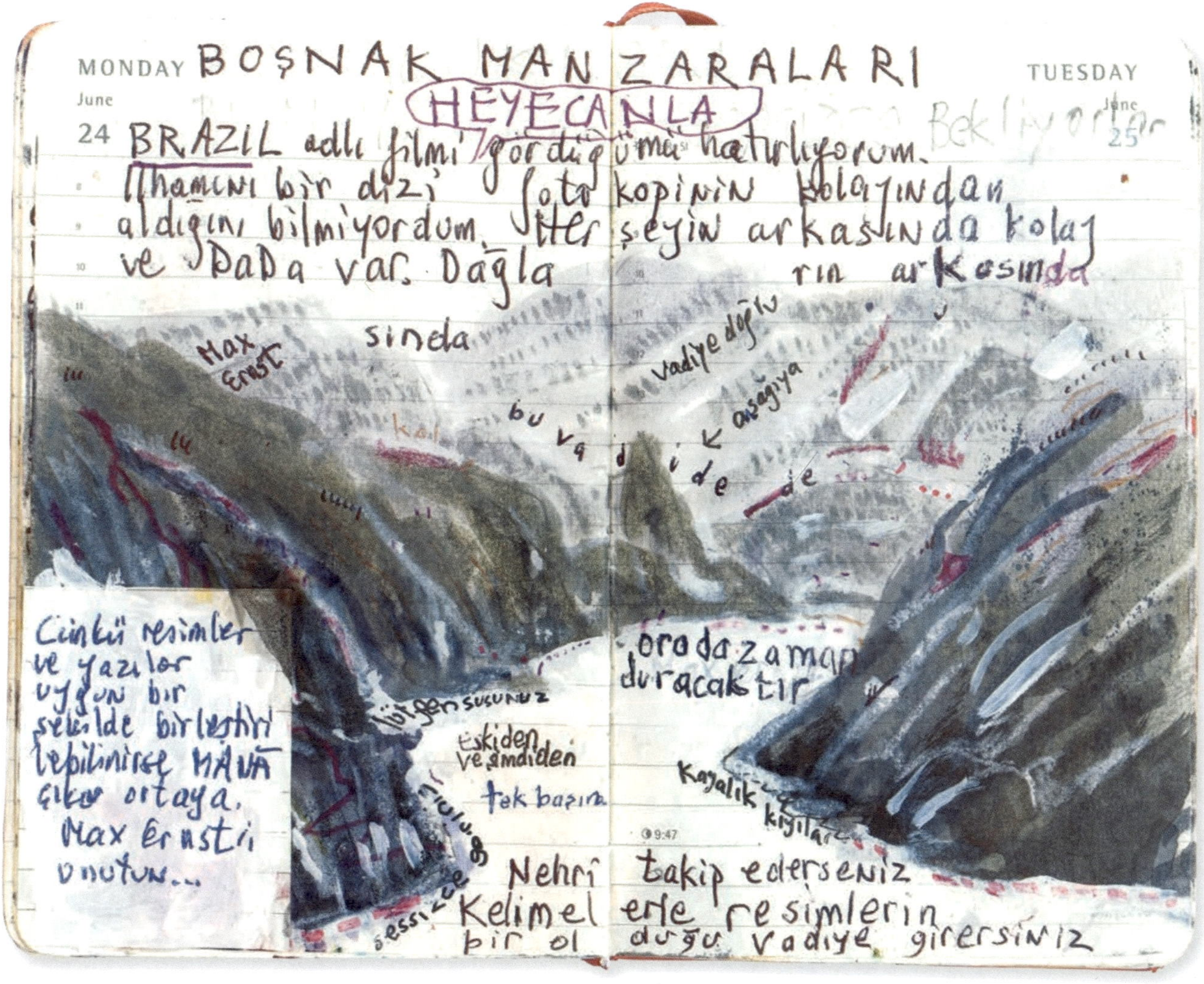
MONDAY
June
24
BOŞNAK MANZARALARI
TUESDAY
June
25
HEYECANLA
Bekliyorlar
BRAZIL adlı filmi gördüğümü hatırlıyorum.
İlhamını bir dizi foto kopinin kolajından
aldığını bilmiyordum. Her şeyin arkasında kolaj
ve DADA var. Dağla rın arkasında
sında
Max Ernst
vadiye doğru
aşağıya
bu vadide
de
Çünkü resimler
ve yazılar
uygun bir
şekilde birleştiri
lebilinirse MANA
çıkar ortaya.
Max Ernst'i
unutun...
oradazaman
duracaktır
Lütfen susunuz
Eskiden
ve şimdiden
tek bazı
Kayalık
kıyılar
9:47
Nehri takip ederseniz
Kelimelerle resimlerin
bir olduğu vadiye girersiniz

ESTA «SERIE DE MONTAÑAS LEJANAS», INSPIRADA EN LOS MAESTROS CHINOS, PINTORES PAISAJISTAS DE OTROS TIEMPOS, MUESTRA EL LUGAR DE LOS RECUERDOS (Y DE LA MEMORIA) DETRÁS DE LAS MONTAÑAS LEJANAS

espera y recuerda

el convento que ve el mundo entero

BÜYÜKADA

Heybeliada

antes aquí había
una ciudad

ESPEJO DEL MAR

ESCALERA QUE
CONDUCE AL AGUA

COLINA DE LOS RECUERDOS

Mirada a la muerte

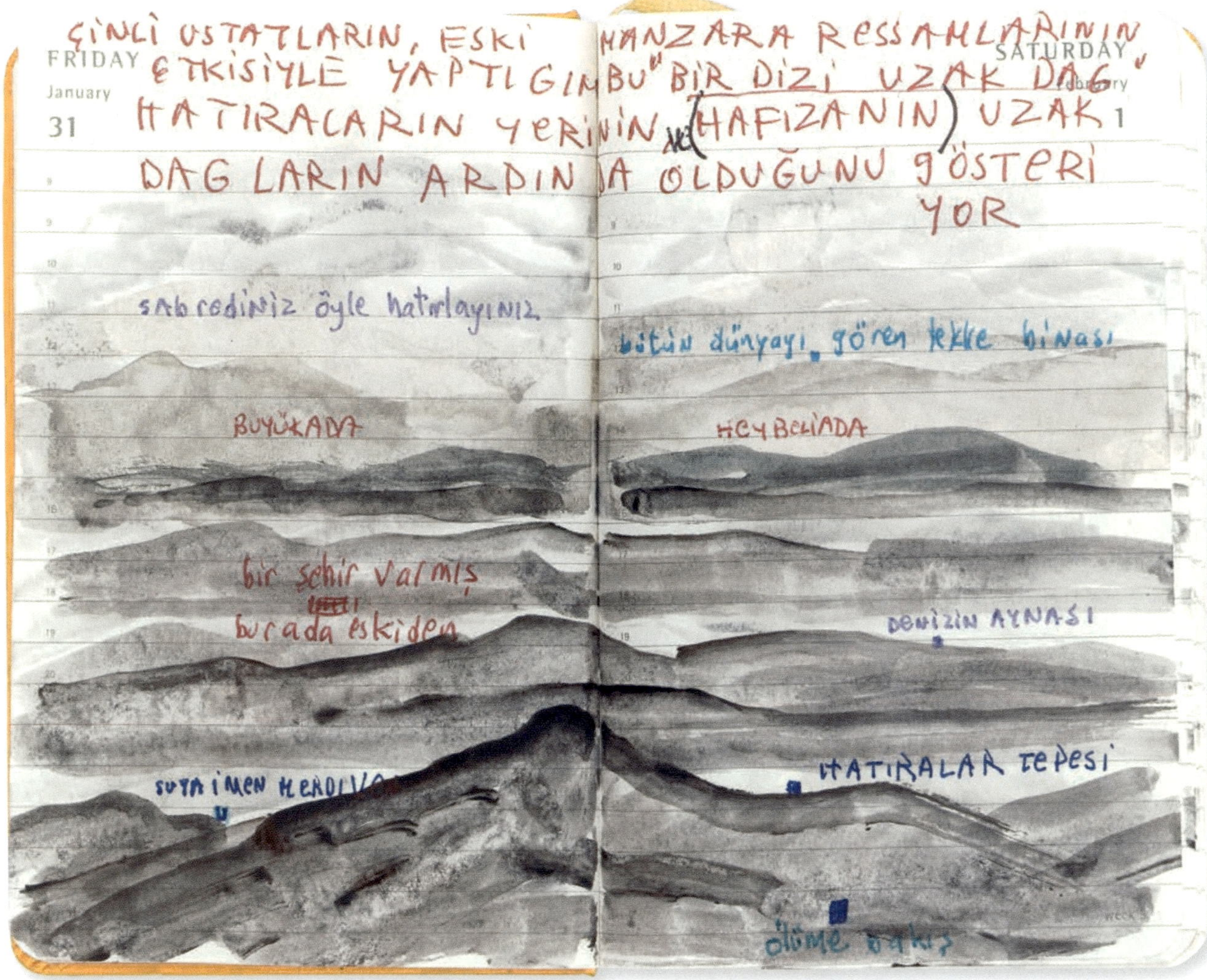
FRIDAY
January
31
SATURDAY
February
1
ÇİNLİ USTATLARIN, ESKİ MANZARA RESSAMLARININ
ETKİSİYLE YAPTIĞIM BU "BİR DİZİ UZAK DAĞ"
HATIRALARIN YERİNİN (HAFIZANIN) UZAK
DAĞLARIN ARDINDA OLDUĞUNU GÖSTERİ
YOR
sabrediniz öyle hatırlayınız
bütün dünyayı gören tekke binası
BÜYÜKADA
HEYBELİADA
bir şehir varmış
burada eskiden
DENİZİN AYNASI
HATIRALAR TEPESİ
ölüme bakış

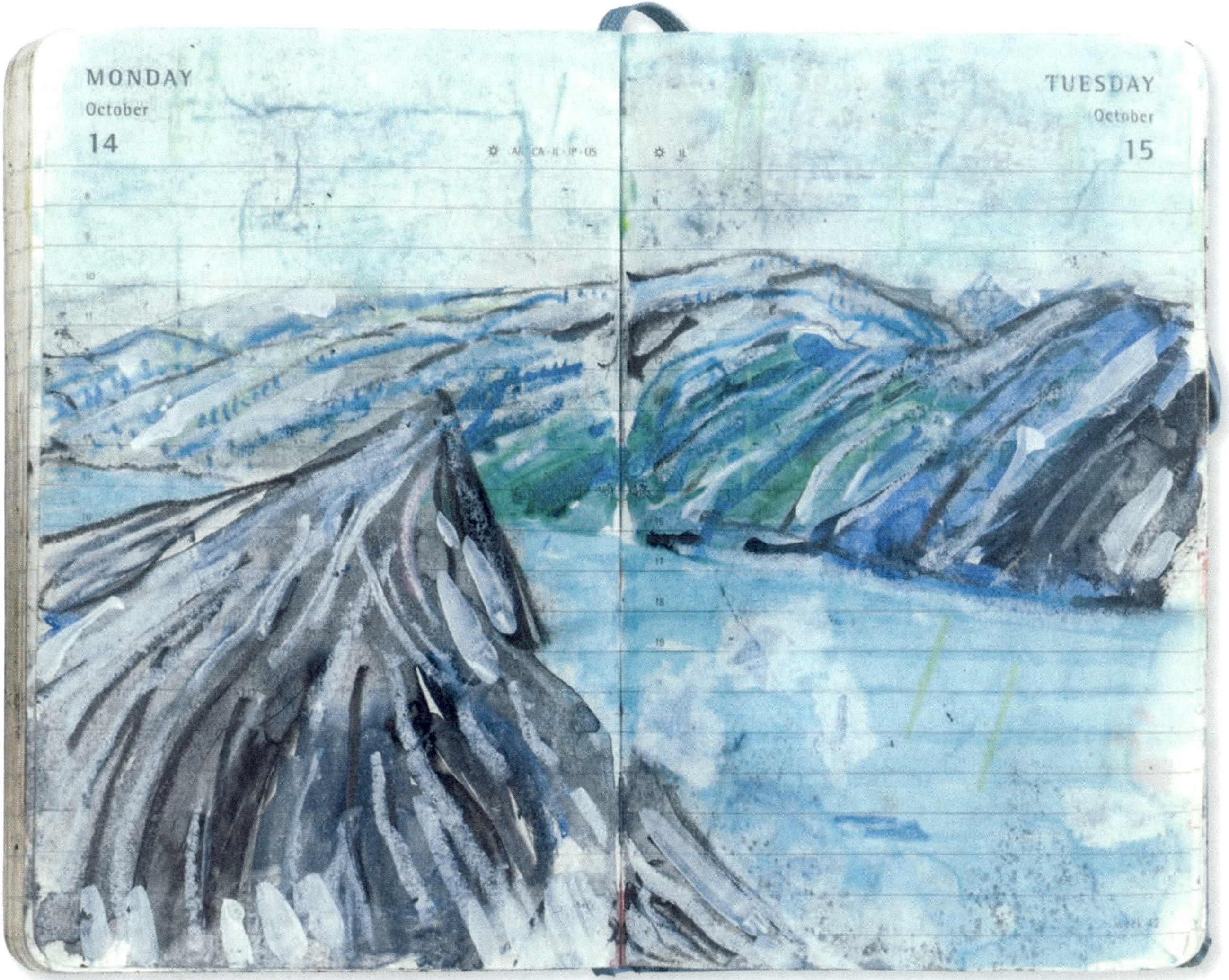
MONDAY
October
14
TUESDAY
October
15

Detrás de este paisaje montañoso que he dibujado de memoria y partiendo de mis sueños se esconde la ansiedad de K.

Colocar esta casa en el terreno a lo lejos es para mí una primera...

Me gusta sentarme a una mesa. A mi alrededor, 40 personas sentadas a la mesa en un pequeño restaurante. Y 10-20 que pasan por delante de mí a cada segundo. Multitud del domingo en Büyükada... Cómo me gusta observar a la gente.

Sueño dibujos

Por la mañana, antes de que Aslı se vaya a trabajar. Una luz preciosa en la terraza, tomo fotos apasionadamente. ¡Le doy la cámara a Aslı! A continuación, todo el día dedicado a la novela.

montañas y ríos

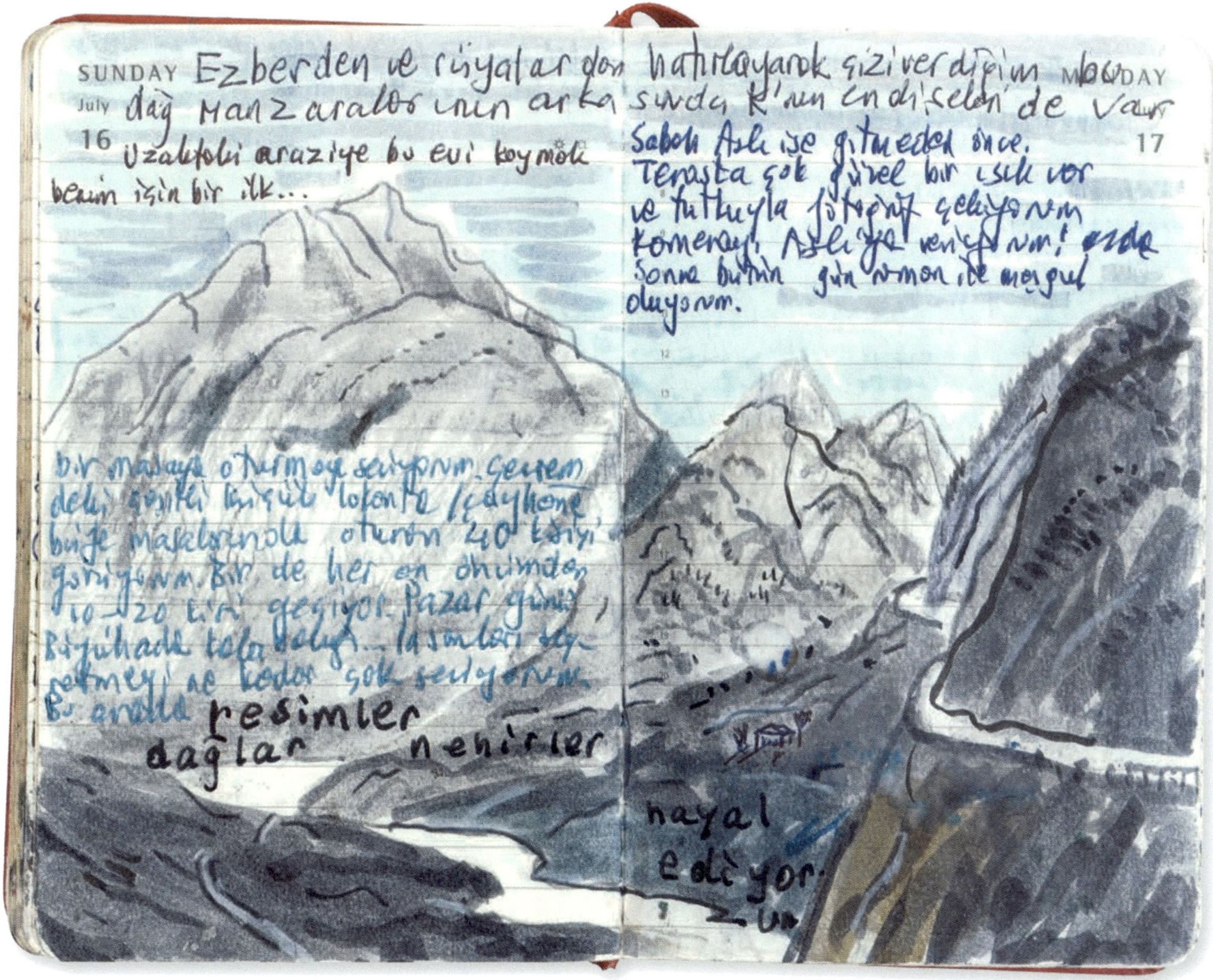
SUNDAY
July
16
MONDAY
17
resimler
dağlar
nehirler
hayal
ediyor.

muy lejos todo estaba muy lejos

Pronto contaré este sueño. El nido del águila... el sueño más aterrador de mi vida... Pero...

De 14 a 15 h, camino por Beyoğlu-Cihangir tomando muchas fotos. Viejas librerías, calles frías, melancólicas, lugares vacíos, gatos congelados: mi patria son estas calles, estas personas. Estoy en mi NOVELA. Satisfecho del trabajo hecho. Pero otras historias me ralentizan. Ser escritor, escribir y nada más: ser mis dibujos en las páginas de mis libros

no sé
quizá no
todo el tiempo
realmente
no sé.

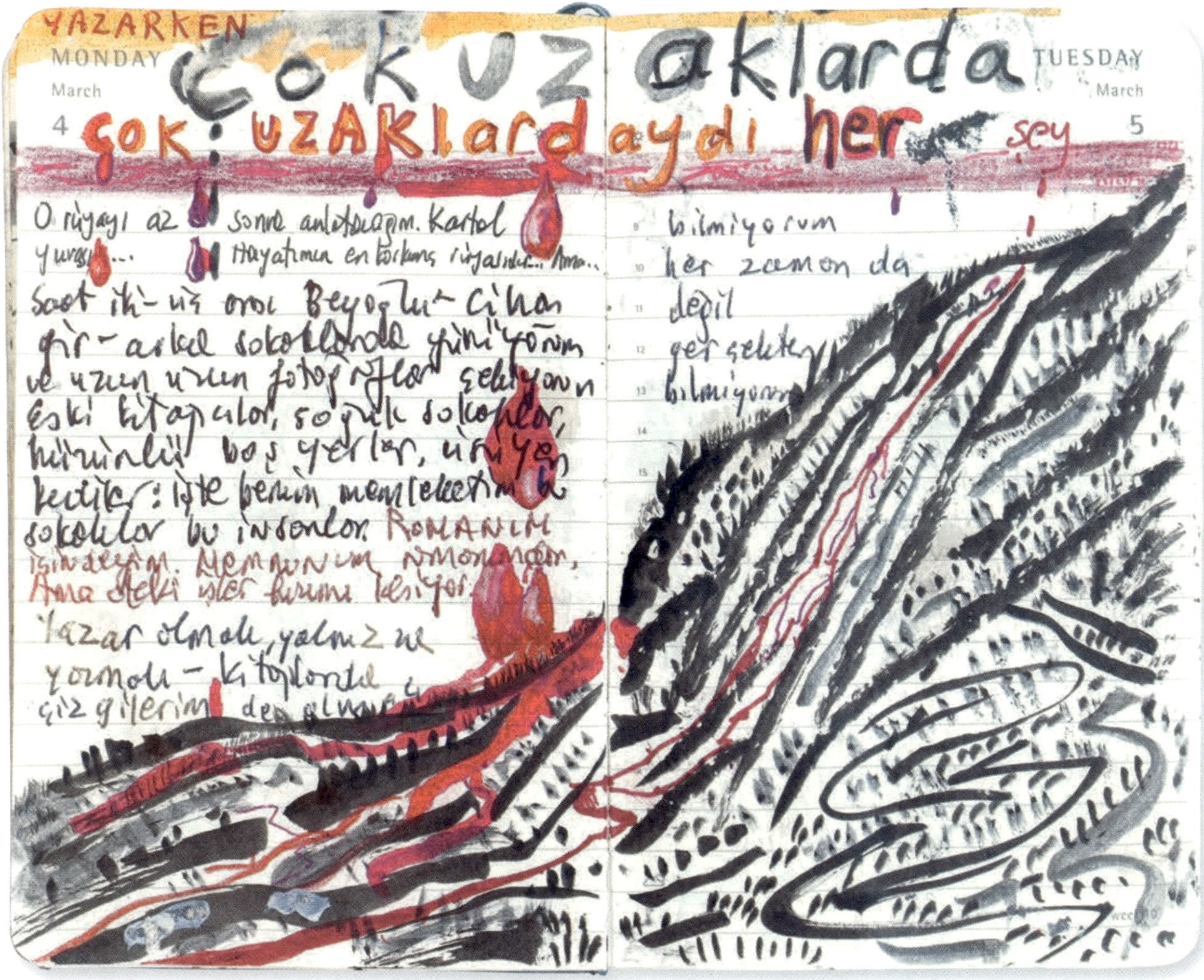
YAZARKEN
MONDAY
March
4
çok uzaklarda
TUESDAY
March
5
çok uzaklardaydı her şey
bilmiyorum
her zaman da
değil
gerçekte
bilmiyorum

En este sueño ya soñado Ka camina hacia su meta a través de un país de rocalla de pendientes pronunciadas cuando, deslumbrado por una potente luz, baja el ritmo y se detiene.

Más tarde comprenderá que en el lugar del que venía la luz había un ojo y será presa del miedo... Porque yo también he tenido ese sueño.

He visto

Has visto

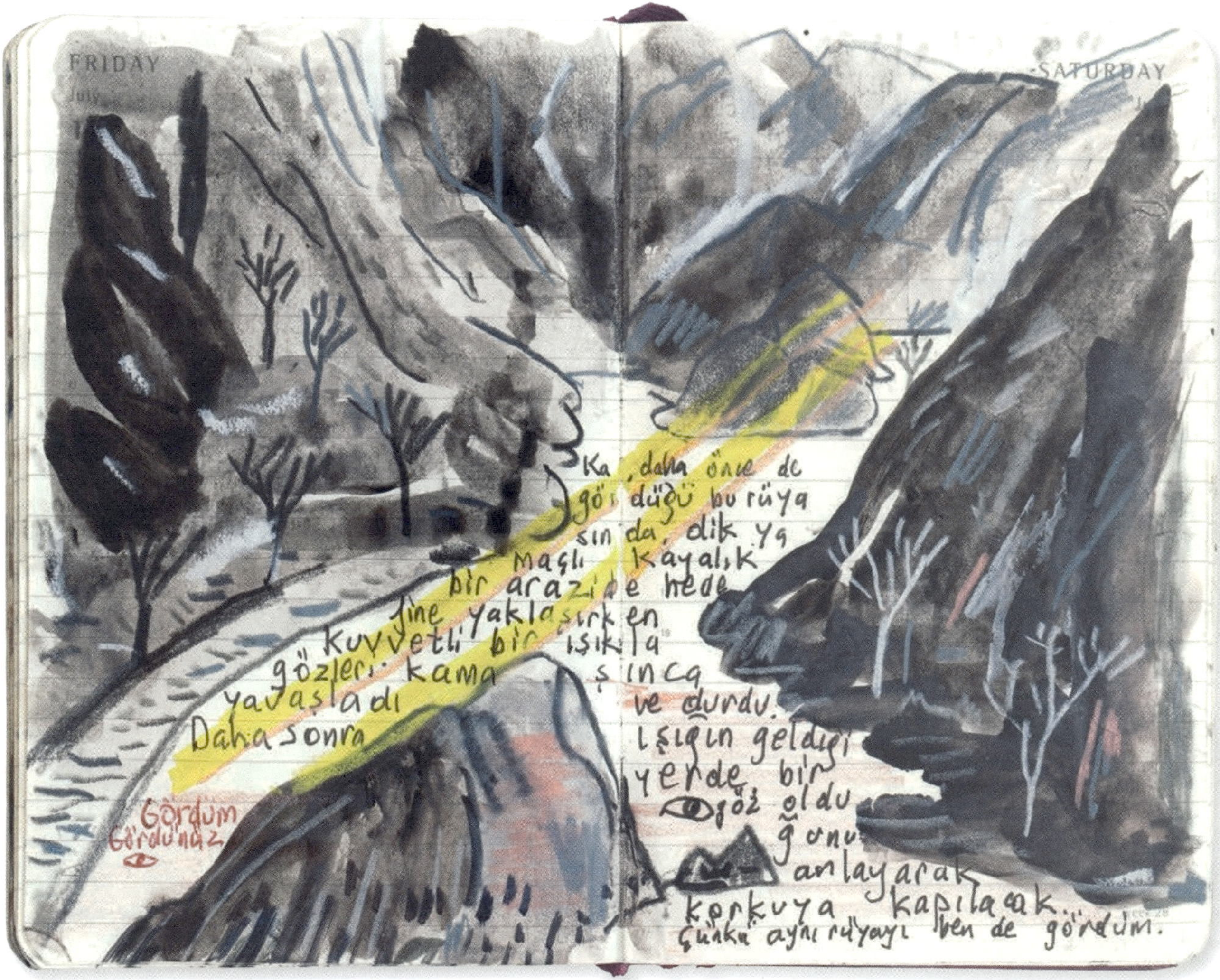
FRIDAY
July
SATURDAY
Ka, daha önce de
gördüğü bu rüya
sında, dik ya
maşlı kayalık
bir arazide hede
fine yaklaşırken
kuvvetli bir ışıkla
gözleri kama
şınca
yavaşladı
ve durdu.
Daha sonra
ışığın geldiği
yerde bir
göz olduğunu
anlayarak
korkuya kapılacak...
Çünkü aynı rüyayı ben de gördüm.
Gördüm
Gördünüz

Al principio, cuando entiende que un ojo lo observa, Galip no se preocupa. Pero el ojo que todo lo ve no puede seguir escondiéndose más tiempo, aparece.

EL OJO LO CONOCÍA
Y ÉL AL OJO

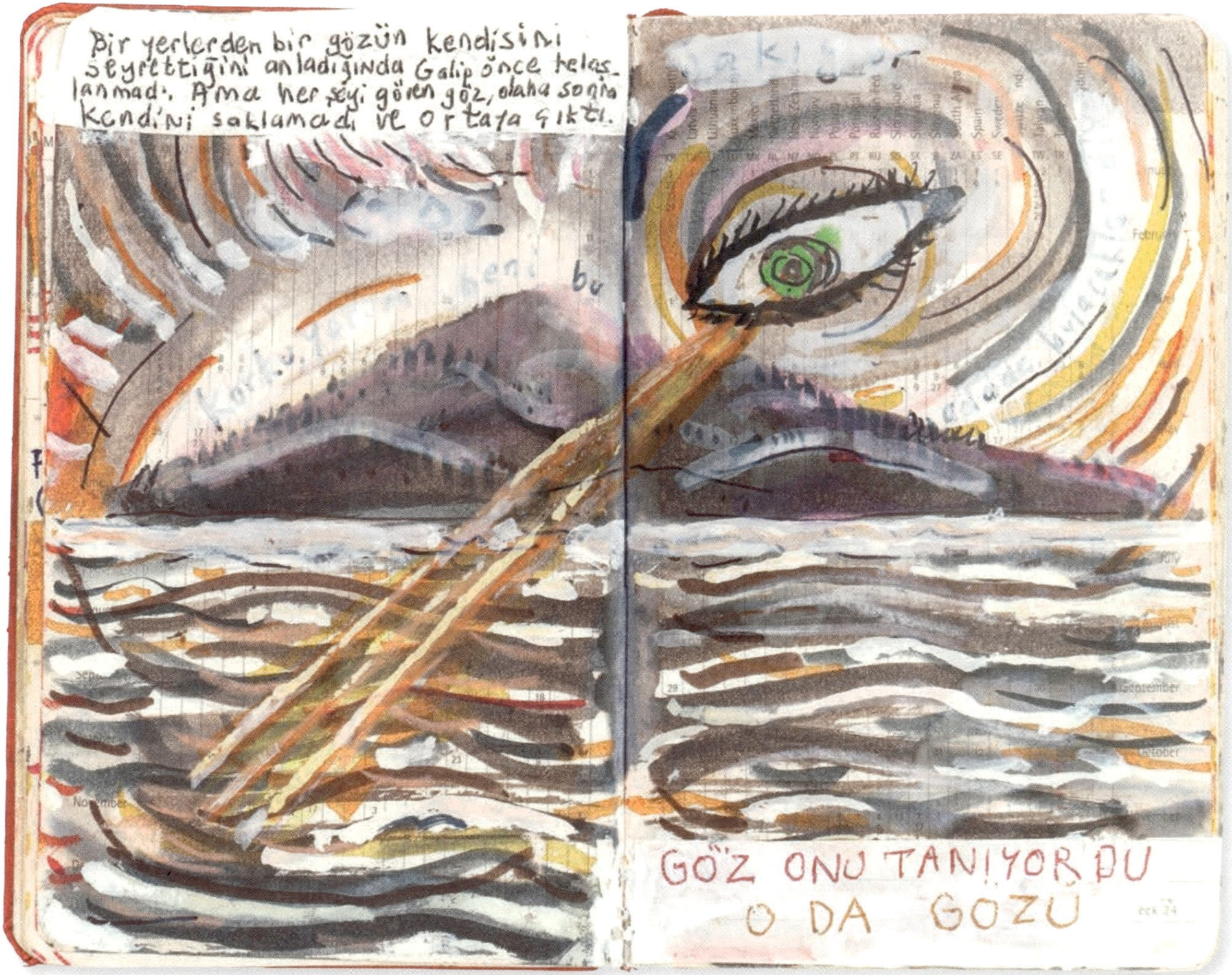
Bir yerlerden bir gözün kendisini
seyrettiğini anladığında Galip önce telaş-
lanmadı. Ama her şeyi gören göz, daha sonra
kendini saklamadı ve ortaya çıktı.
GÖZ ONU TANIYORDU
O DA GÖZÜ

Ese ojo lo había creado él mismo. Para que lo viera y lo siguiera. Ya no quería salir de su campo de visión. Bajo la mirada de ese ojo era FELIZ.

Parecía EXISTIR por saberse seguido sin descanso por el ojo. El hecho quedó grabado en su ENTENDIMIENTO. A veces, la idea de que el ojo pudiese olvidarlo lo entristecía.

cosas misteriosas

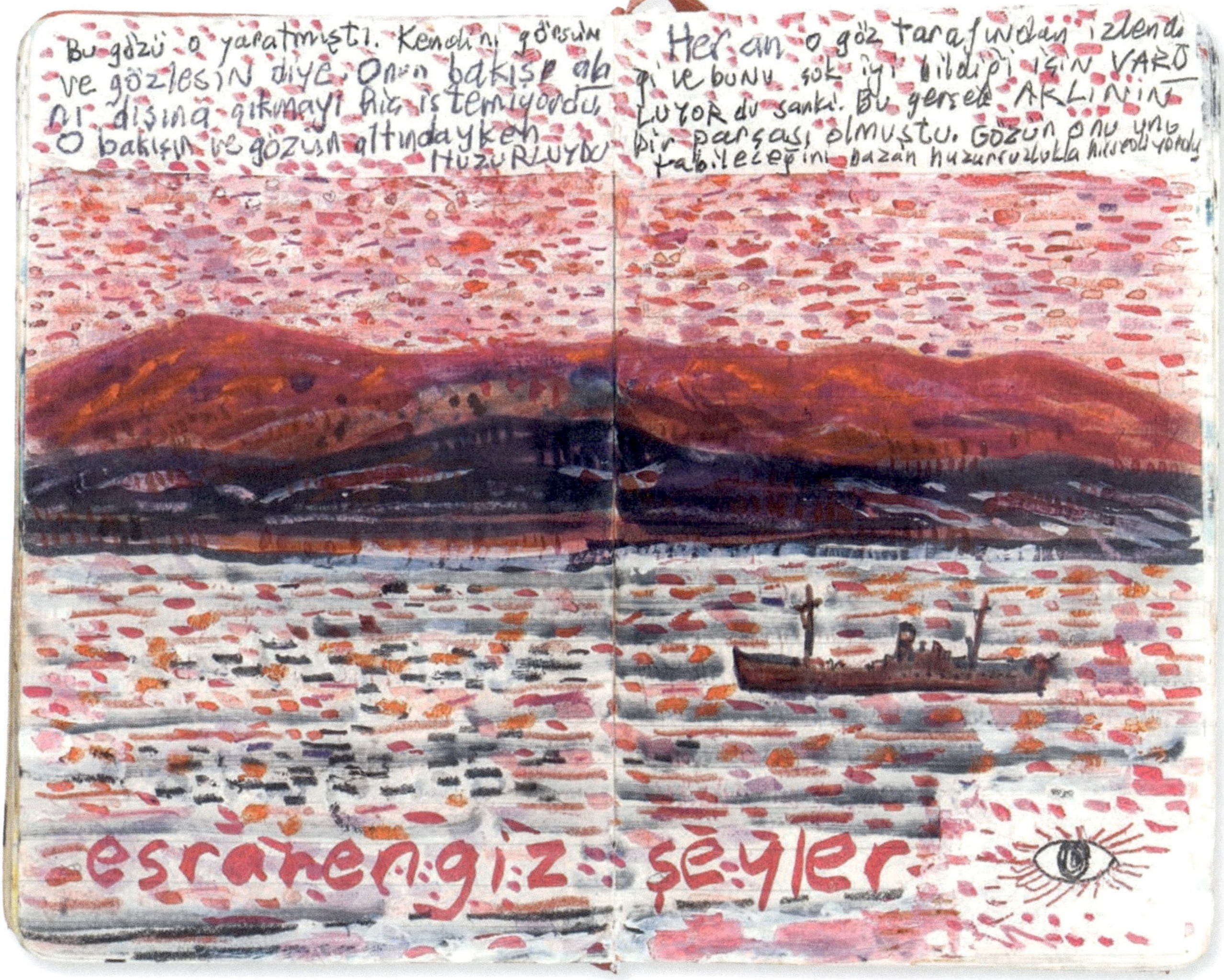

Bu gözü o yaratmıştı. Kendini görsün
ve gözlesin diye. Onun bakışı altı
nı dışına çıkmayı hiç istemiyordu.
O bakışın ve gözün altındayken
HUZURLUYDU
Her an o göz tarafından izlendi
ği ve bunu çok iyi bildiği için VARO
LUYOR du sanki. Bu gerçek AKLININ
bir parçası olmuştu. Gözün onu unu
tabileceğini bazan huzursuzlukla hisseder
esrarengiz şeyler

siempre
un lugar aquí
luego otro
siempre miras
queríamos un equipo
al principio
nadie acepta
toda la gente en el balcón
no este dibujo
prudencia
he visto y olvidado
allí siempre
lees
se engañan a sí mismos
el recuerdo es un color
sin pensar
tu
tú estás en algún lugar detrás
estás en
hacia mí
sobre el papel el espacio es infinito
hace mucho tiempo
ese dibujo

ninguna parte

esta mañana
es una palabra
misteriosa

no te vayas más lejos

en esta orilla
a veces escribir
basta para ser feliz

tocar
por tocar
mirar sin pensar

bajo el agua
la entrada está ahí

no está lejos
no es aquí
está en algún lugar

fresco y ventoso
la imagen no habla, ve
allí donde escribes en la imagen el color está ausente

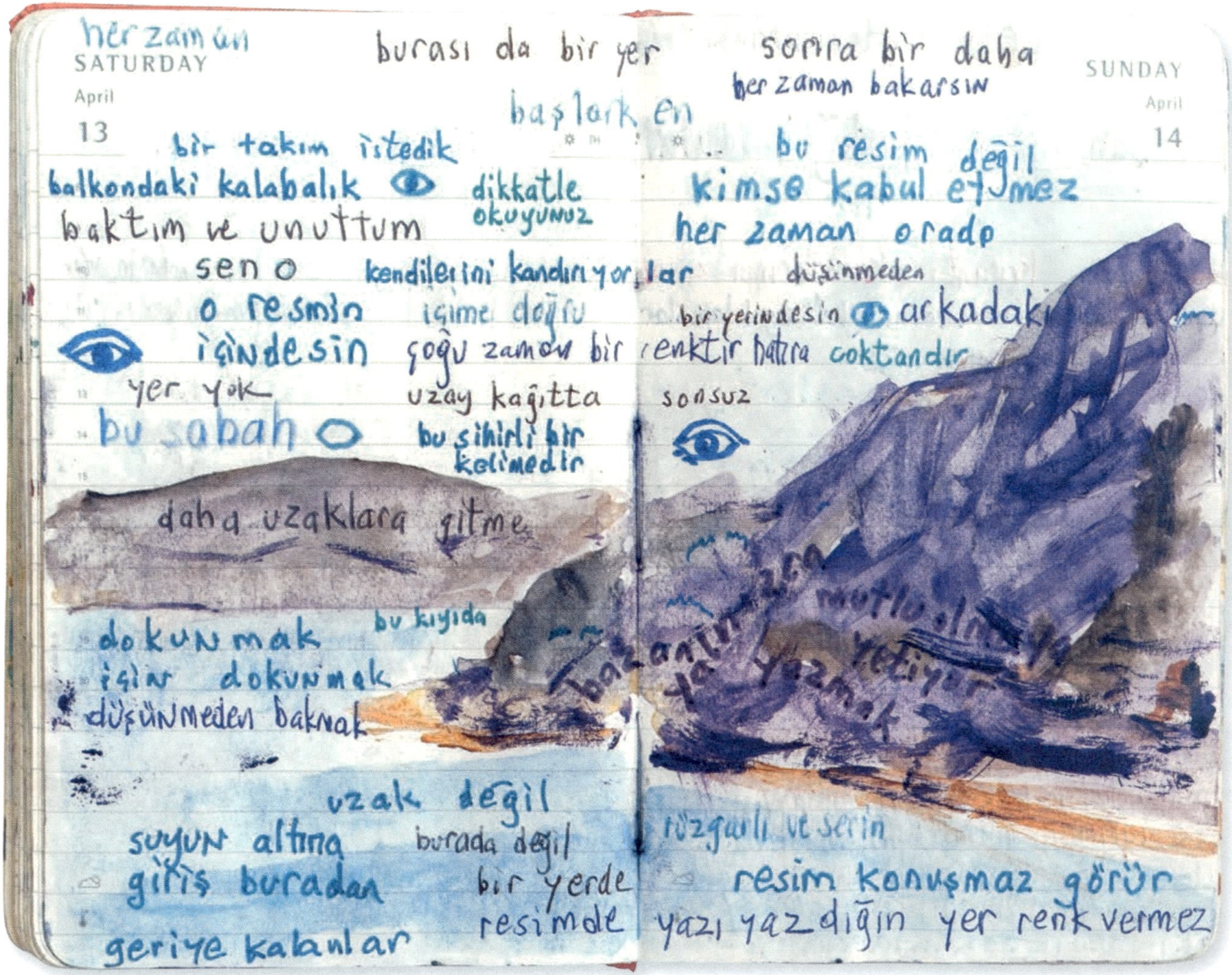
her zaman
SATURDAY
April
13
burası da bir yer
başlarken
bir takım istedik
balkondaki kalabalık
dikkatle okuyunuz
baktım ve unuttum
sen o
kendilerini kandırıyorlar
o resmin
içime doğru
içindesin
çoğu zaman bir renktir hatıra
yer yok
uzay kağıtta
bu sabah
bu sihirli bir kelimedir
daha uzaklara gitme
bu kıyıda
dokunmak
için dokunmak
düşünmeden bakmak
uzak değil
suyun altına
burada değil
giriş buradan
bir yerde
resimde
geriye kalanlar
sonra bir daha
her zaman bakarsın
SUNDAY
April
14
bu resim değil
kimse kabul etmez
her zaman orada
düşünmeden
bir yerindesin
arkadaki
çoktandır
sonsuz
yetiyor
rüzgarlı ve serin
resim konuşmaz görür
yazı yazdığın yer renk vermez

Como si no apareciera nada
Al ver una nueva ventana
hay que recordar el paisaje

Como se nos aparecía ella a nosotros
La isla frente a nuestra isla
siempre nos ha turbado

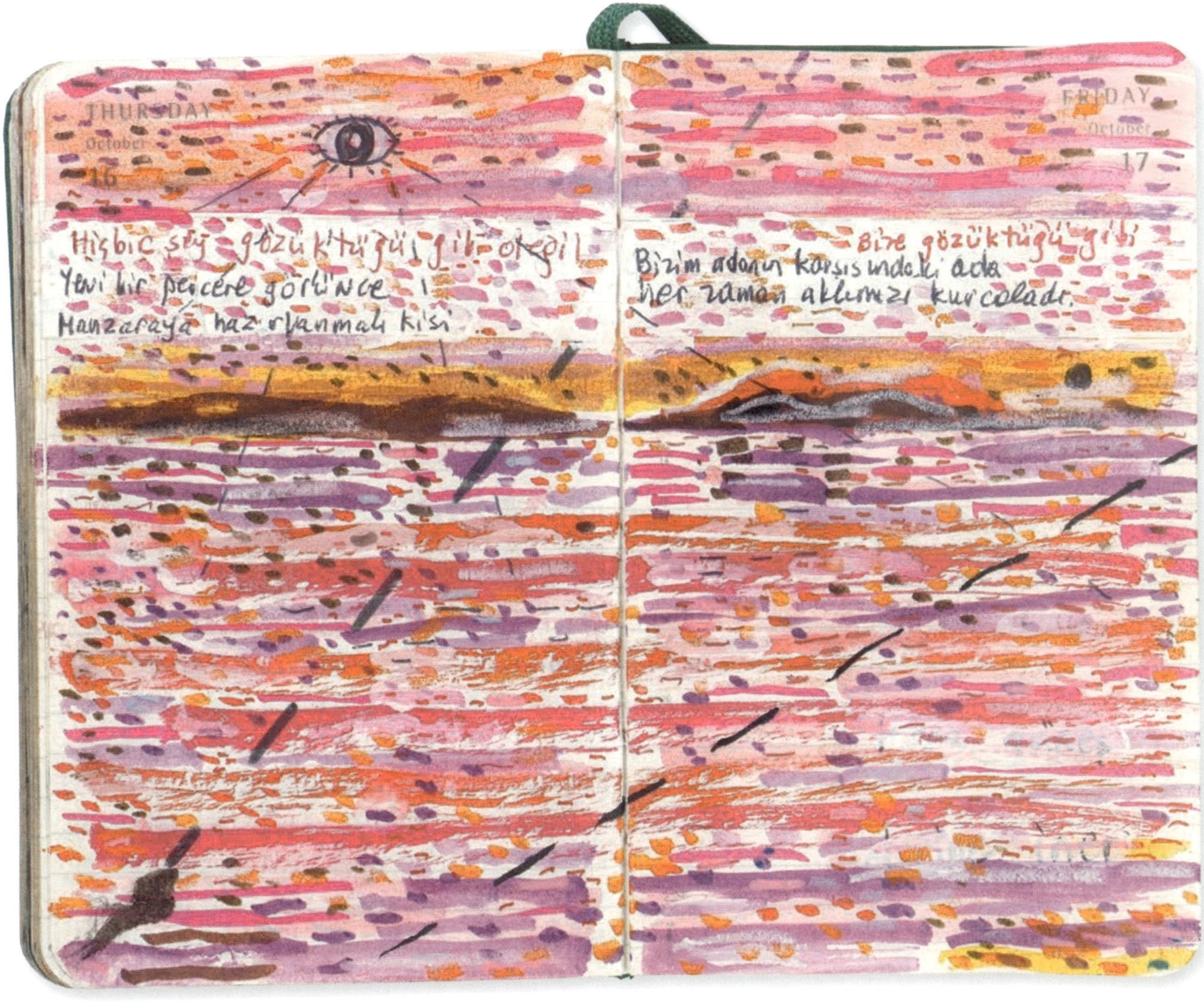
THURSDAY
October
16
Hiçbir şey gözüktüğü gibi değil
Yeni bir pencere görünce
Manzaraya hazırlanmalı kişi
FRIDAY
October
17
Bize gözüktüğü gibi
Bizim adanın karşısındaki ada
her zaman aklımızı kurcaladı.

En esta novela que no pude escribir, los personajes K y O., el escritor y el pintor, una vez hayan llegado más allá de las montañas, a fuerza de discutir, de pelearse, acabarán entendiendo que las PALABRAS y las Imágenes son una sola cosa. Tal era el enigma escondido detrás de las montañas LEJANAS. Y en realidad ya lo conocían, por sus recuerdos...

Pero de todas formas hicieron el viaje, porque saber no es recordar, es ver lo que se recuerda.

LA IDEA DE PERDERSE DETRÁS DE LA MONTAÑA MÁS LEJANA es el sueño de REENCONTRAR A NUESTROS ANTEPASADOS, DE VOLVER AL PARAÍSO... ¡Yo estuve allí!, dice entonces el hombre.

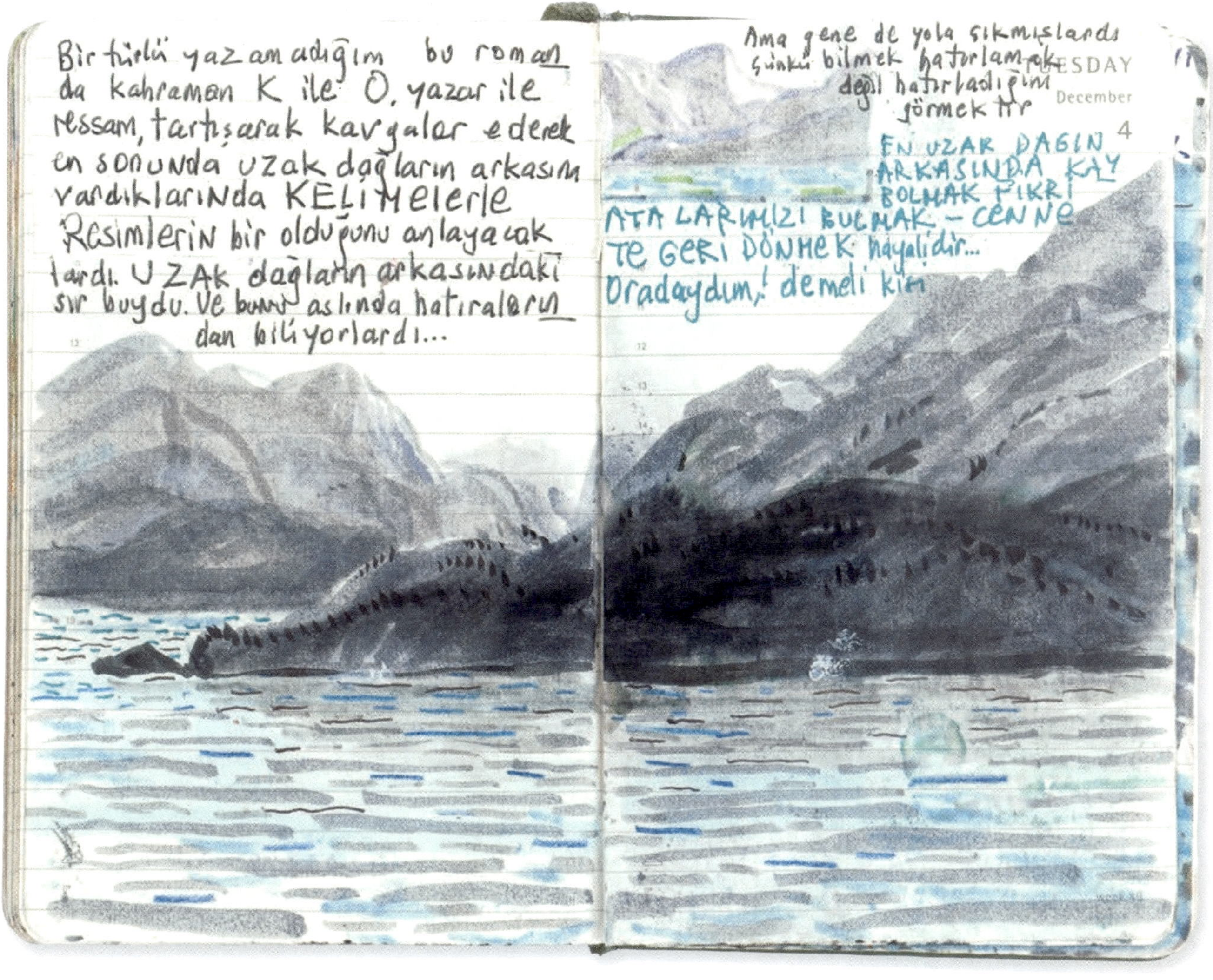
Bir türlü yazamadığım bu roman
da kahraman K ile O. yazar ile
ressam, tartışarak kavgalar ederek
en sonunda uzak dağların arkasına
vardıklarında KELİMELERLE
Resimlerin bir olduğunu anlayacak
lardı. UZAK dağların arkasındaki
sır buydu. Ve bunu aslında hatıraların
dan biliyorlardı...
Ama gene de yola çıkmışlardı
çünkü bilmek hatırlamak
değil hatırladığını
görmek tir
ESDAY
December
4
EN UZAK DAĞIN
ARKASINDA KAY
BOLMAK FİKRİ
ATALARIMIZI BULMAK – CENNE
TE GERİ DÖNMEK hayalidir...
Oradaydım,! demeli kim

las razones por las que
me identifico con el pintor
y poeta romántico
WILLIAM BLAKE

le gustan las llamas y los incendios

escribe y pinta

reúne en la página palabras e imágenes

ve la página como un todo

utiliza ramas de árbol para dividir la página

ve todo en la página

ve las palabras y las imágenes juntas

le gusta la acuarela

le gusta escribir en la imagen

le gusta dibujar los rayos del sol como flechas

pinta su casa vista desde fuera → diciéndose que ahí
es donde él vive

pintó la telaraña

pinta de oscuro

las montañas lejanas

Antes las palabras

y las imágenes eran uno

entonces las palabras eran la imagen, las imágenes
la palabra

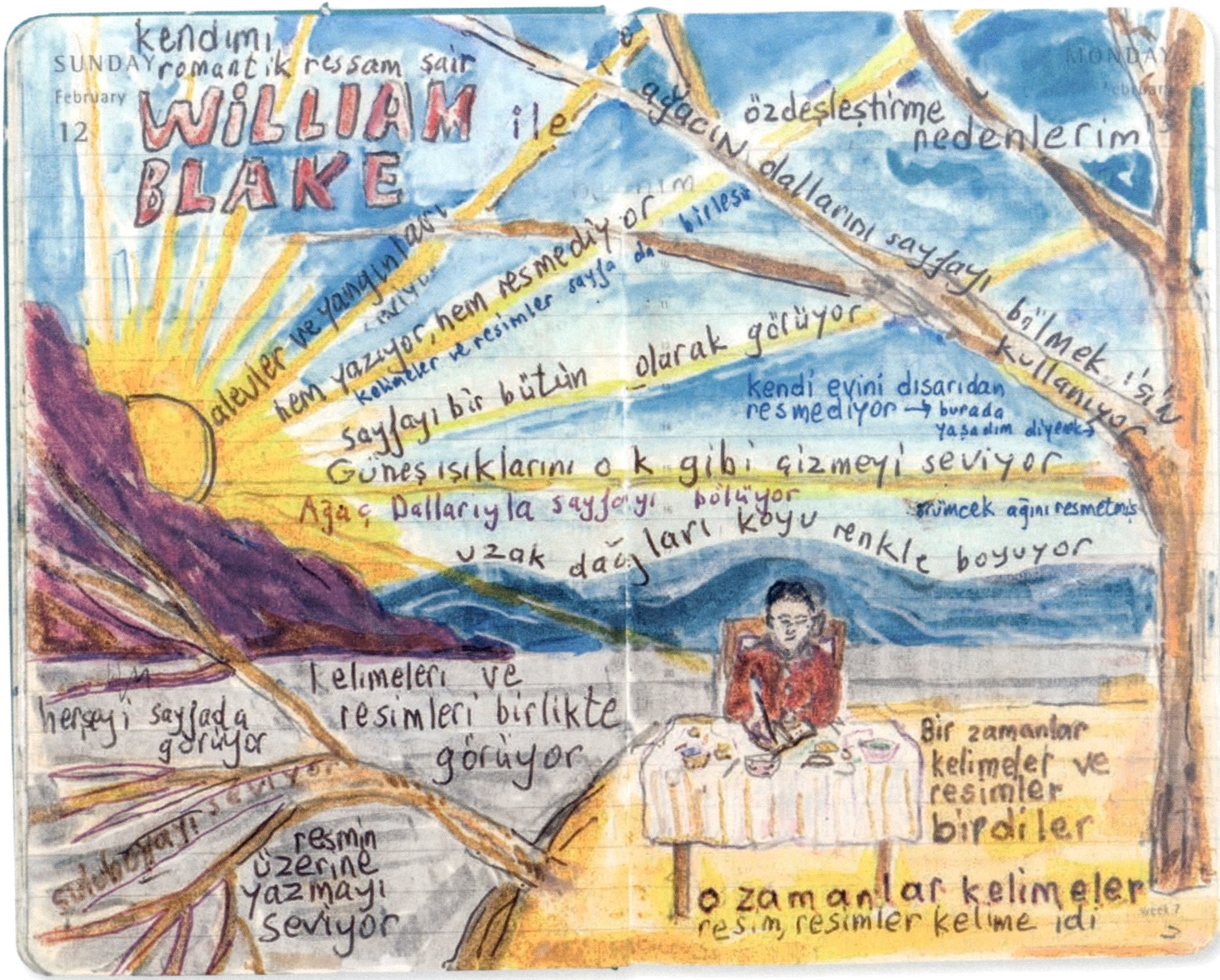
SUNDAY
February
12
kendimi romantik ressam şair
WILLIAM BLAKE
ile ağacın özdeşleştirme nedenlerim
MONDAY
dallarını sayfayı bölmek için kullanıyor
alevler ve yangınları
hem yazıyor, hem resmediyor
kelimeler ve resimler sayfa da birleşir
sayfayı bir bütün olarak görüyor
kendi evini dışarıdan resmediyor → burada yaşadım diyerek
Güneş ışıklarını ok gibi çizmeyi seviyor
Ağaç Dallarıyla sayfayı bölüyor
örümcek ağını resmetmiş
uzak dağları koyu renkle boyuyor
kelimeleri ve resimleri birlikte görüyor
herşeyi sayfada görüyor
resmin üzerine yazmayı seviyor
Bir zamanlar kelimeler ve resimler birdiler
o zamanlar kelimeler resim, resimler kelime idi
week 7

Anotar todos mis temores relacionados con *LAS NOCHES DE LA PESTE*

yo estoy allí, describiendo a la multitud de la ciudad

la costa de Minguer

la reacción a las medidas de la cuarentena es demasiado minuciosa

las fiebres y temblores nerviosos que se apoderan poco a poco de los enfermos

sin decir nada

las noches de la peste

llenan los cementerios

no nos olvidemos

tal vez me siento

como un apestado

morir sin haber vivido

la escena de la revolución, la primera llegada del barco a la isla, las excursiones en el carruaje blindado del pachá, éxitos

los paseos por las calles apestadas

entramos en las cárceles, el lazareto de la fortaleza y las casas

tengo que ver el nacionalismo y la furia laica más de cerca, más en detalle. La emoción y la ira, todavía razonables hasta la revolución y la libertad, luego se vuelven PESADAS E IRRACIONALES

el apestado que delira perdiéndose en las calles desiertas

los suspiros de los moribundos en la noche

a fuerza de escribir la novela deviene memoria

si tuviera la peste y tomara un antibiótico
Tengo que ver la peste bajo el prisma de la vida cotidiana solo los enfermos entienden la enfermedad

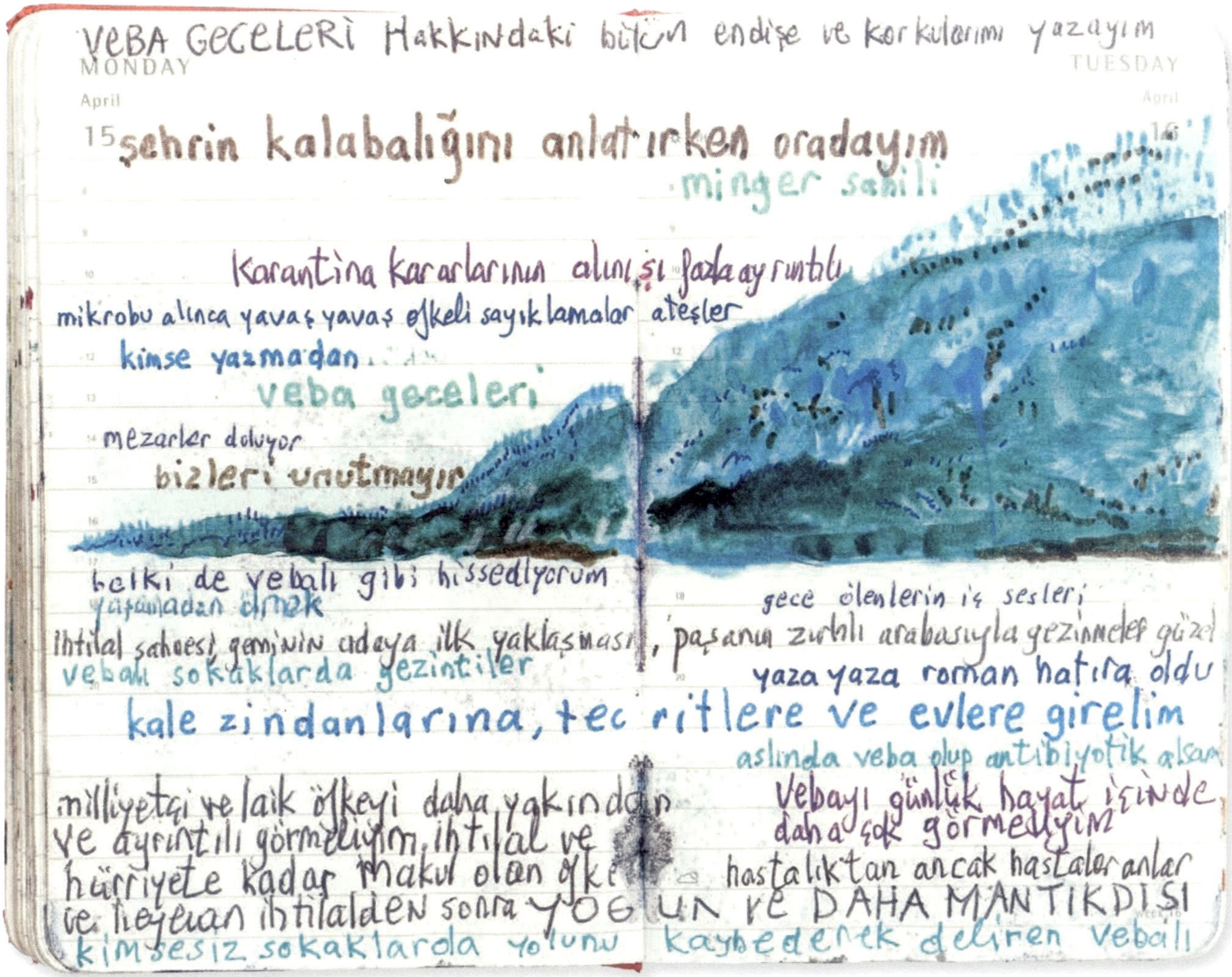
VEBA GECELERİ Hakkındaki bütün endişe ve korkularımı yazayım
MONDAY
April
15
TUESDAY
April
16
şehrin kalabalığını anlatırken oradayım
minger sahili
Karantina kararlarının alınışı fazla ayrıntılı
mikrobu alınca yavaş yavaş öfkeli sayıklamalar ateşler
kimse yazmadan
veba geceleri
mezarlar doluyor
bizleri unutmayır
belki de vebalı gibi hissediyorum
yaşamadan ölmek
gece ölenlerin iç sesleri
İhtilal sahnesi geminin adaya ilk yaklaşması, paşanın zırhlı arabasıyla gezinmeler güzel
vebalı sokaklarda gezintiler
yaza yaza roman hatıra oldu
kale zindanlarına, tecritlere ve evlere girelim
aslında veba olup antibiyotik alsan
milliyetçi ve laik öfkeyi daha yakından ve ayrıntılı görmeliyim. ihtilal ve hürriyete kadar makul olan öfke ve heyecan ihtilalden sonra YOĞUN VE DAHA MANTIKDIŞI
Vebayı günlük hayat içinde daha çok görmeliyim
hastalıktan ancak hastalar anlar
kimsesiz sokaklarda yolunu kaybederek deliren vebalı

Como era consciente de estar siendo observado a cada instante, él mismo no existía sino mirando el paisaje. A veces el significado del mundo aparecía desde detrás de las montañas como un sol negro.

Así es como había que leer el paisaje

pero no lo admitas todo ASLI

El apaciguamiento de Ka cuando comprendió que el ojo era el MISTERIO detrás de las montañas lejanas. En adelante, el sentido de este paisaje iluminaría el enigma del universo.

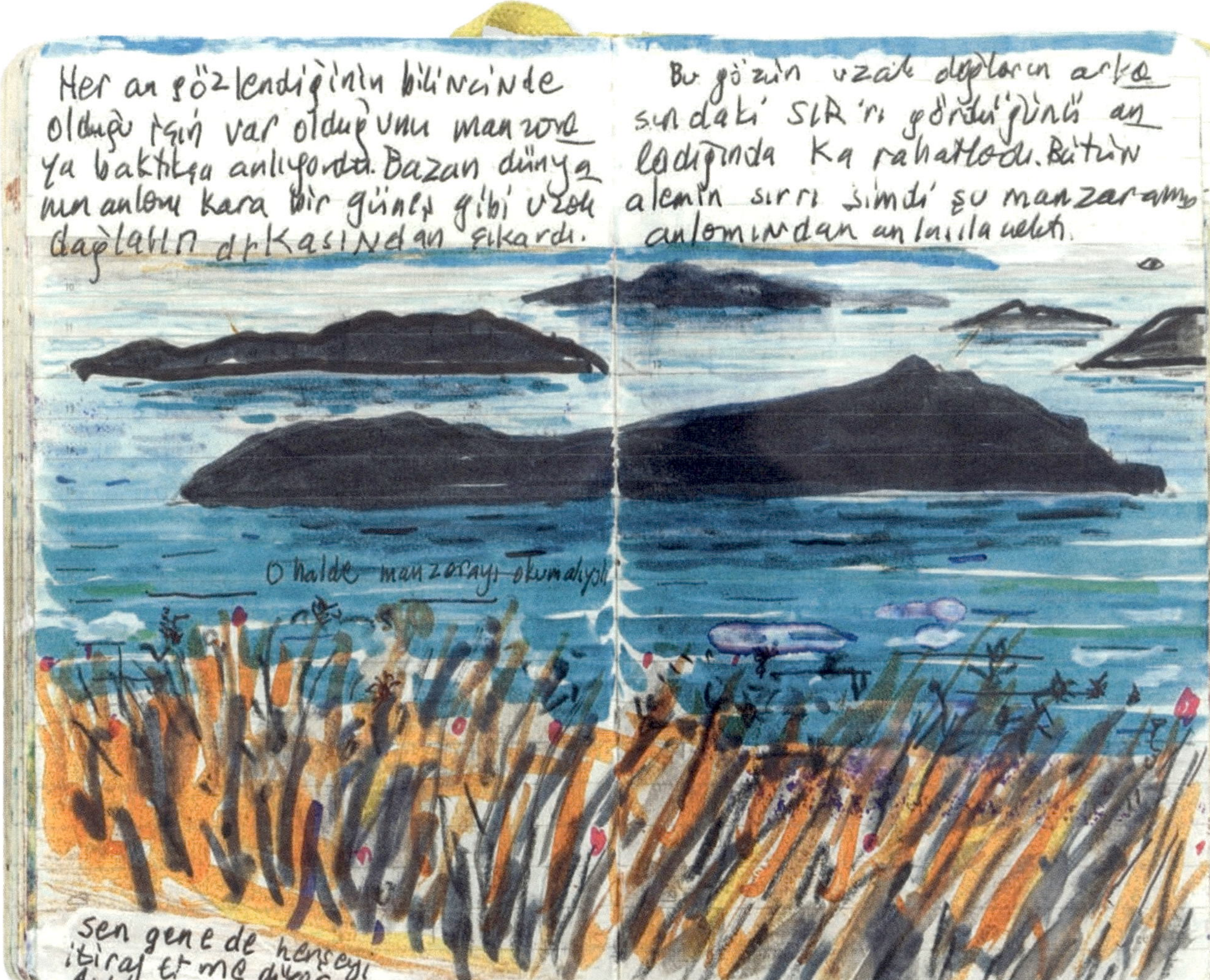
Her an gözlendiğinin bilincinde
olduğu için var olduğunu manzara
ya baktıkça anlıyordu. Bazan dünya
nın anlamı kara bir güneş gibi uzak
dağların arkasından çıkardı.
Bu gözün uzak dağların arka
sındaki SIR'rı gördüğünü an
ladığında ka rahatladı. Bütün
alemin sırrı şimdi şu manzaranın
anlamından anlaşılacaktı.
O halde manzarayı okumalıydı
sen gene de herşeyi
itiraf etme diyor
Aslı

Muchas cosas permanecían inexplicadas e inexpresadas. Yo me acercaba a ellas a través de los sentimientos, no de la razón. Pendientes peligrosas, precipicios, curvas, cruces...

Tenía miedo de mirar hacia abajo y miraba de todos modos. Al final, sin embargo, no iba a escribir ese libro y, sintiéndome culpable, olvidaría ese viaje.

Aquellos
que partieron
antes que yo
no volvieron

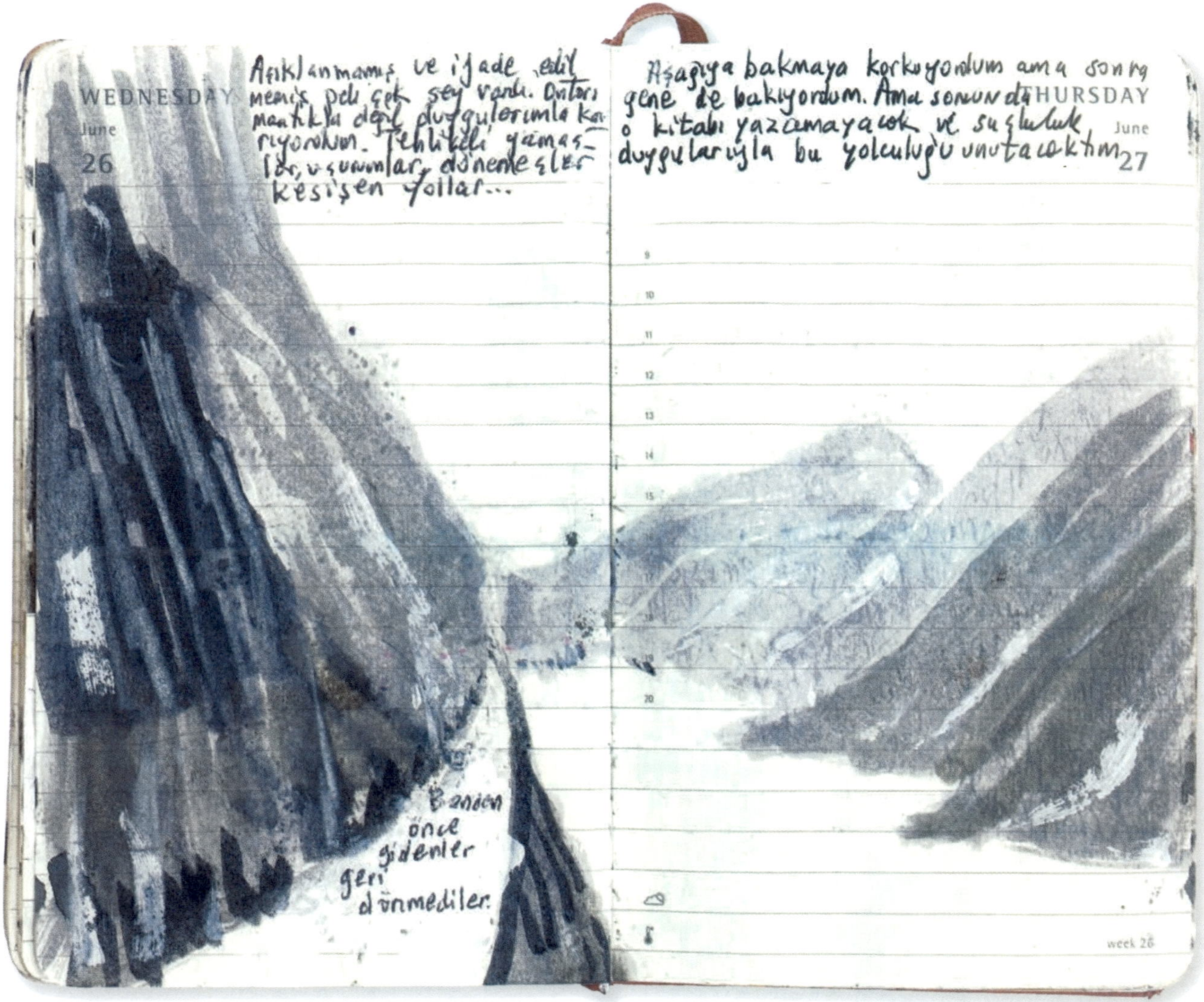
WEDNESDAY
June
26
Açıklanmamış ve ifade edilmemiş pek çok şey vardı. Onları mantıkla değil duygularımla kavrıyordum. Tehlikeli yamaşlar, uçurumlar, dönemeçler kesişen yollar...
Benden önce gidenler geri dönmediler.
Aşağıya bakmaya korkuyordum ama sonra gene de bakıyordum. Ama sonunda o kitabı yazamayacak ve suçluluk duygularıyla bu yolculuğu unutacaktım.
THURSDAY
June
27
week 26

Los PAISAJES de los poetas chinos eruditos (literatos) acompañaron al pintor KA durante su viaje a las Montañas Lejanas. Y Ka, entusiasmado, quería escribir sobre su viaje y sobre los paisajes de los poemas a la manera de los pintores-eruditos chinos. Siempre fue consciente de que, cada vez que el poder cambiaba de manos, esos poetas-pintores eruditos, en su mayor parte servidores del Estado, eran enviados al exilio político. El lugar de su exilio era, sin duda, las MONTAÑAS LEJANAS que aparecían en cada paisaje.

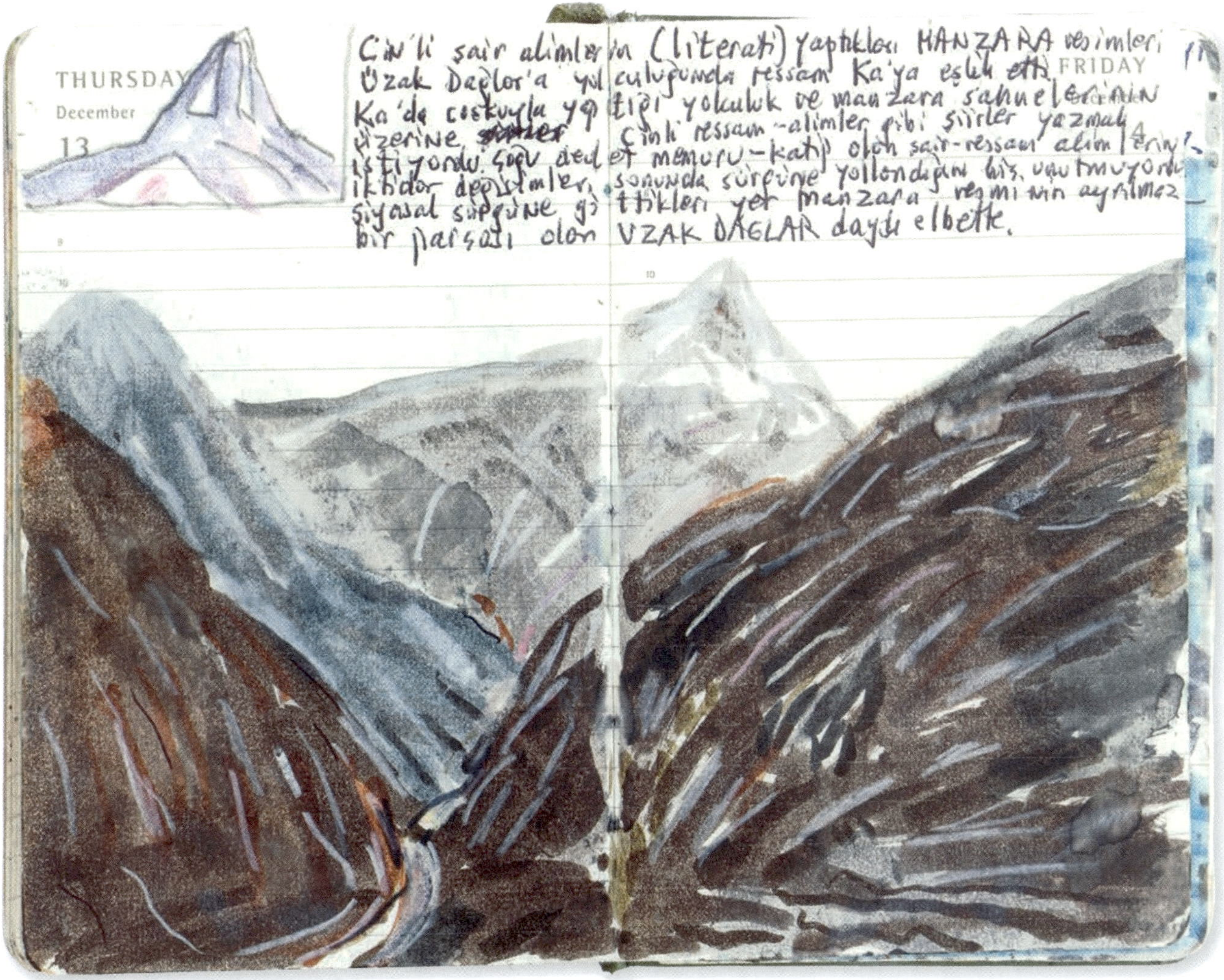
THURSDAY
December
13
FRIDAY
Çin'li şair alimlerin (literati) yaptıkları MANZARA resimleri
Uzak Dağlar'a yolculuğunda ressam Ka'ya eşlik etti.
Ka'da coşkuyla yaptığı yokluk ve manzara sahnelerinin
üzerine Çinli ressam-alimler gibi şiirler yazmak
istiyordu. Çoğu devlet memuru-katip olan şair-ressam alimlerin
iktidar değişimleri sonunda sürgüne yollandığını biz unutmuyoruz.
Siyasal sürgüne gittikleri yer manzara resminin ayrılmaz
bir parçası olan UZAK DAĞLAR daydı elbette.

Esas pinturas de paisajes me han inspirado la idea de un libro titulado *ASÍ PENSABAN LOS CHINOS.*

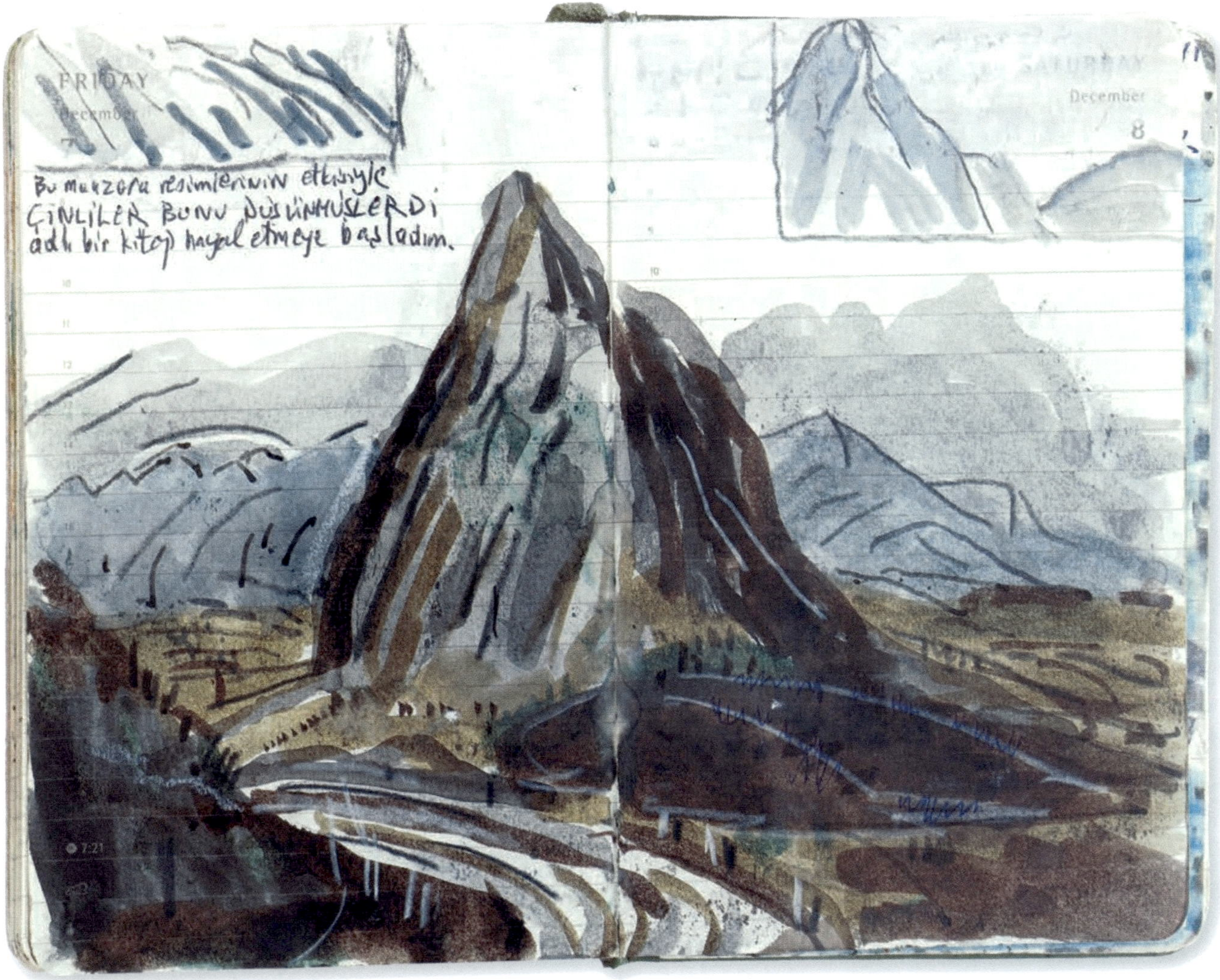
FRIDAY
December
7
Bu manzara resimlerinin etkisiyle
ÇİNLİLER BUNU DÜŞÜNMÜŞLERDİ
adlı bir kitap hayal etmeye başladım.
SATURDAY
December
8

UNA AMPLIA VISTA DE LOS VASTOS
PAISAJES DE LAS TIERRAS BAJAS

NIVEL DE DISTANCIA PINGYUAN
ES UNA DE LAS TRES MANERAS DE

COMPONER
UN PAISAJE CHINO
TRADICIONAL

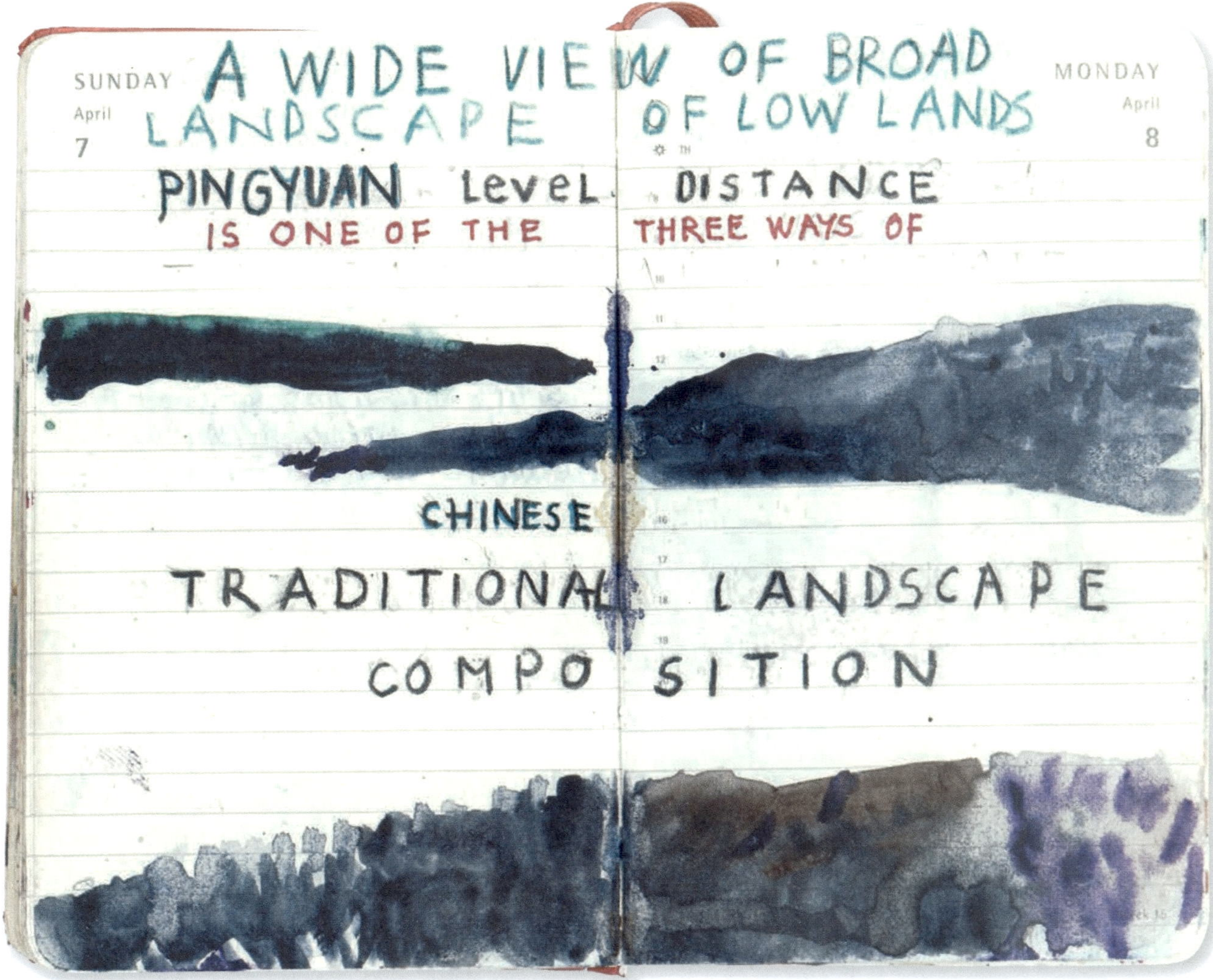
SUNDAY
April
7
MONDAY
April
8
A WIDE VIEW OF BROAD
LANDSCAPE OF LOW LANDS
PINGYUAN level DISTANCE
IS ONE OF THE THREE WAYS OF
CHINESE
TRADITIONAL LANDSCAPE
COMPO SITION

TUNG YUAN NO DIBUJA CUIDADOSAMENTE
LAS EXTRAORDINARIAS CUMBRES DE LAS MONTAÑAS,
SINO QUE MÁS BIEN ALTERNA LOS PUNTOS Y LAS RAYAS
EN UNA ESPECIE DE TÉCNICA PUNTILLISTA,
de tal manera que en sus cuadros los paisajes
solo aparecen cuando uno se aleja.

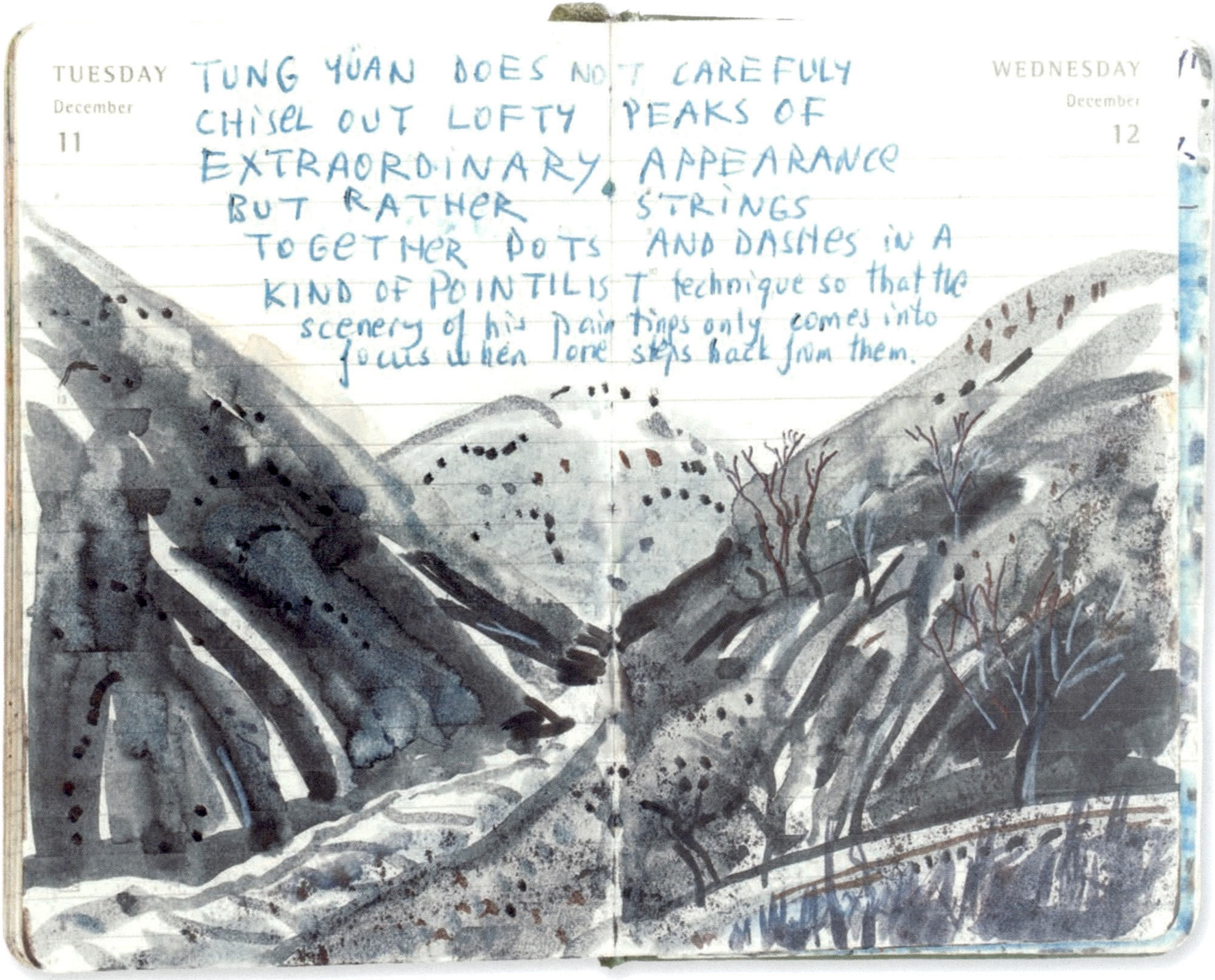
TUESDAY
December
11
WEDNESDAY
December
12
TUNG YÜAN DOES NOT CAREFULY CHISEL OUT LOFTY PEAKS OF EXTRAORDINARY APPEARANCE BUT RATHER STRINGS TOGETHER DOTS AND DASHES IN A KIND OF POINTILIST technique so that the scenery of his paintings only comes into focus when one steps back from them.

Esta era la vista desde el nido del águila o del halcón. No digo que fuese exactamente así. Este libro no muestra realidades, sino recuerdos.

he dibujado con
palabras el sueño
que no podía contar
con imágenes

Al final, quién lo diría, estaba contento de haber llegado. Cada cosa estaba en su lugar, y yo contemplaba.

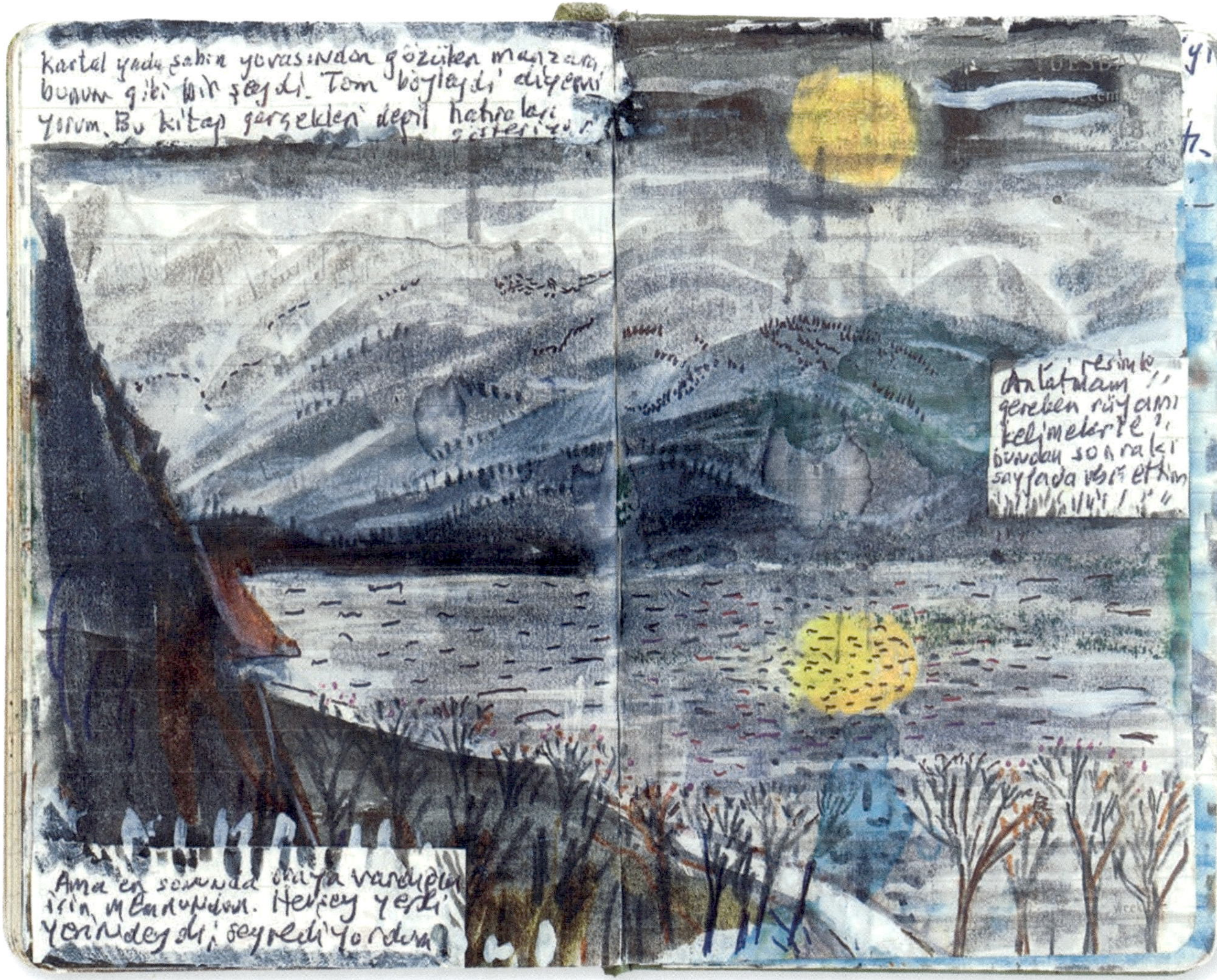
Kartal ya da şahin yuvasından gözüken manzara
bunun gibi bir şeydi. Tam böyleydi diyemi
yorum. Bu kitap gerçekleri değil hatıraları
gösteriyor.
Anlatamadığım resimle
gereken rüyamı
kelimelerle
bundan sonraki
sayfada ifade ettim
Ama en sonunda oraya vardığım
için mutluydum. Herşey yerli
yerindeydi, seyrediyordum.

A fuerza de atravesar los valles y de recorrer los precipicios rocosos, he acabado encontrando el nido del Halcón, que creía el del Águila. Descendiendo con prudencia el acantilado, en el nido, en lugar del águila he visto una tumba recién construida. Acercándome un poco, he entendido con estupor que esa tumba era la mía.

21 de JUNIO

Mi tumba estaba cubierta de cera caliente. Que todavía estuviese caliente... quería decir que mi muerte era reciente y que el sello que juzgaba mi existencia acababa de ser estampado en mi tumba. Estampado por DIOS, por supuesto. Me habría bastado con levantar levemente la cabeza y lo habría visto, alejándose en el aire por encima del nido de águila. En el momento en que trataba de alzar cabeza hacia el cielo me desperté aterrorizado.

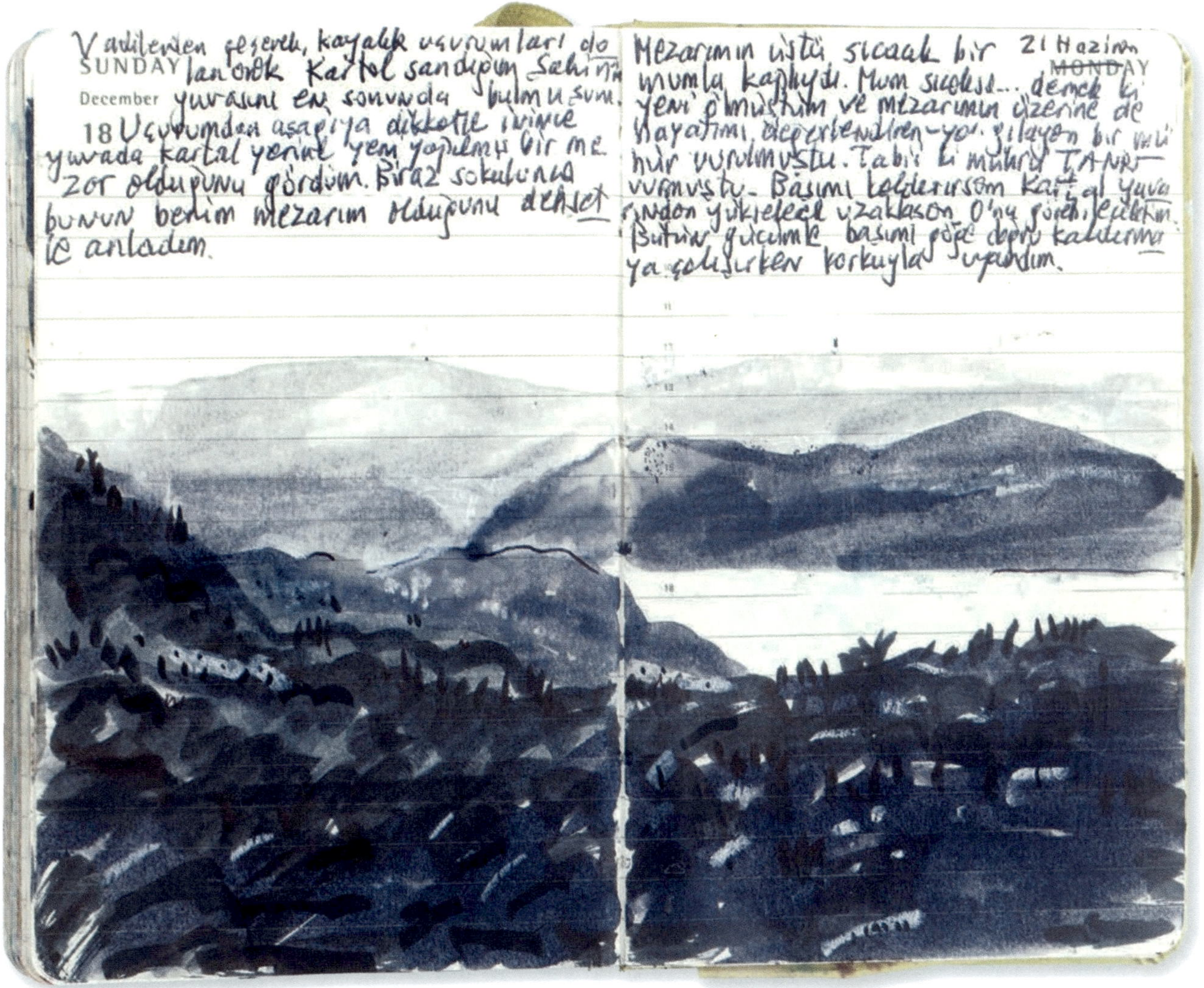
Vadilerden geçerek, kayalık uçurumları do
SUNDAY
lanarak Kartal sandığım Şahin'in
December
yuvasını en sonunda bulmuşum.
18
Uçurumdan aşağıya dikkatle inince
yuvada kartal yerine yem yapılmış bir me
zar olduğunu gördüm. Biraz sokulunca
bunun benim mezarım olduğunu dehşet
le anladım.
Mezarımın üstü sıcacık bir
21 Haziran
MONDAY
mumla kaplıydı. Mum sıcaksa... demek ki
yeni ölmüştüm ve mezarımın üzerine de
hayatımı değerlendiren-yor. gılayan bir mü
hür vurulmuştu. Tabii ki mührü TANRI
vurmuştu. Başımı kaldırırsam Kartal yuva
sından yükselecek uzaklaşan O'nu görebilecektim.
Bütün gücümle başımı göğe doğru kaldırma
ya çalışırken korkuyla uyandım.

He tenido otros sueños espantosos que se parecían a este. Aquí he indicado el camino recorrido, los desfiladeros y valles tras las montañas lejanas, el nido de águila y el precipicio.

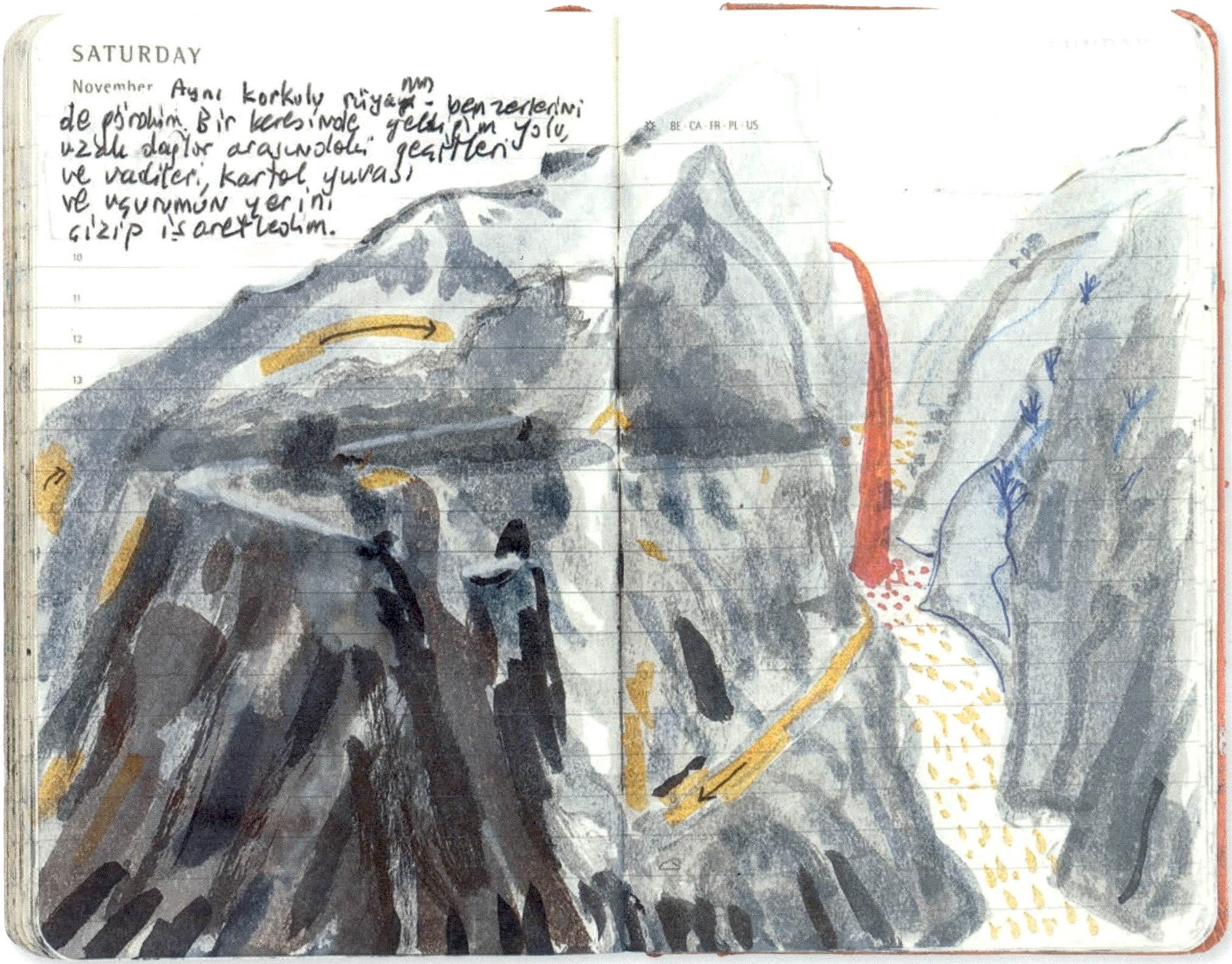
SATURDAY
November
Aynı korkulu rüyayı - benzerlerini
de gördüm. Bir keresinde geldiğim yolu,
uzak dağlar arasındaki geçitleri
ve vadileri, kartal yuvası
ve uçurumun yerini
çizip işaretledim.
BE · CA · FR · PL · US

Después de este sueño, he EMPEZADO A SENTIR que el sol, a diferencia de los dibujos de William Blake, no ascendía desde un punto exterior al paisaje sino desde el INTERIOR.

Por eso, al caer la noche, la OSCURIDAD no emerge del exterior sino del interior del MUNDO...

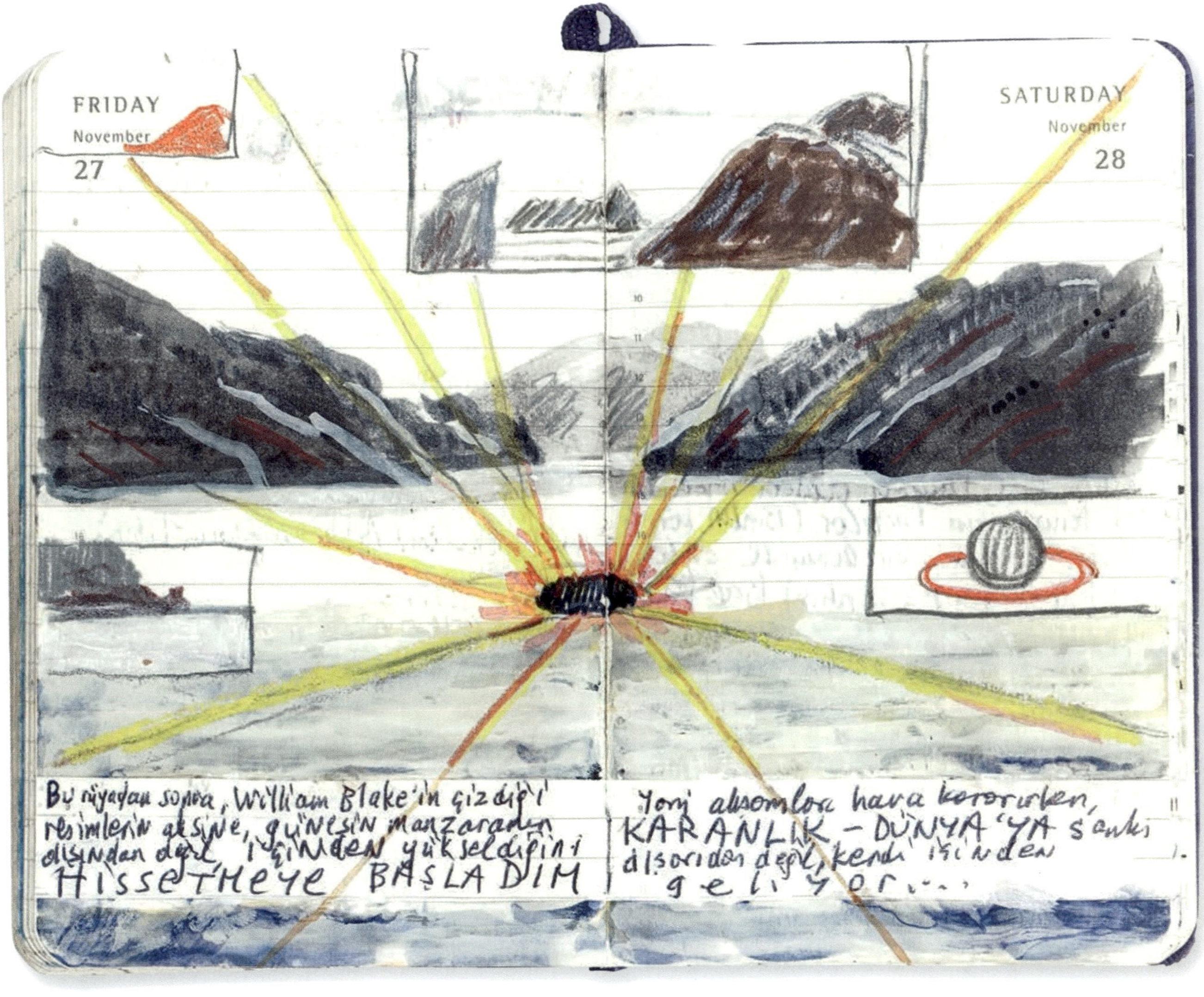
FRIDAY
November
27
SATURDAY
November
28
Bu rüyadan sonra, William Blake'in çizdiği resimlerin aksine, güneşin manzaranın dışından değil, içinden yükseldiğini
HİSSETMEYE BAŞLADIM
Yeni akşamlara hava kararırken,
KARANLIK – DÜNYA'YA sanki
dışarıdan değil, kendi içinden
geliyor...

HE AÑORADO LA TIERRA DONDE EL SOL
NO SALE POR EL HORIZONTE SINO POR LA TIERRA

ALLÍ DONDE LA NOCHE Y EL DÍA
son una sola cosa

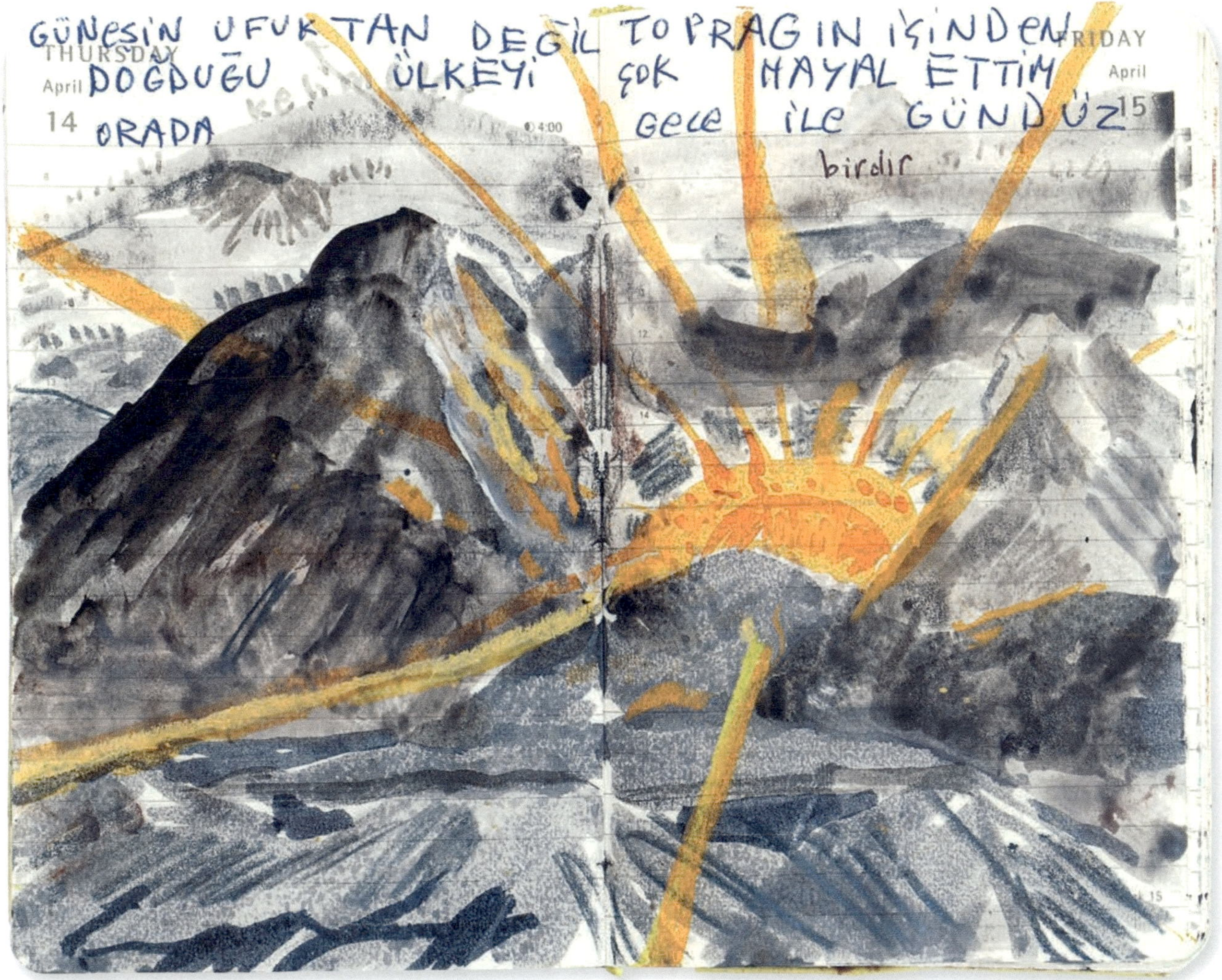
GÜNeSİN UFUKTAN DEGİL TOPRAGIN İÇİNDEN
DOGDUGU ÜLKEYİ ÇOK HAYAL ETTİM
ORADA Gece İLe GÜNDÜZ
birdir
THURSDAY
April
14
FRIDAY
April
15

Por la noche, para evitar la soledad –aunque haya gente a mi alrededor–, he ido a la biblioteca Avery. He trabajado dos horas en la novela. He terminado el pasaje del tiroteo; Ramiz y los otros golpistas son derrotados. Ahora el mayor camina entre los muertos y los heridos... Mañana sacará del armario / del baúl lo que yo llamaría la bandera / el estandarte y lo esgrimirá en la plaza delante el pueblo. Una de las escenas más inolvidables de esta novela en la que llevo trabajando tres años. // Mientras escribía... en el número de noviembre-diciembre de la revista *Antiques*, encontrada en los estantes de Avery, he descubierto que se inauguraba una exposición que reunía los cuadros de Hopper sobre el tema de hoteles: halls de hotel... En mi novela del JUEGO DE CARTAS, quiero que uno de los personajes tenga un estilo a lo HOPPER. Cuadros que representen hoteles construidos en la década de 1940 del siglo xx... Al mismo tiempo, mi personaje tendrá algo de İhap Hulusi:[80] billetes de la lotería nacional, etiquetas de botellas de raki, paisajes de felicidad burguesa, etc. Terminando *Las noches de la peste*... y ya sueño con nuevas novelas. Acabar esta primero, sin demora. Nada debe ya distraerme.

THE MET

A punto de escribir las páginas más poderosas de la novela. Escribo, pruebo... En Minguer va a empezar la revolución... En cierto momento, al levantar la cabeza de la hoja en la que escribo, descubro que tras la ventana tengo un invitado. Es un halcón. El del nido en la montaña. Posado entre los barrotes de la ventana, me mira: yo lo observo tan atentamente como él me observa a mí: lo fotografío y lo filmo sin moverme.

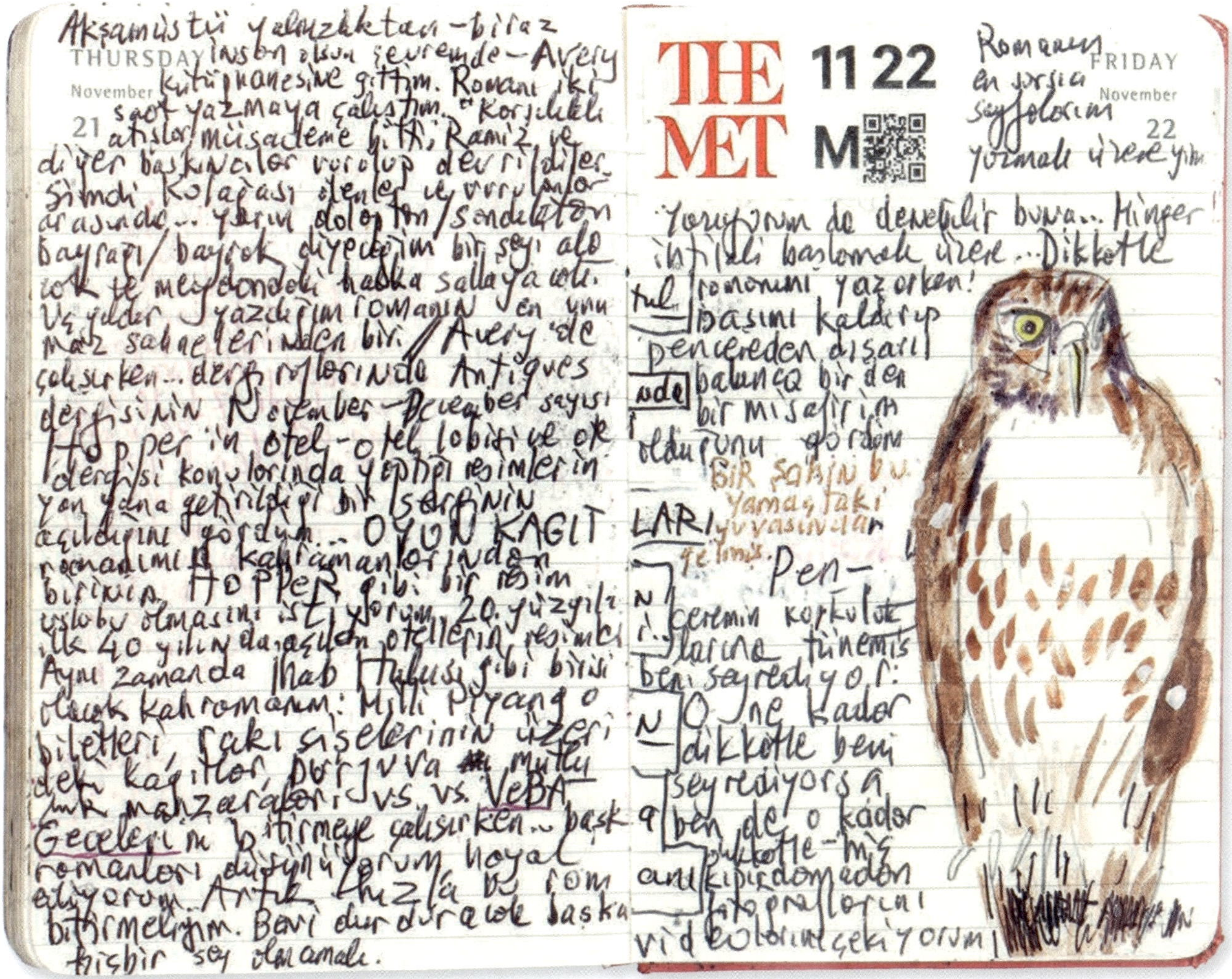
THURSDAY
November
21
THE MET
11 22
FRIDAY
November
22

para *Las noches de la* PESTE

El hombre a quien la SOLEDAD – la OSCURIDAD empujan a salir de su casa en busca de otras personas... a las que encuentra... y de quienes recibe la enfermedad. 4 DE ABRIL EN EL TREN BARCELONA-MADRID – CHARLANDO con Asli decidimos que hay que acelerar y enviarle ya este verano a EKIN OKLAP...[81] el comienzo / algunos pasajes de la novela para que los traduzca... En ese momento, ASLI, súbitamente, espontáneamente, me recuerda... que esta novela solo tiene un año y medio... Dice en voz alta aquello que yo me niego a pensar. ACEPTAR ESTA REALIDAD me ha llevado algún tiempo, ha sido doloroso.

- Y

Las noches de la PESTE

Páginas sobre el NACIONALISMO Y LAS NACIONES Y LOS PUEBLOS DESAPARECIDOS... muuuy IMPORTANTE para discutirlo / y agradable

– ahora, de camino a Teherán... Aprendo sobre Irán mirando la Wikipedia: a principios del siglo XX, más del 50 % de la población del Irán actual hablaba turco... En cien años, la proporción ha caído al 15-17 %. En un siglo de represión, discriminaciones étnicas, etc., el Estado iraní ha hecho que el pueblo de IRÁN olvide el turco... El mayor Kâmil y su séquito... podrían comentar el tema... Pero su acción... Al proteger el mingueriano, oprimen a las otras lenguas, a las escuelas. En cuanto lleguen al poder, empezarán a oprimir a los griegos.[82]

TUESDAY
July
10

VEBA Geceleri için
KARANLIKTAN
– YALNIZLIKTAN korktuğu
için evde tek başına kalamayan
ve bu yüzden ~~[illegible]~~ başka insanları
arayıp... ~~[illegible]~~ bulup... onlardan
hastalık kapan kişi

4 NİSANDA BARCELONA–MADRİD
TRENİNDE – ASLI ile konu-
şurken bu yaz ROMANIN başını
– bazı parçalarını... getirsin diye
EKİN OKLAP'A vermenin A...
etmek olacağına karar verdik... Ay-
nı anda ASLI – hiç düşünmeden
kendiliğinden... daha bu romanın
bir buçuk yılı var dedi... BENİM
kendimden de sakladığım düşünceyi
seslendirerek... BU GERÇEĞİ
KABUL ETMEK biraz vakit aldı
ve bana acı verdi

– Ve

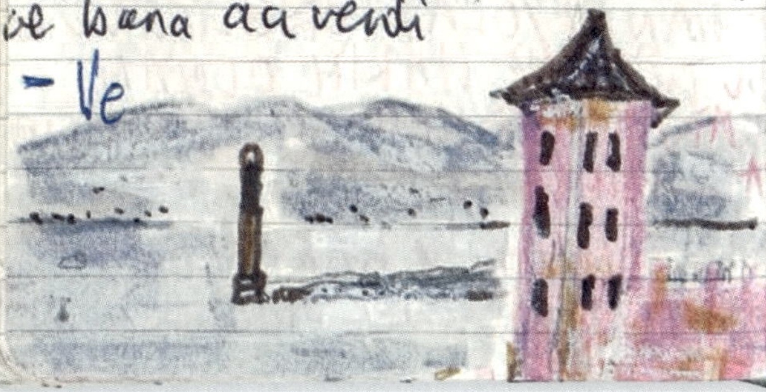

→ VEBA Geceleri — WEDNESDAY
July

ROMANIN MİLLİYETÇİ-
LİK ve MİLLETLER
ve KAYBOLAN milletler
~~de~~ hakkında sayfaları... tartış-
malar ÇOOK ÖNEMLİ / ve Zeki...
– Şimdi, Tahran yolunda... İran
hakkında wikipedi bilgilerine bakar-
ken (öğrendim)...: 20 YY başında bugünkü
İran'ın nüfusunun %50 sinden fazlası
evde Türkçe konuşuyormuş...
Yüz yılda bu oran %15–17
ye düşmüş. Baskılar, etnik ayrı-
lık vs ile İRAN devleti
~~[illegible]~~ yüzyılda halka Türkçeyi
unutturmuş... Kolağası Kamil
ve çevresindekiler... bu konuları
tartışıyor olabilirler... Ama
yaptıkları... Mingerceyi korurken,
diğer dilleri okulları baskı
altına alacak. İktidarı ele geçirir
geçirmez Rumları ezmeye başlayacaklar elbette...

No olvides las ventanas de las casas
cada punto es una ventana
los barrios bajos

Solo, hacia mitad de la noche, escribo. O más bien: tallo, armonizo las frases, corrijo. Primero corto las páginas / párrafos impresos en la hoja para pegarlos en el cuaderno. A continuación, frase por frase, adorno, atajos, y releo. A veces añado nuevas escenas, pequeños relatos. A veces reflexiono, ralentizo, paso por un momento de indecisión... // Pero este dibujo no me satisface, demasiado realista. Quiero que el pintor en mí sea más maduro. ¿Es quizá el deseo de pintar?, ¿de ser un niño?

En la novela hay que entrar mirando las montañas, panorama, paisaje, tema de la identidad nacional. El niño pintor que hay en mí es consciente de ello, y sin embargo esto es lo que dibuja.

Estaba bien escribiendo mi novela... cuando ha resonado la llamada a la oración – del viernes. Paro un momento. Balance de la situación: mis tres personajes principales: el MAYOR, el GOBERNADOR y el DAMAT DOCTOR miran la fortaleza, el puerto, la ciudad. Pasan revista a los problemas de la epidemia mientras miran el PAISAJE desde una colina. Mi novela tiene un lado PANORÁMICO; MAJESTUOSO, épico.

Pero estos dibujos son más ingenuos, más ligeros, más infantiles que mi novela. Y tienden simplificar el universo. Mi novela es más sombría, más dura de lo que evocan estos dibujos infantiles. *Las noches de la PESTE* será una novela densa, áspera, oscura. Y sin embargo la isla de Minguer parece necesitar sus colores, el sol, el mar. Estoy creando un universo, casa por casa...

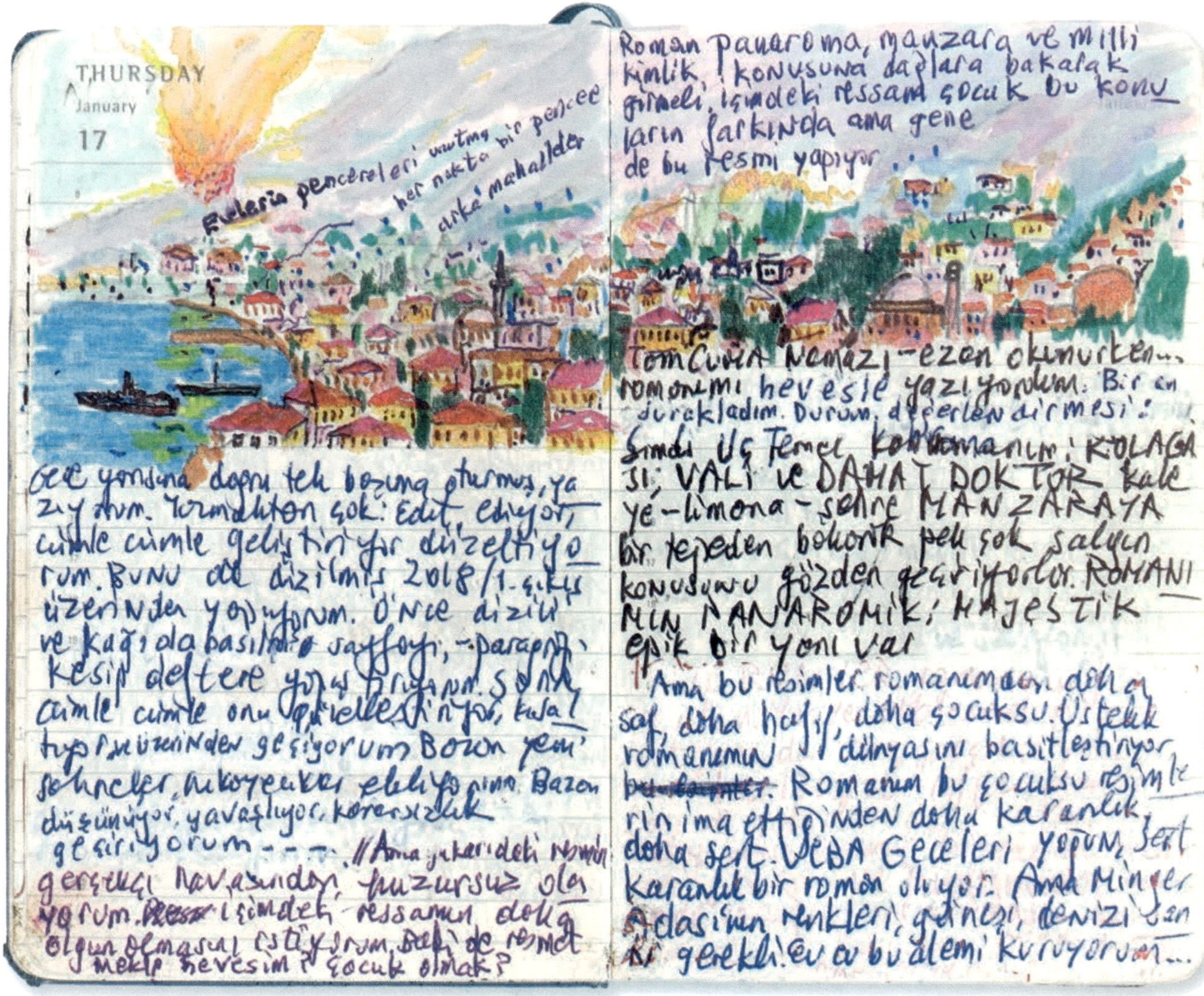
THURSDAY
January
17
arka mahalleler
Roman panaroma, manzara ve milli
kimlik konusuna dağlara bakarak
girmeli. İçimdeki ressam çocuk bu konu
ların farkında ama gene
de bu resmi yapıyor . . .
Romanımı hevesle yazıyordum. Bir an
durakladım. Durum değerlendirmesi:
Şimdi üç temel kahramanım: KOLAĞA
SI, VALİ ve DAMAT DOKTOR kale
ye - limana - şehre MANZARAYA
bir tepeden bakarak pek çok salıyor
konusunu gözden geçiriyorlar. ROMANI
NIN PANAROMİK; MAJESTİK
epik bir yanı var
Ama bu resimler romanımdan daha
saf, daha hafif, daha çocuksu. Üstelik
romanımın dünyasını basitleştiriyor.
Romanım bu çocuksu resimle
rin ima ettiğinden daha karanlık,
daha sert. VEBA Geceleri yoğun, sert
karanlık bir roman oluyor. Ama Minger
Adası'nın renkleri, güneşi, denizi can
lı gerekli. Ve ben bu alemi kuruyorum . . .
Bunu önce dizilmiş 2018/1-çıkış
üzerinden yapıyorum. Önce dizili
ve kağıda basılmış sayfaya -paragrafı-
kesip deftere yapıştırıyorum. Sonra
cümle cümle onu geliştiriyor, kural
düşünüyor, yavaşlıyor, kararsızlık
geçiriyorum . . . // Ama yukarıdaki resmin
gerçekçi havasından huzursuz ola
yorum. İçimdeki ressamın daha
olgun olmasını istiyorum. Belki de resmet
mekle hevesim çocuk olmak?

Reviso la traducción inglesa de *Las noches de la PESTE*. Sensación decisiva. Me digo a mí mismo que he hecho bien escribiendo... estos capítulos-pasajes que a ciertos lectores (a muchos) les parecerán aburridos, sobrecargados... como los príncipes imperiales... el miedo a los venenos, etc. (La partida del último buque y la descripción de la atmósfera en el puerto son un poco largos). Leyéndola en inglés, opino sinceramente que el tema es agradable. He escrito una novela que me gustaría leer. Una novela no debería estar tan sobrecargada de ciencia histórica... dicen muchos ignorantes. Sí, a veces toda esa ciencia cansa. ¡Quizá no debería escuchar a nadie! Aunque probablemente algunos lectores tengan razón. Mi trabajo consiste también en entender al lector que no me entiende, y que se irrita por nada.. Pero la novela me gusta. Y esa satisfacción debería ayudarme a olvidar el asunto del «éxito» de la novela. En 70 días (casi todos durante el confinamiento), se han vendido casi doscientas mil copias.

Buzos de Gölcük han filmado mucílagos... Cortinas de tul en el fondo del mar.

VIERNES

Este mediodía ha estado aquí Rüya. Conversación durante dos horas. Inteligente, razonable, encantadora, hermosa. Ha ido a casa de Gönül, y a casa de mi madre. (Una 92 años, el otro 99. Placer de escuchar el relato de sus conversaciones, tiernas, afectuosas... Me doy cuenta de que su vida es mucho más tranquila que la mía. Obras en la planta baja de la casa de Şevket, están haciendo una cocina). Me habla con disgusto y tristeza de los «mucílagos» que ha visto de cerca al llegar a la isla. Antes, en junio, en la superficie del mar solía verse flotando una capa de suciedad. Pero en julio desparecía. El cambio de estación, los microorganismos, etc., en los periódicos salía algún que otro suelto. A veces, a finales de junio, apenas se podía entrar en las aguas de Büyükada. Pero nunca llegó a los extremos abominables de este año. En algunos lugares del Mármara, esa costra inmunda formaba una especie de pegamento blanco como baba o moco. BABA que, en la mente de la gente, se condensa, se solidifica, se asimila a la contaminación, a los microbios y a las enfermedades. Todo el Mármara estaba cubierto de eso. Era como pus, sobre todo en las aguas cálidas y bajas del litoral. ¡25 millones de personas vierten porquería al Mármara!, dicen los ecologistas. No sabemos si la razón es esa realmente. Pero sí que es algo que te hace aborrecer las islas, el mar, e incluso la vida.

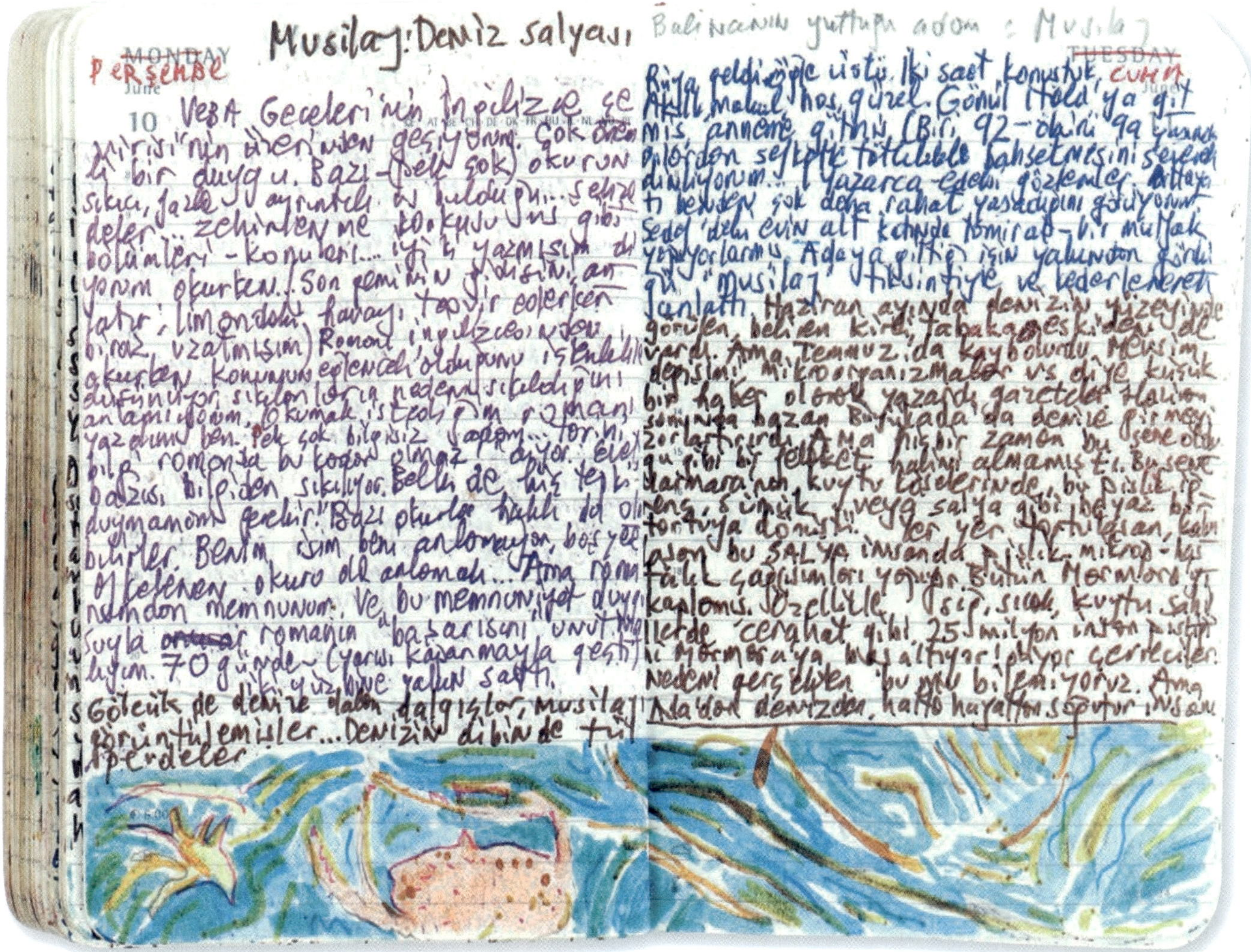
Musilaj: Deniz salyası
Balinanın yuttuğu adam : Musilaj
Perşembe
Cuma

Büyükada
15 de julio
Por qué.
Aquí había
una cortina
antimoscas.
Cuando me
levanto por
la mañana,
veo el mar
entre esos
árboles
y las ramas
de los pinos.
El mundo es
hermoso,
me parece
Büyükada

dibujar no es fácil

cortina

cortina

pared de enfrente

pared de enfrente

Pared

pared

Cama

Luz del sol, sol

Luz del sol, sol

Por eso pinto

pared

Cama

pared

este cuaderno

Cama

Sombra

Pantuflas

veré
lo escribiré todo

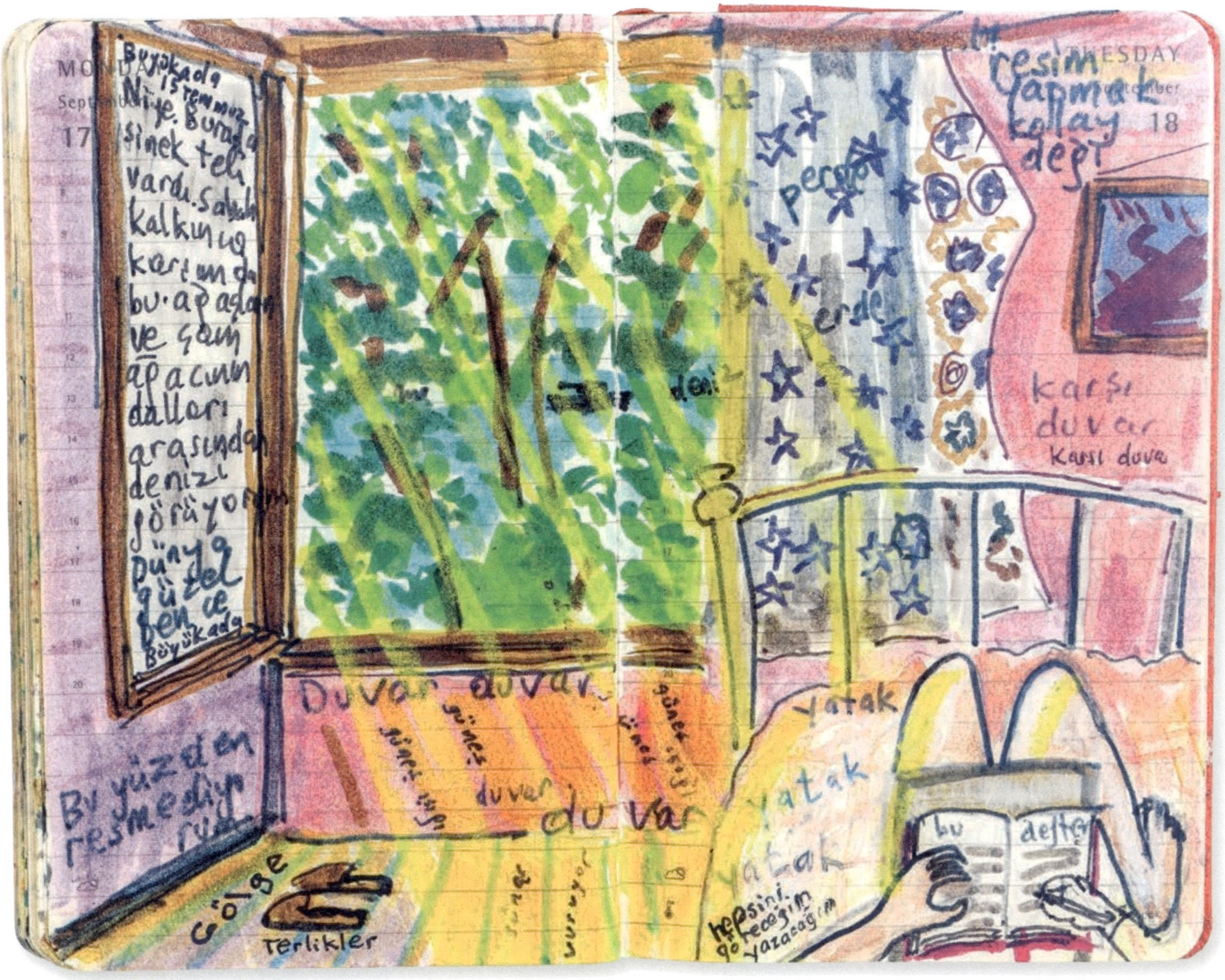
MONDAY
September
17
Büyükada 15 temmuz
Niye. Burada
sinek teli
vardı. Sabah
kalkınca
karşımda
bu ağaçları
ve çam
ağacının
dalları
arasından
denizi
görüyorum
dünya
güzel
güzel
ben
Büyükada
TUESDAY
September
18
resim
yapmak
kolay
değil
perde
perde
deniz
karşı
duvar
karşı duvar
Duvar duvar
güneş
güneş
güneş
duvar
duvar
yatak
yatak
yatak
yatak
bu
defter
hepsini
göreceğim
yazacağım
Bu yüzden
resmediyorum
gölge
terlikler

Día intenso, feliz. Me he levantado temprano, he escrito 3 páginas de la novela. Luego he retomado la lectura de *NOSTROMO* para el curso en Columbia. Conrad es un novelista dotado, talentoso... denso, hábil, sutil. Pero a los estudiantes les he ahorrado lo que pienso realmente de *NOSTROMO*. El escritor estuvo muy poco tiempo en América Latina. Sin embargo, imaginó una novela que cuenta América LATINA, a la manera de un programa político. Por aquel entonces, la población de América Latina era de 30 millones. Tanto como Francia. Hoy es diez veces más numerosa. Y Conrad, a pesar de haber estado allí poco tiempo, se embarca en una novela sobre América Latina... Lo cual plantea un problema literario y humano. ¿Hasta qué punto es inocente nuestro deseo de representar al otro de cara a los no iniciados? Regresé a la ciudad a principios de septiembre, después de contraer un reumatismo en la pierna debido al embaldosado de esta habitación, adornado con motivos de aves.

A las 6.30 h, caminando por las calles aún oscuras de Büyükada para «hacer ejercicio»... me encuentro con «ancianos» de mi edad que avanzan a duras penas: «¡Hola, maestro!», me dicen... Yo camino casi a paso de carrera, sudando... Ellos también sudan... pero a pequeños pasos. Los ocasionales huecos de sol a través de las nubes... me hacen feliz. Luego, solo, escribo, escribo, escribo. Debo valorar la felicidad de esta vida. El jardín, el sol, las higueras, las palmeras. Me he pasado todo el verano escribiendo *LAS NOCHES DE LA PESTE* en esta habitación. Las cortinas eran de otro color, por lo demás.

MI DESPACHO

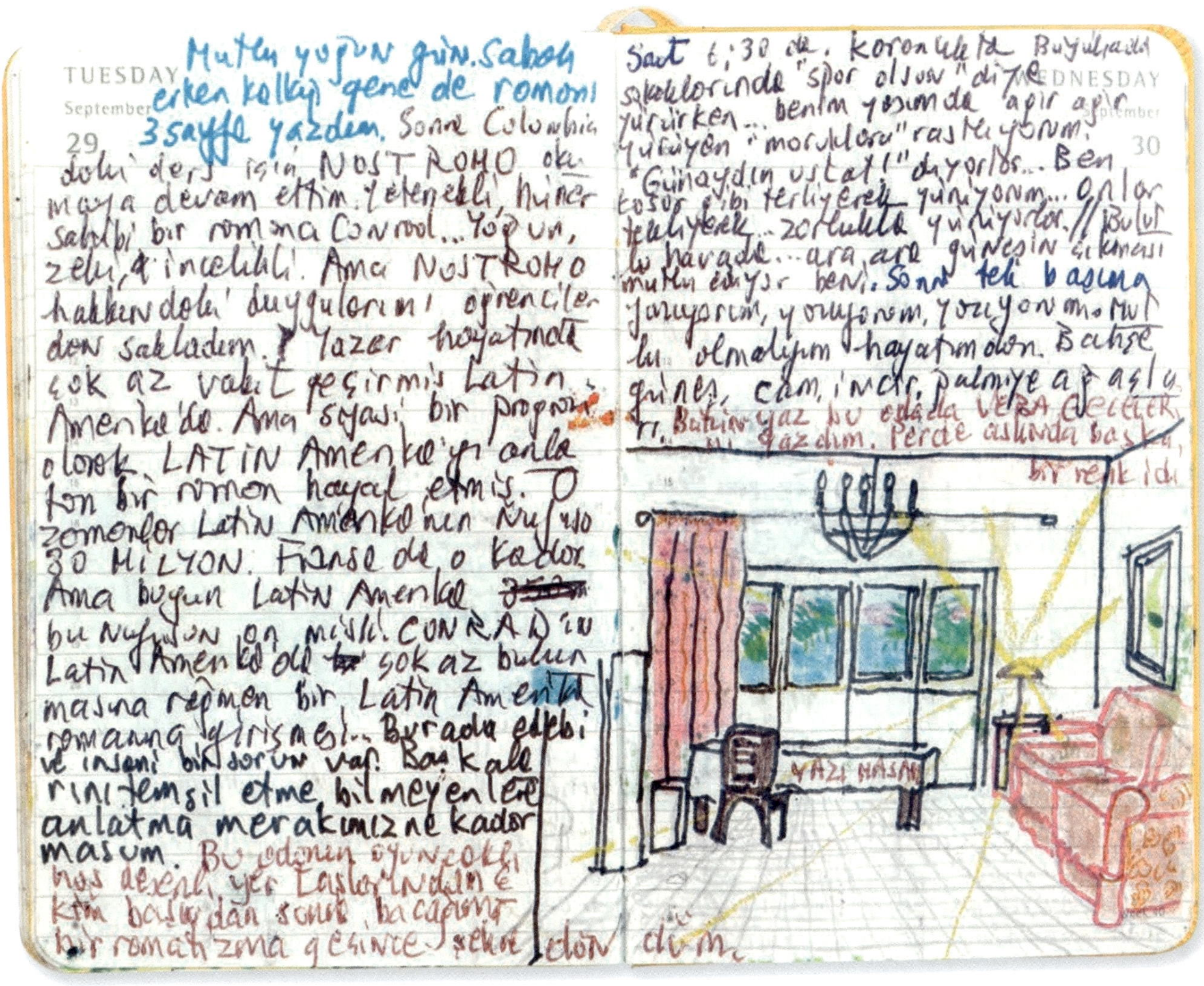

TUESDAY September 29

Mutlu yoğun gün. Sabah erken kalkıp gene de romanı 3 sayfa yazdım. Sonra Columbia'daki ders için NOSTROMO okumaya devam ettim. Yetenekli, hüner sahibi bir romancı Conrad... Yoğun, zeki, ve incelikli. Ama NOSTROMO hakkındaki duygularımı öğrencilerden sakladım. Yazar hayatında çok az vakit geçirmiş Latin Amerika'da. Ama siyasi bir program olarak LATİN Amerika'yı anlatan bir roman hayal etmiş. O zamanlar Latin Amerika'nın nüfusu 30 MİLYON. Fransa'da o kadar. Ama bugün Latin Amerika ~~350~~ bu nüfusun on misli. CONRAD'ın Latin Amerika'da ~~bu~~ çok az bulunmasına rağmen bir Latin Amerika romanına girişmesi... Burada edebi ve insani bir sorun var. Başkalarını temsil etme bilmeyenlere anlatma merakımız ne kadar masum. Bu odanın oyuncaklı hoş dekoru, yer taşlarındaki [illegible] kim başından sonra bacağıma bir romancı zona geçince şekle döndüm.

WEDNESDAY September 30

Saat 6:30'da. Korunaklı Büyükada sokaklarında "spor olsun" diye benim yaşımda ağır ağır yürürken... "moruklara" rastlıyorum. "Günaydın ustat!" diyorlar... Ben koşar gibi terliyerek yürüyorum... Onlar terliyerek zorlukla yürüyorlar. // Bulutlu havada... ara ara güneşin çıkması mutlu ediyor beni. Sonra tek başına yazıyorum, yazıyorum, yazıyorum. Mutlu olmalıyım hayatımdan. Bahçe güneş, çam, incir, palmiye ağaçları. Bütün yaz bu odada yaza geçecek ... yazdım. Perde aslında başka bir renkti.

Conrad: Estoy leyendo *NOSTROMO*.

Me gusta la amplitud, la profundidad de la imaginación de nuestro escritor burlón, sarcástico. La ausencia de Aslı no hace sino agravar mi desgracia presente. Mi ritmo de escritura se ha ralentizado aún más. No he trabajado tanto en mi vida. Y sin embargo la novela no está todavía acabada. Dios mío, cuánto me queda por escribir antes de que esté terminada. Placer de leer *NOSTROMO*. Me gustaría que algún crítico dijera que *LAS NOCHES DE LA PESTE* está inspirada en *NOSTROMO* de Conrad. Pero ¿cuántas personas han leído esta novela? La acción de *Nostromo* transcurre en el país imaginario de COSTAGUANA, pero el lector entiende de inmediato que se trata de PANAMÁ. Al comienzo de la novela, CONRAD describe el país / el PAISAJE donde se desenrollará la trama. Mañana les preguntaré a los estudiantes sobre el significado que puede tener, en la novela, esa larga descripción de los PAISAJES del país imaginario.

Trump ha salido del hospital (estaba enfermo) y ha vuelto a la Casa Blanca... Actitud de desafío, vulgar... Dicen los sondeos que perderá las elecciones. Un presidente que se burla de la epidemia de coronavirus, que no cree en las mascarillas, en las medidas sanitarias... ¡Exactamente COMO EN MI NOVELA! Por la tarde... Comento *NOSTROMO* de CONRAD en el curso de las 17 h. Placer de debatir con los estudiantes. El tiempo se ha suavizado. He bajado a la playa, he nadado 20 minutos. El mar no estaba frío. Pero extraña impresión de mal agüero. Relación entre paisaje y nacionalismo: el PAISAJE hace conocer y amar el país. Nathalie de Gallimard me escribe que será imposible publicar este año *RECUERDOS DE MONTAÑAS LEJANAS*. De acuerdo. Pero qué pena. En fin, me alegro de que nos tomemos nuestro tiempo con este libro. Queda trabajo por hacer.

está hecho.
América Latina y MONTAÑAS LEJANAS,
¡ahí está el país!

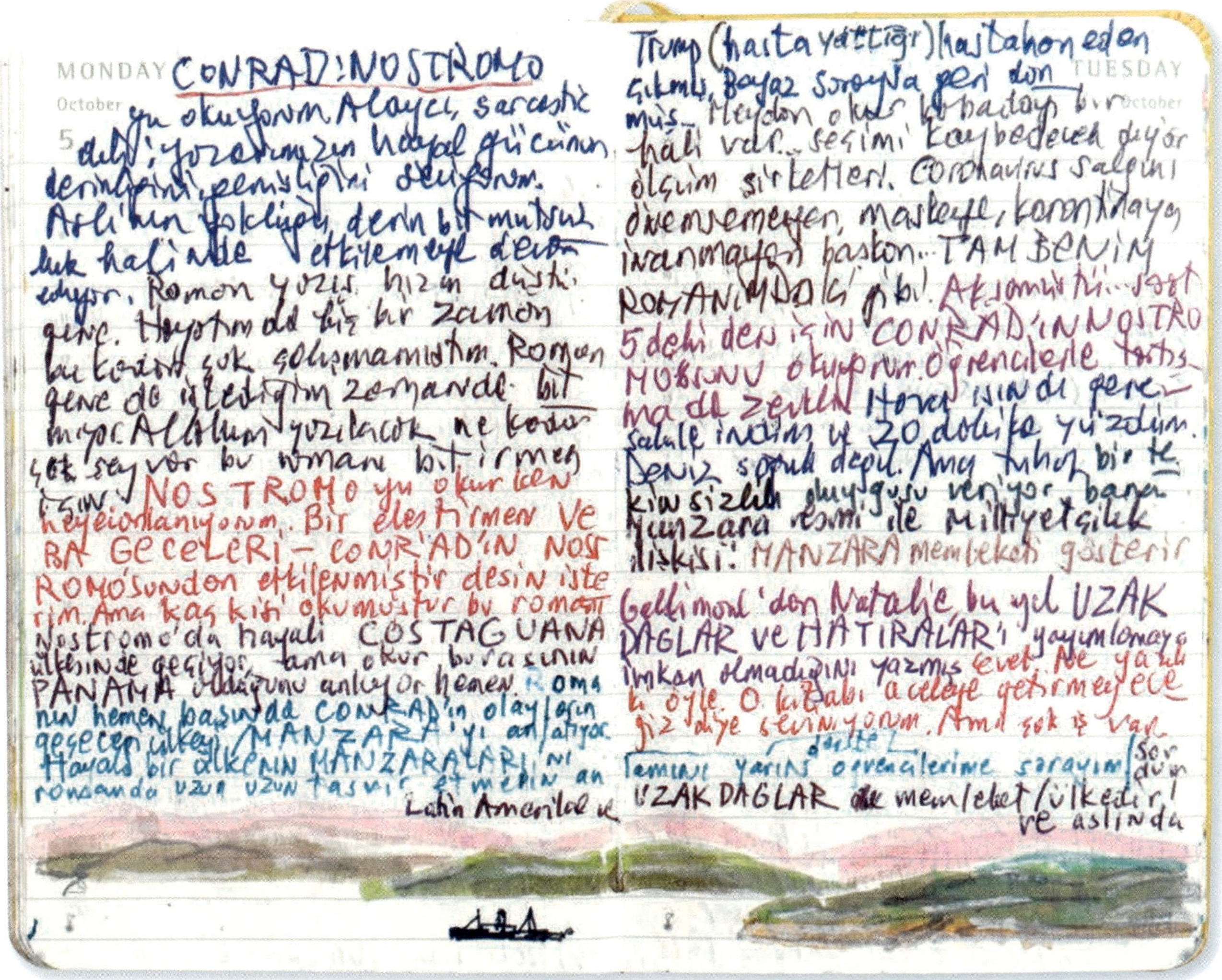

MONDAY October 5

CONRAD: NOSTROMO
'yu okuyorum. Alaycı, sarcastic
dili; yazarımızın hayal gücünün
derinliğini, genişliğini seviyorum.
Aslı'nın yokluğu, derin bir mutsuz-
luk halinde etkilemeye devam
ediyor. Roman yazış hızım düştü
genç. Hayatımda bir zaman
bu kadar çok çalışmamıştım. Roman
gene de ilerlediğim zamanda bit-
miyor. Allahım yazılacak ne kadar
çok şey var bu romanı bitirmek
için. NOSTROMO'yu okurken
heyecanlanıyorum. Bir eleştirmen VE-
BA GECELERİ – CONRAD'IN NOS-
TROMO'sundan etkilenmiştir desin iste-
rim. Ama kaç kişi okumuştur bu romanı
Nostromo'da hayali COSTAGUANA
ülkesinde geçiyor, ama okur burasının
PANAMA olduğunu anlıyor hemen. Roma-
nın hemen başında CONRAD'ın olayların
geçeceği ülkeyi MANZARA'yı anlatıyor.
Hayali bir ülkenin MANZARALARI'nı
romanda uzun uzun tasvir etmenin an-
Latin Amerika'da ve

TUESDAY October 6

Trump (hasta yattığı) hastahaneden
çıkmış, Beyaz Saray'a geri dönmüş. Meydan okur kabadayı bir
hali var... seçimi kaybedecek diyor
ölçüm şirketleri. Coronavirus salgını
önemsemeyen, maskeye, karantinaya
inanmayan başkan... TAM BENİM
ROMANIMDAKİ gibi! Akşamüstü... saat
5 deki ders için CONRAD'IN NOSTRO-
MO'SUNU okuyorum. Öğrencilerle tartış-
ma da zevkli. Hava ısındı. Geren-
saleli inciri ve 20 dakika yüzdüm.
Deniz soğuk değil. Ama tuhaf bir te-
kinsizlik duygusu veriyor bana.
Manzara resmi ile milliyetçilik
ilişkisi: MANZARA memleketi gösterir.
Gallimard'dan Natalie bu yıl UZAK
DAĞLAR VE HATIRALAR'ı yayımlamaya
imkan olmadığını yazmış. Evet. Ne yazık
ki öyle. O kitabı aceleye getirmeyece-
ğiz diye seviniyorum. Ama çok iş var.
(dersteki) temayı yarın öğrencilerime sorayım! Sordum
UZAK DAĞLAR memleket / ülkedir!
ve aslında

Aquí he soñado con la isla de Minguer durante todo el verano. Los colores del mundo que se ven por el balcón se parecen a los que ve el gobernador Sami Pachá desde su despacho.

HE ES
CRITO
LAS
NO
CHES
DE
LA
PE
STE

Hay algo delicioso en esta vista, que es la mía, que recuerda a los postigos, a los balcones abiertos al Mediterráneo que pintaba MATISSE en el sur de Francia. Al mismo tiempo que doy forma a mis frases y mando a mis personajes a recorrer los callejones de la isla de Minguer, me dejo distraer por la luz, el hermoso paisaje, los pinos y las higueras que veo por la ventana, y, recordándome que estoy «viendo» todo eso, siento que el paisaje y los sueños se fusionan en mi imaginación.

A veces, el aspecto del suelo naranja y marrón, similar al parquet (y del mismo color), de la gran sala donde ESCRIBO, a mis invitados les da vértigo. He hecho vídeos inspirados en la música de este suelo... Desde este despacho, he visto todo el universo en palabras. Sí, he puesto el mundo a distancia.

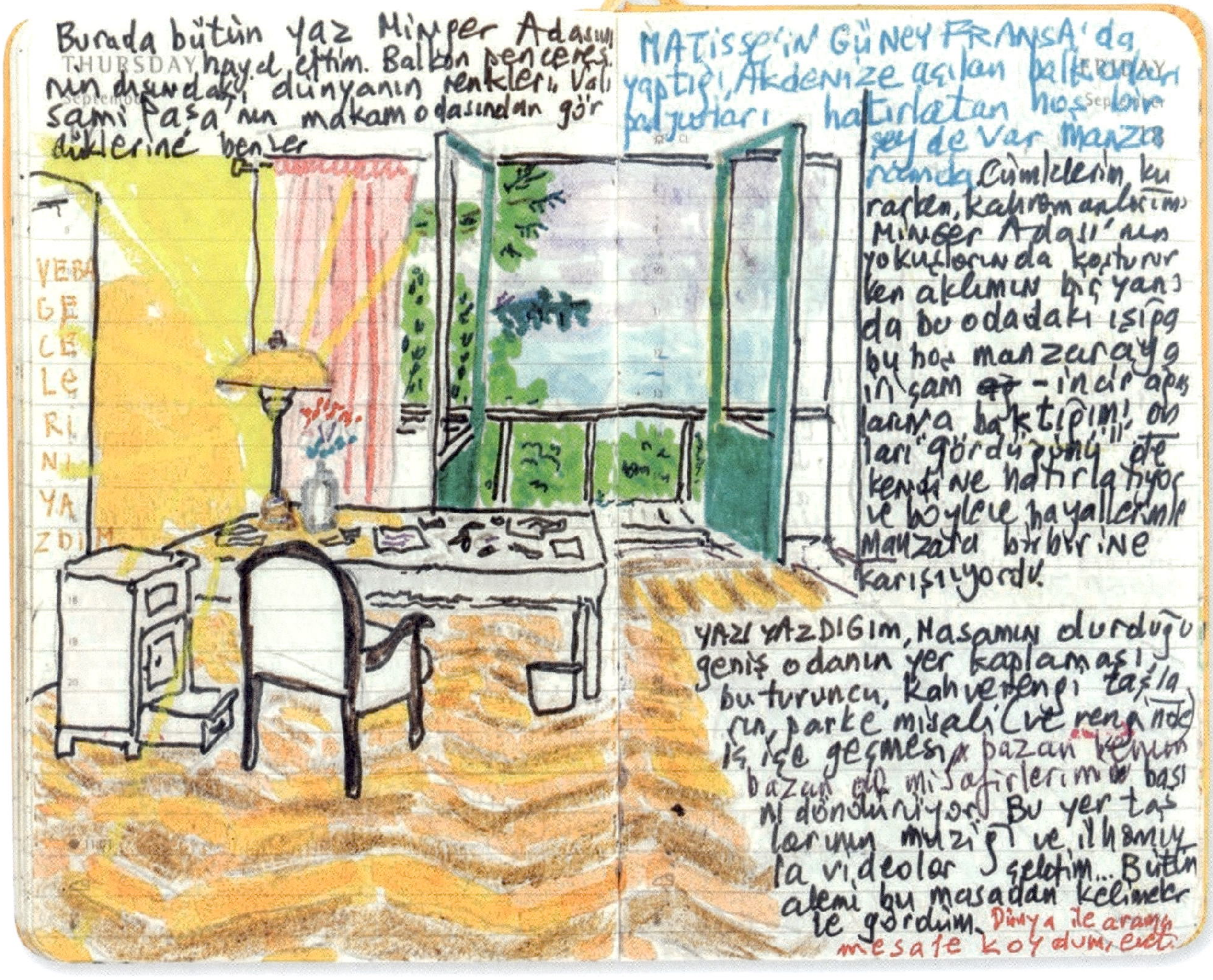
Burada bütün yaz Minger Adası'nı hayal ettim. Balkon penceresinin dışındaki dünyanın renkleri, Vali Sami Paşa'nın makam odasından gördüklerine benzer
VEBA GECELERİ'Nİ YAZDIM
MATISSE'in GÜNEY FRANSA'da yaptığı, Akdenize açılan balkonları panjurları hatırlatan hoş bir şey de var manzarada.
Cümlelerin kurarken, kahramanlarımı Minger Adası'nın yokuşlarında koştururken aklımın bir yanı da bu odadaki ışığa bu hoş manzaraya incir ağaçlarına baktığımı, onları gördüğümü de kendine hatırlatıyor ve böylece hayallerimle manzara birbirine karışıyordu.
YAZI YAZDIĞIM, Masamın durduğu geniş odanın yer kaplaması, bu turuncu, kahverengi taşların parke misali (ve renkleriyle) iç içe geçmesi bazan benim bazan da misafirlerimin başını döndürüyor. Bu yer taşlarının müziği ve ilhamıyla videolar çektim... Bütün alemi bu masadan kelimelerle gördüm. Dünya ile arama mesafe koydum, evet.

LA CASA DE BÜYÜKADA
vista desde el columpio

El peral

ÚLTIMA MIRADA
A ESTE JARDÍN
DEJAMOS
ESTA CASA
Y LA ISLA
POR DESGRACIA

puerta

Espero el día en que
viviremos nueve
meses al año en la isla
y en que me perderé
en la contemplación
infinita de este jardín.

Jardín en el abandono,
país abandonado

jardín

BUYUKADA 'DA EVDE
Salıncaktan görünüş
Armut ağacı
SON
BAKIŞIM
BU BAHÇEYE
ADADAN
BU EVDEN
AYRILIYO
RUZ ARTIK
NE YAZIK
Her sene dokuz ay
adaya gideceğiz
ve bu bahçeye
bu bahçeye bakacağım
boş boş
diye
bekliyorum
kapı
Bakımsız
bahçe, bakımse
ülke,

Me caía de sueño (entre 1.40 y 4.10 h) y se me han aparecido ante los ojos las últimas escenas de mi Novela. (Como cuento en *Nieve*, como en el sueño de Coleridge). He anotado algunos diálogos e ideas en mi cuaderno. He decidido, entre otras cosas, que Mîna Minguerli, nuestra escritora, conocería a la princesa Pakize en 1959. Como el verano de ese año yo mismo estuve en Ginebra, he visualizado muchos de sus elementos y me he convencido de que lograría describir bien la ciudad. He anotado frenéticamente todo lo que se me pasaba por la cabeza, detalles, colores, entusiasmado ante la idea de estar cada vez más cerca del punto final de *Las noches de la PESTE*.

ÚLTIMAS ESCENAS DEL LIBRO: Si me vienen otras ideas como estas, las anotaré escrupulosamente. Escribiré, reescribiré una y otra vez, sopesando cada palabra, saboreando cada detalle. Si es necesario volveré atrás, hasta el comienzo del libro, para añadir y corregir lo que haga falta. Me ocuparé de preparar bien al lector para el nuevo desenlace. Por último: no me apresuraré.

El palacio del gobernador, desde la plaza del Vilayet. A la izquierda, la calle que sube hacia la iglesia Hagia Triada. El techo de Correos y otros edificios.

Sí, evidentemente, mi nerviosismo estos días en los que termino la novela se debe también a que no he respetado la palabra dada a los demás y a mí mismo. A Tülay le dije diciembre. A Özgür le dije noviembre. A mí mismo me dije septiembre o incluso a mediados de verano. Escribo sin la menor pausa desde hace nueve meses, no respondo a los e-mails, a las cartas, ni siquiera llego a tomar notas correctamente en este cuaderno.

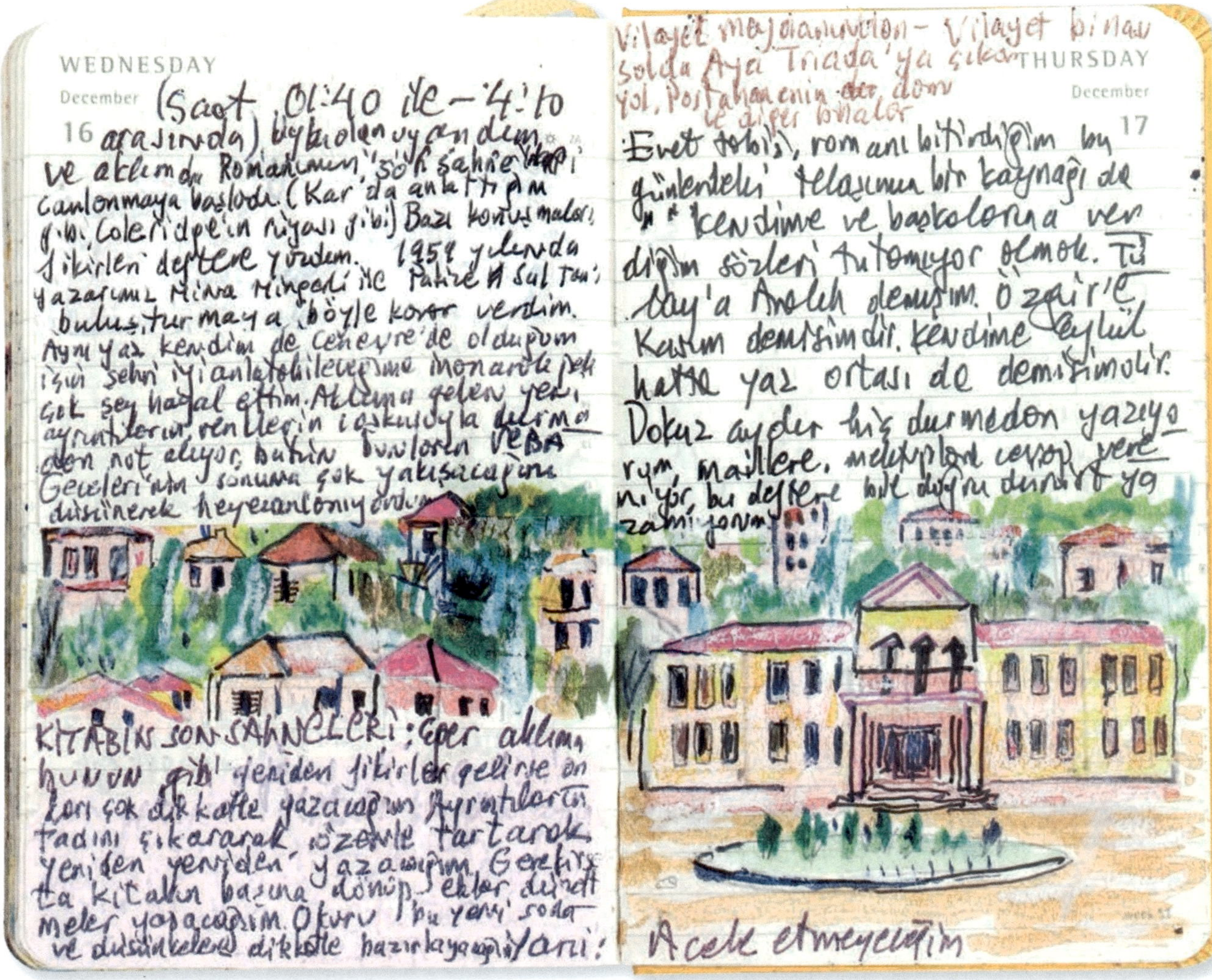
WEDNESDAY
December
16
(Saat 01:40 ile 4:10 arasında) uykudan uyandım ve aklımda Romanımın son sahneleri canlanmaya başladı. (Kar'da anlattığım gibi, Coleridge'in rüyası gibi) Bazı konuşmaları fikirleri deftere yazdım. 1959 yılında yazarımız Mina Mingeli ile Pakize Sultan'ı buluşturmaya böyle karar verdim. Aynı yaz kendim de Cenevre'de olduğum için şehri iyi anlatabileceğime inanarak pek çok şey hayal ettim. Aklıma gelen yeni ayrıntıların, renklerin coşkusuyla durmadan not alıyor, bütün bunların VEBA Geceleri'nin sonuna çok yakışacağını düşünerek heyecanlanıyordum.
KİTABIN SON SAHNELERİ: Eğer aklıma bunun gibi yeniden fikirler gelirse onları çok dikkatle yazacağım. Ayrıntıların tadını çıkararak, özenle tartarak yeniden yeniden yazacağım. Gerekirse ta kitabın başına dönüp ekler, düzeltmeler yapacağım. Okuru bu yeni sona ve düşüncelere dikkatle hazırlayacağım. Yani:
Vilayet meydanından – Vilayet binası solda Aya Triada'ya çıkan yol, Postahanenin dar dom ve diğer binalar
THURSDAY
December
17
Evet tabii, romanı bitirdiğim bu günlerdeki telaşımın bir kaynağı da kendime ve başkalarına verdiğim sözleri tutamıyor olmak. Tülay'a Aralık demişim. Özgür'e Kasım demişimdir. Kendime Eylül hatta yaz ortası da demişimdir. Dokuz aydır hiç durmadan yazıyorum, maillere, mektuplara cevap veremiyor, bu deftere bile doğru dürüst yazamıyorum.
Acele etmeyeceğim

Al no poder escribir todos estos últimos días... he hecho este dibujo.

el despacho
donde escribo la novela

mi chaqueta en la silla

pilas de novelas

He terminado *LAS NOCHES DE LA PESTE*
en este despacho de Cihangir, trabajando
12 horas al día. Por la noche dormía tres horas,
escribía una hora, volvía a dormir tres horas.

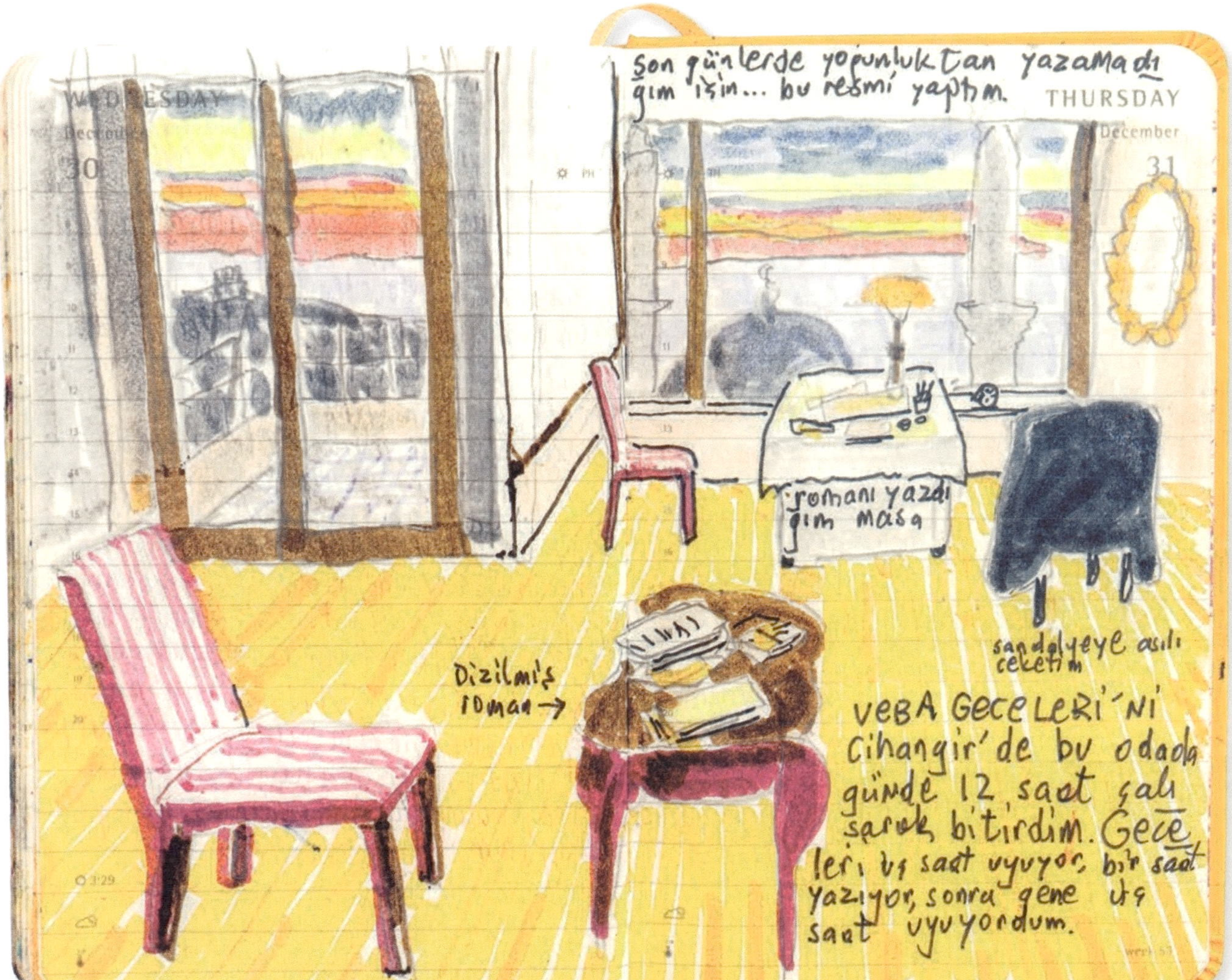
son günlerde yoğunluktan yazamadı
ğım için... bu resmi yaptım.
WEDNESDAY
December
30
THURSDAY
December
31
romanı yazdı
ğım masa
sandalyeye asılı
ceketim
Dizilmiş
roman →
VEBA GECELERİ'Nİ
Cihangir'de bu odada
günde 12 saat çalı
şarak bitirdim. Gece
leri üç saat uyuyor, bir saat
yazıyor, sonra gene üç
saat uyuyordum.

Aslı me hizo una foto mientras dormía. Así es como caigo rendido en Cihangir, casi todas las noches, entre las 11.00 y la medianoche.

Después de cenar, después de haberme pasado el día entero escribiendo la novela, casi siempre me caigo dormido en el sofá del salón.

en mi frente
el antifaz de dormir
que me llevé del avión

El ruido del televisor, que Aslı está mirando, se desliza entre los paisajes, los precipicios, las islas, las montañas lejanas que pueblan mis sueños, y los personajes, lugares y cosas que durante todo el día he tratado de contar con mis palabras.

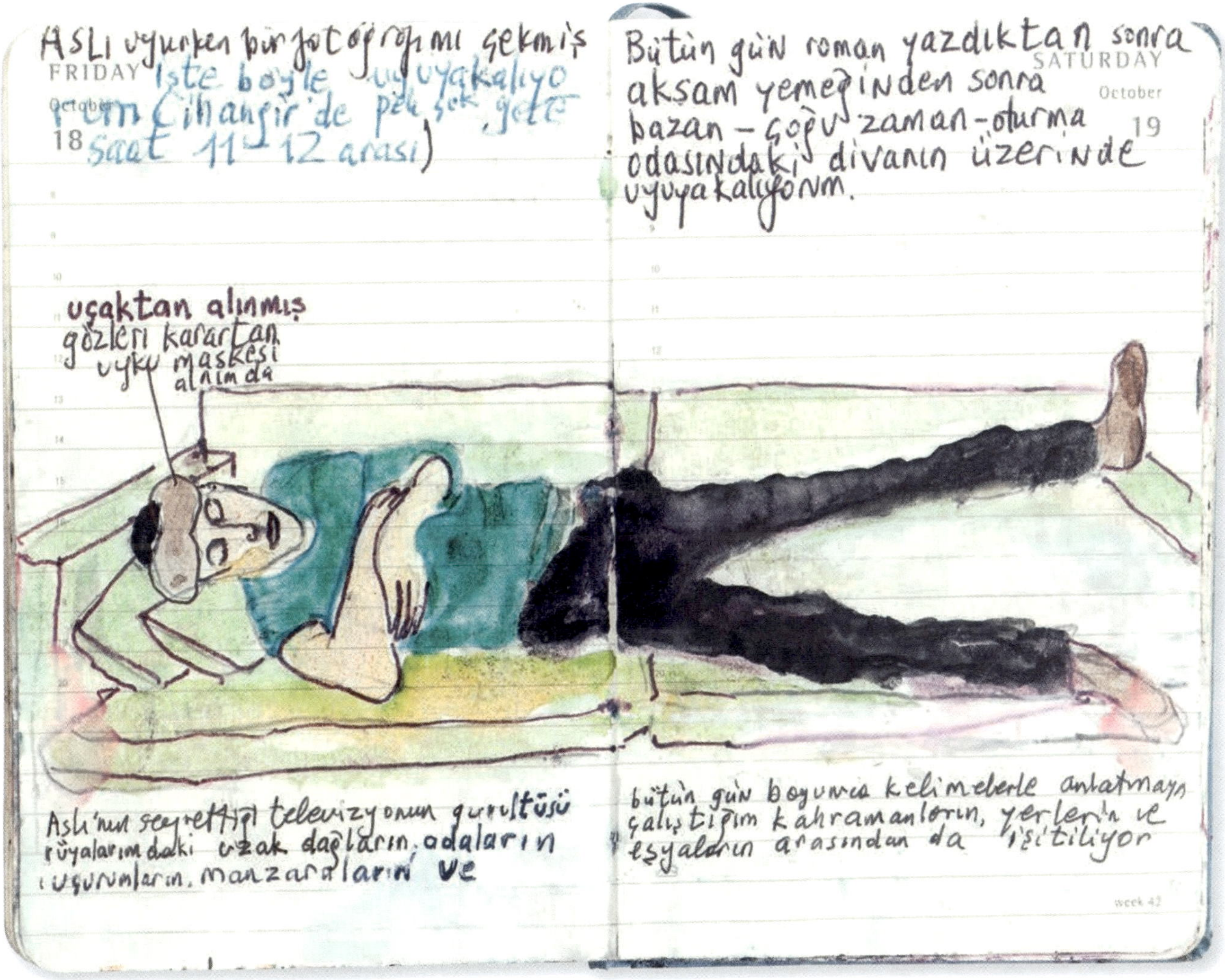

FRIDAY October 18

ASLI uyurken bir fotoğrafımı çekmiş

İşte böyle uyuyakalıyorum (Cihangir'de pek çok gece saat 11–12 arası)

SATURDAY October 19

Bütün gün roman yazdıktan sonra akşam yemeğinden sonra bazan – çoğu zaman – oturma odasındaki divanın üzerinde uyuyakalıyorum.

uçaktan alınmış gözleri karartan uyku maskesi alnımda

Aslı'nın seyrettiği televizyonun gürültüsü rüyalarımdaki uzak dağların, odaların uçurumların, manzaraların ve

bütün gün boyunca kelimelerle anlatmaya çalıştığım kahramanların, yerlerin ve eşyaların arasından da işitiliyor

week 42

Notas del traductor

Todas las notas son del traductor de la edición francesa

1. Aslı Akyavaş, la compañera de Orhan Pamuk. Se casaron en abril de 2022.
2. La «isla de Nácar», una de las más pequeñas del archipiélago de las islas Príncipe, delante de Estambul, en el mar de Mármara.
3. La «Gran Isla» del archipiélago de las islas Príncipe.
4. Personaje principal de *Una sensación extraña*, novena novela de Orhan Pamuk.
5. «Yapı Kredi Yayınları», el editor turco de Orhan Pamuk.
6. Isla imaginaria de Minguer, en el Mediterráneo oriental; Orhan Pamuk ambientó allí su undécima novela, *Las noches de la peste*.
7. Pintor y artista turco contemporáneo, nacido en 1956.
8. Nombre turco de La Canea, «ta Chaniá» en griego, segunda ciudad de Creta.
9. *Me llamo Rojo*: sexta novela de Orhan Pamuk.
10. En estos cuadernos, la palabra turca *manzara* aparece con frecuencia. La traduciremos a veces por «paisaje», a veces por «vista», más raramente por «panorama».
11. Barrio de Estambul situado en el lado occidental, entre la plaza Taksim y el Bósforo, donde vive Orhan Pamuk.
12. El Museo de la Inocencia, en Estambul, ideado y diseñado por Orhan Pamuk, paralelamente a la escritura de la novela homónima. Las obras tuvieron lugar entre 2009 y 2012, año en que se abrió al público (el 28 de abril).
13. *Nieve*: séptima novela de Orhan Pamuk. «Everyman's Library»: colección de clásicos literarios creada en 1905 en Londres y publicada actualmente por el grupo editorial Random House.
14. Heroína de la novela *El Museo de la Inocencia*.
15. Editorial turca. El escritor ha publicado en ella diez libros, entre 1994 y 2012.
16. *El libro negro*: cuarta novela de Orhan Pamuk.
17. Personaje de *El libro negro*.
18. Periodista y escritor turco, redactor jefe del diario *Milliyet*, asesinado en 1979 por el militante turco de extrema derecha Mehmet Ali Ağca, el mismo que en 1981 intentó asesinar al papa Juan Pablo II en la plaza de San Pedro.
19. Héroe masculino de *El Museo de la Inocencia*.
20. La «gobernanta» de los apartamentos de Orhan Pamuk en su edificio de Cihangir, indicados aquí con diferentes números: 9, 16, etc.
21. Uno de los personajes principales de *Las noches de la peste*.
22. Fausto Zonaro (1854-1929): pintor italiano, especialmente famoso por sus panorámicas de Estambul, donde se conservan hoy en día la mayoría de sus obras.
23. Recopilación de textos de Orhan Pamuk, publicada en Francia en 2012 con este título, diferente del original.
24. Instrumento de cuerda pulsada, de la familia de las cítaras, muy común en los mundos árabe, griego y turco.
25. Hermano mayor de Orhan Pamuk.
26. Ahmet Hamdi Tanpınar (1901-1962), gran novelista turco.
27. Personajes de *Una sensación extraña*.
28. La hija de Orhan Pamuk.

29. *La mujer del pelo rojo*: décima novela de Orhan Pamuk.
30. Joseph Cornell (1903-1972): escultor estadounidense, considerado uno de los pioneros del ensamblaje y de las instalaciones de objetos.
31. Kadıköy, Moda: distrito y barrio de la orilla oriental de Estambul, de tradición burguesa, laica, liberal.
32. Charles Eliot Norton Lectures: cátedra anual de Harvard, que Orhan Pamuk ocupó en 2009-2010.
33. Editorial turca que publicó las cuatro primeras novelas de Orhan Pamuk.
34. Nombre de un golfo y de una llanura marítima de la provincia turca de Muğla, en la costa egea.
35. Versos del gran poeta otomano Baki (1526-1600).
36. Político turco, presidente del Partido Republicano del Pueblo (CHP, «kemalista») entre 1992 y 2010, precisamente hasta este escándalo.
37. Ensayo de Orhan Pamuk escrito en inglés, retomando las conferencias impartidas por el escritor en el marco de las Charles Eliot Norton Lectures en Harvard.
38. Suponemos que Orhan Pamuk, entonces en Estambul, impartió este curso on-line, debido seguramente a la pandemia de Covid-19.
39. Palacio histórico de los sultanes en Estambul.
40. Abdulcelil Levni, Abdullah Buhari: miniaturistas otomanos del siglo XVIII.
41. Célebre miniaturista persa (1455-1535).
42. *Shāhnāmé* o *Libro de los reyes*: epopeya persa datada en el siglo X y atribuida al poeta Ferdousí, que narra la historia de Irán desde la creación del mundo hasta la llegada del islam.
43. Historiador turco nacido en 1960, especialista en historia otomana y turca, titular de una cátedra en el Collège de France (2018-2023).
44. «Rostro secreto»: guion escrito por Orhan Pamuk y llevado a la pantalla en Turquía en 1991. Inédito en español.
45. Personaje del gobernador en *Las noches de la peste*.
46. Escritora estadounidense de origen turco nacida en 1977.
47. Tugra: monograma de los sultanes otomanos, como Solimán, llamado «el Magnífico» (1494-1566).
48. Viento mediterráneo que sopla del suroeste, también llamado *libeccio* en Italia y en Córcega.
49. Editor alemán especializado en *coffee table books*, que ha publicado dos libros de fotografías de Estambul de Orhan Pamuk, *Balkon* (2018) y *Orange* (2020).
50. Kiran Desai, escritora india nacida en 1971 y residente en Estados Unidos, compañera de Orhan Pamuk entre 2006 y 2011.
51. Director de la editorial Penguin Random House entre 2002 y 2013.
52. País imaginario, cuyo nombre tal vez se inspira en un pueblo originario de Georgia, que finalmente, en *Las noches de la peste*, se convertirá en la isla mediterránea de Minguer.
53. Conocido barrio marginal de Bombay, uno de los más grandes del mundo.
54. Boza: bebida fermentada tradicional turca, a base de cereales. Mevlut, el héroe de *Una sensación extraña*, será vendedor de boza.
55. *Cevdet Bey e hijos*: primera novela de Orhan Pamuk.
56. «Martillo de forja»: nombre en clave de un intento de golpe de Estado que habría sido planificado por militares del Estado Mayor turco. Fue desmantelado y juzgado en el contexto más amplio del asunto Ergenekon (nombre en clave de la red conspiradora), que sacudió el país entre 2007 y 2010.
57. Frans Post (1612-1680): pintor paisajista neerlandés.
58. Barrios informales, típicos del Estambul de los años 1960-1990, cuyos edificios y composición sociológica evocan los barrios marginales. La palabra turca significa literalmente «puesto por la noche».

59. Famoso cantante de pop turco.
60. *Un recodo en el río*, novela publicada en 1979 del escritor británico V. S. Naipaul (1932-2018), Premio Nobel de Literatura en 2001.
61. La madre de Orhan Pamuk.
62. La galería de los Uffizi de Florencia.
63. Andrea Palladio (1508-1580), gran arquitecto italiano del Renacimiento, autor de *Los cuatro libros de la arquitectura*.
64. Cambridge, en Massachusetts, cerca de Boston, en Estados Unidos, y no en Inglaterra.
65. Alfred A. Knopf, editorial con sede en Nueva York –propiedad hoy en día del grupo Random House– que desde 2001 publica la traducción al inglés de las novelas de Orhan Pamuk.
66. Escritor paquistaní-estadounidense nacido en 1964.
67. Escritor albanés nacido en 1955 y residente en Barcelona.
68. Especie de pizza turca de masa muy fina, cubierta con carne picada.
69. Amigo y editor de Orhan Pamuk (Knopf).
70. La «isla puntiaguda»: islote rocoso y desolado del archipiélago de las islas Príncipe, adonde en 1910 el gobernador de Estambul hizo deportar a decenas de miles de perros callejeros que, abandonados a su suerte, acabaron pereciendo. Cuando poco después un terremoto sacudió la ciudad, el rumor popular quiso que la catástrofe fuese un «castigo divino por haber abandonado a los perros»; hoy en día, de nuevo se permite que los perros callejeros deambulen por las calles de Estambul...
71. Derek Alton Walcott (1930-2017): poeta y dramaturgo caribeño de lengua inglesa, Premio Nobel de Literatura en 1992.
72. *La casa del silencio*: segunda novela de Orhan Pamuk.
73. Namık Kemal (1840-1888): novelista, poeta y periodista otomano que tuvo una gran influencia en el movimiento de los Jóvenes Turcos y en la modernización de la lengua turca.
74. Yahya Kemal Beyatlı (1884-1958): poeta y escritor turco nacido en Skopje. El Bósforo, Estambul y sus bellezas históricas ocupan un lugar central en su obra.
75. Falih Rıfkı Atay (1894-1971): escritor y editorialista turco.
76. Traducción francesa de Louis Fabulet, publicada en la edición NRF de 1922.
77. «Costa blanca»: pueblo turístico de la costa egea, en la provincia de Muğla.
78. Ciudad costera de Turquía, cerca de Marmaris, en el litoral egeo.
79. El 27 de mayo de 1960, un golpe de Estado militar, laico y kemalista, derrota en Turquía al gobierno del Partido Demócrata, abriendo la puerta a una reforma de la Constitución –paradójicamente bastante liberal–, con excepción de la censura y de las exclusiones del juego político, con la vista puesta en los «islamo-conservadores».
80. İhap Hulusi Görey (1898-1986): dibujante turco, conocido principalmente como ilustrador de carteles y de etiquetas publicitarias durante el período republicano.
81. Traductora al inglés de Orhan Pamuk.
82. Aquí, «griego» (*rum* en turco) designa a los cristianos ortodoxos del Imperio otomano que hablan griego y están relacionados con el patriarcado de Constantinopla, que constituían la minoría más importante del imperio.

2009
Enero: inicio de la colaboración entre Orhan Pamuk y el arquitecto alemán Gregor Sunder-Plassmann para la creación del Museo de la Inocencia. En febrero, Orhan Pamuk viaja a la India y a Goa con su compañera Kiran Desai. Empieza a escribir *Una sensación extraña*. En marzo es nombrado doctor *honoris causa* por la Universidad de Rouen, la ciudad de Flaubert, sobre la que escribe un artículo. En abril redacta un prefacio para el libro *Istanbul,* del fotógrafo Ara Güler. En mayo viaja a España, donde descubre la Alhambra de Granada, y luego a Venecia, donde da clases de literatura comparada en la Universidad Ca' Foscari. Entre junio y septiembre trabaja en el diseño de las vitrinas del Museo de la Inocencia. En octubre está en Harvard para dar una serie de cursos en el marco de las Norton Lectures, cursos que más tarde publica con el título *El novelista ingenuo y el sentimental.*

2010
En enero, Orhan Pamuk está en Berlín, y luego en Barcelona, donde da una conferencia sobre el futuro de los museos y de la novela, en el Centro de Cultura Contemporánea de Barcelona. En febrero, en Goa, en contacto con el mar, sigue escribiendo *Una sensación extraña*. Marzo: estancia en Egipto, El Cairo y Alejandría. Mayo: viaje a Albania. Aparte de unas breves vacaciones en Grecia, se pasa el verano escribiendo su novela en Estambul, donde lo retienen las obras del Museo de la Inocencia. En otoño vuelve a Estados Unidos para impartir sus cursos en Columbia.

2011
En febrero-marzo, en Goa, Pamuk consagra las mañanas a la escritura de *Una sensación extraña*, mientras que por la tarde sigue en vivo por la televisión los levantamientos de la «Primavera árabe». El espectáculo de estas insurrecciones populares lo lleva a imaginar *Las noches de la peste*. En abril compra su primer teléfono móvil. En primavera, viajes a Bulgaria e Italia para una serie de conferencias. El verano lo dedica una vez más al Museo de la Inocencia y a escribir su novela. En septiembre, los cursos de literatura comparada en Columbia, donde ahora es titular de una cátedra, le dan la oportunidad de retomar *La casa del silencio*. También llega a un acuerdo con la editorial estadounidense de arte Abrams para la publicación de *La inocencia de los objetos*, catálogo de las obras expuestas en el Museo de la Inocencia, cuyas obras terminan ese verano, aunque la apertura oficial queda aplazada hasta el año siguiente. Gira de lecturas por Brasil, Argentina y Chile. Al final de este viaje, en diciembre, se separa de su compañera Kiran Desai.

2012
En marzo, viaja a Dubai por la boda de su hermana, Hümeyra Pamuk. A finales de abril, el Museo de la Inocencia abre sus puertas al público. Entre la idea original y la inauguración, el proyecto se habrá prolongado durante dieciséis años. Para la ocasión, Orhan Pamuk publica un *Manifiesto por los museos*, un texto que tendrá un gran éxito en el ámbito de la museografía. El resto del año lo reparte entre la escritura de *Una sensación extraña* y los cursos en Columbia. El verano de 2012 marca el inicio de su relación con Aslı Akyavaş, con quien se casará diez años más tarde.

2013
Para completar la escritura de *Una sensación extraña*, Orhan Pamuk emprende una serie de excursiones a los barrios periféricos de Estambul, y mantiene conversaciones con vendedores ambulantes. En Venecia, donde ha sido invitado a la Bienal, se entera de la revuelta de Gezi,

en Estambul; escribe un artículo denunciando la brutalidad y arbitrariedad del gobierno turco. En septiembre, visita los lugares donde ha situado la infancia de Mevlut, el héroe de *Una sensación extraña*, en Konya y en el pueblo de Imrenler, cerca del lago de Beyşehir, en Anatolia. Recoge testimonios de antiguos vendedores de boza en Estambul, reinstalados ahora en sus pueblos de origen. En otoño, con ocasión del 150 aniversario del nacimiento de Constantin Kavafis, da un discurso en Nueva York.

2014
Escribe un artículo sobre los «museos pequeños» para el *New York Times*. Gira de lecturas por Georgia, Inglaterra y España. A finales de abril, y durante una semana, Orhan Pamuk da clases con Umberto Eco a los estudiantes de la Universidad de Bolonia. En mayo está en Tallin para recibir el premio del Museo Europeo del Año, otorgado en esa ocasión al Museo de la Inocencia. A continuación, visita a Anselm Kiefer en su taller, en los suburbios parisinos, visita que, un año más tarde, será el tema de un artículo publicado por el escritor en *The Guardian*. Pamuk colabora también con el cineasta británico Grant Gee en la realización de un documental titulado *Innocence of Memories* (2015). Viaje a Lisboa con Aslı Akyavaş con motivo de la concesión al escritor del Premio Helena Vaz da Silva. En septiembre, en Nueva York, acaba de escribir *Una sensación extraña*. La novela se publica en Turquía en diciembre.

2015
Orhan Pamuk inicia la escritura de *La mujer del pelo rojo*. En febrero, viaje a Bursa... y muerte del gran escritor turco Yachar Kemal. El Museo de la Inocencia es uno de los lugares que acogen la Bienal de Estambul; allí se exponen por primera vez los cuadernos dibujados de Pamuk. Estancia en Venecia, en el marco de la Mostra, para presentar el documental de Grant Gee sobre Estambul y el Museo de la Inocencia. Gira por Estados Unidos con motivo de la publicación en inglés de *Una sensación extraña*.

2016
A principios de enero, Orhan Pamuk viaja a Londres para organizar e inaugurar la exposición en la Courtauld Gallery de trece réplicas idénticas de las vitrinas del Museo de la Inocencia. A finales de ese mismo mes, se publica en Turquía *La mujer del pelo rojo*, la décima novela del escritor. Luego viaja a París, con motivo de la proyección en el Centro Pompidou del documental de Grant Gee; luego pasa por Toledo, en España. El 15 de julio, en la isla de Büyükada, donde el escritor trabaja en *Las noches de la peste*, Aslı y él siguen por televisión el intento de golpe de Estado que estremece a Turquía.

2017
Blandine Savetier lleva a escena en Estrasburgo la novela *Nieve*. En febrero, Orhan Pamuk está en San Petersburgo para recibir el título de doctor *honoris causa* por la universidad de la ciudad; después visita la casa y la tumba de Tolstói en Yásnaia Poliana. En mayo asiste a la inauguración de la exposición de varias vitrinas del Museo de la Inocencia en el Museo Histórico de Oslo. Dedica el verano a la escritura de *Las noches de la peste*, exceptuando un breve viaje a Sicilia con Aslı, para recibir el premio literario Giuseppe Tomasi di Lampedusa. En otoño, de vuelta en Estambul tras haber impartido sus cursos en Columbia, Orhan Pamuk participa en la inauguración del Centro Tanpınar, que debe su nombre al gran novelista turco Ahmet Hamdi Tanpınar.

2018
Enero: exposición de las vitrinas del Museo de la Inocencia en el Museo Bagatti Valsecchi de Milán. A principios de mayo, Orhan Pamuk es nombrado doctor *honoris causa* por la universidad de Creta. Este viaje a Creta será una inspiración para *Las noches de la peste*, y para la concepción de la isla ficticia de Minguer. A finales de ese mismo mes, Pamuk viaja a Varsovia. En Auschwitz –que el escritor visita por primera vez–, siente la «vergüenza de ser humano». En junio, estancia en Kaş, en la costa turca, donde escribe *Las noches de la peste* mirando la isla en alta

mar de Meis, otra fuente de inspiración para la de Minguer. En otoño, la editorial alemana Steidl publica *Balkon*, el primer libro de fotografías del escritor. Interrumpe su estancia en Nueva York (cursos en Columbia) para viajar a Helsinki para la promoción de *La mujer del pelo rojo*.

2019
Largos paseos nocturnos por Estambul de cara a un nuevo libro de fotografías, *Orange*. En junio está en Sarajevo para asistir a la adaptación teatral de *Nieve*. Sigue escribiendo *Las noches de la peste* en Estambul y en Nueva York. En noviembre, viaje a Perú con Aslı. Dedica un día por semana a pintar en el taller de su amiga la artista plástica Inci Eviner.

2020
En febrero, festival de literatura en Lahore, Pakistán. Cuando estalla la pandemia de Covid-19, el escritor y su compañera Aslı se hallan en Nueva York; la pareja regresa urgentemente a Estambul. En abril, Pamuk escribe un largo artículo titulado «¿Qué nos enseñan las grandes epidemias?», que será publicado por la prensa de todo el mundo. Pasa el período de confinamiento en Estambul, sin salir de su casa, trabajando con ahínco en *Las noches de la peste*. En otoño, mediante Zoom, da sus clases de Columbia desde la isla de Büyükada. En noviembre, lanzamiento de su segundo libro de fotografías, *Orange*.

2021
A finales de marzo se publica en Turquía *Las noches de la peste*. En abril, el escritor empieza a darle forma a *Recuerdos de montañas lejanas*. También inicia el proyecto de *Me llamo Rojo* (edición ilustrada), una obra dedicada a seis mil miniaturas digitalizadas del fondo de la biblioteca del palacio de Topkapı. Tras un año de pausa por la pandemia, vuelve a Nueva York para dar sus clases en Columbia, como cada otoño desde hace años. Traza los contornos de una futura exposición de sus cuadernos y manuscritos.

2022
Abandona la novela en la que estaba trabajando, *La historia del pintor*, para iniciar la escritura de otra, *Los jugadores de cartas*, que lleva mucho tiempo imaginando. En febrero-marzo viaja por Francia, Alemania y España para la promoción de *Las noches de la peste*. En abril, se casa con Aslı Akyavaş, su compañera desde hace diez años. En mayo está en Cerdeña para recibir el premio Costa Smeralda.

Índice alfabético

E

F

G

Índice de las obras de Orhan Pamuk

Índice cronológico de los cuadernos

Para realizar esta obra, Orhan Pamuk llevó a cabo una selección de páginas de los cuadernos de formato 8,5 × 14 cm que lleva desde 2009. Como en ocasiones el autor completó varios cuadernos en un mismo año, las letras A, B y C indican el orden en que fue terminando. Las páginas sin fecha fueron dibujadas y escritas por el escritor en el momento de la concepción de *Recuerdos de montañas lejanas*.

Orhan Pamuk, Premio Nobel de Literatura 2006, nació en Estambul, Turquía, en 1952. Cursó estudios de arquitectura y periodismo, y ha pasado largas temporadas en Estados Unidos como profesor en las universidades de Iowa y Columbia. Es autor de las novelas *Cevdet Bey e hijos* (1982), *La casa del silencio* (1983), *El castillo blanco* (1985), *El libro negro* (1990), *La vida nueva* (1995), *Me llamo Rojo* (1998), *Nieve* (2002), *El Museo de la Inocencia* (2008), *Una sensación extraña* (2014), *La mujer del pelo rojo* (2016) y *Las noches de la peste* (2021), así como de los volúmenes de no ficción *Otros colores* (1999), *Estambul. Ciudad y recuerdos* (2005), *La maleta de mi padre* (2006) y *El novelista ingenuo y sentimental* (2010). Ha obtenido el Premio al Mejor Libro Extranjero en Francia, el Premio Médicis Extranjero, el Premio Grinzane Cavour en Italia, el Premio Internacional IMPAC en Irlanda y el Premio de la Paz de los libreros alemanes, entre otros reconocimientos. Sus libros han sido traducidos a más de sesenta idiomas. *Recuerdos de montañas lejanas* es su libro más reciente.

Papel certificado por el Forest Stewardship Council®

MIXTO
Papel | Apoyando la silvicultura responsable
FSC® C117695
FSC www.fsc.org

Penguin Random House Grupo Editorial

Título original: *Uzak Dağlar ve Hatıralar*

Primera edición: noviembre de 2023

Printed in Spain – Impreso en España

ISBN: 978-84-397-4136-7
Depósito legal: B-15.678-2023

Impreso en Gómez Aparicio, S.L. (Casarrubuelos, Madrid)

RH41367